KB246032

GALLERY

▶ PART 2

1 section 1. 네온사인 효과내기,
2 section 2. 반짝이는 불빛 만들기
3 section 3. 대리석 질감 만들기
4 section 4. 액체 효과로 피 느낌 표현하기
5 section 5. 세련된 입체 버튼 만들기
6 section 6. 금속 질감 만들기
7 section 7. 나무 질감 만들기

Push button
Wait for signal

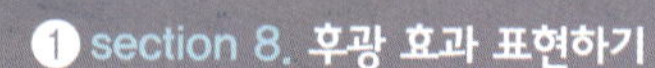

SPRAY
ALL THE LAST CLEAR WALL

SAMPLE TEXT IN VIETNAMESE
FABIOLA CARRANZA

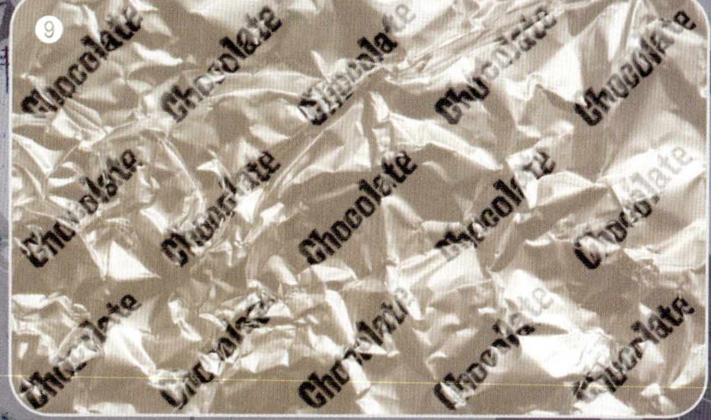
Chocolate

JUST DO IT

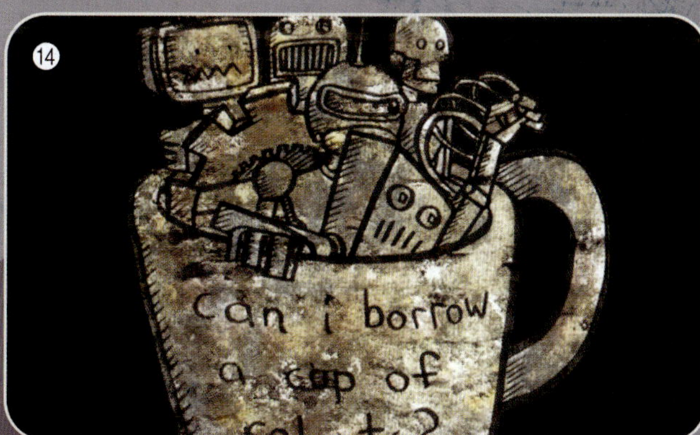
can i borrow
a cup of

Every Breath
You Take

where
in the world
are you?

15
AIR MAIL

700
SEOULCPO
12.24.2009
KOREA

디자인이 맛있어지는

포토샵 디자인 레시피

PHOTOSHOP
DESIGN RECIPE

박영수 지음

디자인이 맛있어지는
포토샵 디자인 레시피
PHOTOSHOP DESIGN RECIPE

저작권법에 의하여 한국 내에서 보호를 받는 저작물이므로 무단전재와 무단복
제를 금합니다.

이 책에 언급된 모든 상표는 각 회사의 등록 상표입니다.
또한 인용된 사이트의 저작권은 해당 사이트에 있음을 밝힙니다.

ISBN 978-89-314-3905-2

독자님의 의견을 받습니다

이 책을 구입한 독자님은 영진닷컴의 가장 중요한 비평가이자 조언가입니다. 저희 책의 장점과
문제점이 무엇인지, 어떤 책이 출판되기를 바라는지, 책을 더욱 알차게 꾸밀 수 있는 아이디어
가 있으면 팩스나 이메일, 또는 우편으로 연락주시기 바랍니다. 의견을 주실 때에는 책 제목 및
독자님의 성함과 연락처(전화번호나 이메일)를 꼭 남겨 주시기 바랍니다. 독자님의 의견에 대해
바로 답변을 드리고, 또 독자님의 의견을 다음 책에 충분히 반영하도록 늘 노력하겠습니다.

이메일 : support@youngjin.com
주　소 : (우)153-803 서울특별시 금천구 가산동 664번지 대륭테크노타운13차 10층
　　　　 (주)영진닷컴 기획1팀
팩　스 : 02-2105-2207

집필 박영수 | **기획** 기획1팀 | **책임 총괄** 김태경 | **진행** 김미정, 전애희
편집 디자인 앤미디어 | **표지 디자인** 앤미디어 | **표지 일러스트** 백윤화

머리말
Preface

매킨토시 환경의 포토샵을 필자가 처음 접했던 때가 1991년경입니다. 어느덧 20년 가까운 시간이 흐르면서 포토샵에도 수많은 변화가 있었습니다. 오랜 세월을 포토샵과 함께하면서 '이 프로그램에는 단순한 프로그램의 차원을 넘어선 그 무엇이 있구나' 라는 생각을 자주 하게 되었습니다.

'맥루한' 이라는 문명비평가는 자신의 저서에서 "멀티미디어는 인간의 신체를 확장시키고 다시 이 기술은 인간을 변화시킨다"라는 말을 했습니다. 저는 이 같은 말이 포토샵에도 그대로 적용된다고 생각합니다. 오늘날 컴퓨터에서 창의적인 작업을 하는 사람들에게 포토샵만큼 친근하고 편리한 기능을 두루 갖춘 프로그램이 과연 있을까요? 포토샵이 작업자의 손발 역할을 충실히 해내고 있다는 것에 이견을 제시할 사람은 아마도 없을 것입니다. 하지만 정작 놓쳐서 안될 부분은 눈에 보이지 않는 효과입니다. 포토샵을 통해서 '작업자의 감각을 단련하고 다양한 가능성을 발견하는 일' 은 참으로 우리를 흥분시키는 일이라고 하겠습니다.

이 책을 처음 집필할 때만해도 혼자 시작한 일이라고 생각했는데 탈고를 마쳐가는 지금 다시 돌이켜보니 많은 분들의 관심과 도움이 없었더라면 결코 세상에 그 존재를 드러낼 수 없었을 것이라는 생각이 듭니다. 특히 사랑하는 아내의 헌신적인 도움은 이 책을 집필하는 내내 가장 큰 자양분이 되었습니다.

이 책이 나오기까지 응원해주신 모든 분들에게 이 자리를 빌어 감사의 말씀을 전하고 싶습니다. 이 책의 기획 방향과 마무리 편집까지 꼼꼼히 챙겨준 영진닷컴 김미정 대리님, 전애희님에게 고맙다는 말 전하고 싶습니다. 그리고 정훈 전도사님과 영도교회 여러분, 정태성 목사님과 지구촌 파워유스 여러분, 최은성 목사님, 겨자씨출판사 이 장로님, 김한 선배님과 7321 가족들, 찰리 이광준군, 박철성군, 이영수군, 전남대학교 동문 여러분, 홍대 대학원 동문 여러분, 경희대학교 임헌혁 교수님, 메서드 가족들, 클라이언트 여러분, 송희준 실장, 소명영 이사, 예병환 실장님, 네이버 지식인 지식대장님, 정남헌 대표님께도 감사의 마음 전합니다.

또한 책을 쓴다는 핑계로 마음껏 놀아주지 못한 부족한 아빠를 오랫동안 기다려준 수현이와 수민이에게 고마움을 전하고, 어머님과 장인 어르신, 장모님을 비롯한 모든 가족 들에게도 깊은 감사를 드립니다. 끝으로 이 책이 완성되기까지 모든 것을 이끌어 주신 하나님께 영광 돌립니다.

저자 박영수

1. 다양한 기능을 작업 유형별로 구분했습니다.

이 책의 가장 기본적인 특징은 포토샵 사용자가 필요로 하는 다양한 기능을 작업 유형별로 나누고 고르게 배치했다는 점입니다. 이미지를 새롭게 만드는 법, 리터칭하는 법, 합성하는 법, 변형하는 법, 페인팅하는 법, 문자를 이용해 디자인하는 법, 여러 가지 작업을 응용하는 법 등으로 구성된 작업 유형은 단기간의 학습을 통해 효율적인 실력 향상을 원하는 독자 분들에게 실질적인 도움이 될 것입니다.

2. 사용빈도가 높은 기능 위주로 다뤘습니다.

유형에 따라 전체적으로 고르게 배치하면서도 자주 쓰이는 기능을 강조한 것이 특징입니다. 포토샵에서 자주 사용되는 20%의 기능은 80%의 중요성을 지니고 있으며 사용빈도 또한 대단히 높습니다. 반면 나머지 기능은 알면 분명 도움은 되겠지만 20% 정도의 중요성만을 지니게 됩니다. 2080 법칙처럼 이 책에서도 사용빈도가 높은 기능들을 확실히 익힐 수 있도록 했습니다.

3. 공짜로 사용할 수 있는 소스에 대한 정보를 담았습니다.

제한된 시간에 결과물을 만들어야 하는 디지털 작업의 특성상 소스의 중요성
은 점점 커져가고 있습니다. 적절한 소스(서체, 이미지, 질감, 브러시 등)를 갖
추고 작업하는 것은 그렇지 않은 경우에 비해 작업 효율성이 높을 수 밖에 없
습니다. 이 책에서는 공짜 이미지를 포함해 다양한 소스에 대한 정보를 담았
습니다.

4 .개념과 실무가 조화를 이루도록 배려했습니다.

포토샵을 제대로 활용하려면 작업환경과 개념 이해가 필수적입니다. 하지만 너무 개념적으로 치우다 보면
실용성이 부족한 책이 되고 맙니다. 이 책에서는 별도의 노하우를 언급함으로써 개념과 실용성을 조화시키
기 위해 노력했습니다.

5 .예제 분량을 적절히 조절하고 난이도 등급을 표시했습니다.

예제가 단조로우면 흥미를 잃기 쉽고, 예제가 길어지면 따라 하는
도중 지치기 쉽습니다. 이러한 점을 고려해 예제 난이도별로 크고
작은 기능이 적절히 배합되도록 구성했습니다. 또한 단계별로 쉬
운 예제부터 어려운 예제순으로 배열하고 난이도 등급을 표시했습
니다.

주요 사용 기능 Type 툴, Color Balance 조정 레이어, Smudge 툴, Gradient 툴 난이도 ★★★★
소스 Crinity by http://flickr.com/photos/thearchive/278692249/

예제 이미지의 저작권은 CCL 규약에 따릅니다.

이 책에서 사용된 예제는 모두 Flickr (플리커: www.flickr.com)에 있는 CCL(Creative Commons License) 라이선스를 가진 이미지들입니다. Flickr는 웹 2.0 시대를 대표하는 사이트로서 사용자들이 직접 사진을 찍어 올리고, 알맞은 태그(주제어)를 달아 재미있고 편리한 방법으로 검색하며, 자유롭게 공유할 수 있는 온라인 커뮤니티입니다. 이 곳에는 전세계에서 올라온 수천만 장의 이미지가 있으며, 자신의 필요에 따라 이미지 공개 여부를 결정하고, 그룹을 만들거나, 좋아하는 사진목록을 만드는 등 재미있는 기능들이 많이 제공되고 있습니다.

http://www.flickr.com ▶

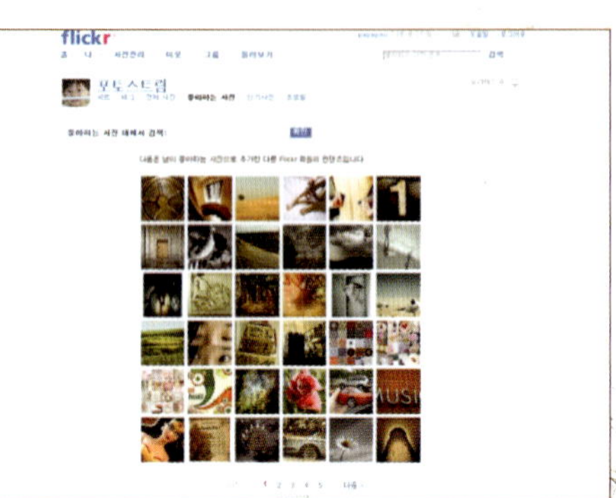

외국에서는 이미 수많은 사용자들이 flickr를 즐겨 찾고 있고, 국내에서도 몇 년 전부터 야후코리아를 통해 한글화된 서비스가 제공되고 있습니다. 다만 실제적인 키워드 검색은 대부분 영어로 이뤄지기 때문에 완벽한 한글 서비스가 제공되는 것은 아닙니다. 따라서 '지구' 이미지가 필요하다면 'earth'라고 영어로 키워드를 입력해야 합니다.

'earth'로 검색했을 경우
(http://www.flickr.com) ▶

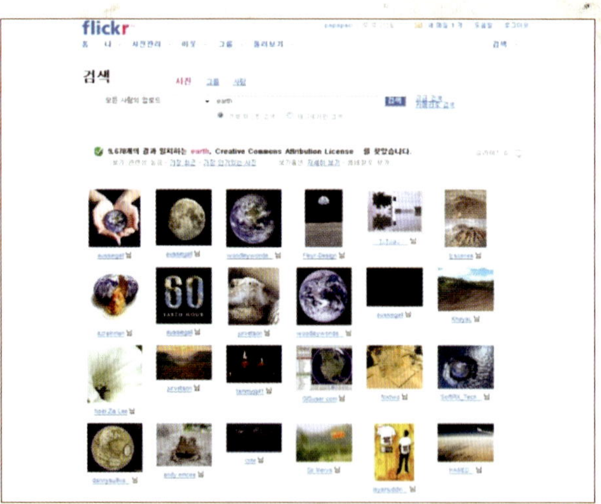

이 사이트의 가장 큰 특징은 참여와 개방이라는 웹 2.0 정신에 걸맞게 이미지 등의 데이터에 CCL 라이선스(Creative Commons License)를 도입했다는 점입니다. 이것은 폭넓고 자유로운 데이터 공유를 통해 자신과 자신의 저작물을 많은 사람들에게 알리고, 보다 많은 사람들이 창의적인 작업을 할 수 있도록 지원하는 매우 획기적인 저작권 방식입니다.

이 저작권은 저작자표시(Attribution:by), 비영리(Non-Commercial:Nc), 변경금지(Share Alick:Sa), 동일조건 변경허락(No Derivative Works:Nd)이라는 4가지 요소를 조합해 저작자가 만든 콘텐츠에 스스로 저작권을 지정하는 방식으로서, 기본적으로 다른 사람의 사용을 엄격히 제한하는 Copyright와는 달리 매우 개방적인 방식입니다. CCL 라이선스를 이용하면 방식에 따라 상업적으로 이용하는 것도 얼마든지 가능합니다.

01 Creative Commons Korea
http://flickr.com/creativecommons/

이 책에 있는 대부분의 예제는 부록 CD에서 찾을 수 있으며, 이미지의 저작자 정보는 아래와 같이 표시하고 있습니다. 단, CCL 라이선스를 사용할 때 한가지 주의할 점은 원저작자의 사정에 의해 이미지의 저작권 정보가 나중에 바뀔 수도 있다는 점입니다. CCL 라이선스 및 플리커 사이트에 대한 더 자세한 내용은 부록 Special Page를 참고하시기 바랍니다.

◀ CCL 저작권 표시 예
chez_sugi by sa
http://flickr.com/photos/chez_sugi
/2302302806/

부록
DVD

책과 함께 제공되는 부록 DVD에는 각 파트의 예제 파일이 들어 있습니다.

예제 파일은 '원본' 파일과 '결과' 파일로 구성되어 있으며 예제에 따라 '소스' 파일이 있는 경우도 있습니다. 처음 시작할 때 '원본' 파일을 열어 곧바로 작업에 들어가기 보다는 '결과' 파일을 먼저 열어 작업의 흐름을 파악하는 것이 좋습니다.

차례
Contents

PART 2 이미지 생성 작업 Image Creation

차례
Contents

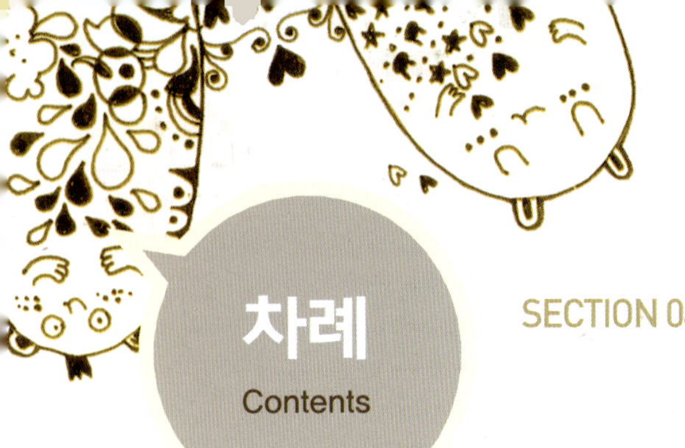

차례
Contents

PART 9 문자를 이용한 작업 Typography

SPECIAL PART 1 디자인이 맛있어지는 테크닉 TIP

SPECIAL PART2-1 돈과 시간을 아끼는 이미지 검색 방법

CHAPTER 01 이미지 검색 시 고려사항 487

CHAPTER 02 저작권 492

CHAPTER 03 이미지 검색 방법 498

CHAPTER 04 무료 이미지 507

SPECIAL PART2-2 포토샵 단축키

PART 01

PHOTOSHOP · DESIGN · RECIPE

시작하기 전에

어떤 일에든 기초와 기본기는 중요합니다. 계획을 미리 세우고 작업하는 것은 그렇지 않은 것에 비해 훨씬 좋은 결과를 가져다줍니다. 작업에 앞서 몇 분 정도 생각하는 습관을 갖는다면 보다 완성도 있는 작업이 가능할 것입니다.

1

포토샵을 즐기는
7가지 스터디 노하우

오늘날 포토샵은 디자이너뿐만 아니라 사진작가, 프로그래머, IT 분야 종사자, 학생 등 그 대상을 헤아리기 어려울 정도로 많은 사람들이 사용하고 있습니다. 이는 포토샵의 기능이 점점 더 방대해지고 전문화 되어가기 때문에 더욱 그렇습니다.

하지만 그 수를 헤아리기 힘들 정도로 많아 보이는 포토샵의 기능도 작업 유형에 따라 나누어보면 이미지 생성 작업, 리터칭 작업, 합성 작업, 페인팅 작업, 타이포그래피 작업 등 주로 사용되는 기능으로 분류됩니다. 일단 자신만의 작업 스타일이나 패턴을 정하고 몇 가지 기능을 집중적으로 사용하다 보면, 다른 기능을 둘러볼 여유도 생기기 마련입니다. 무엇보다도 포토샵을 익히는 과정을 즐기는 마음으로 임할 수 있다면 그것이 가장 효과적인 방법이 될 것입니다.

• 첫 번째, 포토샵 인터페이스와 친해집니다

사람들 사이의 관계도 여러 차례 만나고 대화를 나눠봐야 비로소 그 사람에게 친근감을 느끼듯이 컴퓨터 프로그램 또한 "내가 이 프로그램이랑 반드시 친해져야지" 하는 마음으로 자주 열어 보고 살펴 보는 것이 중요합니다. 포토샵은 처음 접할 때는 상당히 복잡해보이지만 초보자와 전문가 모두가 사용하는데 불편함이 없도록 잘 구성된 프로그램입니다.

01

◀ 포토샵 CS4 작업 화면

Jule_Berlin by
http://www.flickr.com/photos/jule_berlin/853806749/

두 번째, 필요한 기능 위주로 먼저 배웁니다

포토샵은 방대한 기능을 가지고 있기 때문에 처음부터 한꺼번에 배우겠다고 달려들면 오히려 쉽게 지치기 마련입니다. 자신에게 필요한 기능 위주로 반복 학습하되 차근차근 개념과 기능을 익히는 것이 중요합니다. 이 책에 나온 예제들을 하나하나씩 따라 하다보면 작업 유형에 따라 자주 사용되는 기능들을 쉽게 파악할 수 있습니다.

세 번째, 짧더라도 규칙적으로 학습합니다

같은 시간을 투자하면서도 가장 높은 효과를 얻는 방법은 방해 받지 않는 시간과 장소를 정하고 규칙적으로 학습하는 것입니다. 이것은 한번에 많은 시간을 들이는 것보다 효과적입니다. 욕심이 앞서 많은 시간을 할애해 학습하다 보면 피곤해지기 마련입니다. 따라서 짧은 시간일지라도 규칙적으로 학습하는 것이 좋습니다.

네 번째, 좋은 작업 습관을 익히도록 합니다

업무를 처리하거나 과제물을 만들 때 다른 사람보다 원하는 결과물을 빨리 만들 수 있다면 주위에서 인정받게 됩니다. 빠른 작업 속도를 위해서는 기본 개념을 충분히 이해하는 것과 더불어 처음부터 좋은 습관을 들이는 것이 매우 중요합니다. 예를 들어 목표를 정하고 작업하기, 작업 전 소스 살피기, 마우스보다는 단축키 애용하기, 태블릿 활용하기 등 처음에는 오히려 번거로워 보이는 과정을 몇 차례 반복을 통해 익히고 나면 시간을 절약함과 동시에 작업의 효율성도 높아집니다.

다섯 번째, 항상 배우는 자세를 갖습니다

프로그램을 익히다 보면 가끔 막히는 경우가 생깁니다. 이런 경우, 실질적인 도움을 주는 사람은 자신보다 경험이 풍부한 사람들일 것입니다. 자신보다 조금이라도 더 알고 있는 사람이라면 누구에게라도 배운다는 자세가 필요합니다. 온라인이나 오프라인에서 유명 작가들의 작품을 자주 접하는 것도 안목을 기르는 좋은 방법 중에 하나입니다.

여섯 번째, 좋은 소스를 확보합니다

좋은 요리를 만들려면 좋은 재료가 필요하듯이 포토샵에서도 특징한 상황에 어울리는 이미지나 소스가 필요합니다. 적절한 예제를 가지고 작업하게 되면 같은 시간을 작업하더라도 더 큰 효과를 얻을 수 있습니다. 따라서 평소에 이미지, 브러시, 서체 등의 필요한 자료들을 미리 확보해 두는 것이 좋습니다.

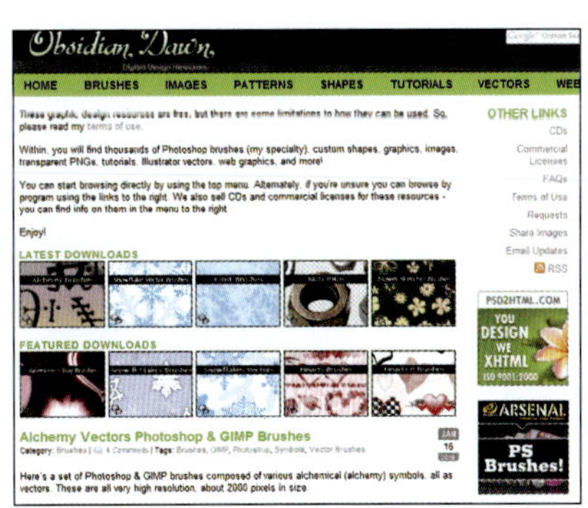

◀ http://www.obsidiandawn.com/ 작업에 필요한 여러 가지 종류의 자료들을 모아놓은 사이트

일곱 번째, 구체적인 목표를 가지고 작업하도록 합니다

포토샵 실력 향상을 위해 습작을 만들 경우일 지라도, 연습 단계에 그치지 않고 구체적인 목표를 가지고 실제적인 작업을 진행하는 것이 실력 향상에 커다란 도움을 줍니다. 작업을 시작하기 전에 콘셉트와 작업 과정을 머릿속에 그려본 후에 작업에 임하는 습관을 갖는 것이 중요합니다.

> **TiP** 주변에서 포토샵을 배우는 분들 중에 생각만큼 진도가 나가지 않을 때 포기하는 경우를 자주 보았습니다. 이것은 낯선 개념을 받아들일 때 나타나는 당연한 현상이기 때문에 좌절할 필요는 없습니다. 이런 경우에는 완벽하게 이해하고 넘어가기보다는 가볍게 훑어보고 나중에 다시 한번 학습하는 것이 좋습니다.

026
027

실력 업그레이드를 위한
7가지 준비 작업

포토샵은 디자인, 사진, 인쇄, 웹, 3D, 영상 등 광범위한 분야를 다루고 있기 때문에 알아야 할 개념이 많고, 어떻게 환경을 설정하고 작업하느냐에 따라서도 작업 과정과 결과가 크게 달라집니다.

이 섹션에서는 실력을 업그레이드하기 위해 필요한 요소들에 대해 살펴보도록 하겠습니다.

STEP 1 기본 개념과 원리를 익힙니다

Photoshop Design

기본을 익힌다는 것은 말처럼 쉽지 않습니다. 특히 포토샵에서 다루고 있는 원리는 매우 다양하며, 경우에 따라 상당한 전문성을 요구하기도 합니다. 하지만 포토샵 활용에 필요한 기본 원리들을 소홀히 한다면 프로그램 자체를 잘 알고 있다 하더라도 더 이상 실력이 늘지 않는 한계점이 나타날 수 있습니다. 기본 원리는 관점에 따라 여러 가지로 나눌 수 있겠지만, 여기서는 컴퓨터 그래픽 개념과 포토샵 개념, 기술적 표현 원리와 감각적 표현 원리로 나누어 살펴보겠습니다.

• 컴퓨터 그래픽 개념

컴퓨터 그래픽의 기본 개념은 주로 하드웨어(디지털 카메라, 스캐너 등)를 통해 확보된 데이터를 소프트웨어를 이용해 새롭게 만들거나 개성 있는 콘텐츠로 재가공하고, 이것을 다양한 매체로 출력하는 모든 시각적 과정과 작업에 대한 이해를 의미합니다. 이 과정에서 작업자의 아이디어나 상상력, 창의성이 결과에 중요한 영향을 미치게 됩니다.

01

02

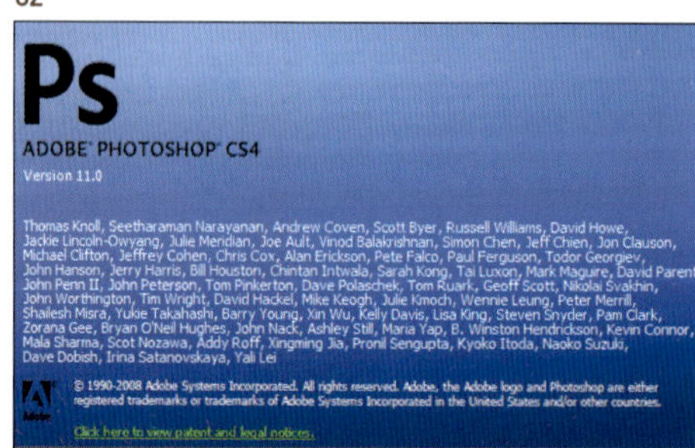

01 작업자의 아이디어나 상상력, 창의성이 결과물에 가장 중요한 역할을 한다.

Max Braun by sa
http://www.flickr.com/photos/maxbraun/266287152/

02 포토샵 CS4 시작 로고 – 포토샵은 가장 호환성이 높은 그래픽 프로그램 중 하나이다.

• 포토샵 개념

포토샵은 그림, 사진, 일러스트, 도면, 문자 등과 같은 아날로그 방식의 이미지들을 디지털 상태로 통합하면서 모두 픽셀이라는 단위로 표준화합니다. 또한 동영상 편집, 멀티미디어 콘텐츠 제작, 홈페이지 제작 등과 같은 전문적인 영역에서도 효율성과 호환성이 높은 프로그램입니다.

기술적 표현 원리

포토샵을 자유롭게 활용하기 위해서는 픽셀, 해상도, 색상, 압축 방식 등 소프트웨어적인 원리를 이해하는 것이 필요합니다. 또한 하드디스크, 모니터, 태블릿, 디지털 카메라, 출력기 등 다양한 하드웨어에 대해서도 상황에 따라 활용할 수 있어야 합니다. 기술적 표현 원리들을 이해할수록 불필요한 시행착오를 줄이면서 신속하고 정확한 작업이 가능해집니다. 예를 들어 색상 관리 시스템(Color Management System)을 이해하지 못하면 내 모니터에서 보여지는 이미지가 다른 사람의 모니터에서는 어떻게 보일지 알 수 없고, 출력물에도 원치 않는 결과가 나타날 수 있습니다.

03

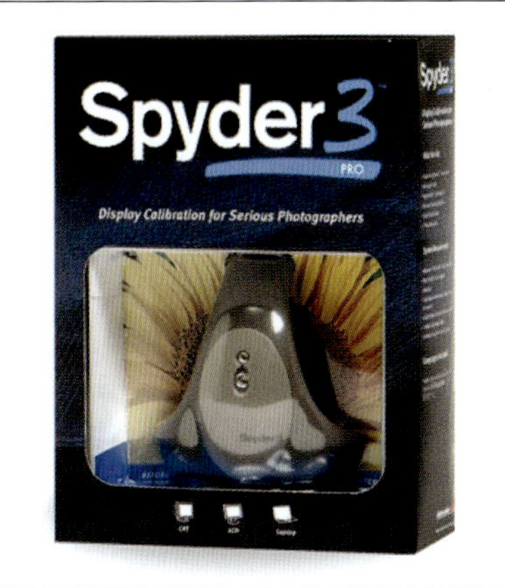

04

03 마우스보다 정교한 표현이 가능한 입력 장치. Wacom 태블릿.
http://www.wacomkorea.co.kr/

04 모니터 캘리브레이션을 손쉽게 해주는 하드웨어. Spider3.
http://www.datacolor.kr

감각적 표현 원리

포토샵은 사용할수록 프로그램 그 자체의 기능보다는 미적, 감각적 표현 원리를 이해하는 것이 더 중요하다는 것을 알게 됩니다. 특히 완성도를 요구하는 작업에서는 상당한 수준의 감각이 필요합니다. 주변에는 많은 기능을 익히면 익힐수록 좋은 작품을 만들 수 있다고 생각하는 분들이 있습니다. 하지만 실전에서는 표현 감각을 기르는 것이 우선입니다. 실제로 이미지 소스를 고르는 일부터 색상을 고르는 일, 명암을 표현하는 일, 노출을 보정하는 일 등은 모두 감각을 필요로 합니다.

이러한 감각은 기본 개념과 원리를 바탕으로 꾸준한 훈련을 통해 익힐 수 있습니다. 얼굴에 나타난 빛의 흐름이나 물방울의 투명도, 유리의 굴절 상태 등 사물를 유심히 관찰하는 습관을 통해서도 이러한 훈련이 가능합니다. 또한 작품을 감상하는 습관을 길러 눈높이를 높이고, 시행착오를 거치면서 실질적인 표현력을 기르는 것이 바람직합니다.

05

06

05 예술적이고 실험적인 작품이 가득한 deviantart.com. 수준 높은 작품을 자주 감상하는 것이 감각을 키우는 좋은 방법이다.
http://browse.deviantart.com/collections/?mode=p1

06 광고, 편집, 다큐멘터리, 개인 작품 등 다양한 영역에 사용된 사진이미지를 전시한 곳. 이미지가 어떤 곳에 어떤 방식으로 사용되는지를 감상하는 것은 영감을 얻는데 커다란 도움이 된다.
http://gallery.pdnevents.com/annual2008/

STEP 2 톤 조절 기능을 확실하게 익힙니다.

Photoshop Design

포토샵 실력을 업그레이드하는데 있어 최우선적으로 필요한 것은 색상과 톤을 원하는 대로 조절하는 능력입니다.

포토샵에서 제공하는 리터칭 관련 기능은 혼란스러울 정도로 많습니다. 따라서 여러 가지 기능을 한 번에 모두 익히려 하기보다는 자신에게 어울리는 기능 위주로 하나씩 익혀가는 것이 좋습니다. 단 정교하면서도 다양한 기능이 제공되는 Curves 기능과 색상, 명도, 채도를 동시에 조절할 수 있는 Hue/Saturation 기능은 필수적으로 익혀두는 것이 좋습니다.

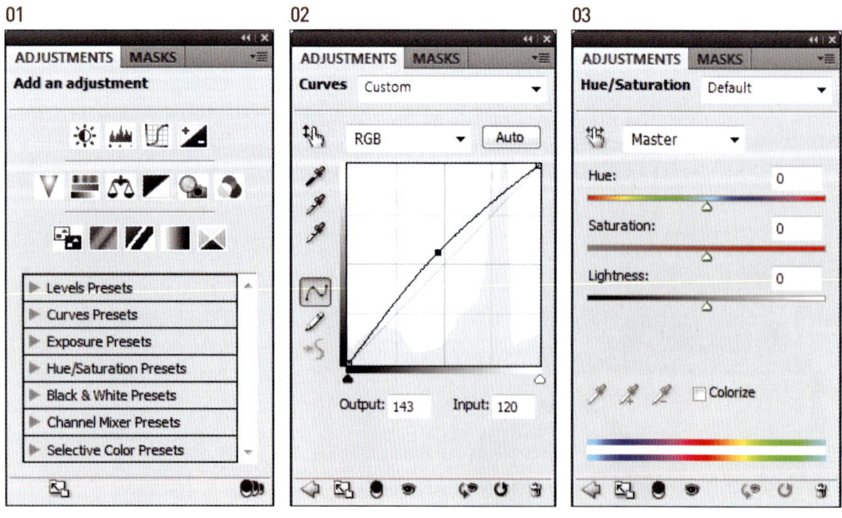

01, 02, 03 리터칭 작업에서 가장 많이 사용되는 조정 레이어(Adjustments Layer).
포토샵 CS4부터는 [Adjustments] 패널이 추가되면서 작업 과정이 더욱 간소화되었다.

STEP 3 정교한 마스킹 능력을 기릅니다.
Photoshop Design

톤 조절 기능과 함께 이미지를 편집하는데 있어 반드시 필요한 것은 정교한 마스킹 능력입니다. 마스킹을 제대로 한다는 것은 효과가 적용될 영역을 적절히 구분 지을 수 있다는 것으로 완성도 높은 작업을 위한 필수 사항입니다.

마스킹 방법은 매우 다양하기 때문에 상황에 따라 적절한 방법을 사용하는 것이 좋습니다. 상황에 따른 마스킹 방법은 SECTION 3, '기본기를 다지기 위한 필수 개념과 기능' STEP 3 Masking(마스킹)에서 자세히 다루고 있습니다.

◀ 완성도 높은 작업을 위해 정교한 마스킹은 필수적이다.

tanakawho by
http://www.flickr.com/photos/28481088@N00/1503394533/in/set-72157600001210475/

STEP 4 자신만의 작업 환경을 구축합니다.
Photoshop Design

포토샵에는 사용자의 입맛대로 작업 환경을 꾸밀 수 있도록 다양한 옵션이 있는데, 이러한 옵션들은 주로 Edit 메뉴에 위치합니다. (Edit 〉 Preferences) 환경을 제대로 설정해놓으면 작업 시간을 상당히 단축할 수 있을 뿐 아니라 자원도 효율적으로 관리할 수 있게 됩니다.

환경설정은 크게 일반 환경설정(Preferences), 컬러 설정(Color Settings), 메뉴와 단축키 설정(Menus & Keyboard Shortcuts), 프리셋 관리자(Preset Manager) 등으로 나눌 수 있습니다.

또한 Window 〉 Workspace 메뉴를 이용하면 작업자의 작업 스타일에 따라 Workspace(작업공간)의 형태를 바꿀 수 있는데, 이렇게 하면 작업의 편리성과 효율성을 동시에 높일 수 있습니다. 작업공간은 저장이 가능하기 때문에 필요에 따라 저장 후 다시 불러와 사용하면 됩니다.

030
031

01 포토샵 CS4의 기본 작업공간

02 타이포그래피 환경에 맞는 작업공간

frielp by
http://www.flickr.com/photos/frielp/52697187/in/set-371892

작업한 내용을 모니터에 보이는 그대로 출력한다는 것은 말처럼 쉬운 일이 아닙니다. 모니터만 보면서 작업을 진행했다면 화면상으로는 완벽해 보일지라도 다른 사람의 모니터나 최종 출력물에서는 생각지 못한 결과가 나오기 쉽습니다. 이렇게 작업자의 모니터를 통해 보여지는 상태와 최종 출력물이 다르게 나타나는 이유는 컴퓨터와 연결된 모니터, 디지털카메라, 스캐너, 프린터 등의 제조회사가 각기 다르며, 각기 다른 컬러 프로파일(Color Profile)을 사용하기 때문입니다. 따라서 작업 환경을 고려하여 컬러 프로파일을 일치시킨 상태로 작업하는 것이 중요합니다.

또한 색상 정보를 파악하는 작업을 맨눈에만 의존하기 보다는 [Histogram] 패널이나 [Color Sampler] 툴, [Info] 패널 등 과학적이고 객관적인 도구를 활용하는 것이 바람직합니다.

01
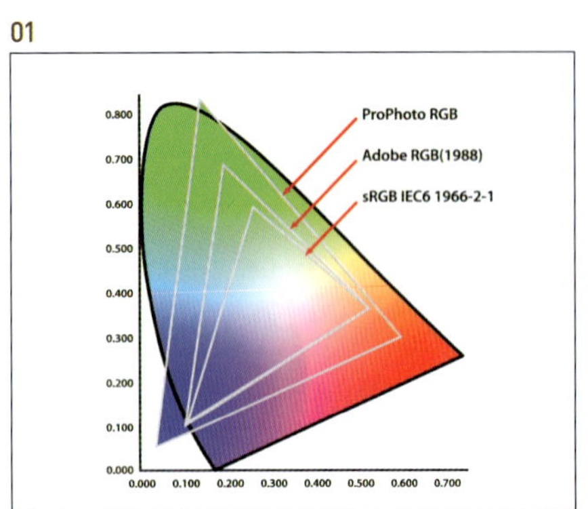

02
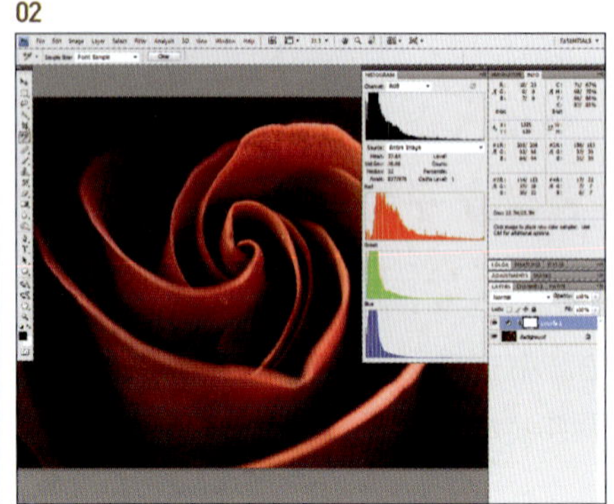

01 색상영역(Color Space)을 비교한 표로서 컬러 프로파일(Color Profile)에 따라 색상영역이 각기 다른 것을 알 수 있다.

02 Histogram 패널이나 Color Sampler, Info 패널 등 과학적인 도구를 활용해야 실수를 줄일 수 있다.

◀ bensonkua by sa
http://www.flickr.com/photos/bensonkua/2237169407/

시간대비 높은 효율성을 얻으려면 적절한 하드웨어를 구비하고, 자원을 올바르게 분배하는 등의 좋은 작업 습관을 가져야 합니다.

포토샵은 메모리(RAM)과 하드디스크에 대한 의존도가 높은 편이며, 그래픽 카드의 종류(GPU 지원 여부)에 따라서도 상당한 속도 차이가 발생합니다. 따라서 최적화된 하드웨어를 구비할 수 있다면 빠르고 안정적인 작업이 가능합니다. 하지만 고급 사양이 아니더라도 가상 메모리(Scratch Disk)를 제대로 설정하고, 하드디스크를 주기적으로 관리해주며, 불필요한 동작을 줄이는 습관만으로도 작업 속도를 개선할 수 있습니다.

우선 RAM 메모리의 사용 비중을 정할 때는 주로 사용하는 프로그램의 수가 몇 개인지에 따라 설정해야 합니다. 예를 들어 DTP(전자출판) 작업처럼 여러 프로그램을 동시에 열어 놓고 해야 할 작업이라면, 메모리를 포토샵에 절반 가량 할당하고, 나머지는 프로그램별로 나누어서 할당하는 것이 좋습니다. 반면 이미지 위주의 작업이라면 포토샵에 좀더 많은 비중을 할당하는 것이 좋습니다. 단, 포토샵에 지나치게 높은 비중을 할당하는 것은 시스템 사용 메모리를 고갈시켜 오히려 컴퓨터를 느려지게 할 수도 있습니다. Adobe 사에서 권장하는 포토샵의 메모리 할당 비중은 50~60%이며, 최고 70%를 넘지 않는 것이 좋습니다.

큰 파일을 여러 개 열어 작업할 경우에는 가상 메모리의 사용이 급격히 늘어납니다. 이런 경우라면 시동 디스크(보통의 경우 C 드라이브) 외에 공간이 충분하게 확보된 별도의 디스크를 가상 메모리로 지정하는 것이 좋습니다. 빠르고 안정적인 하드디스크를 구할 수 있다면 작업 시간을 좀 더 단축할 수 있습니다.

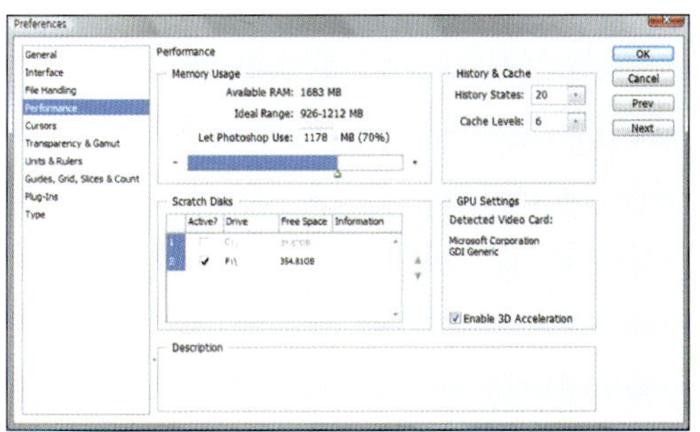

◀ [Performance] 설정은 컴퓨터의 성능을 최대한 끌어올릴 수 있는 좋은 방법이다.

> **TiP** 큰 용량의 작업은 메모리를 많이 필요로 하므로 History States 값을 너무 높게 설정하지 않는 것이 유리합니다.

STEP 7 단축키를 활용합니다
Photoshop Design

단축키를 적절하게 사용하면 생각보다 많은 시간을 절약할 수 있습니다. 필자의 주관적인 견해로는 단축키를 사용하는 것이 그렇지 않은 것에 비해 최소 두배 이상 효율적이라고 생각합니다. 이것은 단순하게 절약되는 시간만이 아니라 작업의 흐름이 이어질 때 생기는 효과를 감안한 것입니다. 그렇다면 우리가 흔히 단축키라고 부르는 키에는 어떤 종류가 있는지 살펴보겠습니다.

- **단축키** : 특정 기능을 좀 더 빨리 실행하기 위해 마우스 대신 사용되는 모든 종류의 키로서 좁은 의미로는 Ctrl + M 처럼 메뉴에 할당된 키를 말하지만, 넓은 의미로 키보드를 이용한 모든 종류의 명령을 일컫습니다.

- **글쇠키** : M, B, Q, F 등 단순히 낱개의 글쇠로 구성된 키로서 주로 툴을 선택할 때 사용합니다. 한글 상태에서는 적용되지 않기 때문에 주의해야 합니다.

- **조합키** : 특정 작업을 할 때 다른 키(혹은 툴)와 함께 사용하는 키로서 Alt, Shift, Ctrl 등이 이에 속합니다. 어떤 조합키를 사용하느냐에 따라 작업 결과가 달라지는데, 예를 들어 선택 툴에서 Shift 를 누른 채로 드래그하면 선택이 추가되지만, Alt 를 누른 채로 드래그하면 선택이 제거됩니다.

- **기능키** : 키보드 맨 위쪽에 위치한 F1 부터 F12 (혹은 F15)까지의 키를 말합니다. F 는 Function(기능)을 의미하며, 원하는 기능을 [Actions] 패널에서 직접 설정할 수 있습니다. 기능키 또한 조합키와 함께 사용 가능합니다(예, Shift + F10).

01

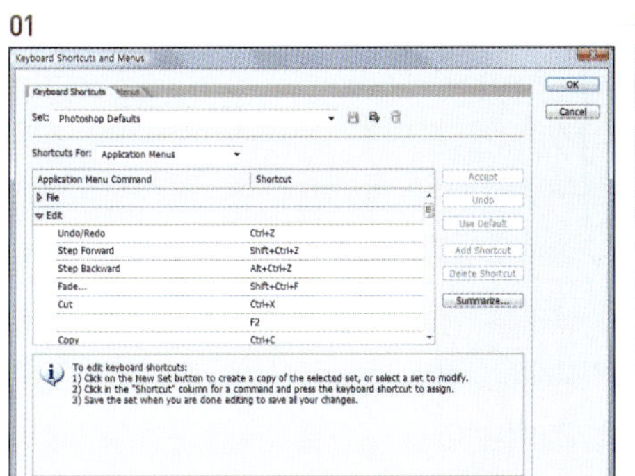

02

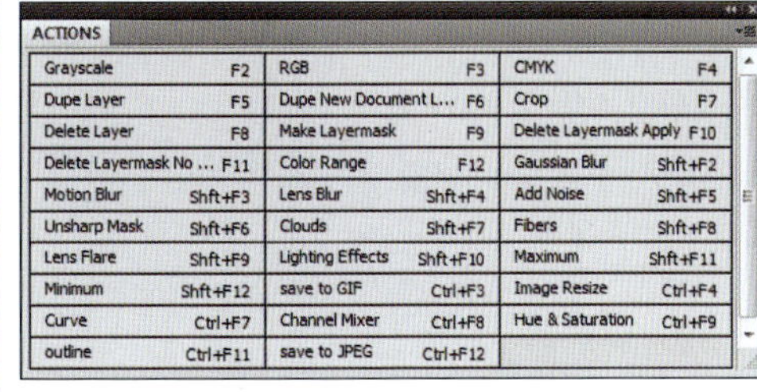

01 단축키는 Edit 〉 Keyboard Shortcuts 메뉴에서 설정할 수 있다.

02 필자가 사용하는 기능키 중의 일부

032
033

기본기를 다지기 위한
필수 개념과 기능

이 섹션에서는 포토샵 사용자라면 누구나 알아야 할 필수적인 개념과 기능에 대해 이야기하고자 합니다. 이미 기본기를 갖춘 분이라면 다음 섹션으로 넘어가도 좋습니다. 앞서 말했듯이 기본기를 튼튼하게 하기 위해서는 많은 기능을 익히겠다는 욕심보다는 필수적인 기능들을 집중적으로 익히고 그 기능들을 조합해 나가는 훈련을 하는 것이 좋습니다. 혹시 이해되지 않는 부분이 있다면 이 책의 예제들을 따라해본 후, 다시 한번 읽어 봐도 좋습니다.

STEP 1 픽셀과 픽셀 심도
Photoshop Design

이미지를 구성하는 최소 단위를 픽셀(Pixel) 또는 화소라고 부릅니다. 픽셀을 사람의 몸에 비유하자면 하나의 세포와 같습니다. 몸을 구성하기 위해 여러 개의 세포가 필요하듯 하나의 이미지를 구성하기 위해서는 여러 개의 픽셀이 필요합니다. 기본적으로 픽셀 수가 많아질수록 이미지의 해상도도 높아집니다.

픽셀은 컬러 모드에 따라 픽셀 심도(Pixel Depth)가 달라집니다. 픽셀 심도는 픽셀이 담고 있는 정보의 깊이라고 생각하면 되는데 보통 '픽셀당 비트 수'(BPP: Bits Per Pixel)로 표시됩니다. 이것을 표현 가능한 색상 수로 따져보면 Bitmap 모드는 1비트(2^1)이므로 표현 가능한 색이 2색이 되고, Grayscale 모드는 8비트(2^8)이므로 표현 가능한 색이 256색이 됩니다. RGB 모드는 8비트인 채널을 3개 가지고 있으므로 24비트 (8×3)이미지가 되고, CMYK 모드는 8비트인 채널을 4개 가지고 있으므로 32비트 (8×4)이미지가 되는 것입니다. 채널 수가 늘어날수록 이미지의 용량은 증가합니다.

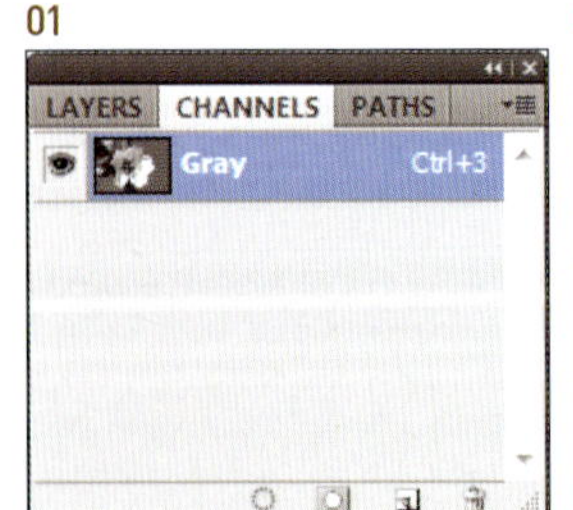

01

02

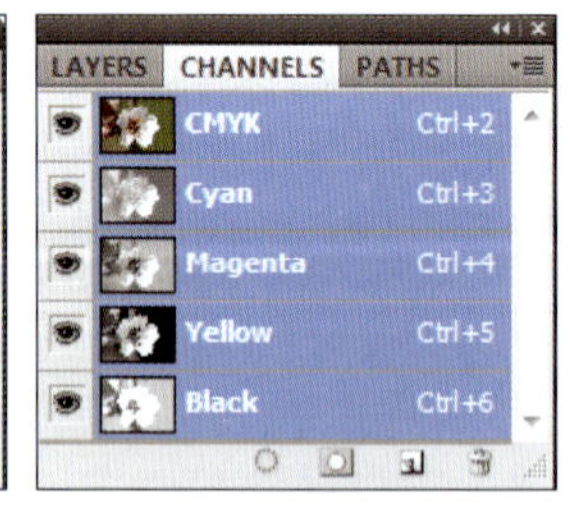

03

01 Grayscale 모드 (8비트)

02 RGB 모드 (24비트)

02 CMYK 모드 (32비트)

픽셀 해상도	2^1	2^8	2^{24}
픽셀당 비트 수	1비트	8비트	24비트
표현 가능한 색상 수	2색	256색	16,777,216색
컬러 모드	Bitmap	Grayscale, Duotone	RGB
채널 수	1	1	3
이미지 용량(1024×768 기준)	96K	768K	2.25M

8비트 이미지(8 BPC : 8 Bits /Channel)는 채널당 256단계의 계조 표현이 가능합니다. 따라서 256 명암 단계(Level)가 존재하는데, Histogram 패널이나 Levels 대화상자에 나타나는 그래프가 총 256 단계로 구성된 것도 이런 이유입니다.

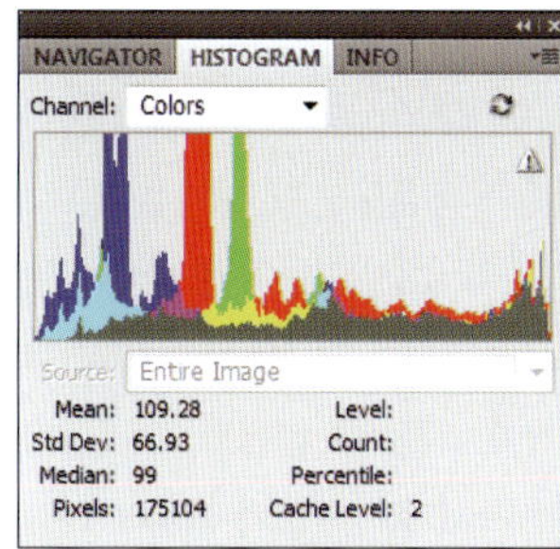 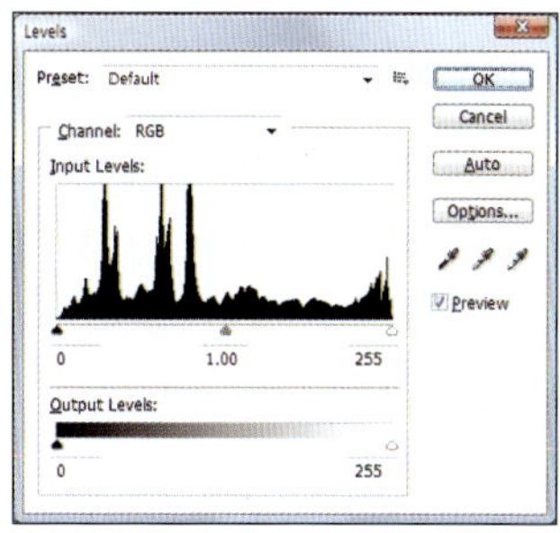

▶ Histogram 패널이나 Levels 대화상자에 나타나는 그래프는 256 단계의 레벨을 나타낸다.

다. RGB 이미지의 경우 Red, Green, Blue의 3개 채널을 가지고 있으므로 이론적으로 16,777,216색(256×256×256)까지 표현이 가능하지만, 사람의 눈은 더 넓은 영역(9 BPC 이상)을 감지할 수 있으므로, 채널당 8비트 이미지는 한계를 지니고 있습니다. 웹에서 사용할 이미지라면 상관없지만 대형 출력물이나 섬세한 톤을 표현하는 작업에서는 16비트 이미지(16 BPC: 16 Bits/Channel)를 이용하는 것이 좋습니다. 16비트 이미지는 RAW 포맷으로 촬영된 이미지를 통해 얻을 수 있습니다.

BPP와 BPC의 차이점

많은 포토샵 사용자들이 픽셀당 비트 수(BPP: Bits per Pixel)와 채널당 비트 수(BPC: Bits per Channel) 사이에서 혼란을 느끼기도 합니다. 픽셀당 비트 수는 하나의 픽셀이 갖는 비트 수를 나타내며 컬러 모드와 관련이 있지만, 채널당 비트 수는 말 그대로 하나의 채널에서 몇 비트까지 표현되는지를 나타냅니다. 채널은 8, 16, 32비트 3가지의 종류가 있으며, 일반적으로 사용되는 8비트 이미지에 비해 16비트 이상 이미지는 훨씬 높은 계조 표현력을 지닙니다.

▲ 채널당 비트 수(BPC)는 메뉴, 타이틀 바, 작업문서 하단 등에서 확인할 수 있다.

STEP 2 ## 해상도

Photoshop Design

해상도는 이미지에 있는 전체 픽셀의 촘촘함의 정도, 즉 밀도를 의미합니다. 해상도는 매체나 사용 목적에 따라 필요한 해상도가 크게 달라집니다. 모니터에서 보여지는 웹 이미지의 경우, 모니터의 화면 해상도인 72PPI 상태에서 가로, 세로의 픽셀크기만 맞추면 되지만, 인쇄 매체에 사용될 이미지는 가시거리, 잉크, 지질, 흡착률 등 여러 변수를 고려해 적정 해상도를 계산해야 합니다.

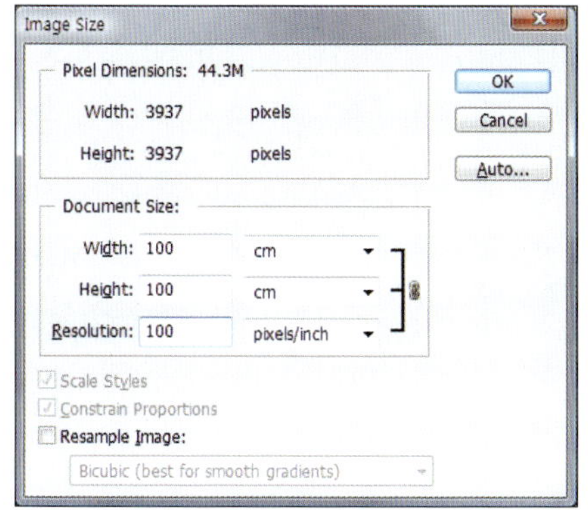 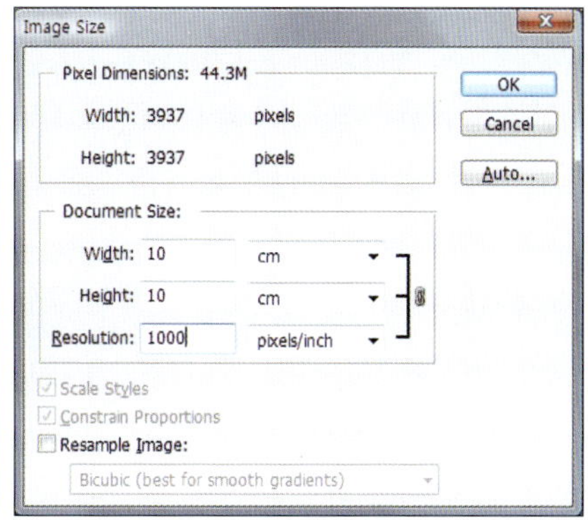

같은 용량이라는 전제하에 이미지의 폭과 높이를 각각 100cm로 정할 경우 해상도는 100PPI(Pixel Per Inch)라고 한다면, 만약 폭을 10cm로 줄일 경우에는 해상도가 1000PPI로 오히려 늘어나게 됩니다. 이처럼 파일 크기가 같은 상태라면 cm나 inch같은 물리적 크기가 줄어들수록 해상도는 오히려 높아진다는 것을 알 수 있습니다. 그렇지만 낮은 해상도를 강제로 늘리는 것은 의미가 없습니다. 파일 용량이 늘어난다고 해서 이미지 상태가 좋아지는 것은 아니기 때문입니다. 해상도는 고정된 개념이라기 보다 필요에 따라 비율을 조절할 수 있는 개념입니다. 적정 해상도를 정하는데 있어 가장 큰 영향을 미치는 요인은 '가시거리'입니다. 예를 들어 옥외광고물이라면 매체 자체는 크지만 가시거리가 멀기 때문에 해상도는 생각보다 높지 않아도 괜찮습니다. 반면 잡지처럼 가시거리가 짧고, 용지의 상태가 고급인 경우라면 상당히 높은 해상도가 필요합니다.

상업적인 용도로 사용되는 인쇄물의 경우, PPI(Pixel per Inch)로 해상도를 정하기보다는 LPI(Lines per Inch : 옵셋 인쇄에서 주로 쓰이며 선수[線數]라고도 합니다)라는 단위에 배율을 적용해 사용합니다. 보통, 매체별로 사용되는 LPI에 1.5~2를 곱하면 적정 해상도가 나옵니다. 예를 들어 흑백 신문의 경우 85LPI를 사용하므로 이것을 PPI로 환산하면 적정 해상도는 170PPI가 됩니다(85LPI×2=170PPI).

종류	LPI	PPI
흑백 신문	85 lpi	170 ppi
컬러 신문	100 lpi	200 ppi
잡지, 브로슈어	133~175 lpi	266~300 ppi
고급 옵셋 인쇄	150 lpi 이상	300~350 ppi

◀ 매체에 따른 적정 해상도

LPI에 따른 PPI 자동으로 계산하기

[Image Size] 대화상자에서 오른쪽에 있는 [Auto] 버튼을 클릭하면 자동으로 LPI에 따른 해상도를 계산해주는 옵션이 나타납니다. Draft는 72PPI, Good은 LPI×1.5, Best는 LPI×2를 적용하는 방식으로 계산됩니다.

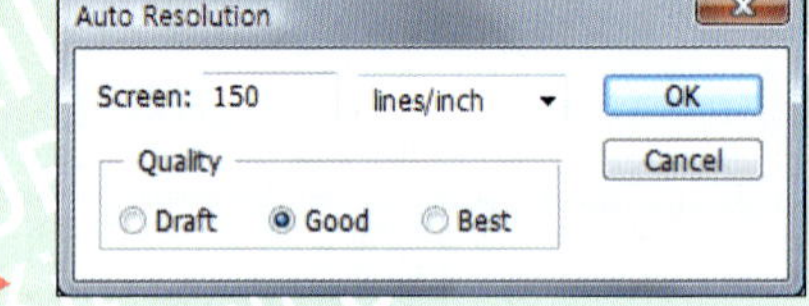

150LPI를 입력하고 Quality를 Good으로 적용할 때 ▶

cm와 픽셀의 차이점

cm나 inch, point 등의 물리적인 단위들이 절대적인 측량 단위라면 픽셀은 상대적인 측량 단위입니다. 픽셀은 물리적인 크기와는 상관이 없기 때문에 10cm 폭의 문서에 10픽셀이 들어갈 수도 있고 1000픽셀이 들어갈 수도 있습니다. 측량 단위는 웹에서는 픽셀, 인쇄에서는 cm, 사진에서는 Inch, 서체 작업에는 Point가 주로 사용됩니다. 이러한 측량 단위는 필요에 따라 [Info] 패널에서 손쉽게 바꿀 수 있습니다.

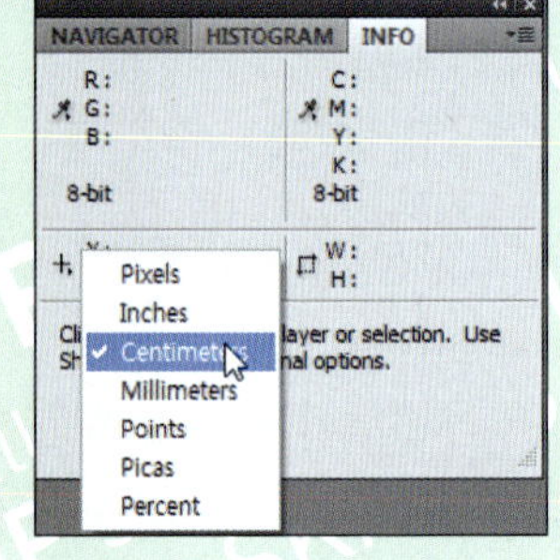

Info 패널 위에 대고 마우스 오른쪽 버튼을 클릭하여
손쉽게 측량 단위를 바꿀 수 있다. ▶

STEP 3 Masking

마스킹은 '마스크를 만드는 작업' 또는 '선택을 하는 작업'을 뜻합니다. 원래 마스크(Mask)의 의미는 '가리다'라는 뜻이며, 포토샵에서 사용되는 의미 또한 가려진 영역, 즉 선택되지 않은 영역이라는 뜻입니다. 마스크를 만드는 주된 이유는 이미지를 합성하거나 효과를 적용할 때, 이미지 전체가 아닌 특정 부분을 사용하기 때문입니다. 포토샵에서 '마스킹'과 '선택'은 서로 밀접한 관계를 지니고 있습니다. 또한 포토샵에서 30% 정도의 기능이 '마스킹'과 '선택'에 관련된 기능일 정도로 그 비중 또한 높습니다. 마스킹이 중요한 이유는 완성도 있는 작업을 위해 정교한 마스킹이 필수적이기 때문이기도 하지만, 마스킹에 소요되는 시간이 다른 어떤 작업보다 많기 때문입니다. 따라서 마스크의 원리를 이해하고 적절한 방법을 통해 마스킹할 수 있다면 포토샵 작업은 한결 손쉬워지고 빨라질 것입니다.

1. 마스크의 원리

예제를 통해 마스크의 원리를 간단하게 살펴보겠습니다.

오른쪽 이미지의 경우, 다른 배경과 합성하려면 장난감 인형만 별도로 선택해야 합니다. 키보드에서 Q 를 눌러 퀵 마스크 모드로 들어갑니다. 브러시를 이용해 가려질 곳(인형을 제외한 배경)을 모두 칠합니다.

◀ Tábata – Happy Batatinha by http://www.flickr.com/photos/happy-batatinha/3544626612

🔴 Part1\masking.jpg

다시 Q 를 눌러 퀵 마스크 모드를 빠져나오면 인형이 선택된 상태로 표시됩니다. 말 그대로 빠른 선택을 위해 자주 사용되는 기능이 퀵 마스크 모드입니다.

선택이 살아 있는 상태에서 [Layers] 패널의 'Add layer mask (레이어 마스크 추가하기)' 아이콘(□)을 클릭하면 선택이 사라지면서 레이어 마스크 상태로 바뀝니다. Ctrl 을 누른 채로 레이어 마스크 썸네일을 클릭하면 다시 선택영역이 생겨납니다. 이러한 원리를 알고 있으면 효율적인 작업이 가능해집니다.

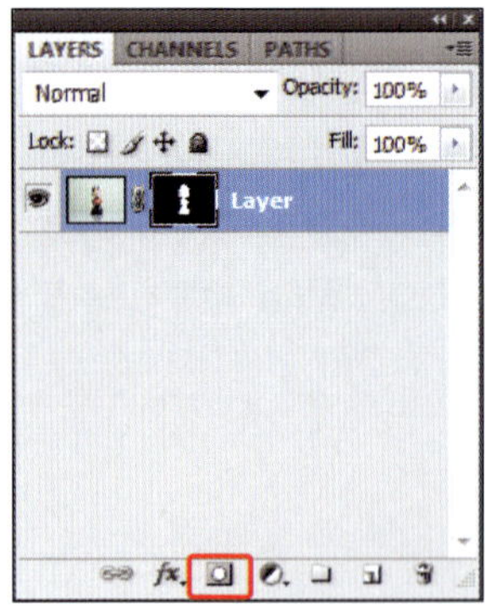

이번에는 선택영역을 채널 상태로 만들어 보겠습니다. 선택이 살아있는 상태에서 [Channels] 패널을 선택한 후 'Save selection as channel(선택을 채널로 저장하기)' 아이콘(□)을 클릭합니다. 선택은 그대로 살아있으면서 'Alpha 1' 이라는 이름의 채널이 생겨납니다.

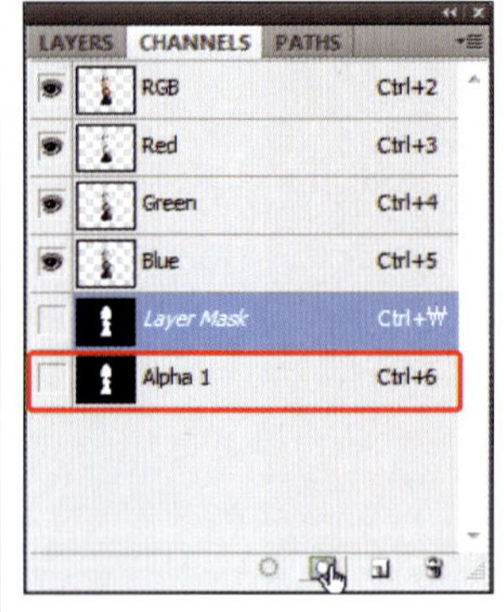

Quick Mask Options 대화상자

붉은색은 마스킹 된 영역을 나타내는 가상의 색입니다. 툴 패널에서 퀵 마스크 아이콘(□)을 더블클릭하면 [Quick Mask Options] 대화상자가 나타납니다. 이때 [Color Indicates] 옵션은 'Masked Areas(마스킹 영역)' 가 기본값입니다. 이 옵션을 'Selected Areas(선택영역)' 로 바꾸면 영역이 반전되면서 선택될 곳(장난감 인형)이 붉은색으로 표시됩니다.

▲ 'Selected Areas' 가 선택되어 있을 때 마스킹 영역

지금까지 살펴본 것처럼 선택과 퀵 마스크, 레이어 마스크, 알파 채널은 모두 호환이 가능합니다. 이밖에 다른 마스크로는 벡터 마스크(Vector Mask)와 필터 마스크(Filter Mask)가 있습니다. 벡터 마스크를 제외한 모든 마스크는 흑백의 픽셀 상태라는 공통점이 있습니다. 이것은 마스크가 흑백 명암을 이용해서 마스킹 효과를 내기 때문인데, 검은색은 마스킹 될(가려질) 부위를 뜻하고, 흰색은 선택될(보여질) 부위를 뜻합니다.

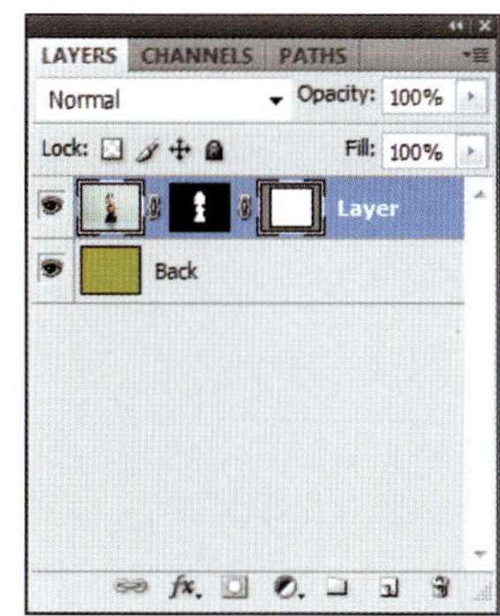
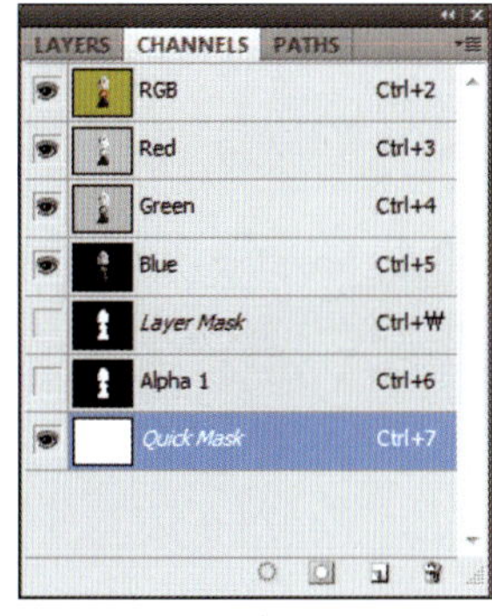
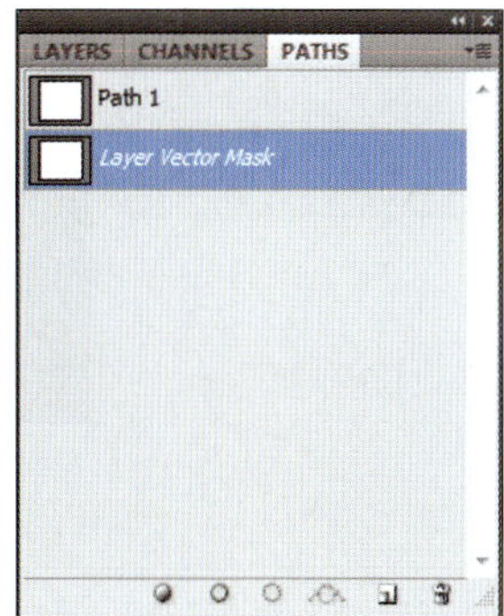

▲ 레이어 마스크와 벡터 마스크 퀵 마스크 등은 선택을 저장하는 역할을 한다.

2. Pen 툴을 이용한 마스킹 (규칙적인 형태의 마스킹)

마스킹을 형태에 따라 구분한다면 규칙적인 형태와 불규칙적인 형태로 나눌 수 있습니다.
규칙적인 형태는 가전제품이나 자동차, 건물 등 인공적인 물체에 나타납니다. 이러한 형태는 Pen 툴을 이용해 마스킹하는 것이 무난합니다.

01

02
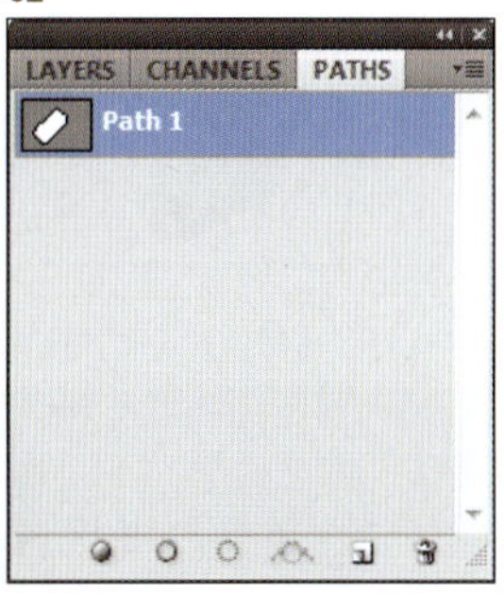

038
039

01 **Johan Larsson by** http://flickr.com/photos/johanl/2342017833/

02 Pen 툴을 이용해 마스킹한 상태의 [Paths] 패널

3. 브러시 툴을 이용한 마스킹(불규칙적인 형태의 마스킹)

퀵 마스크나 레이어 마스크에서 브러시로 마스킹하는 방식은 시간과 정성을 많이 필요로 하지만 가장 정교한 방식입니다. 꽃이나 나무, 인물, 동물 등 주로 생물체, 또는 각도가 복잡하거나 초점이 흐려진 물체라면 레이어 마스크에서 브러시를 이용해 마스킹하는 것이 좋습니다.

불규칙적인 형태를 마스킹할 때 가장 주의할 점은 사물이 지닌 외곽선의 초점 상태입니다. 보통거리에 따라 외곽선의 초점 상태도 다르기 때문에 브러시의 Diameter(지름)와 Hardness(단단함의 정도) 수치를 상황에 맞게 조절해가며 그려야 자연스러운 결과를 얻을 수 있습니다.

03

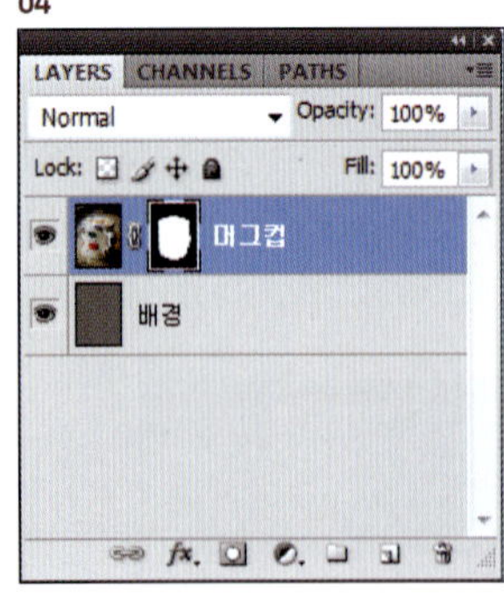

04

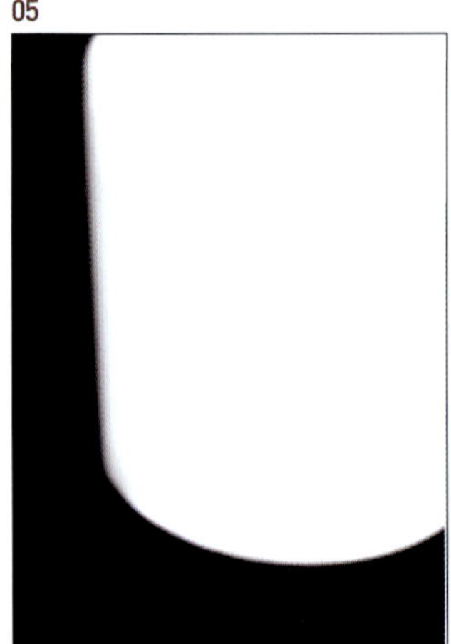

05

03 Ann Gordon by sa
http://flickr.com/photos/75976921@N
00/2271675734/in/set-72157605124
150122/

04 레이어 마스크에서 브러시를 이용해
마스킹한 상태

05 초점거리에 따라 경계 부분의 완급
상태가 달라보인다.

4. Magic Wand 툴을 이용한 마스킹

마스킹하려는 곳의 경계가 비교적 명확하거나, 선택
영역이 군데군데 흩어져 있는 경우라면 Magic Wand
툴(　)을 이용하는 것이 좋습니다. 비록 정교한 선택
방식은 아니지만 Refine Edge 기능과 함께 사용하면
쓸만한 결과를 얻을 수 있습니다. 이 툴을 이용해 선
택할 때는 물체를 선택하는 것이 유리할지, 배경을 선
택한 다음 선택 반전하는 것이 유리할지를 잘 판단해
야 합니다. 배경이 단순한 경우라면 배경을 먼저 선택
한 후, 선택을 반전해서 원하는 영역을 얻는 것이 좋
습니다.

◀ Magic Wand 툴을 이용해 대비가
명확한 부분을 선택한다.

_ltwp by
http://flickr.com/photos/gladius/249
4911109

포토샵 CS3에서부터 추가된 Quick Selection 툴(　)
또한 눈여겨볼 마스킹 기능입니다. 이 툴은 Magic
Wand 툴과 달리 브러시 형태를 지니고 있는 것이 특
징인데, 선택하고자 하는 영역에 따라 브러시의 크기
를 조절해 그리는 방식입니다. 보통 공간이 좁고 대비
가 강한 곳에 사용하면 효과적입니다. 특히 Auto-
Enhance 기능을 체크해두면 선택 경계가 깔끔하게
처리됩니다. 그러나 툴은 메모리를 많이 필요로 하기
때문에 파일이 지나치게 크거나 복잡한 경우라면, 다
른 선택 기능을 사용하는 것이 좋습니다. 이 툴에 대
한 보다 자세한 내용은 PART 3, SECTION 6을 참고합니다.

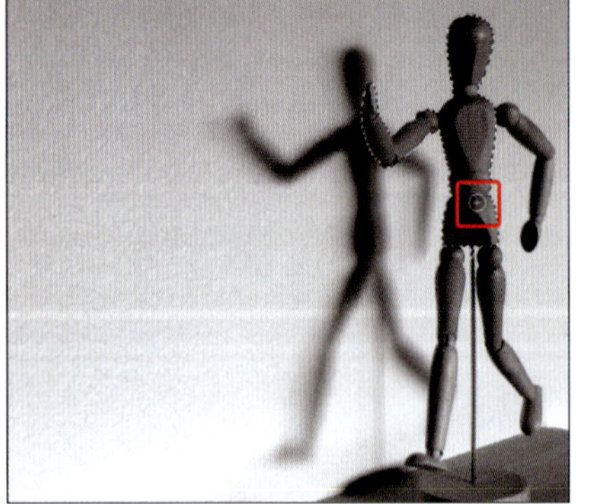

◀ Quick Selection 툴은 좁고 대비가
강한 곳에 사용하면 효과적이다.

조합키를 이용한 선택 작업

모든 선택 툴은 조합키(Alt , Shift , Ctrl)와 함께 사용해 선택을 추가하거나 삭제하는 것이 가능합니다. 조합키를 이용한 선택 작업은 머리로 이해하기 보다는 익숙해질 때까지 반복적으로 훈련하는 것이 좋습니다.

❶ Shift 를 누르고 드래그한 경우, 드래그한 부분이 추가됩니다.

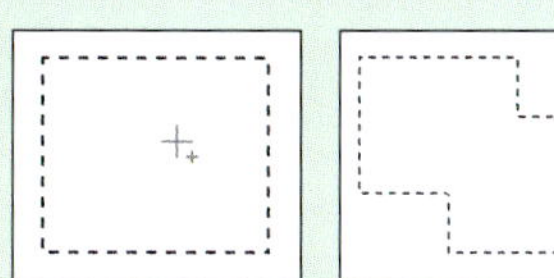

❷ Alt + Shift 를 동시에 누르고 드래그한 경우, 교차된 부분만 남습니다.

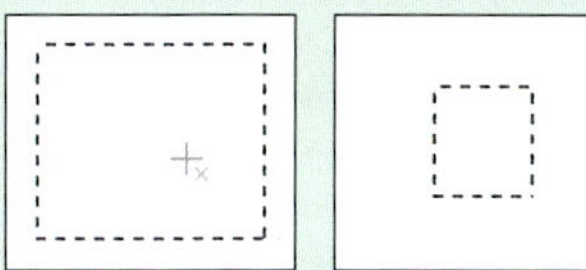

❸ Alt 를 누르고 드래그한 경우, 드래그한 부분이 삭제됩니다.

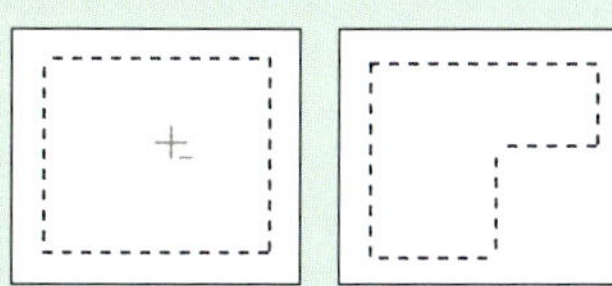

❹ 조합키가 익숙하지 않은 경우라면 옵션바에서 직접 지정하는 것도 방법입니다.

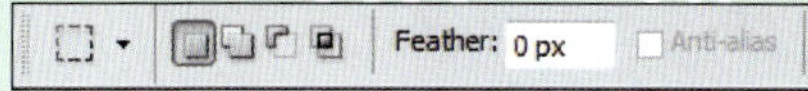

5. Refine Edge 메뉴를 이용한 마스킹

메뉴를 이용한 마스킹 작업에는 주로 Select 메뉴가 사용되며 드물게 Filter 메뉴가 사용되기도 합니다. Select 메뉴는 선택 그 자체를 위한 메뉴지만 기존의 선택이 있어야만 활성화 되는 메뉴가 대부분입니다. 이것은 Select 메뉴가 선택 자체를 만들어 낸다기보다는, 주로 기존 선택을 다듬는 역할을 한다는 것을 말해줍니다.

◀ Select 메뉴는 기존 선택을 조절하는 역할을 한다.

Janne by
http://www.flickr.com/photos/jannel
ass/492325574/in/set-110863

포토샵 초기 버전에서는 Select 〉 Modify와 같이 단순한 기능이 주로 사용되었지만, 이후 선택 기능을 총괄적으로 다룰 수 있는 Refine Edge(Alt + Ctrl + R) 같은 기능이 추가되었습니다.

Refine Edge는 기존 선택 영역을 확장하거나 축소하고, 경계를 부드럽게 하거나 강하게 만드는 등 선택영역을 다듬는 작업을 위해 필수적인 기능입니다.

이 기능이 편리한 이유는 복잡한 과정을 거치지 않고 선택 상태를 한번에 조절할 수 있기 때문입니다. 결과적으로 손이 적게 가고 시간이 절약되는 장점이 있습니다. 또한 미리보기가 지원되므로 시행착오를 줄일 수 있습니다. 보통 마스킹을 꼼꼼하게 하더라도 경계 부위에 찌꺼기가 남는 경우가 있는데, Refine Edge 기능은 이러한 문제들을 손쉽게 해결해줍니다.

Refine Edge 기능은 Select 메뉴뿐만 아니라 선택 툴의 옵션 바에서도 나타납니다.

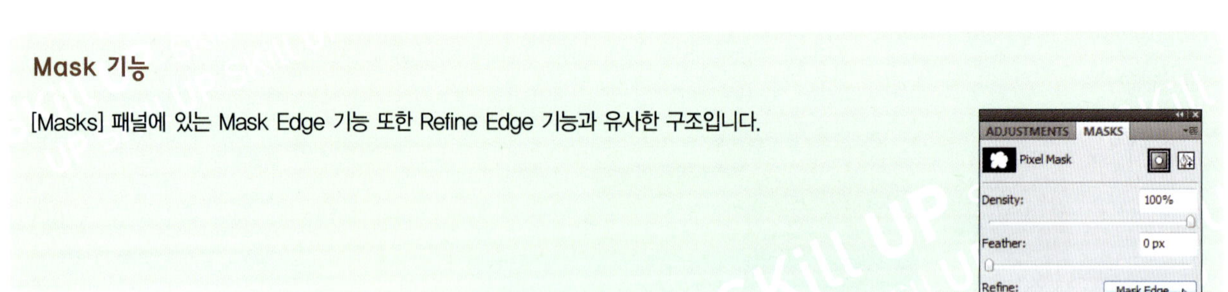

Mask 기능

[Masks] 패널에 있는 Mask Edge 기능 또한 Refine Edge 기능과 유사한 구조입니다.

6. Mask 패널

포토샵 CS4에서는 마스킹 기능이 대폭 향상되었습니다. 앞서 언급한 Refine Edge 같은 기능들이 [Masks] 패널에 포함되고, 레이어 마스크와 벡터 마스크 또한 통합적으로 관리할 수 있게 되었습니다. [Masks] 패널은 단순히 마스킹 기능들을 한자리에 모아놓은 것이 아니라 여러가지 기능들을 유기적으로 연결시켜 작업 시간을 크게 단축할 수 있도록 디자인 되었습니다.

[Masks] 패널에 있는 기능들이 가진 장점은 원본을 손상시키지 않으면서도 언제든지 마스킹 효과를 재조정할 수 있다는 점입니다. CS4에서 향상된 마스킹 기능을 활용하면 색상에 따라 경계를 추출하는 것과 레이어 마스크에서 직접 그리는 것, 경계를 다듬는 것 등의 작업이 [Masks] 패널 한자리에서 가능합니다.

아래 꽃잎 이미지의 경계선을 마스킹하려면 마스크(퀵 마스크나 레이어 마스크)에서 브러시를 이용해 작업하는 경우가 일반적이지만 이 방법은 시간이 많이 걸린다는 단점이 있습니다.

따라서 브러시를 이용하지 않고 색상에 따라 마스킹할 수 있는 [Masks] 패널을 이용해 작업해 보겠습니다.

◀ KaCey97007 by
http://www.flickr.com/photos/kacey/
291511276/

 Part1\masks.jpg

먼저 [Masks] 패널에서 'Add a pixel Mask' 버튼을 클릭해 레이어 마스크를 추가합니다.

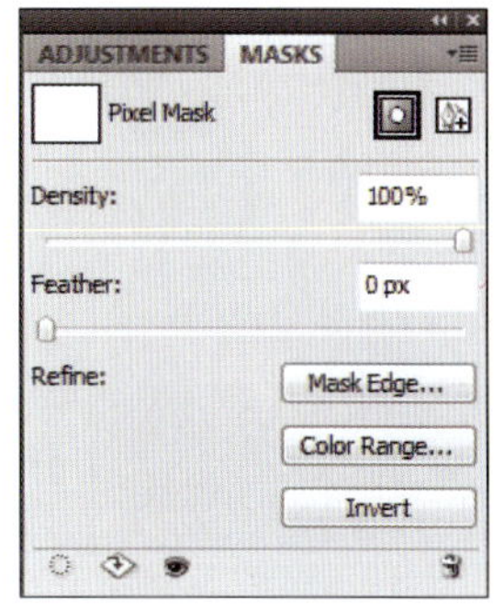
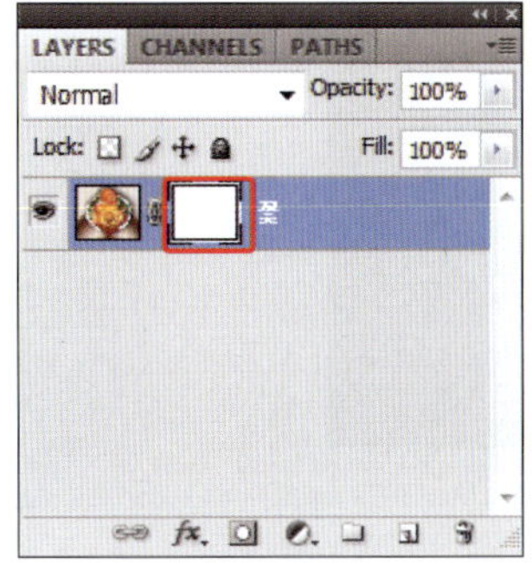

그 다음엔 [Masks] 패널에 있는 [Color Range] 버튼을 클릭해 대화상자로 들어갑니다. 대화상자 내에 있는 썸네일이나 대화상자 바깥에 있는 이미지 중 한 곳을 클릭하여 꽃잎을 선택합니다. 이때 'Localized Color Clusters' 옵션은 체크해둡니다. 아직까지는 원하는 영역이 충분히 선택되지 않았습니다.

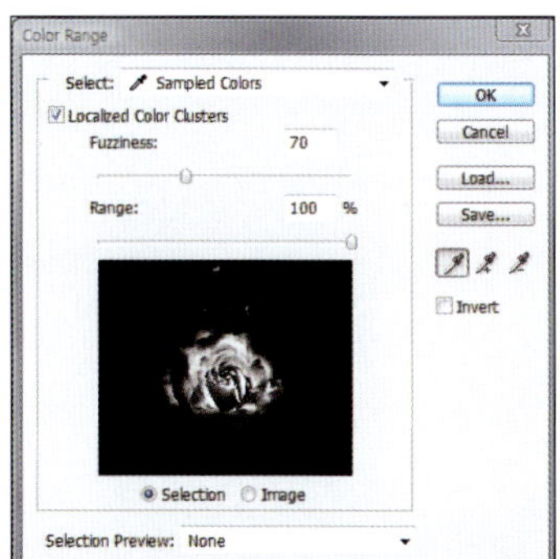
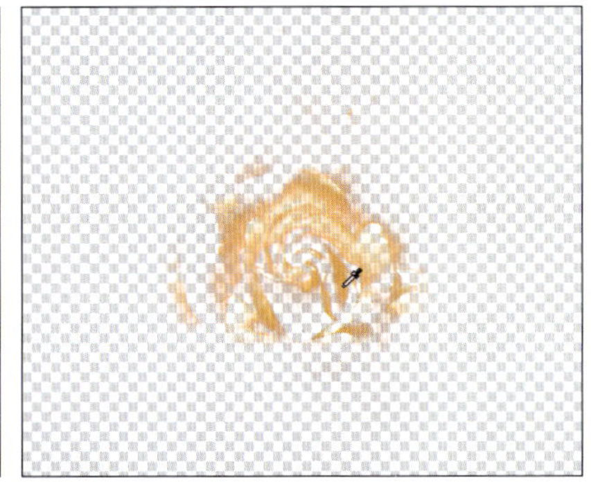

042
043

'Add to Sample' 아이콘(🖊)을 클릭한 후 꽃잎 부분을 몇차례 클릭하여 모두 선택합니다. 어느 정도 선택이 마무리되면 Fuzziness(30)나 Range(33%)의 수치를 조절한 다음 [OK] 버튼을 클릭해 대화상자를 빠져나옵니다.

[Alt]를 누른 채로 레이어 마스크를 클릭해 들어간 다음, 꽃잎 외의 바깥쪽 남은 영역을 검은색 브러시로 모두 지웁니다.

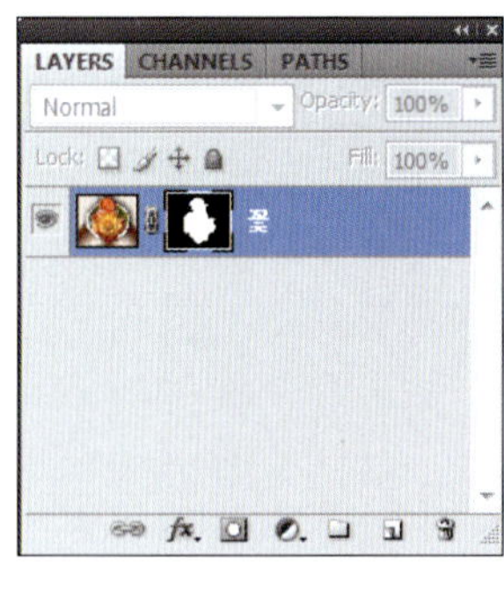

레이어 마스크가 선택된 상태에서 [Masks] 패널에 있는 [Mask Edge] 버튼을 클릭합니다. 작업 창을 확인하면서 경계 부위에 찌꺼기가 남지 않도록 [Refine Mask] 대화상자에서 옵션을 조절합니다. 손이 많이 가는 까다로운 작업일지라도 옵션만 잘 조합하면 비교적 쉽게 마무리할 수 있습니다.

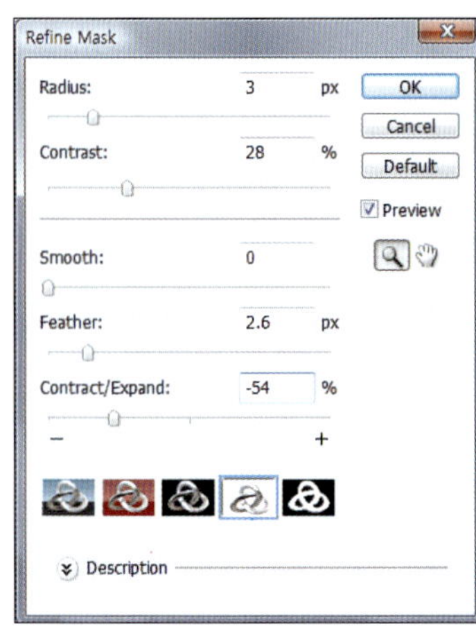

작업을 마친 후에라도 [Masks] 패널에서 Density나 Feather같은 옵션을 드래그하면 완급을 조절할 수 있으므로 편리합니다.

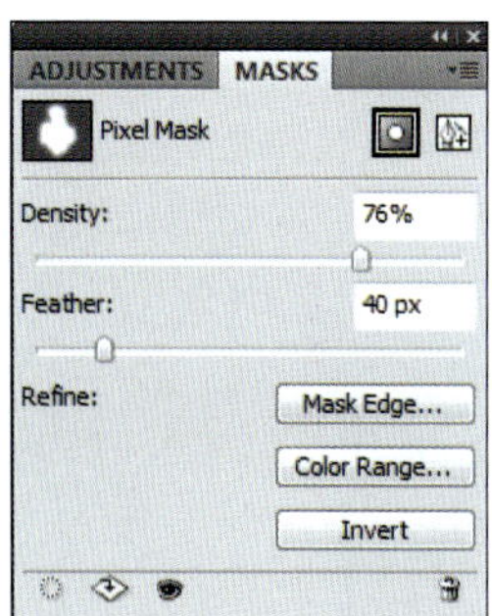

여기까지 마스킹 작업에 필요한 여러가지 기능들을 살펴보았습니다. 마스킹 방법에 큰 비중을 할애한 이유는 실전 작업에서 마스킹 작업이 차지하는 비중이 높기 때문이며, 완성도 있는 작업을 위해서는 결코 소홀히 할 수 없는 부분이기 때문입니다.

Mask Edge 기능과 Refine Edge 기능의 차이점

Mask Edge 기능은 앞서 살펴본 Refine Edge 기능과 동일합니다. 단지 선택 상태에서의 조절이 아니라 레이어 마스크 상태에서의 조절이라는 점과 재조정이 가능하다는 차이점이 있습니다.

STEP 4 Curves

Photoshop Design

Curves는 가장 자주 사용되는 이미지 조정 기능 중 하나입니다. Curves는 옵션이 다양하며 특정 계조를 정교하게 조절할 수 있다는 점에서 매우 뛰어난 기능입니다. 또한 클리핑(Clipping; 톤의 흐름이 급격히 끊기는 현상) 현상을 방지하고, 유연한 방식으로 색상이나 톤을 조절할 수 있다는 장점을 가집니다. 숙달되지 않은 사용자에겐 다소 어렵게 느껴질 수 있지만 포토샵을 어느 수준 이상 사용하기 위해 반드시 익혀야 할 기능입니다.

포토샵 CS4에서 [Adjustments] 패널이 지원되면서 톤을 보정하는 작업은 한결 간소화되고 편리해졌습니다. 앞서 언급했듯이 조정 레이어(Adjustments Layer)는 효과를 적용한 후에도 언제든지 수정이 가능하기 때문에 융통성이 매우 뛰어납니다. 특히 [Curves] 기능은 Histogram이 그래프 내부에 표시될 뿐만 아니라, 채널별로 곡선이 미리보기가 되기 때문에 여러 채널의 상태를 한눈에 파악할 수 있어 편리합니다.

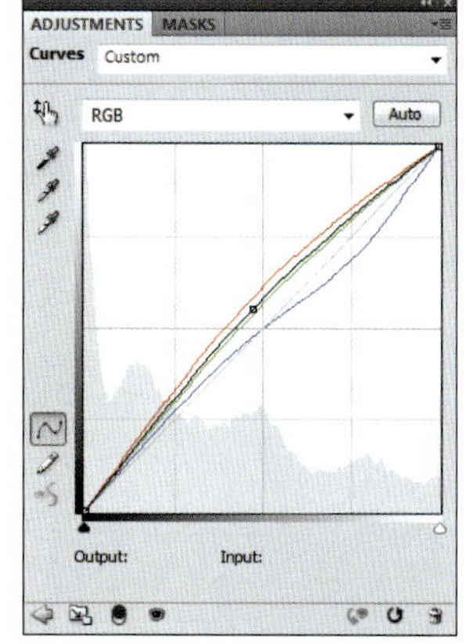

Curves 기능의 이해를 돕기 위해 '커브 곡선'과 '이미지'의 관계를 예제를 통해서 알아보겠습니다. 예제는 하늘에 먹구름이 가득한 전원 풍경 이미지로 전체적으로 약간 어두운 상태입니다.

Curve 곡선이 이미지에 어떤 영향을 미치는지를 살펴보기 위해 곡선의 상태를 다양하게 조절해보겠습니다.

01 먼저 블랙 포인트(Black point)를 잡고 위쪽으로 이동할 경우, Output 수치는 0~128로 바뀌고, 가장 어두운 부분의 색상(블랙 포인트) 또한 검은색에서 회색으로 바뀝니다. 전체적으로 색이 바랜듯한 효과가 나타납니다.

02 이번엔 오른쪽 위에 있는 화이트 포인트(White point)를 잡고 중앙으로 옮기면, Input 수치는 255에서 127로 바뀌면서 이미지는 밝은 쪽으로 콘트라스트가 강해집니다. 기준선의 각도가 바뀌면서 밝은 쪽으로 콘트라스트가 강해졌다는 것을 알 수 있습니다. 이것은 원래의 계조가 절반으로 압축되면서 이미지의 밝은 영역이 어두운 영역에 비해 더 큰 영향을 받았음을 의미합니다. 이렇게 화이트 포인트를 무리하게 옮길 경우 이미지의 계조는 쉽게 손상됩니다.

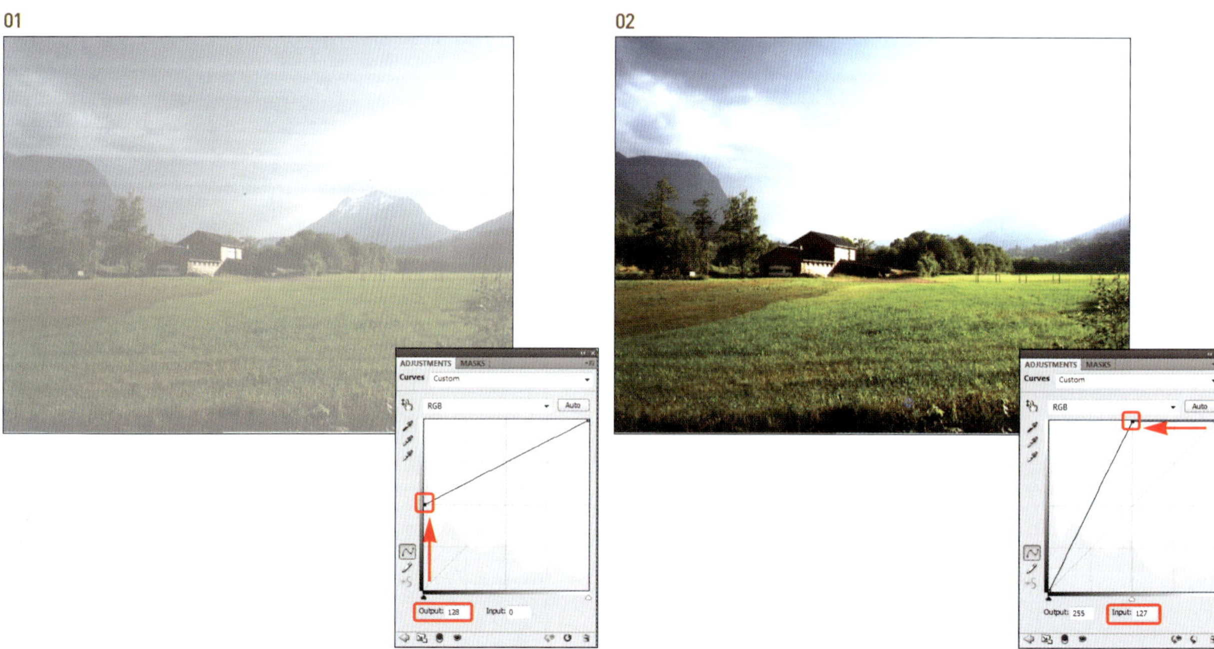

03 이번엔 블랙 포인트(Black point)를 잡고 중앙으로 옮겨 보겠습니다. 기준선의 각도가 바뀌면서, 어두운 쪽으로 콘트라스트가 강해집니다. 자세히 살펴보면 어두운 곳일수록 더 큰 영향을 받고 있음을 알 수 있습니다.

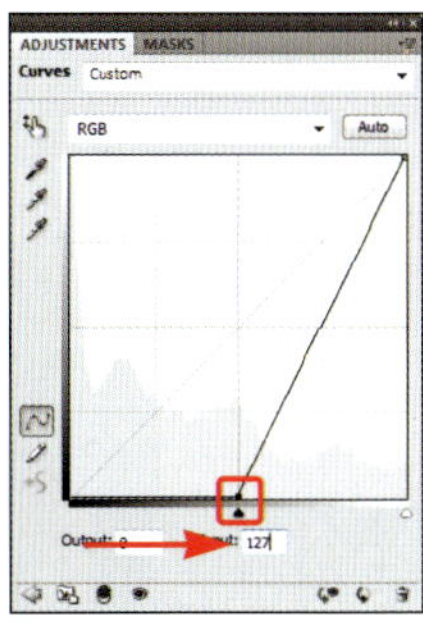

포토샵 CS4의 Curves 조정 패널

다소 시간이 걸리더라도 [Curves] 패널의 각부 명칭과 개념을 숙지하는 것이 좋습니다. [Curves] 패널을 보면 45도 각도의 기준선(Base line)이 보입니다. 이것은 Input 값(조정 전의 처음 상태)과 Output 값(조정한 후의 나중 상태)이 동일하다는 것을 나타냅니다. 그레이디언트로 표시된 수평방향 바는 Input 레벨을, 수직방향 바는 Output 레벨을 나타냅니다. Curves 곡선을 조정할 때, 임의의 점을 클릭해 위쪽으로 옮기면(키보드 방향키를 이용하는 것이 좋습니다) 이미지는 밝아지고, 아래쪽으로 내리면 이미지는 어두워집니다. 레벨 수치가 높아질수록 빛의 양은 증가합니다. 따라서 0,0은 아무런 빛도 없는 검은색을 나타내고, 255,255는 빛이 가득 찬 상태 즉, 흰색을 나타냅니다.

그림을 보면 0부터 255까지 256단계의 레벨이 그레이디언트 상태로 표시되어 있으며, 그래프 내부에 보이는 Histogram 곡선 또한 256 단계의 레벨로 구성되어 있다는 것을 알 수 있습니다. 패널 하단에 표시되는 Input과 Output 수치는 바로 이 레벨을 표시하고 있습니다.

이 그래프에서 반드시 알아야 할 사항은 화이트 포인트(White point)와 블랙 포인트(Black point)의 위치, 그리고 하이라이트(Highlights)와 중간 톤(Midtones), 섀도(Shadows)의 위치입니다. 화이트 포인트는 이미지의 가장 밝은 지점을 나타내며, 블랙 포인트는 가장 어두운 부분을 나타냅니다. 작업 이미지가 지나치게 밝거나 어두운 경우가 아니라면 화이트 포인트나 블랙 포인트를 무리하게 옮기지 않는 것이 좋습니다.

04 이번에는 양쪽 모두를 안쪽으로 움직여 봅니다. 이미지의 콘트라스트가 강해집니다. 45도인 기준선보다 각이 서면 콘트라스트는 강해지고, 각이 누우면 콘트라스트는 약해집니다. 기준선보다 각이 서게 되면 Curve 곡선은 자연스럽게 각진 형태(S자)로 바뀌게 되며 콘트라스트도 강해집니다. 자세히 보면 밝은 영역과 어두운 영역의 계조가 손상된 것이 보입니다.

05 이때 블랙 포인트와 화이트 포인트를 수평으로 나란히 놓는다면 모든 영역의 Output 레벨이 '128' 이 되므로 이미지는 완벽한 회색이 됩니다.

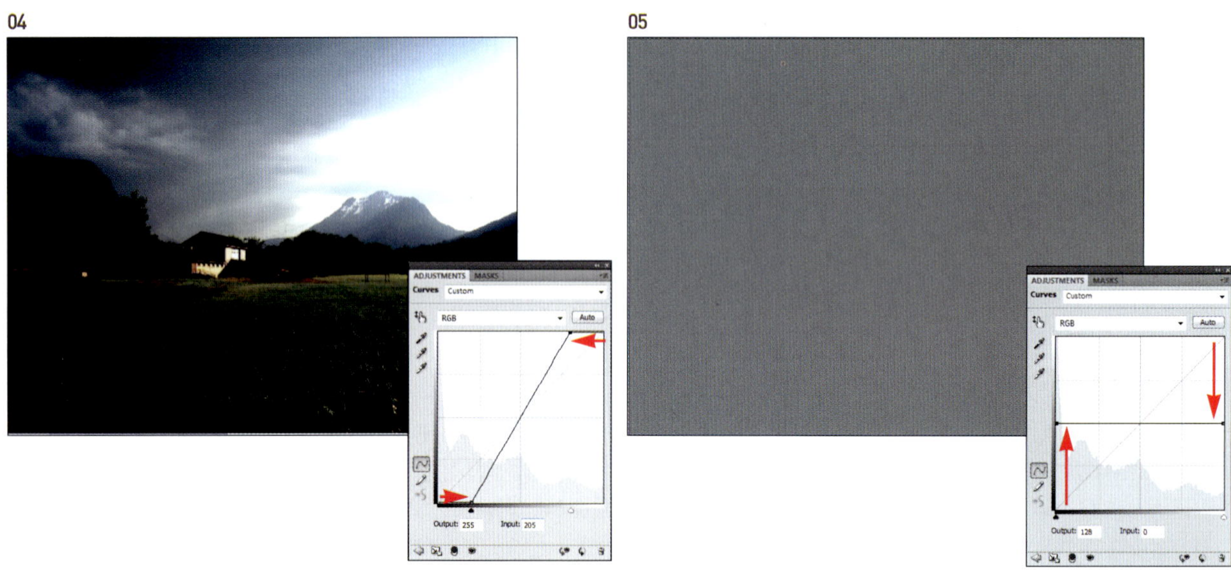

06 이번엔 기준선의 위치를 거꾸로 뒤집어 보겠습니다. Input 수치와 Output 수치가 정반대로 바뀌기 때문에 블랙 포인트와 화이트 포인트의 위치가 바뀌면서 이미지는 네거티브 상태가 됩니다.

Curves Display Options 대화상자

[Curves Display Options] 대화상자는 [Adjustments] 패널 오른쪽에 있는 메뉴를 클릭하면 나타납니다. 이 예제에서는 디스플레이 옵션이 Light로 표시되어 있으며, 이것은 0부터 255까지 256단계의 레벨을 표시하는 RGB 방식을 나타냅니다. 인쇄를 전제로 작업하는 작업자라면 CMYK 모드를 사용하기 때문에 디스플레이 옵션을 Pigment/Ink 방식으로 지정하는 것이 좋습니다. 이 방식은 잉크 비율을 나타내기 때문에 백분율(%)로 표시됩니다.

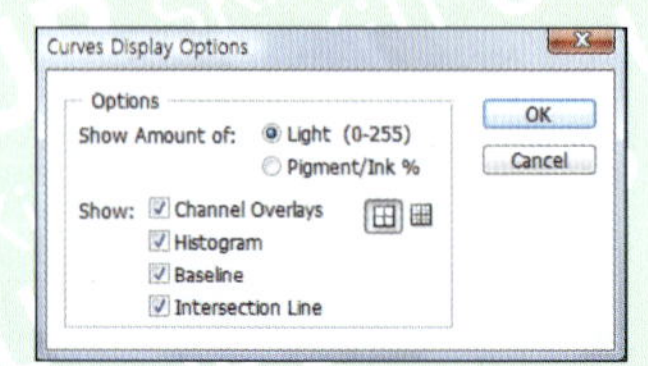

07 그렇다면 이번에는 화이트 포인트나 블랙 포인트를 건드리지 않는 상태에서 콘트라스트를 적용 해보겠습니다. 먼저 중간톤(Midtones)을 클릭해서 화이트 포인트, 블랙 포인트, 중간톤이 모두 움직이지 않도록 고정합니다. 그리고 하이라이트와 섀도를 아래 그림과 같이 조정합니다. 이러한 모양을 'S 곡선'이라고 하는데 계조 손상을 최소화하면서 가장 무난하게 콘트라스트를 적용하는 방식입니다. 이것을 앞서 적용한 '각진 S 곡선'과 비교해보면 계조가 훨씬 더 부드럽다는 것을 알 수 있습니다.

08 어떤 경우에는 콘트라스트를 일부러 약하게 해야 할 때도 있습니다. 이 경우, Curves의 모양을 반대로 바꾸어 주면 되는데 이러한 모양은 '역 S 커브'라고 합니다.

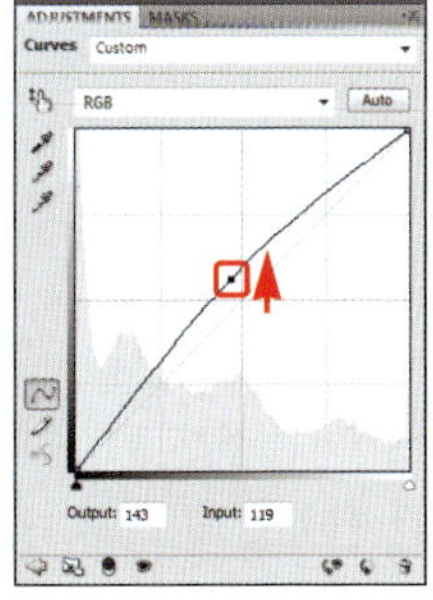

07

08

048
049

09 이미지를 밝게 하거나 어둡게 만들 때 가장 무난한 방식은 화이트 포인트와 블랙 포인트는 건 드리지 않고 중간톤만 조정하는 것입니다. 이 예제는 어둡기 때문에 중간톤을 클릭해서 위로 살 짝 들어올립니다.

10 이번엔 특정 부위를 기준으로 효과를 적용하는 방법을 알아보겠습니다. 먼저 패널 왼쪽 위에 있는 [Click & Drag] 아이콘()을 클릭한 다음, 잔디가 있는 부위를 클릭합니다. 그러면 기준 선 중에서 잔디의 명도에 해당하는 곳에 점이 추가됩니다.

11 이때 다른 부분이 영향을 받는 것을 막기 위해 하이라이트와 중간톤을 먼저 클릭하고 해당 지점만 위쪽으로 들어올립니다. 결과적으로 잔디에 해당하는 부위만 밝아지게 됩니다.

Curve 기능을 이용하면 지금까지 살펴본 것 외에도 매우 다양한 표현들이 가능합니다. 이미지 리터칭 작업에서는 이미지 전체의 톤을 살리는 작업과 특정 부분을 선택해 디테일을 살리는 작업이 조화를 이룰 때 바람직한 결과가 나타납니다.

Color Sampler 툴 이용하기

만약 인쇄를 염두에 두고 있다면 잉크의 농도를 확인하며 작업하는 것이 좋습니다. Curve 효과를 적용하는 도중이라도 Color Sampler 툴을 이용하면 최대 4개 포인트까지 원하는 영역을 지정할 수 있으며, 수치의 변화는 [Info] 패널을 통해 살필 수 있습니다. 이것은 인쇄 결과를 예측하는데 있어 커다란 도움이 됩니다. [Info] 패널에서 '/' 표시를 기준으로 왼쪽 수치는 수정 전의 잉크 농도를, 오른쪽 수치는 수정 후의 잉크 농도를 나타냅니다.

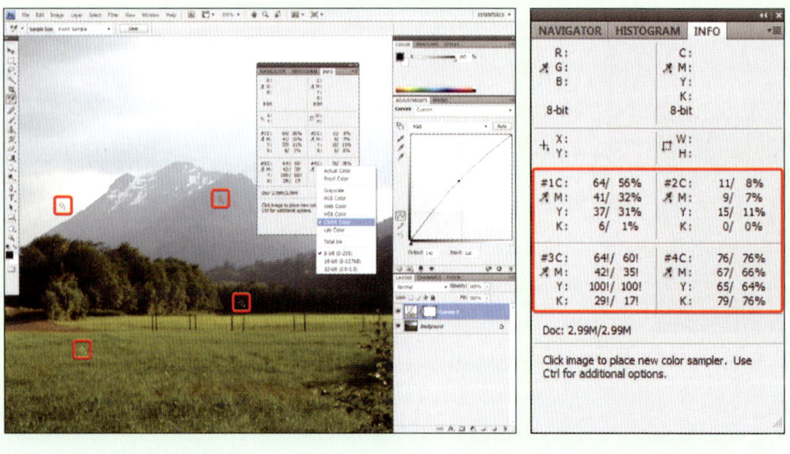

STEP 5 Layer Mask

Photoshop Design

이미지 합성은 최소 2컷 이상의 이미지가 서로 섞여서 새로운 효과를 내기 마련입니다. A컷과 B컷을 서로 합성하는데 있어서 레이어 마스크는 매우 중요한 역할을 합니다. 또한 합성이 아닌 단순 리터치에도 레이어 마스크는 자주 사용됩니다.

실무에서 일하다 보면 작업 콘셉트(Concept)가 갑자기 수정되는 경우, 클라이언트의 마음이 바뀌는 경우 등 예측하지 못한 상황이 자주 발생합니다. 이때는 다른 어떤 능력보다 순발력이 중요한데, 이것은 이미지를 다루는 작업에서도 마찬가지입니다. 다시 말해 언제든지 수정과 변형(variation)이 가능한 상태로 작업을 진행해야 한다는 말입니다. 이런 방식으로 작업하려면 레이어 마스크의 적절한 사용은 필수적입니다.

레이어 마스크를 사용하지 않고 여러 효과를 이미지에 곧바로 적용했을 경우에는 조그마한 수정만 있어도 처음부터 다시 작업해야 하는 경우가 생깁니다. 이것은 작업의 효율성을 떨어뜨립니다.

레이어 마스크는 일반 레이어뿐만 아니라 조정 레이어(Adjustments Layer), Type 레이어, Smart Object 레이어 등 모든 종류의 레이어에 적용 가능합니다. 또한 그룹에서도 마스크를 만들 수 있으므로 이중으로 마스크 효과를 적용할 수도 있습니다.

아래 그림을 살펴보면 레이어 마스크는 물체를 마스킹하는 기본적인 역할부터 테두리를 만드는 작업, 주변으로 갈수록 어둡게 만드는 작업, 패턴 적용 작업, Type 레이어에 효과를 주는 작업까지 거의 모든 중요한 작업을 소화하고 있다는 것을 알 수 있습니다.

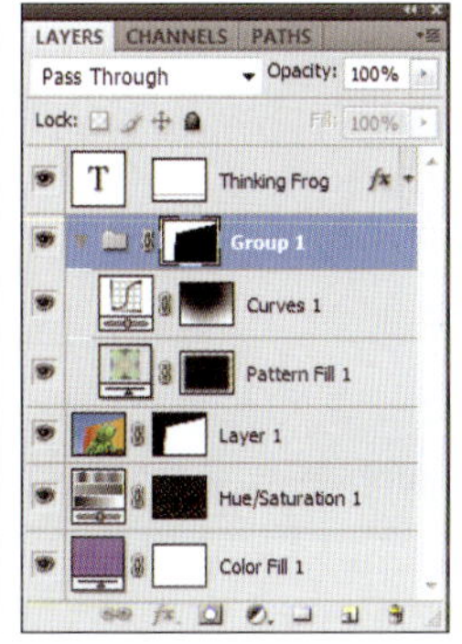

◀ 여러 종류의 레이어에 마스크를 적용한 사례. 대부분의 효과가 레이어 마스크를 통해 나타난다.

Jan Tik by
http://www.flickr.com/photos/15363357@N00/105583294/

또한 레이어 마스크에 적용된 효과는 언제든지 크기 조정이 가능하다는 점도 잘 활용해야 합니다.

◀ 때로는 직접 그리는 것보다 레이어 마스크의 크기를 조절하는 것이 더 유리하다.

Photoshop Design

포토샵에는 수많은 필터들이 있지만 가장 자주 사용되는 필터는 단연 Blur 필터입니다. Blur 필터는 초점 흐리기, 속도감 연출하기, 이미지 뭉개기 등 다양한 용도로 사용됩니다. Blur 필터에도 여러 가지 종류가 있는데, 그 중에서도 가장 자주 사용되는 필터는 Gaussian Blur입니다.

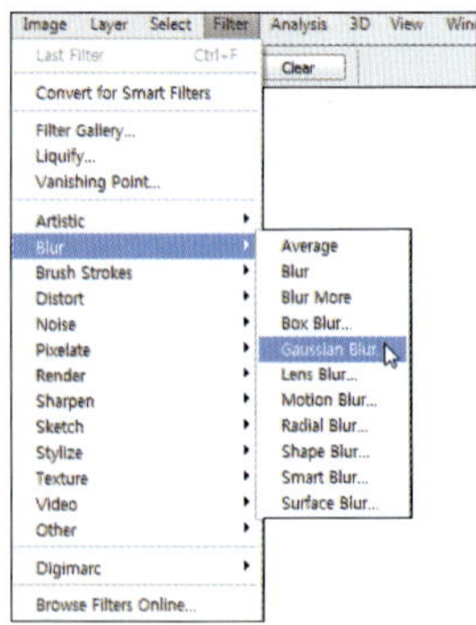

◀ Blur 필터는 다양한 종류만큼 다양한 역할을 한다.

Blur 필터를 사용할 때 기본적으로 주의할 점은 Radius(반경) 수치를 적절하게 적용하는 것입니다. 이미지의 해상도(또는 파일 크기)나 피사체의 상태 등을 고려해 적절한 수치를 입력해야 하는데 이것이 생각보다 쉽지만은 않습니다. 오른쪽 그림은 각기 크기가 다른 이미지에 같은 수치(Radius 5)를 입력한 결과입니다. 이것을 통해 적절한 Blur의 양은 이미지의 해상도에 따라 달라져야 한다는 점을 알 수 있습니다.

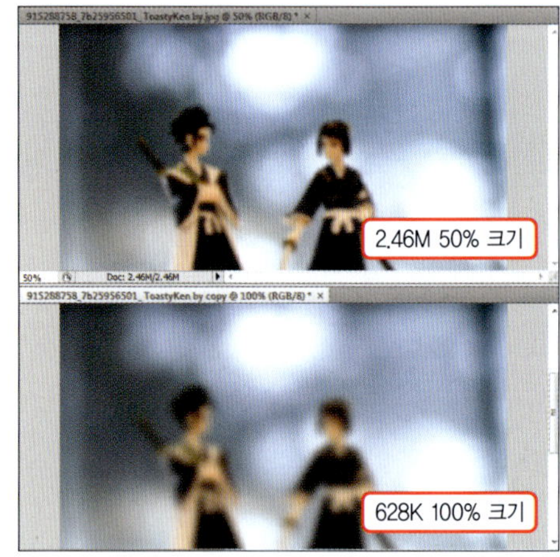

◀ ToastyKen by
http://www.flickr.com/photos/toasty/
915288758

때로는 Blur의 양뿐만 아니라 Blur가 적용될 부위를 잘 선택하는 것도 매우 중요합니다. 간단한 선택을 위해서는 선택 툴로 직접 선택하거나 퀵 마스크에서 브러시로 그리는 방법이 동원되지만, 때로는 심도(Depth of Field)를 정하는 맵을 만들어야 할 경우도 있습니다. 예를 들어 심도가 깊은 이미지를 포토샵에서 가공해 얕은 상태로 만들려면 물체의 거리에 따라 Blur가 적용되는 양을 다르게 표현해야 하는데, 이것을 명암 상태로 만드는 것이 바로 Depth Map(뎁스맵) 작업입니다.

여기 나란히 늘어선 콜라 캔 이미지를 예로 들어 보겠습니다.

◀ Eric Kilby by sa
http://flickr.com/photos/ekilby/
2474070558/

만약 Lens Blur 필터를 이용해 왼쪽에 가장 커 보이는 콜라 캔을 기준으로 나머지 부분이 아웃포커스 (Out of Focus) 되도록 만든다면, 거리가 멀어질수록 Blur가 많이 적용되어야 하므로 거리에 따른 Depth Map을 만들어야 합니다. 아래 그림은 알파 채널에서 Gradient 툴을 이용해 만든 Depth Map입니다. Depth Map을 이용해 Lens Blur 필터를 적용하면 명암 상태에 따라 Blur 양이 달라진다는 것을 알 수 있습니다.

◀ Blur가 적용되는 양을 조절하기 위해 마스크나 채널을 이용하는 것도 좋은 방법이다.

만약 Depth Map을 반전한 상태로 Lens Blur 필터를 적용한다면, 효과는 반대로 바뀌게 됩니다. Depth Map을 만드는 방법은 PART 4, SECTION 2 예제를 참조하기 바랍니다.

◀ 마스크를 어떻게 만드느냐에 따라 Blur의 효과는 달라진다.

비록 포토샵이 2차원적인 이미지를 다루는 프로그램이지만, 입체적인 표현을 위해서는 3차원적인 이해가 필요합니다. 따라서 평면적으로 일정한 양이 아니라, 거리에 따라 각기 다른 Blur 양이 적용되어야만 공간감이 형성되면서 이미지가 힘을 얻게 됩니다.

Depth Map을 만들 때 참고사항

일반적으로 사진을 후보정한다 하더라도 심도 자체를 크게 바꿀 정도로 가공하는 경우는 드뭅니다. 따라서 Depth Map은 Blur 필터의 적용 원리를 위한 설명으로 이해하는 것이 좋습니다. Depth Map을 만드는 작업은 피사체의 심도를 잘 관찰한 다음 만드는 것이 바람직합니다.

브러시는 그리기 툴 중에서 가장 자주 사용되는 툴입니다. 브러시 툴은 사물을 그리거나 마스킹할 때 주로 사용되지만 가끔은 그레이디언트 효과나 특수 효과를 연출하는데 사용되기도 합니다.

또한 [Brushes] 패널에서 제공되는 다양한 옵션을 잘 조합하면 그 표현 가능성은 무궁무진해집니다. 브러시를 창의적으로 활용하기 위해서는 브러시에 대한 고정관념을 버릴 필요가 있습니다. 그 첫 단계로 브러시는 '원'이라는 생각을 버리고, 브러시의 형태를 네모 또는 타원형으로 바꾸거나 Custom Brush를 만들어 사용해보는 것이 좋습니다.

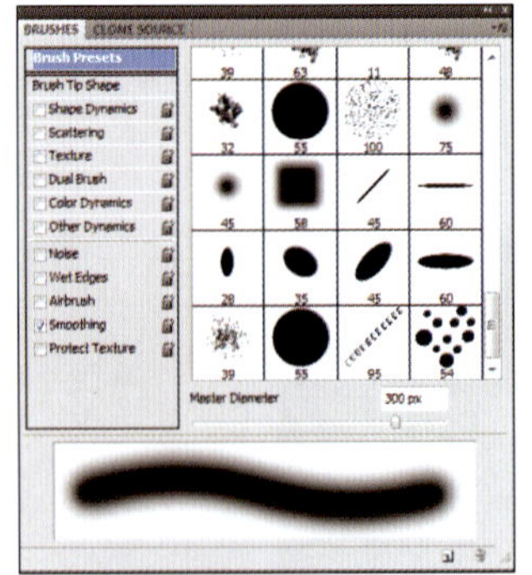

◀ 다양한 형태를 지닌 브러시들

브러시 크기 조정법

포토샵 CS4에서는 브러시의 크기를 조정하는 것이 한결 편리해졌습니다.

먼저 브러시 사용 도중 크기를 바꾸려면 Alt 와 마우스 오른쪽 버튼을 동시에 누른 채로 드래그합니다. 왼쪽으로 드래그하면 브러시의 크기는 줄어들고, 오른쪽으로 드래그하면 늘어납니다. 또한 Hardness를 바꾸려면 Alt 와 Shift 그리고 마우스 오른쪽 버튼을 동시에 누른 채로 드래그합니다. 왼쪽으로 드래그하면 Hardness는 부드러워지고 오른쪽으로 드래그하면 단단해집니다.

계란 이미지를 이용해 브러시의 활용도를 알아보겠습니다. 만약 계란을 그림자가 잘리지 않게 화면 중앙으로 옮기고 배경을 흰색으로 바꿔야 한다면 어떻게 해야 할까요?

캔버스를 늘리고 Clone Stamp 툴()을 이용해 잘린 그림자를 살리는 방법도 있지만 브러시를 이용해 그림자를 그리는 방법을 사용해 보겠습니다.

◀ melyviz by sa
http://flickr.com/photos/melyviz
/270468147/

◉ Part1\brush.jpg

다음 이미지는 계란의 외곽선을 레이어 마스크를 이용해 브러시로 마스킹한 후, 화면 중앙으로 옮긴 상태입니다.

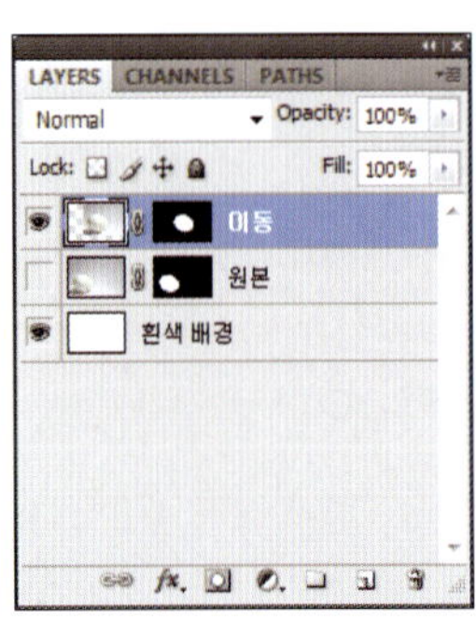

계란이 있는 레이어 바로 밑에 레이어를 하나 추가하고 브러시로 그림자를 그립니다. 여기에서 중요한 점은 브러시의 옵션을 정교하게 조절하여 단 한 번 클릭으로 그림자 형태를 만든다는 점입니다. 그림자 밑에 보이는 타원 모양은 브러시 커서로서 브러시의 효과가 적용되는 범위를 나타냅니다. 주의해서 살펴볼 점은 그림자의 경계 부위입니다. 브러시의 Hardness(경도)를 '50%'로 지정했기 때문에 경계가 자연스러워 보입니다.

그림자 내부에는 우리가 흔히 생각하는 것보다 다양하고 미묘한 톤과 색상들이 존재합니다. 쉽게 말해 그림자가 완전한 무채색 즉, 검은색이나 회색은 아닙니다. 이것은 주변의 여러 방향에서 들어오는 빛들이 물체의 표면과 바닥 면을 통해 직간접적으로 빛을 반사하기 때문입니다.

그림자 공간 내부는 아직 평면적인 상태입니다. 다시 브러시 크기를 바꾸어 작고 진한 그림자 역할을 하게끔 단계별로 그려줍니다. 우측의 이미지는 3개의 크기가 다른 그림자와 1개의 반사광이 표현되도록 만든 상태입니다.

이 작업 과정에서 중요한 점은 그림자를 만들기 위해 브러시를 어떻게 사용했는가 하는 점입니다. 그림자 또한 계조를 잘 표현해야 사실적인 느낌을 얻을 수 있기 때문에 이를 위해서 브러시의 크기를 달리해서 입체감을 부여하는 것이 좋습니다.

다양한 브러시 활용 사례

앞서 언급한 것처럼 브러시는 단순히 그린다는 기본 기능을 넘어 여러 가지 역할을 합니다. 아래 그림은 브러시를 이용해 작업 가능한 몇 가지 사례를 보여주고 있습니다.

❶ **Stroke Path 기능을 이용해 점선을 만든 사례**
- 브러시 정보 : Diameter : 60픽셀, Angle : 0도, Roundness : 100%, Hardness : 100%, Spacing : 150%

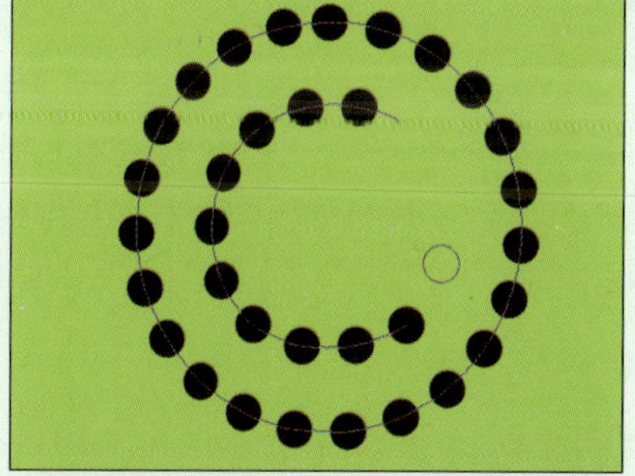

❷ **Custom Brush(커스텀 브러시)를 만들어 배경을 만든 사례**
- 브러시 정보 : Diameter: 500픽셀, Angle: 0도, Roundness: 100%, Spacing: 25%

❸ 레이어 마스크에서 커다란 브러시를 이용해 Gradient 툴 역할을 하도록 만든 사례
  • 브러시 정보 : Diameter: 1400픽셀, Angle: −45도, Roundness: 70%, Hardness: 0%, Spacing: 25%

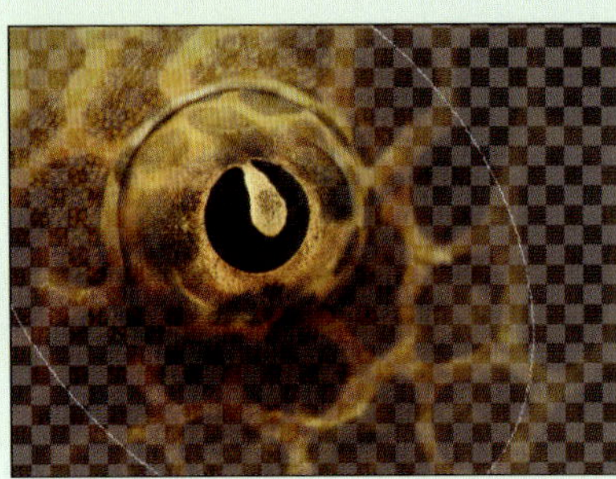

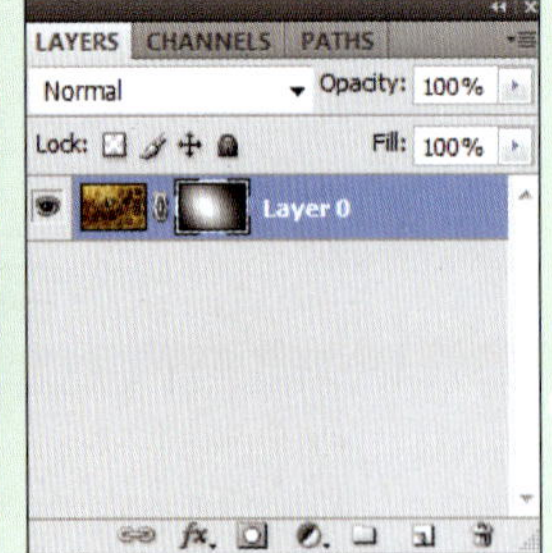

◀ spacepleb by
http://flickr.com/photos/spacepleb/249761630/

에어브러시(AirBrush) 기능(Alt + Shift + P)

이미지의 깊이감 있는 표현을 위해서는 에어브러시 옵션을 활용하는 것이 좋습니다. 에어브러시 옵션은 마치 스프레이를 뿌리는 것처럼 효과의 중복적용이 가능하고 강약의 변화가 다양하게 나타나기 때문에 풍부한 계조가 필요한 리터칭 작업이나 합성 작업 등에 유용합니다.

일반 브러시는 물체를 마스킹하거나 빠르게 작업할 때 편리합니다. 하지만 에어브러시는 일반 브러시와 달리 한번 클릭한 상태에서도 중첩적으로 효과가 적용되므로 강약 조절이 어려울 수도 있는데, 이런 경우 Flow 수치를 약간 낮게 설정하는 것이 좋습니다.

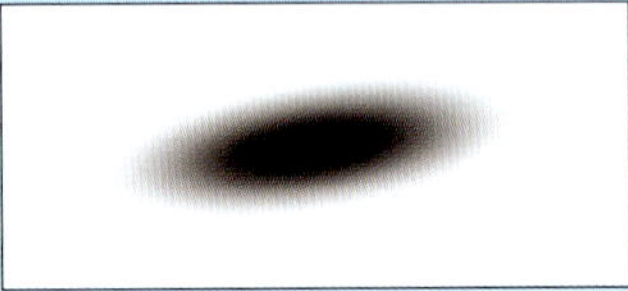

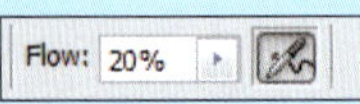

▲ 에어브러시 옵션을 사용하지 않은 경우   ▲ 에어브러시 옵션을 사용한 경우(계조가 더 풍부하다)

STEP 8　Blending Mode

블렌딩 모드는 선택된 레이어의 픽셀과 아래 위치한 레이어의 픽셀들이 어떻게 결합되어 우리 눈에 보여지는지를 정하는 방식입니다. 예를 들어 Lighten 모드는 놓여진 2개의 픽셀들 중 밝은 것만 보여주는 방식이고, Darken 모드는 어두운 것만 보여주는 방식입니다. 또한 Screen 모드는 위쪽과 아래쪽 픽셀들의 값을 더하여 밝게 보여주는 방식이고 Multiply 모드는 위쪽과 아래쪽 픽셀들의 값을 빼서 어둡게 보여주는 방식입니다.

자주 쓰이는 블렌딩 모드

포토샵에는 수많은 블렌딩 모드들이 있지만 그 중에 자주 쓰이는 것은 몇 가지로 정해져 있습니다. 물론 이것은 주관적인 구분이며 사용자에 따라 그 구분은 다를 수 있습니다. 필자가 즐겨 사용하는 블렌딩 모드는 Multiply, Screen, Overlay, Color, Hard Light, Darken, Lighten, Difference, Exclusion, Soft Light, Luminosity, Color Burn 모드입니다.

블렌딩 모드는 레이어를 여러 개 만들어 각기 다른 블렌딩 모드를 지정하는 방법으로 중복 사용이 가능합니다.

> **TiP** 블렌딩 모드를 적용해도 원하는 효과가 제대로 나오지 않을 때는 Opacity를 조절하는 방법과 더불어 레이어 마스크에서 부분적으로 효과를 살리는 방법, 그리고 이미지 자체가 갖는 콘트라스트를 더하거나 빼는 방식으로 작업하는 것이 좋습니다.

01

02

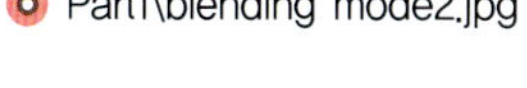

01 pfly by sa
http://flickr.com/photos/pfly/
79198504/

 Part1\blending mode1.jpg

02 Josef.stuefer by
http://flickr.com/photos/josefst
uefer/45138125/

 Part1\blending mode2.jpg

▲ Multiply

▲ Screen

▲ Overlay

▲ Color

▲ Hard Light

▲ Darken

▲ Lighten

▲ Difference

▲ Exclusion

▲ Soft Light

▲ Luminosity

▲ Color Burn

페인트 모드와 블렌딩 모드의 차이

블렌딩 모드를 처음 접할 때 다소 혼란을 느끼는 부분이 툴에 나타나는
모드와 레이어에 나타나는 모드의 차이입니다. 기본적으로 같은 원리이
지만 툴(주로 그리기 툴)에 나타나는 모드는 툴을 사용함에 따라 반복적
으로 적용되는 효과를 의미하며 이를 페인트 모드라고 합니다. 레이어
에 나타나는 모드는 선택된 레이어와 아래 있는 레이어 사이의 관계를
의미하며 블렌딩 모드라고 합니다. 페인트 모드는 어떤 툴을 선택했느
냐에 따라 옵션이 조금씩 다르게 나타납니다.

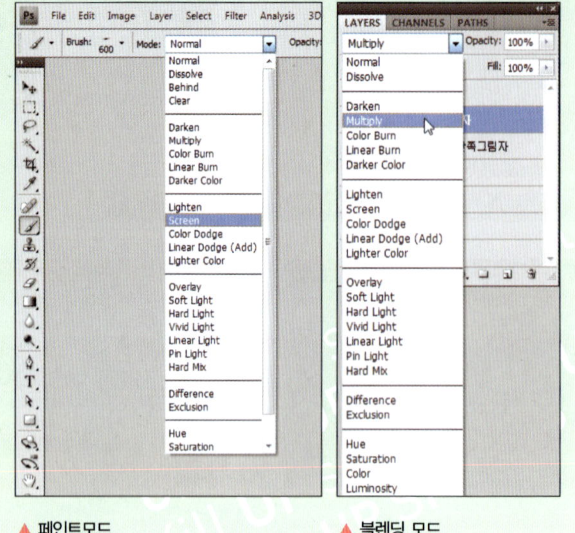

▲ 페인트모드　　　　　▲ 블렌딩 모드

지금까지 포토샵 사용자라면 기본적으로 알아야 할 개념과 기능에 대해 살펴보았습니다. 이러한 기능
외에도 알아야 할 내용들이 많지만 필자가 생각하는 필수적인 개념 위주로 설명하였습니다. 이제 다음
단계에서는 활용도를 높이기 위한 개념과 기능에 대해 살펴보겠습니다.

SECTION 4

활용도를 높이기 위한
개념과 기능

이번 섹션에서는 포토샵에 익숙한 분들을 대상으로 좀더 전문적인 기능을 소개하고, 실력을 업그레이드하기 위해 알아야 할 내용들을 살펴봅니다. 내용이 어렵다고 느껴지는 분들은 일단 이번 섹션을 패스한 후 나중에 읽어도 좋습니다.

STEP 1 Histogram

Photoshop Design

이미지를 자신의 느낌만이 아닌 과학적인 근거에 따라 다루려면 반드시 Histogram(히스토그램)에 대해 이해해야 합니다. Histogram은 이미지의 상태를 파악하는 기능으로서 매우 중요한 역할을합니다. Histogram은 사진을 찍을 때 카메라 뷰 파인더에 표시되는 상태나, 작업할 때 모니터에서 보이는 상태와는 무관하게 이미지가 갖는 객관적인 수치를 그래프 형태로 표시해줍니다. 따라서 적정 노출이나 콘트라스트, 채도 등을 파악하는 데 있어 커다란 도움을 줍니다. 이밖에도 채널별 색상분포, 전체 픽셀 수, 평균값, 특정 범위의 레벨 값이나 분포된 픽셀 수 등도 파악할 수 있습니다.

이미지에 따라 [Histogram]의 상태는 다르게 나타나는데 [Histogram]에 익숙해지면 그래프만 보고서도 이미지 상태를 어느 정도 추정할 수 있습니다. 아래 보이는 그림은 전형적인 하이키(High-Key) 이미지입니다. 하이키 이미지란 이미지의 대부분이 밝은 픽셀로 구성된 경우를 말하는데, 설경이나 안개 등 밝은 피사체를 찍거나 노출이 오버되었을 경우 주로 나타납니다.

[Histogram] 패널에서 왼쪽 끝부분은 가장 어두운 색상, 오른쪽 끝부분은 가장 밝은 색상 분포를 나타내는데, 하이키 이미지에서는 밝은 색상의 픽셀이 압도적으로 많기 때문에 픽셀의 분포가 오른쪽으로 치우치는 현상이 나타납니다.

반면 로우키(Low-Key) 이미지인 경우에는 픽셀의 분포가 왼쪽으로 치우치게 됩니다.

01 Crinity by
http://www.flickr.com/photos/
thearchive/11642632/

02 96dpi by
http://www.flickr.com/photos/
96dpi/2564208064/

01

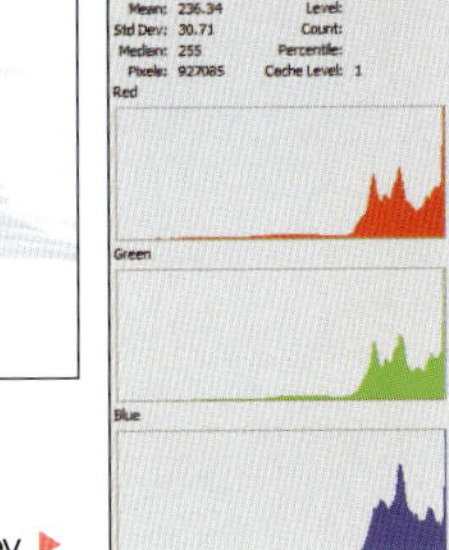

High-key ▶

02

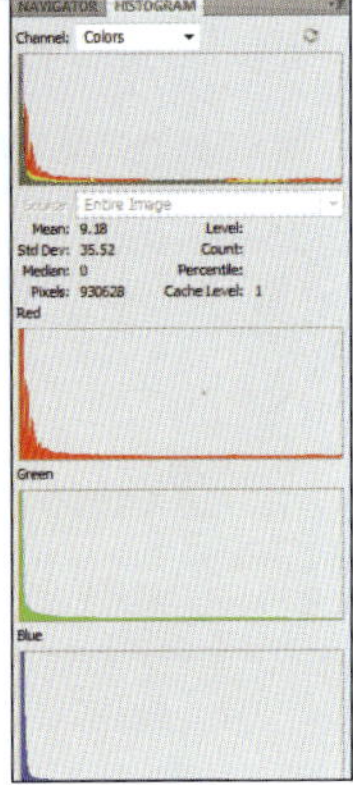

Row-key ▶

보통 하이라이트(Highlight)와 섀도(Shadow)의 분포가 고른 이미지라면 [Histogram]의 분포 또한 어느
한쪽으로 치우치지 않고 고르게 나타납니다. 또한 화이트밸런스가 제대로 잡힌 경우라면 대부분 화이트
포인트와 블랙 포인트는 그래프의 오른쪽 끝과 왼쪽 끝에 닿아 있는 상태가 됩니다.

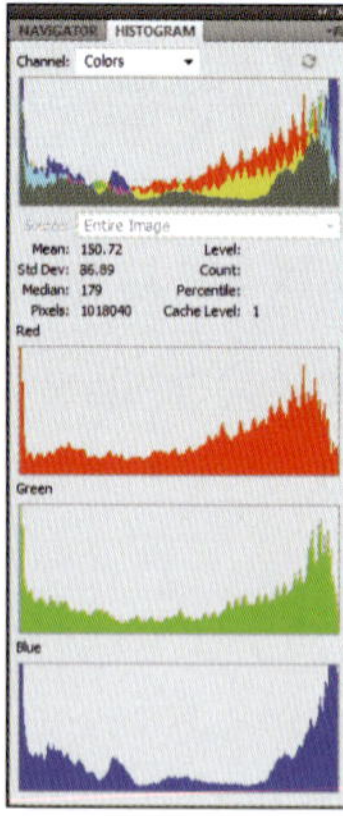

atomicjeep by
http://www.flickr.com/photos/
atomicjeep/276514802/

노출이 잘 맞은 이미지의 경우, 중간톤이 풍부하기 때문에 그래프의 가운데가 불룩한 산 모양을 이루는
경우가 많습니다. 또한 채도가 낮은 이미지일수록 각 채널별 그래프 모양은 매우 유사해집니다.

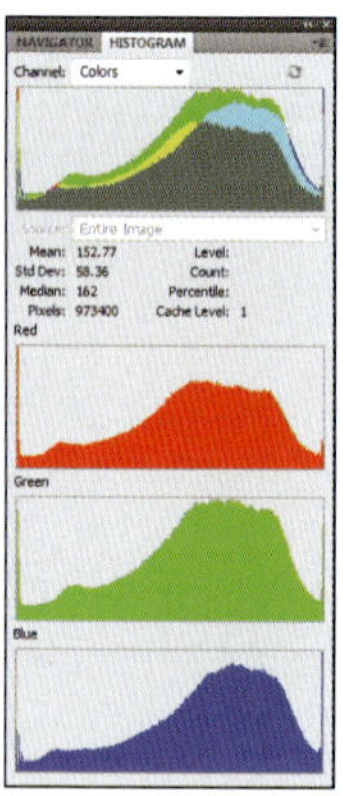

The Real Darren Stone by sa
http://flickr.com/photos/darrenstone
/356650895/

Histogram으로 이미지 상태 파악하기

이미지의 밝기에 따라 어느 한쪽으로 치우치는 것은 상관없지만, 픽셀 분포가 전체적으로 고르지 않거나, 화이트 포인트 또는 블랙
포인트가 맞지 않아 이빨이 빠진 것처럼 보이는 경우는 노출 설정을 잘못했거나 잘못된 작업으로 계조가 손상되었을 가능성이 높으
므로 주의해야 합니다.

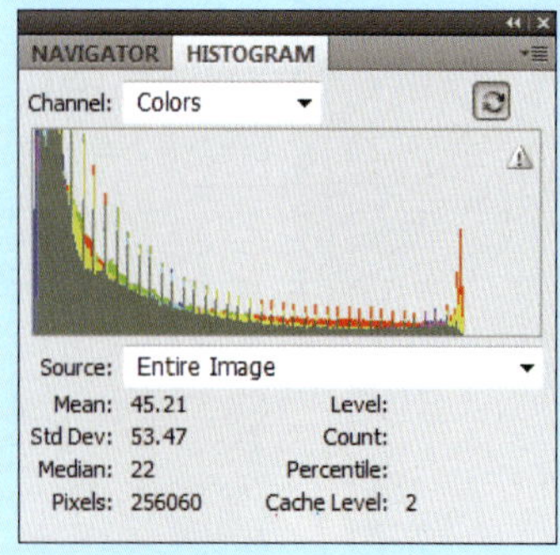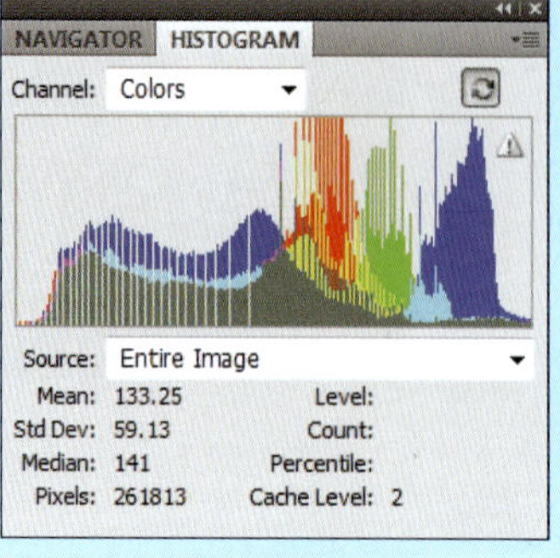

화이트 포인트가 맞지 않은 경우(좌)
지나친 가공으로 계조가 손상된 경우(우)

STEP 2   Camera Raw

이미지를 다루는 많은 사람들이 아직까지도 JPEG 파일 포맷을 많이 사용합니다. 하지만 JPEG 포맷으로 촬영할 경우에는 카메라에 내장된 마이크로프로세서(On-Board Microprocessor)를 통해 노이즈나 샤픈 등의 가공 작업이 발생하기 때문에 화질 저하가 나타나기 쉽습니다. 또한 JPEG 포맷은 8비트 이미지이기 때문에 필요한 만큼 충분한 계조를 확보하기 어렵거나 후보정을 할 때 계조가 손상되기 쉬운 문제를 안고 있습니다. 이러한 문제를 해결하기 위해 고안된 것이 RAW 포맷입니다. RAW는 '가공되지 않은 데이터'라는 의미를 지니고 있으며 16비트 상태에서 계조를 충분히 확보한 다음, 8비트로 변환해 작업할 수 있기 때문에 상대적으로 높은 화질을 얻을 수 있습니다.

RAW 포맷을 일명 디지털 네거티브(Digital Negative)라고도 하는데, 이것은 전통적인 네거티브 필름이 여러 장의 인화지를 만들 수 있는 원본 역할을 하는 것과 유사한 개념입니다. RAW 포맷은 기본적으로 높은 화질과 함께 원본 손상 우려 없이 수정이 가능하다는 점, 여러 컷의 이미지에 동일한 효과나 Workflow를 적용할 수 있다는 점 등 많은 장점을 지니고 있습니다. 특히 노출과 화이트밸런스, 색 온도

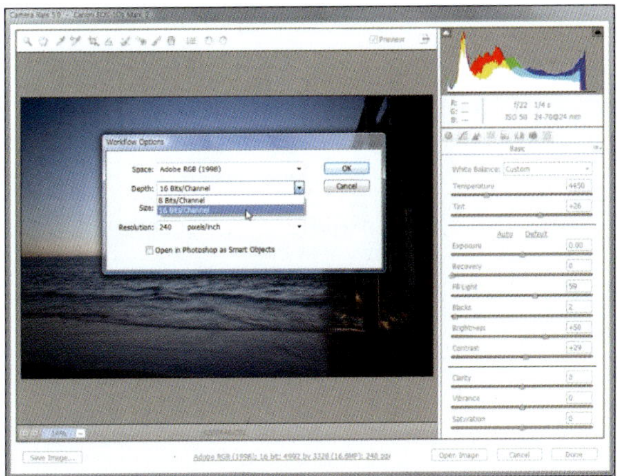

◀ Workflow 옵션을 이용하면 이미지의 색영역(Space)이나 채널당 비트 수(Depth), 해상도(Resolution) 등을 정해 놓고 편리하게 작업할 수 있다.

등을 자유자재로 조절할 수 있기 때문에 창의적이고 예술적인 효과를 연출하기에도 유리합니다.

하지만 이런 RAW 포맷의 단점은, 디스크의 용량을 많이 차지한다는 것입니다. 따라서 RAW 포맷을 활용하려는 경우라면 하드디스크나 메모리 용량을 충분히 확보하는 것이 좋습니다.

RAW 파일과의 호환성을 높이면서도 파일 용량을 줄여서 보관하려면 RAW 파일을 DNG 포맷으로 변환해서 저장하는 것이 좋습니다. DNG는 Adobe에서 개발한 포맷으로써 카메라 제조사에 따라 각기 다른 RAW 파일들의 호환성을 높이고 파일 용량을 가볍게 해주는 장점이 있습니다.

> **TiP** Camera Raw는 플러그인 형태로 지원되며, Camera Raw를 업데이트하려면 포토샵 버전과 맞는 버전을 사용해야 합니다.

DNG 컨버터

Adobe 사에서 제공하는 DNG 컨버터(Digital Negative Converter)는 한글이 지원되고, 여러 컷의 이미지를 데이터의 손실 없이 한꺼번에 변환할 수도 있어 편리합니다. Adobe 홈페이지를 방문하면 DNG 컨버터를 무료로 내려 받을 수 있으며, 압축 해제 후 별도의 설치 없이 곧바로 사용할 수 있습니다.

http://www.adobe.com/products/dng/index.html ▶

Composite 채널이란 개별 채널(RGB 모드의 경우 Red, Green, Blue 채널)을 모두 모아놓은 혼합 채널
(RGB)을 말합니다. Composite 채널은 이미지의 명암 상태를 보존하고 있기 때문에 언제든지 이것을 선택 상
태로 전환할 수 있으며, 이것을 통해 이미지의 톤을 정교하게 조절할 수 있습니다.

Composite 채널을 이용해 어떤 작업이 가능한지를 알아보기 위해 이미지를 살펴보겠습니다.

이 이미지는 미국 사우스다코다 주의 러시모어 산(Mount. Rushmore)에 있는 4명의 미국 대통령 얼굴
조각상입니다. 먼저 이미지의 Histogram을 분석해보겠습니다. 이 이미지는 전체적인 콘트라스트가 다소
약하고 화이트 포인트와 블랙 포인트가 제대로 맞지 않은 상태입니다.

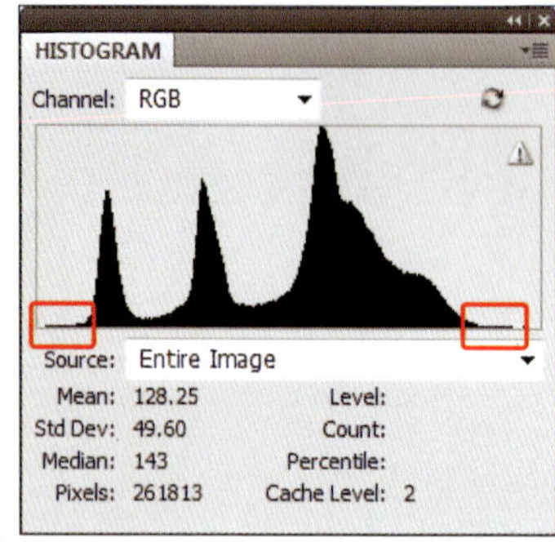

◀ jimbowen0306 by
http://www.flickr.com/photos/
jamiedfw/445506874/in/set-721576
00053610058/

⊙ Part1\composite channel.jpg

그럼 Composite 채널을 이용해 콘트라스트를 조절해보겠습니다. 먼저 Ctrl + J 를 눌러 'Layer 0'
레이어를 복제합니다. 그리고 Alt + Ctrl + 2 를 눌러 하이라이트 영역을 선택합니다.

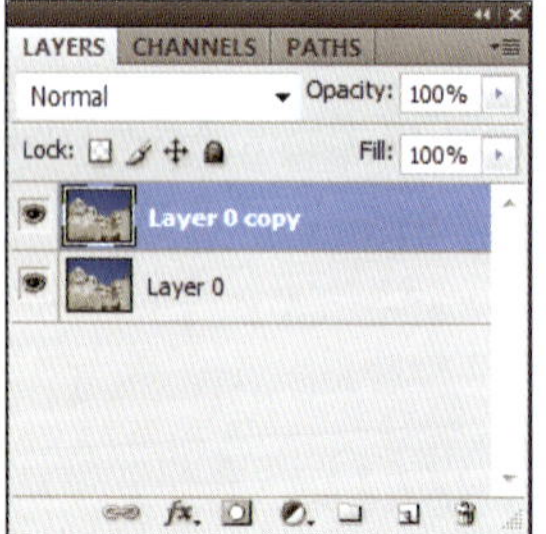

퀵 마스크에서 하이라이트 상태 확인하기

이러한 선택은 전체 이미지의 명암에 따라 밝은 부분은 많이 선택되고 어두운 부분은 적게 선택되는 방식으로 화면에 나타납니다.(이렇게 선택을 불러오는 것을 하이라이트를 불러왔다고도 합니다) 이 상태를 확인하기 위해 퀵 마스크 모드로 들어간 다음, 퀵 마스크 채널만 켜고 보면 선택된 영역을 확인할 수 있습니다.

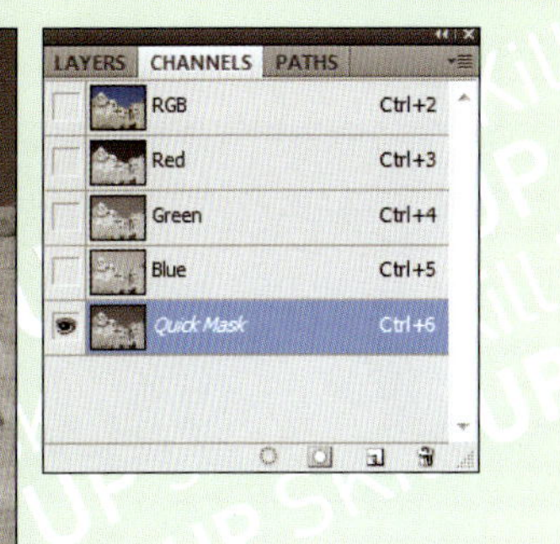

선택이 살아 있는 상태에서 '레이어 마스크 추가하기' 아이콘을 클릭하면, 선택은 자동으로 레이어 마스크로 전환됩니다. 이 레이어의 블렌딩 모드를 'Screen'으로 바꾸고 레이어의 이름도 바꿉니다. 블렌딩 모드가 바뀌었기 때문에 밝은 부분 위주로 이미지가 밝아집니다.

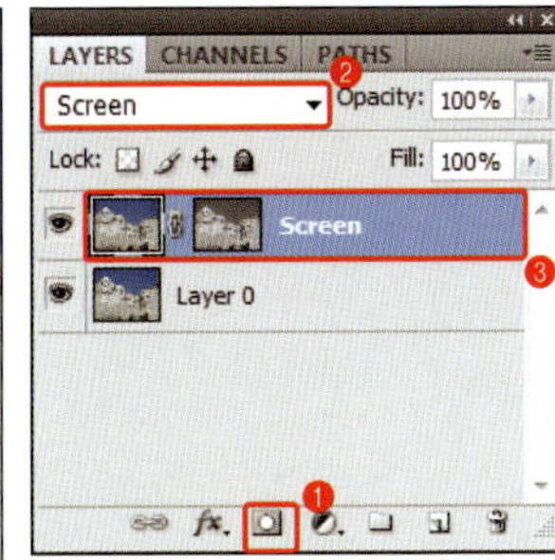

한번 더 Ctrl + J 를 눌러 'Screen' 레이어를 복제한 후, 복제된 레이어의 마스크를 잡고 Ctrl + I 를 눌러 반전합니다. 그리고 레이어의 이름과 블렌딩 모드를 Multiply로 바꾸면 이번에는 어두운 부분 위주로 이미지가 어두워집니다. 이것은 결과적으로 밝은 영역은 더 밝게 어두운 영역은 더 어둡게 만드는 효과이므로 결과적으로 콘트라스트가 강해지는 결과를 가져옵니다.

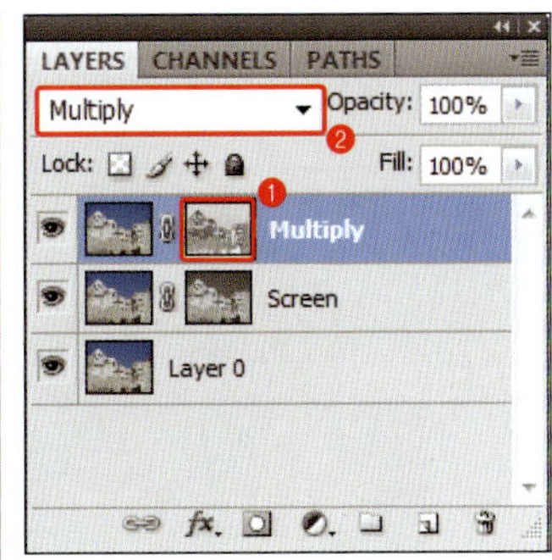

062
063

'Multiply' 레이어의 위치를 'Screen' 레이어 아래로 내리고 Opacity를 '70%'로 바꿉니다. 이렇게 하이라이트와 섀도 영역을 별도의 레이어로 분리해서 작업하면 밝은 영역과 어두운 영역을 개별적으로 조절할 수 있으므로 편리합니다.

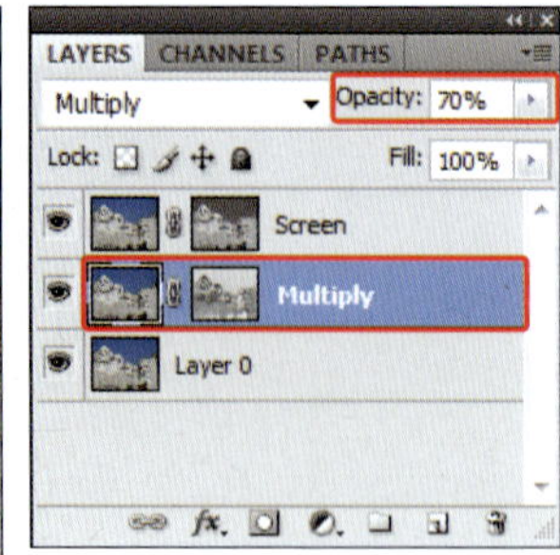

하이라이트 영역에만 샤프니스 높이기

현재 하이라이트와 섀도는 각기 개별적인 레이어로 분리된 상태이므로 하이라이트 영역을 결정하는 'Screen' 레이어의 레이어 마스크만을 선택한 뒤 Filter > Sharpen > Unsharp Mask 필터를 적용하면 하이라이트 영역에만 샤프니스(선예도)가 증가하게 됩니다. 이것은 하이라이트나 섀도의 샤프니스를 개별적으로 조절할 수 있다는 의미입니다.

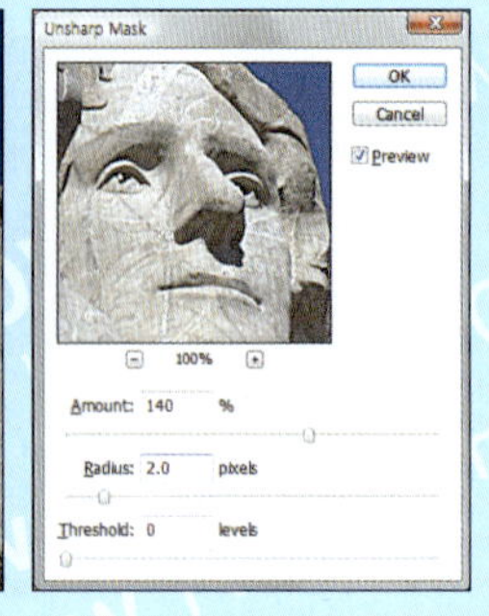

STEP 4 Clipping Mask
Photoshop Design

클리핑 마스크란 기준이 되는 레이어 위에 위치한 레이어를 기준 레이어의 형태에 종속시키는 기능입니다.

여러 개의 도형이 그려진 레이어들이 있고, 이 레이어들을 원형태가 그려진 레이어에 종속시키는 경우를 예로 들어보겠습니다. 이때, 원이 그려진 레이어는 하단에 위치시키고 다른 레이어들은 상단에 위치시킨 후, 이 기능을 적용시키면 다른 레이어에 그려진 형태와 상관없이 모든 이미지들은 원이 그려진 레이어에 종속되게 됩니다.

오른쪽 그림에서 기준 레이어는 보라색 원이 됩니다. 클리핑 마스크를 적용하기 위해 기준 레이어를 제외한 나머지 레이어들을 선택합니다.

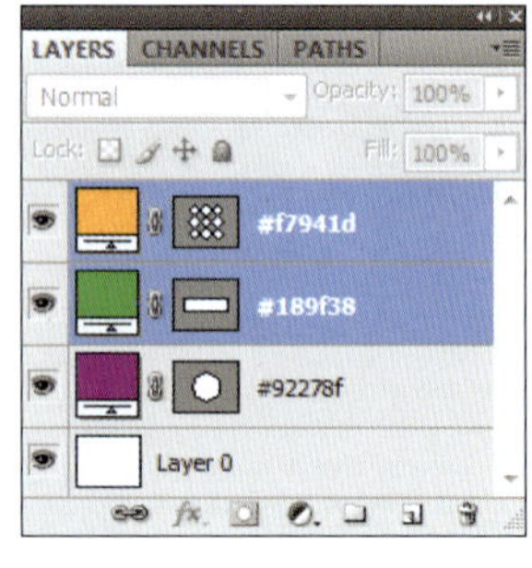

레이어들을 선택한 뒤 [Alt]+[Ctrl]+[G]를 누르면 클리핑 마스크 상태로 결합됩니다.

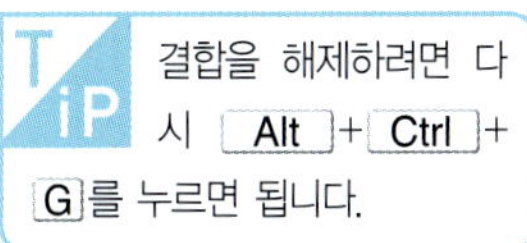

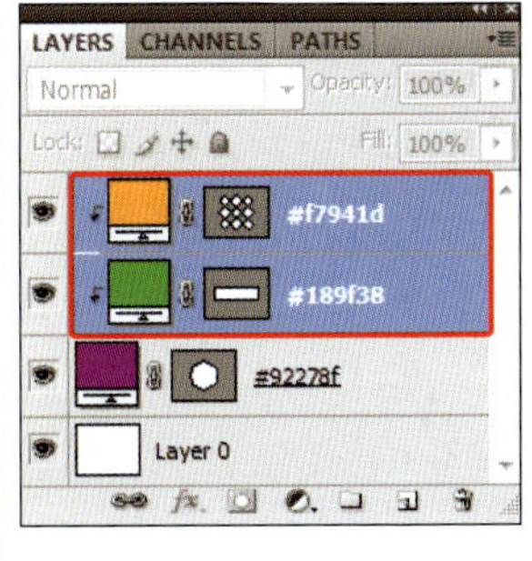

또는 [Layers] 패널에서 [Alt]를 누른 채로 레이어와 레이어 사이에 마우스를 가져가면 마우스 포인터가 2개의 원이 겹쳐진 모양과 비슷하게 바뀌게 되는데 이때 레이어 사이를 클릭하면 곧바로 클리핑 마스크를 만들거나 해제할 수 있습니다.

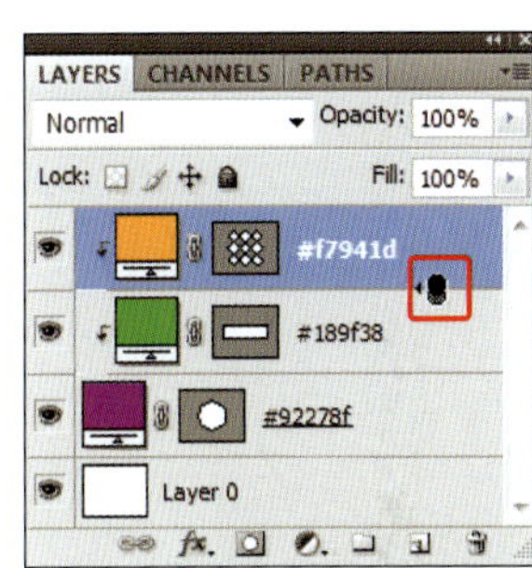

Clipping Mask 옵션

포토샵 CS4에서부터는 조정 레이어를 만들 때, 각 조정 패널 하단에 있는 아이콘을 눌러서 언제든지 Clipping Mask 옵션을 켜거나 끌 수 있기 때문에 편리합니다.

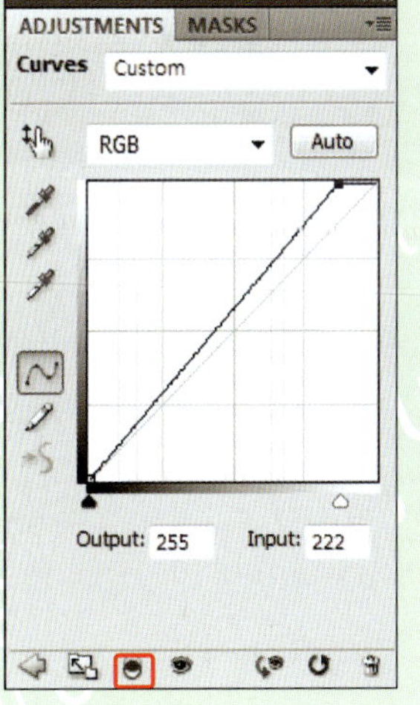

비네팅(Vignetting)이란 렌즈 주변부의 광량 저하 등을 이유로 이미지 외곽이 어둡게 나타나는 현상을 말합니다. 원치 않는 결과로 비네팅이 발생하기도 하지만, 주제를 부각시키는 분위기를 만들기 위해 의도적으로 효과를 연출하기도 합니다.

아래 이미지는 가을정취가 물씬 풍기는 그림자가 드리워진 언덕입니다. 이 이미지를 이용해 다양한 방법으로 비네팅 효과를 연출해보겠습니다. 각 방법마다 장단점이 있으므로 취향에 따라 사용하는 것이 좋습니다.

01

◀ Nicholas_T by
http://www.flickr.com/photos/149221
65@N00/66316848/

◉ Part1\vignetting.jpg

1. [Masks] 패널을 활용하는 방법

원형 선택 툴(◯)을 이용해 오른쪽과 같이 선택합니다.

그런 다음 [Adjustments] 패널에서 Level 조정레이어 만들기 버튼을 클릭합니다.(좌) [Levels] 조정레이어가 생성되면 선택영역은 마스크로 자동 전환됩니다.(중) [Levels] 패널에서 아래와 같이 수치를 조정합니다.(우) 마스크의 모양대로 이미지가 어두워집니다.

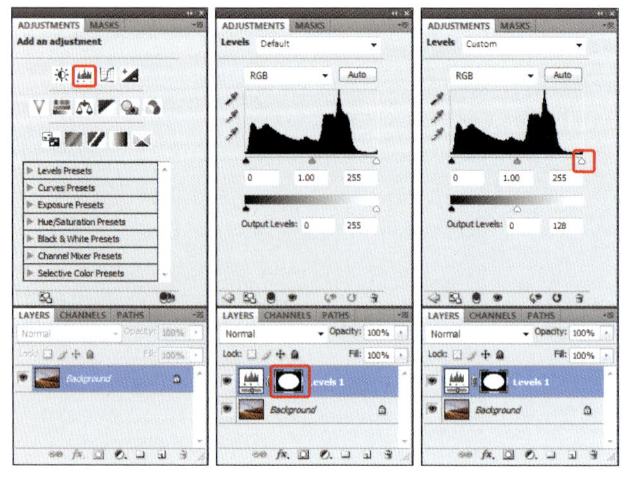

하지만 어둡게 만들 부분은 반대 영역이므로 [Masks] 패널에서 [Invert] 버튼 클릭해 선택영역을 반전합니다. 그리고 효과가 적용되는 범위를 부드럽게 하기 위해 Feather 수치를 '114px'로 늘려주면 효과가 완성됩니다.

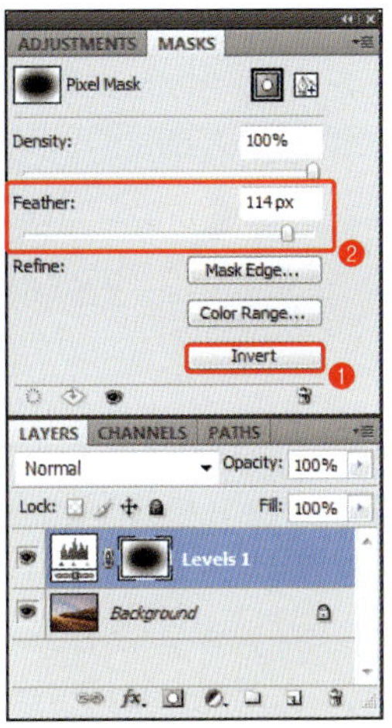

이 방식은 적용되는 범위와 강약을 손쉽게 조절할 수 있다는 장점이 있습니다. 그리고 언제든지 상태를 보면서 옵션을 바꿀 수 있기 때문에 수정 또한 용이합니다. 단, 주변 모서리의 형태나 강약이 일정하기 때문에 다소 인위적인 느낌이 들 수도 있습니다.

2. 필터를 이용한 방법

이번에는 필터를 이용한 방법입니다. 이미지에서 새로운 레이어를 추가하고 레이어 전체를 흰색으로 채운 후 레이어의 블렌딩 모드를 Multiply로 미리 바꿉니다.

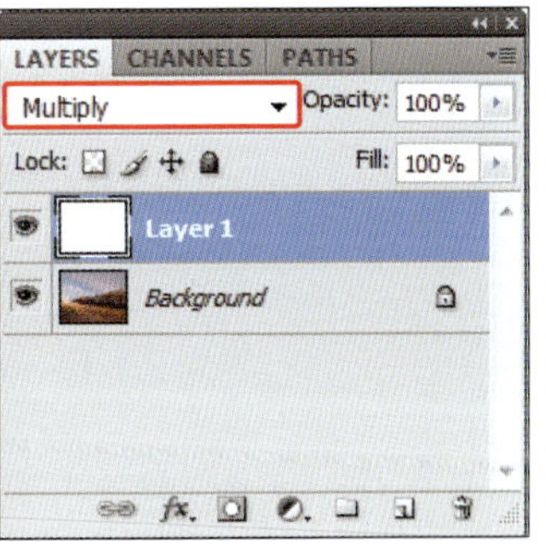

> **TiP** Multiply 모드에서 흰색은 아무런 효과가 없으므로 아래 위치한 레이어의 이미지가 그대로 보이게 됩니다.

'Layer 1' 레이어를 선택한 후 Filter 〉 Distort 〉 Lens Correction 필터를 선택합니다. [Lens Correction] 대화상자가 나타나면 Vignette의 Amount(수치)와 Midpoint(중간점)를 각각 -86, +44로 설정합니다.

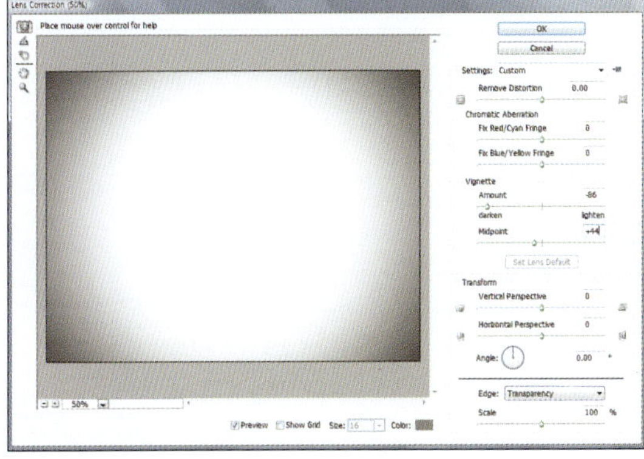

대화상자를 빠져 나오면 비네팅 효과가 적용됩니다.

이 방법은 비교적 간편한 대신 범위를 재조정하기 어렵고 형태가 인위적이라는 단점이 있습니다.

3. 툴과 블렌딩 모드를 결합한 방법

툴을 이용해 직접 그리는 방법도 있습니다. 마찬가지로 새로운 레이어를 추가하고 레이어 전체를 흰색으로 채웁니다. 툴 패널에서 전경색(#334c52)을 설정하고 Gradient 툴(□)을 선택한 다음, Opacity를 '60%'로 설정합니다.

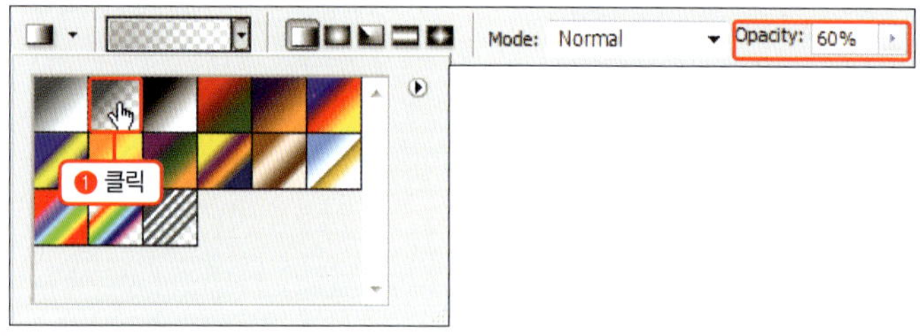

Gradient 툴을 이용해 바깥쪽에서 안쪽 방향으로 드래그합니다. 툴의 Opacity를 조금씩 바꿔가며 바깥쪽에서 안쪽 방향으로 여러 차례 겹쳐 그립니다. 드래그하는 길이를 약간씩 다르게 하면서 그리면 좀 더 자연스러운 결과를 얻을 수 있습니다.

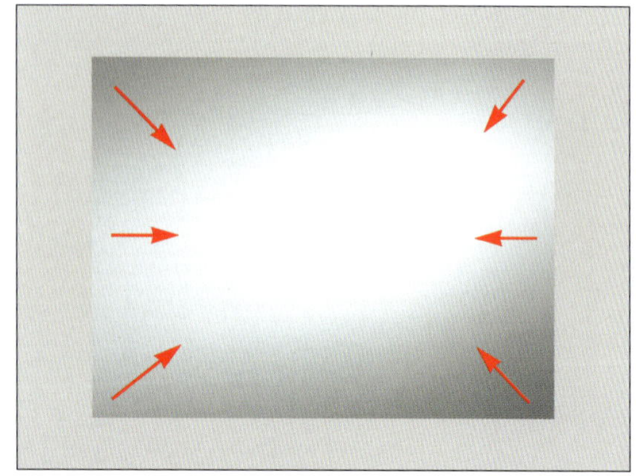

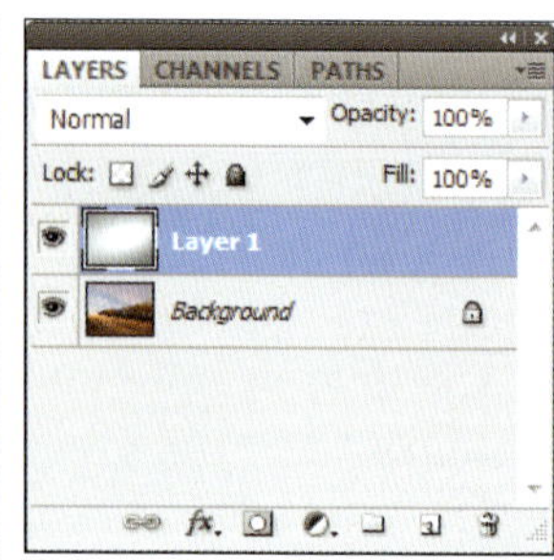

레이어의 블렌딩 모드를 'Multiply'로 바꿔주면 효과가 적용됩니다. 주위를 어둡게 하기 위해 사용한 짙은 청록색은 검은색을 사용했을 때와는 다른 느낌을 줍니다. 이 방법은 그리는 도중 주변 효과를 직접 조절할 수 있다는 장점이 있지만 시간이 많이 걸리고 나중에 재조정하기 어렵다는 단점이 있습니다.

비네팅 효과를 만드는 일은 비교적 단순한 작업이지만 이렇게 단순한 작업 하나를 하더라도 접근 방식은 사뭇 다를 수 있습니다. 비슷한 효과의 작업일지라도 다른 표현 기법을 동원하면 색다른 결과를 얻을 수 있고 다양한 표현력도 기를 수 있습니다.

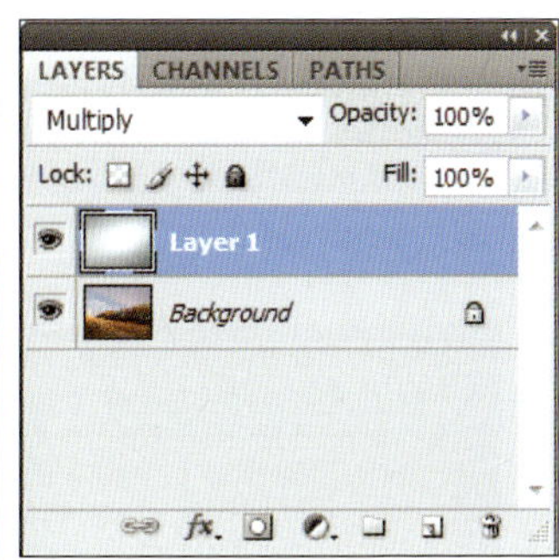

STEP 6 문자 편집

포토샵은 이미지 편집 프로그램이기 때문에 보통 문자 편집은 불편하고 시간이 많이 걸린다고 생각하기 쉽습니다. 하지만 복잡한 편집만 아니라면 그다지 걱정할 필요 없습니다. 포토샵에서 지원되는 단축키 위주로 작업을 해보면 포토샵에서 문자를 편집하는 일이 어렵지 않다는 것을 알 수 있습니다.

1. 기본 글꼴 속성 편집하기

문자 편집과 관련된 단축키는 크게 Shift + Ctrl +(< , >)형태와 Alt +(← , → , ↑ , ↓) 방향키 형태로 구성되어 있습니다. 이 2가지 유형을 기준으로 추가키를 외워둔다면 문자 편집에는 어려움이 없을 것입니다.

툴 패널에서 Horizontal Type 툴(T)을 선택한 후 작업창에서 드래그하면 [Type] 레이어가 생기면서 텍스트 상자가 만들어집니다. 원하는 글꼴을 지정한 후 텍스트를 입력합니다

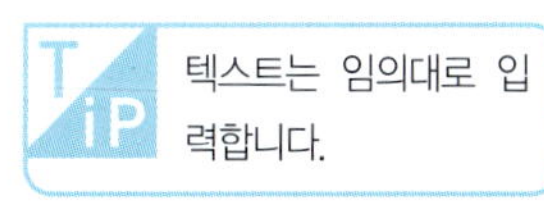
텍스트는 임의대로 입력합니다.

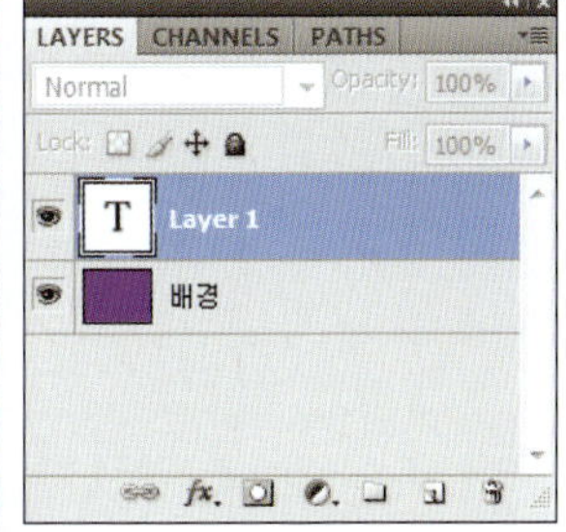

Ctrl + A 를 눌러 입력된 문자를 모두 선택한 후, Shift + Ctrl + >, < 를 눌러 크기를 키우거나 줄입니다. 한 번 누를 때마다 2포인트씩 크기가 변경됩니다.

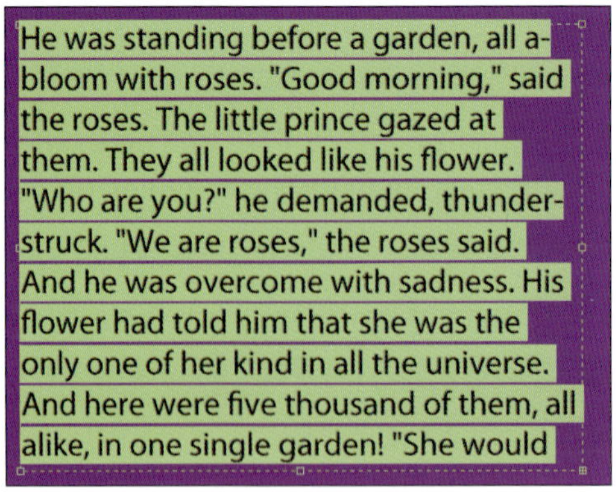

> **TiP** [Type] 레이어의 썸네일 아이콘을 더블클릭해도 모든 글자가 선택됩니다.

Alt + Shift + Ctrl + < 를 누르면 텍스트 크기가 10포인트 단위로 줄어듭니다.

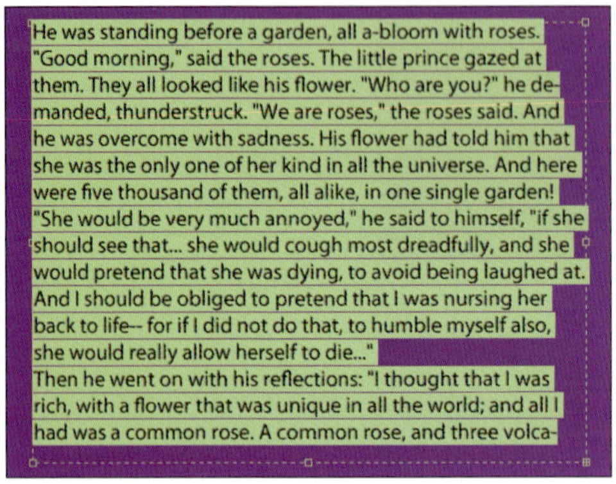

이번엔 행간을 조절해보겠습니다. 텍스트를 선택한 후, Alt 를 누른 채로 아래쪽 방향키(↓)를 누르면 2포인트 단위로 행간이 늘어납니다.

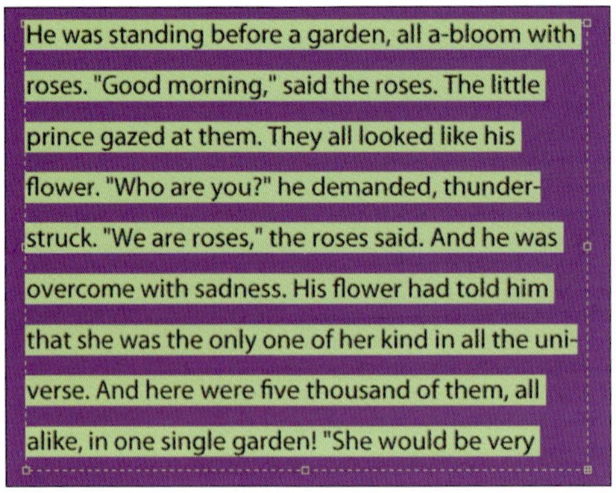

Alt + Ctrl + ↑ 를 누르면 한 번 누를 때마다 10포인트 단위로 행간이 줄어듭니다.

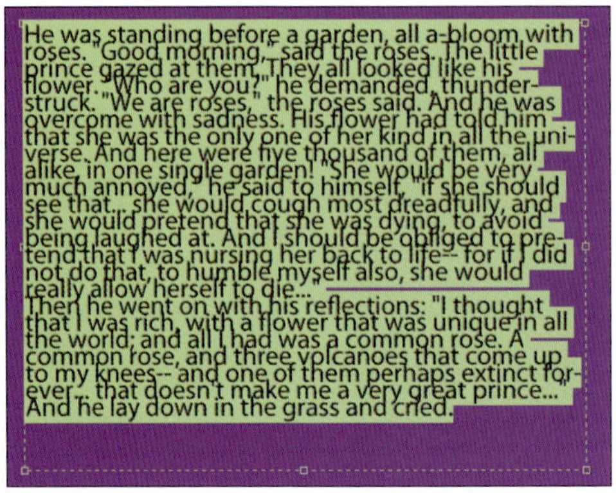

행간을 자동 값으로 지정하려면 [Alt]+[Shift]+[Ctrl]+[A]를 누릅니다. 자동 행간은 문자의 크기에 따라 자동으로 보기 좋게 행간이 설정됩니다.

He was standing before a garden, all a-bloom with roses. "Good morning," said the roses. The little prince gazed at them. They all looked like his flower. "Who are you?" he demanded, thunderstruck. "We are roses," the roses said. And he was overcome with sadness. His flower had told him that she was the only one of her kind in all the universe. And here were five thousand of them, all alike, in one single garden! "She would be very much annoyed," he said to himself, "if she should see that... she would cough most dreadfully, and she would pretend that she was dying, to avoid being laughed at. And I should be obliged to pretend that I was nursing her back to life-- for if I did

이번엔 자간을 조절해보겠습니다. 자간은 [Alt]를 누른 채로 좌우 방향키로 조절합니다. [Alt]+[←]를 한 번 누를 때마다 20포인트 단위로 자간이 줄어듭니다. 반대로 [Alt]+[→]를 누르면 자간이 늘어납니다.

He was standing before a garden, all a-bloom with roses. "Good morning," said the roses. The little prince gazed at them. They all looked like his flower. "Who are you?" he demanded, thunderstruck. "We are roses," the roses said. And he was overcome with sadness. His flower had told him that she was the only one of her kind in all the universe. And here were five thousand of them, all alike, in one single garden! "She would be very much annoyed," he said to himself, "if she should see that... she would cough most dreadfully, and she would pretend that she was dying, to avoid being laughed at. And I should be obliged to pretend that I was nursing her back to life— for if I did not do that, to humble myself also, she would really allow herself to die..." Then he went on with his reflections: "I thought that I was

[Shift]+[Ctrl]+[Q]를 누르면 자간이 기본값 '0'으로 바뀝니다.

한편 문자 편집을 하다 보면 문장을 정렬을 해야 할 경우가 있습니다. 이런 경우에는 [Paragraph] 패널을 열어 '오른쪽 정렬' 아이콘을 클릭하거나 [Shift]+[Ctrl]+[R]을 눌러 오른쪽 정렬합니다. 왼쪽 정렬은 [Shift]+[Ctrl]+[L], 중앙 정렬은 [Shift]+[Ctrl]+[C]를 누릅니다.

[Paragraph]패널을 Window → Paragraph 를 선택합니다.

He was standing before a garden, all a-bloom with roses. "Good morning," said the roses. The little prince gazed at them. They all looked like his flower. "Who are you?" he demanded, thunderstruck. "We are roses," the roses said. And he was overcome with sadness. His flower had told him that she was the only one of her kind in all the universe. And here were five thousand of them, all alike, in one single garden! "She would be very much annoyed," he said to himself, "if she should see that... she would cough most dreadfully, and she would pretend that she was dying, to avoid being laughed at. And I should be obliged to pretend that I was nursing her back to life— for if I did not do that, to humble myself also, she would really allow herself to die..." Then he went on with his reflections: "I thought that I was

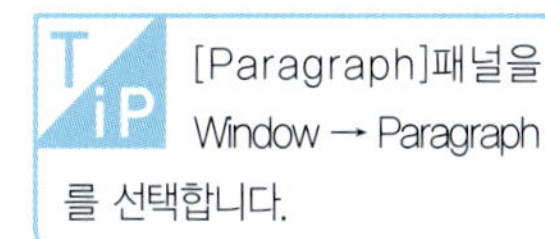

2. 문자 스타일 변경하기

전체 문장에서 일부 내용을 선택하여 부분적으로 문
자 스타일을 변경하면 재미있는 효과를 얻을 수 있
습니다. 먼저 [Character] 패널 하단에 위치한 아이
콘을 클릭해 글자의 스타일을 바꾸고 글자의 크기나
색상 등을 추가적으로 바꾸면 개성 있는 편집 작업
이 가능해집니다.

3. Type 레이어를 일반 레이어로 바꾸기

Type 레이어는 벡터(vector) 방식 레이어입니다. 따라서 Type 레이어에는 필터나 스타일등의 효과를
직접 적용할 수 없으므로 효과를 적용하기 전에 일반 레이어 형태로 변환해야 합니다.

Type 레이어 위에서 마우스 오른쪽 버튼을 클릭해 [Rasterize Type] 명령을 선택하면 Type 레이어가
픽셀 형태의 일반 레이어로 바뀝니다.

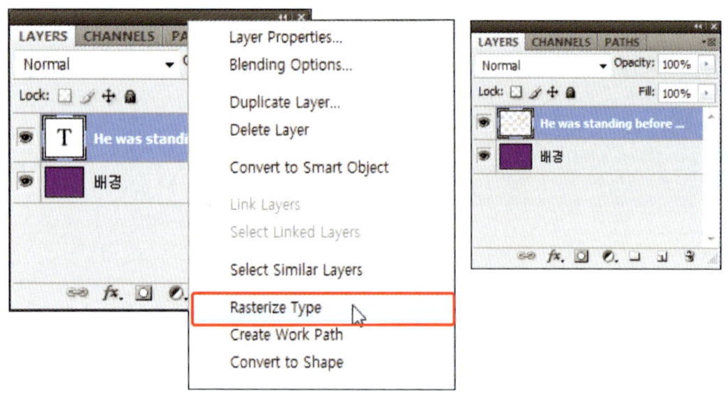

Alt + Shift + Ctrl + E 를 눌러 눈에 보이는 모든 레이어를 하나의 레이어로 만든 다음, Lens
Blur 필터를 적용해 보았습니다. 텍스트에도 블러 효과를 지정할 수 있습니다.

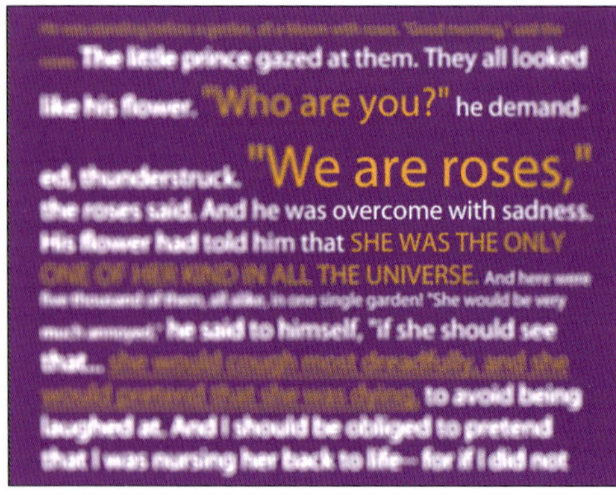

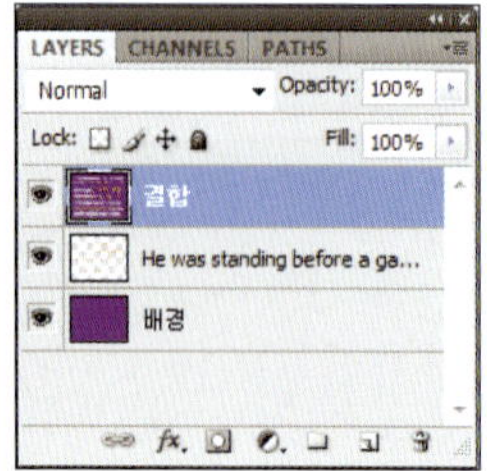

STEP 7 Photomerge
Photoshop Design

일반적으로 파노라마 이미지를 구현하려면 고가의 장비가 필요합니다. 하지만 포토샵에서 지원되는 Photomerge 기능을 이용하면 일반 카메라로 찍은 이미지로도 파노라마를 쉽게 구현할 수 있습니다. 이 기능의 놀라운 점은 삼각대가 없거나, 노출이 동일하지 않더라도 프로그램이 알아서 보정을 해준다는 점입니다.

여기 각기 다른 위치에서 촬영된 4장의 이미지가 있습니다. 이 이미지들은 화각이나 노출이 일치하지 않는 상태입니다. 결합하고자 하는 소스 이미지들을 열어놓고, File 〉 Automate 〉 Photomerge 메뉴를 선택합니다.

01

02

03

04

01 melanzane1013 by sa
http://flickr.com/photos/melanzane1013/450006248/in/photostream/
 Part1\파노라마1.jpg

02 melanzane1013 by sa
http://flickr.com/photos/melanzane1013/450021561/in/photostream/
Part1\파노라마2.jpg

03 melanzane1013 by sa
http://flickr.com/photos/melanzane1013/450008748/in/photostream/
Part1\파노라마3.jpg

072
073

04 melanzane1013 by sa
http://flickr.com/photos/melanzane1013/450020949/in/photostream/
Part1\파노라마4.jpg

[Photomerge] 대화상자가 나타나면 6가지 방식의 Layout 중에서 [Collage] 옵션을 선택합니다.

[Add Open Files] 버튼을 클릭해 결합할 파일을 불러들입니다. 파일 개수를 확인한 후 [OK] 버튼을 클릭합니다.

이때 파일이 열려 있지 않을 경우라면 [Browse] 버튼을 클릭해 이미지들의 위치를 직접 지정해줘야 합니다.

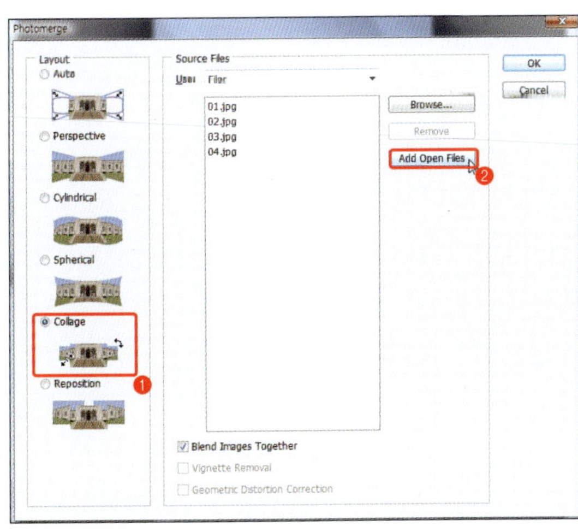

T iP 다른 옵션들과 달리 [Collage] 옵션은 앵글이 다른 이미지들까지도 비로잡아 결합해줍니다. 다만 이미지의 상태가 지나치게 다른 경우에는 인식하지 못할 수 있으므로, 가급적 비슷한 앵글의 이미지에 적용하는 것이 좋습니다.

효과가 바로 적용됩니다. 포토샵이 알아서 위치를 결합하고 마스킹 처리까지 했습니다. 툴 패널에서
Crop 툴(□)로 트리밍하고자 하는 영역만 선택한 후 잘라줍니다.

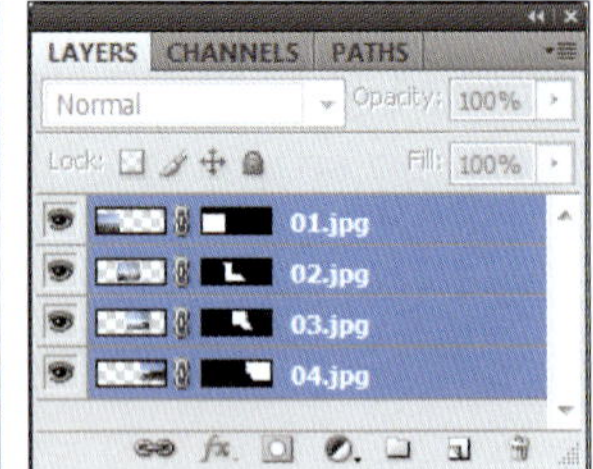

파노라마 이미지가 완성되었습니다.

포토샵에서 Photomerge 기능을 사용하지 않고 파노라마 이미지를 만들 때는 Auto-Align Layers와 Auto-Blend Layers를 사용
합니다. 파노라마로 만들기 원하는 이미지들을 열어 하나의 문서에 레이어 상태로 쌓은 다음, Edit 〉 Auto-Align Layers 명령과
Auto-Blend Layers 명령을 차례대로 적용하면 Photomerge와 동일한 결과를 얻을 수 있습니다.

STEP 8 HDR(High Dynamic Range)
Photoshop Design

카메라는 인간의 눈과 달리 하이라이트 영역과 섀도 영역의 계조를 동시에 표현하기 어려운 구조적 특성을 지니고 있습니다. 특히 디지털 카메라는 아날로그 카메라에 비해 계조 표현력이 떨어진다는 지적을 받아왔습니다. 대비가 강한 이미지의 경우 노출을 양쪽에 맞추기 어렵기 때문에 어느 한쪽을 포기해야 하는 경우가 자주 생깁니다.

예를 들어 정오의 햇살이 강하게 내리쬐는 풍경을 카메라에 담는다면, 하늘의 하이라이트 영역과 건물의 섀도 영역의 계조를 하나의 사진에 적절하게 표현한다는 것은 매우 어려운 일입니다. 이러한 문제를 극복하기 위해 등장한 기술이 HDR(High Dynamic Range)입니다. 아날로그 사진에 비해 상대적으로 빈약하게 느껴졌던 계조 부족 현상을 HDR 기술이 가지고 있는 알고리즘 즉, 하이라이트와 섀도 영역의 계조를 노출 값이 다른 몇 장의 이미지를 결합하는 방식을 통해 극복할 수 있습니다. 이 기술은 사진, 3D 그래픽, 영화, 게임, 시뮬레이션 등 다양한 분야에서 이미 적용되고 있습니다.

HDR 상태로 이미지를 만들려면 초점이 정확히 맞고 노출은 다른 이미지가 여러 컷 필요하기 때문에 반드시 삼각대를 이용해 브라켓 촬영을 해야 합니다. 기본적으로 적정 노출 상태로 한 컷(EV 0), 언더로 한 컷(EV −2), 오버로 한 컷(EV +2) 이렇게 3컷의 이미지를 2스톱 단위로 촬영하면 무리 없는 결합이 가능합니다. 하지만 부드럽고 정교한 표현을 위해서는 1스톱 단위로 5컷 이상을 촬영하는 것도 좋습니다. 용도나 이미지 상태에 따른 차이는 있겠지만 컷 수가 늘어날수록 정교한 표현이 가능해집니다.

촬영을 마친 후에는 포토샵에서 File 〉 Automate 〉 Merge to HDR 명령을 이용해 결합합니다. 일단 HDR로 결합하면 32비트 이미지가 되기 때문에 하이라이트와 섀도 영역의 계조를 충분히 커버할 수 있는 상태가 됩니다.

> **TiP** 여러 컷이 아닌 한 컷의 RAW 파일만으로도 EXIF 정보를 제거하는 편법을 이용해 HDR 이미지를 만들 수 있지만 이러한 방법은 권장하지 않습니다. 풍부한 계조와 보정작업을 위해서는 3컷 이상의 이미지를 사용하는 것이 바람직합니다.

브라켓 촬영 시 주의사항

브라켓 촬영은 카메라에서 지원하는 기본 기능으로 촬영자가 피사체를 촬영할 때, 카메라가 지시하는 적정 노출로 촬영된 이미지, 노출을 더 준 이미지, 덜 준 이미지 등 총 3장 이상의 이미지를 자동 촬영하는 기능을 말합니다. 브라켓 촬영을 할 때는 피사체나 삼각대가 움직여서는 안 되기 때문에 조리개를 고정시키고 릴리즈나 리모컨을 이용해 촬영하는 것이 좋습니다.

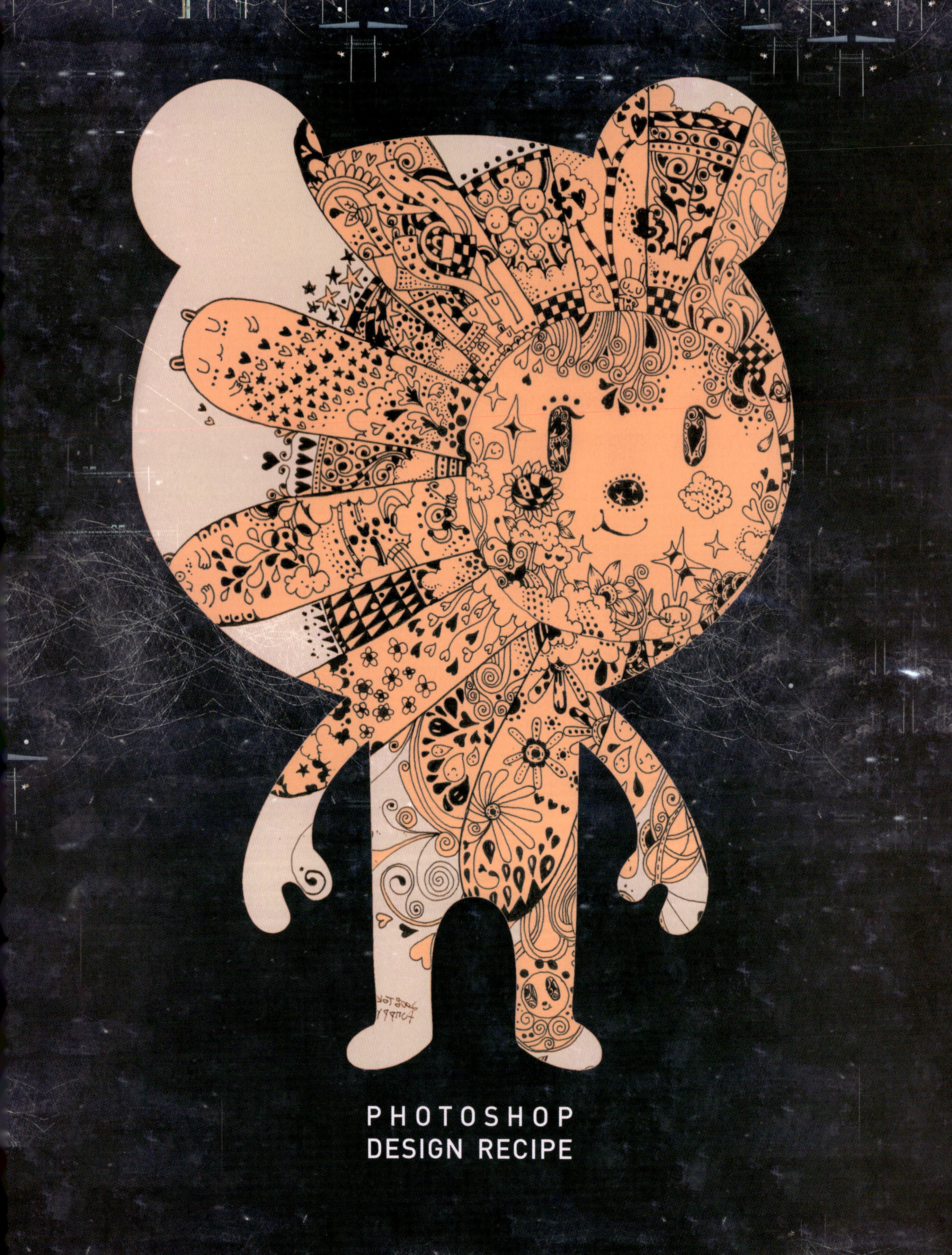

PHOTOSHOP
DESIGN RECIPE

PART 02

이미지 생성작업

Image Creation

이미지를 새롭게 만들어내는 작업은 생각보다 어려운 작업입니다.
따라서 뚜렷한 작업목적과 최소한의 표현 능력이 결합될 때
효과를 얻을 수 있습니다. 이번 파트에서는 금속, 나무, 구름, 대리석 등
우리 주변에서 흔히 볼 수 있는 질감들 위주로 만들어 보겠습니다.

네온사인 효과내기

패스는 주로 사물을 마스킹하는 용도로 사용되지만 Stroke Path 기능을 이용하면 선을 따라 그림을 그리는 작업도 가능해집니다. 특히 이 기능은 브러시 옵션과 조합해서 사용하면 그 효과를 톡톡히 볼 수 있습니다. Stroke Path 기능을 처음 사용할 때는 번거롭게 느껴지지만 익숙해지면 매우 활용도가 높은 기능이라는 것을 알 수 있습니다. 이 예제에는 Shape Blur와 Layer Style, Stroke Path를 함께 사용하고 있는데 Shape Blur는 배경을 흐리게 하고, Layer Style은 네온사인이 빛나게 하는 용도로 사용됩니다.

Part2\Sec1\원본.psd
Part2\Sec1\결과.psd

주요 사용 기능 Shape Blur 필터, Stroke Path 기능, Gaussian Blur 필터　**난이도** ★★★

소스 soupboy by sa http://www.flickr.com/photos/thesoupboy/153984731/

STEP 1 네온사인 기본 형태 만들기
Photoshop Design

Ctrl + O 를 눌러 예제 파일 (원본.psd)를 엽니다. 아름다운 조명과 야자수로 인해 이국적인 정취가 물씬 풍기는 이미지입니다. 이 단계에서는 배경으로 사용될 이미지 위에 [Type] 툴과 [Rounded Rectangle] 툴을 이용해 네온사인의 기본 형태를 만들도록 하겠습니다.

Part2\Sec1\원본.psd

01 '원본' 레이어가 선택된 상태에서 Layer 〉 New 〉 Layer via Copy(Ctrl + J)를 적용해 복제합니다.

02 Filter 〉 Blur 〉 Shape Blur를 선택한 후, [Shape Blur] 대화상자에서 4번째에 위치한 Shape를 지정하고 Radius의 수치를 '44'로 입력한 다음 [OK]버튼을 누릅니다. '원본 copy' 레이어의 이름을 'Shape Blur 44'로 바꿉니다.

01

02
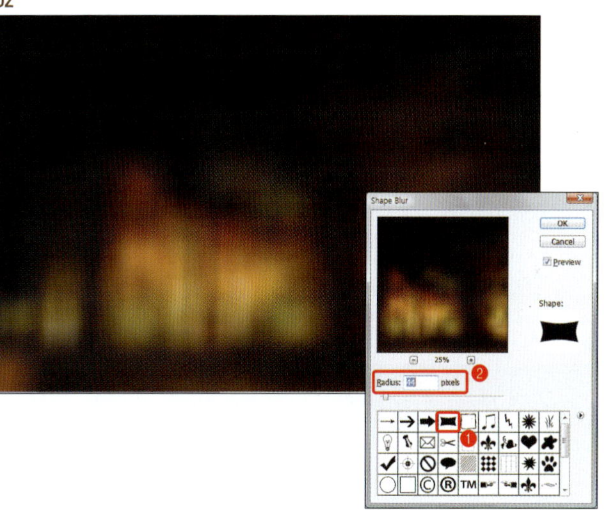

03 Horizontal Type 툴(T)을 선택하고 화면 한가운데를 클릭한 다음 'OPEN'이라고 입력합니다. 글자를 모두 선택한 후(Ctrl + A), 옵션을 다음과 지정합니다.

서체 : Neon, 크기 : 154.78포인트, Color : #f26522, 중앙정렬

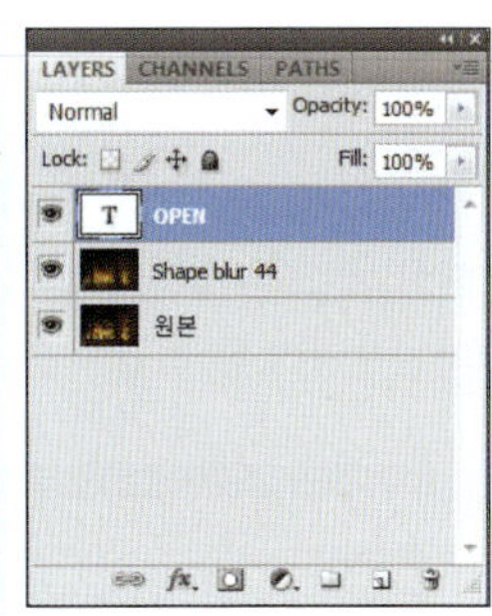

04 네온사인의 외곽선을 만들기 위해 Rounded Rectangle 툴(▢)을 선택한 후, 옵션바에서
[Paths] 방식을 선택하고 Radius를 '25' 픽셀로 입력합니다.

05 ⎡Alt⎤를 누른 채 정중앙에서 바깥쪽으로 드래그합니다. ⎡Alt⎤를 누른 채로 그리면 가운데를
기준으로 패스가 생겨납니다. [Paths] 패널에서 새로 만들어진 패스를 확인하고 선택된 상태 그
대로 둡니다.

04

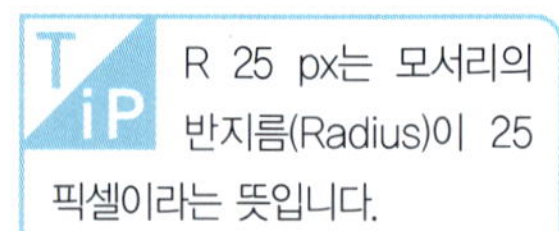

05

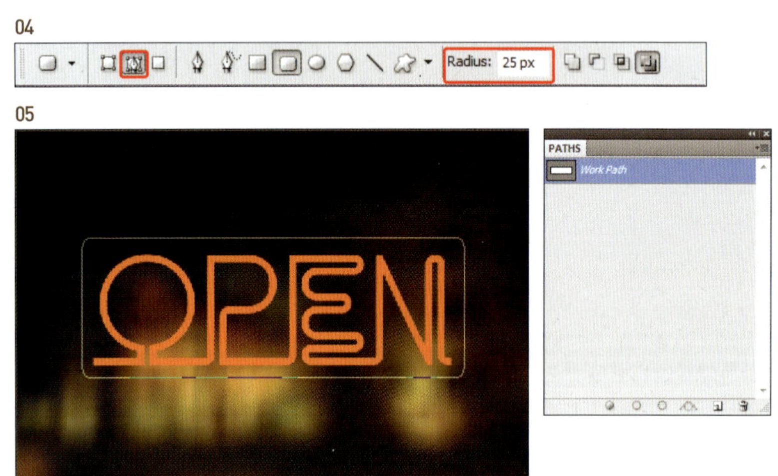

06 [Work Path]를 더블클릭하면 [Save Path] 대화상자가 나타나는데 이곳에 이름을 입력한 후
[OK]를 클릭하면 패스가 저장됩니다. 보다 안전한 사용을 위해 [Path]를 저장해두는 것이 좋으
며 패스 이름에 특징을 적어두면 차후 수정 작업에 도움이 됩니다.

> **T iP** R 25 px는 모서리의 반지름(Radius)이 25 픽셀이라는 뜻입니다.

07 문자 레이어 상태에서는 곧바로 [Stroke Path] 명령을 사용할 수 없으므로 새로 레이어를 하나
추가합니다.

08 툴 패널에서 전경색을 파란색(#078de4)으로 바꾸고 브러시 툴(✐)을 선택한 후, [Brushes] 패
널에서 옵션을 그림과 같이 지정합니다.

09 Path Selection 툴(▶)을 선택한 후, 마우스를 패스 위에 대고 오른쪽 버튼을 클릭합니다.
[Stroke Path] 명령을 선택하고 나타나는 대화상자에서 'Brush'를 선택하면 지정된 패스에 따
라 브러시로 그림을 그릴 수 있습니다.

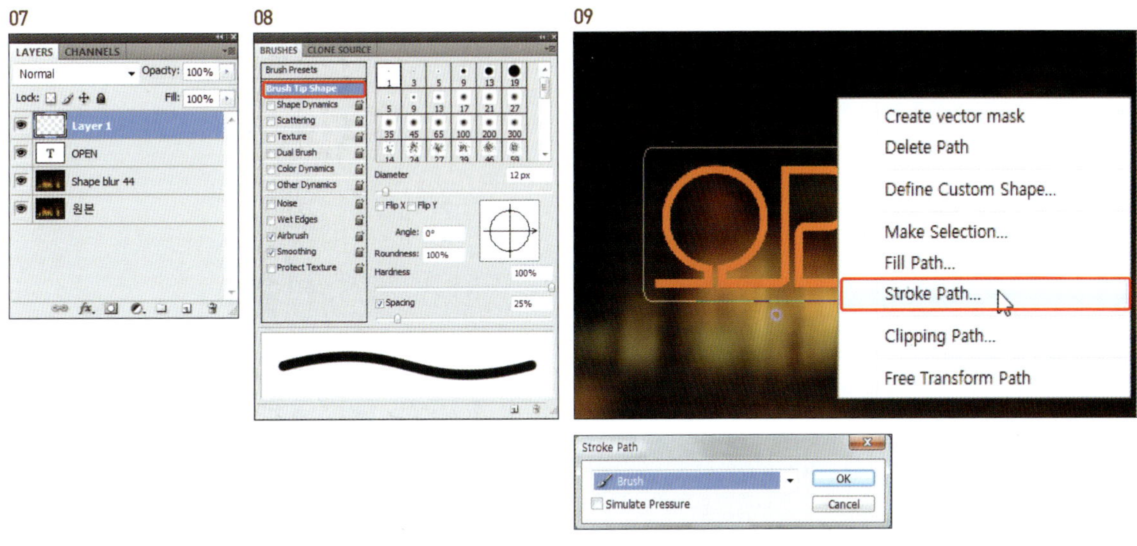

10 [OK] 버튼을 클릭하면 패스를 따라 자동으로 그림이 그려집니다. [Paths] 탭에서 패스 선택을
해제하고 레이어의 이름을 '테두리 12px #078de4'로 바꿉니다.

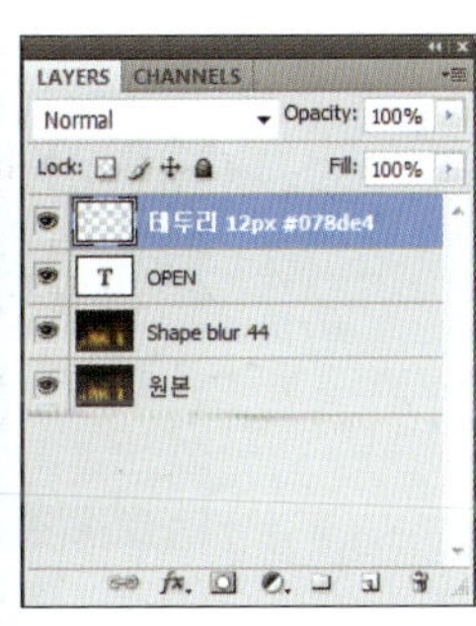

이 단계에서는 레이어 스타일을 이용해 네온사인이 빛나는 효과를 연출해 보겠습니다.

01 [Layer Style] 대화상자로 들어가기 위해 'OPEN' 레이어를 더블클릭합니다. [Drop Shadow] 항목에서 다음과 같이 적용합니다. [Type] 레이어에 [Drop Shadow] 레이어 스타일이 적용됩니다.

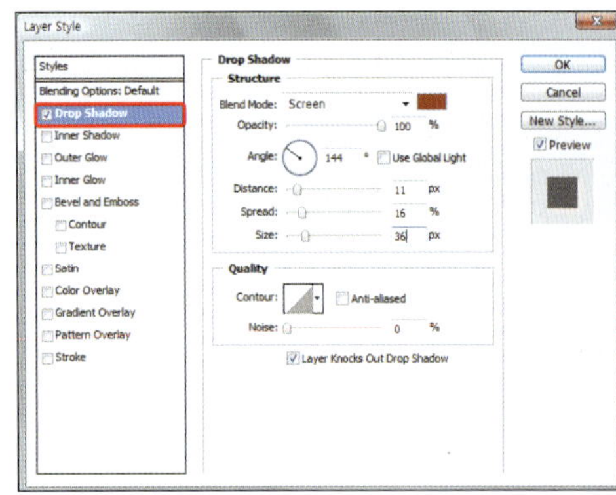

02 [Type] 레이어 위에서 마우스 오른쪽 버튼을 클릭해 [Copy Layer Style]을 선택합니다. 앞에서 적용한 레이어 스타일이 복사됩니다.

03 '테두리 12px #078de4' 레이어를 선택한 후, 마찬가지로 마우스 오른쪽 버튼을 클릭해 [Paste Layer Style]을 실행하면 복사되었던 레이어 스타일이 그대로 적용됩니다. 하지만 색상이 다르기 때문에 어색한 느낌이 듭니다.

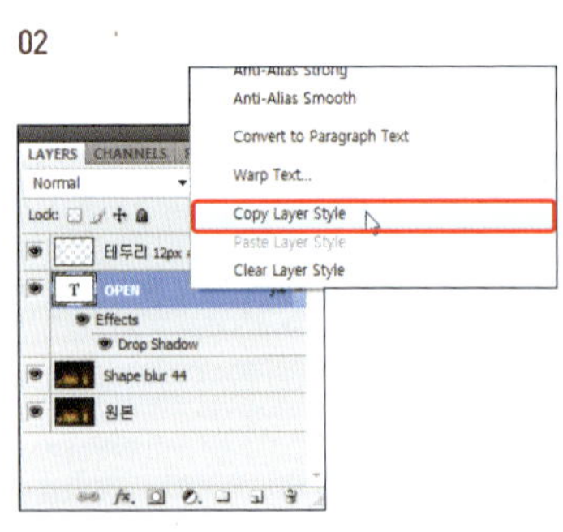

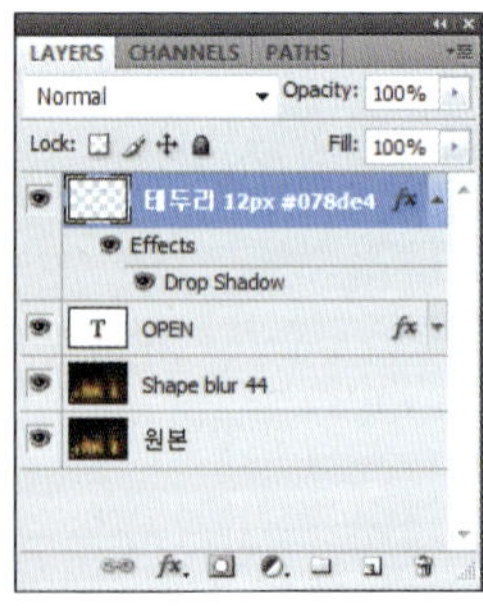

Outer Glow 대신 Drop Shadow 방식을 사용한 이유

빛나는 효과를 낼 때는 보통 Outer Glow를 사용합니다. 하지만 이 방식은 효과가 나타나는 범위를 마우스로 직접 조절할 수 없다는 단점이 있기 때문에 이 예제에서는 Drop Shadow의 Blend Mode를 'Screen'으로 바꿔서 빛나는 효과가 나도록 했습니다. Drop Shadow 방식은 레이어 스타일 대화상자가 열려 있는 상태에서 마우스를 이미지 위로 가져가 위치를 조정할 수 있으므로 편리합니다.

04 '테두리 12px #078de4' 레이어를 더블클릭해 [Layer Style] 대화상자로 들어갑니다. [Drop Shadow] 항목에서 나머지 옵션은 그대로 둔 채 색상만 짙은 파란색(#0c36b0)으로 바꿉니다.

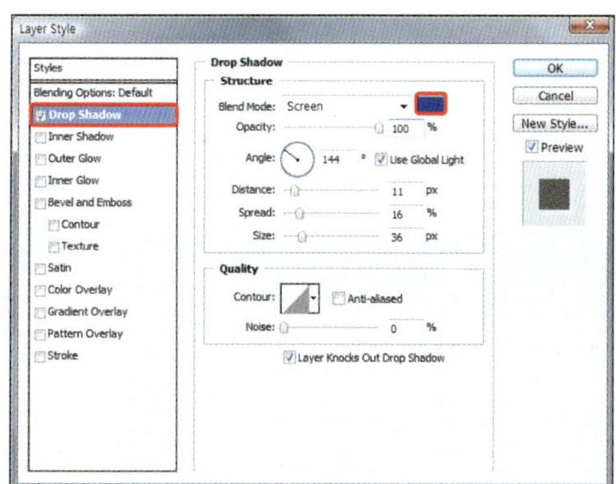

STEP 3 네온사인 색상 다듬기

이 단계에서는 네온사인을 이루는 글자와 외곽 테두리에 입체감을 더하는 작업을 레이어 스타일을 사용하지 않고 수동으로 작업하는 방식으로 소개합니다.

01 'OPEN' 레이어 바로 위에 새로운 레이어를 하나 만듭니다. 이 상태에서 Layer 〉 Create Clipping Mask(Alt + Ctrl + G)를 적용해 클리핑 마스크를 만듭니다. 'Layer 1' 레이어가 선택된 상태에서 Ctrl 을 누른 채로 'OPEN' 레이어의 썸네일을 클릭합니다. 그러면 아래와 같이 글씨만 선택됩니다.

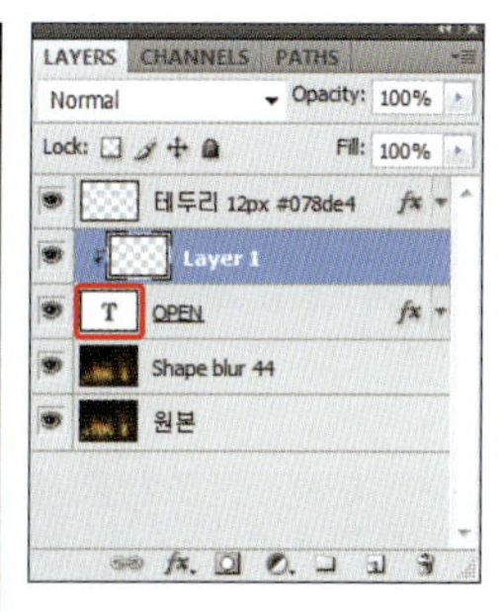

02 전경색을 노란색(#fff200)으로 바꾸고, Alt +Delete 를 눌러 채워 넣은 후, 레이어 이름을 'fff200' 으로 변경합니다.

03 Ctrl + D 를 눌러 선택을 해제하고 Move 툴(▶+)로 바꾼 후, 키보드의 방향키를 이용해 왼쪽 위 방향으로 2픽셀씩 이동합니다.

02
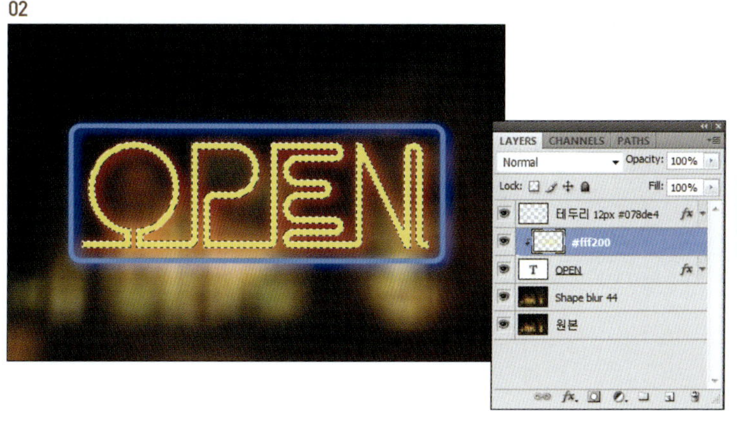

03

04 '#fff200' 레이어에 Filter 〉 Blur 〉 Gaussian Blur를 적용합니다. [Gaussian Blur] 대화상자에서 Radius에 '5' 픽셀을 입력합니다. 이로써 'OPEN' 글자에 입체감이 적용되었습니다.

05 이제 외곽 테두리에도 같은 방식으로 효과를 적용합니다. '테두리 12px #078de4' 레이어 바로 위에 다시 새로운 레이어를 하나 만들고 Alt + Ctrl + G 을 눌러 클리핑 마스크를 만듭니다. Ctrl 를 누른 채로 '테두리 12px #078de4' 레이어 썸네일을 클릭해 선택 영역을 만듭니다.

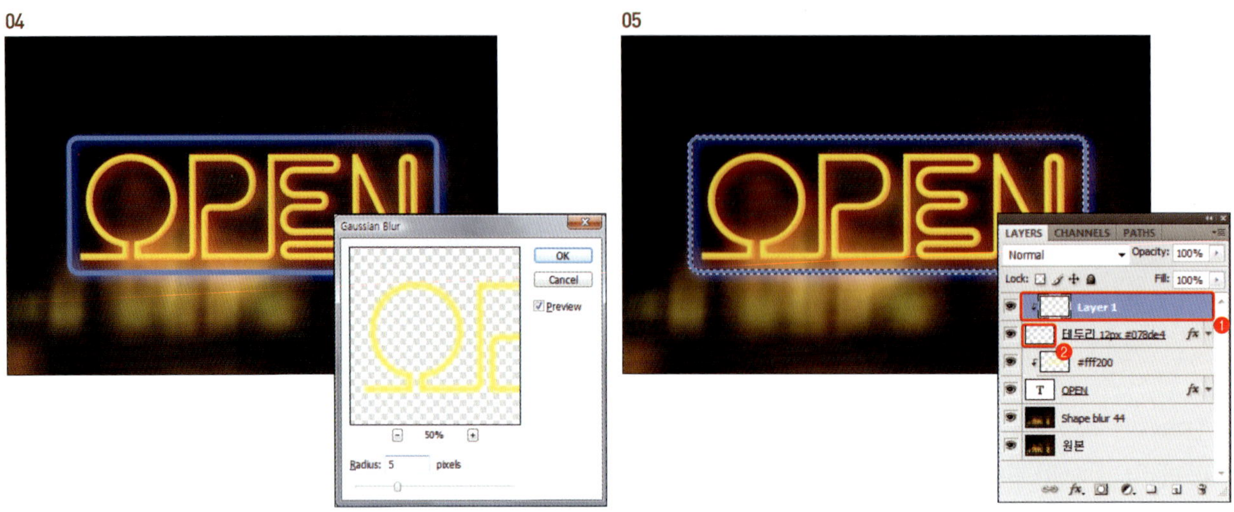

06 선택된 영역에 밝은 하늘색(#abe1fa)을 채워 넣은 후, Ctrl + D 를 눌러 선택을 해제하고, 레이어의 이름을 '#abe1fa'로 바꿉니다.

07 다시 Move 툴(⊹)로 바꾼 후, 방향키를 이용해 왼쪽 위 방향으로 각각 2픽셀씩 이동합니다.

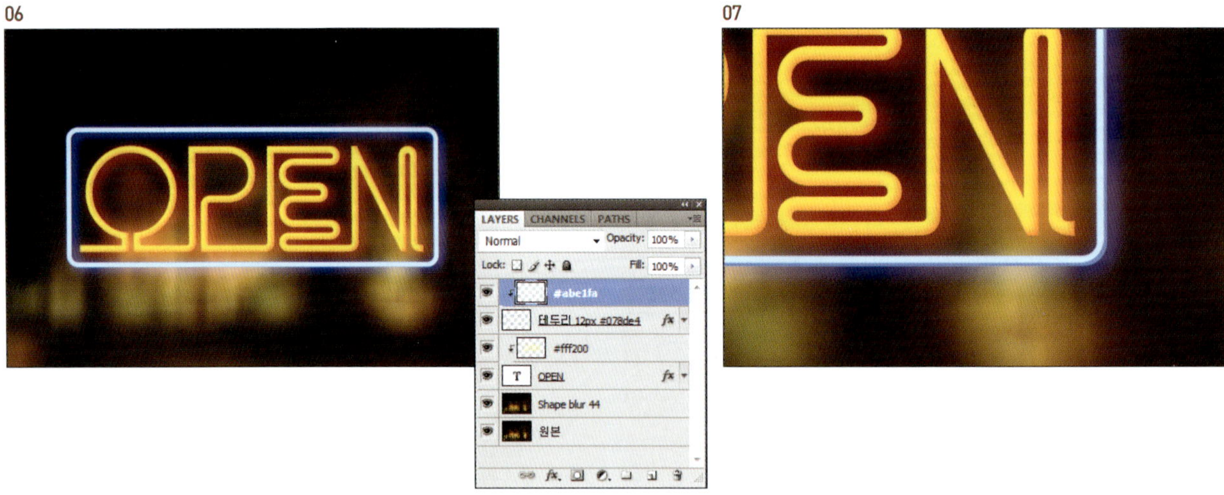

클리핑 마스크(Clipping Mask)

클리핑 마스크란 아래에 있는 레이어와 결합해 마스킹 효과를 얻는 기능입니다. 여러 개의 레이어가 클리핑 마스크로 결합될 수 있으며, 결합된 레이어 중 가장 아래에 위치한 레이어의 형태에 따라 그 위에 결합된 레이어들의 영역이 한정되는 마스킹 방식입니다.

08 네온사인 효과에 사용된 레이어들을 [Ctrl]을 누른 채로 모두 선택합니다. Layer 〉 Group
Layers([Ctrl]+[G]) 명령을 적용해 그룹으로 만든 후, 그룹 이름을 '네온사인'으로 바꿉니다.

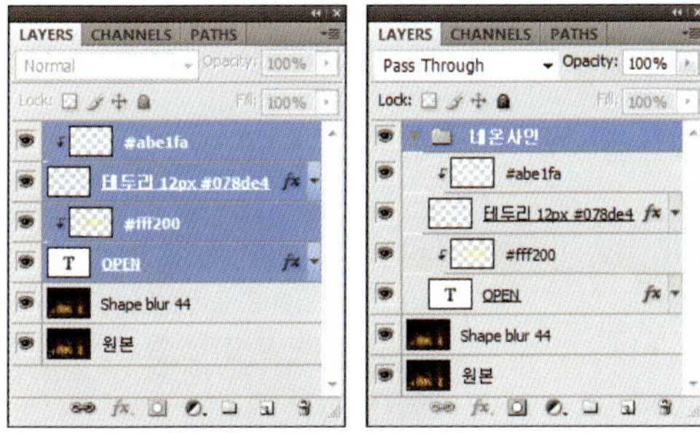

레이어를 그룹으로 관리하기

레이어의 개수가 늘어나면 그룹을 만들어 레이어를 관리하는 것이 더 편리합니다. 레이어의 개수가 늘어날수록 원하는 레이어를 찾기가 어렵고, 효과를 적용할 때도 레이어마다 일일이 적용해야 하는 번거로움이 생깁니다. 하지만 그룹으로 만들어 관리하면 구분이 쉬울 뿐 아니라 한 번의 명령으로 그룹에 속한 모든 레이어에 효과가 적용되기 때문에 작업이 쉬워집니다.

09 [Layers] 패널에서 '네온사인' 그룹을 선택하고 Edit 〉 Free Transform([Ctrl]+[T])을 선택해
'-8'도 회전합니다.

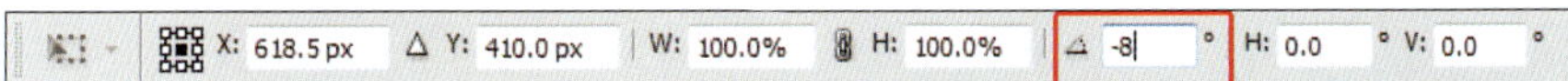

10 네온사인 효과가 완성되었습니다. 서체를 바꾸면 오른쪽 이미지처럼 다른 느낌의 효과를 얻을
수도 있습니다.

반짝이는 불빛 만들기

이 예제는 Stroke Path를 브러시 옵션과 함께 사용하는 작업입니다. 이 기능을 이용해 작은 불빛을 만들어 보겠습니다. 이전 예제와의 차이점은 패스로 단순한 직선을 그리는 것이 아니라 여러 가지 모양과 색상이 흩어지는 불빛 모양처럼 보이게 만든다는 점입니다. 이 예제를 통해 같은 기능일지라도 응용하기에 따라 다양한 연출이 가능하다는 점을 알 수 있습니다. 이 예제는 단순한 구조로 되어있지만 브러시의 옵션을 원하는 효과대로 만들기 위해서는 상당한 시간이 걸릴 수도 있습니다.

Part2\Sec2\원본.psd
Part2\Sec2\결과.psd

주요 사용 기능 Freeform Pen 툴, Stroke Path 기능　**난이도** ★★

소스 Jason Pratt by http://www.flickr.com/photos/jasonpratt/2347422916/

STEP 1 펜툴을 이용해 라인 그리기
Photoshop Design

이 예제는 크리스마스 트리를 배경으로 조명과 장식이 어우러진 이미지입니다. 이 이미지에 축제 분위기를 더하기 위해 인위적으로 불빛 모양을 추가 하려고 합니다.

01 Ctrl + O 를 눌러 예제 파일(원본.psd)을 불러옵니다. 그리고[Adjustments] 패널에서 [Curves] 아이콘을 클릭해 조정 레이어를 추가합니다.

● Part2\Sec2\원본.psd

02 [Curves] 패널에서 [Auto]를 클릭하여 톤을 조절합니다.

03 새로운 레이어를 하나 만든 후, 툴 패널에서 Freeform Pen 툴(✎)을 선택하여 옵션을 그림과 같이 설정합니다.

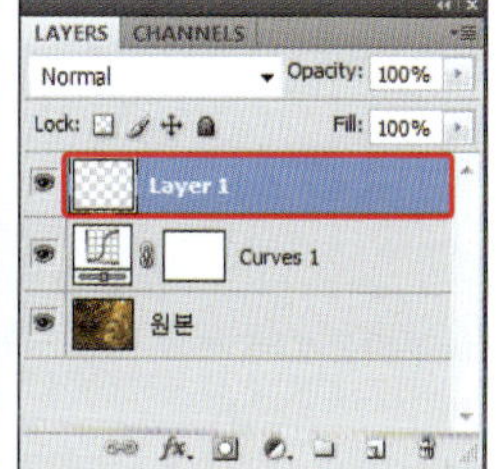

04 옵션 지정이 끝났다면 아래와 같은 모양으로 그립니다. 모양은 거칠어도 상관없지만 고르게 분포되도록 그리는 것이 중요합니다. 만약 위치가 마음에 들지 않는다면 Direct Selection 툴()을 이용해 패스의 위치를 부분적으로 조절합니다.

STEP 2 **브러시 옵션 설정하기**

[Stroke Path]를 적용하기 전에 해야 할 일은 브러시의 색상과 옵션을 꼼꼼히 정하는 것입니다. 브러시의 색상은 어두운 전경색(#6f1d1d)과 밝은 배경색(#e2c020)으로 설정합니다. 색상은 이미지에 어울리는 따뜻한 색을 사용하도록 하겠습니다. 아래 나열되는 옵션에 따라 차례대로 브러시의 옵션을 지정합니다.

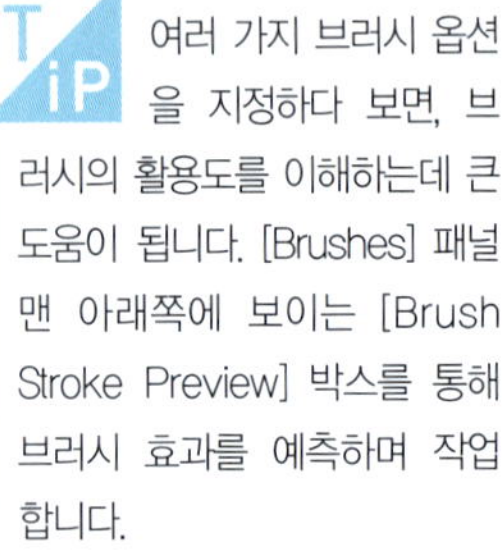

01 [Brushes] 패널에서 [Brush Tip Shape]를 클릭하면 Diameter(지름), Hardness(경도), Spacing(간격) 등 기본적인 브러시 정보를 지정할 수 있습니다. 브러시 간격의 기본값은 '25%'이지만 여기서는 '250%'으로 넓게 지정합니다.

02 [Shape Dynamics]는 브러시 팁 모양에 변화를 주는 곳입니다. 독특한 모양의 브러시를 지정하지 않더라도 이 옵션을 조합하면 수천 가지의 효과를 만들 수 있습니다. 이 예제에서는 브러시의 Size Jitter(크기 변화 정도)와 Minimum Diameter(최소 지름)만 변화를 줍니다. Size Jitter의 수치가 높아질수록 브러시 크기의 변화도 커지기 때문에 들쑥날쑥 해집니다. 하지만 Minimum Diameter 수치가 높아질수록 Jitter 효과는 줄어들게 됩니다. Size Jitter는 92%, Minimum Diameter는 16%를 입력합니다.

> **TiP** 여러 가지 브러시 옵션을 지정하다 보면, 브러시의 활용도를 이해하는데 큰 도움이 됩니다. [Brushes] 패널 맨 아래쪽에 보이는 [Brush Stroke Preview] 박스를 통해 브러시 효과를 예측하며 작업합니다.

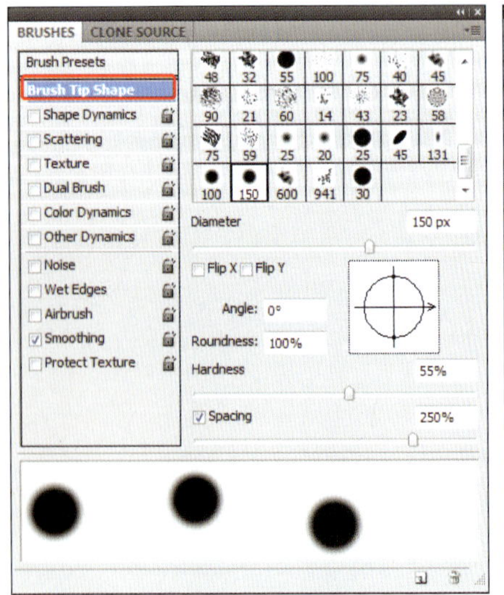

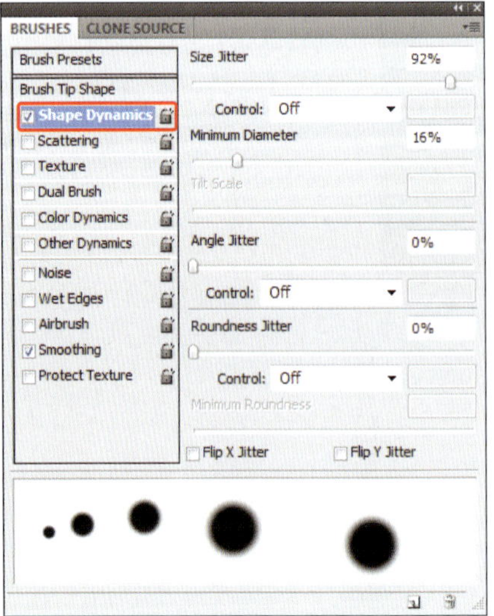

03 Scattering '흩어 뿌린다'는 뜻으로 브러시 팁의 분산 정도를 나타냅니다. Scatter 항목에 633%를 입력합니다. 브러시 팁의 밀도를 좀 더 촘촘하게 만들고 싶다면 Count 수치를 높여줍니다.

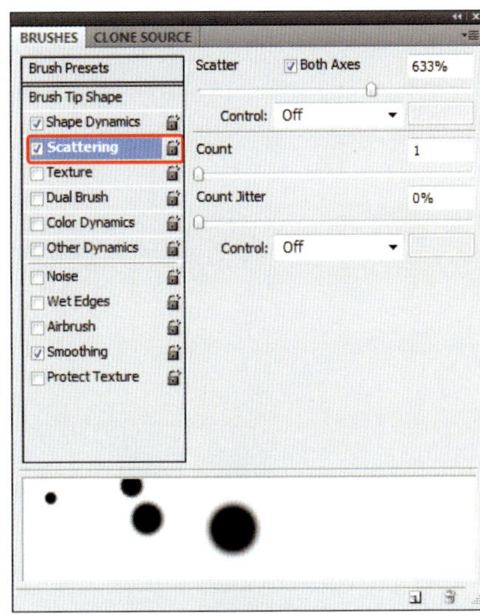

04 [Color Dynamics]에서는 색상 변수를 지정합니다. Foreground/Background Jitter 비율을 지정할 때, 수치가 낮으면 전경색 위주의 색상만 나타나고, 높으면 전경색과 배경색이 고르게 섞여 나타납니다. Hue(색상), Saturation(채도), Brightness(명도)의 Jitter(변화도) 수치를 아래와 같이 지정합니다.

05 [Other Dynamics]에서는 Opacity Jitter(불투명도 변화) 수치를 '90%'로 지정합니다. 수치가 높아질수록 투명도의 변화 또한 커집니다.

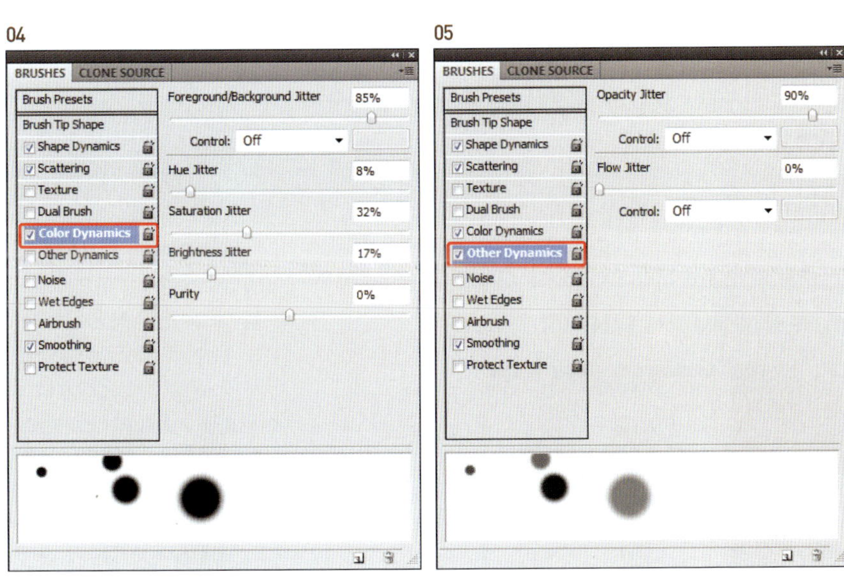

  브러시 옵션 저장하기
Photoshop Design

이제 브러시의 옵션 지정을 모두 마쳤으므로 나중에 다시 사용하는 것을 고려해 저장해 두는 것이 좋습니다. 이렇게 툴과 관련된 모든 옵션을 한곳에 저장해두면 비슷한 작업을 할 때 쉽게 찾을 수 있어 시간낭비를 줄일 수 있습니다.

01 Brush 툴의 옵션바에서 [Tool Preset Picker]를 클릭한 후 [New Tool Preset] 아이콘을 클릭합니다.

02 대화상자가 나타나면 이름을 입력하고 [OK] 버튼을 클릭합니다. [Include Color] 옵션을 체크하면 브러시에 지정된 색상도 함께 저장됩니다.

03 브러시가 [Tool Preset]에 저장된 것이 보입니다.

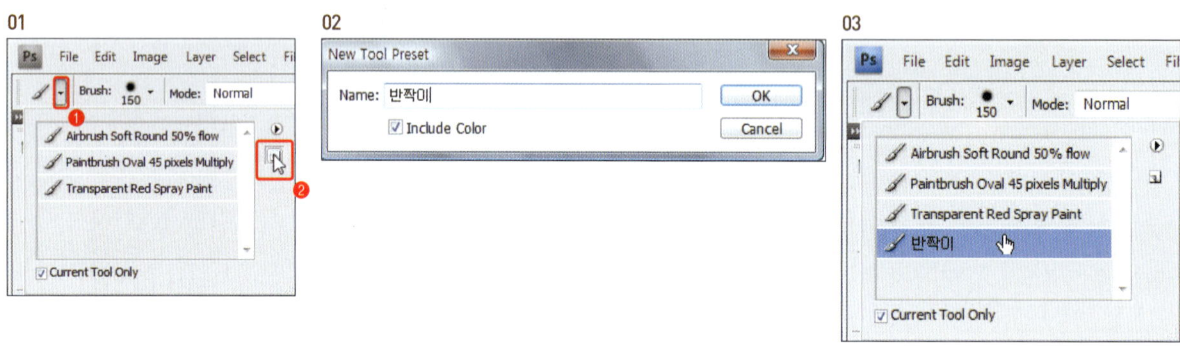

  Stroke Path 실행하기
Photoshop Design

[Stroke Path]를 사용하기 전에 챙겨야 할 옵션이 몇 가지 있습니다. 한 가지만 빠뜨려도 효과가 제대로 나타나지 않기 때문에 확인 사항을 순서대로 잘 살피도록 합니다.

01 패스와 레이어 색상 및 브러시 옵션이 제대로 지정됐는지 확인 후 Enter 를 누릅니다. 옵션이 바르게 지정된 상태라면 패스를 따라 브러시의 효과가 나타나게 됩니다. 마음에 들지 않는 경우엔 Ctrl + Z 를 눌러 명령을 취소하고, 옵션 수치를 바꿔서 다시 실행합니다.

TiP 전경색과 배경색 2가지 색상만 사용했음에도 불구하고 다양한 색상이 표시되는 이유는 [Color Dynamics]에서 [Foreground/Back ground Jitter]를 사용하고, Hue(색상), Saturation(채도), Brightness(명도)의 Jitter 수치를 입력했기 때문입니다. Jitter 수치를 높게 입력할수록 색상 변화가 커집니다.

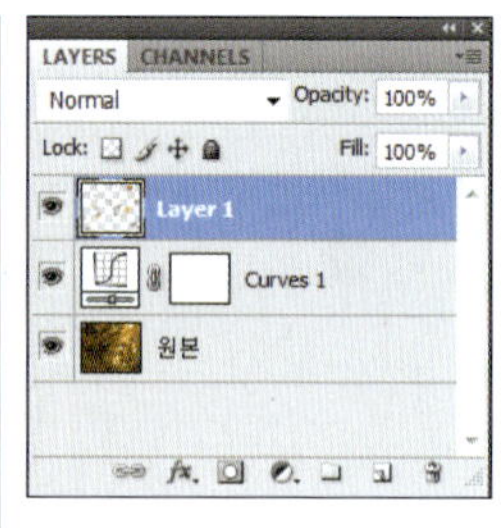

02 반짝이는 불빛의 개수를 늘리기 위해 레이어를 하나 더 추가하고, 다시 한번 [Enter]를 누릅니다. 옵션을 조금씩 바꿔가며 작업해보면 감각을 익히는데 도움이 됩니다.

03 패스가 선택된 상태에서는 적용된 효과를 알아보기 어려우므로 [Ctrl]+[H]를 눌러 가립니다. 'Layer 1' 레이어의 블렌딩 모드를 Screen 80%로 바꾸고, 'Layer 2' 레이어의 블렌딩 모드는 Screen 100%로 바꾼다음 각기 레이어의 이름을 'Screen 80%', 'Screen 100%' 로 바꿔서 마무리합니다.

02

03

04 예제가 모두 완성되었습니다.

대리석 질감 만들기

Style이란 사물에 그림자를 만든다던가 입체 효과를 만드는 등의 작업을 편리하게 구현해 주는 기능입니다. 때로 Style은 블렌딩 옵션이나 3D 효과들과 더불어 사용되기도 합니다. Style은 한번 저장해 놓으면 다시 불러와 사용하는 것이 쉽고 하나의 Style을 복사해서 다른 곳에 적용하는 것도 쉽기 때문에 자주 사용됩니다. Style에는 다양한 옵션들이 있는데 이러한 옵션들을 잘 조합해야만 사실적인 효과를 얻을 수 있습니다. 정교하고 자연스러운 효과를 연출할 때 Style 효과만으로는 부족함이 느껴지는 경우도 있습니다. 이러한 경우에는 필터 등의 효과와 함께 사용하는 것이 좋습니다.

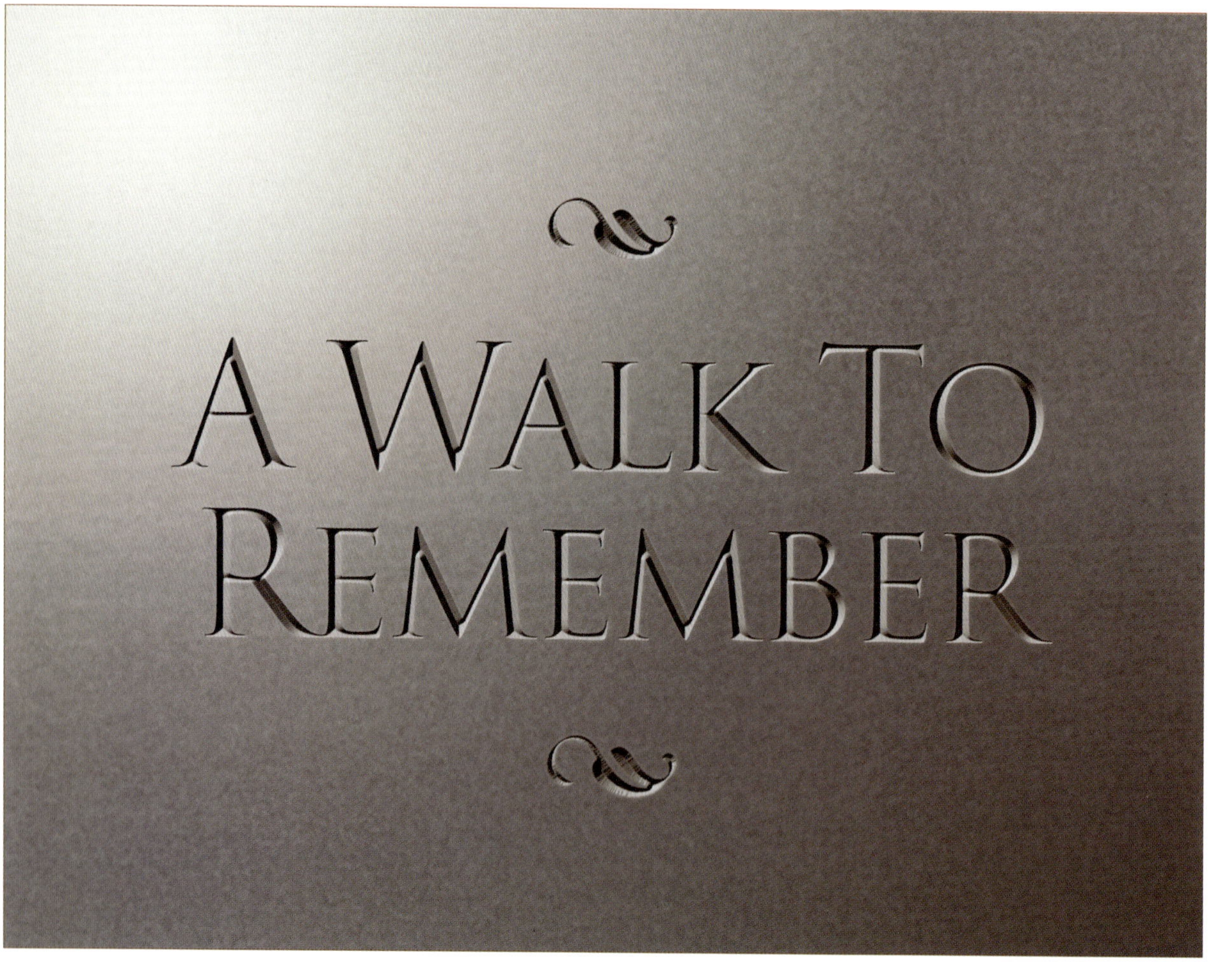

● Part2\Sec3\결과.psd

주요 사용 기능 Layer Style 〉 Bevel and Emboss, Outer Glow 항목, Grain 필터　**난**이도 ★★★

STEP 1 대리석 이미지 만들기

이 예제는 레이어 스타일을 이용해 단단한 대리석에 음각으로 조각된 글자를 표현하는 작업입니다. 배경에 표현된 질감은 별도의 이미지 소스 없이 [Grain] 필터를 이용해 만듭니다. 가장 중요한 포인트는 빛이 들어오는 방향에 따라 레이어 스타일의 옵션을 지정하는 것입니다.

01 Ctrl+O를 눌러 예제 파일(바탕.psd)를 불러옵니다. 화면 전체가 중간 밝기의 회색 (#959595)으로 가득 채워진 단순한 이미지입니다. 원할 경우, 색상을 조금 바꿔도 좋습니다.

◉ Part2\Sec3\바탕.psd

02 Horizontal Type 툴(T)을 선택하고 화면 한가운데를 클릭해서 'A Walk To Remember' 라고 입력합니다. Ctrl+A를 눌러 글자를 모두 선택한 후, 옵션을 다음과 같이 지정합니다.

서체 : Trajan Pro Regular, 크기 : 83.52 포인트, Leading(행간) : 82.32포인트, Tracking(자간) : −50, Color : #191919, 중앙정렬

01

02

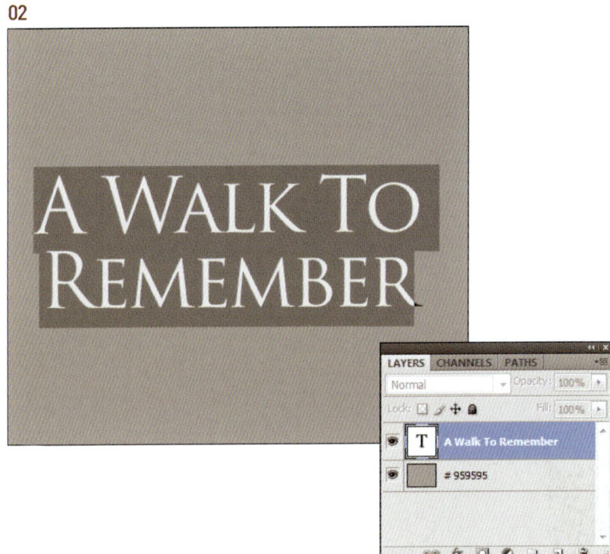

고전적이면서도 웅장한 느낌의 Trajan Pro 서체

이 서체는 로마제국의 황제 트라야누스의 활약상을 담은 트라야누스 기둥에 조각된 내용을 현대적으로 해석하고 보강한 서체로서 대문자로만 구성되어 있습니다. 고전적인 느낌이면서 오늘날까지도 자주 사용되는 서체인데, 특히 외국의 디자이너들이 자주 애용하는 서체 5위에 오를 만큼 인기가 높습니다.

만약 이 서체가 없다면 유사한 서체(Aquinas, Goudy Trajan, Minerva Display Antiqua, New Horizon Titling, Trajan)로 대신하되 음각 글씨에 어울리는 세리프 계열 서체를 사용합니다.

License : 유료서체, 종류 : OpenType(.otf)

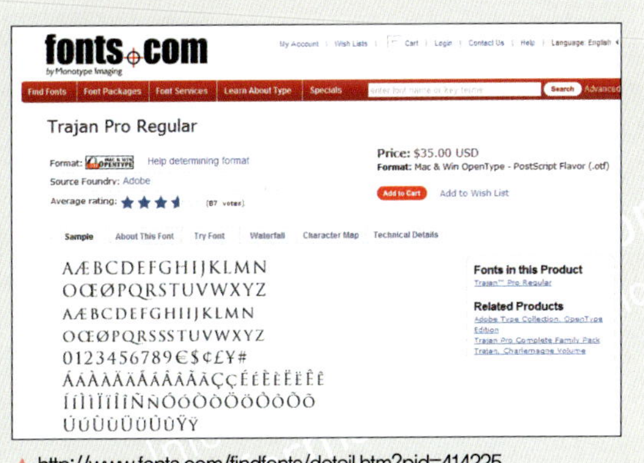

▲ http://www.fonts.com/findfonts/detail.htm?pid=414225

03 맨 아래 있는 레이어 '#959595'를 클릭하고 Layer 〉 New 〉 Layer Via Copy (Ctrl + J)를 선택해 레이어를 복제합니다.

04 복제된 레이어에 질감을 입히기 위해 Fillter 〉 Texture 〉 Grain을 적용합니다. [Grain] 대화상자 에서 옵션을 그림과 같이 지정합니다. [Contrasty] 옵션은 색감이 풍부하고 밀도가 촘촘하지 않 아 대리석 질감으로 사용하기에 적당합니다.

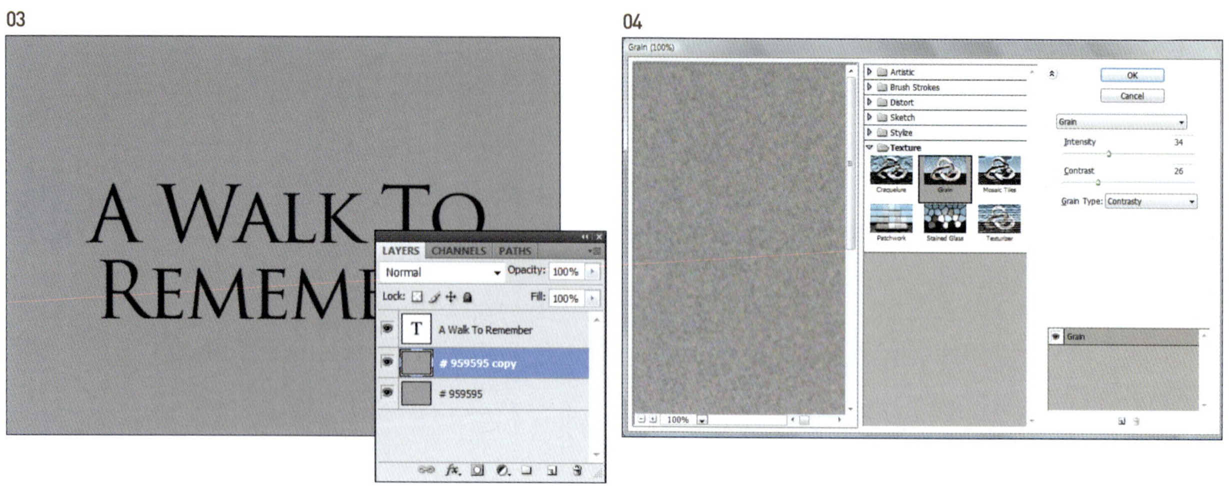

05 필터를 적용함으로써 질감이 추가되었지만 컬러 노이즈로 인해 약간 부자연스러워 보이는 상태 입니다. 레이어의 이름을 'Grain 34 26 Contrasty'로 바꿉니다.

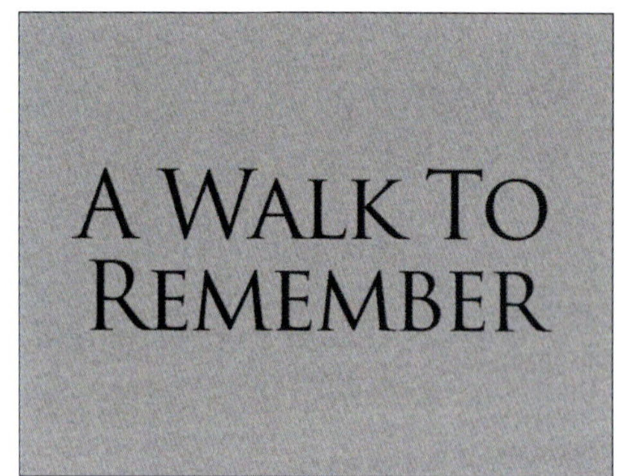

06 대리석에 가까운 느낌을 내기 위해서는 색 상과 톤을 조정할 필요가 있습니다. [Adjustments] 패널에서 [Hue/Saturation] 아이콘 을 클릭한 후, 옵션을 그림과 같이 지정합니다.

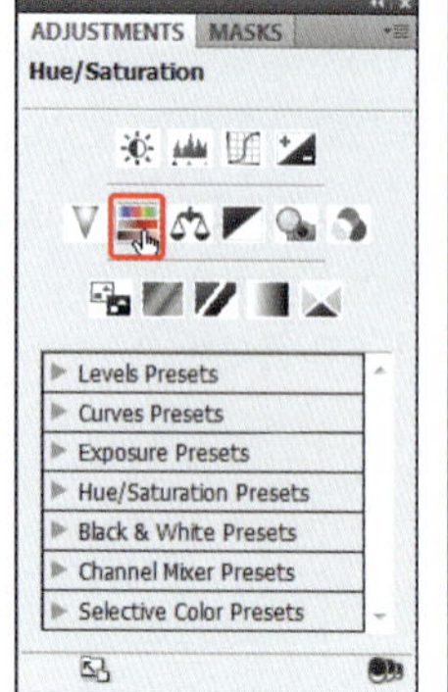

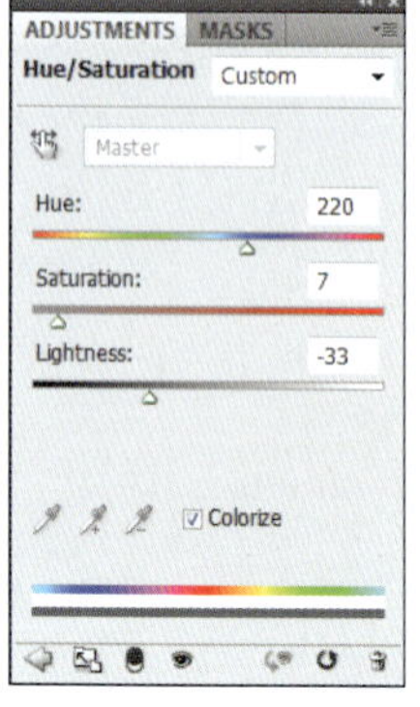

07 전체적으로 채도와 명도를 낮추었기 때문에 잡색이 제거됨과 동시에 묵직한 대리석 느낌이 추가됩니다.

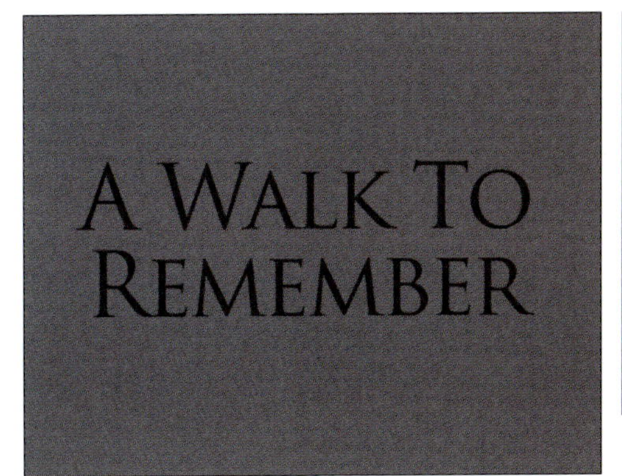

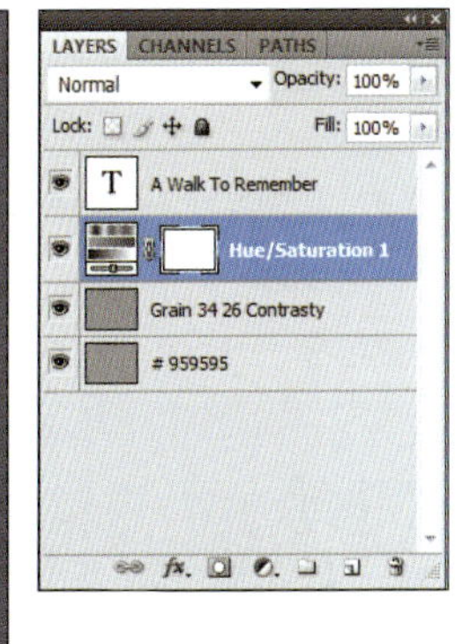

세리프(Serif)체와 산세리프(San Serif)체

영문 서체는 크게 세리프(Serif)체와 산세리프(San Serif)체로 나뉩니다. 세리프는 글자 끝부분에 있는 돌기 모양을 말하는데 장식적인 효과와 더불어 가독성을 높이는 역할을 합니다. 그리스 로마 시대에 돌판 등에 글자를 새길 때 쉽게 읽히게 하기 위해 생겨났다고 합니다. 세리프체는 명조계열 서체와 유사하며 가독성이 높기 때문에 주로 본문용 서체로 사용됩니다. 반면 산세리프체는 세리프가 없는 서체를 말하는데 고딕계열 서체와 유사하여 현대적인 느낌을 줍니다.

▲ 세리프체(상)와 산세리프체(하)

STEP 2 Gradient 툴을 이용해 조명 효과 만들기

Photoshop Design

대리석 재질감을 살리고 조명 효과를 만들기 위해 Gradient 툴을 이용해 빛이 들어오는 방향을 표현하도록 하겠습니다.

01 먼저 어두운 영역을 표현하기 위해 레이어를 하나 만들고 레이어의 이름을 '어둡게'로 바꿉니다. 블렌딩 모드는 'Multiply'로 미리 지정합니다.

02 선경색을 검은색(#000000)으로 지정한 후, Gradient 툴(▨)을 선택하고 다음과 같이 옵션을 지정합니다.

01

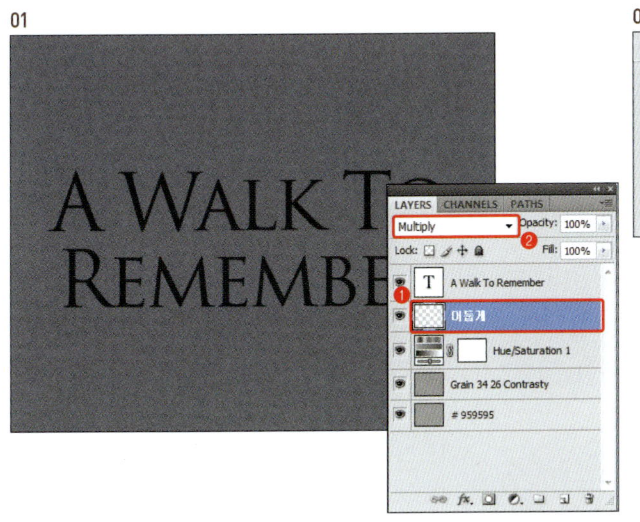

02

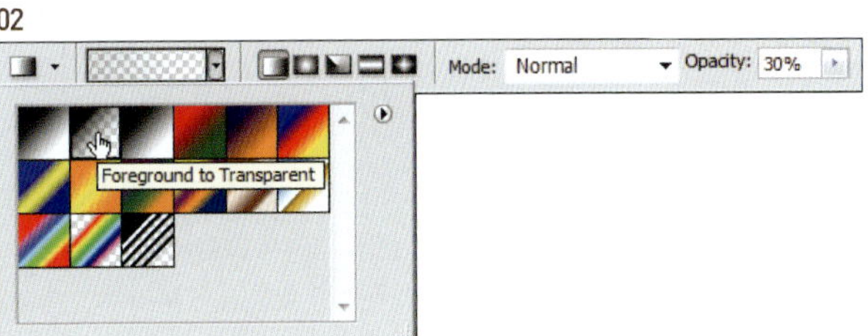

03 이미지의 오른쪽 아래에서 왼쪽 위로 드래그 합니다.

04 이번에는 전경색을 흰색에 가까운 밝은 노란색(#f4f3e9)으로 바꾸고 그림과 같이 옵션을 지정합니다.

03

04

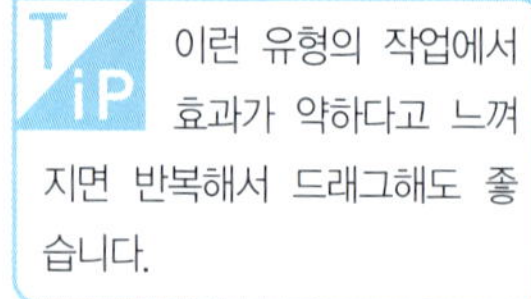

05 새로운 레이어를 만들고 레이어의 이름을 '#f4f3e9' 로 바꿉니다. 밝은 부분의 색상은 흰색보다 노란색이 살짝 포함된 경우가 더욱 자연스럽습니다. 두 번에 걸쳐 왼쪽 위에서 오른쪽 아래 방향으로 드래그합니다.

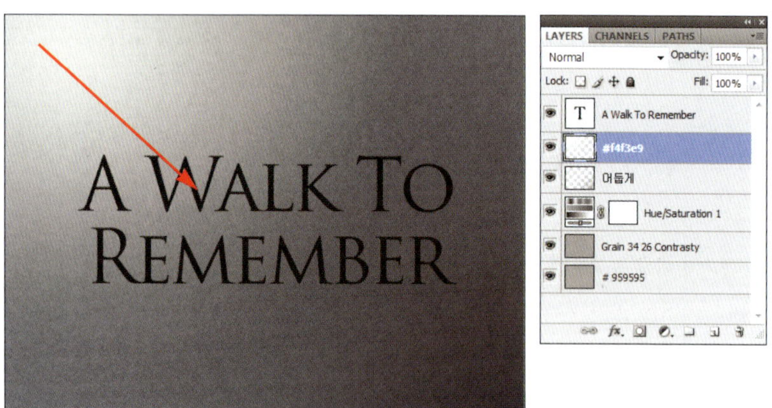

Foreground To Transparent

이 책에서는 특별한 경우를 제외하고 Gradient 툴 옵션을 모두 'Foreground To Transparent (전경색에서 투명색으로)' 방식으로 지정합니다. 이 방식은 그러데이션을 겹쳐서 그릴 때 편리한 방식입니다. 그러데이션을 자연스럽게 표현하기 위해서는 100% 농도로 단 한 번에 그리는 것 보다 30~50% 농도로 조금씩 각도를 바꿔서 그리는 것이 더 자연스러운 결과를 얻을 수 있습니다.

STEP 3 글자 주변에 문양 추가하기

글자만 사용하면 단조롭기 때문에 Custom Shape 툴을 이용해 문양을 추가해보겠습니다. 포토샵에서 사용되는 Custom Shape은 Vector 방식도 지원하기 때문에 블릿(bullet)이나 아이콘(Icon), 픽토그램(Pictogram)등 다양한 디자인 작업에 활용할 수 있습니다.

01 툴 패널에서 Custom Shape 툴()을 선택합니다. [Custom Shape Picker] 오른쪽 위에 있는 조그만 삼각형을 클릭해 나타나는 메뉴에서 [Ornaments]를 선택합니다.

02 셰이프들이 추가되면 아래 그림과 같이 [Shape] 옵션을 지정합니다.

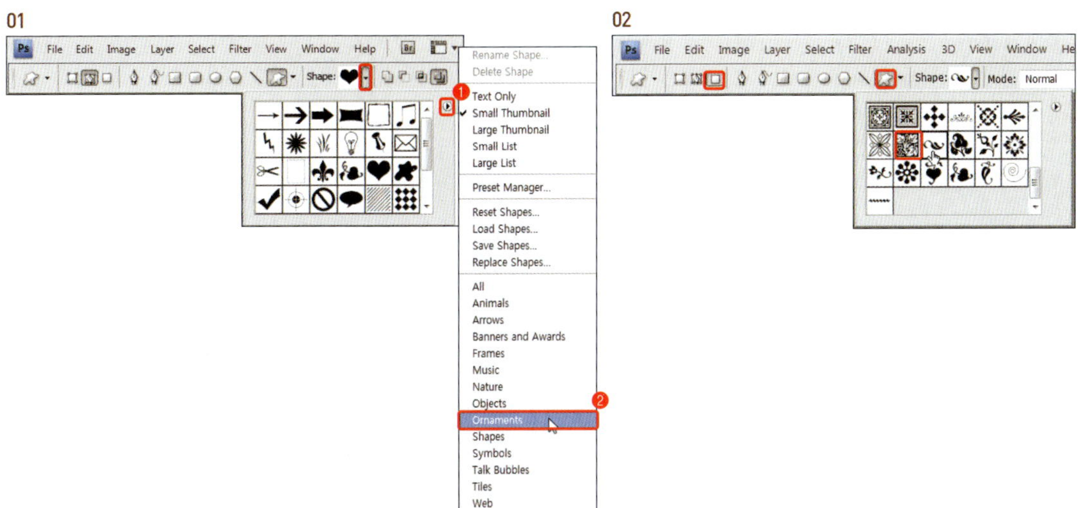

01

02

096
097

03 Alt + Shift + Ctrl + N 을 눌러 새로운 레이어를 추가한 후, 레이어의 이름을 '장식' 으로 바꿉니다. 전경색을 영문 글자와 같은 색상(#191919)으로 바꾸고, Shift 를 누른 채로 드래그해서 그립니다. 셰이프를 다 그린 후에는 Move 툴()로 바꾸고 화면 위쪽 가운데로 옮깁니다.

04 Rectangular Marquee 툴()로 바꾼 후 위쪽 장식을 드래그하여 선택한 뒤, Alt + Shift + Ctrl 를 함께 누른 채로 밑으로 드래그해 복제합니다.

03

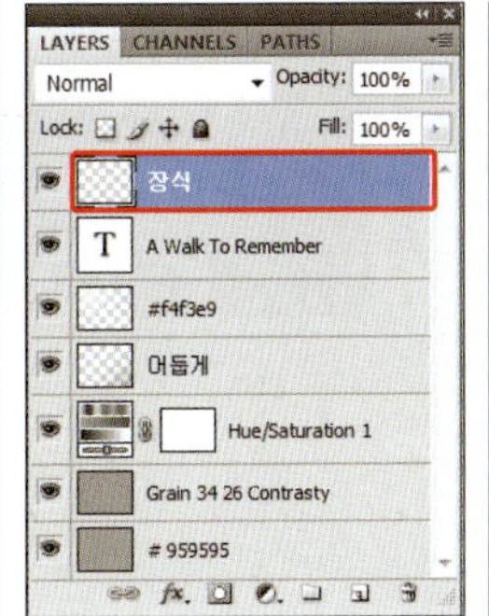

04

이제 글자에 음각 효과를 적용할 차례입니다. 이 단계가 이번 예제에서 가장 중요한 부분입니다.

01 [Type] 레이어를 더블클릭하여 [Layer Style] 대화상자로 들어갑니다. 그리고 [Bevel and Emboss] 항목을 클릭해 그림과 같이 옵션을 지정합니다. 빛의 방향을 일치시키기 위해 Angle 수치를 적절히 지정하는 것이 가장 중요합니다.

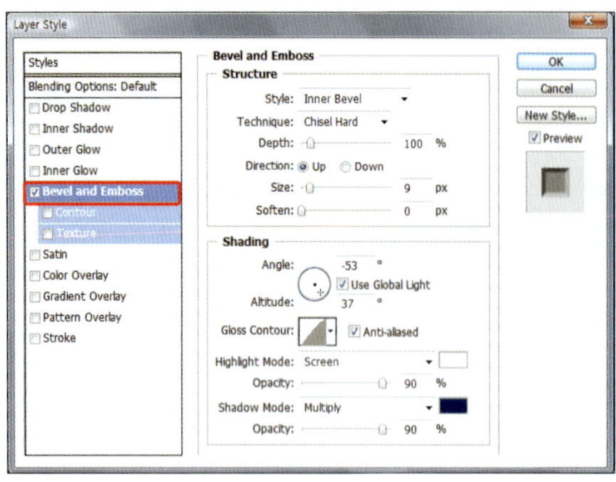
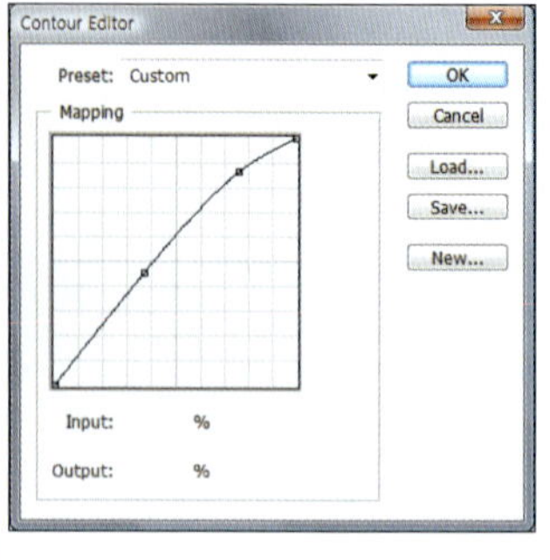

02 글자의 가장자리에 미세한 각을 만들기 위해 [Outer Glow] 항목을 클릭하고 옵션을 지정합니다.

03 [Type] 레이어에 스타일이 적용되면서 입체적인 효과가 나타납니다.

02
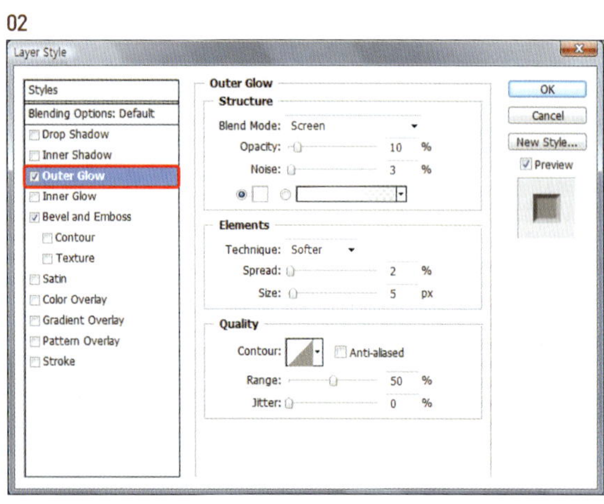

03

04 Type 레이어 위에 마우스를 대고 오른쪽 버튼을 클릭해 [Copy Layer Style]을 선택한 후, '장
식' 레이어에서 다시 마우스 오른쪽 버튼을 클릭해 [Paste Layer Style]을 선택합니다. Type 레
이어와 동일한 레이어 스타일이 '장식' 레이어에 적용됩니다.

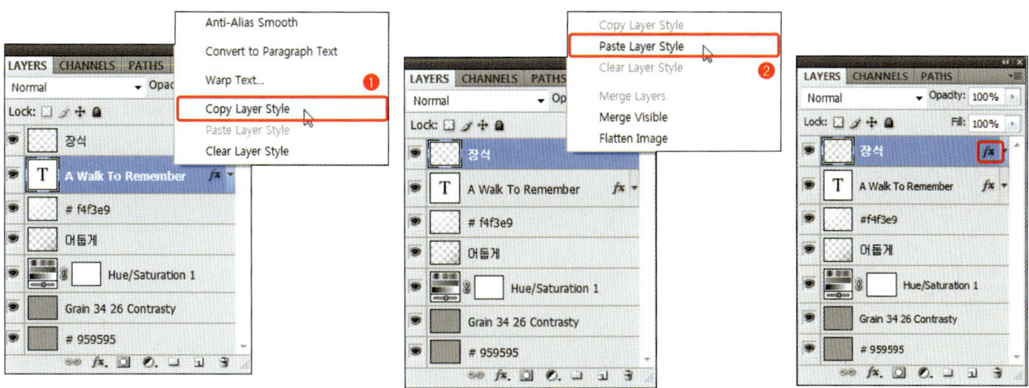

05 '장식' 레이어에도 Type 레이어와 동일한 입체감이 적용되면서 글자의 음각 효과를 표현하는
예제가 완성되었습니다.

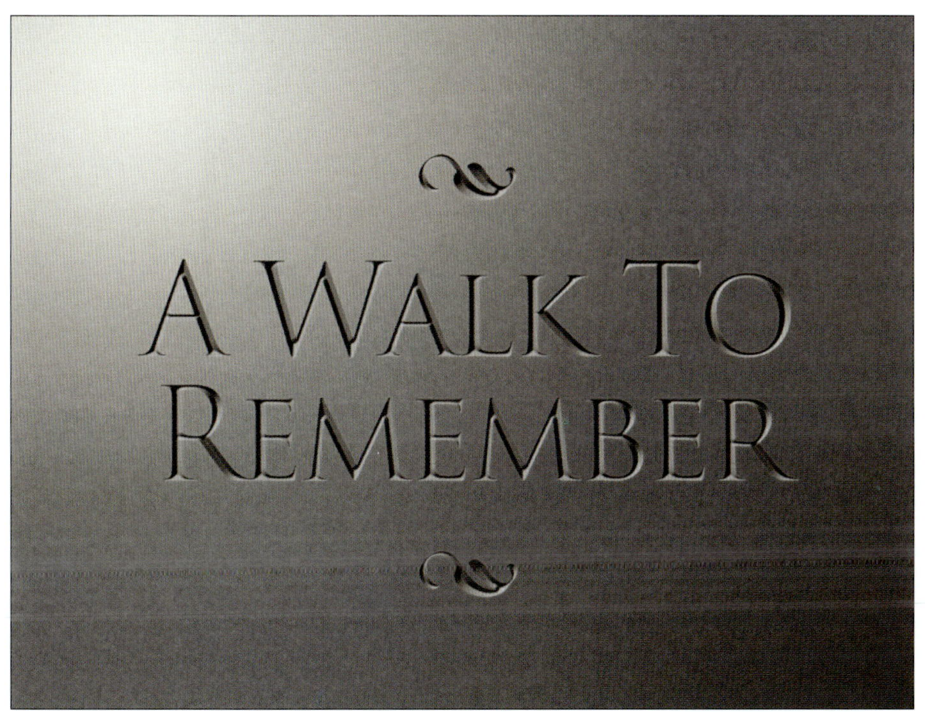

SECTION 4

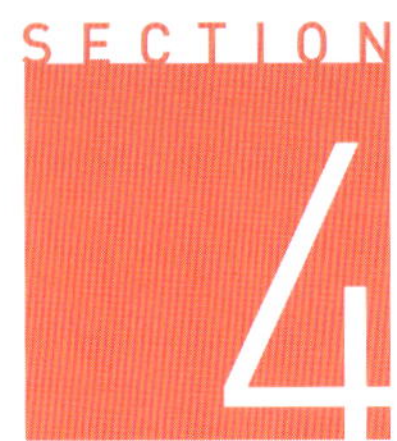

액체 효과로 피 느낌 표현하기

Style을 이용하면 금속이나 유리 같은 인공적인 재질뿐만 아니라 물이나 기름 같은 액체의 질감도 표현 가능합니다. 이 예제에서는 브러시와 Style을 결합해 액체효과를 만들어 보겠습니다. 사실적인 질감 표현을 위해서는 Style 항목을 꼼꼼히 살펴야 하는데, 이 예제에서는 특히 Contour 항목과 Gradient Overlay 항목을 눈여겨 보는 것이 좋습니다.

Part2\Sec4\결과.psd

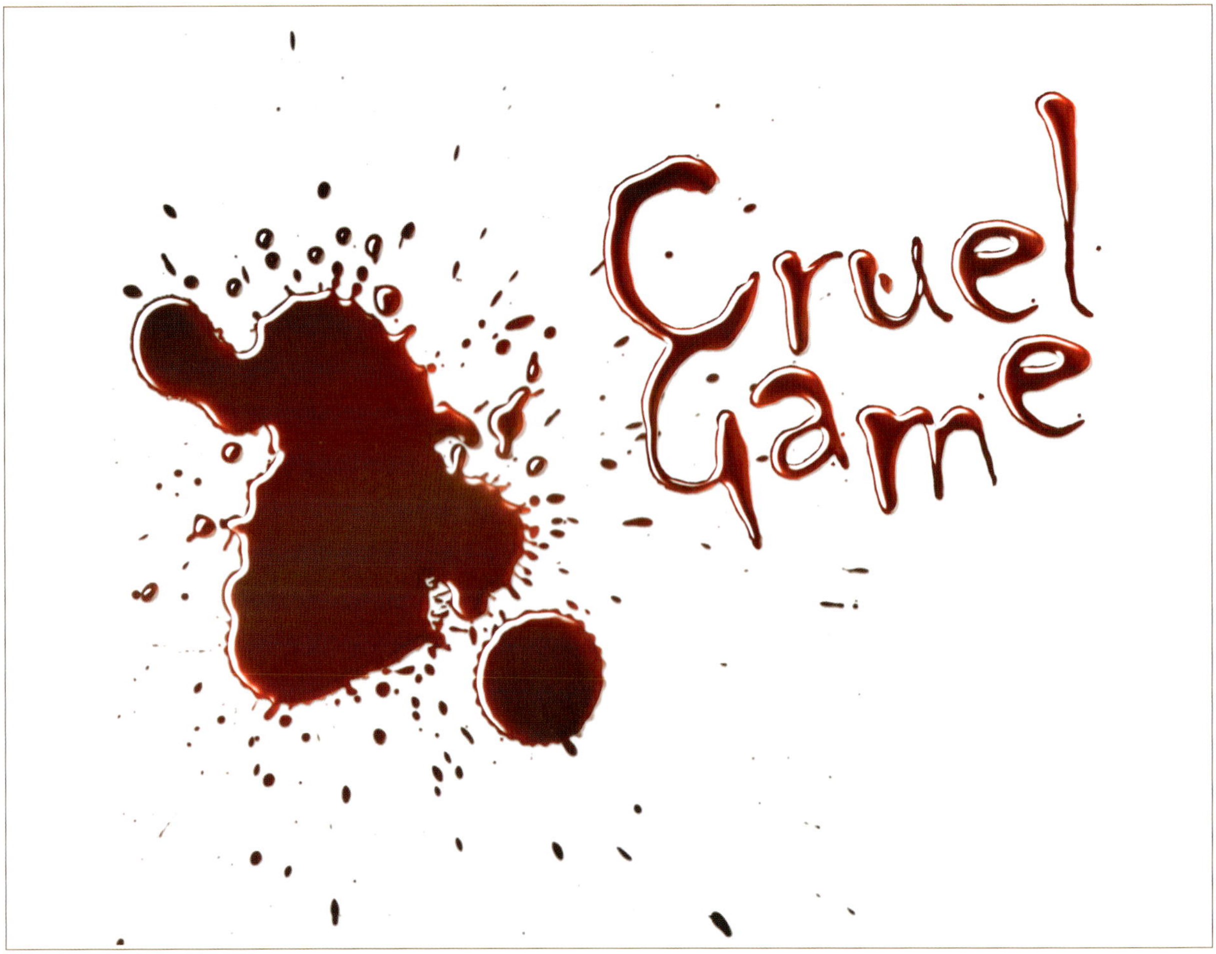

주요 사용 기능 Match Color 기능, Gradient 툴 **난이도** ★★★

STEP 1 액체 모양 브러시 불러오기

Ctrl + O 를 눌러 예제 파일(배경.psd)를 불러옵니다. 아무것도 없는 흰색 배경이 나타납니다.　　●Part2\Sec4\배경.psd

01 먼저 Brush 툴(✎)을 선택하고 [Brushes] 패널을 연 후, 오른쪽 위를 클릭해 나타나는 메뉴에서 [Load Brushes]를 선택합니다.

02 [Load] 대화상자가 나타나면 예제에서 브러시(ka05_splat.abr)를 선택하고 [Load] 버튼을 클릭합니다.　　●Part2\Sec4\ka05_splat.abr

01

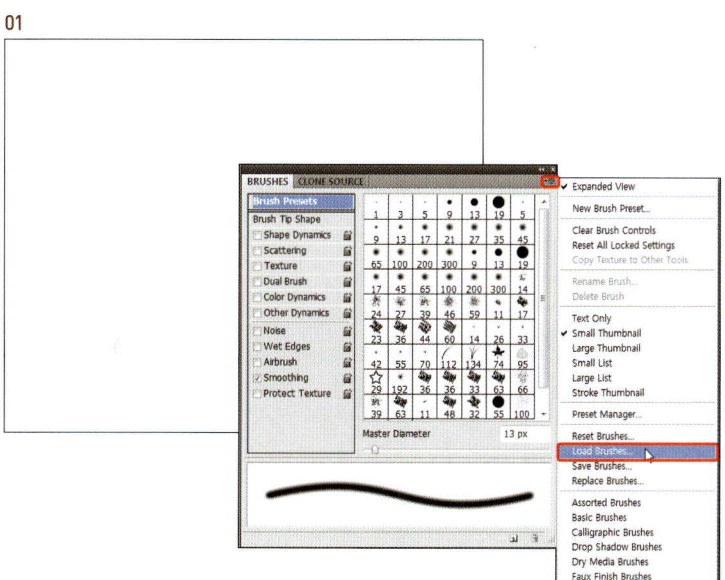

02

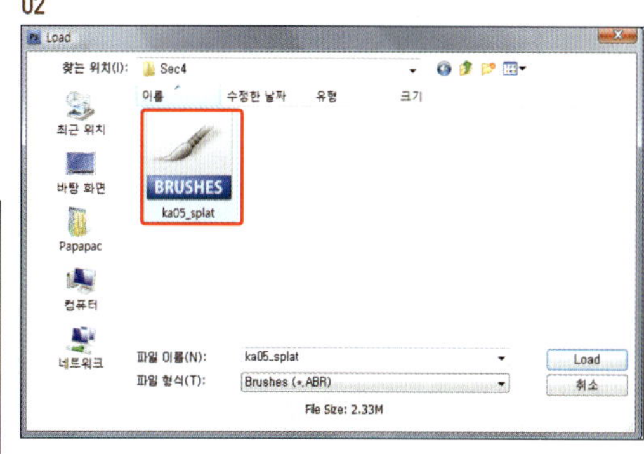

인터넷에서 공짜 브러시 검색하기

작업 성격에 맞는 브러시를 사용하면 작업 효율성이 높아지고 작업 시간 또한 단축됩니다. 브러시를 직접 만들어 사용하면 좋겠지만, 이것은 시간이 많이 걸리기 때문에 다른 사람이 만들어 놓은 브러시를 인터넷에서 다운로드해 사용하는 것도 좋은 방법입니다. 공짜 브러시를 찾는 것은 생각보다 어렵지 않습니다. 인터넷 검색창에 'photoshop'과 '.abr'(브러시의 확장자)을 동시에 입력하면 손쉽게 구할 수 있습니다. 이 예제에 사용된 브러시(ka05_splat)는 아래 사이트에서 다운로드 할 수 있습니다.

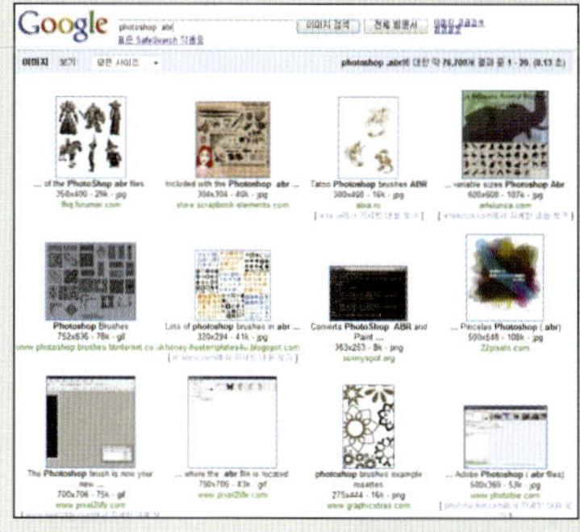

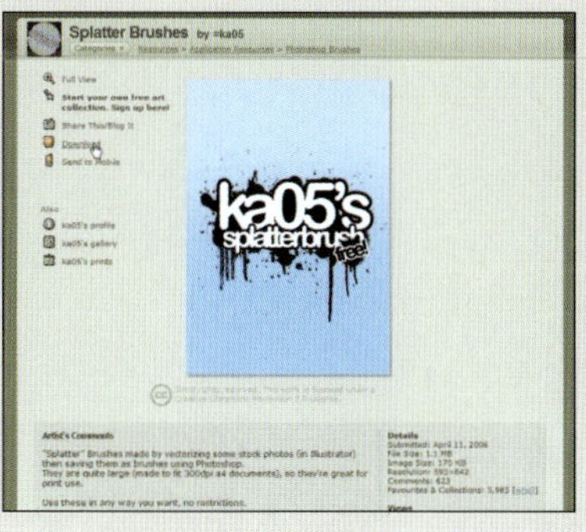

◀ Creative Commons Attribution 3.0
Licensehttp://ka05.deviantart.com/art/Splatter-Brushes-31656209

03 브러시 패널을 살펴보면 새로운 브러시가 추가된 것이 보입니다.

04 먼저 새로운 레이어를 하나 만듭니다. 그리고 브러시 패널 왼쪽에 있는 [Brush Tip Shape] 항목을 클릭한 후, 브러시 선택, 그 다음 오른쪽에 있는 옵션에서 Diameter(지름)를 '900픽셀' 로 줄입니다.

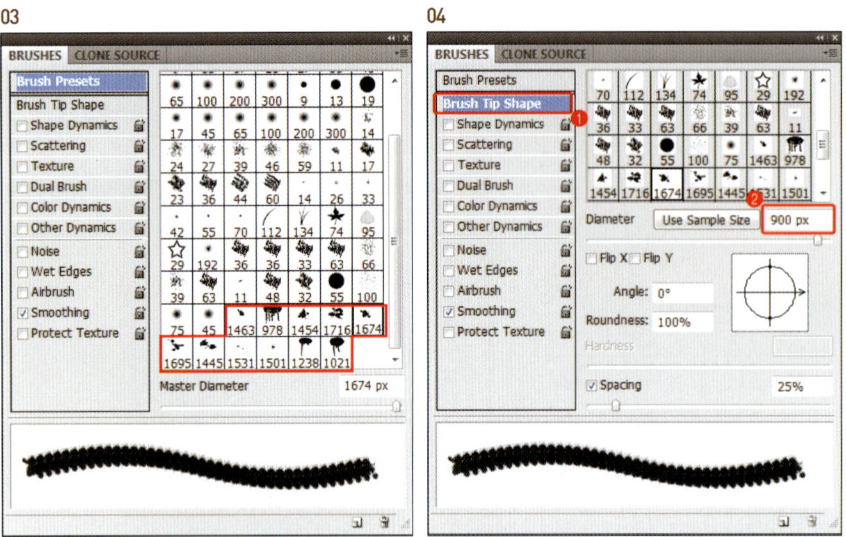

05 레이어의 이름을 'Blood' 로 바꿉니다. 브러시 화면 왼쪽에 대고 클릭합니다. 이때 Opacity는 '100%' 로 하되 색상은 어떤 색을 써도 상관 없습니다.

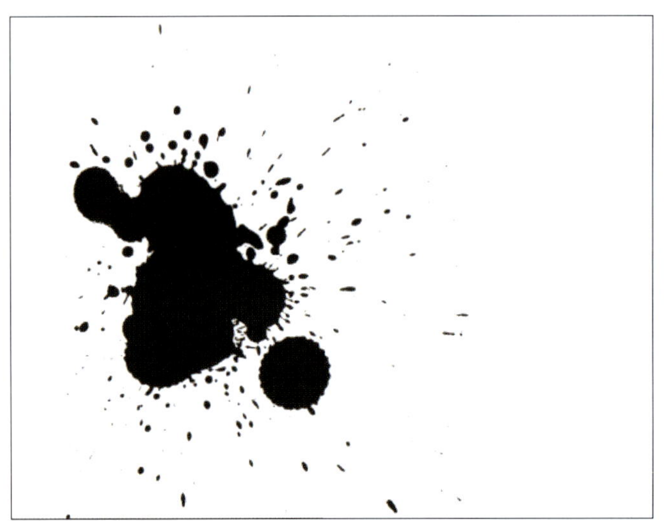

STEP 2 레이어 스타일로 입체감 더하기

Photoshop Design

이 단계는 기존에 만들어진 레이어 스타일을 불러와 입체감을 더하는 과정입니다. 세부적인 제작 과정은 다음
단계를 참조합니다.

01 [Styles] 패널에서 [Load Styles] 메뉴를 선택합니다.

02 [Load] 대화상자가 나타나면 예제 스타일(Blood.asl)을 선택하고, [Load] 버튼을 클릭합니다.  Part2\Sec4\Blood.asl
[Styles] 패널에 새로운 스타일이 추가됩니다.

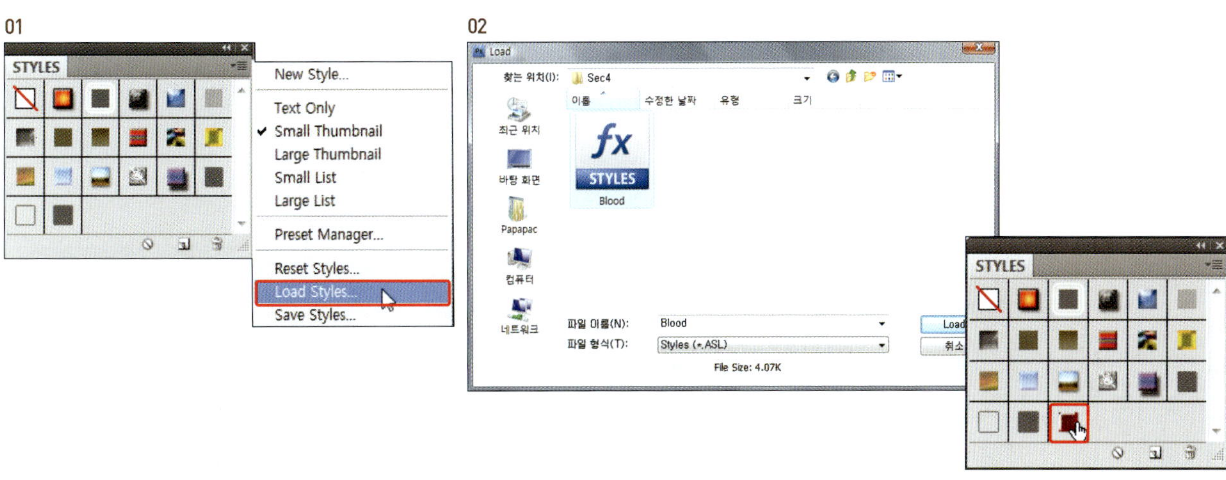

03 'Blood' 레이어가 선택된 상태에서 새로 추가된 스타일을 클릭하면 효과가 자동 적용됩니다. 스
타일을 자세히 살펴보면 여러 개의 효과로 구성된 것을 알 수 있습니다. Ctrl + Z 를 눌러 효
과 전 상태로 되돌립니다.

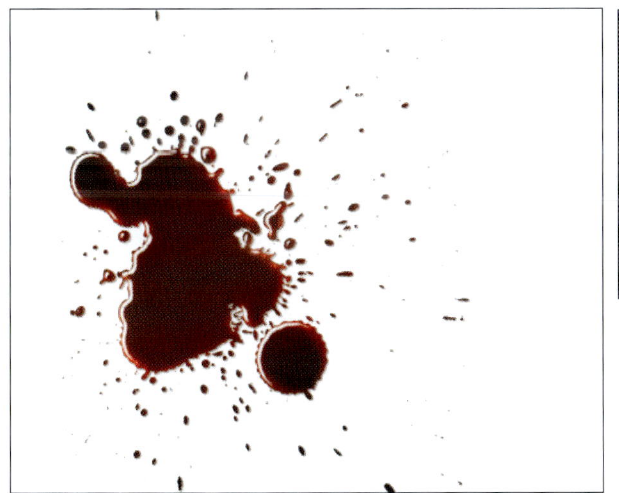

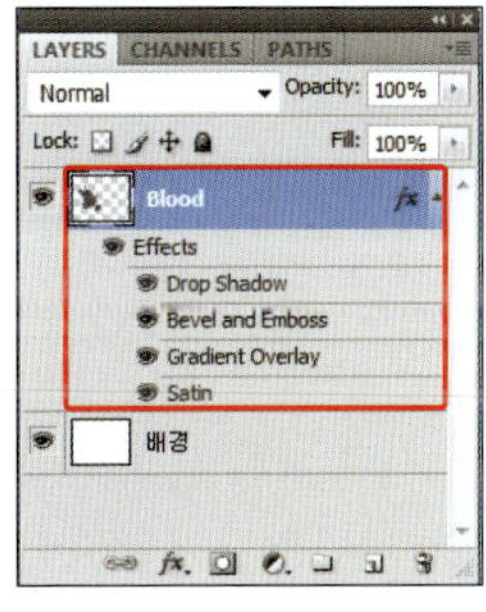

STEP 3 　레이어 스타일의 단계별 효과 살펴보기

이 스타일은 크게 4가지 종류의 효과를 담고 있습니다. 이 단계에서는 효과를 만드는 과정을 살펴보겠습니다. 사실적인 효과를 위해서는 여러 옵션을 적절히 배합해야 합니다. 우선 전체적인 질감을 표현하기 위해 [Gradient Overlay]부터 지정하겠습니다.

01 'Blood' 레이어를 더블클릭하여 [Layer Style] 대화상자로 들어갑니다. [Gradient Overlay] 항목을 클릭하고 다음과 같이 옵션을 지정합니다. 참고로 옵션 지정이 끝나더라도 대화상자를 닫지 않고 나머지 옵션을 계속 지정합니다.

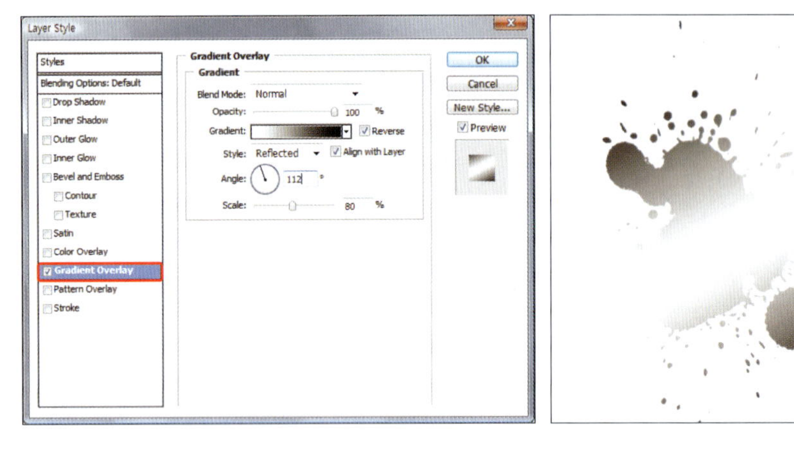

T iP 이 효과는 표면에 그러데이션을 덧입히는 방식이므로 이미지의 원래 색상과는 무관하게 효과가 적용됩니다.

02 처음에 표시되는 Gradient 옵션은 기본값이므로 이것을 바꾸기 위해 컬러바(　)를 클릭하여 [Gradient Editor] 대화상자를 엽니다. [Gradient Editor] 대화상자가 나타나면 하단에 있는 색상 바에서 오른쪽에 있는 Color Stop(　)을 클릭하고, [Color]를 클릭해 대화상자로 들어간 후, 이 곳에서 빨간색(#f64242)을 지정합니다.

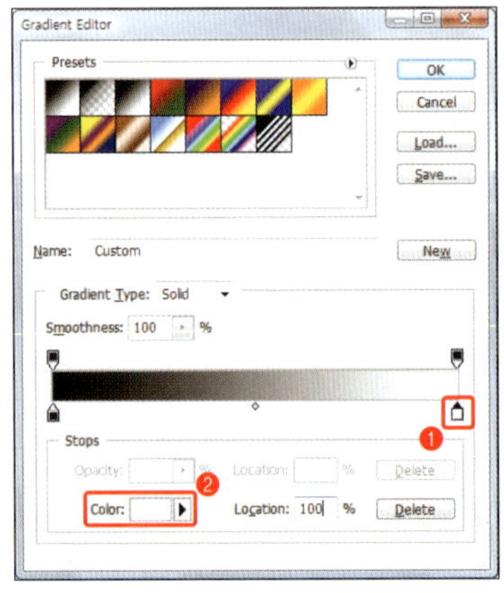
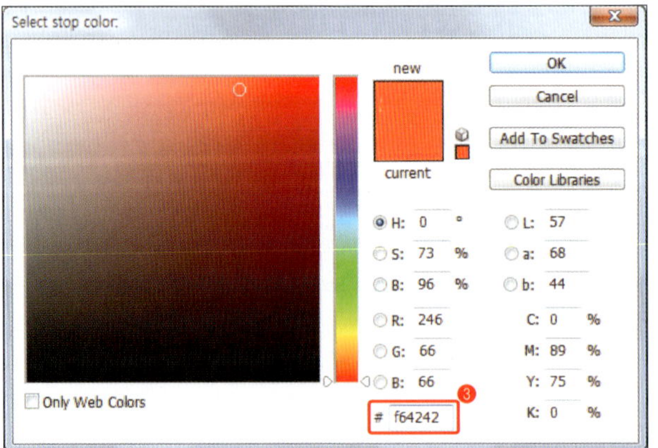

03 오른쪽 Color Stop이 빨간색으로 바뀌면 그러데이션의 색상도 자동으로 바뀝니다. 이제 중심에서 살짝 오른쪽에 있는 부분을 클릭해 Color Stop(🔴)을 추가한 후, 색상을 (#ff0000)로 지정합니다. [Location]은 선택된 Color Stop의 위치를 말하는데 이곳이 72%인지 확인합니다.

04 이제 그러데이션 지정을 마쳤으므로 [OK] 버튼을 클릭해 [Gradient Editor] 대화상자를 빠져 나옵니다. 그러데이션 위치를 조절하려면 [Layer Style] 대화상자를 닫지 않은 상태에서 그림을 선택 후 드래그합니다.

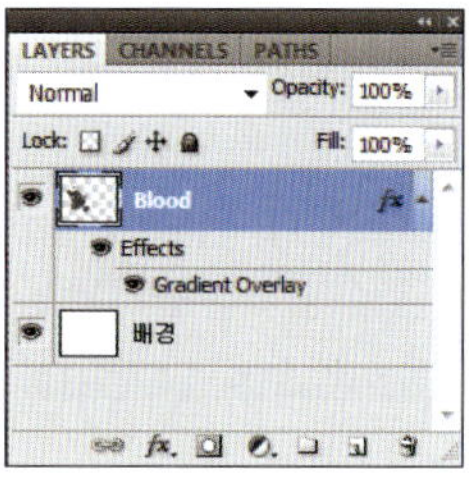

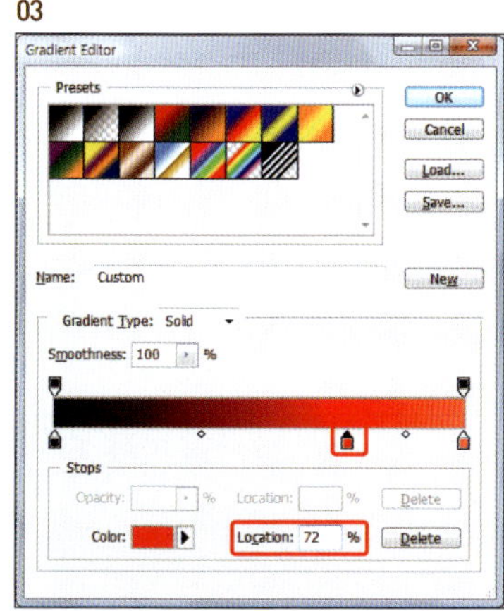

03

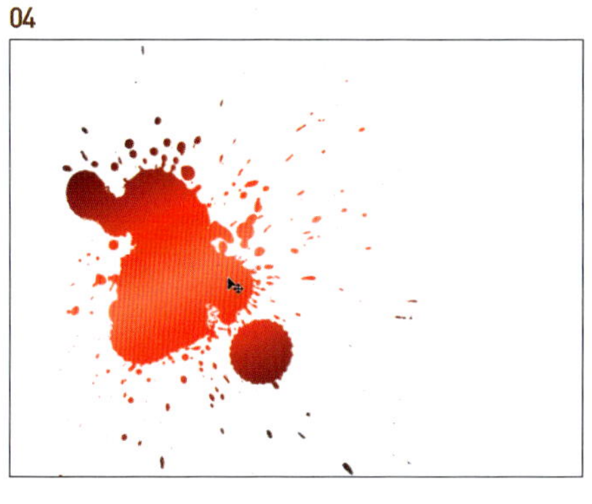

04

Gradient Editor 다루기

[Gradient Editor]에 있는 Color Bar를 주의 깊게 살펴봅니다. 이곳에서 그러데이션의 위치별 색상과 투명도를 지정할 수 있습니다. Color Bar 바로 위쪽에 보이는 눈금들은 투명도를 정하는 Opacity Stop이고, 아래쪽에 보이는 눈금들은 색상을 정하는 Color Stop입니다.

그러데이션을 새로 만들거나 바꿀 때, [Stop]은 매우 중요한 역할을 하므로 그 특성을 잘 파악해야 합니다.

❶ [Stop]은 개별적으로 선택 가능하며 언제든지 [Color]와 [Location]의 상태를 바꿀 수 있습니다.

❷ 새로운 [Color Stop]을 추가하려면 Color Bar 아래쪽 아무 곳이나 클릭합니다.

❸ 새로운 [Opacity Stop]을 추가하려면 Color Bar 위쪽 아무 곳이나 클릭합니다.

❹ [Stop]을 잡고 바깥쪽으로 드래그하면 [Stop]은 사라집니다.

❺ [Opacity Stop]의 색상이 밝을수록 투명한 상태가 됩니다.

❻ [Opacity Stop]과 [Opacity Stop] 사이에는 조그마한 다이아몬드 모양이 나타나는데, 이것을 잡고 드래그하면 중간 지점의 위치가 바뀝니다.

그러데이션을 편집하는 도중, 바뀐 효과는 이미지에 곧바로 반영되므로 이미지와 옵션을 번갈아 살피며 작업하는 것이 좋습니다.

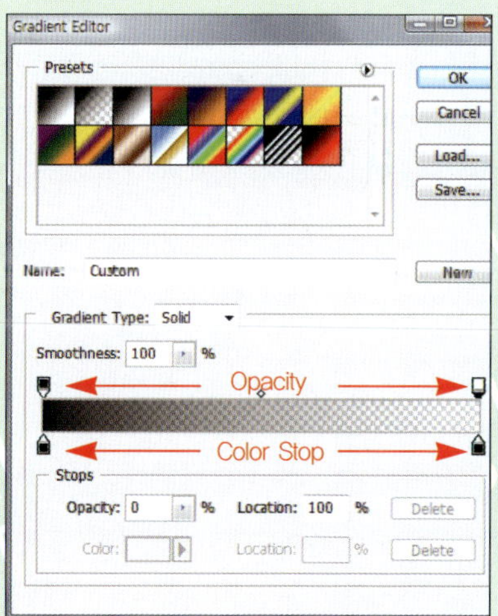

05 그러데이션의 색상 수정을 마쳤으므로 두께와 형태를 표현하기 위해 [Bevel and Emboss] 항목을 클릭하고 옵션을 아래와 같이 지정합니다.

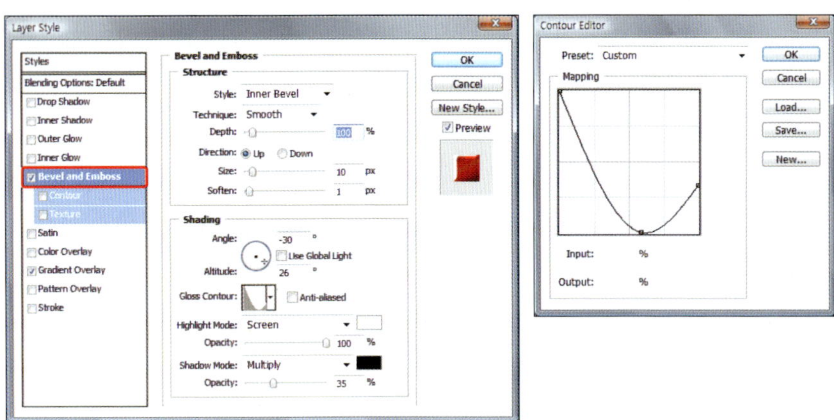

06 기본적인 입체 효과가 생겨납니다. [Bevel and Emboss]의 [Gloss Contour]는 입체감과 하이라이트, 굴곡 등을 표현하는데 있어 중요한 옵션입니다. 자연스러운 질감 표현을 위해서는 이 Contour 곡선을 잘 설정해야 합니다.

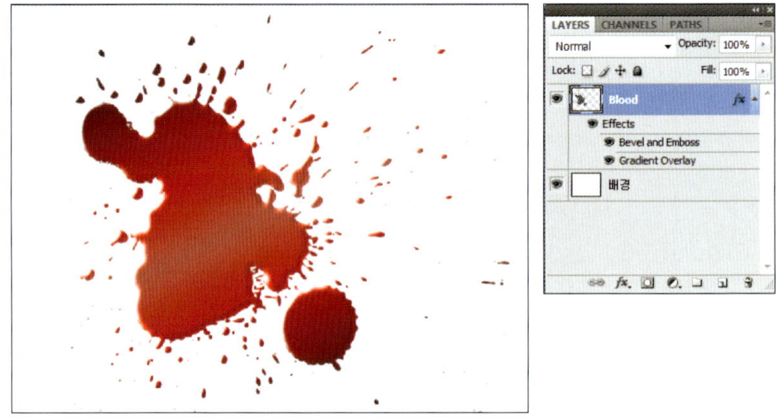

07 [Bevel and Emboss] 항목과 연결되어 있는 Contour 항목을 클릭하고, Range를 '40%' 입력한 후, 그래프 모양을 그림과 같이 조정합니다. 이미지를 살펴보면 가장자리의 굴곡이 보다 정교해지면서 입체감이 살아납니다.

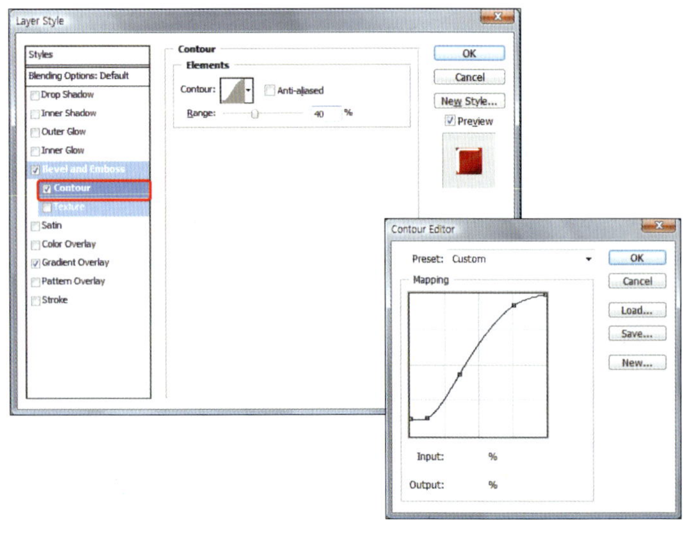

08 [Satin] 항목을 체크하고 그림과 같이 옵션을 지정합니다. Blend Mode를 'Multiply'로 지정했기 때문에 전체적인 색상이 진해졌습니다.

09 마지막으로 [Drop Shadow]를 체크하여 그림자를 만듭니다. 옵션을 그림과 같이 지정하여 그림자 효과가 약하게 나타나도록 만듭니다. 이제 스타일 지정을 모두 마쳤으므로 [OK] 버튼을 클릭하여 대화상자를 빠져 나옵니다.

> **TiP** Satin은 매끈하게 윤이 나는 비단 같은 질감을 뜻하는데, 말 그대로 표면의 광택도를 정도를 조절하는 옵션입니다.

08

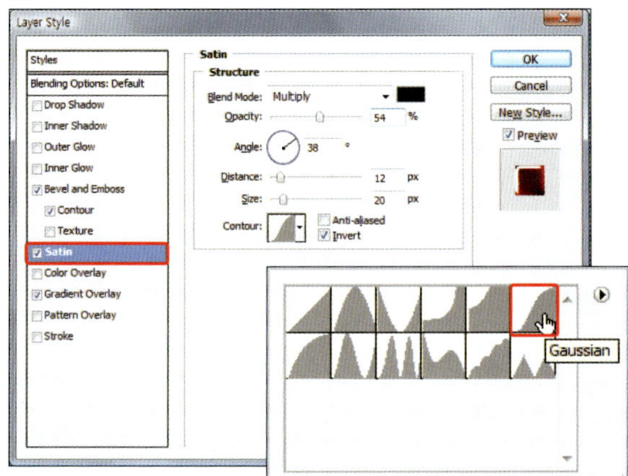
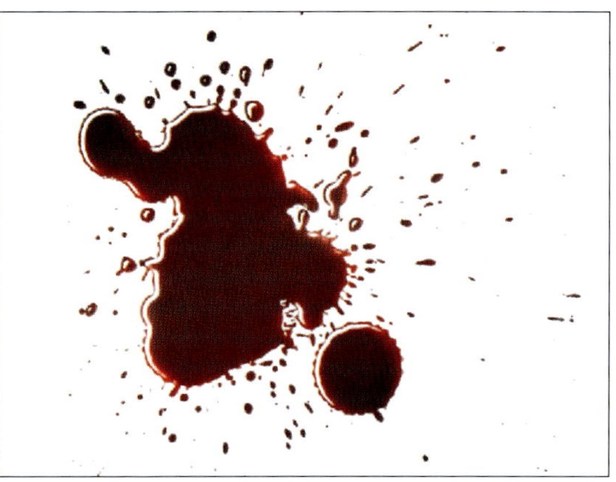

09

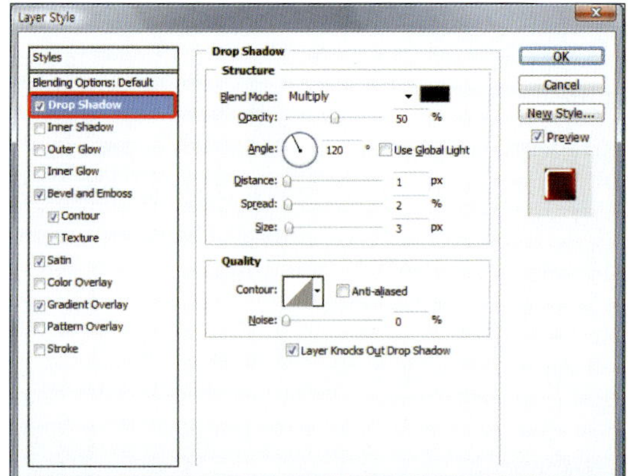

Gloss Contour와 Contour 항목 구분하기

[Bevel and Emboss]에 속한 Gloss Contour와 Bevel and Emboss 하단에 위치한 Contour는 속성이 다르므로 혼동하지 않도록 주의합니다. Gloss Contour 옵션은 표면 전체의 굴곡에 영향을 미치고, Contour 항목은 표면 가장자리의 굴곡에만 영향을 미칩니다.

이번 단계에서는 액체 이미지와 어울리는 글자를 만들어 보고 글자를 개별적으로 다루는 방법에 대해 살펴보겠습니다.

> **TiP** 작업을 하는 중간중간 해당 작업을 알아보기 쉽게 레이어 이름을 바꿔줍니다.

01 Horizontal Type 툴(**T**)을 선택하고 화면 오른쪽 위를 클릭해서 'Cruel Game'이라고 입력합니다. **Ctrl**+**A**를 눌러 글자를 모두 선택한 후, 옵션을 그림과 같이 지정하고 **Enter**를 누릅니다.

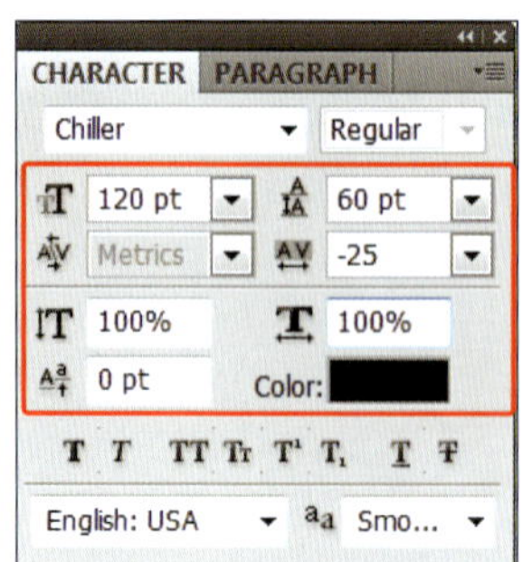

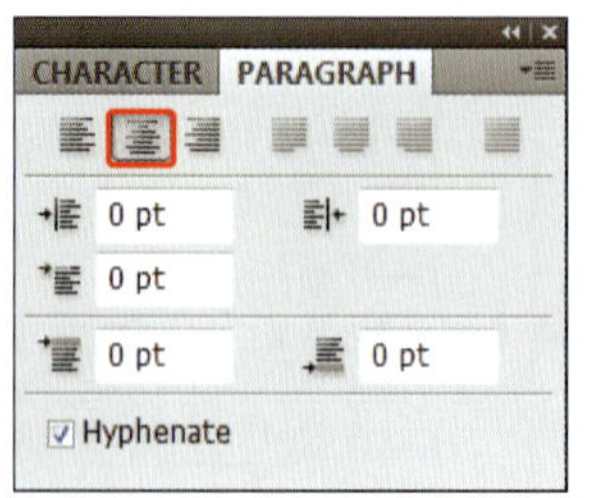

02 재미있는 레이아웃을 위해 글자별로 Baseline Shift(**A₃**) 수치를 다르게 적용해 보겠습니다. 먼저 'a'자를 선택하고 Baseline Shift 수치를 15포인트로 입력합니다. 'a'자가 위쪽으로 약간 이동됩니다.

03 이번엔 아래 줄에 있는 'e'자를 선택한 후, Baseline Shift 아이콘 위로 마우스를 가져가 좌우로 드래그해서 수치를 조절합니다. 이 방법은 직접 수치를 입력하는 것보다 직관적이고 편리합니다. 글자 높낮이 조정이 끝났다면 **Enter**를 눌러 글자 편집을 마칩니다. 단축키는 **Alt**+**↑**, **Alt**+**↓**를 사용합니다.

> **TiP** Baseline이란 영문 서체에서 사용하는 글씨 높낮이 기준선을 뜻합니다. Baseline Shift 수치가 증가하면 글자의 높이가 기준선보다 높아지고, 수치가 감소하면 글자의 높이도 낮아집니다.

02

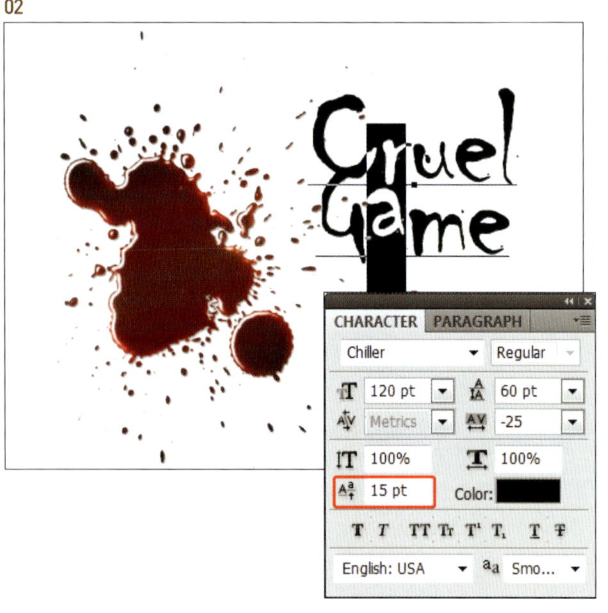

03

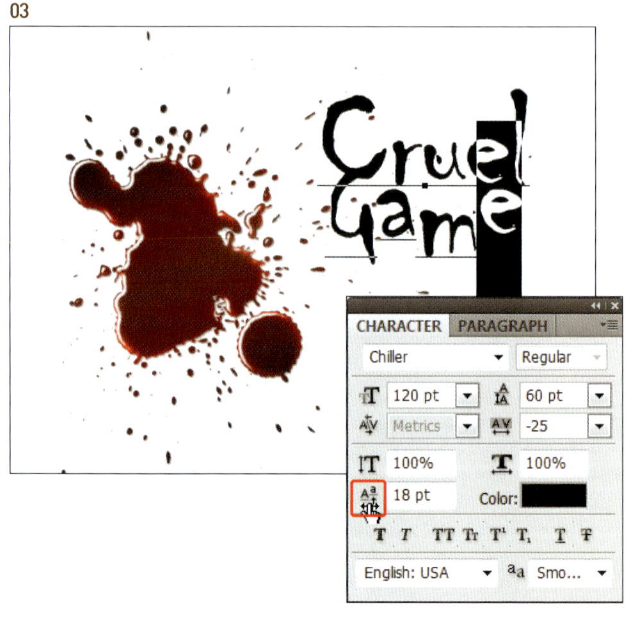

STEP 5 스타일 속성을 복사해서 다른 레이어에 적용하기
Photoshop Design

레이어 스타일은 한번 속성을 복사해두면 다른 레이어에도 효과를 그대로 적용할 수 있습니다.

01 먼저 'Blood' 레이어 위에서 마우스 오른쪽 버튼을 클릭한 후 [Copy Layer Style]을 선택해 속성을 복사합니다. 그리고 [Type] 레이어 위에 대고 마우스 오른쪽 버튼을 클릭해 [Paste Layer Style]을 적용합니다.

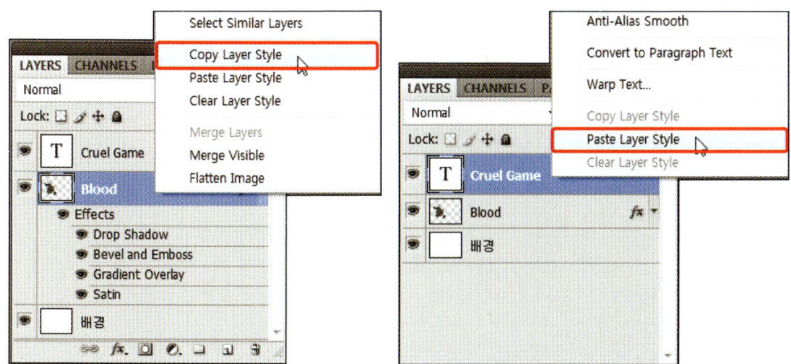

02 [Type] 레이어에도 'Blood' 레이어와 동일한 [Layer Style]이 적용됩니다. 그런데 그러데이션 적용 범위가 약간 달라 보입니다. 이것을 바로잡기 위해서는 [Type] 레이어의 [Gradient Overlay] 항목을 더블클릭합니다

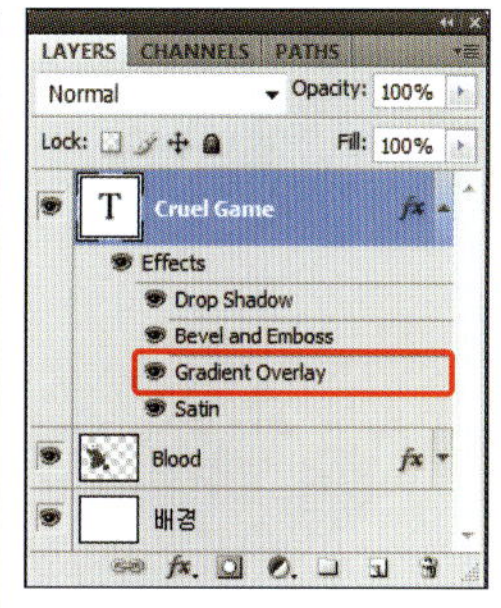

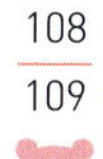

액체 느낌이 나는 Chiller체

Chiller체는 액체 느낌이 나는 개성 있는 서체로서 한때 무료로 사용할 수 있었지만, 현재는 인터넷에서 유료로 판매되고 있습니다. 만약 동일한 서체를 구하기 어렵다면 유사한 느낌의 서체를 사용하도록 합니다. 이 서체에 대한 자세한 정보는 오른쪽 사이트를 참고합니다.

License : 유료서체, 종류 : OpenType(.otf)

http://www.fonts.com/findfonts/detail.asp?pid=203992 ▶

03 [Layer Style] 대화상자로 들어간 후, [Align with Layer] 옵션을 해제하고 [OK] 버튼을 클릭합
니다. 글자에 적용된 그러데이션의 완급이 달라집니다.

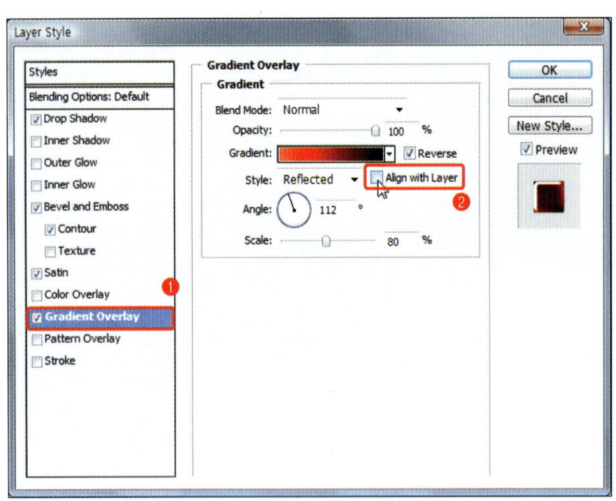

04 이미지에 역동감을 더하기 위해 글자의 형태를 약간 조정해보겠습니다. [Type] 레이어를 선택한
후 Ctrl + T 를 눌러 글자의 크기와 각도를 그림과 같이 조정합니다.

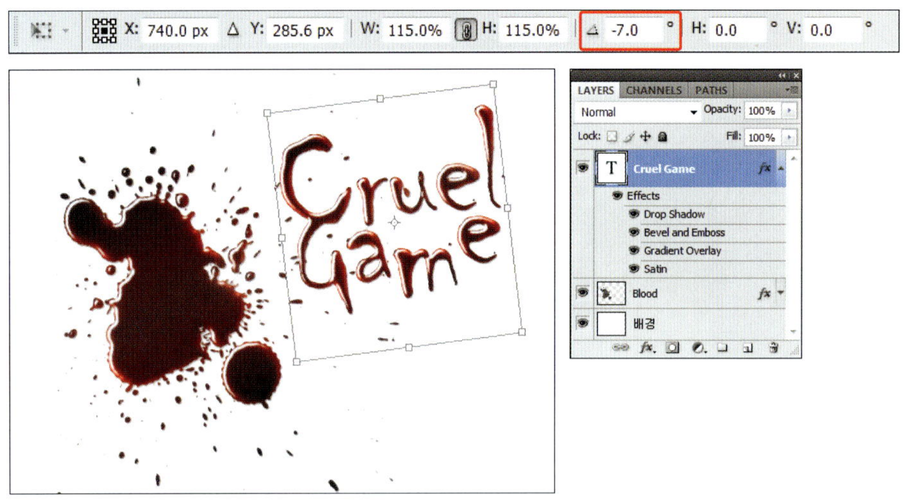

05 이미지가 모두 완성되었습니다. 이 예제에서는 레이어 스타일을 이용해 붉은 액체와 흘러내리는
듯한 느낌의 글자를 만들었습니다.

Scale Styles 옵션이 미치는 영향

레이어스타일은 이미지크기(해상도)에 따라 필요한 수치가 다르기 때문에 이미지크기를 조절하면 효과의 범위 또한 달라지게 됩니다. 따라서 스타일이 레이어 형태로 살아있는 이미지의 해상도를 조절할 때는 레이어스타일의 크기도 이미지와 함께 조절되도록 (Image Size 대화상자에서) 'Scale Styles' 옵션을 반드시 체크해야 합니다.

▲ 원본

▲ Scale Styles 옵션을 체크한 상태에서 이미지를 2배로 키운 경우 (스타일 효과가 그대로 유지되었다.)

▲ Scale Styles 옵션을 체크하지 않은 상태에서 이미지를 2배로 키운 경우 (스타일 효과가 상대적으로 줄어들었다.)

SECTION 5

세련된 입체 버튼 만들기

이 예제에서는 이전 예제들과는 다소 다른 방식으로 레이어 스타일을 사용해 보겠습니다. 보통 레이어 스타일을 이용하면 한두 개의 레이어만으로도 다양한 효과를 만들 수 있습니다. 하지만 레이어 스타일 기능에만 의존할 경우 다소 인위적인 이미지가 되기 쉽습니다. 이 섹션에서는 레이어 마스크와 레이어 스타일을 함께 사용해 좀 더 자연스러운 이미지를 연출해보겠습니다.

또한 Solid Color 레이어를 사용하는 법과 Masks 패널을 이용해 선택을 다루는 방법에 대해서도 살펴봅니다.

Part2\Sec5\결과.psd

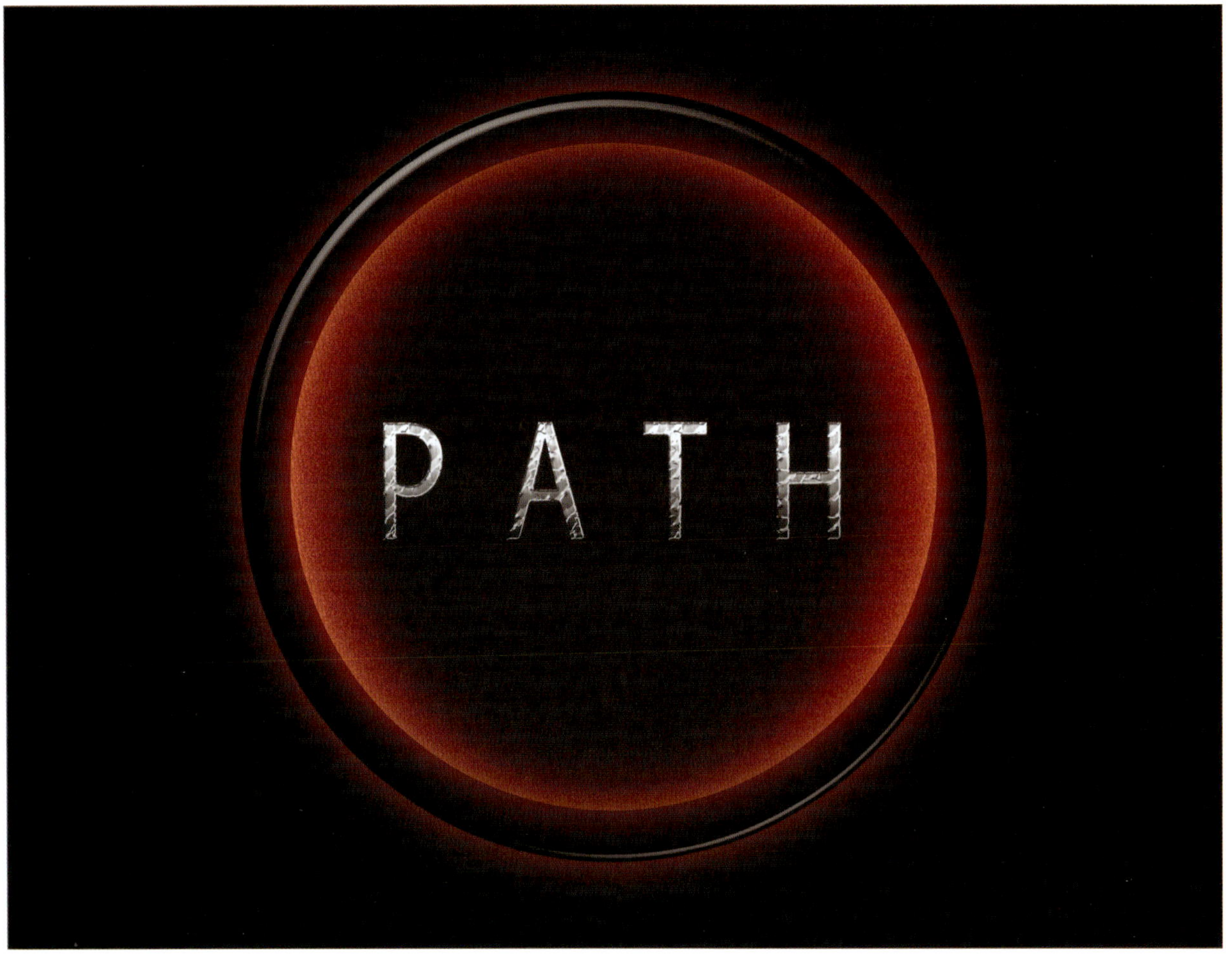

주요 사용 기능 Layer Style 〉 Outer Grow, Bevel and Emboss 항목, Masks 패널 **난이도** ★★★

STEP 1 바깥쪽 원 그리기 – Guide 설정하기
Photoshop Design

이 예제는 언뜻 보면 단순해 보이지만 바깥쪽 원과 안쪽 원, 내부 질감, 글자 등으로 구성되어 있습니다. 표현하려는 요소가 복잡할수록 기준선이 필요한데, 포토샵에서는 Ruler Guide, Grid가 그 역할을 하게 됩니다. 이 단계에서는 가이드를 기준으로 원을 그려 보겠습니다.

01 Ctrl +O를 눌러 예제 파일(바탕.psd)을 엽니다. 이미지가 열리면 가이드로 화면을 미리 등분해 놓은 상태가 나타납니다.

◉ Part2\Sec5\바탕.psd

02 먼저 가장 바깥쪽에 해당하는 원을 그리도록 하겠습니다. 툴 패널에서 Ellipse 툴(◯)을 선택하고 상단에 위치한 옵션바에서 옵션을 아래와 같이 지정합니다. Color는 (#000000)입니다.

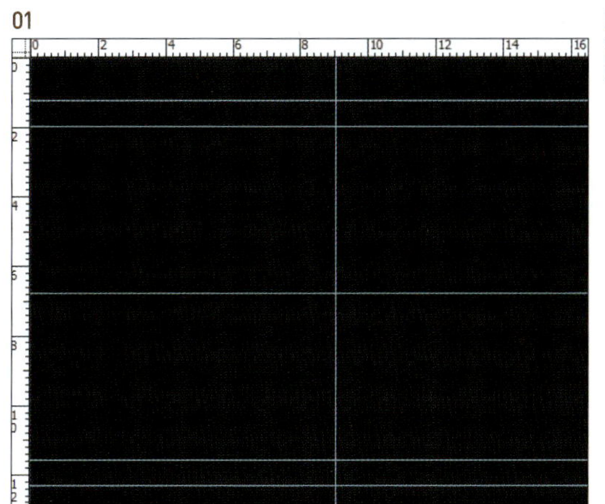

01

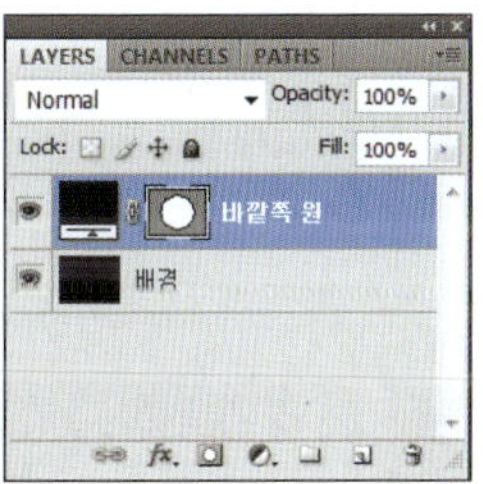

02

> **TiP** Ctrl + R 을 눌러 Ruler를 켭니다. 현재 사용된 Ruler의 단위는 cm입니다. 만약 Ruler에 표시된 단위가 화면과 다르거나 단위를 바꾸고 싶다면 Ruler 위에 마우스 오른쪽 버튼을 클릭해 단위를 새로 지정할 수 있습니다.

03 마우스 커서를 화면 정중앙으로 가져가 클릭한 후, Alt + Shift 를 누른 상태에서 바깥쪽 가이드가 있는 곳까지 드래그합니다. 레이어의 이름을 '바깥쪽 원'으로 바꿉니다.

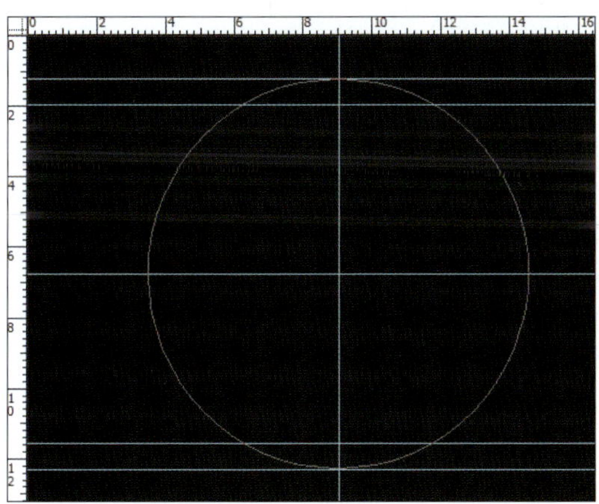

> **TiP** 포토샵에는 Snap 기능이 있는데, 이것은 레이어의 오브젝트가 가이드 근처로 이동할 때 자동으로 맞춰주는 역할을 합니다. 손쉽게 자동 정렬을 해주는 편리한 기능으로 만일 이 기능이 작동되지 않는다면 View 〉 Snap To 〉 Guides가 체크되어 있는지 확인합니다.

> **TiP** Alt 를 누르면 중심부터 그려지고 Shift 를 누르면 비례가 유지됩니다.

Solid Color 레이어

Ellipse 툴을 이용할 때 자동으로 생겨나는 레이어는 [Solid Color] 레이어 입니다. 이 또한 조정 레이어이므로 메모리를 적게 차지하면서도 언제든지 색상을 재조정할 수 있다는 장점이 있습니다.

04 현재 '바깥쪽 원' 레이어는 '배경' 레이어와 색상이 같기 때문에 형태가 드러나지 않습니다. '바깥쪽 원' 레이어를 더블클릭해 [Layer Style] 대화상자로 들어간 후, [Outer Glow] 항목을 클릭해서 다음과 같이 옵션을 지정합니다. 아직 [Layer Style] 대화상자를 빠져 나오지 않은 상태입니다.

05 [Layer Style]의 효과를 제대로 확인하기 위해 Ctrl + R을 눌러 Ruler를 끄고, Ctrl + ; 를 눌러 가이드도 끕니다. [Outer Glow]로 인해 바깥쪽으로 빛이 나는 효과가 생겼습니다.

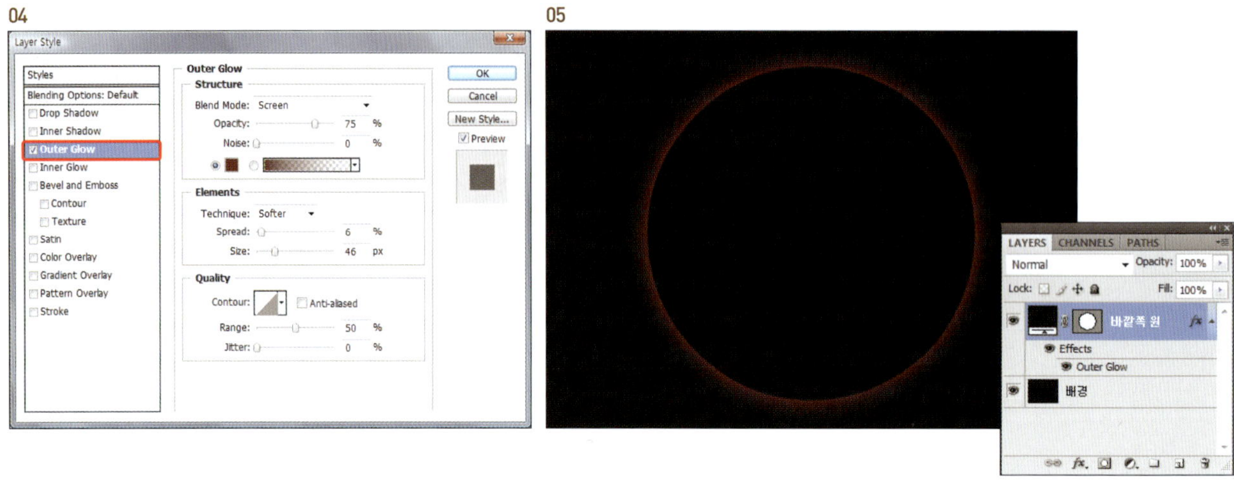

06 이번엔 [Bevel and Emboss] 항목을 클릭해 그림과 같이 옵션을 지정합니다.

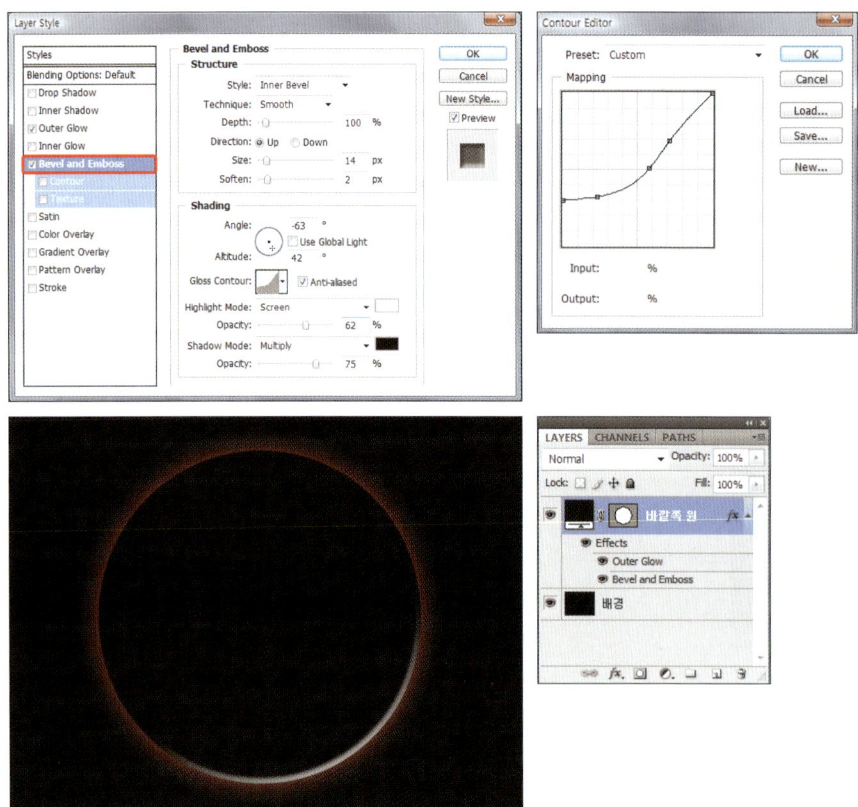

07 이제 [Bevel and Emboss] 항목 아래에 위치한 Contour를 클릭합니다. [Contour] 옵션 중 그래프 모양 아이콘을 클릭해 [Contour Editor]로 들어갑니다. 이곳에서 Contour 곡선을 그림과 같이 편집합니다.

08 Bevel의 형태가 바뀌면서 입체감이 살아납니다. [OK] 버튼을 클릭해 [Layer Style] 대화상자를 빠져나옵니다.

> **TiP** Contour란 외곽선, 윤곽선의 의미로서, 지정된 [Contour] 곡선의 모양에 따라 물체의 모서리 형태가 결정됩니다.

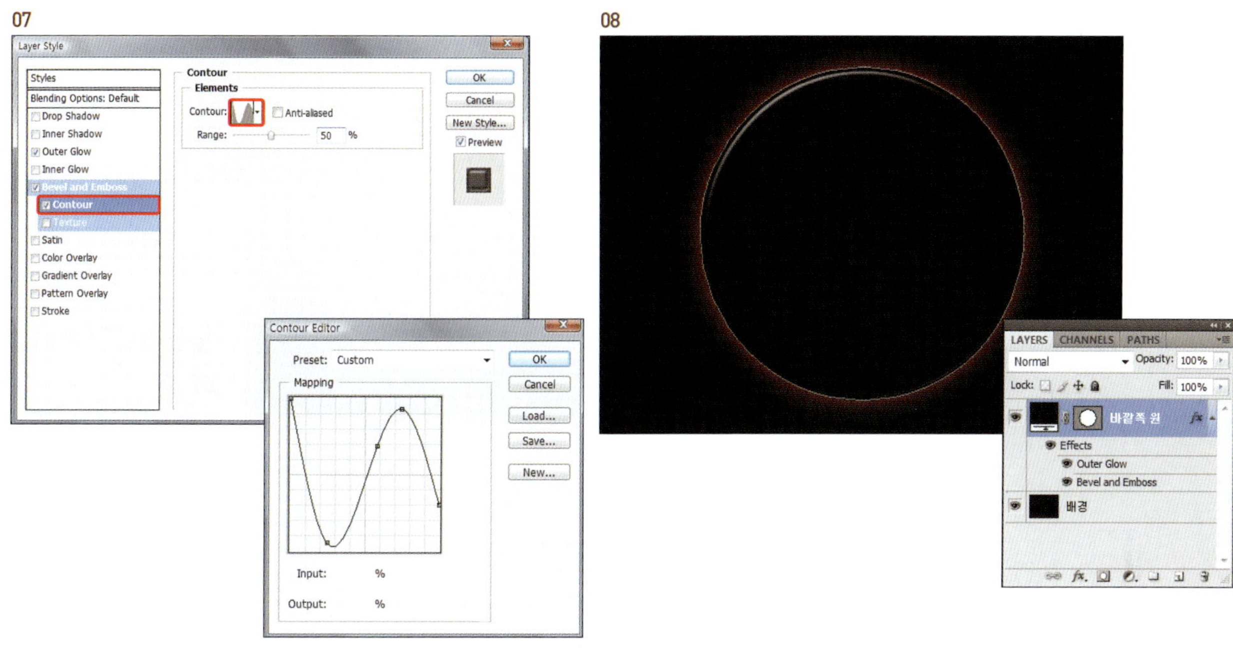

STEP 2 안쪽 원 그리기
Photoshop Design

이번엔 안쪽 원을 그릴 차례입니다. Ellipse 툴(◯)이 선택된 상태인지 확인합니다. 옵션은 '바깥쪽 원'을 그릴 때와 동일하게 하고 색상만 빨간색(#bc151c)으로 바꿉니다.

01 안쪽 원의 크기를 가늠해야 하므로 다시 `Ctrl`+`;`를 눌러 가이드를 켭니다. 바깥쪽 원을 그릴 때와 마찬가지로 마우스 포인터를 화면 정중앙으로 가져가서 클릭하고 `Alt`+`Shift`를 동시에 누른 채 바깥쪽으로 드래그합니다. 안쪽 원의 크기는 바깥쪽 원보다 약간 작게 그립니다. 원이 그려지면 레이어의 이름을 '안쪽 원'으로 바꿉니다.

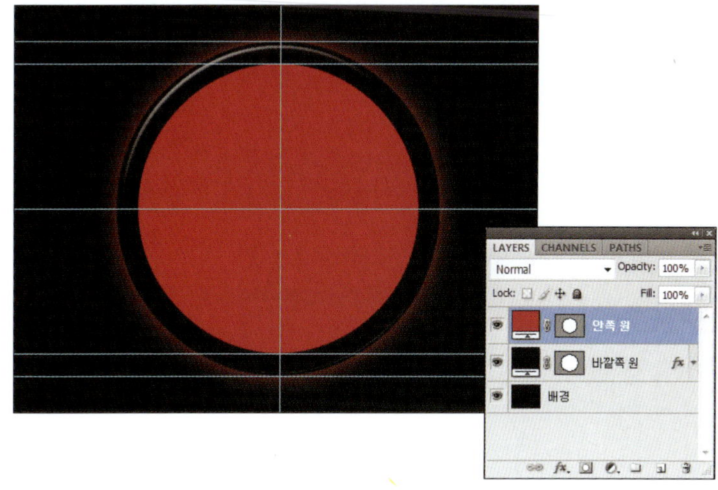

02 '안쪽 원' 레이어에는 [Outer Glow] 효과 하나만 적용합니다. '안쪽 원' 레이어를 더블클릭해서
   [Layer Style] 대화상자로 들어간 후, [Outer Glow] 항목을 클릭하고 다음과 같이 적용한 후,
[OK] 버튼을 클릭합니다.

03 다시 Ctrl + ; 를 눌러 가이드를 가린 후 안쪽에 그려진 원을 확인합니다.

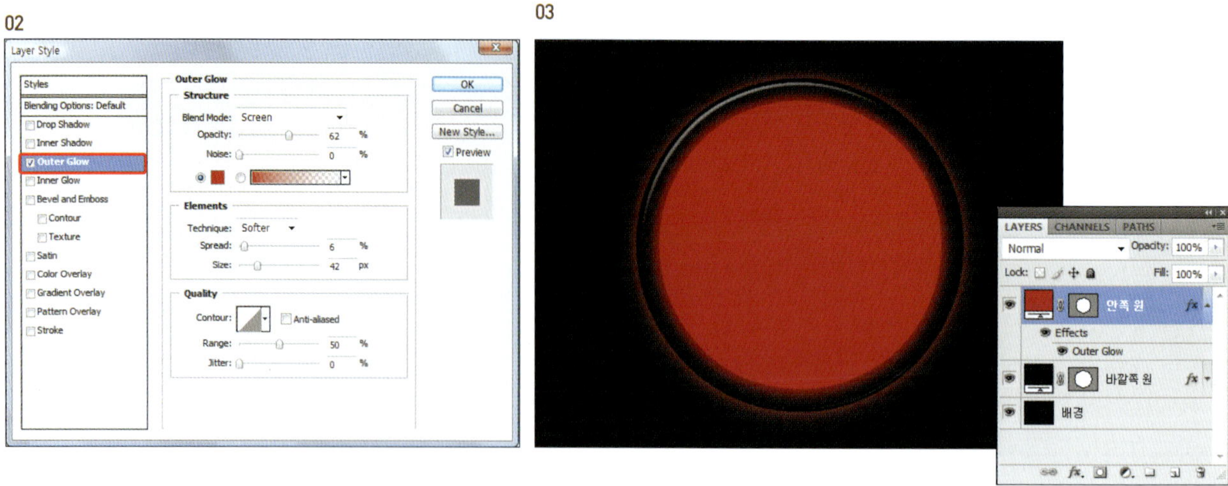

STEP 3 Noise 필터를 이용해 질감 적용하기

바깥쪽과 안쪽의 원을 만들었으므로 이제 Noise 필터를 이용해 원 내부에 질감을 적용하도록 하겠습니다.

01 Alt + Shift + Ctrl + N 을 눌러 레이어를 하나 만듭니다. 그리고 '안쪽 원' 레이어와 동일
   한 붉은색(#bc151c)으로 화면 전체를 채웁니다.

02 Filter > Noise > Add Noise를 선택하고 [Add Noise] 대화상자에서 그림과 같이 옵션을 지정합
   니다.

T iP [Monochrome] 옵션을 체크하는 것은 Red, Green, Blue 채널 모두에 동일한 형태의 Noise를 적용한다는 의미입니다. 이 옵션을 해제하면 채널마다 각기 다른 Noise가 적용됩니다.

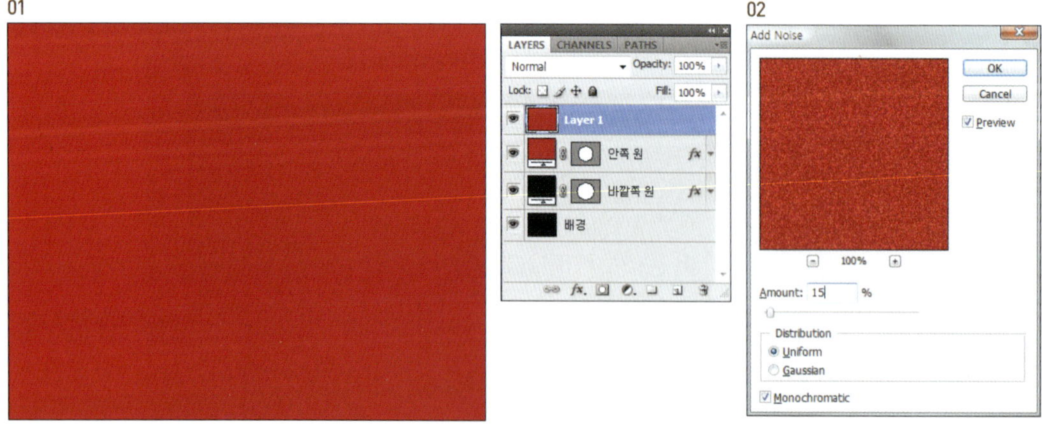

03 Noise 필터로 인해 질감이 생겨납니다. 레이어의 이름을 'Noise 15 uni mono'로 바꿉니다.

04 Noise가 적용된 레이어의 효과를 '안쪽 원' 레이어에 국한시키기 위해 [Alt] + [Ctrl] + [G]를 눌러 클리핑 마스크 상태로 만듭니다.

> **TiP** 레이어의 이름에 '옵션 값'을 표시해두는 것은 나중에 작업을 수정하거나, 공동작업을 할 때 유용합니다.

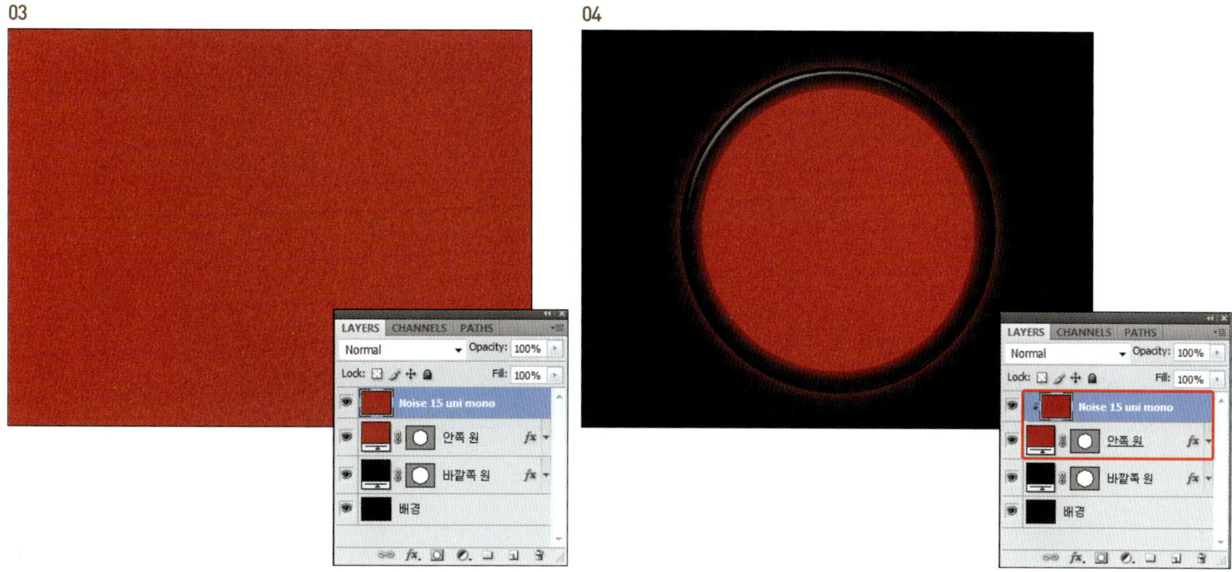

STEP 4 원 내부에 후광 효과 만들기
Photoshop Design

레이어 스타일을 사용하지 않는 방식으로 원 내부에 후광 효과를 만들어보겠습니다.

01 [Layers] 패널 하단에 있는 새로운 조정레이어 만들기 아이콘(⊘)을 눌러 [Solid Color] 레이어를 선택하고, [Pick a solid color] 대화상자가 나타나면 밝은 주황색(#ff8338)을 지정하고 [OK] 버튼을 클릭합니다.

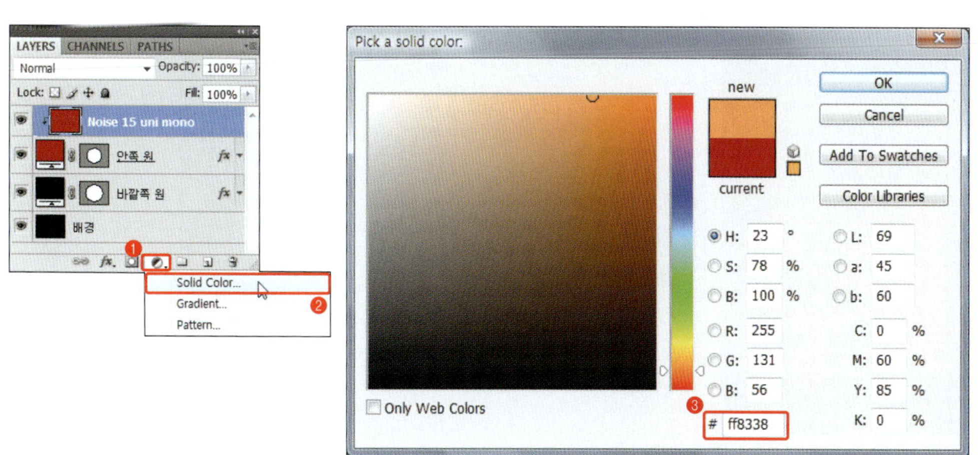

02 새로 생겨난 레이어는 이전 레이어와 마찬가지로 [Alt]+[Ctrl]+[G]를 눌러 클리핑 마스크로 만듭니다.

03 [Ctrl]을 누른 상태에서 '안쪽 원' 레이어 마스크의 썸네일을 클릭합니다. 그러면 마스크의 형태대로 선택 영역이 생깁니다.

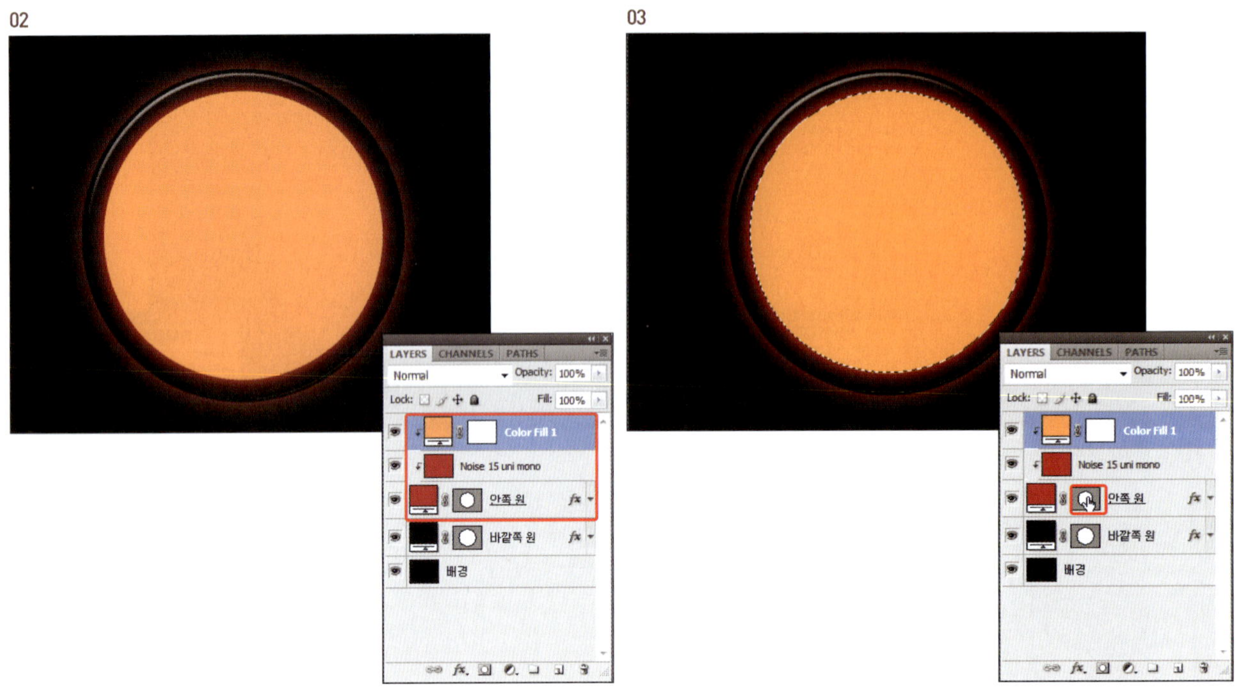

04 이 상태에서 맨 위에 위치한 [Solid Color] 레이어의 마스크를 클릭하고 [Ctrl]+[I]를 눌러 반전한 후, [Ctrl]+[D]를 눌러 선택을 해제합니다. [Solid Color] 레이어의 마스크가 검은색으로 가려졌기 때문에 마치 레이어가 없는 것과 같은 상태가 됩니다.

05 [Masks] 패널을 열고 Feather 수치에 '30픽셀'을 입력합니다.

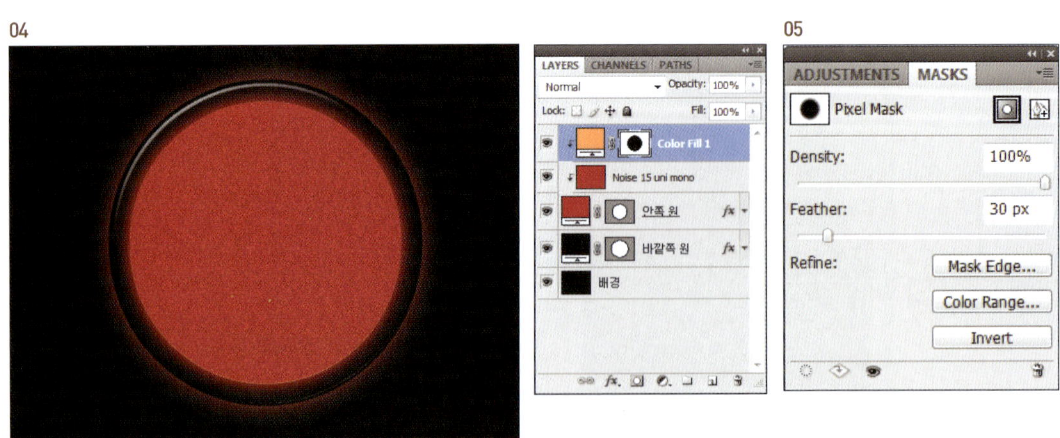

06 Feather수치가 적용된 만큼 안쪽으로 빛이나는 효과가 나타납니다. 레이어의 이름을 'Mask Feather 30'으로 바꿉니다.

07 이제 마지막 [Solid Color] 레이어를 만들 차례입니다. [Solid Color] 레이어를 다시 추가하고, [Pick a solid color] 대화상자가 나타나면 검은색(#000000)을 지정합니다. 레이어의 Opacity는 '90%'로 바꿉니다.

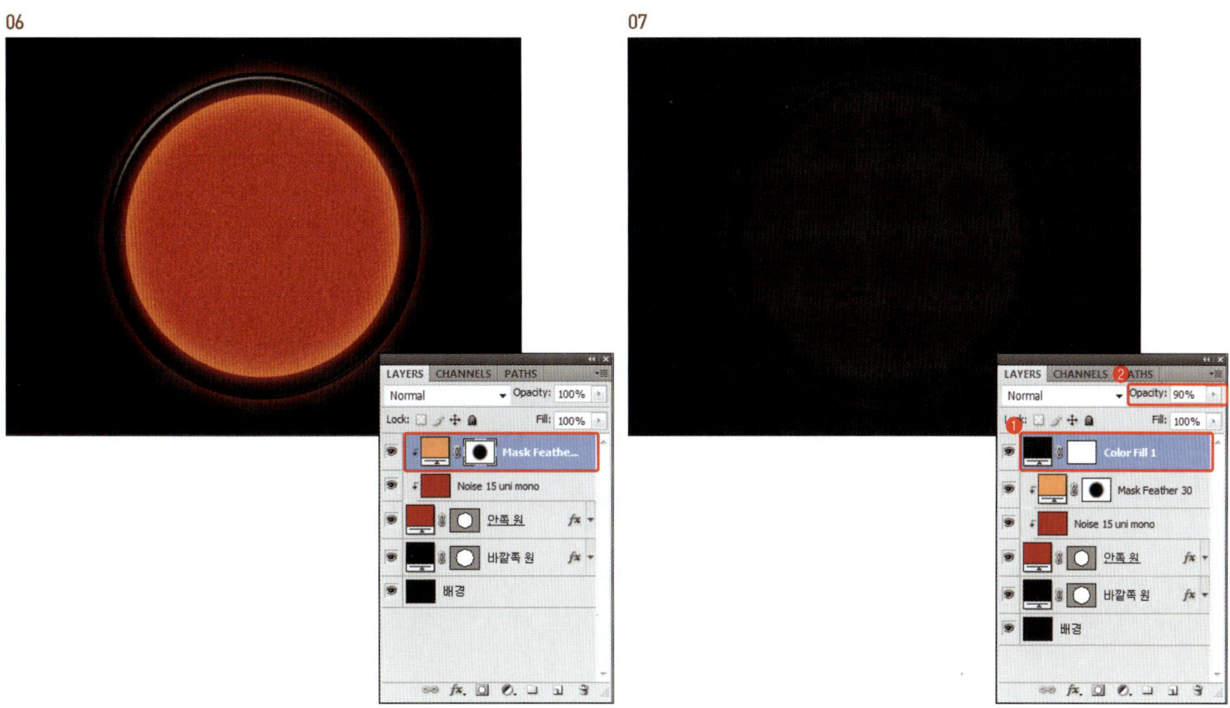

118
119

08 다시 한번 Ctrl 을 누른 채로 '안쪽 원' 레이어 마스크를 클릭합니다. 선택이 생겨나면 'Color Fill 1' 레이어의 마스크를 클릭해 Ctrl + I 를 눌러 반전한 후, Ctrl + D 를 눌러 선택을 해제합니다.

09 [Masks] 패널에 Feather 수치가 '30픽셀'로 사동입력 되므로 경계는 부드럽게 나타납니다. [Masks] 패널에서 [Invert] 버튼을 클릭합니다. 이것은 Ctrl + I 를 눌러 반전한 것과 동일한 효과입니다.

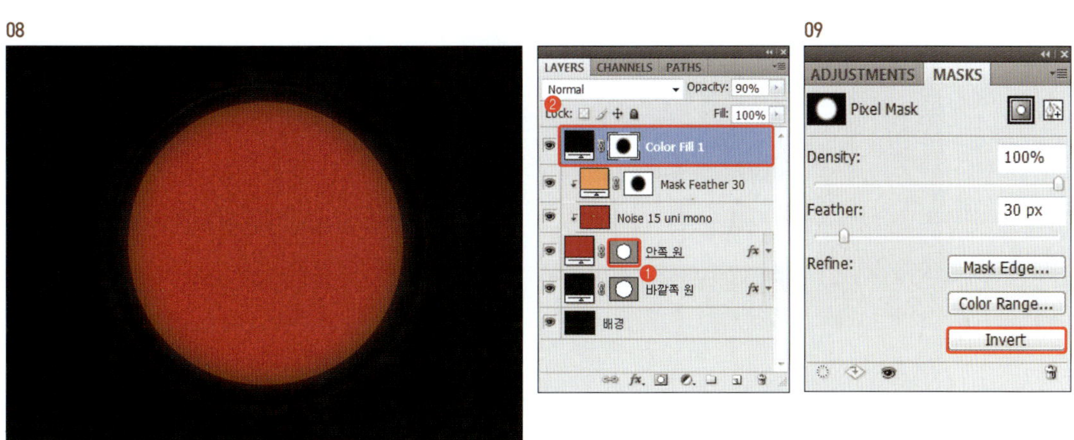

10 마스크가 반전되면서 효과도 다른 느낌으로 변합니다. 레이어의 이름을 '원 내부'로 바꿉니다.

11 '원 내부' 레이어를 선택한 상태에서 Ctrl + T 를 누른 후, 옵션바에서 W(Width)에 88%를 입력합니다. 넓이만 축소했기 때문에 후광의 형태에 미묘한 변화가 생깁니다.

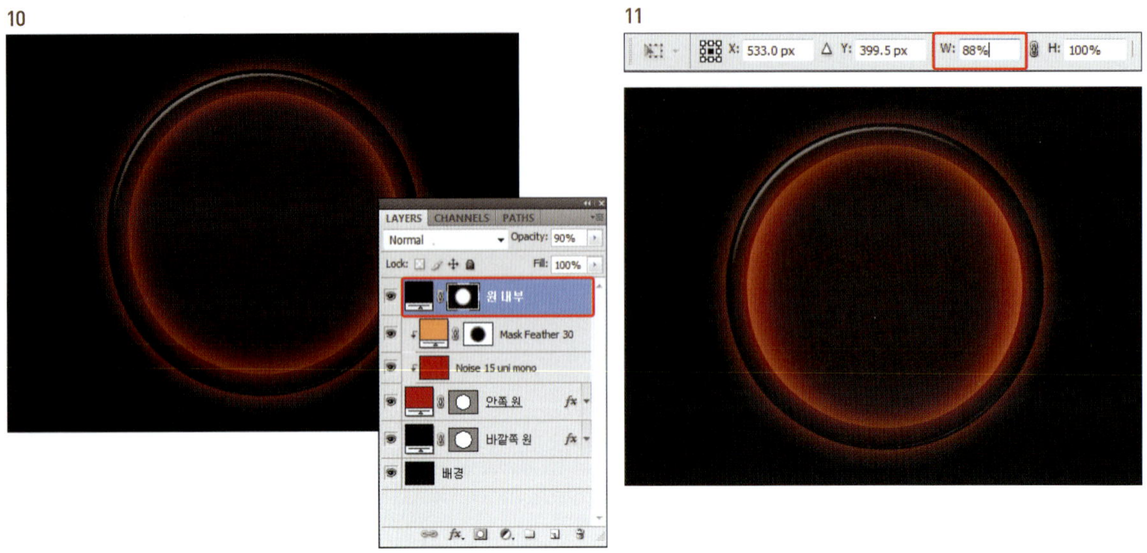

STEP 5 원 내부에 글자 입력하고 입체 효과주기

이제 원 내부에 글자를 입력할 차례입니다. 글자 위치를 참고하기 위해 Ctrl + ; 를 눌러 가이드를 다시 켜고 시작합니다.

01 Horizontal Type 툴(T)을 선택하고 화면 가운데를 클릭해 'PATH'라고 입력합니다. Ctrl + A 를 눌러 글자를 모두 선택한 후, 옵션을 그림과 같이 지정하고 Enter 를 누릅니다.

02 Ctrl 을 누른 채로 글자를 한가운데로 옮깁니다. 정렬 작업을 모두 마친 후에는 Ctrl + ; 를 눌러 가이드를 끕니다.

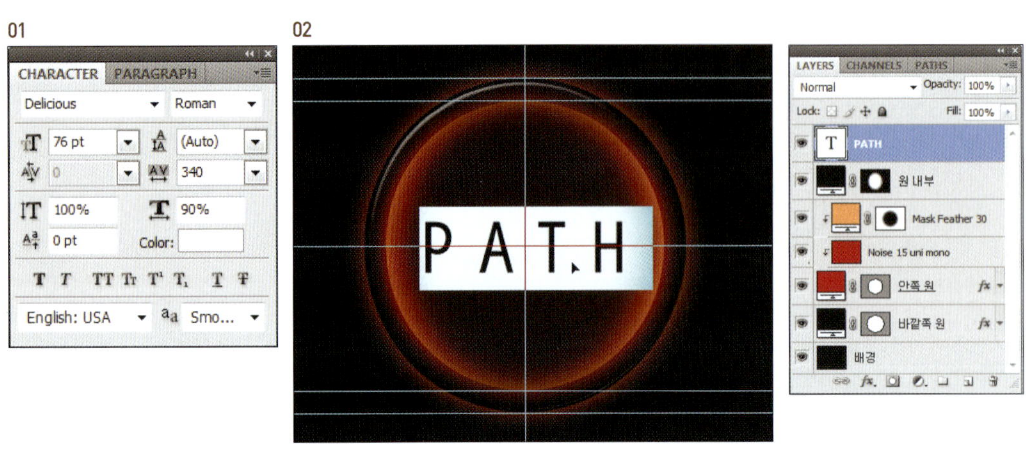

03 `PATH` 레이어를 더블클릭해 [Layer Style] 대화상자로 들어갑니다. 먼저 [Gradient Overlay] 항목을 선택하고 다음과 같이 옵션을 지정하면 글자에 그러데이션 효과가 반영됩니다.

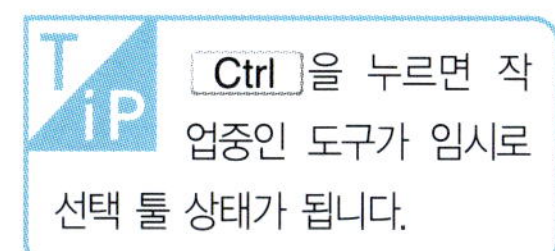

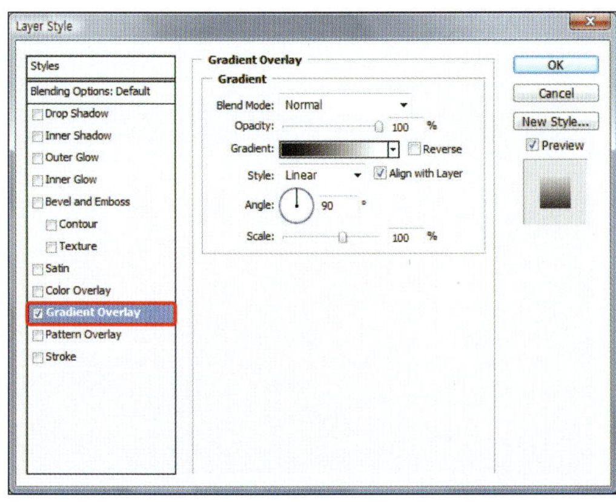

04 [Layer Style] 대화상자가 열려있는 상태에서 그러데이션 위치를 살짝 아래로 옮겨주면 글자가 밝아집니다.

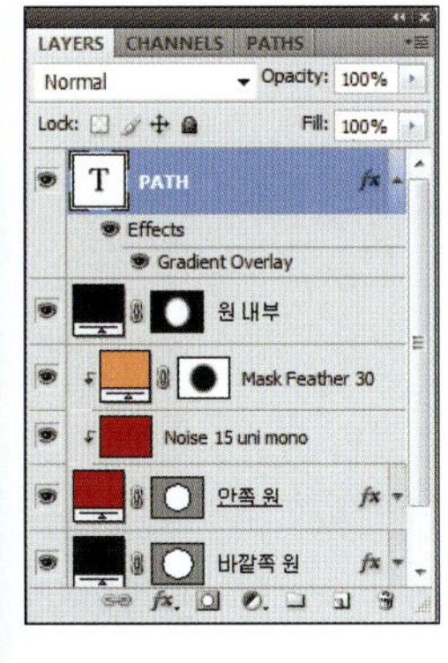

120
121

완성도 있는 무료서체 'Delicious'

이 서체는 인터넷에 무료로 배포된 서체중에서 완성도가 높아 인기를 끌고 있습니다. X-Height가 높기 때문에 타이틀 서체뿐만 아니라 본문용으로 사용하기에도 안성 맞춤입니다. 다음 사이트를 참조하면 또 다른 무료 서체들을 구할 수 있습니다.
License : Freeware, 종류 : OpenType(.otf)

http://www.urbanfonts.com/fonts.php?fontauthor= 3662 ▶

05 이번엔 [Bevel and Emboss] 항목을 클릭해서 옵션을 지정합니다. 이때 어떤 그래프를 선택하느냐에 따라 질감은 크게 달라지게 됩니다.

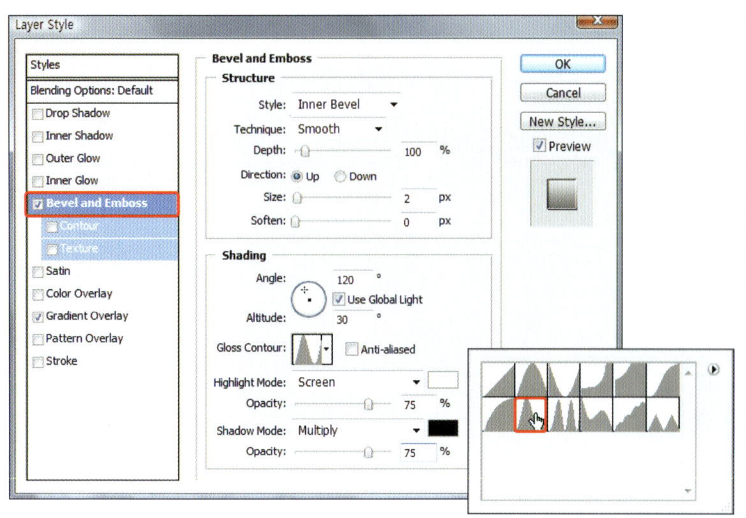

06 글자 내부에 질감을 입힐 때는 [Texture] 항목을 이용하면 편리합니다. [Texture] 항목을 선택한 후, 아래와 같은 모양의 패턴을 지정합니다. Scale을 50%로 낮춰서 질감의 밀도를 촘촘하게 만듭니다.

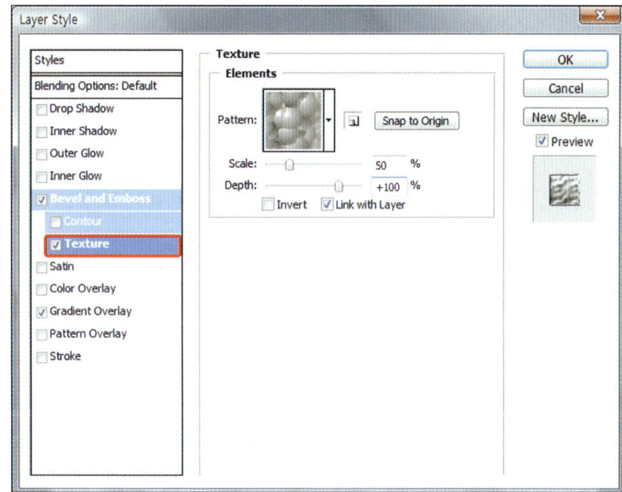

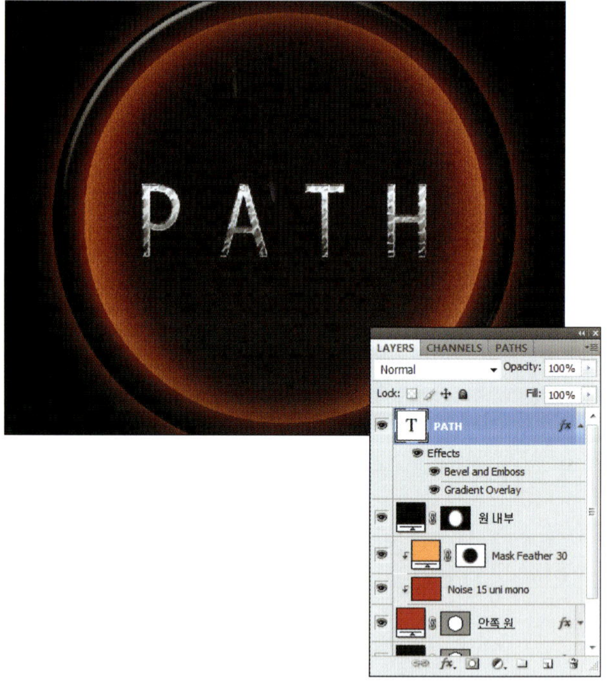

07 은은한 후광이 있는 버튼이 완성되었습니다.

SECTION 6

금속 질감 만들기

포토샵에서 필터는 이미지를 변형하거나 효과를 주는 용도로 자주 사용되지만, 이미지를 만들어내는 역할을 하기도 합니다.

이 예제에서는 몇 가지 필터를 이용해 '브러싱된 느낌의 스틸' 질감을 만들어 볼 것입니다. 자연스럽고 사실적인 느낌의 질감을 위해서는 질감 자체뿐만 아니라 빛의 흐름이나 조명의 변화를 잘 표현하는 것이 중요합니다.

Part2\Sec6\결과.psd

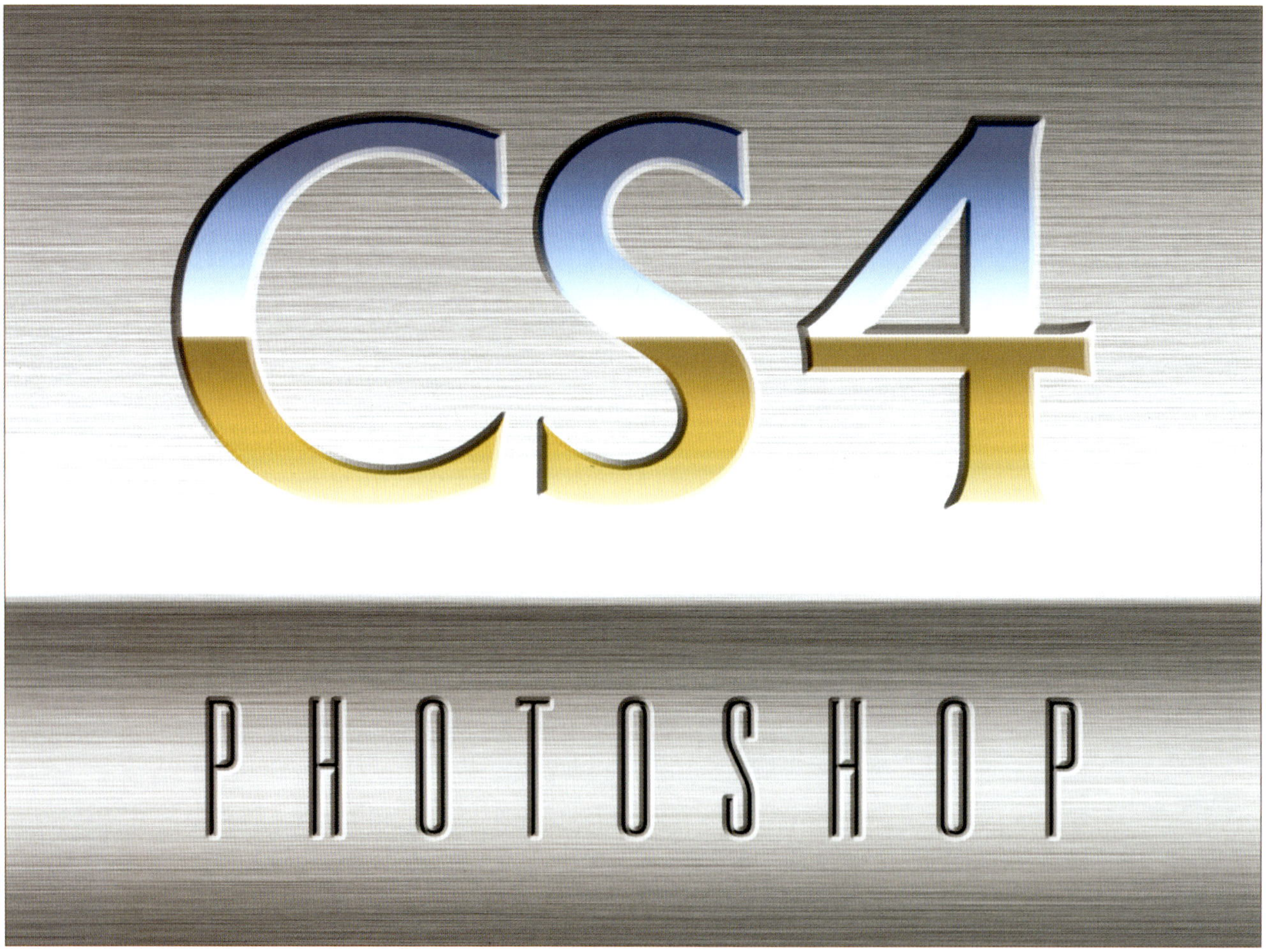

주요 사용 기능 Add Noise 필터, Motion Blur 필터 **난이도** ★★★

STEP 1 Noise 필터로 기본 입자 만들기
Photoshop Design

이 예제의 첫 번째 단계는 [Noise] 필터를 이용해 기본 입자를 만드는 일입니다.

01 Ctrl + O 를 눌러 예제 파일(바탕.psd)을 엽니다.

 Part2\Sec6\바탕.psd

02 흰색 배경(#ffffff) 화면에 Filter 〉 Noise 〉 Add Noise를 적용합니다. [Add Noise] 대화상자에서
그림과 같이 옵션을 지정합니다.

03 레이어에 Noise 옵션 수치를 레이어 이름으로 표시해둡니다.

02

03

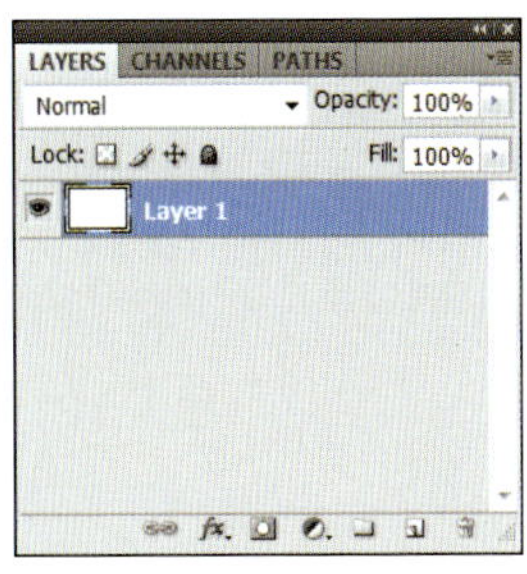

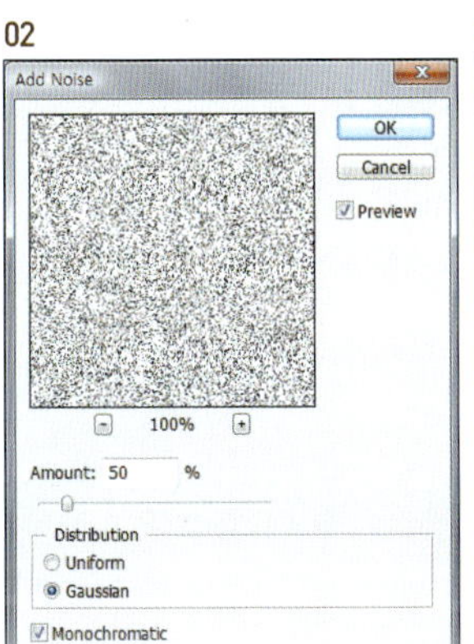

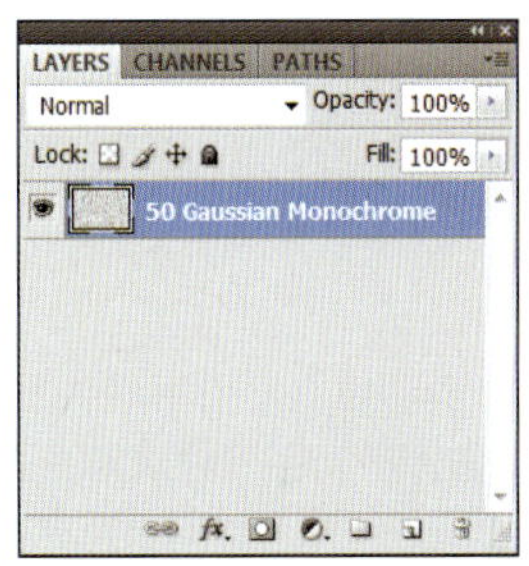

04 [Adjustments] 패널에서 [Curves] 아이콘을 클릭합니다.

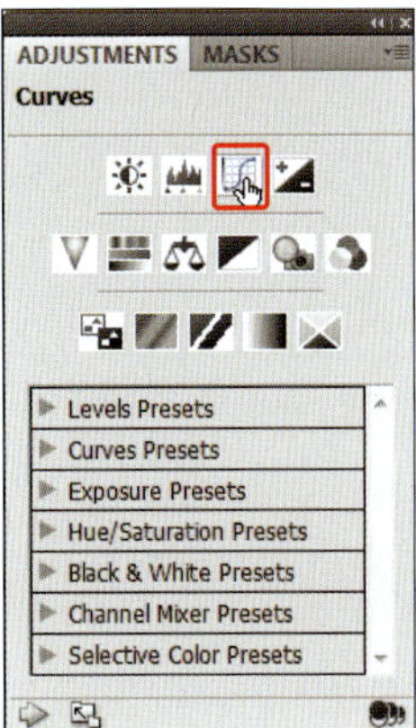

05 [Curves] 조정 패널에서 커브의 형태를 '각진 S' 자 형태로 조정합니다. 이렇게 하면 [Curves] 조정 레이어가 추가되면서 입자에 콘트라스트가 더해집니다.

STEP 2 **Motion Blur 필터로 금속 질감 만들기**

Photoshop Design

이제 만들어진 입자에 Motion Blur 필터를 적용해 금속 질감을 만들 차례입니다. `Ctrl` + `Alt` + `Shift` + `E` 를 눌러 눈에 보이는 모든 레이어를 결합해 하나로 만듭니다.

01 결합된 레이어를 선택한 후 Filter 〉 Blur 〉 Motion Blur를 클릭합니다.

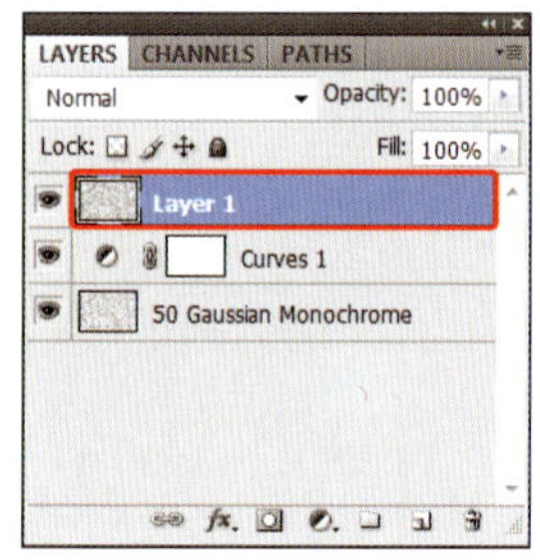

02 Motion Blur 대화상자에서 Distance에 '80픽셀'을 입력해 Motion Blur 필터를 적용합니다. 그런데 Motion Blur 필터는 이미지의 가장자리까지는 효과가 적용되지 않기 때문에 어색해 보입니다. 이 부분은 나중에 수정하기로 하고 우선 레이어의 이름을 'Motion Blur D80'으로 바꿉니다.

03 Ctrl + J 를 눌러 'Motion Blur D80' 레이어를 복제합니다. 복제된 레이어를 선택한 후 Filter 〉 Sharpen 〉 Unsharp Mask를 클릭합니다.

04 [Unsharp Mask] 대화상자에서 그림과 같이 옵션을 지정합니다. [Unsharp Mask] 필터는 초점을 살릴 때 주로 사용하지만 여기서는 금속 질감의 결을 강조하는 역할을 합니다. 레이어의 이름을 'Unsharp 150 4' 로 바꿉니다.

05 이제 가장자리를 깨끗하게 처리할 차례입니다. Ctrl + T 를 누르고 옵션바에서 Width를 '200%' 로 입력한 후, Enter 를 누릅니다. 기본 질감은 완성되었지만 광택이 없기 때문에 입체감이 없어 보입니다.

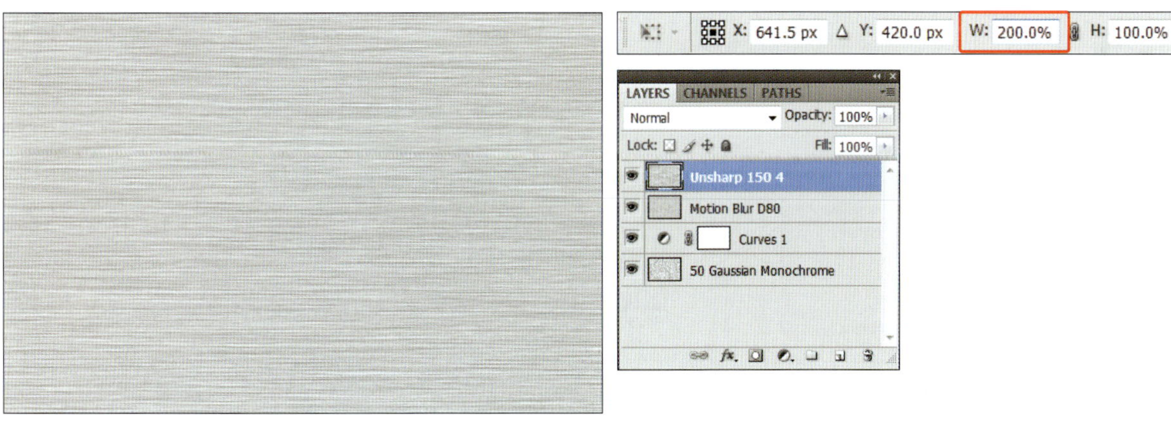

광택을 추가하는 작업은 다른 방법에 비해 Gradient툴을 이용하는 것이 옵션 조절 측면에서 편리합니다.

01   Alt + Shift + Ctrl + N 을 눌러 새로운 레이어를 하나 만듭니다.

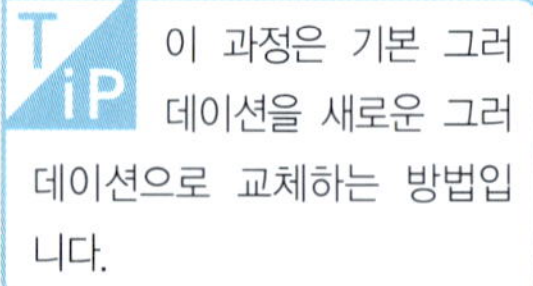

02   Gradient 툴(▨)을 선택하고 옵션 바에서 [Gradient Picker]를 클릭한 후, 오른쪽 위에 있는 아
이콘을 클릭해 [Replace Gradients] 메뉴를 선택합니다.

01
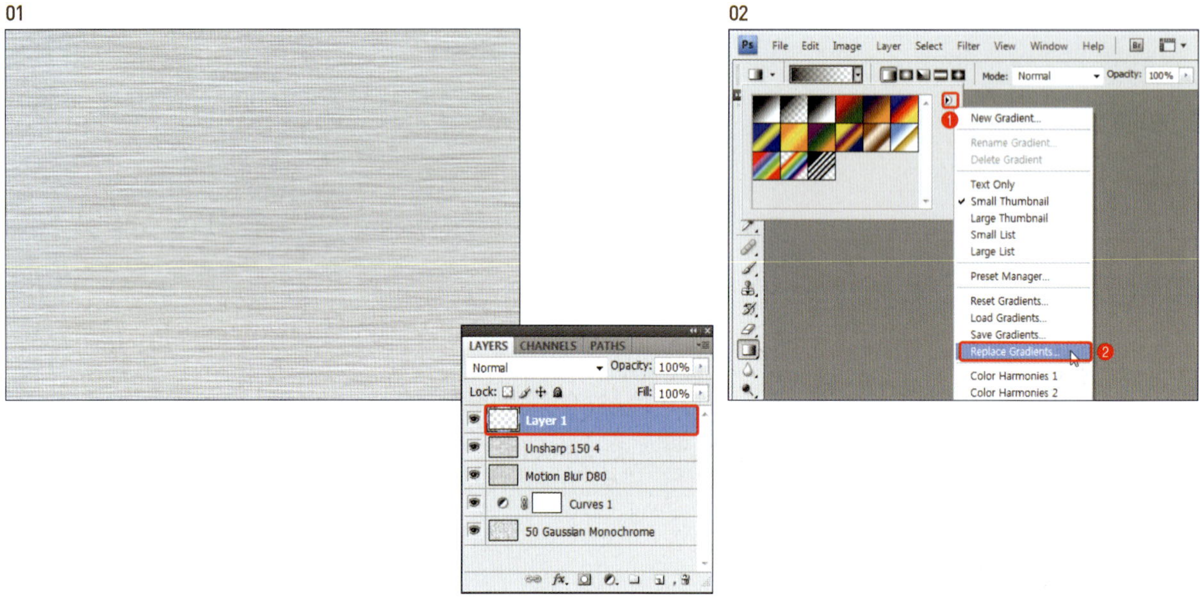

03   바꾸기 전에 현재 그러데이션을 저장하겠느냐고 묻는 대화상자가 나타나면, 저장하려는 경우엔
[Yes] 버튼을, 저장할 필요가 없는 경우엔 [No] 버튼을 클릭합니다.

04   예제 파일(Shade Gradients.grd)을 선택하고 [Load] 버튼을 클릭합니다.

Part2\Sec6\Shade Gradients.grd

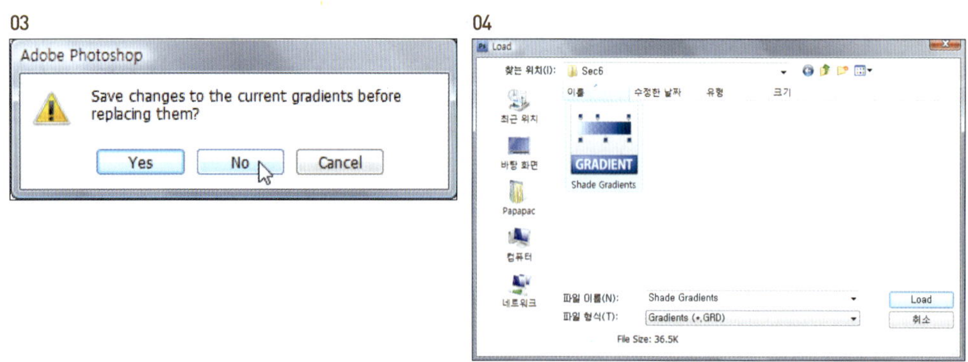

05 새로운 Gradient가 지정되면 [Presets]에 있던 그러데이션의 내용이 바뀝니다. 이 곳에서 'Dark Shade' 그러데이션을 선택합니다. 이 그러데이션은 금속 질감 중 어두운 부분을 표현하기 위해 미리 만들어둔 것으로서, Color Stop 뿐만 아니라 Opacity Stop도 적용된 상태입니다.

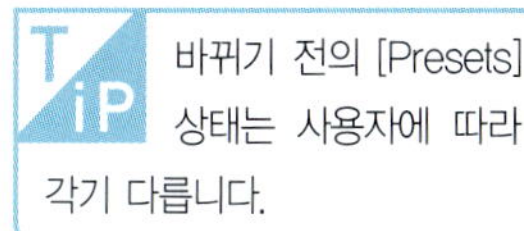

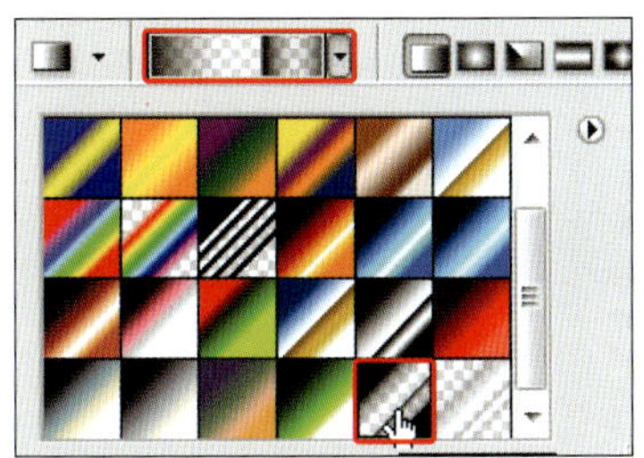

06 현재 Gradient 툴이 선택된 상태이므로 [Shift]를 누른 채로 위쪽 끝부터 아래쪽 끝까지 드래그 해서 그러데이션을 그립니다.

07 블렌딩 모드를 Multiply, Opacity를 '50%'로 바꾸고, 레이어의 이름을 'Dark Shade Multiply 50%'로 바꿉니다.

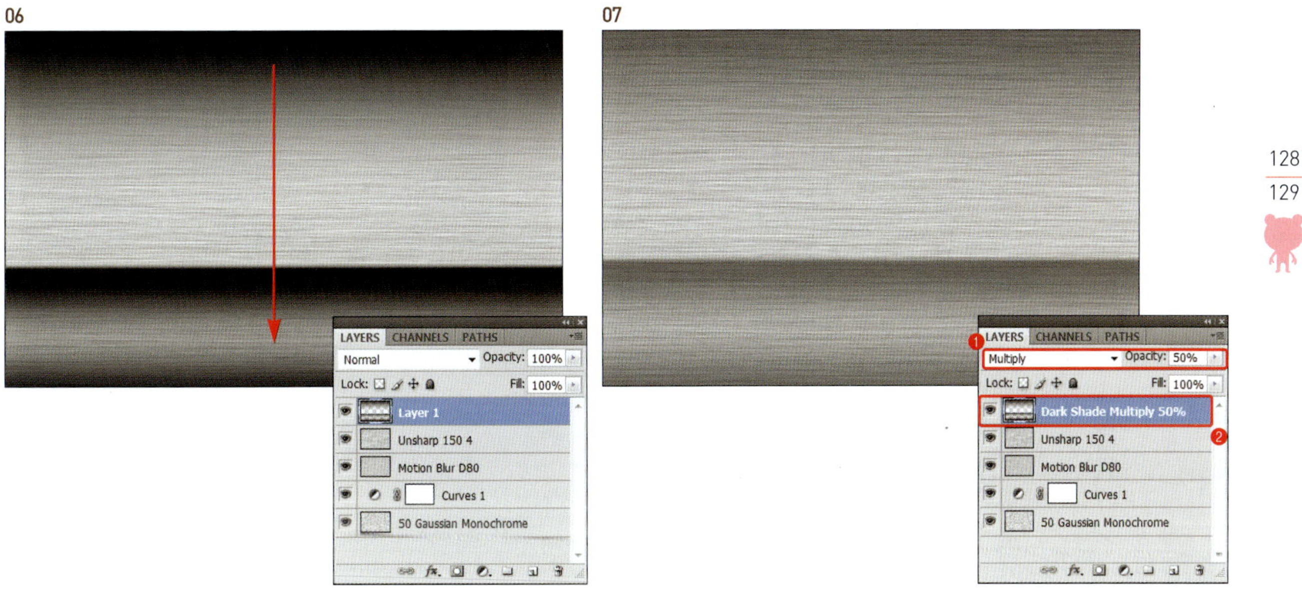

Dark Shade 그러데이션

여기서 제공하는 Dark Shade 그러데이션 컬러는 다음과 같습니다.

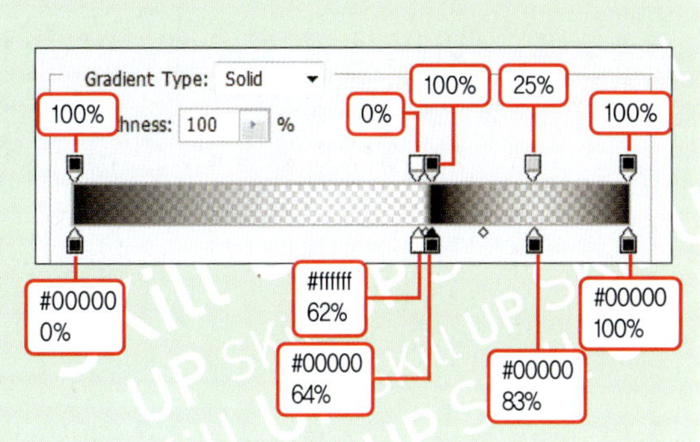

08 이번엔 금속 질감 중 밝은 부분을 표현할 차례입니다. [Alt]+[Shift]+[Ctrl]+[N]을 눌러 새
로운 레이어를 하나 만들고, Gradient 툴의 옵션을 그림과 같이 지정합니다.

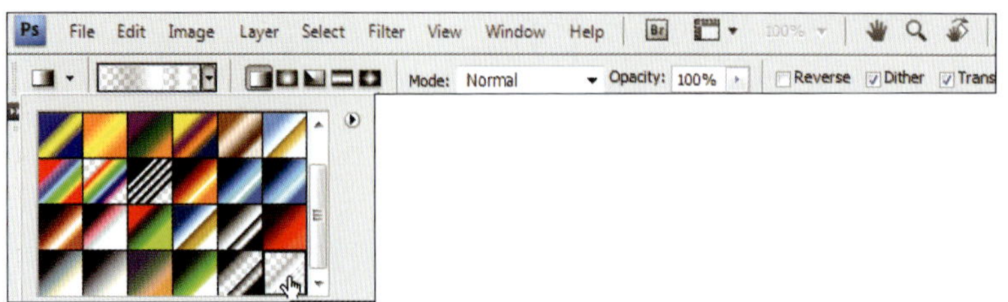

09 'Light Shade' 그러데이션의 Color Stop(아래)과 Opacity Stop(위)의 Location은 'Dark
Shade' 그러데이션의 것과 동일하며 Color나 Opacity의 수치만 다릅니다.

10 [Shift]를 누른 채로 위쪽 끝에서부터 아래쪽 끝까지 드래그해서 그러데이션을 그립니다. 블렌
딩 모드를 Screen, Opacity를 '80%'로 바꾸고, 레이어의 이름을 'Light Shade Screen 80%'
로 바꿉니다.

09   10

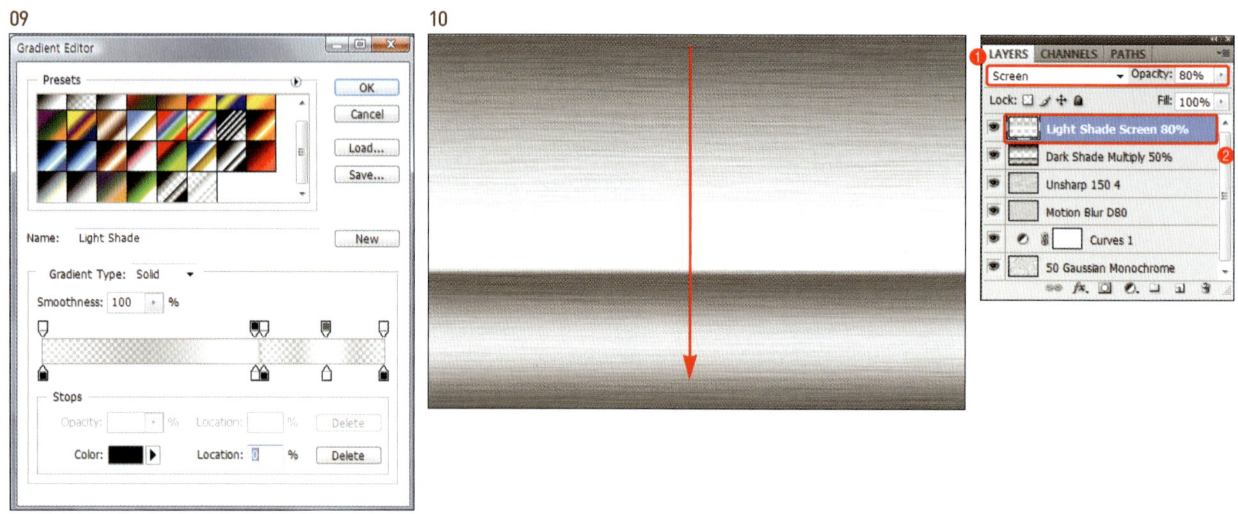

> **TiP** 이 예제에서는 미리 만들어놓은 그러데이션을 사용했지만, 어두운 그러데이션과 밝은 그러데이션을 정확히
> 일치시키기 위해서는 Opacity Stop과 Location Stop을 수치 상태로 메모해두어야 합니다. 투명도는
> Opacity Stop에서 정하고, 위치는 Location Stop에서 정할 수 있습니다.

STEP 4 입체 글자 만들기

Photoshop Design

'STEP 3'까지 과정을 통해 금속질감 표현을 모두 마쳤습니다. 이제 레이어 스타일 기능을 이용해 입체적인
느낌이 나는 글자를 추가해 보겠습니다.

01 Horizontal Type 툴([T])을 선택하고 화면 아래쪽 가운데를 클릭해서 'PHOTOSHOP' 이라고 입력합니다. [Ctrl]+[A]를 눌러 글자를 모두 선택한 후, 옵션을 다음과 같이 지정하고 [Enter] 를 누릅니다. 서체는 Universal thin ultra condensed 입니다.

02 입력한 텍스트에 입체감을 추가하기 위해 [Type] 레이어를 더블클릭합니다. [Layer Style] 대화 상자가 나타나면 [Bevel and Emboss] 항목을 클릭하고 다음과 같이 옵션을 지정한 후, [OK] 버튼을 클릭합니다.

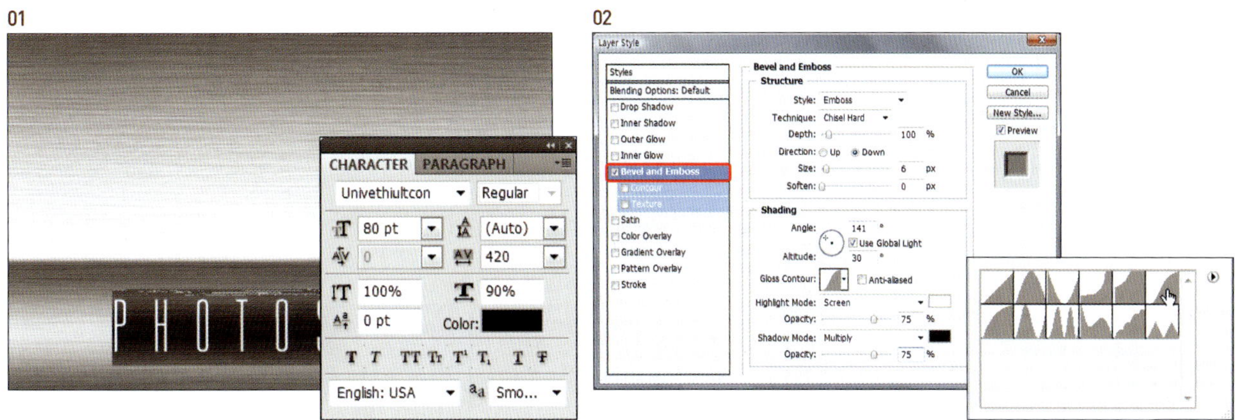

03 글자에 입체감이 생겨납니다.

Universal thin ultra condensed체

이 서체는 Condensed체 중에서도 상당히 가늘고 세련된 느낌이 나는 서체입니다. 좁은 공간에 효과적으로 사용할 수 있으며 자간을 떨어뜨 려도 재미 있는 효과를 얻을 수 있습니다. 이 서체는 유료 서체이며 비 슷한 느낌의 무료서체는 아래 사이트를 참고합니다.

License : 무료서체, 종류: TrueType(.ttf)

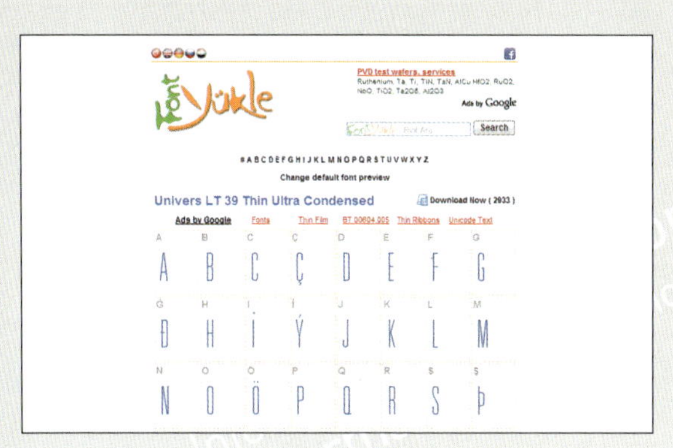

http://www.fontyukle.com/en/Univers+LT+39+Thin+Ultra+Condensed.ttf ▶

04 이번에는 'CS4'라는 글자를 입력합니다. [Ctrl] + [A]를 눌러 글자를 모두 선택한 후, 옵션을 그림과 같이 지정하고 [Enter]를 누릅니다.

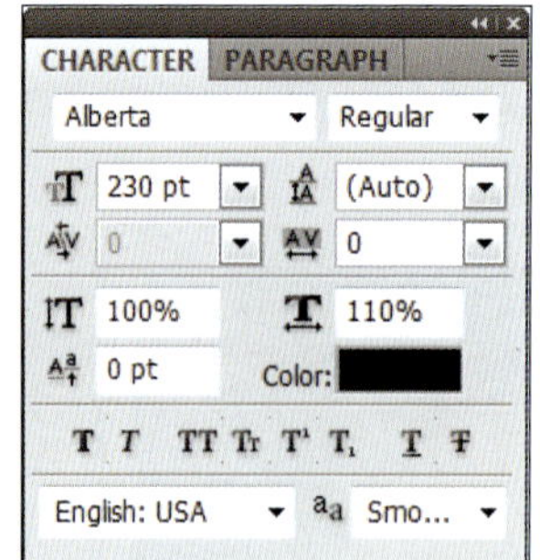

05 'CS4'를 입력한 문자 레이어를 더블클릭합니다. [Layer Style] 대화상자가 나타나면 [Bevel and Emboss] 항목을 클릭한 후, 아래와 같이 옵션을 지정합니다.

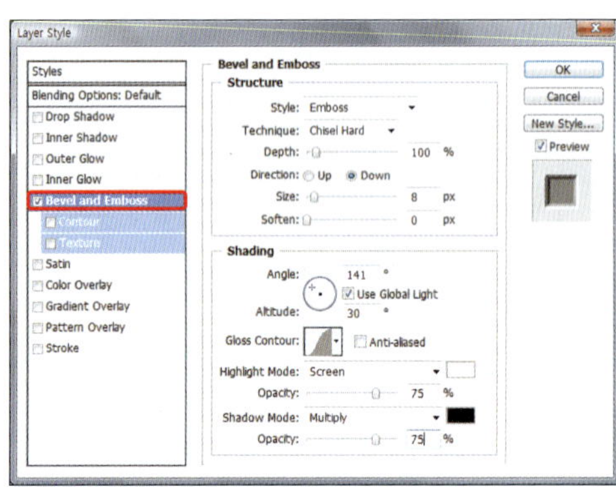

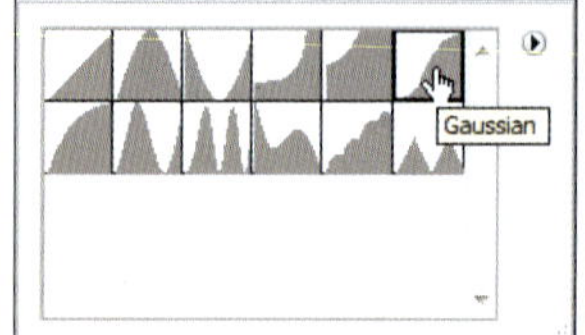

Alberta체

이 서체는 대문자와 숫자로만 구성된 간단한 서체입니다. 이 서체에 대한 정보는 아래 사이트를 참고합니다.

License : 무료서체, 종류 : TrueType(.ttf)

http://www.fonts101.com/xt_fontdetails_az_FID!5618~Alberta~font.html ▶

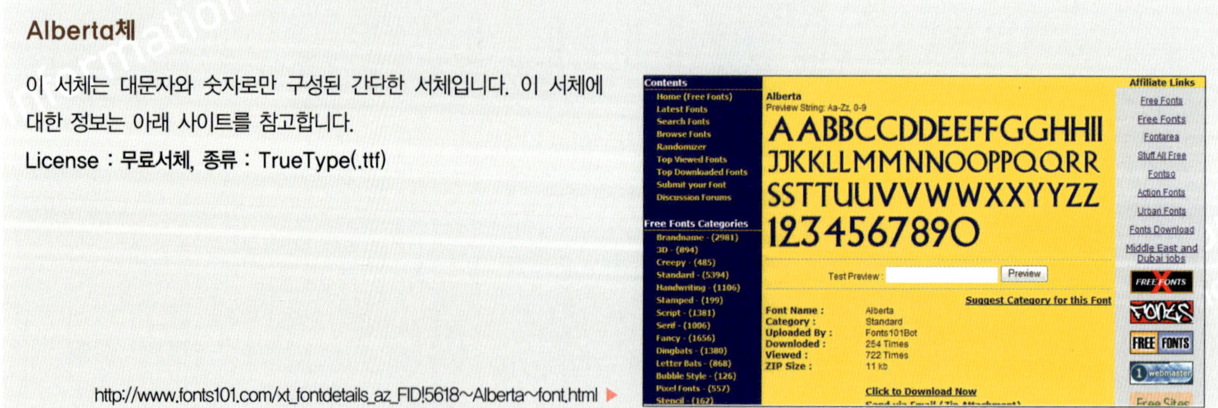

06 레이어 스타일 대화상자를 닫지 않은 상태에서 [Gradient Overlay] 항목을 클릭한 후, 다시 다음과 같이 옵션을 지정합니다.

07 옵션 중 [Gradient] 부분을 클릭하면 [Gradient Editor]로 들어갑니다. 이곳에서 원하는 그러데이션을 지정할 수 있습니다. 'Chrome 2'를 지정하고 [OK] 버튼을 클릭합니다.

06

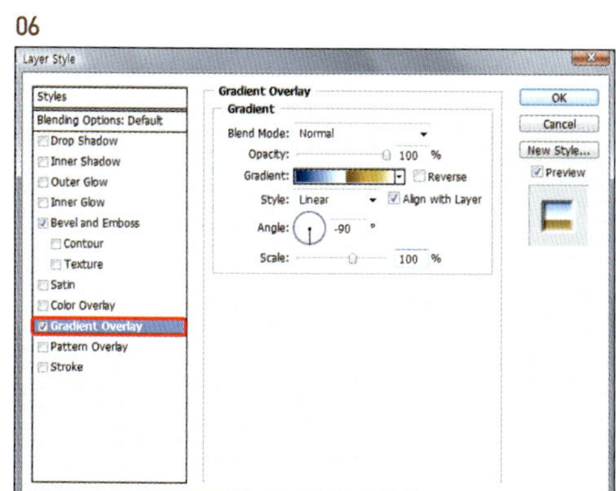

07

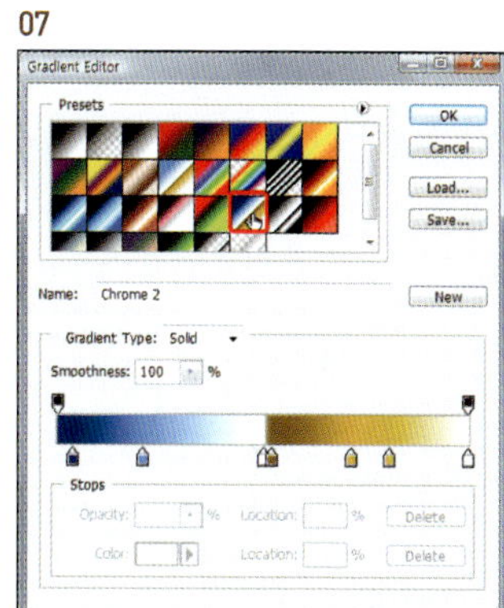

08 이것으로 필터 적용을 통한 금속질감 만들기 작업이 완성되었습니다.

SECTION 7

나무 질감 만들기

Part2\Sec7\결과.psd

나무는 금속 못지않게 자주 사용되는 질감 이미지로 Filter 〉 Render 〉 Fibers를 이용하면 손쉽게 질감을 연출할 수 있습니다. FIber는 '섬유'를 뜻하는 말이지만 포토샵에서는 나무 무늬를 비롯한 여러 가지 결을 만드는 역할을 합니다. 기본적으로 Fiber 필터는 전경색과 배경색을 이용해 질감의 색상을 지정합니다. 하지만 단 두 가지의 색상 만으로는 색상의 깊이가 떨어지므로 이 섹션에서는 이미지를 먼저 흑백 상태로 만든 후, Gradient Editor를 이용해 색상을 덧입히는 방법을 사용합니다.

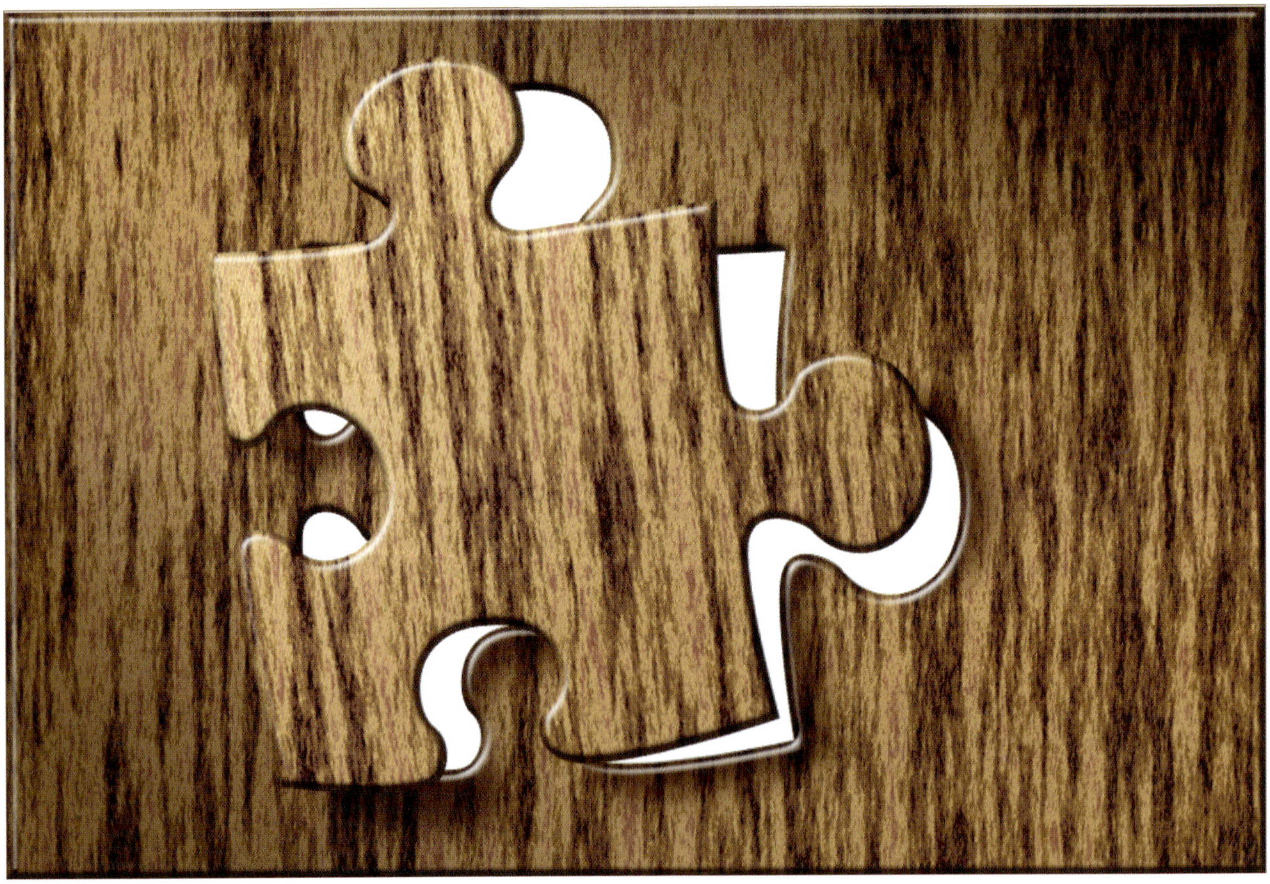

주요 사용 기능 Fiber필터, Gradient Map 조정 레이어, Custom Shape 툴, Lens Correction 필터 **난이도** ★★★★

STEP 1 Fibers 필터로 나무 질감 만들기
Photoshop Design

이번 단계는 나무의 결에 해당하는 질감을 [Fibers] 필터를 이용해 만드는 과정입니다. 우선 흑백 상태로 만들
도록 하겠습니다.

01 Ctrl + O 를 눌러 예제 파일(바탕.psd)을 엽니다. D 를 눌러 툴 패널의 색상을 기본값으로
맞춥니다. ◉ Part2\Sec7\바탕.psd

02 Filter 〉 Render 〉 Fibers를 선택합니다. 미리 보기 화면을 보면서 수치를 조절하다 보면 나무
결을 만드는 것은 그다지 어렵지 않습니다. [Randomize] 버튼을 클릭할 때마다 나뭇결의 상태
가 변하므로 몇 차례 클릭하다보면 원하는 결과를 얻을 수 있습니다.

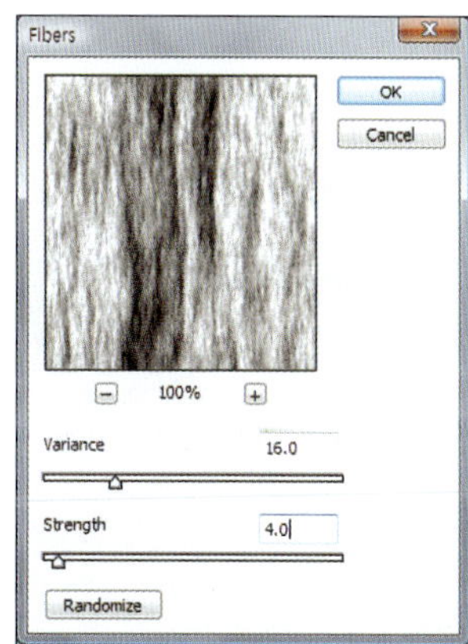
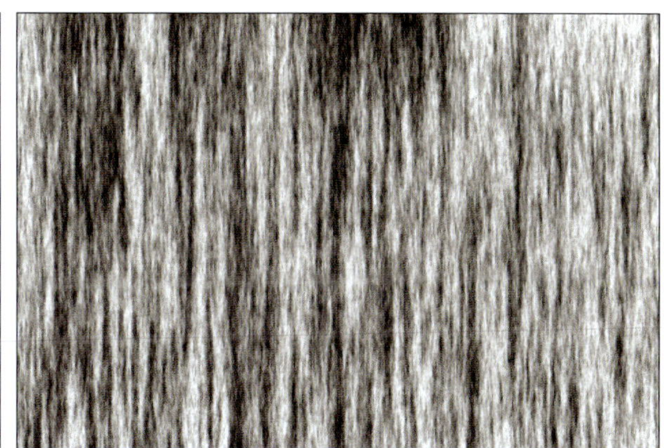

툴 패널 색상을 기본값으로 바꾸는 이유

Filter 〉 Render 〉 Fibers 같은 일부 필터들은 전경색과 배경색의 색상을 이용해서 효과를 나타냅니다. 결과물의 색상이 대화상자
내에 표시되지 않기 때문에 툴 패널의 색상은 필터를 적용하기 전에 미리 지정해야 합니다. 계조를 넓게 확보하기 위해서는 명도차
가 큰 색상을 지정해야 하므로 툴 패널의 색상을 기본값으로 정하는 것이 좋습니다.

03 만약 만들어진 질감이 마음에 들지 않는다면 이미지를 반전시
켜 보는 것도 하나의 방법입니다. [Adjustments] 패널에서
[Invert] 조정 아이콘을 클릭해 조정 레이어를 만들면 곧바로 이미지가
반전됩니다.

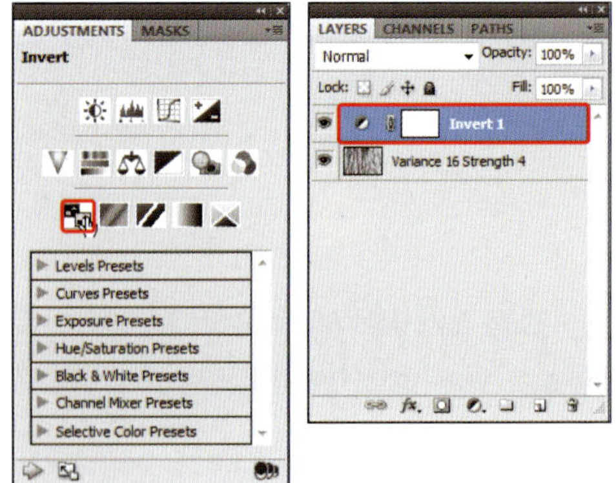

STEP 2 나무 질감에 색상 입히기
Photoshop Design

흑백 상태의 질감을 나무결 느낌으로 바꾸려면 적절한 색상을 입혀야 하는데 이러한 유형의 작업을 손쉽게 해
주는 기능이 Gradient Map입니다.

01 [Adjustments] 패널에서 Gradient Map 아이콘(▭)을 클릭해 조정 레이어를 만듭니다.
[Gradient Map] 조정 패널로 바뀌면 Color Bar를 클릭해 [Gradient Editor]로 들어갑니다.

02 [Gradient Editor] 대화상자에서 'Wood'를 선택한 후 [OK] 버튼을 클릭합니다.

01   02

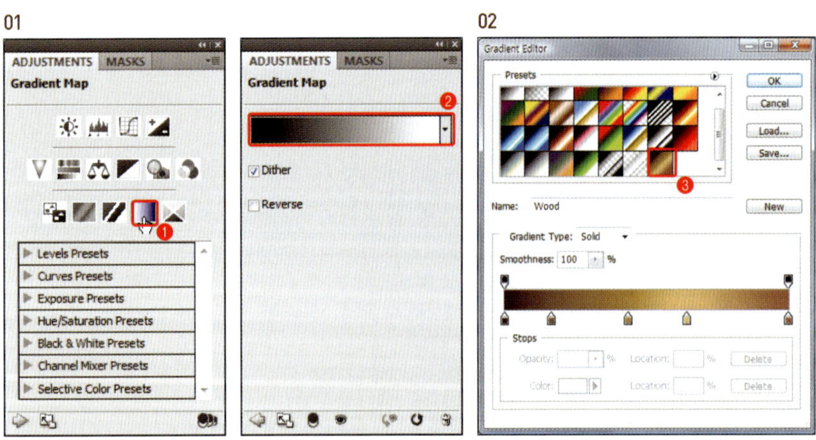

Gradient Editor에서의 작업 요령

[Gradient Editor]에서는 작은 색상 변화만으로도 전체적인 느낌이 크게 달라지므로, Color Stop의 위치를 적절하게 지정하는 것
이 매우 중요합니다. 그러데이션을 효과적으로 만들기 위해서는 가장 밝은 색과 어두운 색을 먼저 지정하고 중간 색을 나중에 지정
하는 것이 좋습니다. 색상을 바꾸려면 Color Stop을 더블클릭합니다. Color Stop을 조절하는 것에 대한 자세한 내용은 Part 2
Section 4 Gradient Map에서 다루는 예제를 참고합니다.

03 [Layers] 패널에서 [Gradient Map] 조정 레이어의 Opacity를 '90%'로 바꿉니다.

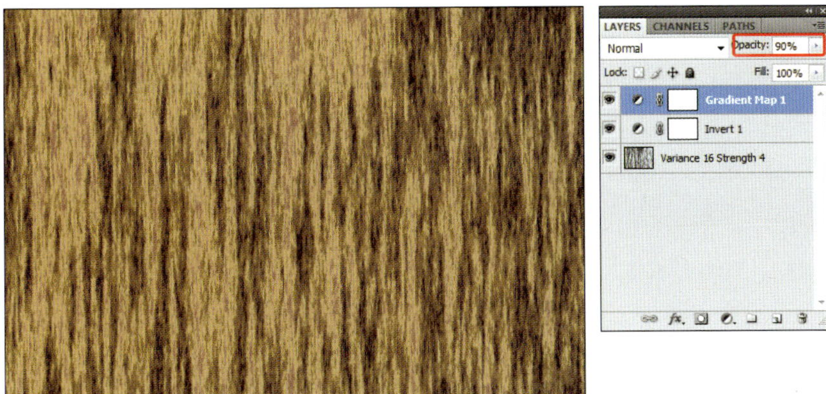

04 이번엔 [Curves] 조정 레이어를 추가합니다. [Curves] 조정 패널에서는 아무런 옵션도 지정하지 않은 상태에서 레이어의 블렌딩 모드만 Multiply, Opacity를 '30%'로 바꿉니다.

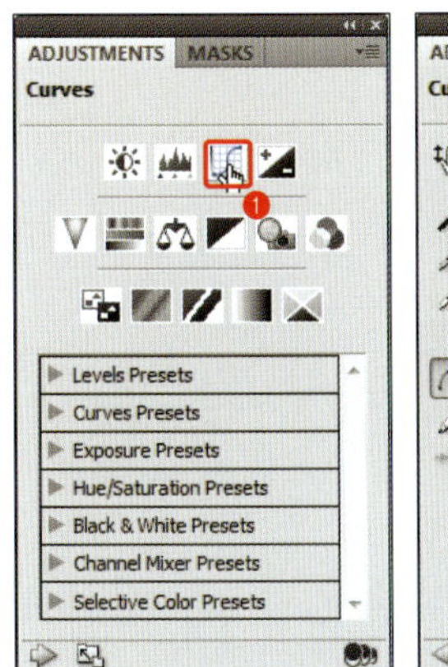
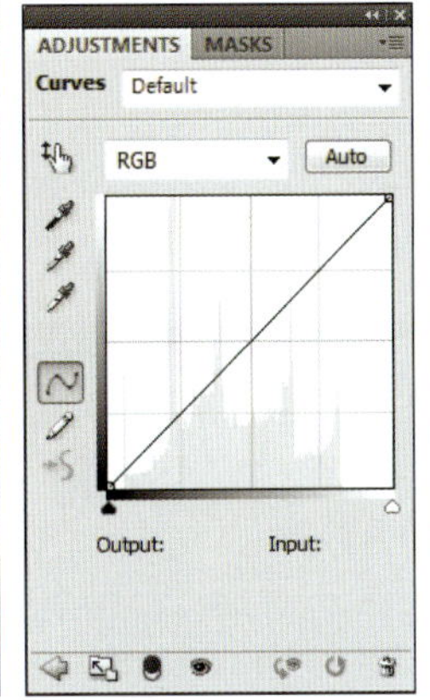
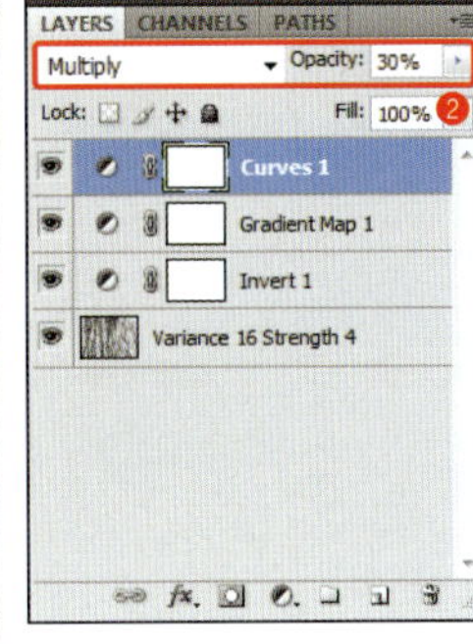

Curves 옵션을 지정하지 않았지만 효과가 나타난 이유

[Curves] 패널에서는 어떠한 효과도 적용하지 않았지만 이미지는 어두워졌습니다. 이것은 Curves를 포함한 모든 조정 레이어에는 일반 레이어와 동일한 블렌딩 모드가 적용되기 때문입니다. 이때 나타나는 결과는 조정 레이어를 만들기 전에 있는 상태 (레이어의 개수와 상관없이 눈에 보여지는 상태)를 모두 결합한 다음, 그것을 다시 얹어 'Maltiply'로 적용한 것과 같은 효과입니다.

 레이어를 그룹으로 관리하기

Photoshop Design

이 과정은 작업 자체라기보다는 여러 개의 레이어로 구성된 그룹을 관리하는 방법에 대해 설명하고 있습니다.

01 나무 질감이 어느 정도 만들어졌다면 [Shift]나 [Ctrl]을 누른 채로 레이어들을 모두 선택합니다. 그런 다음 [Ctrl]+[G]를 눌러서 하나의 그룹으로 만듭니다. 그룹에 '나무 질감' 이라는 이름을 입력합니다.

> **TiP** [Alt]+[Ctrl]+[A]를 눌러도 모든 레이어를 선택할 수 있습니다.

02 만들어진 그룹을 '레이어 새로 만들기' 아이콘 위로 드래그해서 2벌 더 복제합니다.

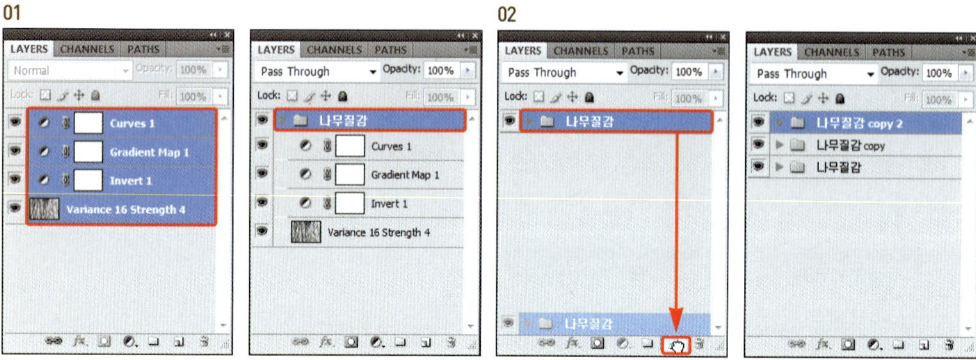

03 복제된 그룹을 하나씩 따로 선택한 상태에서 Layer 〉 Merge Group([Ctrl]+[E])을 적용해 각각의 레이어로 만듭니다. 레이어의 이름을 '결합', '결합2' 로 바꿉니다.

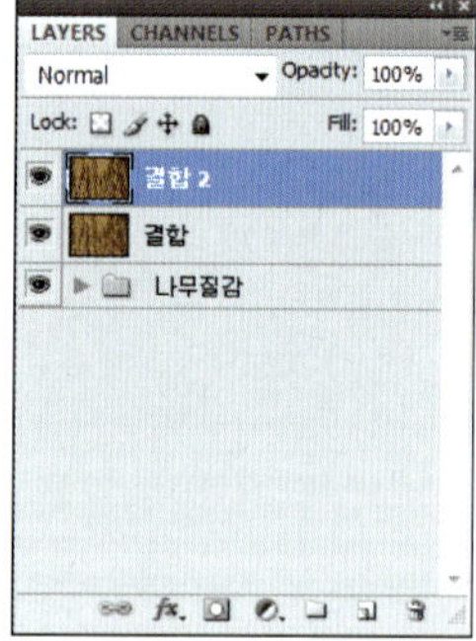

 Custom Shape 툴로 퍼즐 모양 그리기

Photoshop Design

Custom Shape 툴에서 사용될 셰이프를 지정하고 레이어 마스크에 퍼즐 모양을 그리는 과정입니다.

01 '레이어 마스크 추가하기' 아이콘(□)을 클릭해 앞에서 새로 만든 각각의 레이어에 마스크를 만듭니다.

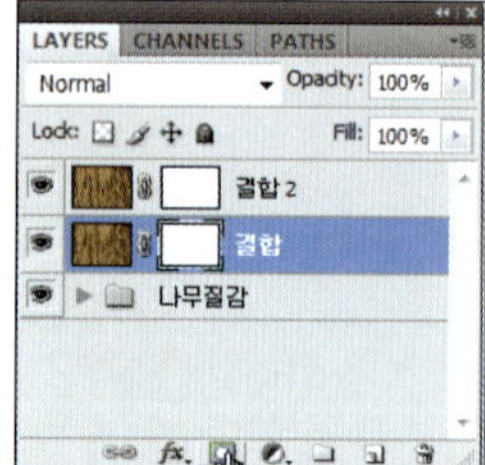

02 툴 패널에서 Custom Shape 툴(　)을 선택한 후, 옵션바에 있는 [Shape Picker]를 클릭하면
나타나는 메뉴에서 'Objects' 셰이프를 지정합니다.

03 추가 메시지 창이 나타나면 옵션을 선택합니다. [Append]를 선택해 기존 셰이프는 그대로 두고
새로운 셰이프를 추가합니다.

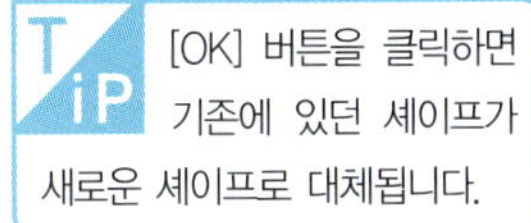

02
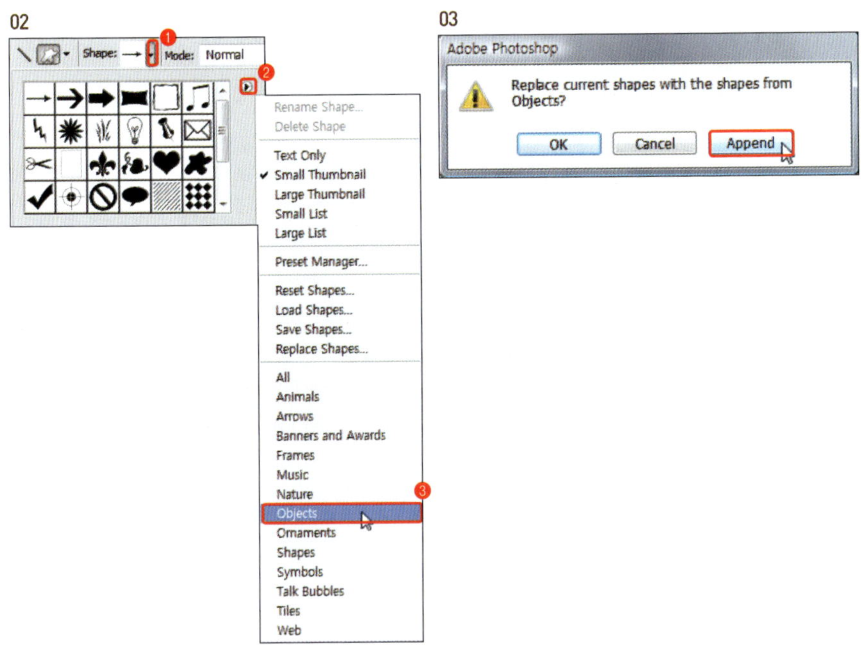

03
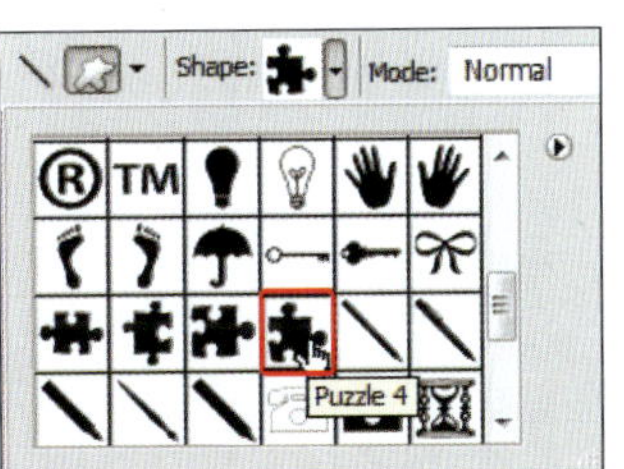

04 셰이프가 추가되면 그림과 같이 옵션을 지정하고 셰이
프의 모양 중 'Puzzle 4'를 선택합니다.

05 '결합 2' 레이어는 끄고, Alt 를 누른 채로 레이어 마스크를 클릭해 '결합' 레이어의 마스크
로 들어갑니다. Shift 를 누른 채로 왼쪽 위에서 오른쪽 아래 방향으로 드래그합니다.

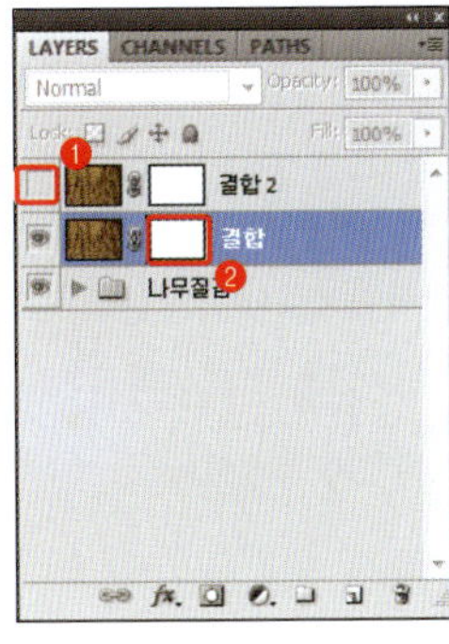

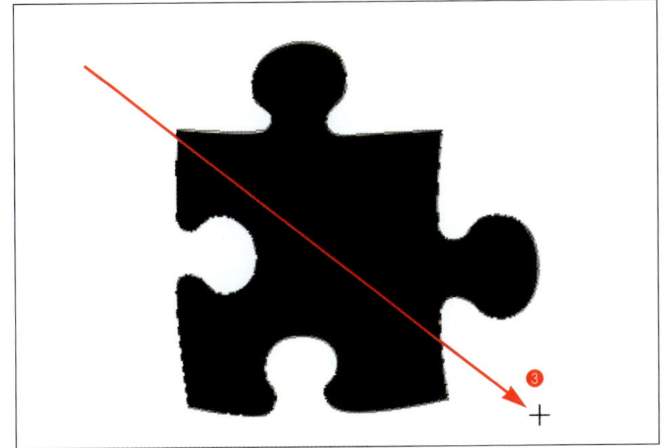

06 레이어의 썸네일을 클릭해 레이어 마스크를 빠져 나옵니다. 퍼즐 형태는 그려졌지만 아래에도 나무 질감이 있기 때문에 퍼즐 형태는 아직 드러나지 않습니다.

07 '결합 2' 레이어를 선택하고 Ctrl 을 누른 채로 '결합' 레이어의 마스크를 클릭합니다. 선택 영역이 생겨납니다.

08 '결합 2' 레이어의 마스크가 선택된 상태인지 확인하고 Ctrl + I 를 눌러 반전합니다. 퍼즐 형태는 여전히 드러나지 않습니다.

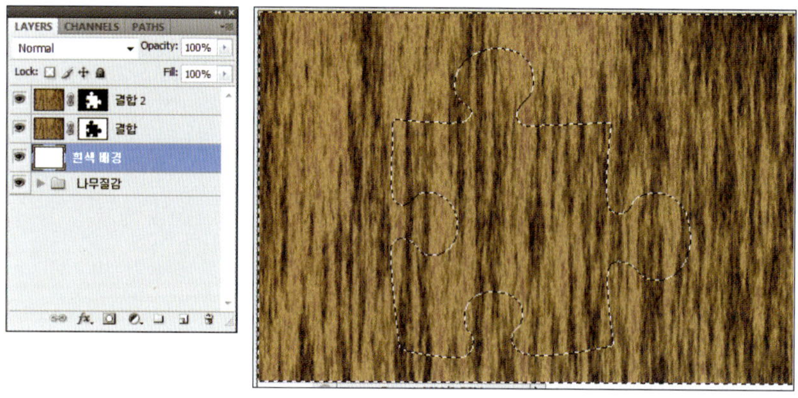

09 '결합' 레이어 바로 밑에 레이어를 하나 만든 후, 전체를 흰색으로 채워 넣고 이름을 '흰색 배경'이라고 입력합니다. 퍼즐의 형태가 희미하게 드러납니다.

STEP 5 **퍼즐에 입체감 만들기**

Photoshop Design

이제 만들어진 퍼즐의 형태에 입체감을 부여할 차례입니다.

01 '결합' 레이어를 더블클릭해서 [Layer Style] 대화상자로 들어갑니다. 그리고 [Bevel and Emboss] 항목을 클릭한 후, 다음과 같이 적용합니다.

02 음각 형태의 퍼즐 모양이 생겨납니다.

03 곡면의 마감 처리를 좀더 매끄럽게 하기 위해 [Contour] 항목을 체크하고 아래와 같이 옵션을 지정합니다. 그리고 Range의 수치는 기본값 '50%' 그대로 둔 채 [OK] 버튼을 눌러 대화상자를 닫습니다.

04 '결합' 레이어를 잡고 마우스 오른쪽 버튼을 클릭해 'Copy Layer Style'을 선택합니다. 이렇게 하면 선택된 레이어의 스타일 속성이 복사됩니다. 이번엔 '결합 2' 레이어를 잡고 'Paste Layer Style'을 선택해 스타일 속성을 붙입니다.

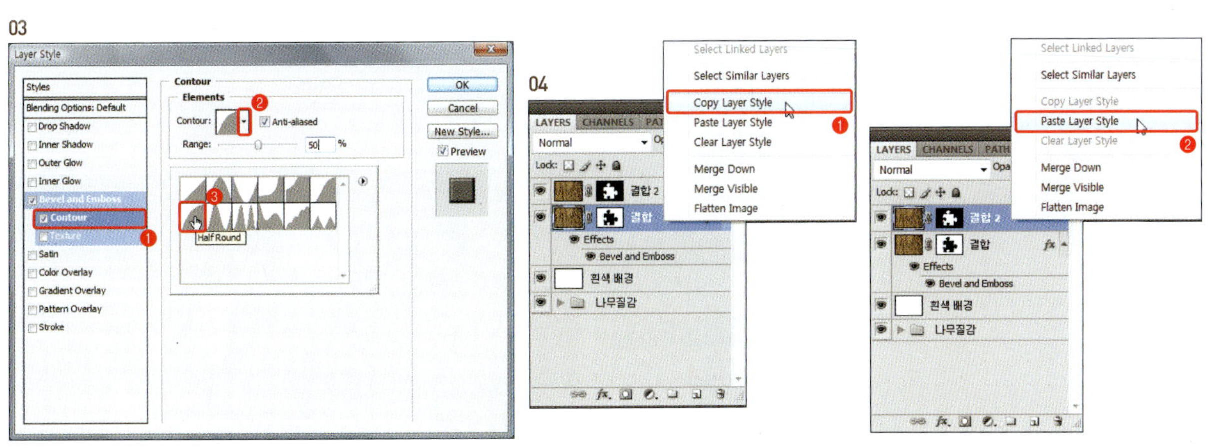

05 동일한 [Layer Style]이 적용됩니다. '결합' 레이어와 '결합 2' 레이어에 적용된 스타일은 동일
하지만 레이어의 형태가 다르기 때문에 결과적으로 퍼즐이 맞물린 효과가 나타납니다.

 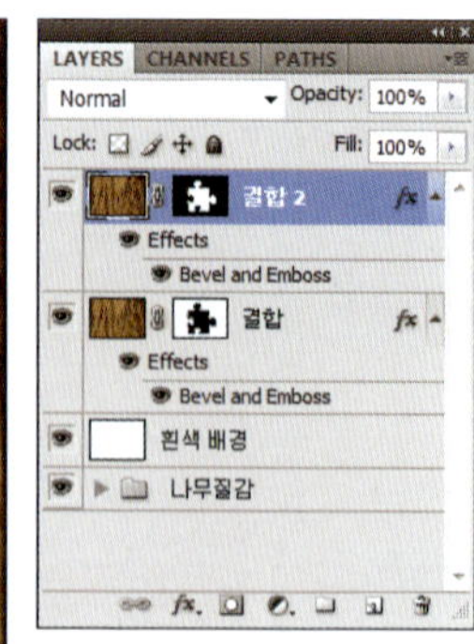

Layer Style 등록하기

한번 만들어진 Layer Style은 Copy Layer Style과 Paste Layer Style 명령을 이용해 다른 레이어에 적용할 수 있습니다. 이 밖
에 [Styles] 패널에 등록해놓고 사용하는 방법도 있습니다. Layer Style이 있는 레이어를 선택한 상태에서 '새로운 스타일 만들기'
아이콘을 클릭하면 대화상자가 나타나는데, 이곳에서 스타일의 이름을 입력하면 [Styles] 패널에 등록됩니다.

 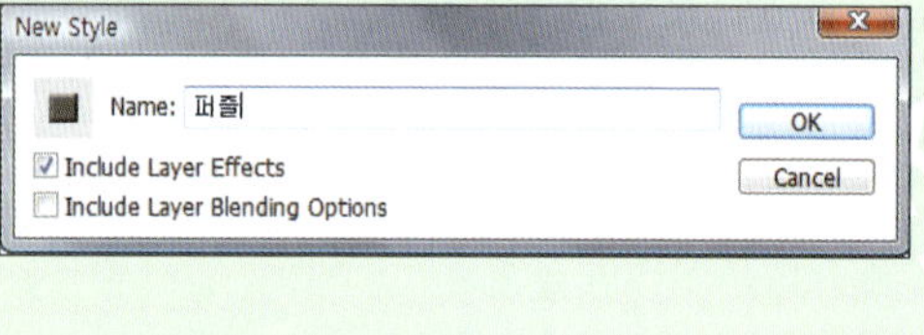

STEP 6 　퍼즐 분리하고 그림자 만들기

이제 지금까지 만든 퍼즐 레이어 2개를 분리하는 작업을 진행합니다.

01 '결합 2' 레이어를 클릭한 상태에서 Ctrl + T 를 눌러
　　 퍼즐의 크기와 각도를 그림과 같이 입력하고 Enter 를
누릅니다. 이름에 회전 각도와 크기를 적어둡니다.

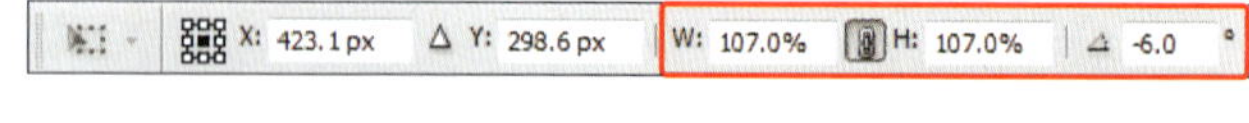

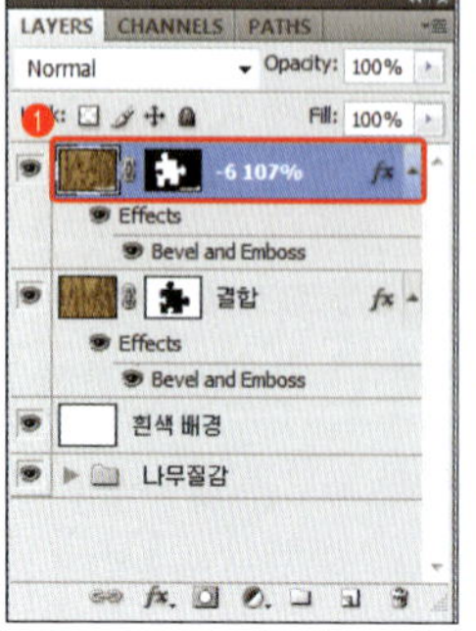 

02 '결합' 레이어 바로 위에 새로운 레이어를 하나 추가하고, [Ctrl]을 누른 채로 '결합' 레이어의
레이어 마스크를 클릭합니다. 선택 영역이 생겨납니다.

03 Select 〉 Inverse([Shift]+[Ctrl]+[I]) 명령을 적용하여, 선택을 반전합니다. 그리고 Select 〉
Transform Selection 명령을 적용하여 왼쪽으로 약간 회전시킨 후 [Enter]를 누릅니다. 나중에
이 선택 영역은 그림자 역할을 하게 됩니다.

02
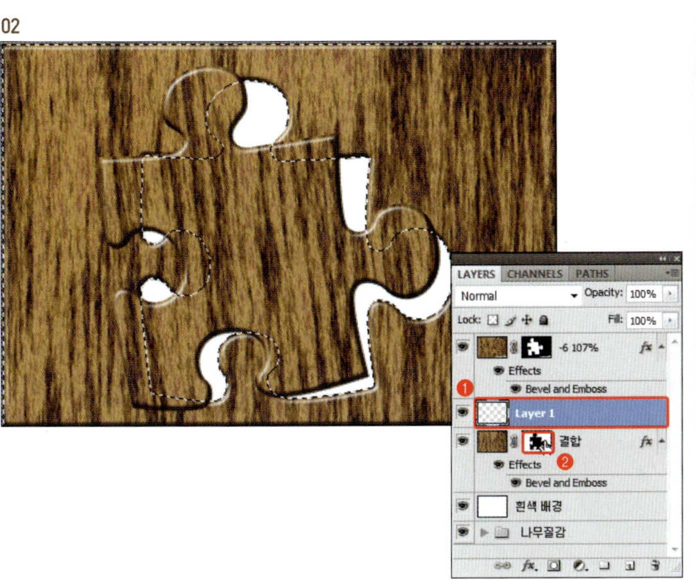

03

04 툴 패널에서 전경색을 클릭하여 [Color Picker] 대화상자로 들어갑니다. 그림자 색에 어울리는
고동색(#432c27)을 선택하고 [OK] 버튼을 클릭합니다.

05 [Alt]+[Delete]를 눌러 선택 영역을 전경색(#432c27)으로 채운 뒤, Layer 〉 Create Clipping
Mask([Alt]+[Ctrl]+[G])를 눌러 클리핑 마스크 상태로 만듭니다. 그리고 레이어의 블렌딩
모드는 'Multiply'로 바꿉니다. 레이어의 이름에 색상(#432c27)을 기록해둡니다.

04
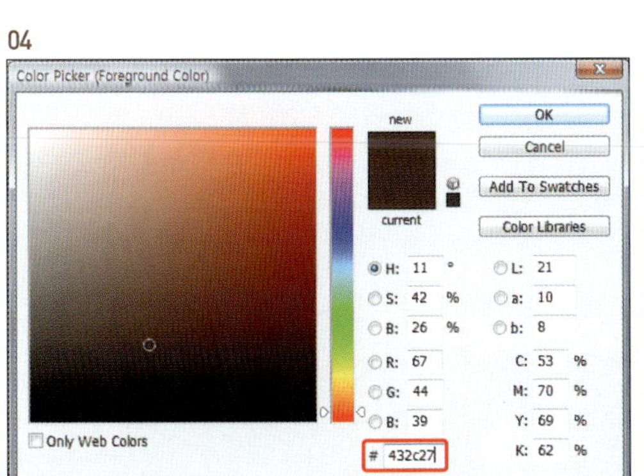

05
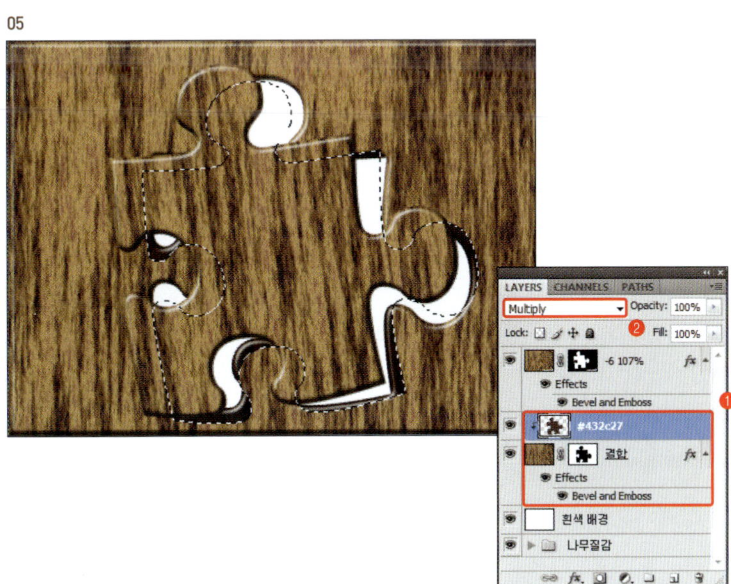

06 Select 〉 Deselect(Ctrl + D)를 적용하여 선택을 해제합니다. 그리고 레이어의 Opacity를 '70%'로 바꿉니다.

07 그림자를 부드러운 상태로 만들기 위해 Filter 〉 Blur 〉 Gaussian Blur를 선택해 Radius '10픽셀'을 적용합니다. Move 툴()을 선택하고 적절한 위치로 이동해 자리를 잡습니다.

06

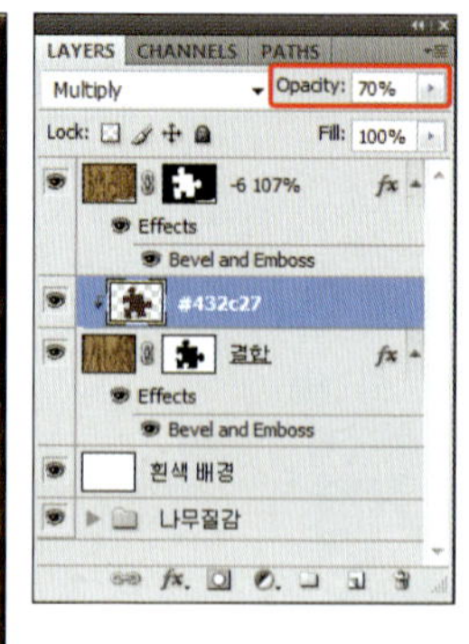

07

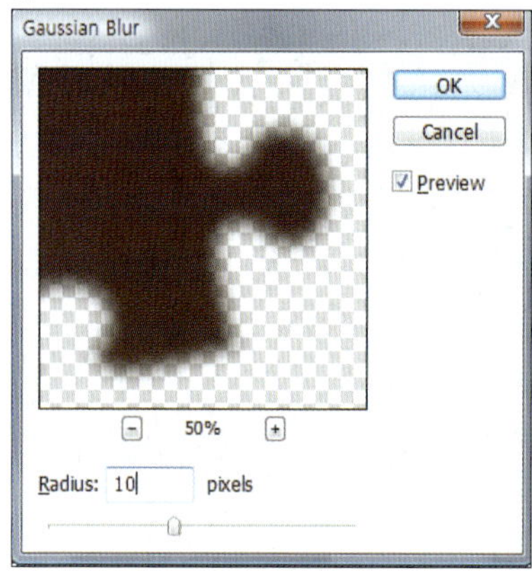

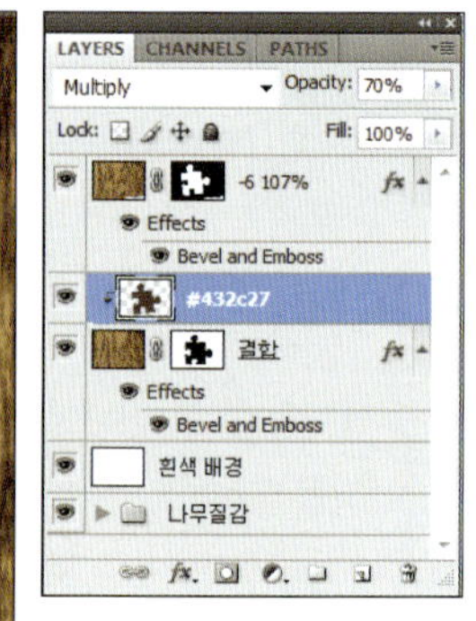

STEP 7 **필터를 적용해 비네팅 효과 만들기**

Photoshop Design

주제가 되는 퍼즐 주변부가 밋밋해 보이므로 의도적으로 주변부를 어둡게 만들어 비네팅 효과를 연출해 보겠습니다.

01 '-6 107%' 레이어 바로 밑에 새로운 레이어를 하나 만들고 전체를 흰색으로 채운 후, 레이어의 블렌딩 모드를 'Multiply'로 미리 바꿉니다. 이렇게 해도 흰색 상태에서는 이미지의 다른 영역에 어떠한 효과도 미치지 않습니다.

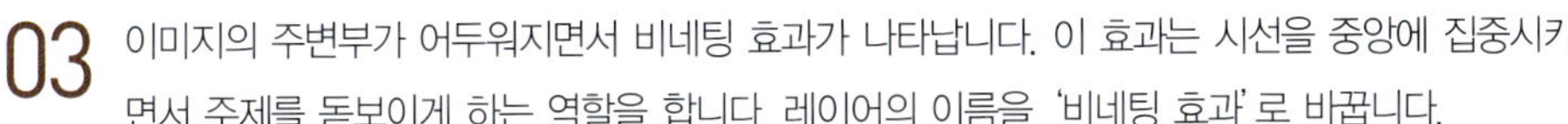

02 Filter 〉 Distort 〉 Lens Correction을 선택하여 대화상자가 나타나면, Vignette 항목에서 Amount에 '-100'을 입력하고, [OK] 버튼을 클릭합니다.

03 이미지의 주변부가 어두워지면서 비네팅 효과가 나타납니다. 이 효과는 시선을 중앙에 집중시키면서 주제를 돋보이게 하는 역할을 합니다. 레이어의 이름을 '비네팅 효과'로 바꿉니다.

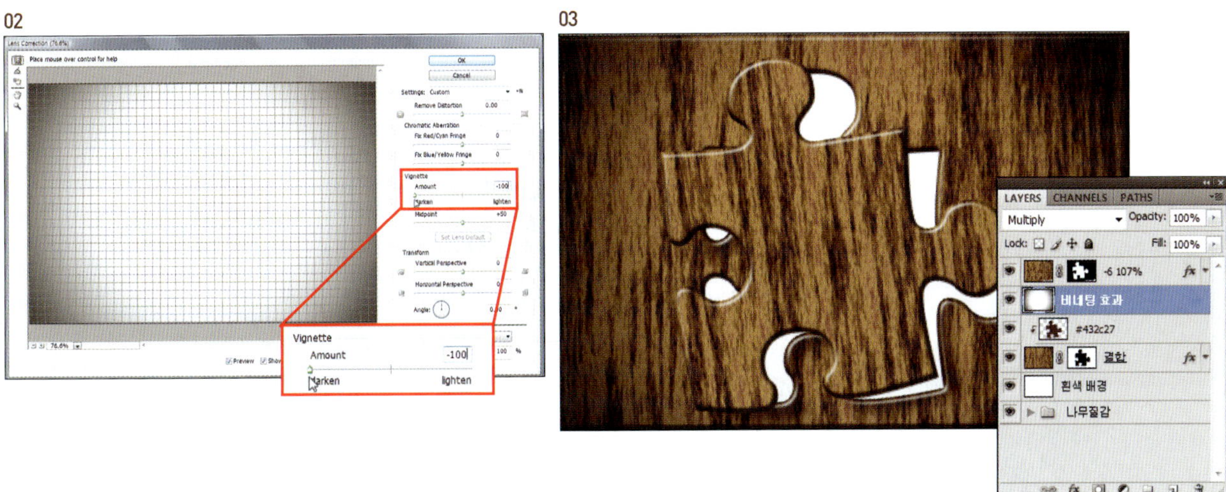

02

03

STEP 8 마무리 작업하기

Photoshop Design

이제 마무리 단계입니다. 이곳에는 가운데 위치한 퍼즐에 돌출된 느낌을 부여하고 그림자를 표현하도록 하겠습니다.

01 [Curves] 조정 레이어를 추가하고, Cuve 곡선을 다음과 같이 만든 후, 패널 하단에 있는 '클리핑 마스크 적용' 아이콘()을 클릭해 클리핑 마스크 상태로 만듭니다.

02 클리핑 마스크를 적용하면 하면 조정 레이어의 효과가 바로 아래에 위치한 레이어에만 영향을 미치기 때문에 결합된 퍼즐만 밝아지게 됩니다.

01

02

03 이제 마지막 단계입니다. [D]를 눌러 전경색을 기본 색상(#000000)으로 만듭니다. 그리고 Gradient 툴(▣)을 선택하고 [Enter]를 누르면 마우스 커서가 위치한 곳에 그러데이션을 선택할 수 있는 패널이 나타납니다. 이곳에서 [Foreground to Transparent] 그러데이션를 선택합니다. 그리고 조정 레이어의 이름을 '퍼즐 밝게'로 바꿉니다.

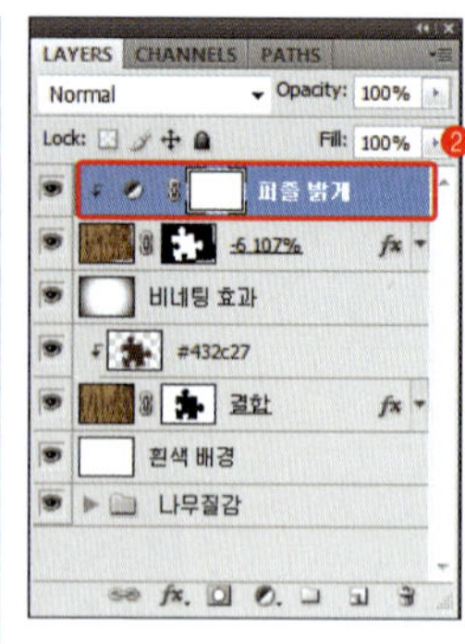

04 오른쪽 아래 방향에서 왼쪽 위 방향으로 드래그해서 그립니다. 적용된 그러데이션에 따라 부드러운 음영 차이가 생깁니다.

05 [Alt]를 누른 채로 '-6 107%' 레이어의 마스크를 클릭해 검은색 브러시를 이용해 바깥쪽에 있는 빈 공간들을 깨끗하게 지웁니다. 불필요한 찌꺼기가 모두 사라집니다.

04

05
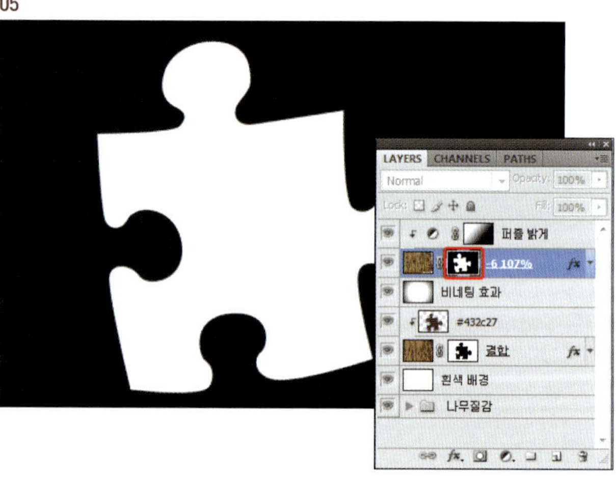

레이어 마스크에서 불필요한 부분 정리하기

레이어 마스크를 이용한 작업을 하다 보면 예상치 못한 찌꺼기가 생기는 경우가 종종 있습니다. 이것을 예방하기 위해서는 레이어 마스크에서 상태를 확인하고 불필요한 부분을 정리해줘야 합니다.

▲ 찌꺼기가 생긴 부위를 4배로 확대해 본 상태   ▲ [Alt]를 누른 채로 레이어 마스크를 클릭해 본 상태

06 나무 질감의 입체 효과가 적용된 퍼즐이 완성되었습니다.

포토샵 CS4의 개선된 인터페이스

포토샵 CS4에서 사용자 인터페이스가 바뀌면서 두드러지는 자주 사용하는 기능들을 패널에서 통합적으로 사용할 수 있게 만든 점입니다. 이러한 인터페이스 개선으로 인해 작업의 효율성이 크게 증가했습니다.

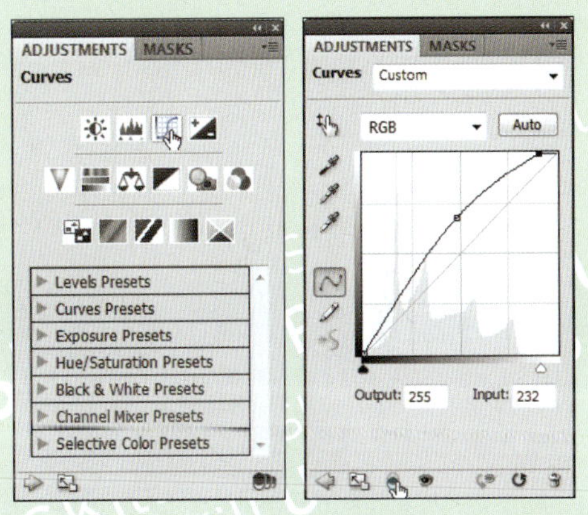

8 후광 효과 표현하기

이 예제에서는 Polar Coordinates 필터를 이용한 후광 효과를 만들어 보겠습니다. Polar Coordinates 필터는 변형 작업에 주로 사용되는 Distort 필터들 중에서도 가장 역동적인 필터입니다. 이 필터는 적용하기 전에 있는 이미지 상태가 가로 방향이냐 세로 방향이냐에 따라 그 결과가 동심원 형태가 되기도 하고 방사선 형태가 되기도 합니다. 후광 효과를 자연스럽게 표현하기 위해서는 가운데에서 퍼져 나오는 광선이 바깥쪽으로 갈수록 약해지게 만드는 것이 중요합니다.

◉ Part2\Sec8\결과.psd

주요 사용 기능 Polar Coordinates 필터, Layer Style 〉 Inner Glow, Bevel and Emboss 항목　난이도 ★★★★

STEP 1   브러시로 광선 이미지 만들기
Photoshop Design

가운데에서부터 빛이 퍼져 나오는 광선을 방사선 형태로 만들려면 [Polar Coordinates] 필터를 적용하기에
앞서 우선 수직선을 불규칙적인 간격으로 그려야 합니다.

01 [Ctrl]+[O]를 눌러 예제 파일(바탕.psd)을 엽니다.

 Part2\Sec8\바탕.psd

02 새로운 레이어를 하나 만들고 레이어 이름을 'Brush 굵기 농도 조절'이라고 입력합니다. 브러
시의 색상은 흰색으로 지정하고 나머지 옵션은 다음과 같이 지정합니다.

Brush Opacity : 60%, Diameter(지름) : 45픽셀, Hardness(경도) : 50%

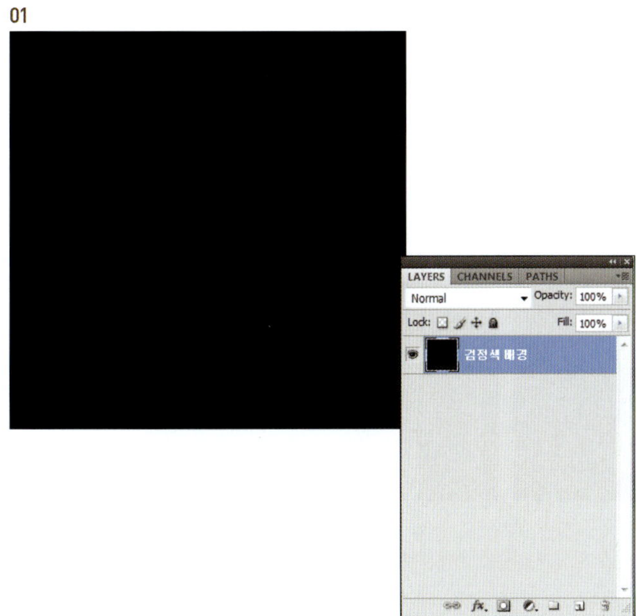

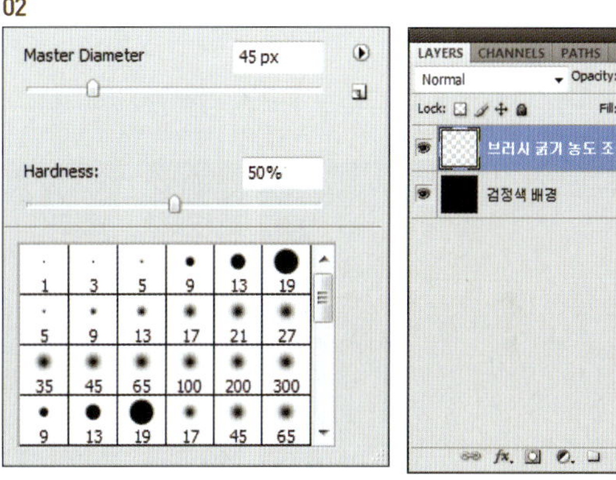

마우스 오른쪽 버튼을 이용해 브러시 옵션 조정하기

브러시를 사용하는 도중 [Brushes] 패널을 꺼내
지 않고 곧바로 브러시 모양, 크기, 경도 등의 옵
션을 조절하려면 마우스 오른쪽 버튼을 클릭합니
다. 포토샵 CS4에서부터는 [Alt]를 누른 상태
에서 마우스 오른쪽 버튼을 클릭한 후 드래그하
면 브러시의 크기가 결정됩니다. 또한 [Alt]와
[Shift]를 동시에 누른 상태로 마우스 오른쪽 버
튼을 클릭한 후 드래그하면 브러시의 경도를 바
꿀 수 있습니다. 이 단축키는 브러시의 크기를 자
주 바꿔가며 작업하는 사용자에게 특히 유용합니
다. 또한 브러시 툴의 페인트 모드를 바꾸려면
[Shift]를 누른 상태에서 마우스 오른쪽 버튼을
클릭하면 됩니다.

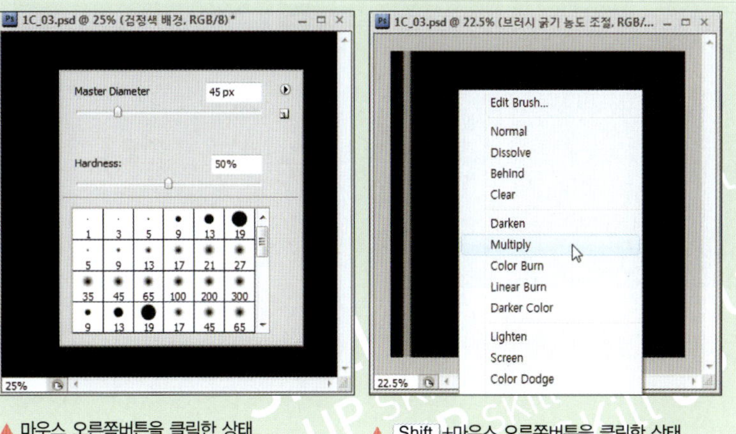

▲ 마우스 오른쪽버튼을 클릭한 상태

▲ [Shift]+마우스 오른쪽버튼을 클릭한 상태

03   Shift 를 먼저 누른 채로 아래 그림처럼 위쪽에서 아래쪽으로 끝까지 드래그해서 그립니다. 깨끗한 상태로 만들려면 처음 클릭하는 위치는 캔버스 바깥쪽부터 시작하는 것이 좋습니다.

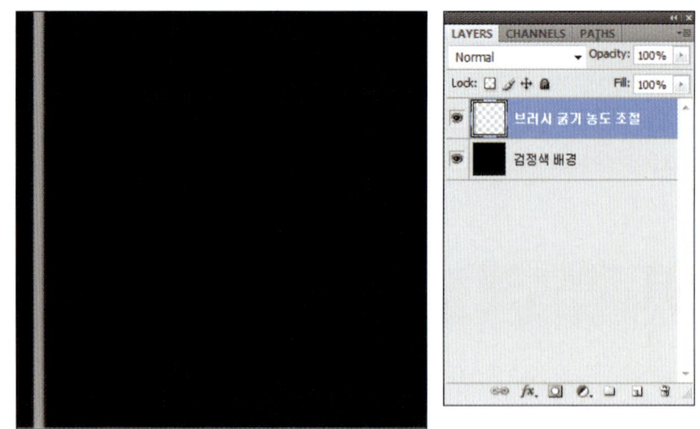

04   비슷한 방법으로 브러시의 크기, 경도, Opacity를 조금씩 다르게 해가면서 직선을 그립니다. 선과 선 사이의 간격이 일정하지 않도록 변화를 주는 것이 좋고, 때로는 선들끼리 겹치도록 그려도 좋습니다. 예제와 똑같이 그리는 것은 어려울 수 있으므로 그림을 참고하여 비슷하게 그립니다.

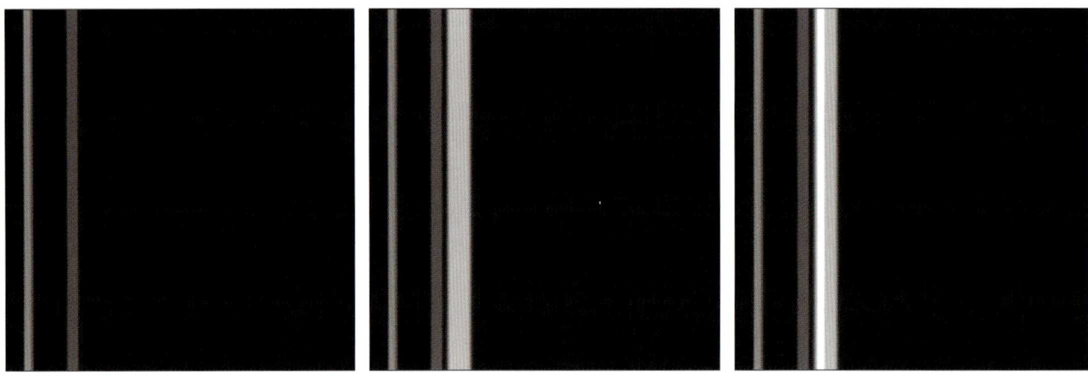

05   세로 방향의 광선이 모두 그려진 상태입니다.

STEP 2 수직선을 방사선 형태로 바꾼 후 광선 개수 늘리기
Photoshop Design

이번 과정은 수직선에 [Polar Coordinates] 필터를 적용해 방사선 형태로 바꾼 후 광선의 개수를 늘리는 작업입니다.

01 예제와 비슷하게 그려졌다면 Filter 〉 Distort 〉 Polar Coordinates 메뉴를 선택합니다. [Polar Coordinates] 대화상자에서 [Rectangular to Polar] 옵션을 선택하고 [OK] 버튼을 클릭합니다. 직선이었던 광선의 모습이 아래 그림처럼 방사형으로 바뀝니다.

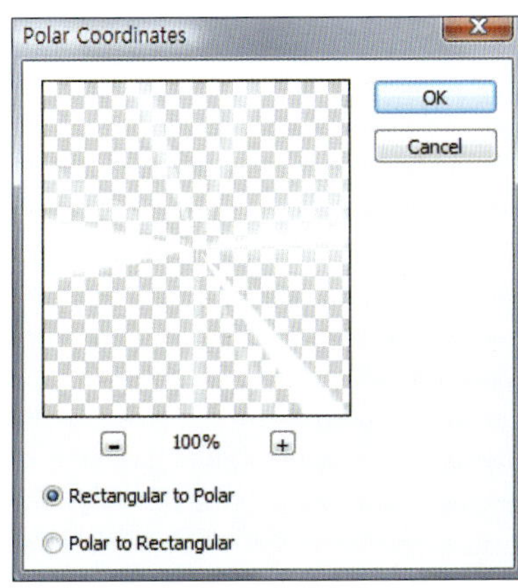

02 레이어의 이름을 'R to P'로 바꿉니다.

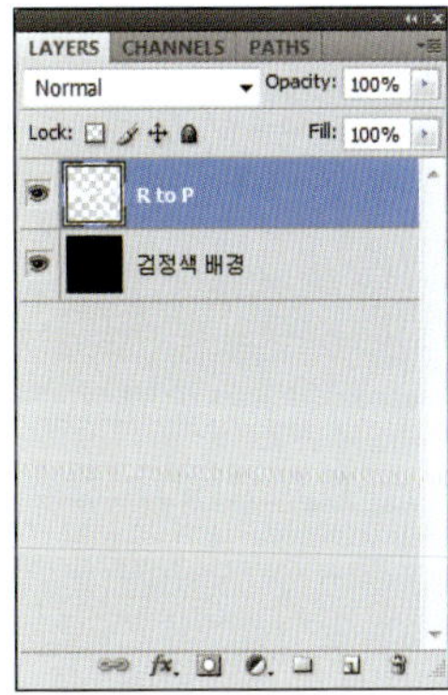

03 Ctrl+J를 눌러 'R to P' 레이어를 복제합니다. 그리고 Ctrl+T를 눌러 레이어의 크기를 '150%'로 확대하고 각도를 '−138도' 입력해 회전시킵니다.

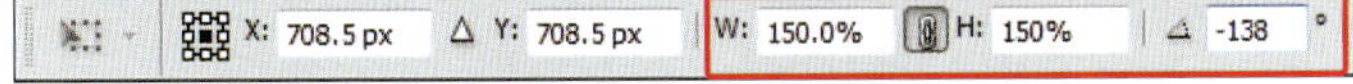

04 레이어를 복제했기 때문에 광선의 개수가 2배로 늘어납니다. 복제된 레이어는 Opacity를 '40%'로 낮춰 광선의 농도에 변화를 줍니다. 이렇게 하면 좀더 자연스러운 광선이 표현됩니다. 레이어의 이름을 '150% -138도'로 바꿉니다.

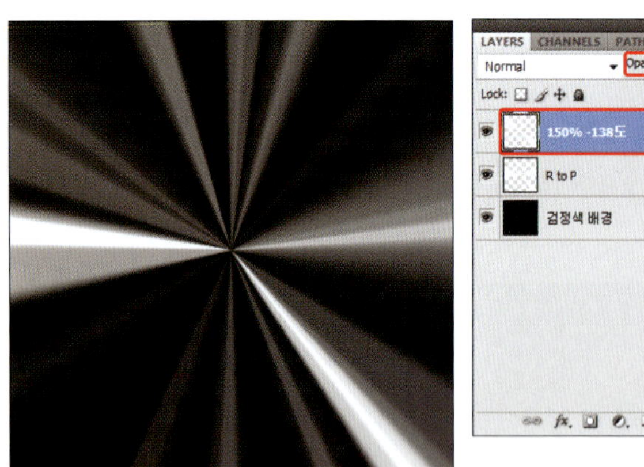

05 다시 'R to P' 레이어를 선택한 후, Ctrl + J 를 눌러 레이어를 한번 더 복제합니다. 그리고 Ctrl + T 를 눌러 앞 과정처럼 '150%'로 확대하고 각도는 '-105도'로 회전합니다.

06 화면에 가득 찰 정도로 광선이 강해집니다. 마찬가지로 레이어의 이름에 적용된 수치 '150% -105도'를 입력합니다.

05

| Ｘ: 708.5 px | Ｙ: 708.5 px | Ｗ: 150.0% | Ｈ: 150.0% | ⊿ -105 ° |

06

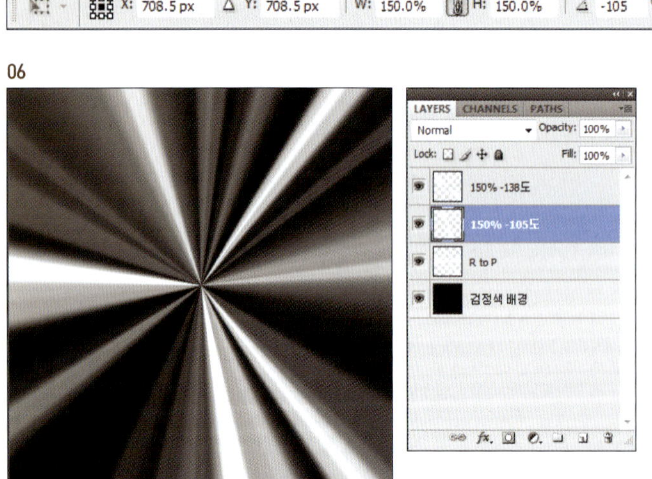

07 Ctrl 를 누른 채로 광선 모양의 레이어들을 하나씩 클릭해 선택한 후, Ctrl + G 를 눌러 그룹으로 묶습니다. 그리고 Alt 를 누른 채로 '레이어 마스크 만들기' 아이콘을 클릭하여 마스크를 추가합니다. 그룹 이름은 '광선'으로 바꿉니다.

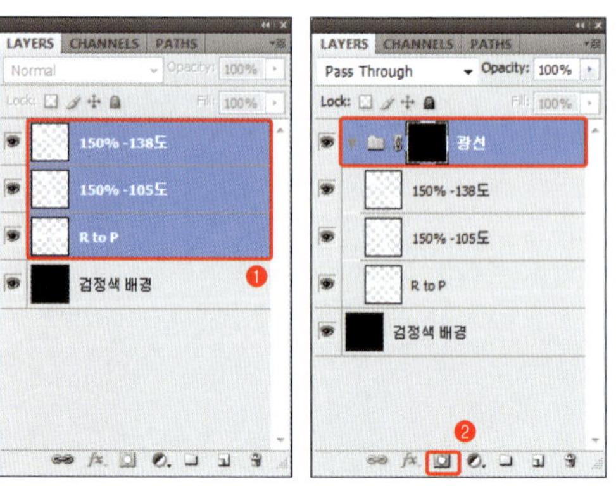

STEP 3 　레이어 마스크를 이용해 광선의 강약과 범위 조절하기

Photoshop Design

현재 '광선' 그룹의 마스크는 검은색으로 채워져 있어 아무런 효과도 나타나지 않습니다. 하지만 흰색 브러시나 Gradient 툴을 이용해 밝게 만들면 그 부위에는 효과가 나타나게 됩니다.

01 전경색을 흰색(#ffffff)으로 지정한 후, Gradient 툴(　)을 선택하고 다음과 같이 옵션을 지정합니다. Foreground to Transparent, Radial Gradient, Mode : Normal, Opacity : 100%

02 '광선' 그룹의 마스크를 선택한 상태에서 한가운데를 클릭한 후, 바깥쪽으로 드래그합니다. 레이어 마스크의 가운데 영역이 밝아지면서 광선의 형태가 드러납니다.

01

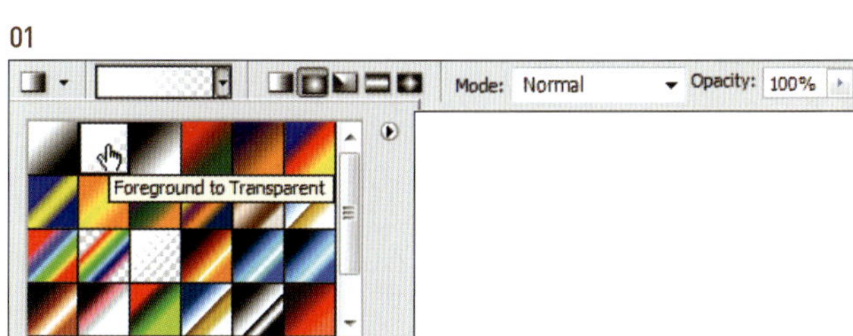

02

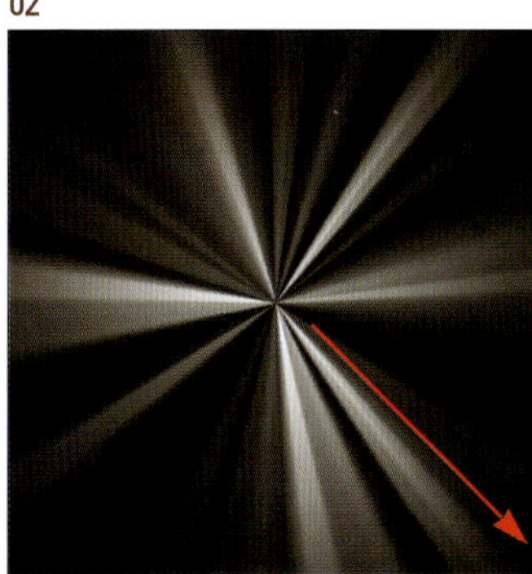

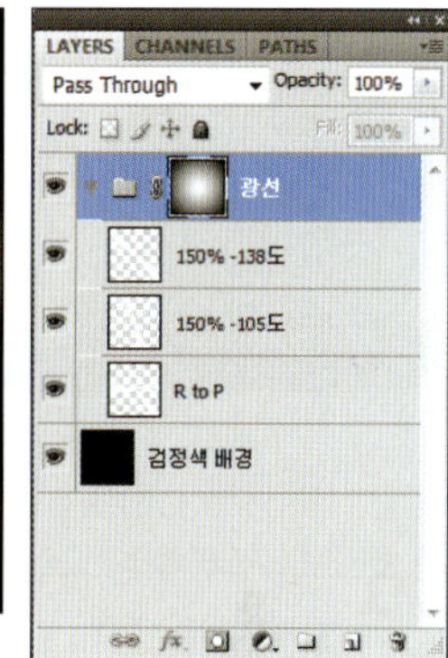

03 '광선' 그룹을 잡고 '레이어 새로 만들기' 아이콘(　) 위로 드래그해 복제합니다. 똑같은 그룹이 하나 더 만들어집니다.

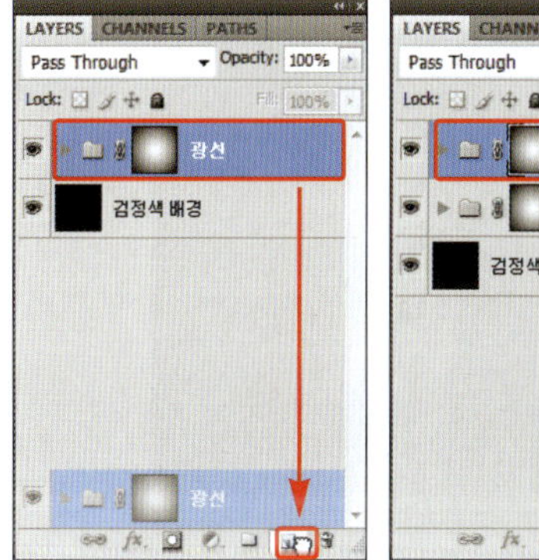

레이어 마스크 확인하기

레이어 마스크에 적용된 명암 상태만 별도로 확인하려면 Alt 를 누른 채로 레이어 마스크 썸네일을 클릭합니다. 이곳에서 밝은 부분은 레이어에 있는 픽셀이 드러나 보이는 영역이고, 어두운 부분은 픽셀이 감추어지는 영역입니다. 레이어의 마스크를 빠져 나오려면 Ctrl + 2 를 누르거나 다른 레이어를 클릭해야 합니다.

04 '광선 Copy' 그룹의 Opacity를 '80%'로 바꿉니다.

05 현재 똑같은 그룹 2개가 정확히 겹쳐져 있기 때문에 하나의 광선은 약하게 만든 후 강약의 변화를 주는 것이 좋습니다. '광선 Copy' 그룹의 마스크 형태를 바꾸기 위해 우선 검정색으로 채웁니다.

04

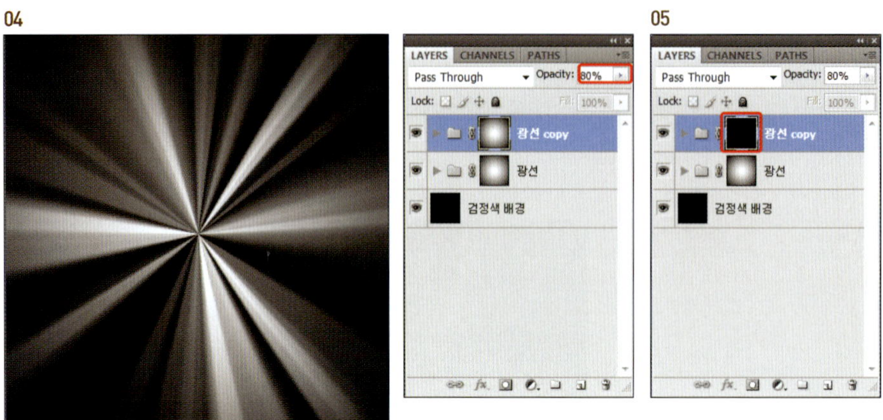

06 다시 Gradient 툴(■)을 선택하고 이전과 동일한 옵션으로 그립니다. 단, 이전 작업보다 짧게 드래그해서 원의 반경이 작아지도록 그립니다.

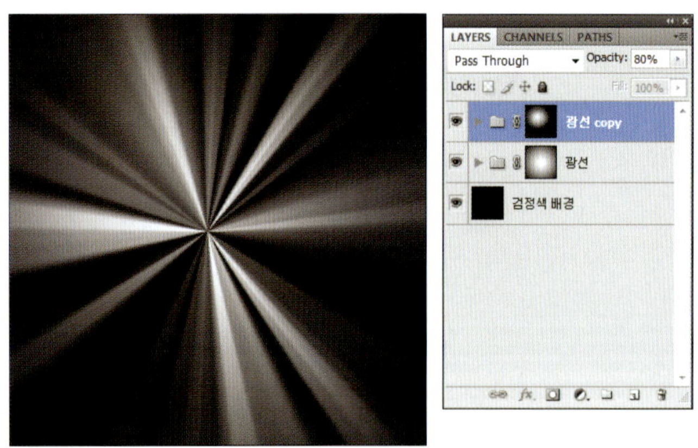

07 Alt 를 누른 채로 레이어 마스크 썸네일을 클릭해 상태를 확인한 후, Ctrl + 2 를 눌러 레이어 마스크를 빠져나옵니다.

STEP 4 광선 주변에 파란색 빛 채워 넣기
Photoshop Design

아직까지는 이미지가 흑백 상태이므로 단조로워 보입니다. 광선 주변에 2가지의 각기 다른 색상을 Gradient툴을 이용해 채워 넣도록 하겠습니다.

01 새로운 레이어를 하나 만들고 블렌딩 모드를 'Screen'으로 바꿉니다. Gradient 툴이 선택된 상태인지 확인하고, 전경색을 짙은 파란색(#145392)으로 지정한 후, 가운데에서 바깥쪽으로 드래그해 그립니다. 레이어 이름을 '짙은 파란색 #145392'으로 바꿉니다.

02 다시 한번 새로운 레이어를 추가하고 블렌딩 모드를 'Screen'으로 바꿉니다. 이번엔 전경색을 좀더 밝은 파란색(#1aaed8)으로 지정하고 짧게 드래그해서 그립니다. 더 짧게 그리는 이유는 색상이 레이어에 따라 겹쳐보이게 하기 위함입니다. 레이어의 이름을 '밝은 파란색 #1aaed8'로 바꿉니다.

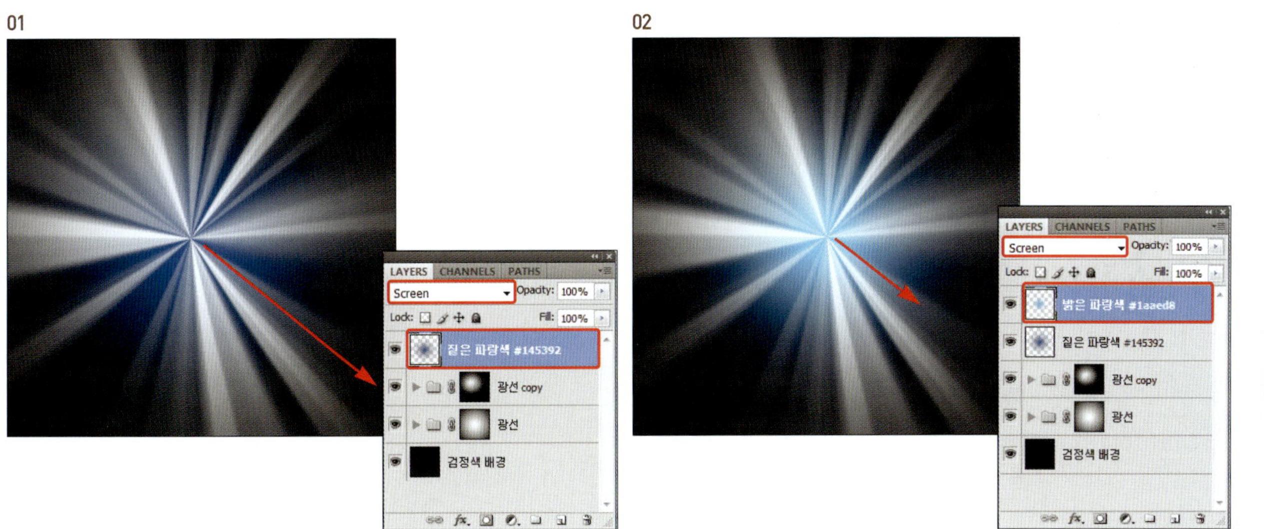

STEP 5 심볼 삽입하고 입체감 부여하기
Photoshop Design

광선을 그리는 작업을 모두 마쳤으므로 이제 이미지 중앙에 심볼을 그려 넣을 차례입니다.

01 툴 패널에서 'Custom Shape' 툴()을 선택하고, 전경색을 검은색으로 만든 후, 그림과 같이 옵션을 지정합니다. 선택된 셰이프는 포토샵에 기본적으로 들어있는 셰이프입니다.

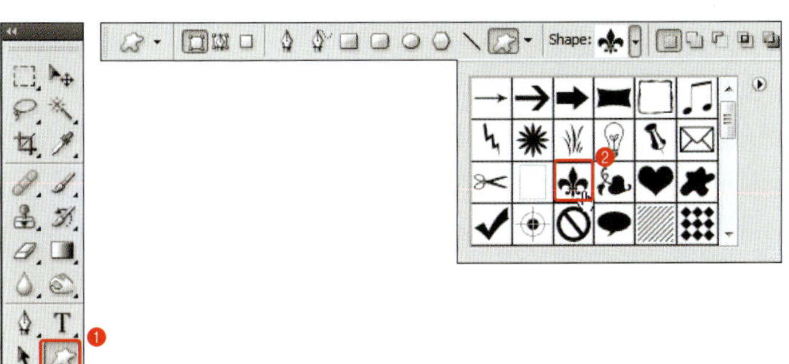

02 그리기에 앞서 [Ctrl]+[R]을 눌러 Ruler를 켜고, 왼쪽에서 드래그하여 가이드를 화면 중앙으
로 위치시킵니다. 그리고 마우스 포인터를 화면 중심으로 가져가 클릭한 후, 바깥으로 드래그
하는 것과 동시에 [Alt]+[Shift]를 누릅니다. 심볼이 그려지고 나면 레이어의 이름을 '심볼'로 바꿉
니다.

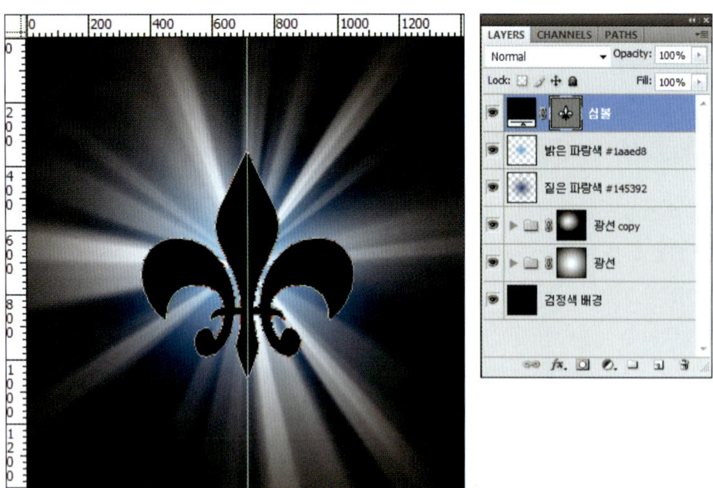

03 '심볼' 레이어를 더블클릭 해 [Layer Style] 대화상자로 들어갑니다. 그런 다음, [Inner Glow] 항
목을 클릭하고 옵션을 다음과 같이 지정합니다. 이 옵션은 심볼의 안쪽 경계선에 빛이 가늘게
맺히는 효과를 냅니다. (Color : #e3fbfc)

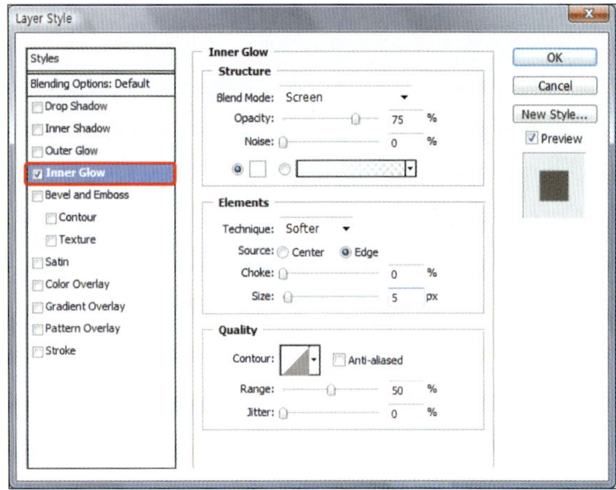

04 [Bevel and Emboss] 항목을 클릭해서 다음과 같이 옵션을 지정합니다. (Color : #e3fbfc)

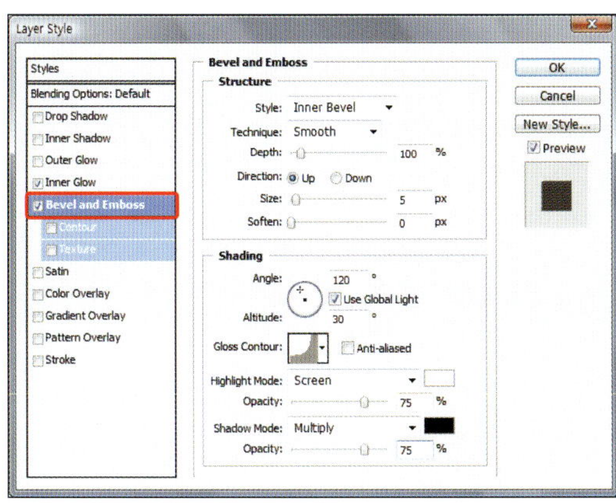

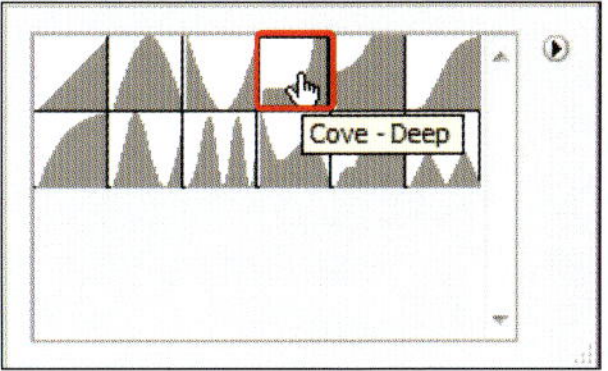

05 다시 Ctrl + R 을 눌러 자를 끄고, Ctrl + ; 를 눌러 가이드를 끕니다. 심볼의 뒤쪽에서 빛이 나므로 심볼의 경계 부위가 역광처럼 보이게 하는 것이 중요합니다.

156
157

STEP 6 브러시를 이용해 심볼에 하이라이트 추가하기

Photoshop Design

이제 마지막 단계입니다. 강한 광선과 심볼이 만나는 경계 부위에 브러시 툴을 이용해 하이라이트를 그리도록 하겠습니다.

01 먼저 새로운 레이어를 추가하고 전경색을 흰색으로 지정한 후, 브러시 툴 상태에서 [Brushes] 패널을 엽니다. [Brush Tip Shape] 항목을 클릭해 다음과 같이 옵션을 지정합니다.

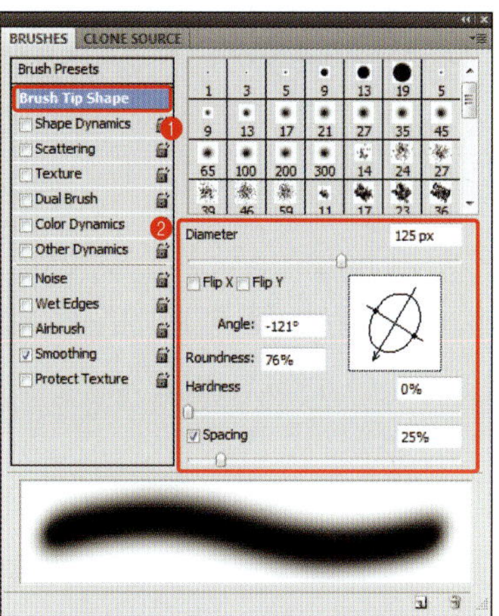

02 광선과 심볼이 만나는 경계 부위에 대고 가볍게 클릭하여 그립니다. 브러시의 기본 크기는 정했지만 [[ ]나 [ ]]를 눌러 브러시의 크기를 약간 바꿔가며 그리는 것이 좋습니다.

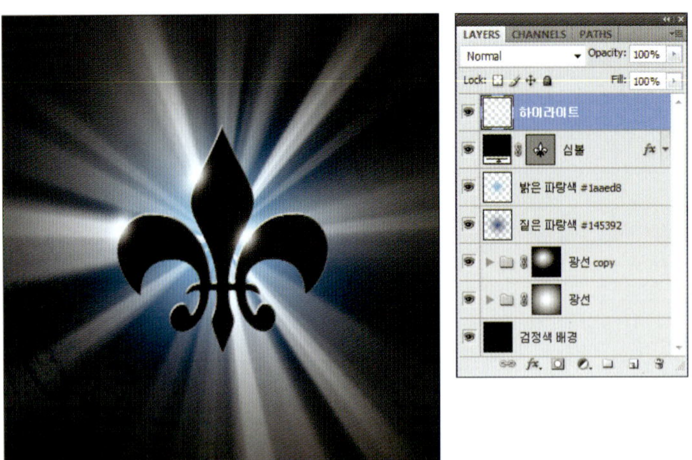

03 이것으로써 후광 효과를 내는 심볼 이미지가 모두 완성되었습니다.

방향에 따라 다른 결과가 나타나는 Polar Coordinates 필터의 특징

다른 필터들에 비해 Polar Coordinates 필터는 이미지의 방향에 따른 영향을 크게 받습니다. 예를 들어 수직 방향의 이미지에 필터를 적용하면 '방사선' 형태의 결과가 나오지만, 수평 방향의 이미지에 필터를 적용하면 '동심원' 형태의 결과가 나옵니다. 그리고 사선 방향의 이미지에 필터를 적용하면 또 다른 결과가 나오게 됩니다. 이러한 원리를 응용하면 재미있고 다양한 효과를 연출할 수 있습니다.

◀ 수직 방향 이미지

◀ 수평 방향 이미지

◀ 사선 방향 이미지

◀ 응용 이미지

밋밋한 하늘에
구름 만들기

이미지 작업을 하다보면 가장 자주 사용되는 것 중 하나가 하늘입니다. 하늘은 시간대, 기후, 구름 모양 등에 따라 매우 다양한 느낌을 줍니다. 이 중에서도 구름의 형태는 특히 중요한데 구름이 없는 하늘은 왠지 허전해 보이기 마련입니다. 이 예제는 구름 하나 없는 밋밋한 하늘 이미지에 필터를 적용해 구름을 만들어 넣는 작업입니다. 이런 방식을 이용하면 다양한 형태로 직접 구름을 만들어 넣을 수 있습니다. 이 작업에서 가장 중요한 점은 하늘의 색상 계조를 자연스럽게 표현해야 한다는 것입니다. 하늘에 명도 변화 외에 약간의 색상 변화를 주어 실제 구름과 같은 느낌을 살리는 것이 중요합니다.

Part2\Sec9\소스.psd
Part2\Sec9\결과.psd

주요 사용 기능 Clouds 필터, Magic Wand 툴, Select 〉 Similar 명령　난이도 ★★★

소스 alisdair by http://flickr.com/photos/alisdair/1576609/

STEP 1 Clouds 필터로 구름 모양 만들기
Photoshop Design

이전에 살펴본 [Fiber] 필터와 마찬가지로 [Clouds] 필터 또한 전경색과 배경색을 이용해 효과를 나타냅니다. 따라서 넓은 계조를 확보하려면 툴 패널의 색상은 기본값으로 바꾸어야 합니다.

● Part2\Sec9\바탕.psd

01 [Ctrl]+[O]를 눌러 예제 파일(바탕.psd)을 엽니다.

02 [D]를 눌러 전경색을 기본값으로 맞춥니다. Filter 〉 Render 〉 Clouds를 선택하면 별도의 옵션 없이 흑백 상태의 구름모양이 생깁니다. 이때 구름의 밀도는 해상도와 관련 있으며, 이미지의 해상도가 높을수록 구름의 밀도 또한 높아지게 됩니다. 레이어의 이름을 'Render 〉 Clouds'로 바꿉니다.

TiP Clouds 메뉴는 별도의 옵션이 없고 적용할 때마다 랜덤으로 나타나므로, 구름 효과가 마음에 들지 않을 경우, 필터를 반복 적용합니다.

01

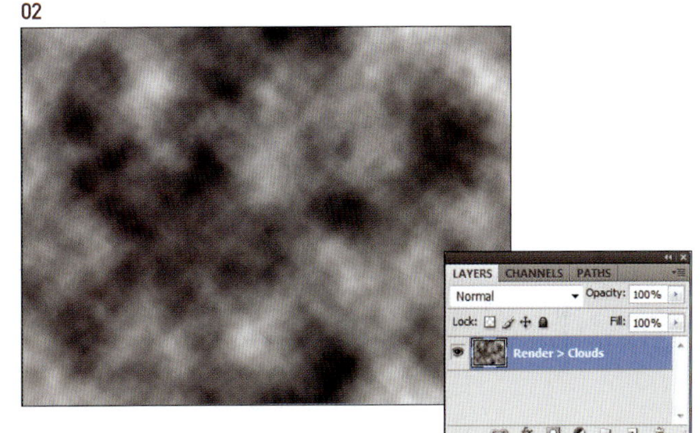

02

160
161

STEP 2 구름 형태 다듬기
Photoshop Design

구름의 형태가 평면적이 되는 것을 피하려면 Free Transform 기능을 이용해 약간의 원근감을 적용하는 것이 좋습니다.

01 [Ctrl]+[J]를 눌러 레이어를 하나 더 복제합니다. 그리고 [Ctrl]+[T]를 누른 후, 마우스 오른쪽 버튼을 클릭해 Perspective 명령을 선택합니다.

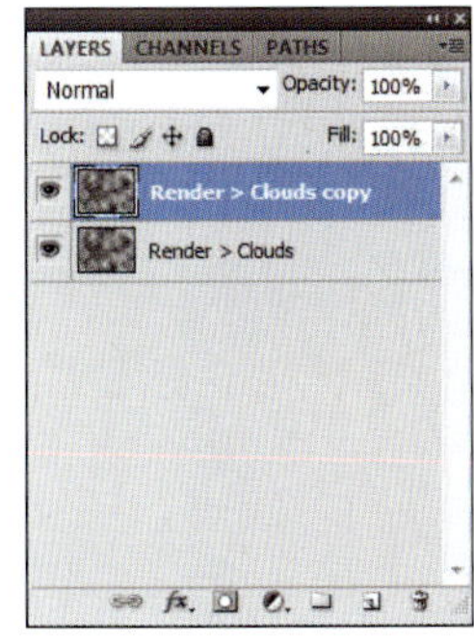

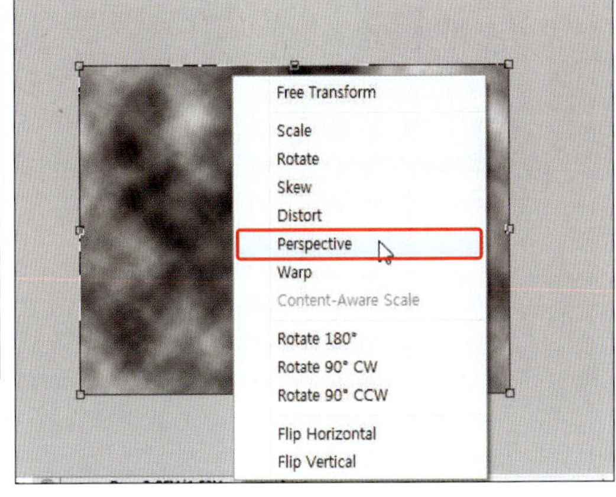

02 그림처럼 위쪽 꼭짓점 중 하나를 잡고 바깥쪽으로 드래그하여 가로 방향으로 늘린 다음, 수평기
울기를 '-8.4'도로 맞춘 후 Enter 를 누릅니다. 레이어의 이름을 '크기조정'으로 바꿉니다.

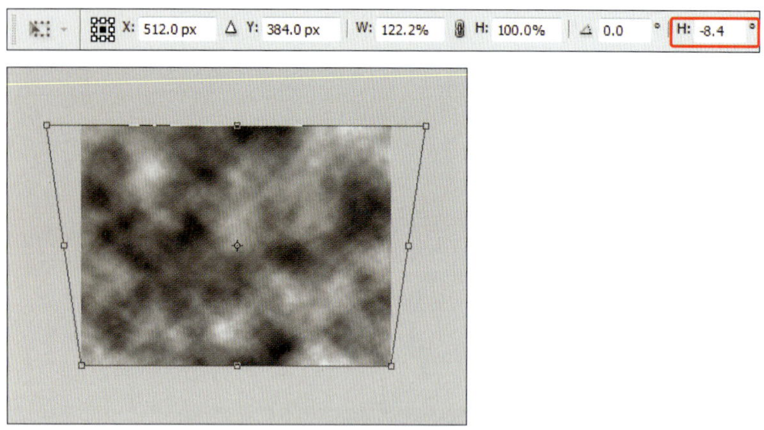

03 [Curves] 조정 레이어를 추가한 다음, 곡선을 'S'자 형태로 조정합니다. 그러면 구름의 콘트라
스트가 높아지게 됩니다. 레이어의 이름을 '콘트라스트'로 바꿉니다.

04 이제 눈에 보이는 레이어들을 하나로 결합하기 위해 Alt + Shift + Ctrl + E 를 누릅니다.
레이어가 생성되면 이름을 '결합'으로 바꿉니다

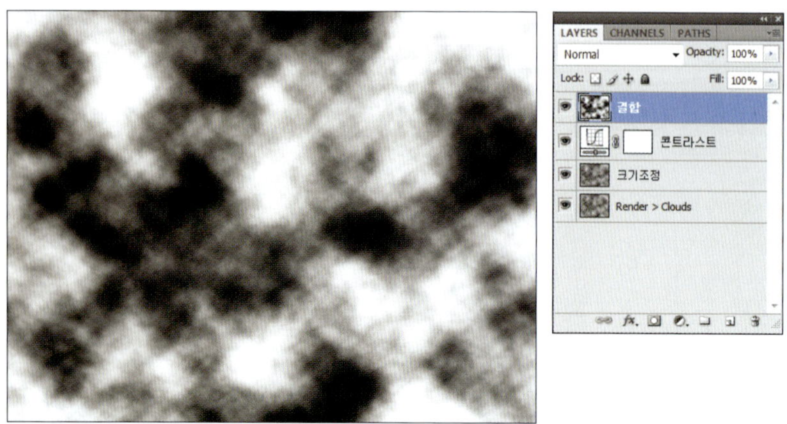

> **TiP** 이 명령(Alt + Shift + Ctrl + E)은 눈에 보이는 모든 레이어들을 하나로 결합해 새로운 레이어에
> 만들어 주기 때문에 효과를 적용하려고 할 때 매우 유용합니다.

STEP 3 하늘 배경 만들기
Photoshop Design

구름 만드는 작업을 마쳤으므로 이제 하늘을 만들 차례입니다.

01 레이어를 하나 추가하고, 밝은 하늘색(#d7f2f9)으로 이미지 전체를 채운 후, 레이어 이름을 '밝은 하늘 #d7f2f9' 로 바꿉니다.

02 그리고 레이어를 하나 추가합니다. 전경색을 중간 하늘색(#81d1e0)으로 지정한 후, Gradient 툴 을 선택하고 그림과 같이 옵션을 지정합니다.

Foreground to Transparent, Linear Gradient, Mode: Normal, Opacity: 100%

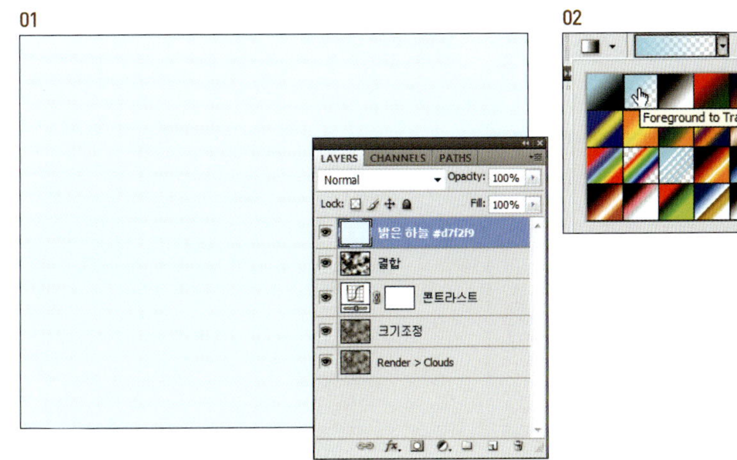

01

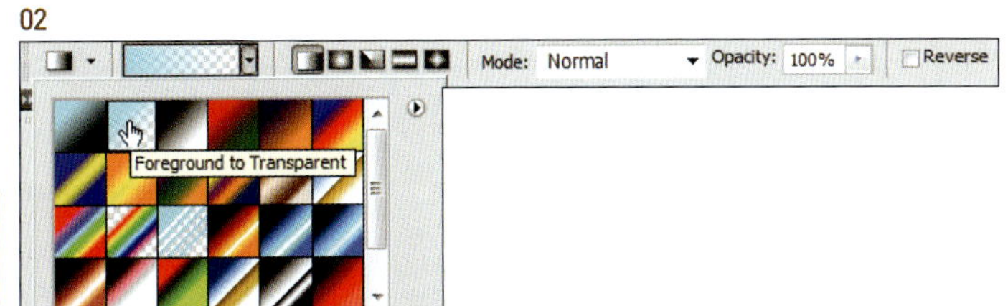

02

03 [Shift]를 누른 채 위쪽에서 아래쪽으로 충분히 드래그해서 그립니다. 레이어의 이름을 '중간 하늘 #81d1e0' 로 바꿉니다.

04 다시 한번 같은 방식으로 레이어를 추가하고, 어두운 하늘색(#3688b2)을 지정한 후, 마찬가지 방법으로 그리되 아래 쪽이 좀더 투명한 상태가 되도록 합니다. 레이어 이름을 '어두운 하늘 #3688b2' 로 바꿉니다.

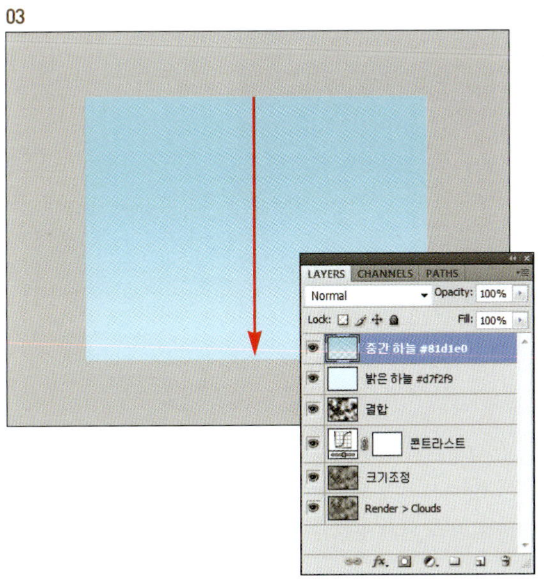

03

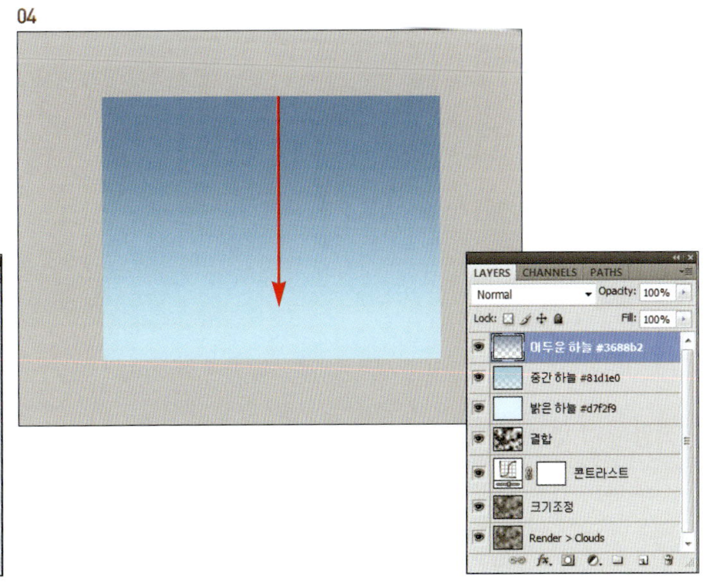

04

STEP 4 Curves 기능을 이용해 구름 표현하기

Photoshop Design

미리 만들어 두었던 구름 모양을 이용해 [Curves] 효과를 적용할 차례입니다.

01 '결합' 레이어를 선택한 상태에서 Ctrl + A 를 눌러 전체를 선택하고 Ctrl + C 를 눌러 복사합니다. 하늘 색상의 레이어들은 임시로 꺼둔 상태입니다.

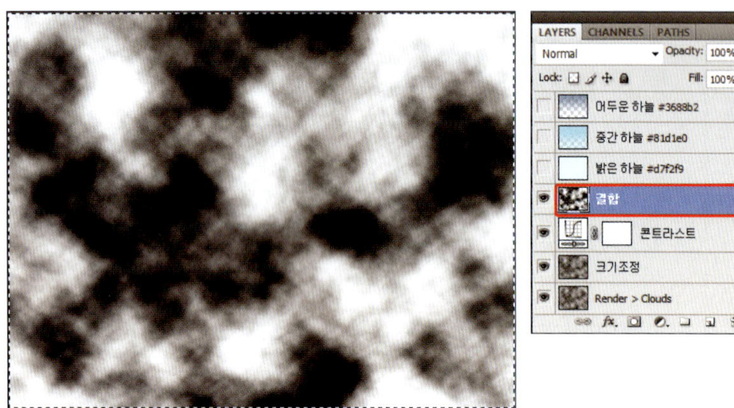

02 하늘 색상의 레이어들을 다시 켠 후, 맨 위쪽에 [Curves] 조정 레이어를 하나 추가합니다. 아직 Curves 곡선은 아무것도 건드리지 않은 상태입니다.

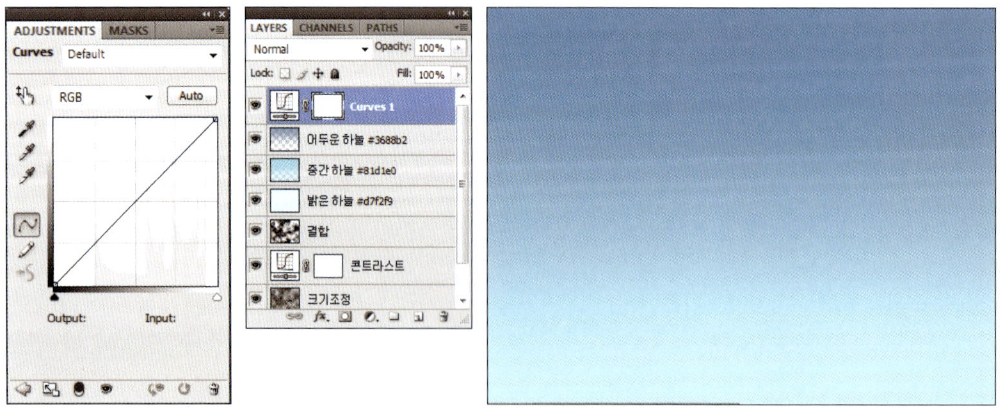

03 [Alt]를 누르고 [Curves] 조정 레이어의 마스크를 클릭해 들어간 후, [Ctrl]+[V] 복사해두었
던 구름 이미지를 붙입니다. 레이어 마스크에는 변화가 생겼지만 [Curves] 곡선은 조절하지 않
았기 때문에 아무 효과도 나타나지 않습니다.

04 [Ctrl]+[2]를 눌러 레이어 마스크를 빠져 나온 후, Select 〉 Deselect([Ctrl]+[D])를 눌러 선
택을 해제합니다.

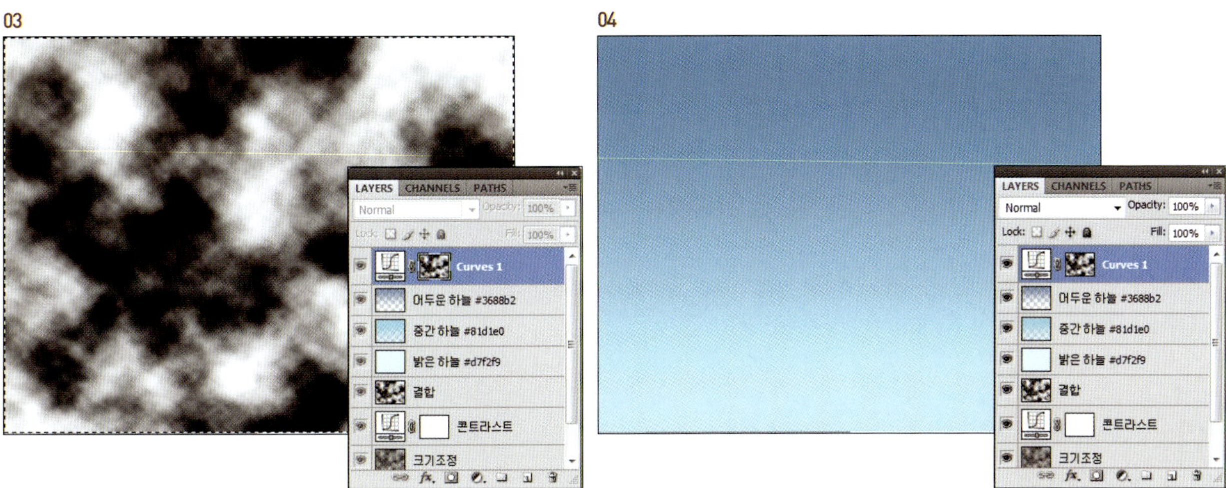

05 [Curves] 패널에서 곡선의 상태를 그림
과 같이 조정합니다. (RGB Output: 159,
Input: 95) 참고로 [Curves] 조정 레이어의 마스
크를 미리 만들어둔 상태이므로 곡선을 어떤 상
태로 조정해도 구름의 형태는 나타나게 됩니다.

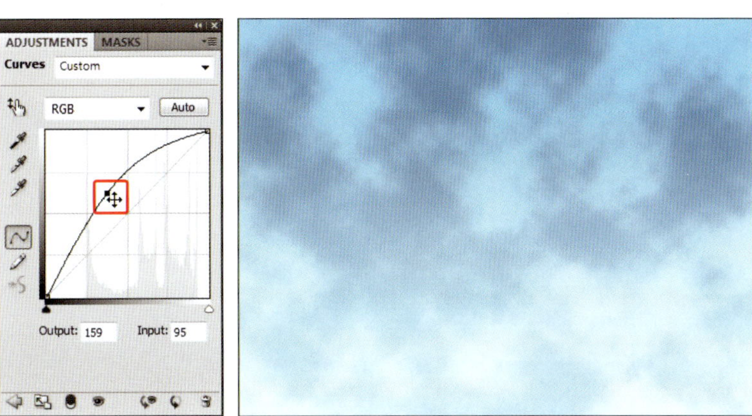

06 전경색을 남색(#20367c)으로 지정한 후, Gradient 툴()을 선택하고 그림과 같이 옵션을 지
정합니다.

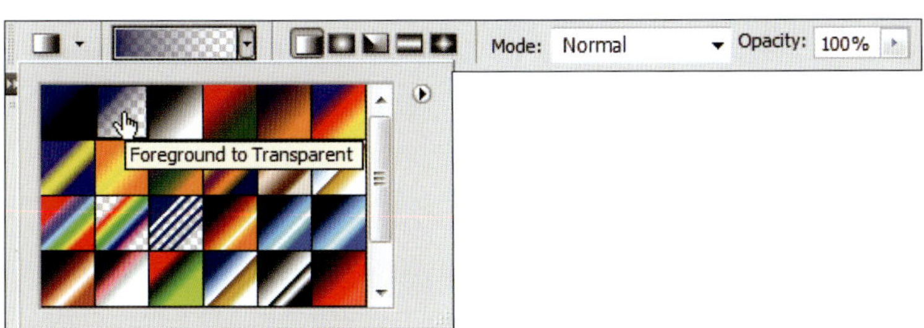

07 이전에 하늘을 그린 것처럼 그리되 짧게 드래그해서 그
   립니다. 이렇게 하면 하늘에 공간감이 더 생겨납니다.
레이어 이름을 '가장 어두운 하늘'로 바꿉니다

소스 이미지 불러와 결합하기

지금까지 구름이 있는 하늘을 만드는 과정이었다면 이제 하늘과 결합될 소스 이미지를 불러와 얹히는 작업입
니다. 작업파일이 2개가 되므로 혼동하지 않도록 주의합니다.

01 Ctrl + O 를 눌러 예제 파일(소스.psd)을 엽니다. 파일이 열리면 Move 툴(▶₊)을 선택하고,   ◉ Part2\Sec9\소스.psd
   Shift 를 누른 채로 '바탕.psd' 파일 쪽으로 드래그해 이미지를 옮깁니다.

02 이미지의 크기가 동일하기 때문에 정확한 위치로 옮겨집니다. (바탕.psd)의 레이어의 이름을 '지
   붕'이라고 입력합니다.

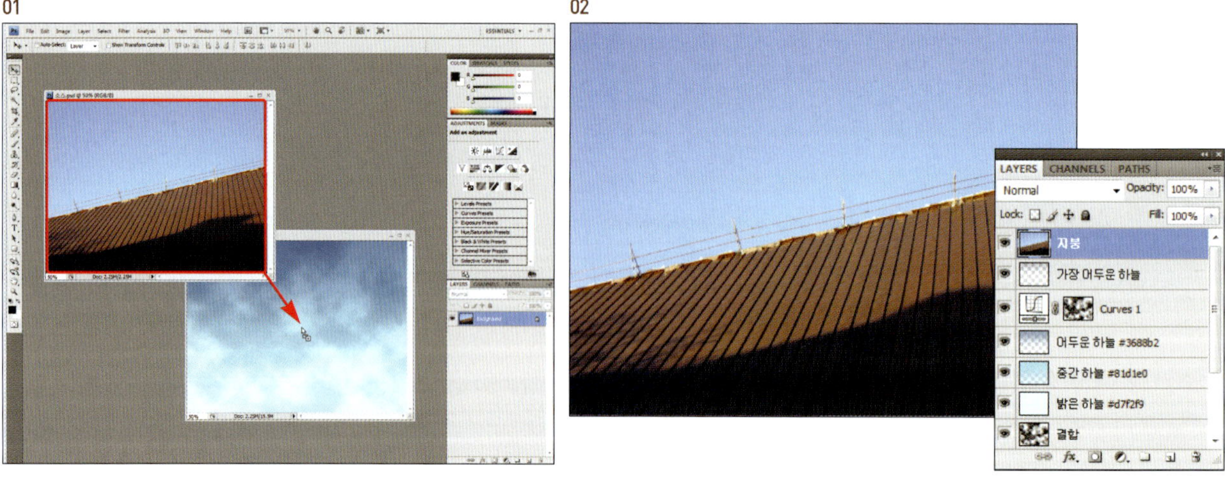

Tip Shift 를 누르고 드래그하면 옮겨진 이미지는 화면 한 가운데에 위치하게 됩니다. 이처럼 파일과 파일 사
이에 이미지를 끌어다 놓는 방식을 '드래그 앤 드롭(Drag&Drop)'이라고 합니다. 이 방식은 이미지를 선택해
서 복사한 후, 파일을 옮겨서 붙이는 것보다 빠르고 편하므로 파일간 이동 시 자주 사용됩니다.

03 '지붕' 레이어 밑에 있는 이미지가 보이도록 하려면, 하늘을 따로 선택해서 마스크 상태로 만들어야 합니다. 툴 패널에서 Magic Wand 툴(✎)을 선택하고 Tolerance(허용치 또는 범위)를 '20'으로 지정한 후, 하늘 부위를 클릭해 선택합니다.

04 아직 하늘 영역이 완전히 선택되지 않은 상태이므로 나머지 영역을 마저 선택하기 위해 Select 〉 Similar를 선택합니다. 이것은 선택 영역과 유사한 색상을 자동으로 선택해주는 기능입니다. 하늘이 모두 선택됩니다.

T iP 선택을 만드는 방법에는 여러 가지가 있지만, 선택 면이 단조로운 경우라면 Magic Wand 툴(✎)을 사용하는 것이 좋습니다.

03

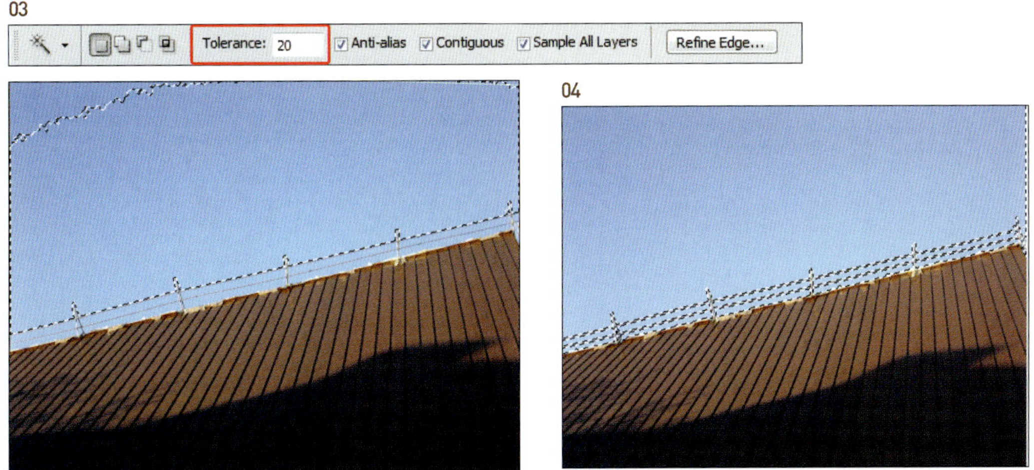

04

05 [Alt]를 누른 채로 '레이어 마스크 만들기' 아이콘을 클릭합니다. 그러면 선택 영역이 마스크로 바뀌면서 아래 위치한 구름이 드러납니다.

06 소스 이미지에 있던 지붕과 필터를 이용해 만든 하늘이 하나로 결합되면서 이미지가 모두 완성 되었습니다.

05   06

PART 03

PHOTOSHOP · DESIGN · RECIPE

톤 앤 매너 조절하기
Image Retouching 1

'이미지 리터칭'은 '이미지 가공'이라는 뜻을 지니고 있으며, 이미지의 상태를 개선하거나 효과를 추가하는 유형의 작업을 일컫습니다. 리터칭 작업은 '톤 앤 매너'(Tone & Manner)를 염두에 두고 작업하기 때문에, 전체적인 분위기를 일관성 있게 유지하는 것이 매우 중요합니다.

이미지를 참고해
색상톤 바꾸기

하나의 이미지를 참고해 그 이미지와 비슷한 톤으로 다른 이미지를 바꾼다는 것은 생각보다 쉬운 일이 아닙니다. 하지만 Match Color 기능을 이용하면 소스를 지정하는 것만으로 손쉽게 문제를 해결할 수 있습니다. 이 기능은 촬영 실수 등으로 이미지의 색상이 약간 다르게 나왔거나, 여러 장의 이미지를 하나의 동일한 색상톤으로 일치시키기 원할 때 주로 사용합니다. 하지만 이 예제에서는 각기 다른 톤의 이미지를 결합해 그 중간이 되는 톤을 얻기 위해 의도적으로 사용했습니다. 포토샵의 다른 여러 기능들과 마찬가지로 Match Color 기능 또한 완벽하지는 않습니다. 특히 타깃 이미지와 소스 이미지의 톤이 지나치게 다르거나 이미지 내에 여러 색상이 혼재된 경우에는 예상치 못한 결과가 나올 수도 있으므로 주의해야 합니다.

Part3\Sec1\소스이미지.jpg
Part3\Sec1\타겟이미지.jpg
Part3\Sec1\결과.psd

주요 사용 기능 Match Color 기능, Gradient 툴 난이도 ★★

소스 ❶ Elenapaint by sa http://flickr.com/photos/helenpaint/2077711426/
❷ Swami Stream by http://flickr.com/photos/araswami/2203277926/

STEP 1 Match Color 대화상자에서 옵션 지정하기
Photoshop Design

[Ctrl]+[O]를 눌러 예제 파일(소스이미지.jpg, 타겟이미지.jpg)을 각각 엽니다.

● Part3\Sec1\소스이미지.jpg
  Part3\Sec1\타겟이미지.jpg

01 열려있는 두 개의 파일은 전체적인 색상톤과 이미지 크기가 서로 다릅니다. 이 경우 노랑 계열 이미지(타겟이미지.jpg)는 타깃(Target) 이미지가 되고, 청록 계열 이미지(소스이미지.jpg)는 소스 이미지가 됩니다.

02 먼저 노랑 계열 이미지(타겟이미지.jpg)를 클릭하고, [Ctrl]+[J]를 눌러 레이어를 복제한 후, Image 〉 Adjustments 〉 Match Color를 선택합니다. [Match Color] 대화상자의 Target에 이미지의 이름과 레이어, 컬러 모드가 자동으로 표시됩니다. 하단에 있는 Source 리스트에서 색상을 참고하고자 하는 소스 이미지(소스이미지.jpg)를 지정합니다.

> **TiP** [Match Color] 기능을 사용할 때, 색상톤이 다르거나 크기가 다른 것은 상관없지만, 컬러 모드는 반드시 RGB 모드를 사용해야합니다. 다른 컬러 모드에서는 해당 메뉴가 활성화 되지 않습니다.

> **TiP** Target이란 최종 이미지가 만들어질 곳을 뜻하며, Source 리스트에 나타나는 항목은 열려 있는 문서의 개수와 동일합니다.

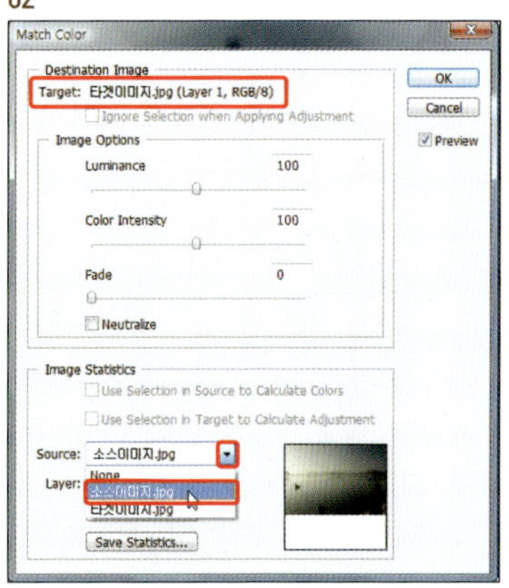

03 적용 결과는 대화상자 하단에 위치한 썸네일 뿐만 아니라 작업 화면에서도 실시간으로 확인할 수 있습니다. 아직 다른 옵션은 지정하지 않고, 소스(Source)만 지정한 상태입니다. 모든 옵션이 지정되기 전까지는 대화상자를 닫지 않습니다.

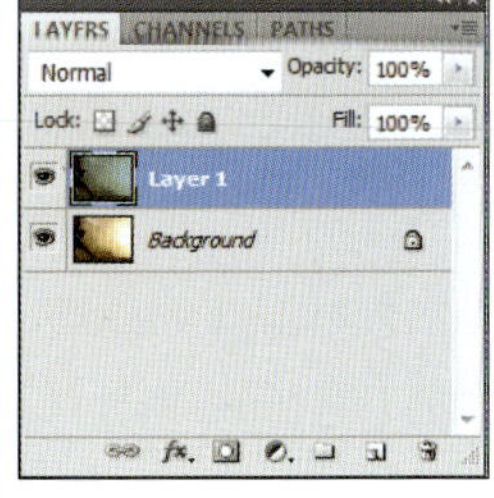

04 Image Options 〉 Luminance에 수치 '190'을 입력합니다. Luminance 수치가 증가하면서 이미지의 톤이 밝아집니다. 이미지의 톤에 대한 느낌은 작업자에 따라 다르므로 수치는 동일하지 않아도 무방합니다.

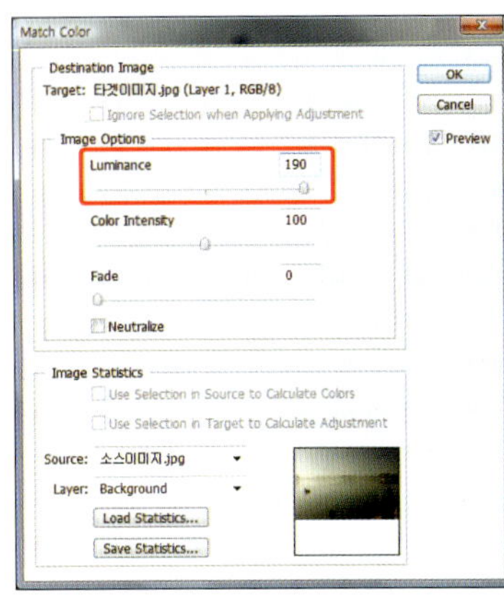

Luminance

Luminance(휘도)는 빛이 나는 물체의 표면에서 측정된 밝기를 뜻합니다. 영상 분야에서는 비디오 신호의 밝기를 나타내며, 스틸브(stilb: sb)나 니트(nit: nt)같은 표시 단위를 사용합니다. 밝기를 의미한다는 점에서는 Lightness(명도)와 비슷하지만, 명도가 %처럼 상대적인 개념이라면 휘도는 물리적인 개념이라는 점에서 차이가 있습니다.

05 전체적인 톤은 밝아졌지만 이미지 오른쪽을 보면 눈에 거슬리는 색상(Color Cast)이 남아있습니다. Image Options 〉 Color Intensity에 '25'를 입력해서 자연스러운 색상으로 바꿔줍니다.

> **TIP** Color Intensity는 색상의 강도 즉, 채도와 유사한 개념입니다.

06 전체적인 색상은 바뀌었지만 아직 색상톤이 밋밋한 상태입니다. Fade에 '16'을 입력해서 원래 이미지 상태로 살짝 되돌립니다. [OK] 버튼을 클릭해 대화상자를 빠져 나오면 [Match Color] 효과가 적용됩니다.

> **TIP** Fade 수치가 높아질수록 원래 이미지 상태로 되돌아가므로, Fade에 수치 100을 입력하면 적용 효과는 모두 사라집니다.

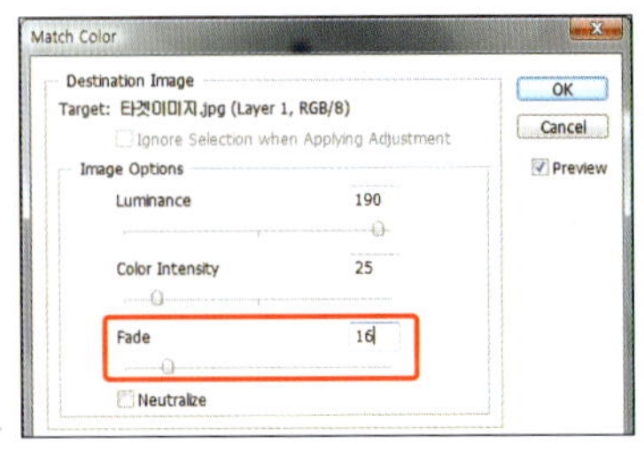

STEP 2 레이어 마스크로 마무리하기

Photoshop Design

이 상태로 작업을 마무리할 수도 있지만 완성도를 높이기 위해 레이어 마스크를 활용한 작업을 진행해 보겠습니다.

01 먼저 'Layer 1' 레이어의 블렌딩 모드를 Color '85%'로 바꾸고, 레이어 마스크를 추가합니다.

02 전경색을 검은색(#000000)으로 지정한 후, Gradient 툴(　)을 선택하고 다음과 같이 옵션을 지정합니다. 그리고 아래쪽에서 위쪽으로 길게 드래그해서 그립니다.

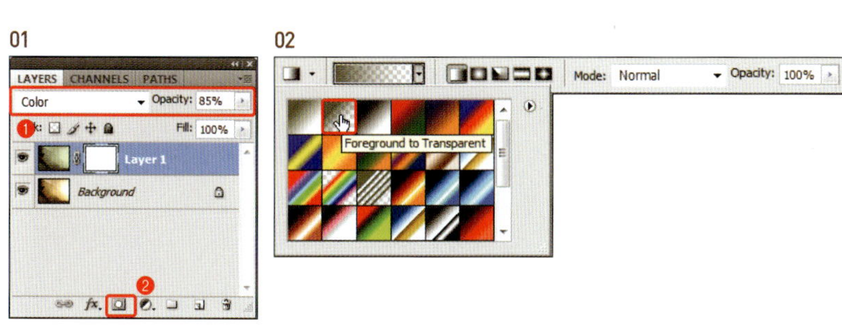

03 아래쪽 이미지의 일부가 살아나면서 색상톤이 더 풍부해진 이미지가 완성됩니다.

SECTION 2

특정 영역만 색상 바꾸기

이미지 작업을 하다 보면 특정 부위의 색상 만을 바꿔야 할 때가 있습니다. 이때 마스킹 작업을 하지 않고 특정 색상을 바꾸는 방법을 활용하면 상당한 시간을 절약할 수 있습니다. 이런 유형의 작업중 가장 쉬운 방법은 Hue/Saturation 기능입니다. 이 기능은 비교적 단순한 기능이지만, 활용도는 높은 편입니다. 이 예제에서는 빨강 풍선을 노랑 풍선으로 바꿔서 좀더 화려한 느낌이 들도록 만들겠습니다.

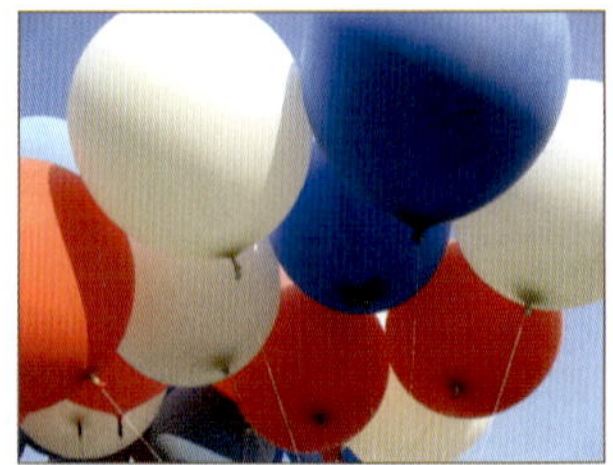

Part3\Sec2\원본.psd
Part3\Sec2\결과.psd

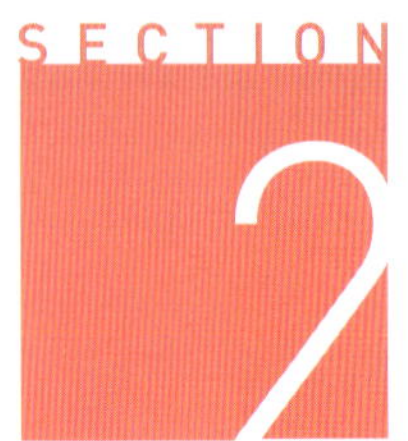

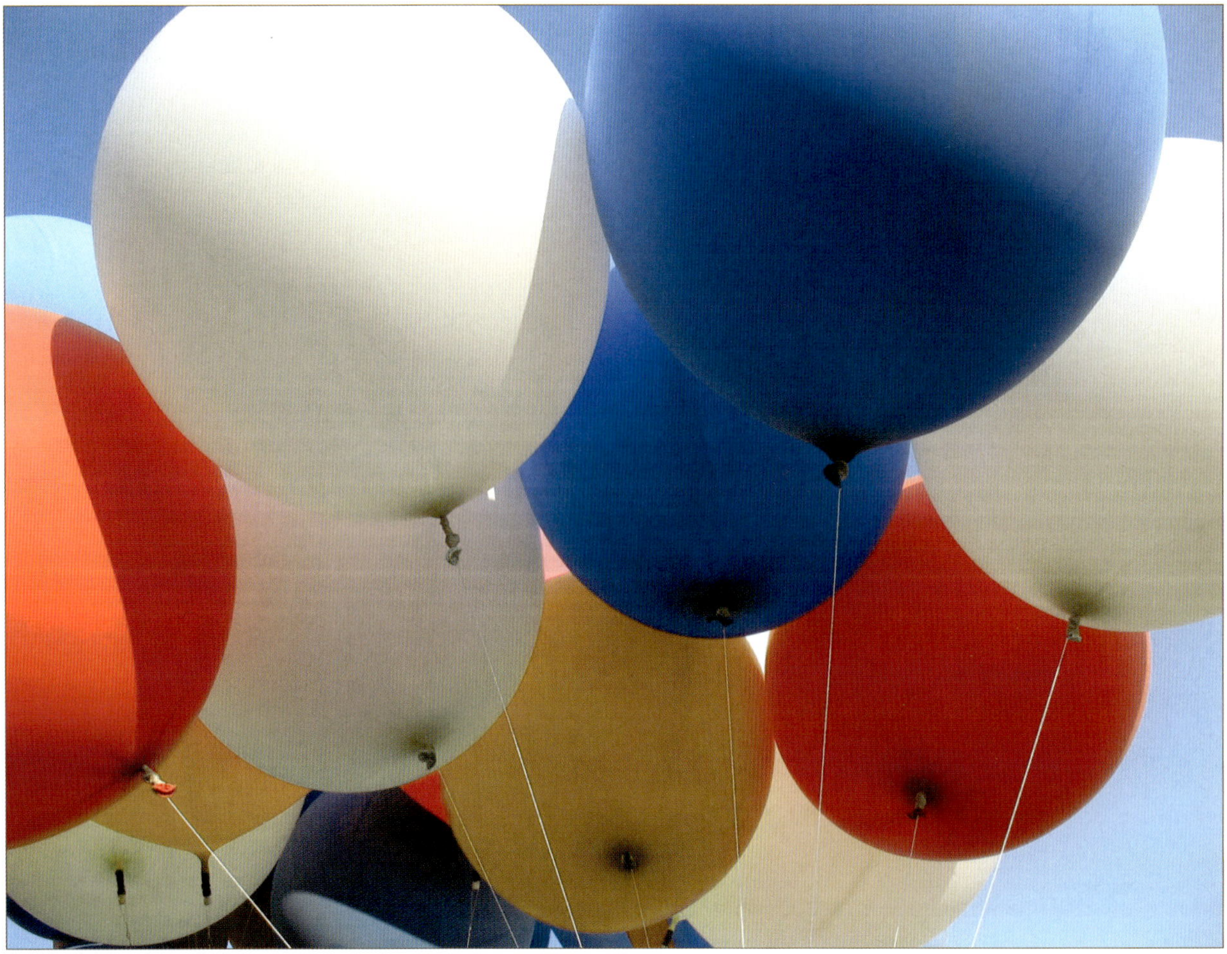

주요 사용 기능 Hue/Saturation 조정 레이어, Click & Drag 기능 **난이도** ★★

소스 Chris Breeze by http://flickr.com/photos/92833011@N00/1160780781/

STEP 1 Hue/Saturation 조정 레이어로 일부 색상 바꾸기
Photoshop Design

[Hue/Saturation] 기능은 이미지의 전체적인 색상이나 명도, 채도를 한자리에서 조절할 때 주로 사용됩니다.
이중에서 특정 색상만 교체하는 기능을 활용하면 별도의 마스킹 작업없이 특정 부위의 색상을 바꿀 수 있어
편리합니다.

01 `Ctrl`+`O`를 눌러 예제 파일(원본.psd)을 엽니다.

◉ Part3\Sec2\원본.psd

02 먼저 [Adjustments] 패널에서 [Hue/Saturation] 아이콘을 클릭해서 [Hue/Saturation] 패널로 바
꾸면 풀다운 메뉴에서 [Reds]를 선택합니다. 이것은 전체 이미지 중에서 빨간색이 있는 영역에
만 효과를 적용하겠다는 의미입니다.

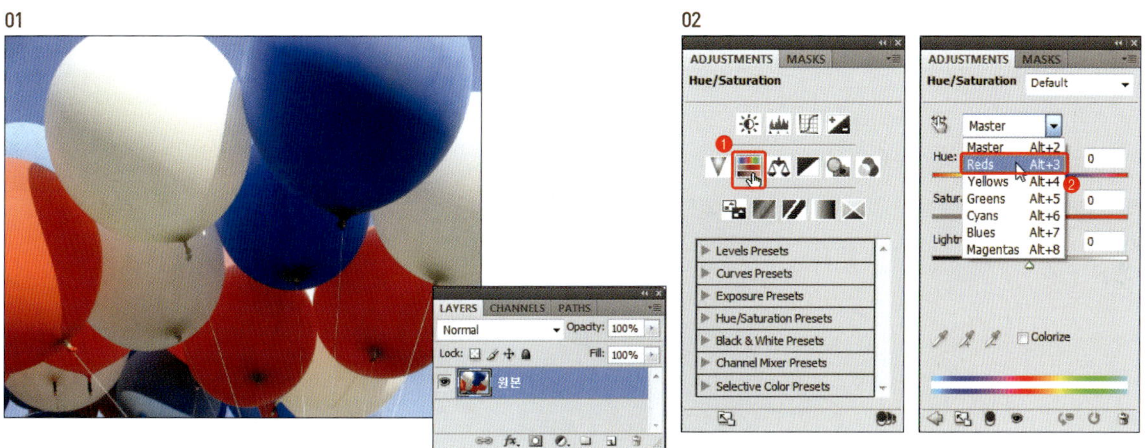

03 [Reds]가 선택된 상태에서 [Hue]의 값을 '38'로 바꿉니다. 이미지에 있는 모든 빨간 풍선이 노
란 풍선으로 바뀌었습니다.

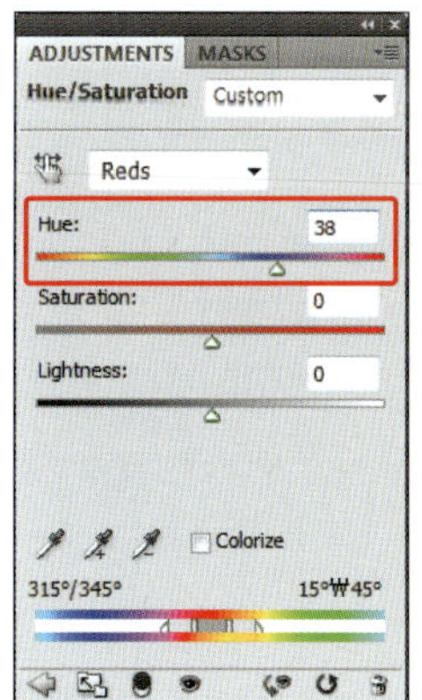

영향을 받는 색상 범위 넓히기

[Hue]의 수치를 변경함과 동시에 대화상자 아래쪽에 있는 색상 바도 함께 변한다는 것을 알 수 있습니다. 패널 하단에 나란히 놓여있는 색상 바 중에서 위쪽 색상 바는 원래 이미지의 색상을 표시하고, 아래쪽 색상 바는 바뀐 색상을 표시합니다. 색상 바의 왼쪽과 오른쪽에 각각 있는 눈금을 바깥쪽으로 넓혀주면, 영향을 받는 색상 범위(바뀌는 색상의 폭) 또한 넓어집니다.

 버튼을 이용해 색상 조절하기

이번 단계는 수치를 입력하는 대신 [Click & Drag] 버튼을 이용해 색상을 조절하는 방법에 대해 살펴봅니다.

01 패널 왼쪽 위에 있는 [Click & Drag] 버튼(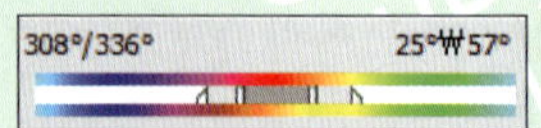)을 선택하고, 이미지 중에서 아직 붉은 기운이 남아 있는 영역으로 마우스 커서를 가져가 클릭하고 드래그합니다.

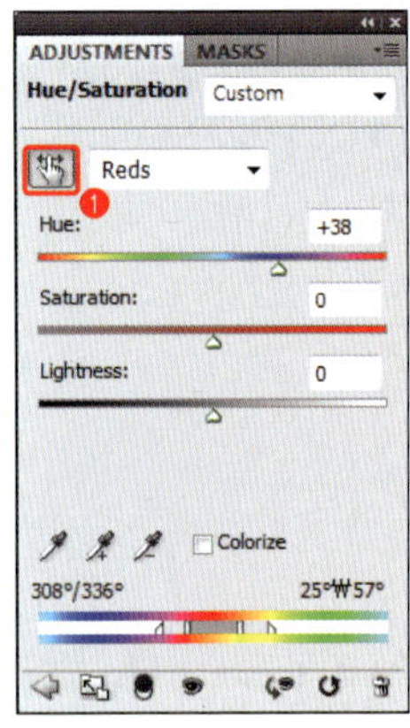
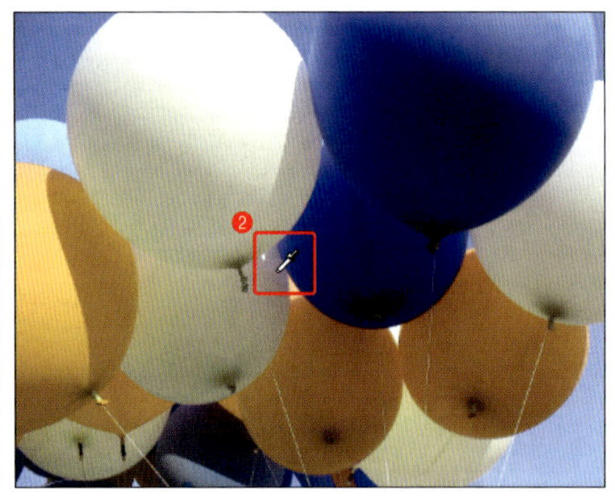

Click & Drag 버튼

포토샵 CS4에서 보강된 인터페이스 중 하나로서 매우 직관적이고 강력한 조절 방식입니다. 먼저 이 버튼을 패널에서 체크한 다음 색상을 바꾸기 원하는 곳으로 마우스 커서를 옮긴 후 클릭하고 드래그 합니다. 그러면 드래그하는 양만큼 색상 조절이 이뤄지기 때문에 그 변화를 눈으로 보면서 작업이 가능합니다. [Click & Drag] 버튼은 [Curves]나 [Black & White]같은 조정 레이어에서도 유용하게 쓰입니다.

02 색상 채널이 자동으로 [Magentas]로 바뀝니다. 이때 마우스를 좌우로 드래그하면 클릭한 부위의 채도가 조절됩니다. 채도를 '-55'로 낮춰 색상이 눈에 거슬리지 않도록 만듭니다.

03 [Magentas] 색상 채널이 선택된 상태에서 [Hue]를 '35'로 조절합니다. 눈에 거슬렸던 붉은 색상이 사라집니다.

> **TiP** [Click & Drag] 버튼이 선택된 상태에서, [Control]을 누르고 드래그하면 채도 대신 색상을 바꿀 수 있습니다.

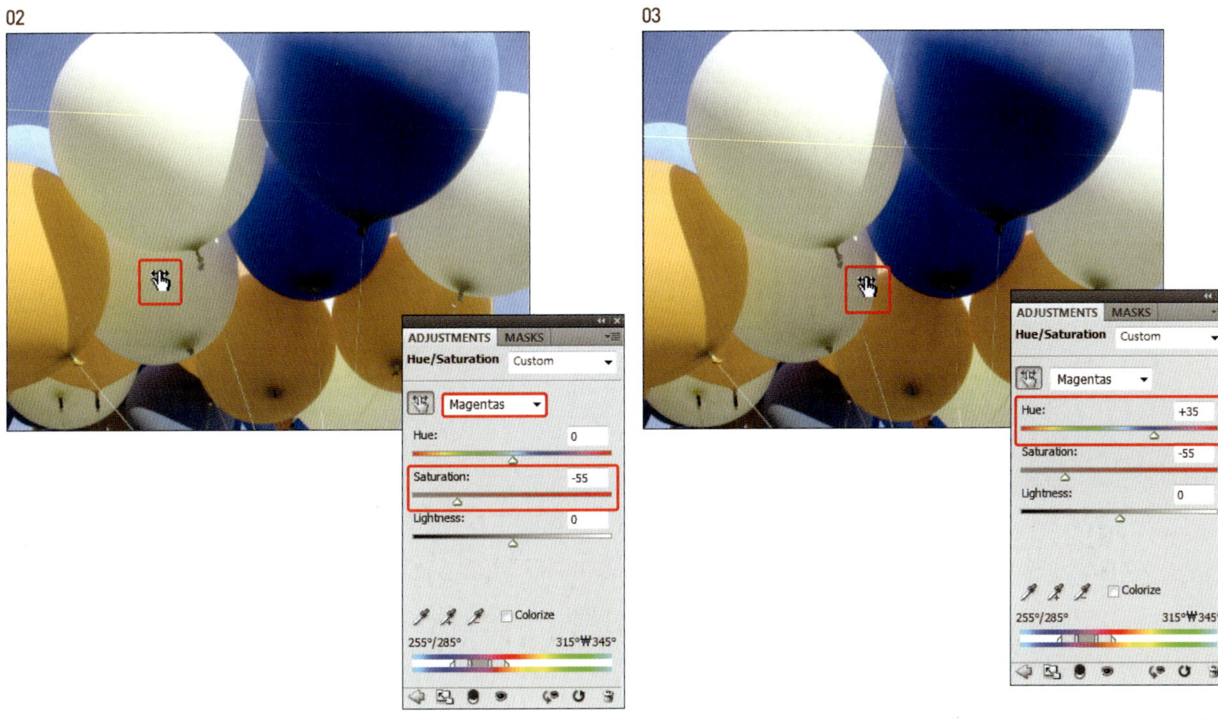

04 이번엔 `Ctrl`을 누른 채로 파란색 풍선 위를 드래그하여 [Hue]를 '-12'로 바꿉니다. 색상 채널이 자동으로 [Blues]로 바뀌면서 파란 풍선의 색상이 바뀝니다.

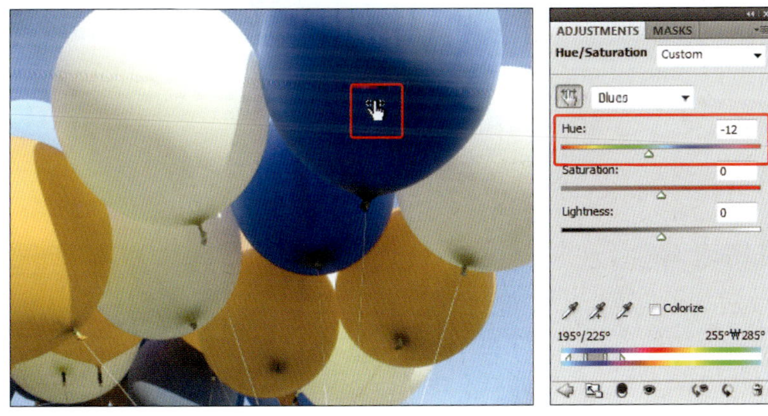

노란색과 파란색 풍선의 색상을 교체하는 작업을 마쳤습니다. 이제 레이어 마스크를 이용해 원래의 빨간색을
되살리는 작업을 진행해 보겠습니다.

01 툴박스에서 브러시 툴을 선택하고, 전경색을 검은색으로 맞춥니다. 그리고 브러시 옵션은 그림
과 같이 지정합니다.

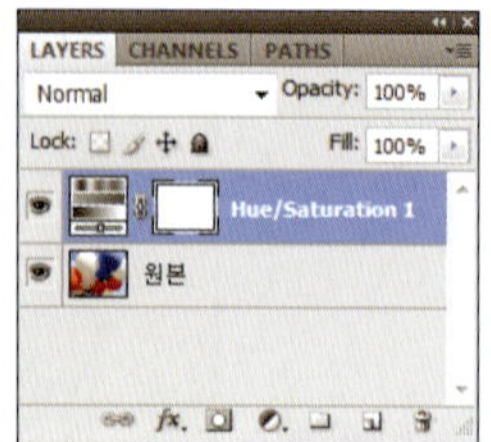
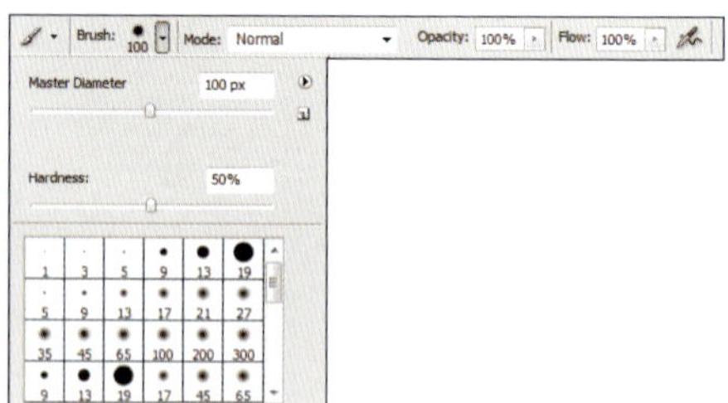

02 브러시의 크기와 경도를 조절해가며 레이어 마스크에서 아래 영역을 조심스럽게 칠합니다. 칠할
때는 화면을 확대한 상태에서 작업하는 것이 좋습니다. 칠한 영역은 가려지는 영역이 되므로 원
래 색상인 빨간색이 되살아납니다.

03 흰색 풍선에 낀 얼룩을 제거하기 위해 일부 흰색 풍선 영역도 칠하여 원래의 상태로 되돌립
니다.

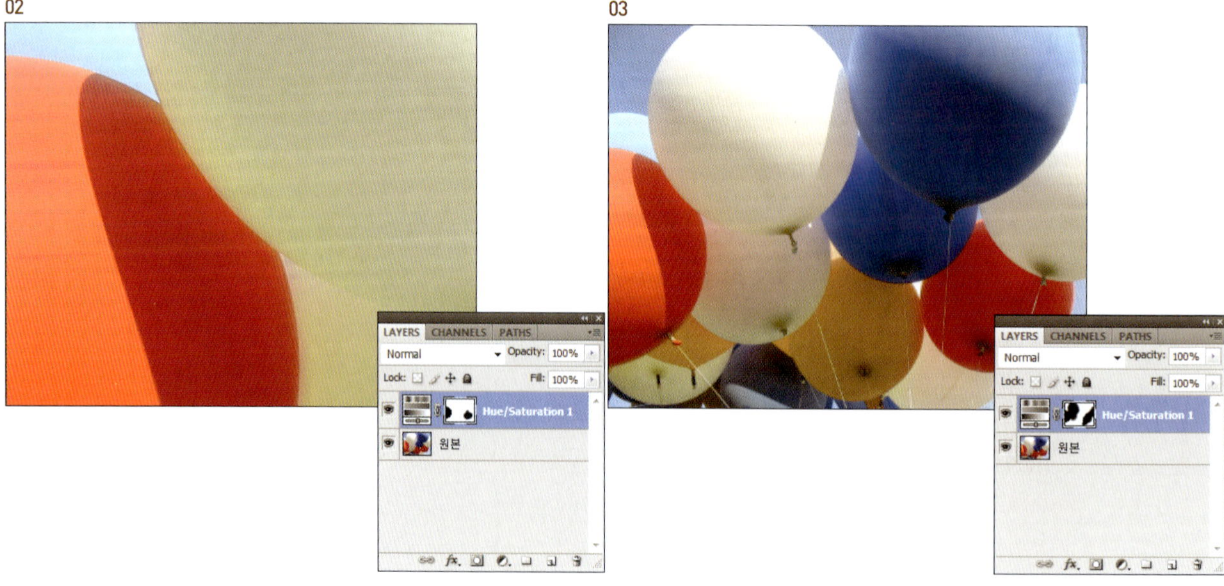

04 마지막으로 뒤쪽에 조그맣게 보이는 영역도 브러시 크기를 줄인 후 칠해서 빨간색이 살아나게
만듭니다.

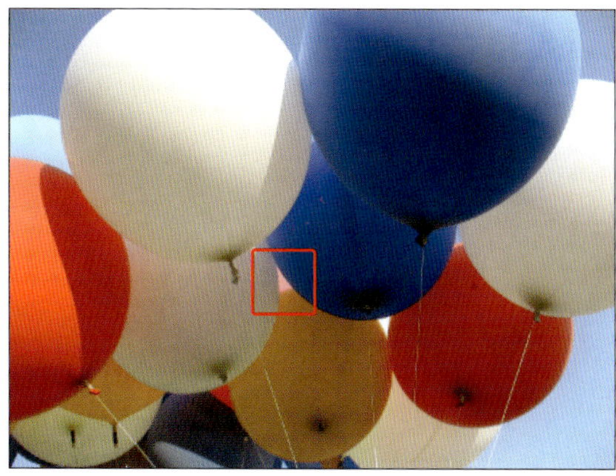

05 이미지가 완성되었습니다. 일부 풍선의 색상이 바뀌면서 좀 더 화려한 느낌을 줍니다.

178
179

대비가 심한
이미지 부드럽게 만들기

역광이나 사광으로 촬영된 이미지는 밝은 영역과 어두운 영역의 대비가 심하고 채도는 높으면서 어두운 경우가 많습니다.

이런 경우, Composite 채널과 블렌딩 모드를 통해 톤을 조절하면 문제를 손쉽게 해결할 수 있습니다. 이 예제에서는 밝은 영역을 어둡게 만드는 작업과 어두운 영역을 밝게 만드는 작업, 채도를 바꾸는 작업 등을 함께 사용합니다. 이와 같은 작업 패턴을 익히면 콘트라스트가 강한 이미지의 톤을 부드러운 느낌으로 바꿀 수 있습니다. 이것은 Level이나 Curve 등에서 한번에 콘트라스트를 약화시키는 것 보다 훨씬 정교하고 부드러운 느낌을 줍니다.

Part3\Sec3\원본.psd
Part3\Sec3\결과.psd

주요 사용 기능 Composite 채널, Hue/Saturation 조정 레이어, Photo Filter 조정 레이어, Curves 조정 레이어   난이도 ★★★

소스 Thomas Claveirole_by sa http://flickr.com/photos/thomasclaveirole/652851493/

STEP 1   밝은 영역을 어둡게 만들기

Photoshop Design

이 예제에서 주로 사용된 기능은 [Composite] 채널입니다. 이 기능의 활용에 대한 구체적인 설명은 PART 1 의 SECTION 4를 참고하시기 바랍니다.

01 [Ctrl]+[O]를 눌러 예제 파일(원본.psd)을 엽니다. 역광으로 인해 이미지가 전체적으로 어두운 상태입니다.   ● Part3\Sec3\원본.psd

02 [Alt]+[Ctrl]+[2]를 눌러 [Composite] 채널을 선택 상태로 불러옵니다. 밝은 영역 (Hightlight) 위주로 선택됩니다.

03 [Ctrl]+[J]를 눌러 선택영역을 새로운 레이어로 복제합니다. 레이어의 이름을 '밝은 영역 어둡게'로 바꾸고 블렌딩 모드를 Multiply '75%'로 조정합니다. 밝은 영역만 Multiply로 바꾸었기 때문에 밝은 영역이 살짝 어두워집니다.

01

02

03

Composite 채널

[Composite] 채널이란 [Red], [Green], [Blue] 같은 개별 채널이 아닌 RGB 같은 전체 채널을 말합니다. [Composite] 채널을 선택 상태로 불러들이려면 [Ctrl]을 누른 채로 [Composite] 채널을 클릭하거나, [Alt]+[Ctrl]+[2]를 누르면 됩니다. [Composite] 채널은 이미지의 명도에 따라 밝은 영역 (Highlight) 위주로 선택됩니다. 따라서 어두운 영역(Shadow)을 선택하고 싶다면 먼저 밝은 영역 (Highlight)을 선택한 다음, [Shift]+[Ctrl]+[I]를 눌러 선택을 반전시켜야 합니다.

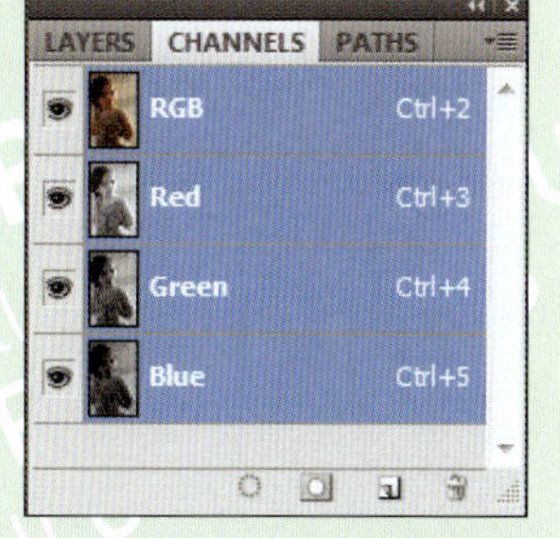

 어두운 영역을 밝게 만들기
Photoshop Design

STEP 1에서 Multiply 모드를 이용해 밝은 영역을 어둡게 만들었다면 이제 Screen 모드를 이용해 어두운 영역을 밝게 만들 차례입니다.

01 다시 '원본' 레이어만 선택한 후, `Alt` + `Ctrl` + `2`를 눌러 [Composite] 채널을 불러옵니다. 영역이 선택되면 `Shift` + `Ctrl` + `I`를 눌러 선택영역을 반전합니다. 이렇게 하면 어두운 영역(Shadow)이 선택됩니다.

02 `Ctrl` + `J`를 눌러 선택영역을 새로운 레이어로 복제한 후 생성된 레이어를 맨 위쪽으로 옮기고 레이어를 모두 켭니다. 레이어의 이름을 '어두운 영역 밝게'로 바꾸고 블렌딩 모드를 'Screen'으로 조정합니다. 어두운 영역만 Screen '100%'로 바꾸었기 때문에 어두운 영역이 많이 밝아지면서 이미지의 전체적인 콘트라스트가 약화됩니다.

01

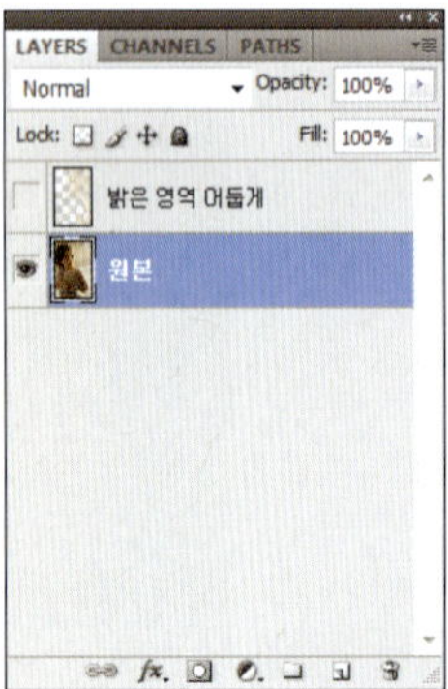

02

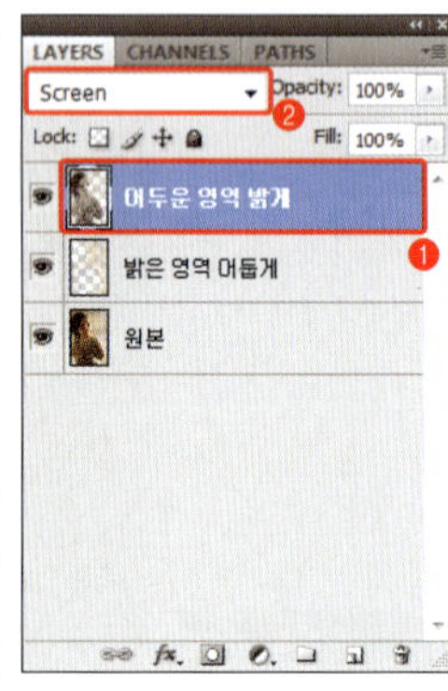

 채도와 색상 조절하기
Photoshop Design

이 단계에서는 채도를 조절하기 위해 [Hue/Saturation]을 사용하고, 색상을 조절하기 위해 [Photo Filter]를 사용하도록 합니다.

01 이미지의 전체적인 콘트라스트는 약화됐지만, 채도는 아직도 높은 편입니다. [Hue/Saturation] 조정 레이어를 새로 만들고, 패널에서 Saturation을 '-21'로 낮춥니다. 채도가 낮아지면서 이미지가 좀 더 차분해집니다.

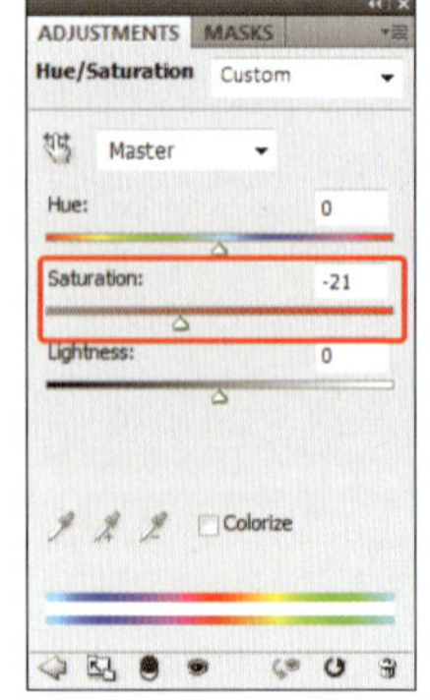

이미지의 톤을 자유롭게 조절하려면

이미지의 톤을 자유롭게 조절하려면 기본적으로 색상의 3요소인 색상(Hue), 채도(Saturation), 명도(Lightness)를 필요에 따라 개별적으로 혹은 종합적으로 조절할 수 있어야 합니다. 하지만 이것이 [Hue/Saturation] 조정 레이어에서 색상과 톤에 관한 모든 것을 한번에 조절할 수 있다는 의미는 아닙니다.

이미지의 톤을 잘 조절한다는 것은 목적에 따라 다르고, 작업자의 의도나 감성에 따라서도 다르기 때문에 정답이 없습니다. 하지만 각 기능들의 특성을 잘 활용하는 것이 중요합니다. 예를 들어 이미지의 채도를 조절할 때는 [Saturation]을 조절하는 것이 효과적이지만, 이미지의 밝기나 색상을 조절할 때는 [Curves]나 [Photo filter]등 다른 기능을 사용하는 것이 유리합니다.

한편 자주 사용되는 [Curves] 조정 레이어에서 콘트라스트를 높이면 명도 차가 증가할 뿐만 아니라, 채도도 함께 높아지게 됩니다. 따라서 이미지의 톤을 자유롭게 조절한다는 것은 이러한 기능들의 개별적 특성을 이해하고 필요에 따라 조합해서 사용할 수 있어야 한다는 것을 의미합니다. 또한 많은 테스트와 작업을 통해 이미지를 조절하는 훈련을 거쳐야 가능한 일입니다.

02 이번엔 이미지의 전체적인 분위기를 바꾸기 위한 쉬운 방법으로 [Photo Filter] 조정 레이어를 사용합니다. [Photo Filter] 조정 레이어를 추가하고 패널에서 다음과 같이 옵션을 지정합니다.

Color : #2d9161, Density : 37%, Preserve Luminosity

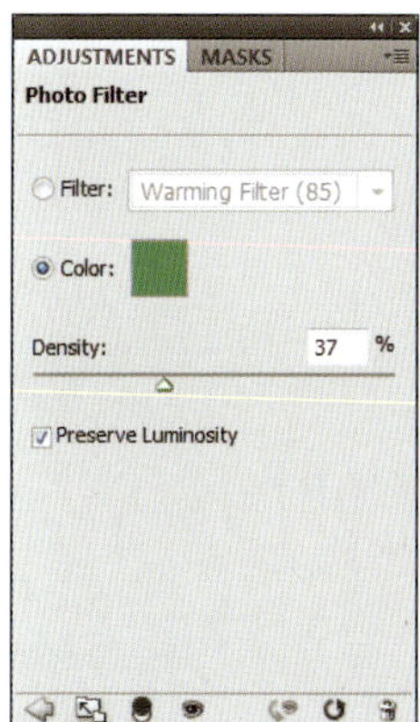

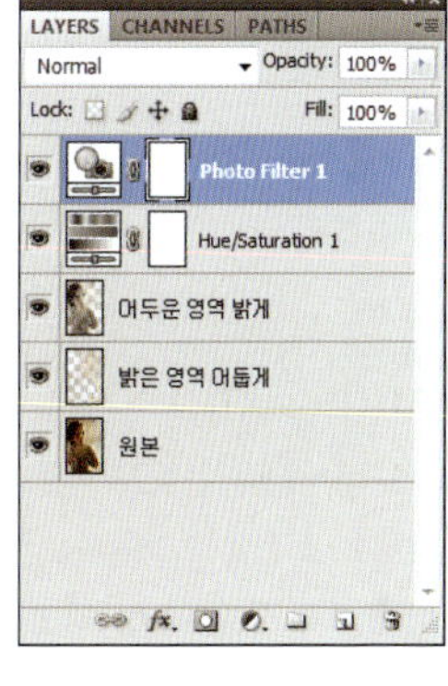

Hue/Saturation 대신 Photo Filter 조정 레이어를 사용한 이유

[Hue/Saturation] 조정 레이어에서도 색상 조절을 할 수 있지만, 이 기능은 모든 픽셀에 직접적으로 영향을 미치기 때문에 정교한 이미지 작업에는 권장하지 않습니다. 반면 [Photo Filter] 조정 레이어는 명암 비율에 따라 색상을 적용하므로 좀더 사실적인 결과를 얻을 수 있습니다. 다음 이미지는 원본 이미지(왼쪽)에 [Hue/Saturation]을 이용해 푸른색 톤으로 바꾼 경우(가운데)와 [Photo Filter]를 이용해 푸른색 톤으로 바꾼 경우(오른쪽)를 비교한 것입니다.

▲ 원본 Dustin Diaz by http://flickr.com/   ▲ Hue/Saturation] 조정 레이어를 사용한 결과   ▲ [Photo Filter] 조정 레이어를 사용한 결과
photos/polvero/ 3116414146/

이번 단계에서는 [Curves] 조정 레이어를 이용해 전체 채널 RGB와 개별 채널(Red, Blue, Green)에 각기 다른 효과를 적용해보겠습니다.

01 지금까지 전체적인 콘트라스트와 색상을 조절했으므로, [Curves] 조정 레이어를 이용해 톤 작업을 마무리하겠습니다. [Curves] 조정 레이어를 추가하고, 기본 채널(RGB)에서 가운데 지점(Midpoint)을 클릭한 후, 살짝 들어 올려 밝게 만듭니다. 중간톤이 약간 밝아집니다.

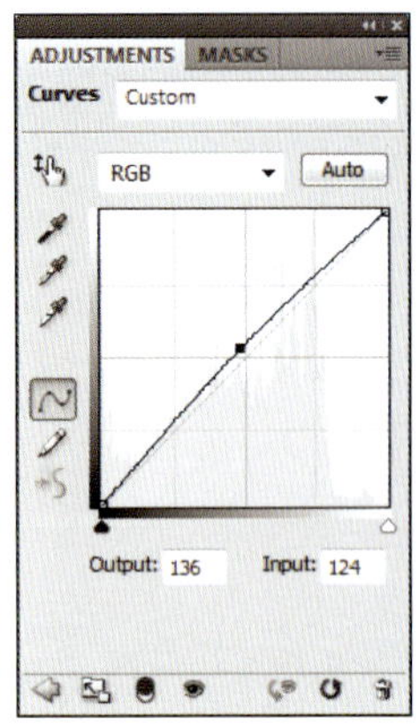

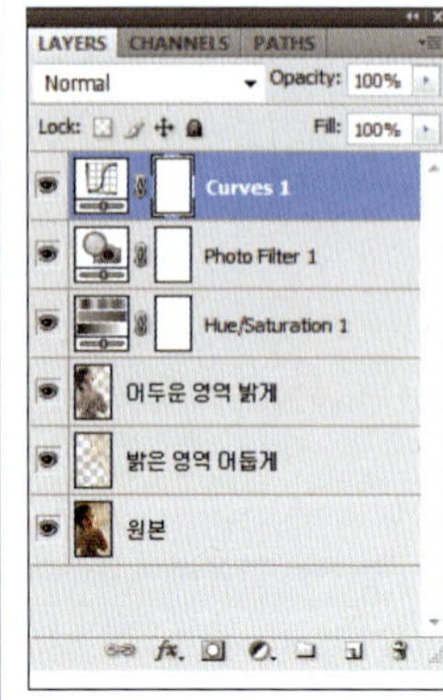

강력한 톤 조절 기능 Curves 조정 레이어

[Curves] 기능은 이미지의 톤을 조절할 때, 선형적 혹은 비선형적인 효과 적용이 가능한 강력한 기능입니다. [Curves] 기능이 [Level] 기능보다도 뛰어난 부분은 특정 계조를 자유자재로 조절할 수 있다는 점입니다. 예를 들어 [Curves] 기능은 중간 톤 위주로만 밝게 만들 수도 있고, 어두운 톤 위주로만 밝게 만들 수도 있습니다. 또한 특정 채널의 색상을 조절하는 것도 다른 기능들보다 다양합니다. [Curves] 기능의 활용에 대해서는 PART 1에서 언급한 내용을 참고하시기 바랍니다.

포토샵 CS4에서는 CS 제품군의 유기적인 통합을 위해 여러 가지 인터페이스가 바뀌었습니다. 그 중에는 단축키도 포함되어 있는데 포토샵에서 대표적으로 바뀐 단축키는 채널 작업에 관한 것입니다. 바뀐 내용은 아래 도표를 참고하기 바랍니다. (RGB 기준)

	채널 보기	채널을 선택으로 불러오기	(이미지조정) 대화상자에서 채널선택하기
RGB	Ctrl + ~ 〉 Ctrl + 2	Alt + Ctrl + ~ 〉 Alt + Ctrl + 2	Ctrl + ~ 〉 Alt + 2
Red	Ctrl + 1 〉 Ctrl + 3	Alt + Ctrl + 1 〉 Alt + Ctrl + 3	Ctrl + 1 〉 Alt + 3
Green	Ctrl + 2 〉 Ctrl + 4	Alt + Ctrl + 2 〉 Alt + Ctrl + 4	Ctrl + 2 〉 Alt + 4
Blue	Ctrl + 3 〉 Ctrl + 5	Alt + Ctrl + 3 〉 Alt + Ctrl + 5	Ctrl + 3 〉 Alt + 5

02 지금까지 전체 채널(RGB)에서 톤을 조절했다면, 이번엔 개별 채널(Red, Blue, Green)을 선택해 톤을 조절해 보겠습니다. [Red] 채널(Alt + 3)과 [Blue] 채널(Alt + 5)을 각각 선택해 아래 그림처럼 중간 톤을 살짝 끌어내립니다.

03 이렇게 하면 [Red]와 [Blue]가 각각 약해지기 때문에 상대적으로 [Green]톤이 강한 이미지가 됩니다.

02

03

04 이미지가 모두 완성되었습니다.

흑백 이미지
특정 부위만 컬러 살리기

이 예제는 이미지의 특정 영역만 색상을 드러내고 나머지는 흑백으로 만들어 특정 주제를 강조하고
자 할 때 사용하는 방법을 다루고 있습니다. 색상 이미지를 흑백으로 바꾸는 방법에는 여러 가지가
있지만, 다른 방법에 비해 Black & White 기능이 가장 정교하고 다양한 기능을 제공합니다.
이 예제의 경우 신호등 신호등 뒤편으로 보이는 배경의 노출이 부족한 상태입니다. 따라서 이미지
를 흑백으로 변환하기 전에 손상된 부분을 우선적으로 바로 잡도록 하겠습니다.

Part3\Sec4\원본.psd
Part3\Sec4\결과.psd

주요 사용 기능 Curves 조정 레이어, Black & White 조정 레이어　**난이도** ★★
소스 adactio by http://flickr.com/photos/adactio/154273144/

STEP 1 밝은 영역 어둡게 만들기
Photoshop Design

이미지를 흑백으로 바꾸기 전에 전체적인 톤을 다듬는 단계입니다. 이 예제에서도 [Composite] 채널을 이용하고 있습니다.

01 [Ctrl]+[O]를 눌러 예제 파일(원본.psd)을 엽니다.

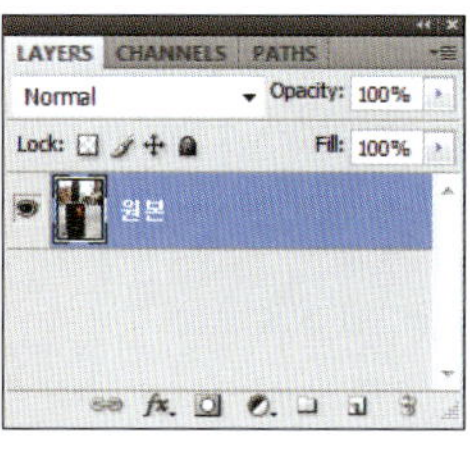

● Part3\Sec4\원본.psd

02 [Alt]+[Ctrl]+[2]를 눌러 [Composite] 채널을 불러옵니다. 밝은 영역(Highlight)이 선택됩니다.

03 [Ctrl]+[J]를 눌러 선택된 영역을 새로운 레이어로 복제합니다. 레이어 이름을 '중간톤 조절'로 바꾸고, 블렌딩 모드를 Multiply '50%'로 바꿉니다. 중간 톤이 살짝 어두워집니다.

02

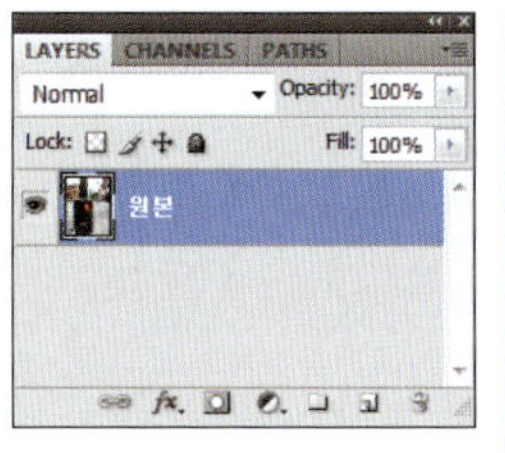

03

STEP 2 신호등 주변 배경을 어둡게 만들기
Photoshop Design

신호등을 제외한 나머지 영역에만 어두운 효과를 적용하려면 레이어 마스크에서 적용 범위를 구분해 줘야 합니다. 이러한 작업에는 주로 Gradient 툴이 사용되지만 여기서는 커다란 브러시를 사용하도록 하겠습니다.

01 '원본' 레이어를 선택하고 [Ctrl]+[J]를 눌러 레이어를 복제합니다. 이 레이어를 맨 위쪽으로 옮깁니다.

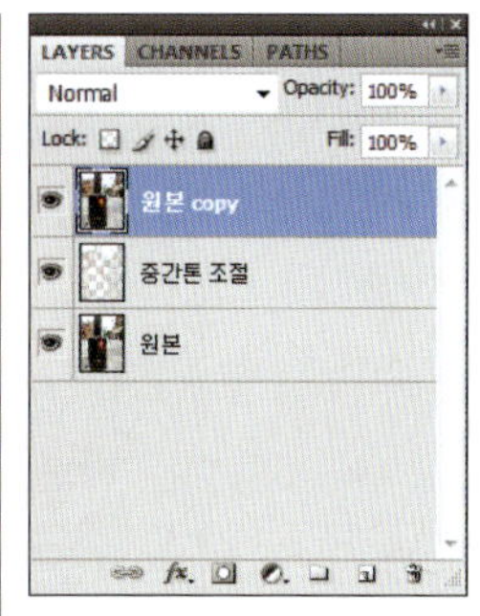

02 '원본 copy' 레이어의 블렌딩 모드를 'Multiply'로 바꾸고, 레이어 마스크를 추가합니다. 그리고 레이어의 이름을 '주변 어둡게'로 바꿉니다.

03 블렌딩 모드가 Multiply로 바뀌면서 이미지가 전체적으로 어두워진 상태입니다. 브러시 툴을 선택하고, [Brushes] 패널을 연 후, 패널 상단에 있는 [Brush Tip Shape] 항목을 클릭합니다. 그리고 나서 그림과 같이 옵션을 지정합니다.

04 검은색 브러시로 레이어 마스크 한가운데를 한 번 클릭해 그립니다. 레이어 마스크 한 가운데가 어두워집니다. 마스크에서 어두운 영역은 효과가 적용되지 않는 부분이므로, 실제 이미지에서는 바깥쪽이 어두워지게 됩니다.

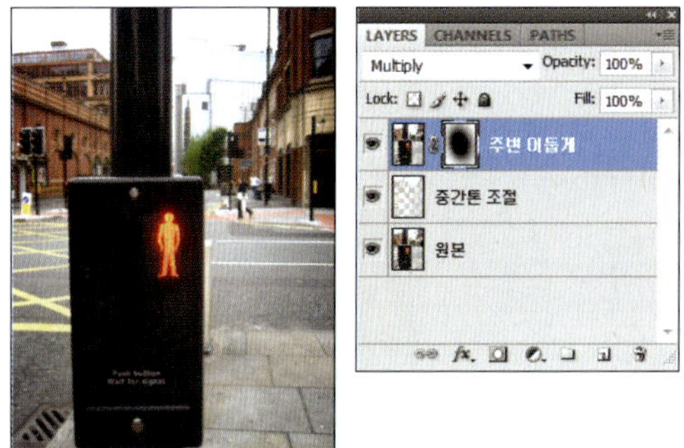

레이어 마스크로 특정 영역만 어둡게 만들기

이미지를 한차례 어둡게 조정했지만 신호등 뒤쪽에 보이는 건물은 아직도 여전히 밝습니다. 이미지 자체에서 노출이 맞지 않기 때문에 다시 한번 톤을 어둡게 조정한 후, 레이어 마스크에서 적용될 범위를 정해 해당 영역만 어둡게 만들도록 하겠습니다.

01 [Curves] 조정 레이어를 추가한 후, 블랙 포인트(Black point)를 잡고, 오른쪽으로 옮깁니다(RGB Outpu t: 0, Input : 49). 블랙 포인트를 오른쪽으로 옮길수록 이미지의 레벨은 압축되므로, 이미지는 어두워지고 콘트라스트 또한 강해집니다.

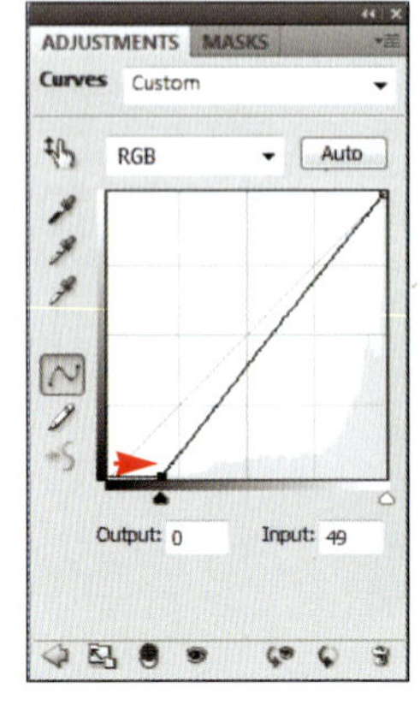

02 이번에는 패널 왼쪽 위에 있는 [Click & Drag] 버튼( )을 선택하고, 신호등 오른쪽에 있는 밝은 건물을 클릭한 후 아래쪽으로 드래그합니다. 이 기능은 앞서 설명한대로 매우 직관적이고 편리한 톤 조절 기능입니다. 지나치게 밝은 지점이 선택되지 않도록 주의합니다.

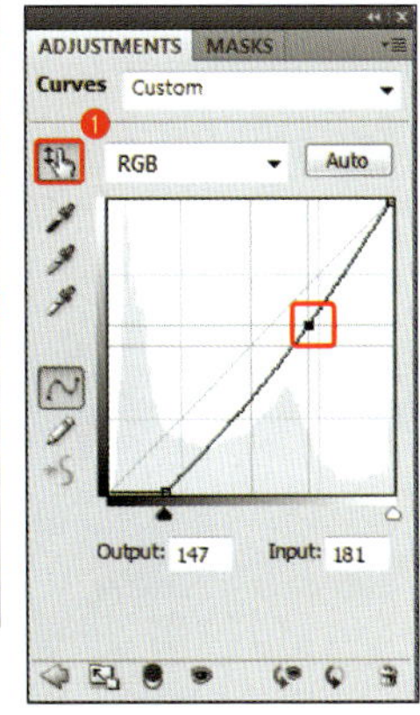

03 밝은 건물이 있는 영역에만 [Curves] 효과가 적용되도록 레이어 마스크에서 나머지 부분을 검은색으로 그립니다. 그릴 때는 화면을 확대한 상태로 브러시의 크기를 조절해가며 그리는 것이 좋습니다.

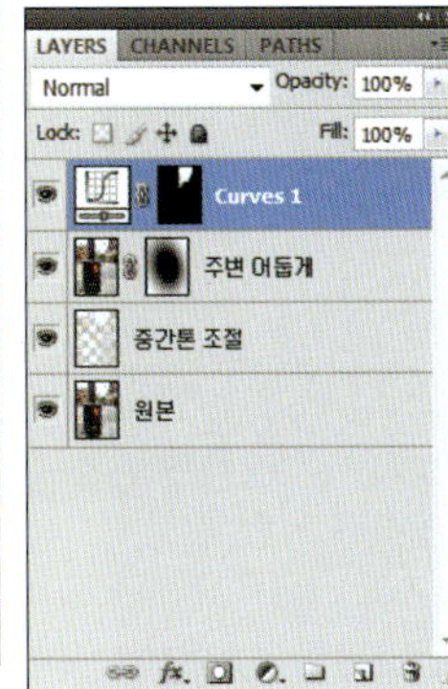

188
189

STEP 4 컬러 이미지를 흑백 상태로 바꾸기

Photoshop Design

이제 톤 조절 작업을 마쳤으므로 이미지를 흑백으로 변환할 차례입니다.

01 이미지를 흑백 상태로 바꾸기 위해 [Adjustments] 패널에서 아이콘을 클릭해, [Black & White] 조정 레이어를 추가합니다.

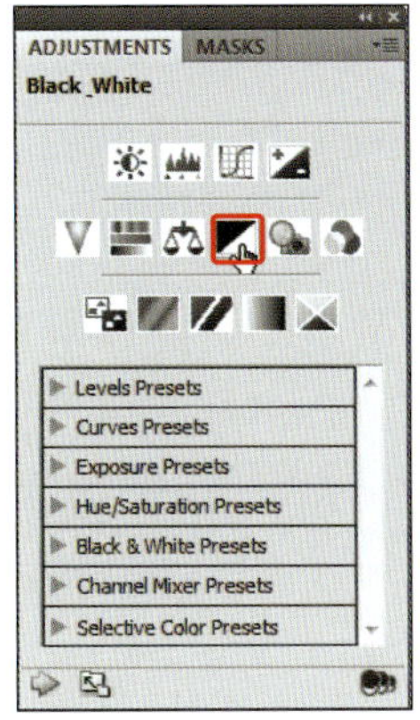
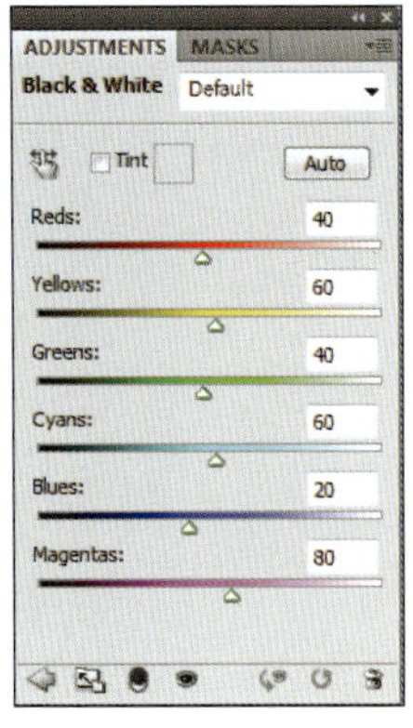

02 이미지가 흑백 상태로 바뀝니다.

03 [Black & White] 조정 레이어가 생긴 후에는 언제든지 색상 슬라이더를 조절해 흑백 농도를 맞
출 수 있습니다. 하지만 일일이 슬라이더를 드래그해서 적절한 톤을 찾는다는 것은 쉽지 않은
일입니다. 이 기능에서도 [Click & Drag] 버튼(🖐)을 활용할 수 있으므로 버튼을 클릭한 후, 원하는 영
역을 클릭하고 드래그하는 방식으로 톤을 조절합니다.

Black & White 패널

[Black & White] 패널의 기본값(Default)을 살펴보면 Reds(40%), Greens(40%),
Blues(20%)의 합(RGB)이 100%이고, Cyans(60%), Magentas(80%), Yellows(60%)의
합(CMY)이 200%로 구성된 것을 알 수 있습니다. [Black & White] 패널에는 다른 조정
기능들과 마찬가지로 [Auto] 버튼이 있습니다. 어디에서부터 시작해야 할지 막막한 경우라
면 [Auto] 버튼을 클릭해 기본적인 톤을 조정한 후, 세부적인 조정은 나중에 합니다. 또한
오른쪽 위에 있는 Preset 중 하나를 선택해 가장 적합한 톤을 지정하고 난 후에 세부적인
조정을 해도 좋습니다.

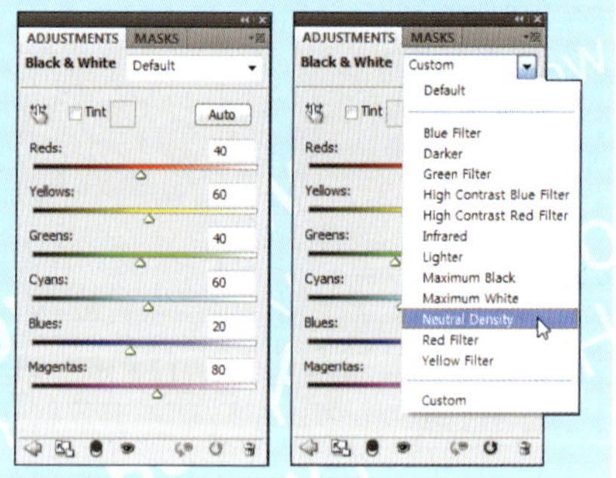

Channel Mixer와 Black & White 기능 비교

CS4가 등장하기 이전까지 흑백 이미지 변환을 위해 사용 되어온 [Channel Mixer] 기능은 Total(전체) 수치가
100%를 넘어서면 이미지의 계조가 손상되는 클리핑(Clipping) 현상이 나타났습니다. 그러나 [Black & White] 기
능은 수치를 끝까지 높이더라도 이러한 현상이 나타나지 않으므로 편리합니다.

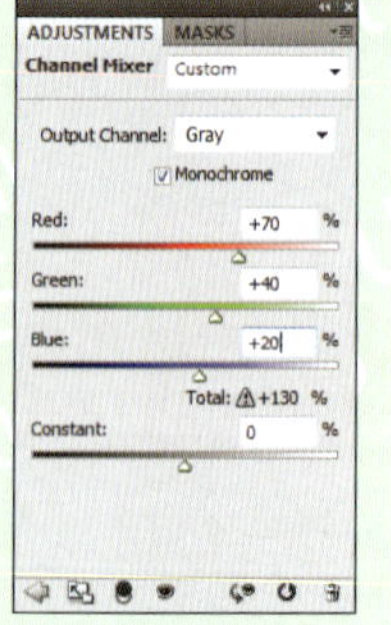

STEP 5 특정 영역의 컬러 되살리기
Photoshop Design

이제 레이어 마스크의 특정 영역을 어둡게 칠해 부분적으로 컬러가 되살아나도록 만들 차례입니다.

01 브러시 툴을 선택한 후, [Brushes] 패널에서 다음과 같이 옵션을 지정합니다.

02 레이어 마스크가 선택된 상태에서 붉은색 신호가 있는 부위로 마우스를 가져가 클릭합니다. 칠해진 부위는 원래의 색상이 되살아나기 때문에 강조되어 보입니다.

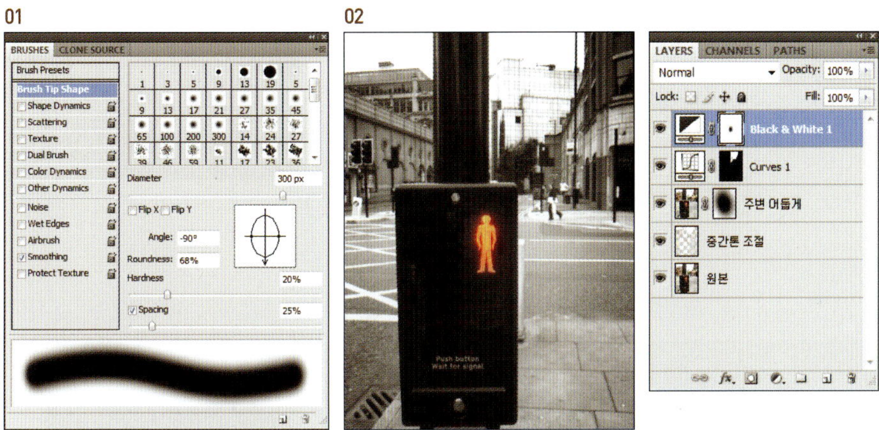

03 완성된 이미지입니다. 흑백이미지 상태에서 부분적으로 드러난 컬러 영역은 색상 및 채도가 주변 흑백 이미지와 대비를 이루기 때문에 높은 주목성을 지니게 됩니다. 이러한 작업은 특정 사물을 강조하고자 할 때 매우 유용합니다.

색온도를 바꿔
시간대 표현하기

앞서 잠깐 다루었듯이 가장 손쉽게 이미지의 색상톤을 바꾸는 방법에는 Photo Filler가 있습니다. 이 기능은 색상을 원하는 대로 바꾸면서도 전체적인 톤의 흐름은 그대로 유지시켜준다는 장점이 있습니다. 이 기능은 실제 카메라 렌즈에 부착하는 컬러 필터와 유사한 역할을 하는데 이 기능을 이용하면 색온도를 바꾸는 것과 같은 효과를 얻을 수 있기 때문에 이미지의 촬영 시간대별 느낌을 다르게 연출 할 수 있습니다. 또한 특정 색상이 지나치게 강한 경우의 문제(Color Cast)도 해결할 수 있습니다.

Part3\Sec5\원본.psd
Part3\Sec5\결과.psd

주요 사용 기능 Photo Filter 조정 레이어   난이도 ★★
소스 josef.stuefer by http://flickr.com/photos/josefstuefer/54676138/

이 예제는 하나의 이미지를 이용해서 아침과 낮, 늦은 오후 3가지의 시간대별 색상 톤을 연출하는 과정을 담고 있습니다. 이 과정에서 [Histogram] 기능을 이용해서 이미지 상태를 살펴보도록 합니다.

01 Ctrl + O 를 눌러 예제 파일(원본.psd)을 엽니다.

◉ Part3\Sec5\원본.psd

02 작업에 앞서 [Histogram] 패널에서 어두운 부분만 드래그해서 분포를 살펴보면, 중간톤(Midtone) 이후의 어두운 영역(Shadow)이 전체 픽셀의 83% 이상을 차지하고 있는 로우키(Low-Key) 이미지라는 것을 알 수 있습니다. 숲 속에서 역광으로 촬영된 이미지이기 때문에 빛이 새어 들어오는 곳을 제외한 나머지 영역은 어두운 상태입니다. 이 예제는 시간대에 따른 실제 색온도를 재현한다기보다는 명암은 그대로 유지한 채, 전체적인 색감만 바꿔서 분위기를 연출하는 작업이라고 보는 것이 맞습니다.

01

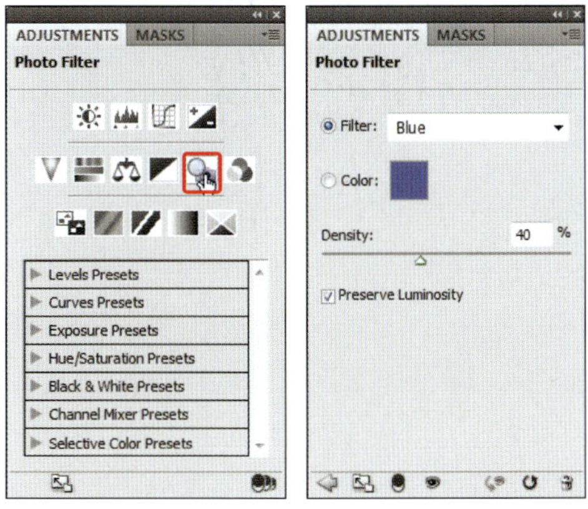

02

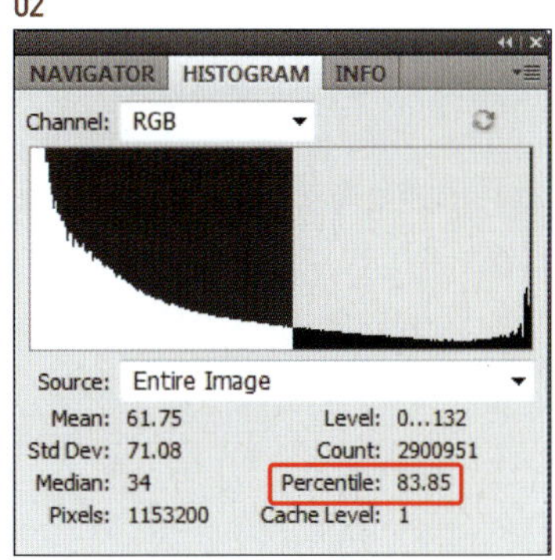

02 중간톤 이후 어두운 영역이 83% 이상을 차지하고 있는 로우키 이미지

03 [Adjustments] 패널에서 [Photo Filter] 조정 레이어 아이콘( )을 클릭합니다. 현재 이미지의 상태보다 높은 색온도로 만들기 위해 [Photo Filter] 패널에서 Filter를 [Blue]로 지정하고, Density(농도)를 '40%'로 조정합니다. Density가 높아질수록 필터의 효과는 강해집니다.

Tip [Preserve Luminosity] 옵션은 기본값으로 지정되어 있습니다. 이 옵션은 특별한 경우가 아니라면 반드시 체크해둡니다. 이것은 이미지의 명암을 유지한 채 색상만을 교체하는 역할을 합니다.

색온도

사람이 눈으로 보는 물체의 색에는 물체 고유의 색뿐만 아니라 광원에서 오는 빛도 섞여있기 마련입니다. 하지만 사람의 눈은 물체가 있는 상황과 형태에 영향을 받으면서 물체의 색을 인식하기 때문에 정확한 색상을 구분하기는 어렵습니다.

예를 들어 빨간 장미꽃을 보게 되면 주변 조명의 상태와 무관하게 실외에서 본 장미꽃이나 실내에서 본 장미꽃 모두 비슷한 빨간색으로 인식하게 됩니다. 이와 달리 카메라는 물체 자체의 색과 광원의 색이 결합된 상태를 물리적으로 표현하기 때문에 사람의 눈으로 보는 물체의 색과 카메라로 촬영된 결과물 사이에는 상당한 차이가 발생합니다.

따라서 광원을 식별하기 어려운 시각적 특성상, 사진 촬영 시 사용되는 광원의 온도를 알 필요가 있는데, 이것을 수치로 표현한 것이 바로 색온도 (Color Temperature)입니다.

▲ Camera Raw에서 색온도를 조절하면 보다 정교한 조정이 가능하다.

색온도의 단위는 캘빈(°K)으로 표시하는데, 이것은 광원 자체의 온도가 아닌 절대온도(°K)를 의미합니다. 색온도는 색상이 주는 느낌과는 반대로, 색온도 수치가 높을수록 푸른 빛을 띠고, 낮을수록 붉은 빛을 띱니다.

대부분의 카메라에는 광원의 상태를 보정할 수 있는 화이트밸런스(White Balance) 기능이 있는데, 이 기능을 이용하면 자주 사용되는 환경에 따라 색온도를 정할 수 있으며, 카메라에 따라 특정수치로 색온도를 지정할 수도 있습니다. 포토샵에서 화이트밸런스를 가장 정교하게 조정하는 방법은 RAW 방식으로 촬영하고, Camera Raw에서 맞추는 것이지만, 간단한 느낌을 내기에는 [Photo Filter] 기능을 이용하는 것도 나쁘지 않습니다.

색온도는 주변 환경이나 여러 요소들에 의해서도 영향을 받기 때문에, 정해진 규칙이라기보다는 참고하기 위한 수단으로 삼는 것이 좋습니다.

푸른 하늘	흐린 하늘	맑은 날 정오	주 광	월광	백색 형광등	플러드, 램프
8000~12,000K	7000K~7500K	5000K~7000K	5500K	4100K	4000~4400K	3400K
텅스텐, 램프	할로겐등	백열등	가정용 전구	가스등	양초	나트륨등
3200K	3000~3400K	2600~3300K	2500K	2000~2200	1700~2000K	1800K

04 [Photo Filter] 옵션에서 [Blue]를 지정했기 때문에 이미지에 전체적으로 푸른 색상이 스며들면서 숲의 색상톤은 이른 아침 또는 차가운 겨울 분위기로 바뀝니다. 조정 레이어의 이름을 '아침 느낌'으로 바꿉니다.

STEP 2   낮 느낌 표현하기
Photoshop Design

이번엔 옵션을 조절해서 낮 느낌으로 바꾸어 보겠습니다.

01 '아침 느낌' 레이어가 선택된 상태에서 Ctrl + J 를 눌러 복제합니다. 복제된 레이어의 이름을 '낮 느낌'으로 바꿉니다. 이제 '아침 느낌' 레이어는 꺼두고, '낮 느낌' 레이어를 더블클릭합니다.

02 [Photo Filter] 패널에서 다음과 같이 컬러와 옵션을 지정합니다.

Color : #ffa800, Density : 58%

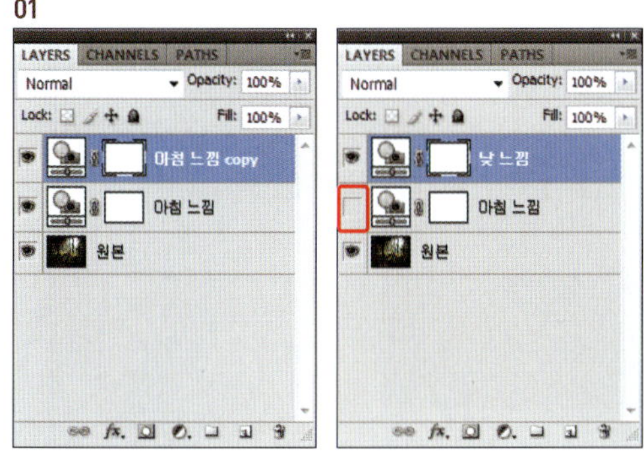
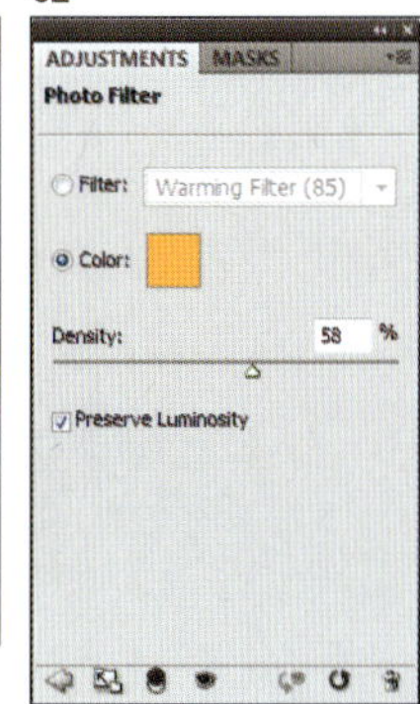
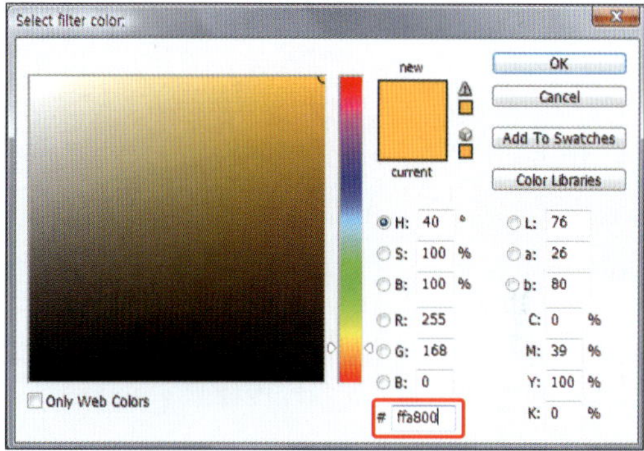

03 주황색 계열을 지정했기 때문에 이미지에 전체적으로 따뜻한 색상이 스며들면서 따뜻한 낮 느낌으로 바뀝니다.

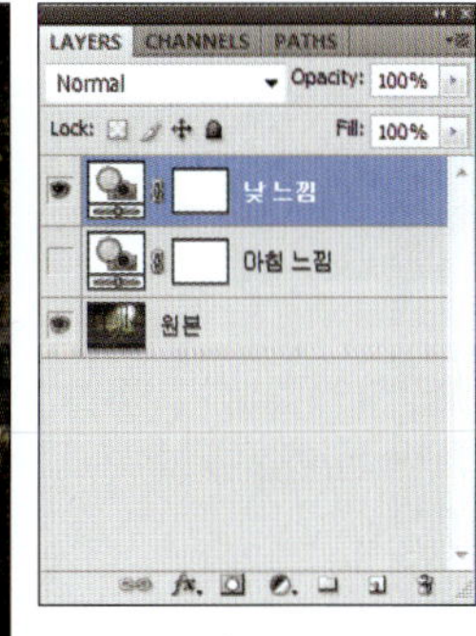

지금까지와 마찬가지로 옵션 수치를 조절해 다른 시간대의 분위기를 연출해 보겠습니다.

01 '낮 느낌' 레이어가 선택된 상태에서 Ctrl + J 를 눌러 복제합니다. 복제된 레이어의 이름을 '늦은 오후 느낌'으로 바꿉니다. 이제 '원본' 레이어와 '늦은 오후 느낌' 레이어만 켠 상태에서 '늦은 오후 느낌' 레이어를 더블클릭합니다.

02 [Photo Filter] 패널에서 다음과 같이 옵션을 지정합니다.

Color : #ed1e27, Density : 58%

01

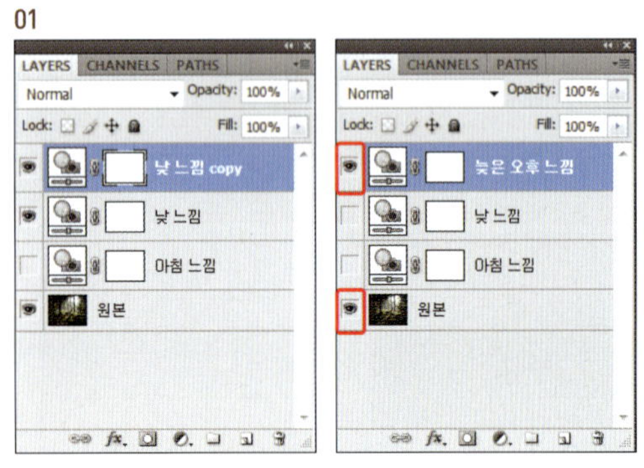

02

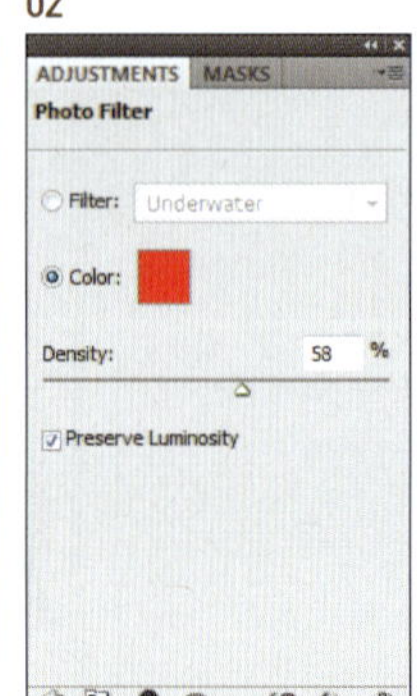

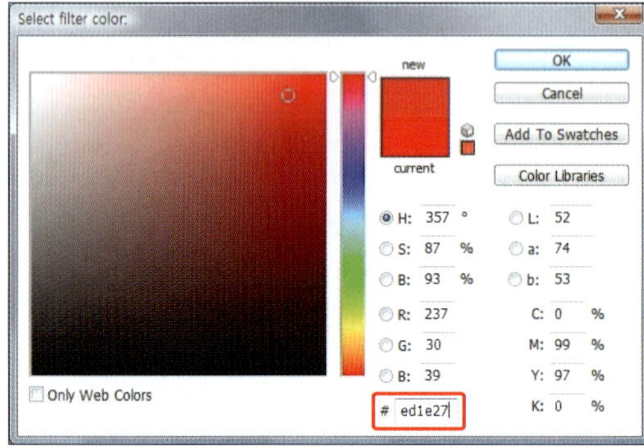

03 늦은 오후 느낌의 이미지가 완성되었습니다. 실제 작업을 마치기 위해서는 전체적인 톤도 조절해야 하지만, 이 예제를 진행한 목적이 [Photo Filter]를 활용하기 위한 것이므로 이 단계에서 작업을 마무리합니다.

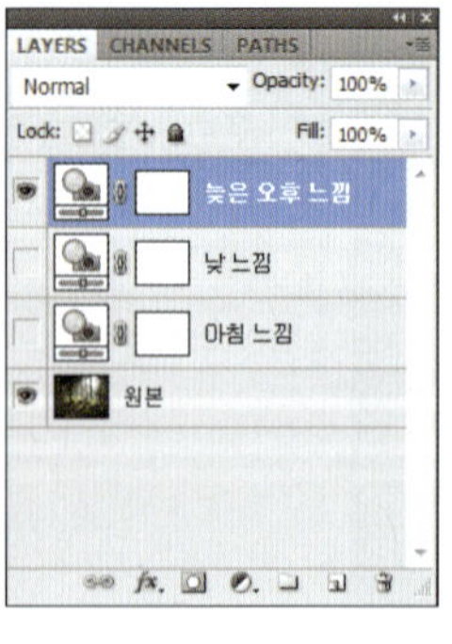

T iP [Photo Filter] 효과를 적용할 때, 원하는 느낌이 바로 나오지 않는다면, [Color]와 [Density] 옵션을 번갈아 가며 미세하게 조정하는 것이 좋습니다.

04 3가지의 시간대별로 색상톤을 조절해 보았습니다. 이 같은 방법으로 색상을 지정하면 또 다른
시간대와 분위기를 연출할 수도 있습니다.

04 결과(아침 느낌, 낮 느낌,
늦은 오후 느낌)

SECTION 6

흑백 이미지에 **컬러 덧입히기**

흑백 이미지에 색상을 덧입히는 작업을 보통 '컬러링'이라고 부릅니다. 이런 유형의 작업은 마스킹 작업을 필요로 하고, 기존의 톤에 따라 색상을 입히고 채도도 조절해야 하므로 상당한 인내심을 필요로 합니다. 이러한 작업은 작업자에 따라 기법이 다르기 때문에 정법이 있다고 보기는 어렵습니다. 하지만 공통적으로 주의할 점은 색조를 살리는 것과 적절한 채도를 맞추는 것입니다. 특히 섀도 영역의 채도가 높아지지 않도록 주의합니다.

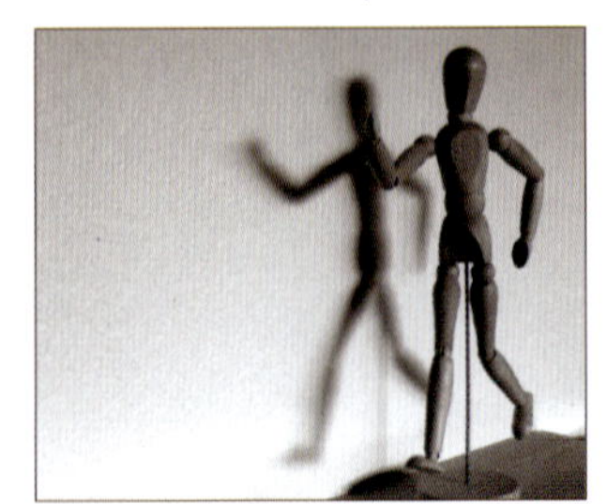

Part3\Sec6\원본.psd
Part3\Sec6\결과.psd

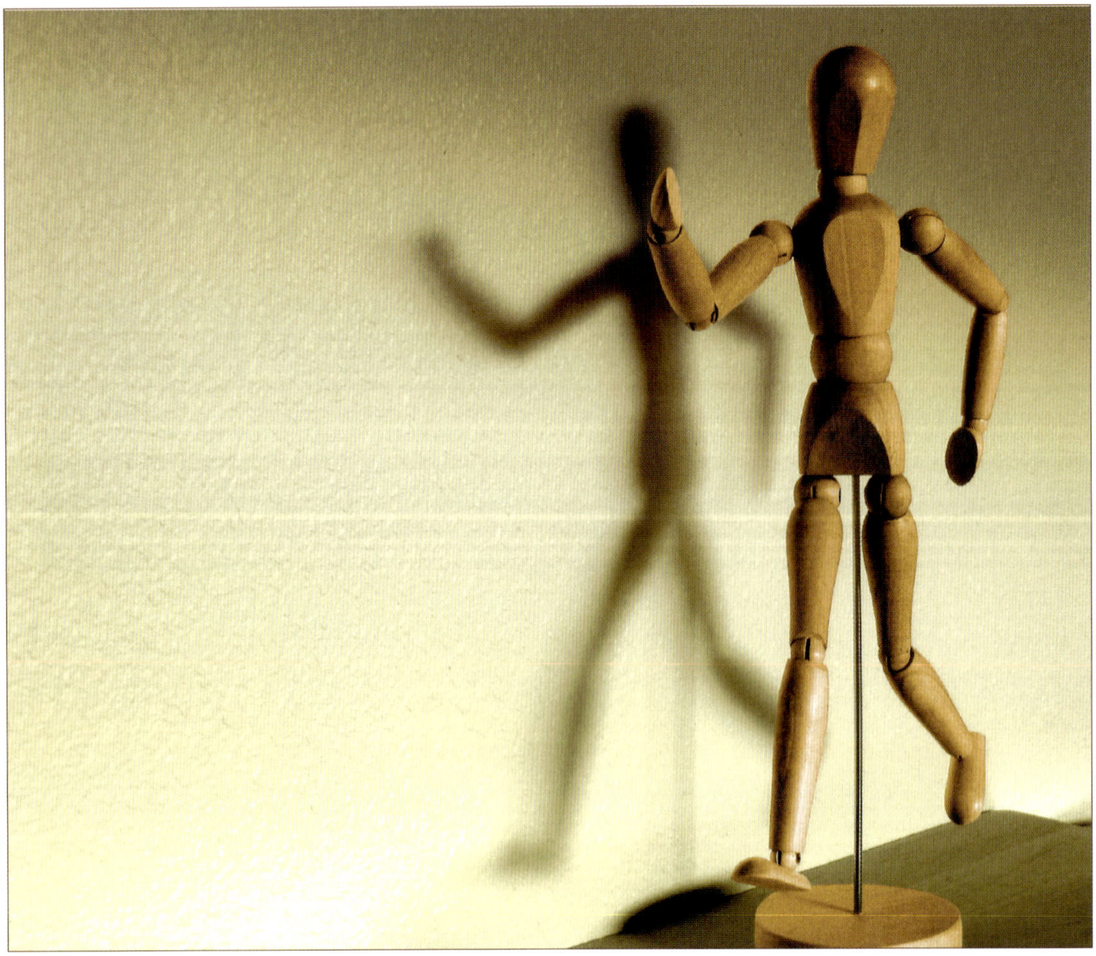

주요 사용 기능 Quick Selection 툴, Curves 조정 레이어, Gradient 툴 **난이도** ★★★★

소스 **geodesic by** http://www.flickr.com/photos/geodesic/89654977/in/set-1729962/

STEP 1 Quick Selection 툴로 나무인형 선택하기
Photoshop Design

현재 이 이미지는 달리는 모습의 나무인형과 그림자가 표현된 Grayscale 이미지입니다. 이미지를 채색하기에 앞서 정교하게 선택하는 과정이 필요합니다.

01 Ctrl + O를 눌러 예제 파일(원본.psd)을 엽니다.

● Part3\Sec6\원본.psd

02 Grayscale 모드에서는 색상을 사용할 수 없으므로 Image 〉 Mode 〉 RGB Color를 선택해 RGB 모드로 전환합니다.

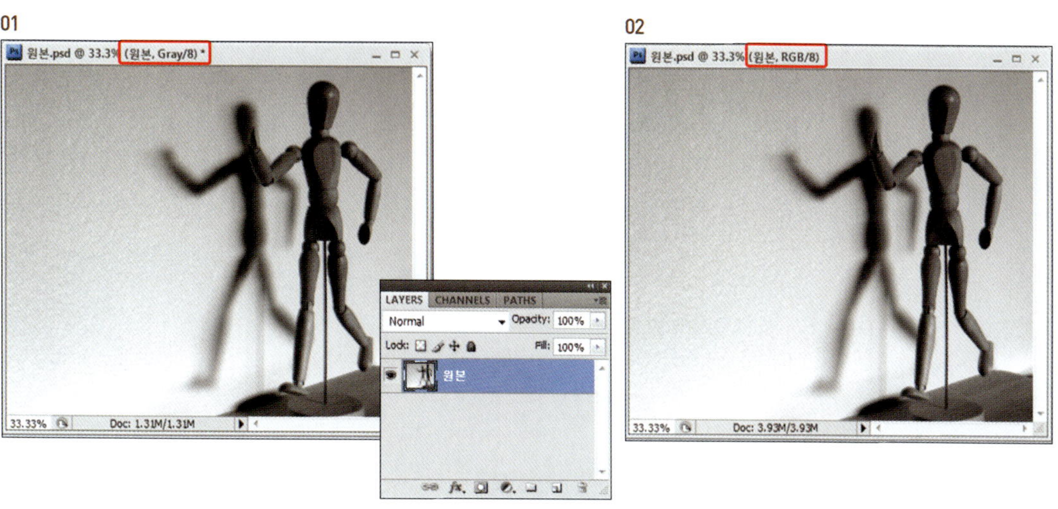

03 나무인형과 배경에 각각 다른 색상을 입혀야 하므로, 나무인형을 마스킹해서 배경과 분리하도록 하겠습니다. 우선 Quick Selection 툴( )을 선택하고, 아래와 같이 옵션을 지정합니다. [Auto-Enhance] 박스를 체크하면 시간은 좀 더 걸리지만 보다 정교한 결과를 얻을 수 있습니다.

Quick Selection 툴

Quick Selection 툴은 포토샵 CS3에서부터 추가된 기능입니다. 이미지의 특정 영역을 선택한다는 점에서 Magic Wand 툴과 유사하지만, 선택영역을 Tolerance가 아닌 브러시 크기로 결정한다는 점에서 다릅니다. 브러시로 선택하기 때문에 특히 좁고 가느다란 영역을 선택할 때 편리합니다. 또한 Quick Selection 툴( )은 Magic Wand 툴( )과 달리 '추가선택하기'(Add to Selection) 옵션( )이 기본으로 설정되어 있으므로 별도의 키를 누르지 않아도 연속적으로 선택할 수 있습니다.

04 나무인형의 머리 부분부터 서서히 드래그해서 선택합니다.

05 영역에 따라 브러시의 크기를 조절해가며 선택영역을 늘려갑니다.

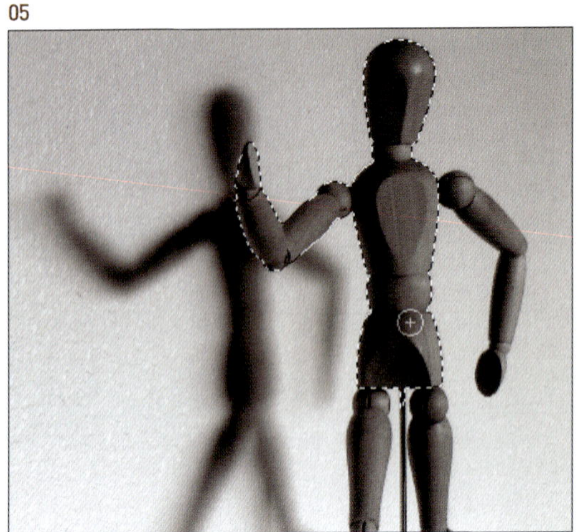

06 손끝처럼 영역이 좁은 곳은 브러시 크기를 줄여서 선택합니다.

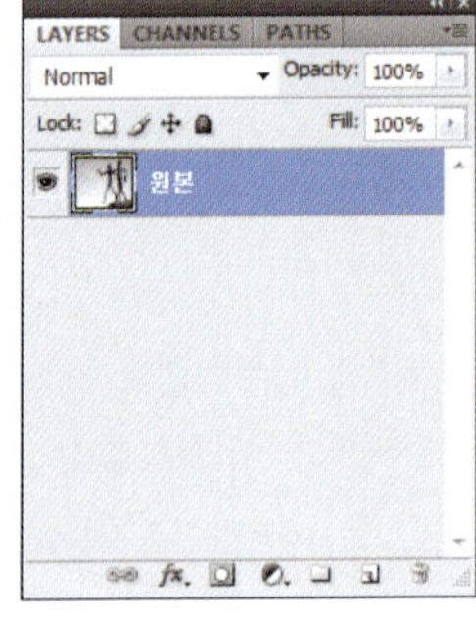

잘못된 선택을 지우는 법

만약 원치 않는 영역이 선택되었다면 Subtract from selection(▨) 옵션을 선택한 후, 그 곳을 선택해서 지웁니다.

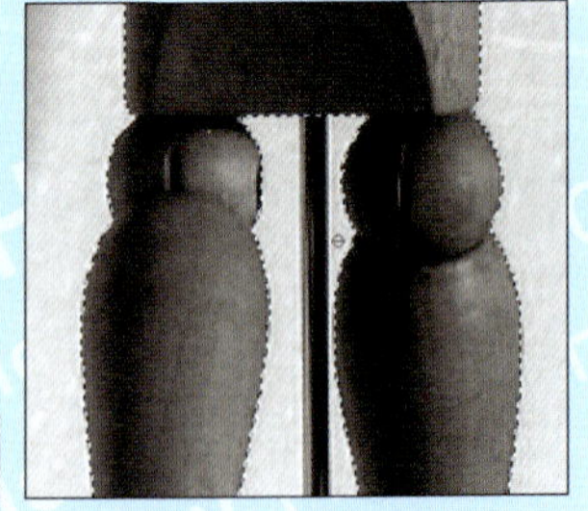

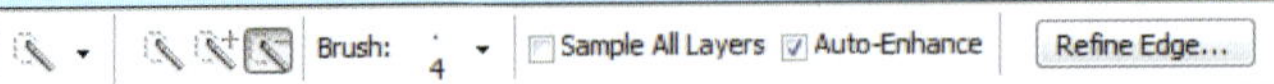

07 필요에 따라 Add to Selection(⬚) 옵션과 Subtract from selection(⬚) 옵션을 번갈아 사용하면서 나무인형을 깔끔하게 마스킹합니다.

08 [Q]를 눌러 퀵 마스크 모드로 들어갑니다. 나무인형의 외곽선이 자연스럽게 선택되었는지 확인합니다. 부자연스러운 부분이 있다면 작은 크기의 브러시를 이용해 어색한 부분만 따로 정리합니다.

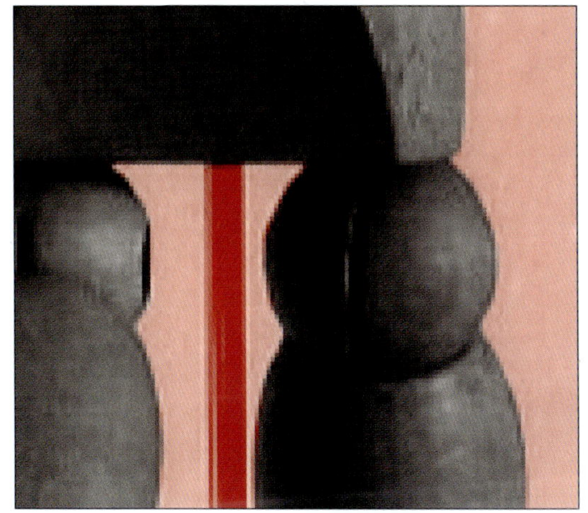

어떤 퀵 마스크 옵션이 좋은가요?

퀵 마스크 옵션은 어떤 영역이 선택되었는가를 표시하는 옵션으로서 단순히 구분하기 위한 용도이기 때문에 어떤 방식을 선택해도 무방합니다. 퀵 마스크 옵션은 퀵 마스크 모드 아이콘을 더블클릭하면 나타납니다. 이 책에서는 기본값인 'Masked Areas 50%'를 그대로 사용합니다.

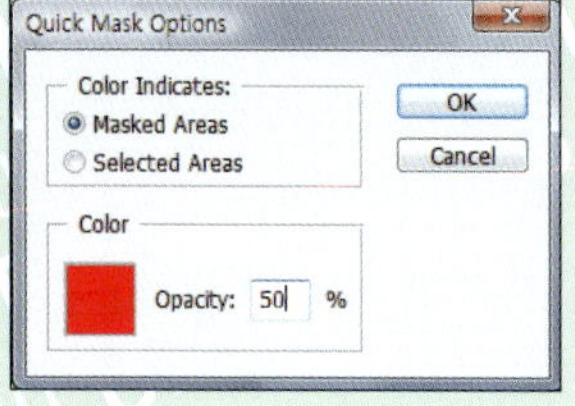

STEP 2 나무인형에 색상 입히기

나무인형을 선택하는 작업을 마쳤으므로 이제 색상을 채워 넣을 차례입니다.

01 다시 Q 를 눌러 퀵 마스크 모드를 빠져나오면 선택영역이 보입니다. 새로운 레이어를 만들고 나무인형에 어울리는 색상(#b16627)으로 채운 후, Ctrl + D 를 눌러 선택을 해제합니다. 레이어의 이름을 '인형 기본색'으로 바꿉니다.

02 레이어의 블렌딩 모드를 Overlay '75%'로 바꿉니다. Overlay 모드는 밝은 곳에는 Screen 모드의 효과가 나타나고, 어두운 곳에는 Multiply 모드 효과가 나타나므로 입체감을 살릴 때 사용하면 좋습니다. 단, 채도가 높아진다는 점을 주의해야 합니다.

03 '인형 기본색' 레이어를 끄고 '원본' 레이어만 켠 상태에서 Alt + Ctrl + 2 를 눌러 [Composite] 채널을 불러옵니다. 밝은 영역인 하이라이트가 선택됩니다.

04 선택이 살아 있는 상태에서 [Curves] 조정 레이어를 추가합니다. 그리고 [Curves] 패널의 상태를 그림과 같이 만듭니다. (RGB Output : 145, Input : 117)

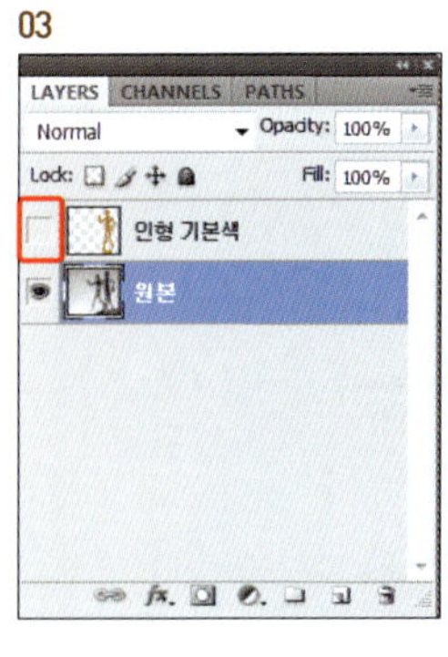
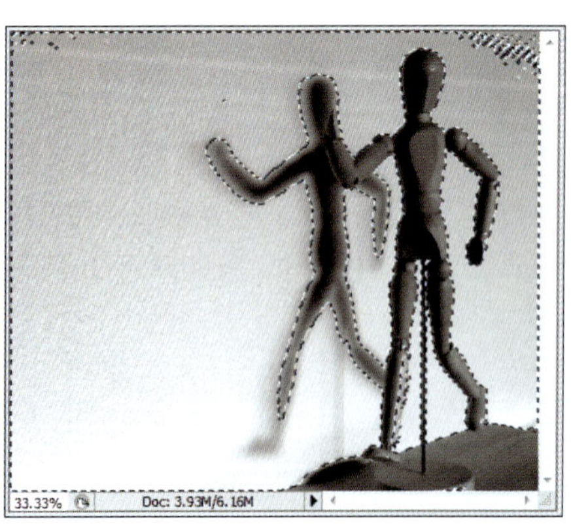
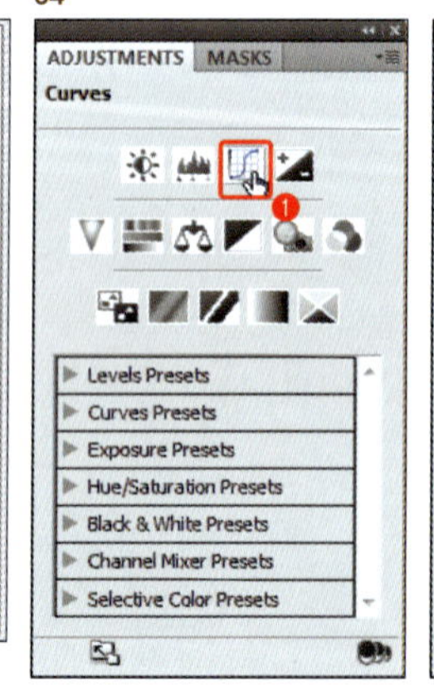
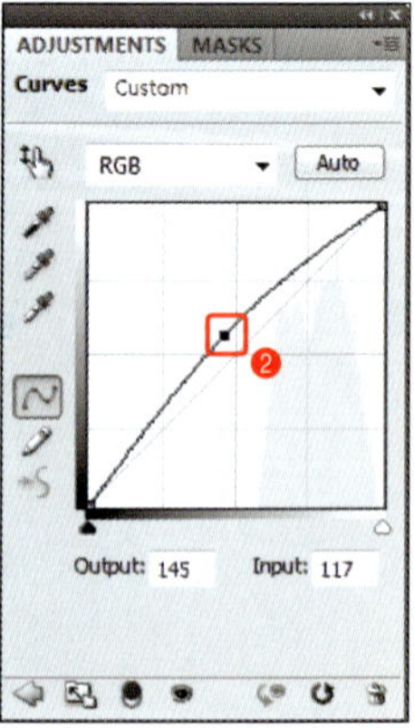

05 선택영역은 자동으로 조정 레이어의 마스크로 전환됩니다.

06 레이어를 모두 켠 다음 'Curves 1' 조정 레이어를 위쪽으로 올리고 블렌딩 모드를 'Screen' 으로 바꿉니다.

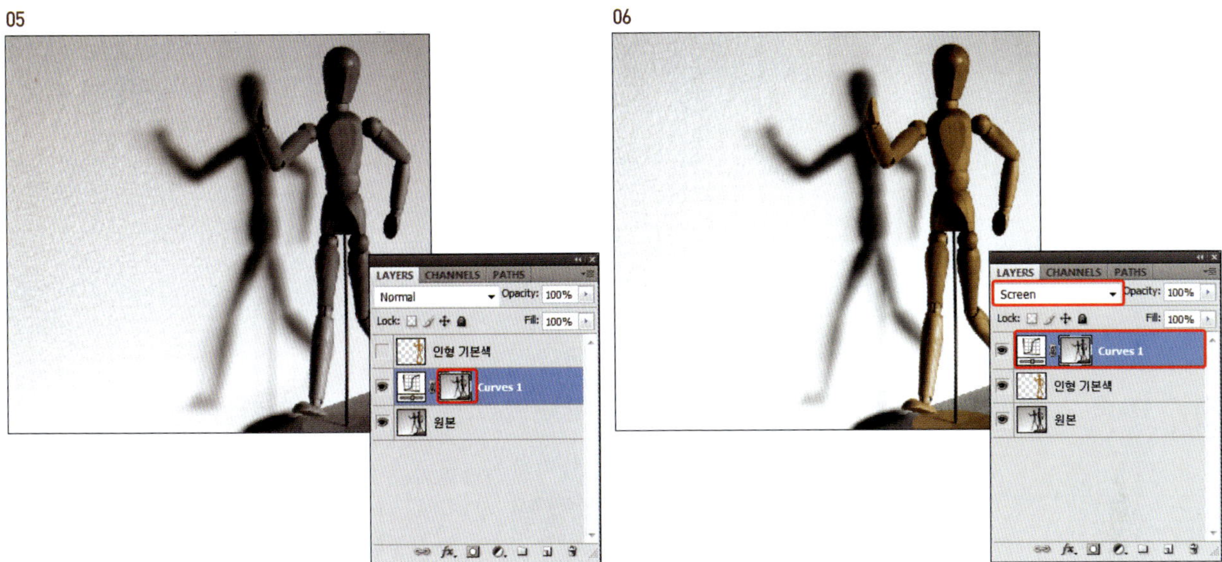

STEP 3   Curves 조정 레이어로 전체 톤 조절하기
Photoshop Design

나무인형에 기본 색상이 채워졌으므로 이번에는 [Curves] 조정 레이어에서 미세한 색상 조절을 진행해 보겠습니다.

01 'Curves 1' 조정 레이어를 선택한 상태에서 '새로운 레이어 만들기' 아이콘 위로 드래그해 레이어를 복제합니다.

02 복제된 레이어의 블렌딩 모드를 'Normal' 로 바꾼 다음, 마스크를 클릭 후 Ctrl + I 를 눌러 이미지 반전합니다.

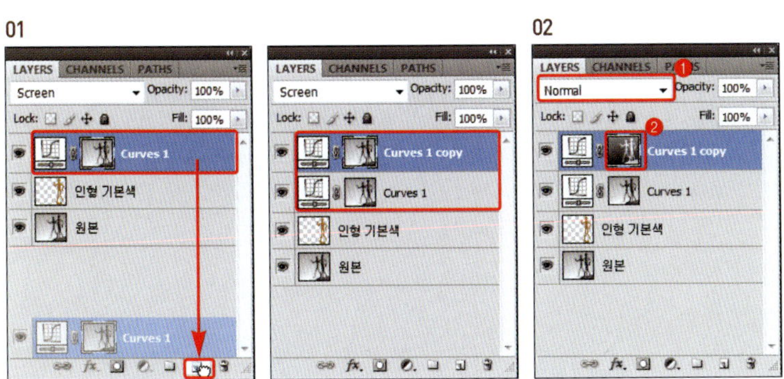

03 'Curves 1 copy' 조정 레이어를 아래 적힌 수치를 참고해 수정합니다.

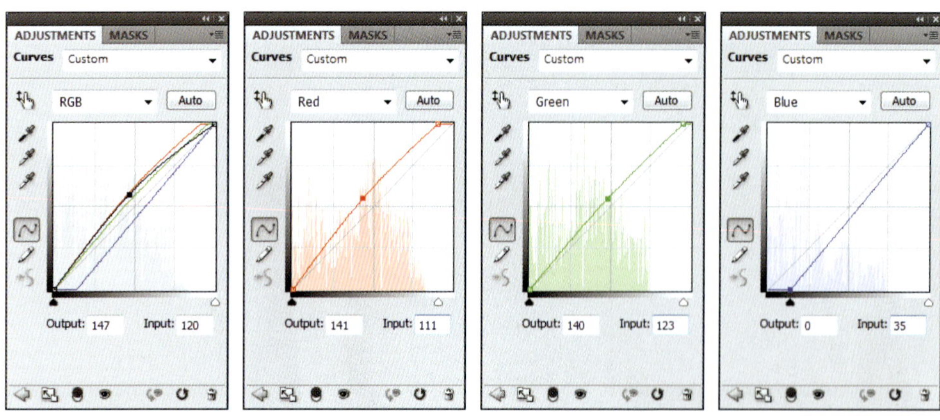

▲ RGB Output: 140, Input: 120　▲ Red Output: 145, Input: 117　▲ Green Output: 145, Input: 117　▲ Blue Output: 145, Input: 117

04 Red와 Green의 양이 늘어나고, Blue의 양이 줄어들기 때문에 전체적으로 노란색이 증가하게 됩니다.

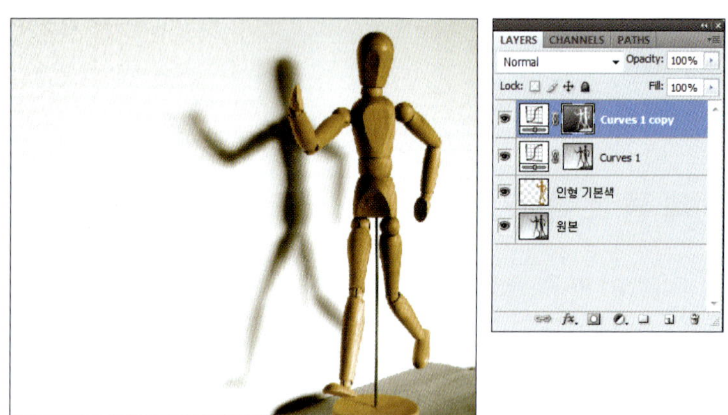

RGB 채널에서 특정 색상을 조절하기

[RGB] 채널에서 개별 채널(R, G, B)의 곡선을 움직여 전체적인 색상을 조절한다는 것은 처음엔 무척 어렵게 느껴집니다. 그렇지만 [RGB] 색상이 지닌 속성을 이해하면 도움을 얻을 수 있습니다. 아래 그림은 노란색이 갖는 [RGB]의 색상분포입니다. 이 그림을 통해 RED와 GREEN의 양이 많고 BLUE의 양이 적을수록 노란 원색에 가까워진다는 것을 알 수 있습니다. 따라서 이미지에 노란색을 더하려면 RED와 GREEN 채널에서는 빛의 양을 늘리고, BLUE 채널에서는 빛의 양을 줄이면 됩니다.

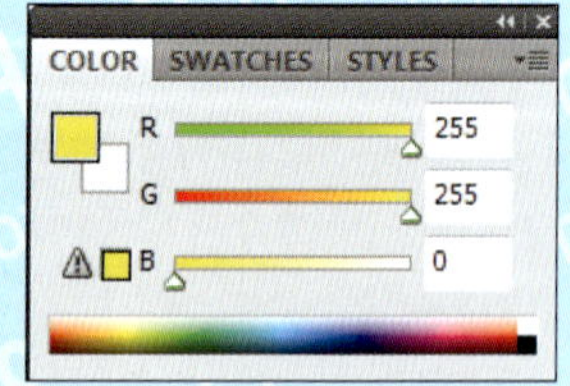

STEP 4 그룹 마스크를 만들어 효과 적용하기 1
Photoshop Design

현재 적용된 2개의 조정 레이어는 나무인형뿐 아니라 벽에도 영향을 미치고 있습니다. 조정 레이어의 효과를 나무인형에만 국한시키려면 마스크에서 조정해야 합니다. 그런데 현재 마스크는 모두 사용 중이므로 또 하나의 마스크, 즉 그룹에 마스크를 만들어 나무인형을 제외한 나머지 영역을 가리도록 하겠습니다.

01 우선 Ctrl 을 누른 상태로 두 개의 조정 레이어를 선택합니다. Ctrl + G 를 눌러 하나의 그룹으로 만든 후, 그룹 이름을 '인형 색상'으로 바꿉니다. 이 그룹을 선택한 상태에서 '레이어 마스크 추가하기' 아이콘()을 눌러 마스크를 추가합니다.

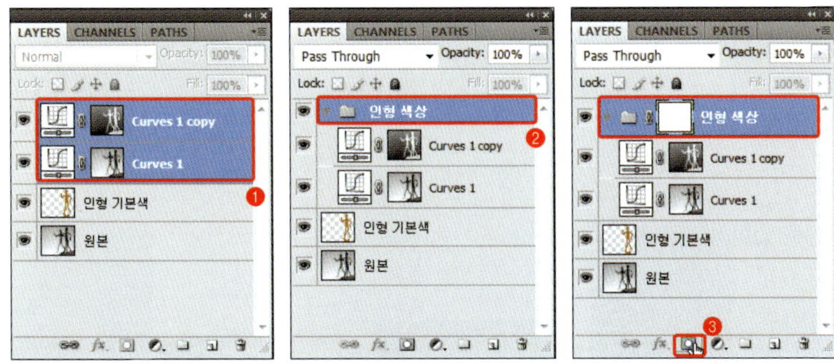

02 Ctrl 을 누른 채로 '인형 기본색' 레이어의 썸네일을 클릭해서 선택영역을 만듭니다.

03 Shift + Ctrl + I 를 눌러 선택영역을 반전합니다. 나무인형을 제외한 나머지 배경이 선택됩니다.

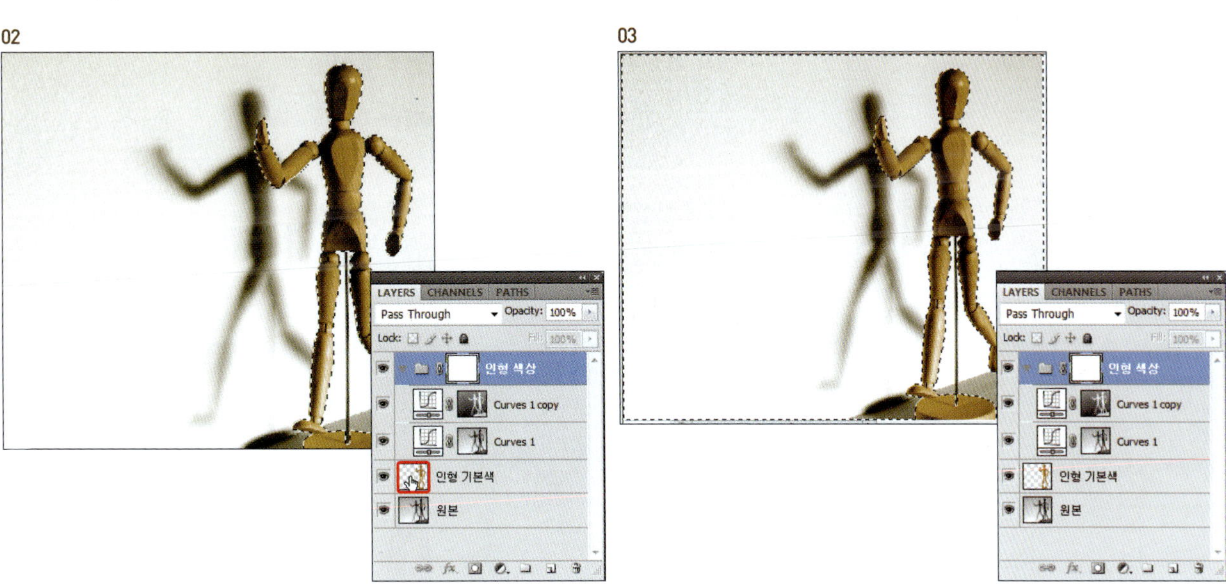

04 인형 색상 그룹의 마스크를 선택하고 [Ctrl]
    +[I]를 눌러 이미지를 반전한 다음, [Ctrl]
+[D]를 눌러 선택을 해제합니다. 마스크가 생겨나면
서 벽에 적용되었던 조정 레이어의 효과는 가려지고,
나무인형에만 효과가 남게 됩니다.

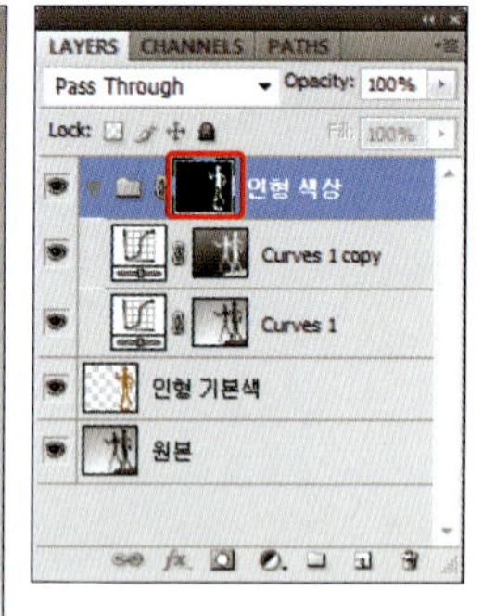

STEP 5   배경에 색상 입히기

Photoshop Design

나무인형에 색상을 입히는 작업을 마쳤으므로 이제 배경에 색상을 입힐 차례입니다.

01 [Layers] 패널 하단에 있는 '새로운 조정 레이어
    만들기' 아이콘(　)을 눌러 (#dace7e)을 지정합
니다. 그리고 레이어의 블렌딩 모드를 'Solid Color'를 선
택 후 Color '70%'로 바꿉니다.

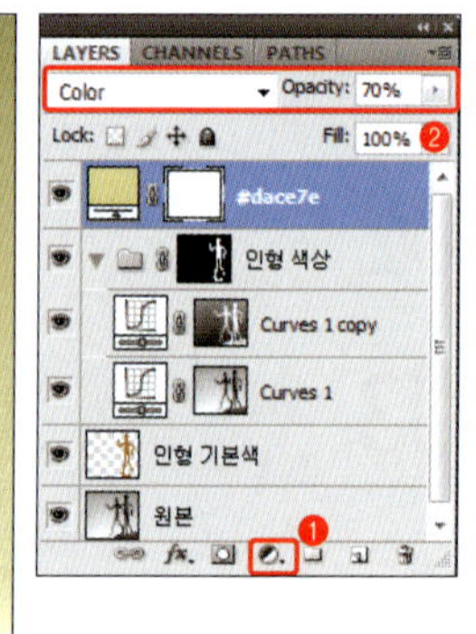

02 전경색을 검은색(#000000)으로 지정한 후, Gradient 툴을 선택하고 다음과 같이 옵션을 지정
    합니다. 레이어 마스크를 선택한 상태에서 그림처럼 위에서 아래 방향으로 길게 드래그해서 그
리면 위쪽 배경의 색상이 사라집니다.

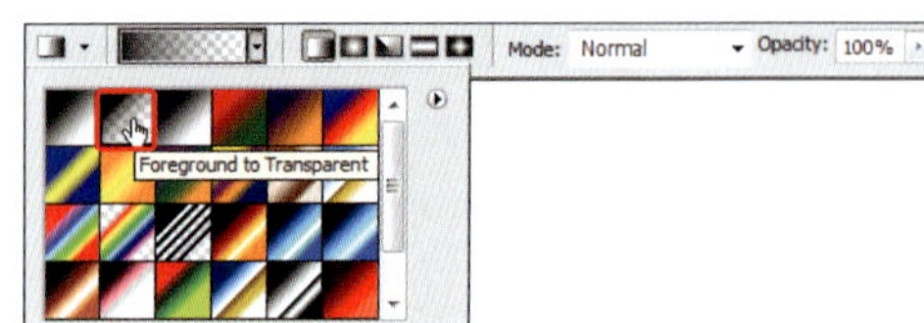

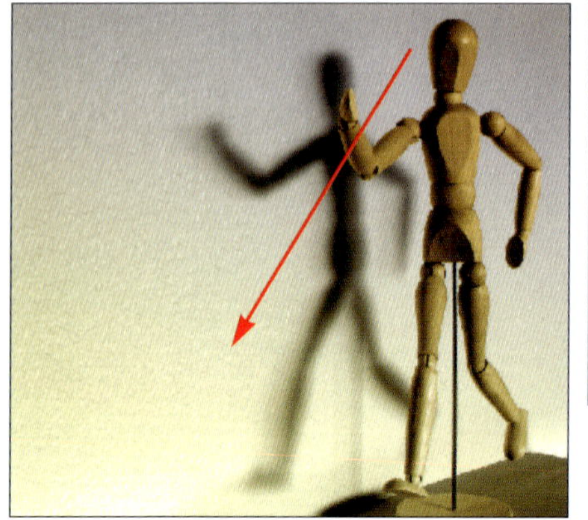
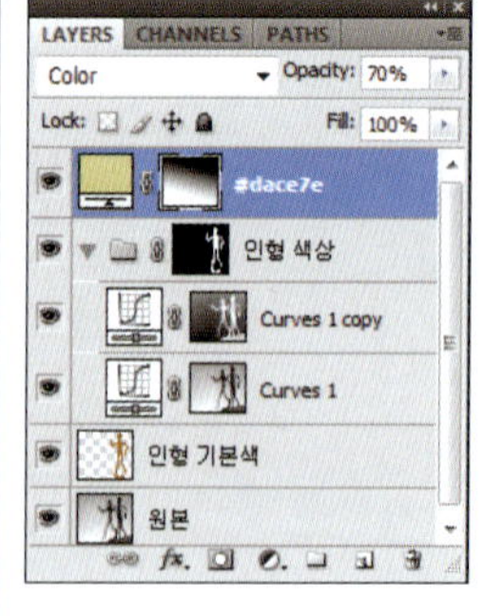

03 이제 위쪽 배경에 색상을 입힐 차례입니다. [Solid Color] 조정 레이어를 다시 한번 추가하고 색 (#e1c377)을 지정하고 이름을 바꿔줍니다. 레이어의 블렌딩 모드를 Hard Light '80%'로 바꿉니다.

04 Ctrl 을 누른 채로 '#dace7e' 레이어의 마스크를 클릭하면 아래쪽 배경이 선택됩니다.

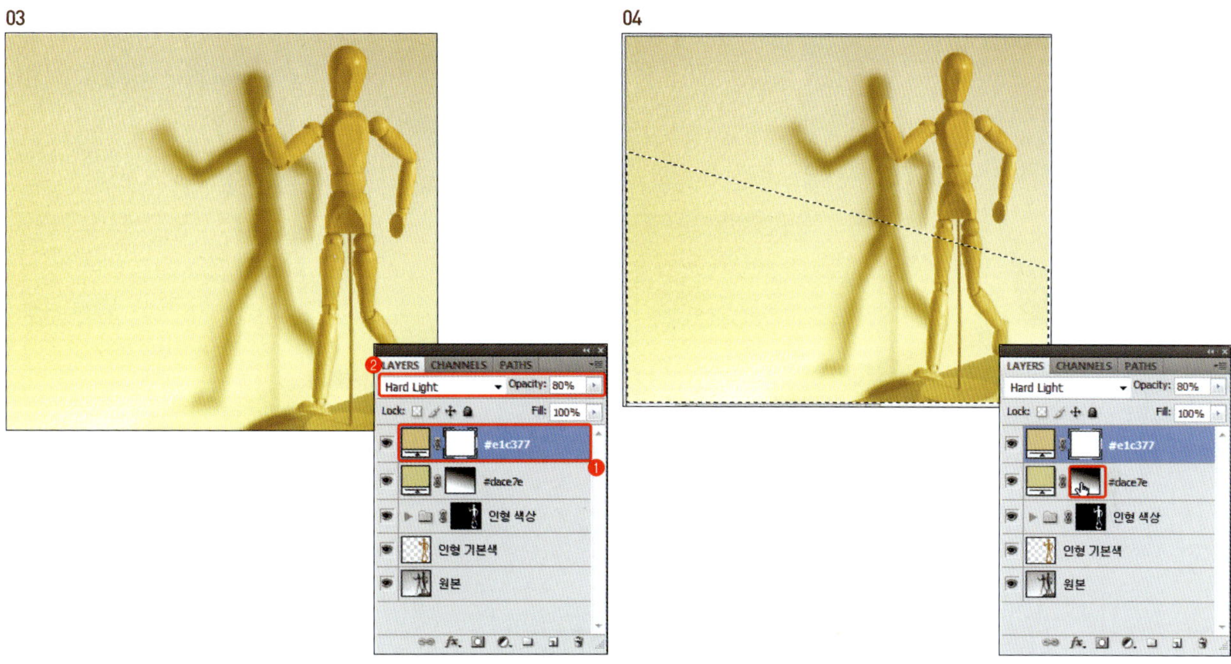

05 맨 위에 있는 레이어(#e1c377)의 마스크를 클릭한 후, Ctrl + I 를 눌러 이미지를 반전합니다. 그리고 Ctrl + D 를 눌러 선택을 해제합니다. 기본 배경색은 채워 넣었지만, 배경 위쪽이 밝아 평면적인 느낌이 들기 때문에 위쪽을 약간 어둡게 만들 필요가 있습니다.

06 전경색을 탁한 올리브그린 색(#5a5d43)으로 바꾼 후, Gradient 툴의 옵션을 다음과 같이 지정합니다.

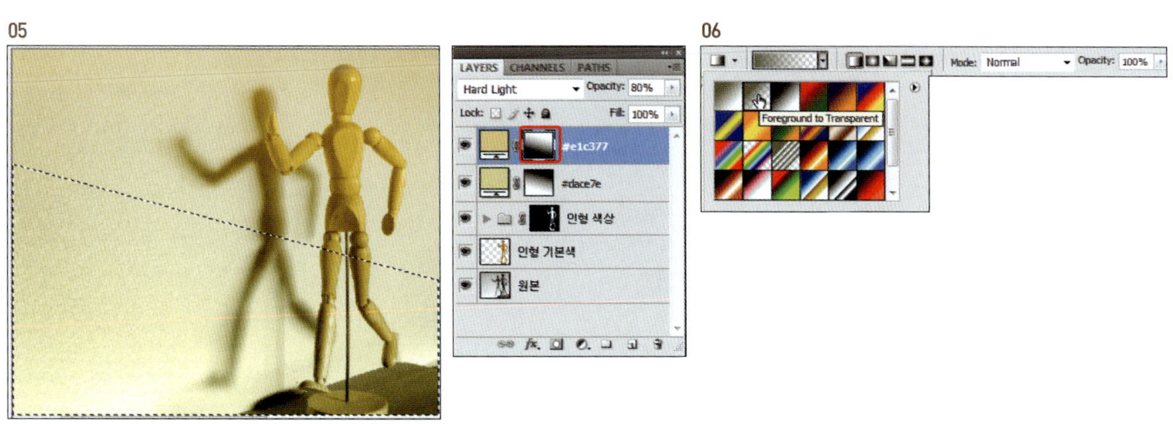

07 새로운 레이어를 추가하고 오른쪽 위에서 가운데 방향으로 드래그합니다. 레이어의 블렌딩 모드
는 Multiply '90%'로 바꿉니다.

08 `Alt` + `Ctrl` + `G`를 눌러 클리핑 마스크를 만듭니다.

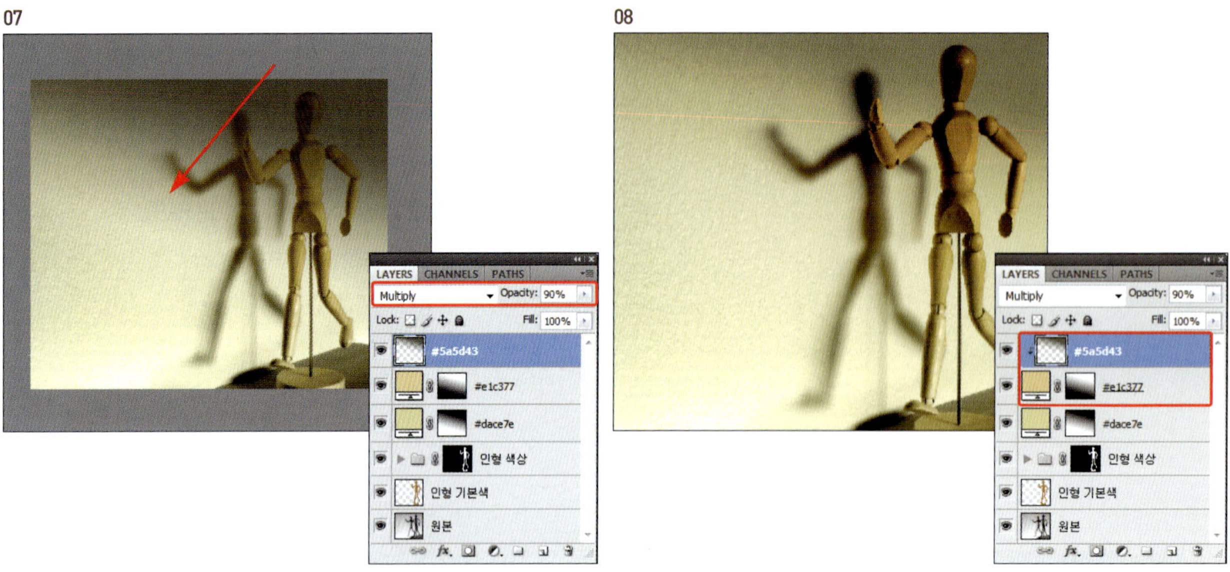

STEP 6 그룹 마스크를 만들어 효과 적용하기 2

Photoshop Design

'STEP 4'에서 그룹 마스크를 만들어 나무인형에만 효과가 나타나게 했다면 이번 단계에서는 나무인형을 제외
한 배경에만 효과가 나타나게 하는 작업입니다.

01 배경 색상을 만드는데 사용된 3개의 레이어를 `Ctrl`을 누른 채로 모두 선택합니다. `Ctrl`
+`G`를 눌러 하나의 그룹으로 만든 후, 그룹 이름을 '배경 색상'으로 바꿉니다. 이 그룹이 선택
된 상태에서 '레이어 마스크 추가하기' 아이콘( )을 클릭해 마스크를 추가합니다.

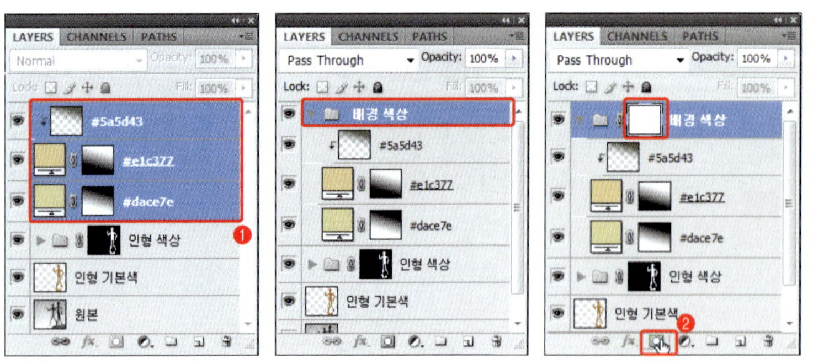

> **TiP** `Ctrl` + `G`를 눌러 레이어들을 그룹으로 만드는 것과는 반대로 `Shift` + `Ctrl` + `G`를 누르면 그룹을 해제할 수 있습니다.

02 [Ctrl]을 누른 채로 '인형 기본색' 레이어의 썸네일을 클릭합니다. 나무인형이 선택됩니다.

03 '배경 색상' 그룹의 마스크를 선택한 후, [Ctrl]+[I]를 눌러 이미지를 반전한 다음, [Ctrl]+[D]를 눌러 선택을 해제합니다.

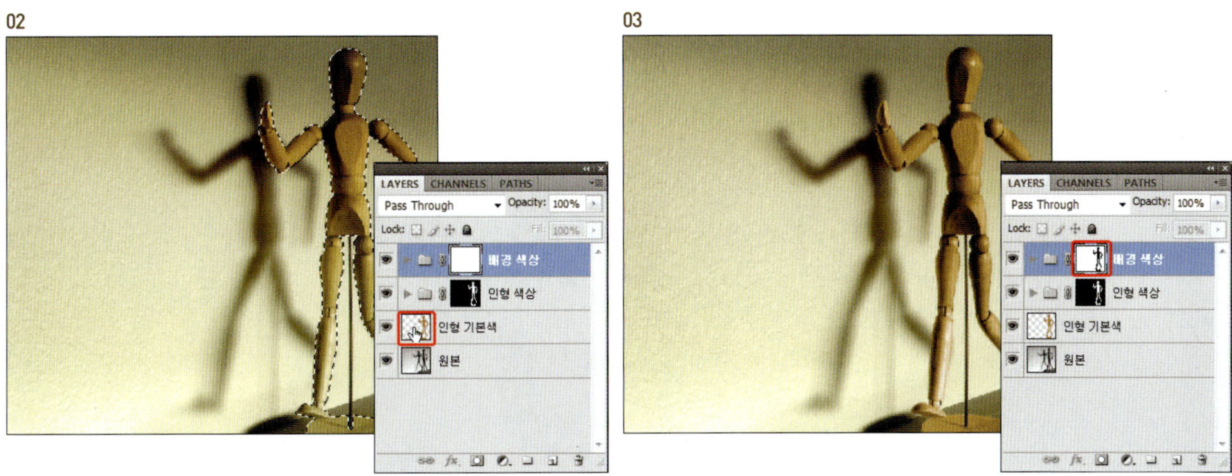

04 모두 완성되었습니다. '배경 색상' 그룹의 마스크에서 나무인형이 해당하는 부분을 검은색으로 채웠기 때문에 나무인형을 제외한 배경에만 효과가 나타납니다. 결과적으로 '인형 색상' 그룹의 효과는 나무인형에만 적용되고, '배경 색상' 그룹의 효과는 배경에만 적용되는 것입니다. 그룹에 마스크를 만드는 작업은 처음에는 약간 복잡하게 느껴지지만, 정교한 합성을 위해서는 반드시 알아두는 것이 좋습니다.

PHOTOSHOP
DESIGN RECIPE

강조와 생략하기
Image Retouching 2

이 파트에서는 특정 부위를 강조 또는 생략하는 작업에 대해 살펴보겠습니다.

사용된 효과는 전혀 새로운 것이라기보다는 픽셀의 위치를 약간 바꾸는 방식만으로

형태나 질감을 다르게 하는 것입니다. 또는

배경의 채도를 떨어뜨려서 주제를 강조하는 경우도 있습니다.

PHOTOSHOP
DESIGN RECIPE

빠른 속도감 표현하기

이 예제는 정지된 것처럼 보이는 이미지에 Motion Blur 필터를 적용해 속도감을 더하는 작업입니다. 강조하려는 피사체를 제외한 나머지 부분에는 Motion Blur를 사용합니다. 또한 거리에 따라 속도감 차이를 주기 위해 3단계로 나누어 Motion Blur를 적용합니다. 움직임이 없는 물체일지라도 Motion Blur를 적절히 적용하면 역동감 있는 효과를 줄 수 있습니다. 일반적으로 배경이 단조로운 경우보다는 복잡한 경우에 필터 효과는 극대화됩니다.

Part4\Sec1\원본.psd
Part4\Sec1\결과.psd

주요 사용 기능 Motion Blur 필터, Gradient 툴, Info 패널, Brush 툴 난이도 ★★★★

소스 fffriendly by http://flickr.com/photos/fienna/200842643/

STEP 1 Motion Blur 필터로 속도감 표현하기
Photoshop Design

이 과정은 동일한 레이어를 여러 개 복제해 [Motion Blur] 필터를 적용하되 각기 다른 수치를 입력하는 작업입니다. 이렇게하면 나중에 레이어마스크를 이용해 모션의 강약을 조절할 수 있습니다.

01 Ctrl + O 를 눌러 예제 파일(원본.psd)을 엽니다.

◉ Part4\Sec1\원본.psd

02 3단계로 나누어 [Motion Blur]를 적용할 예정이므로 Layer 〉 New 〉 Layer Via Copy(Ctrl + J)를 눌러 '원본' 레이어를 2번 더 복제합니다.

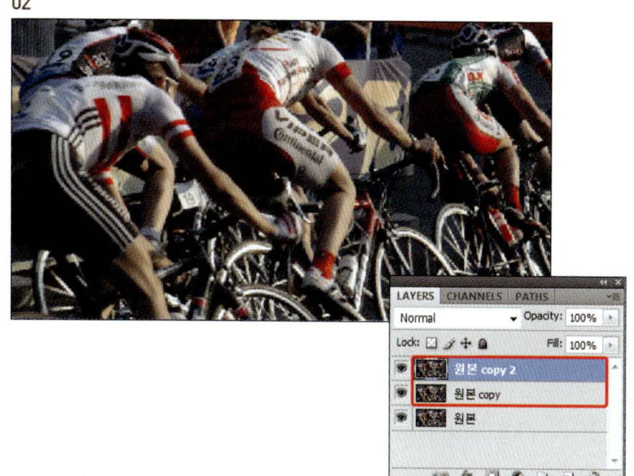

03 '원본 copy 2' 레이어는 끈 상태에서 '원본 copy' 레이어를 선택하고 Filter 〉 Blur 〉 Motion Blur를 적용합니다. [Motion Blur] 대화상자에서 Angle은 물체의 운동 방향과 일치해야 하므로 달리는 자전거의 각도에 맞게 '15도'를 입력하고, Distance는 '50픽셀'을 입력한 다음 [OK]를 클릭합니다.

04 마찬가지 방법으로 맨 위에 있는 '원본 copy 2' 레이어에도 필터를 적용하기 위해 Alt + Ctrl + F 를 누릅니다. Angle 수치는 그대로를 유지한 채, Distance에 '80픽셀'을 입력합니다.

> **TiP** Alt + Ctrl + F 를 누르면 마지막으로 사용했던 필터의 대화상자가 나타납니다

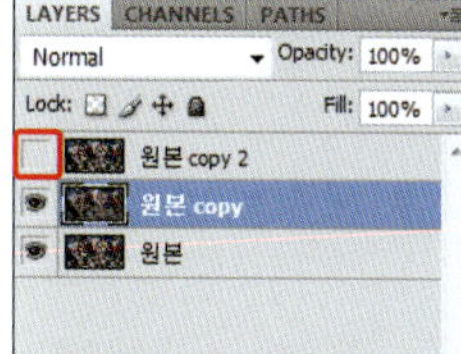

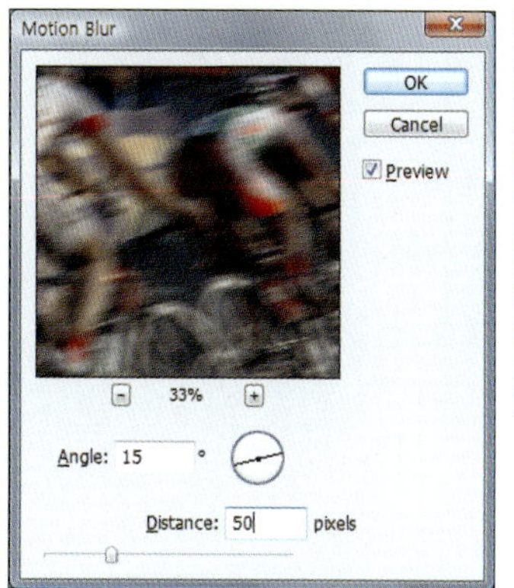

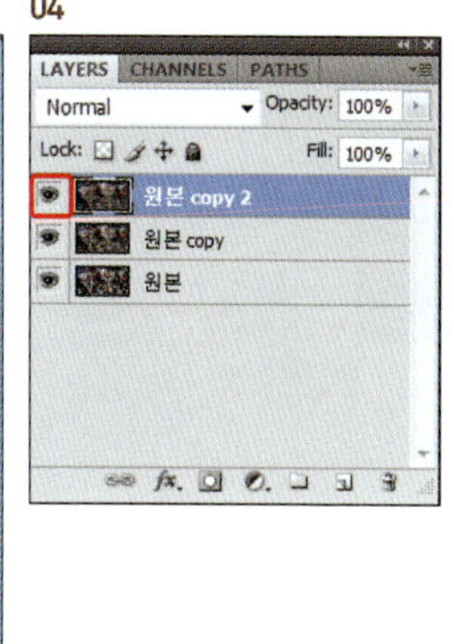

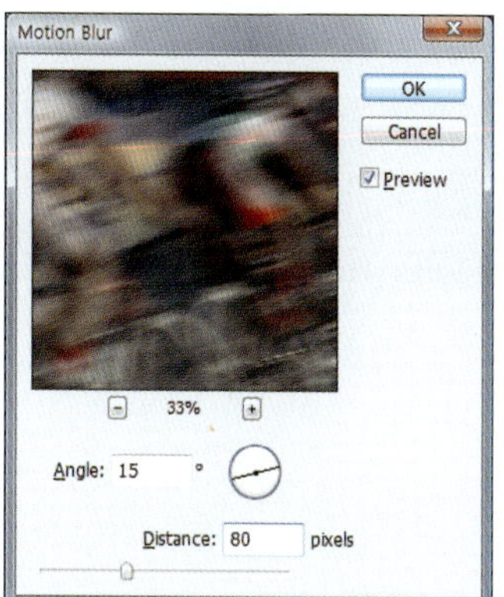

05 각각의 레이어에 적용된 수치를 이름으로 표시해 둡니다. 이렇게 해야 레이어를 구별하기 쉽습니다.

06 [Shift]나 [Ctrl]을 누른 채로 필터를 적용한 레이어들을 선택합니다. 이 상태에서 Layer 〉 Group Layers([Ctrl]+[G]) 명령을 적용해 그룹으로 만들고 이름을 'Motion Blur'로 바꿉니다.

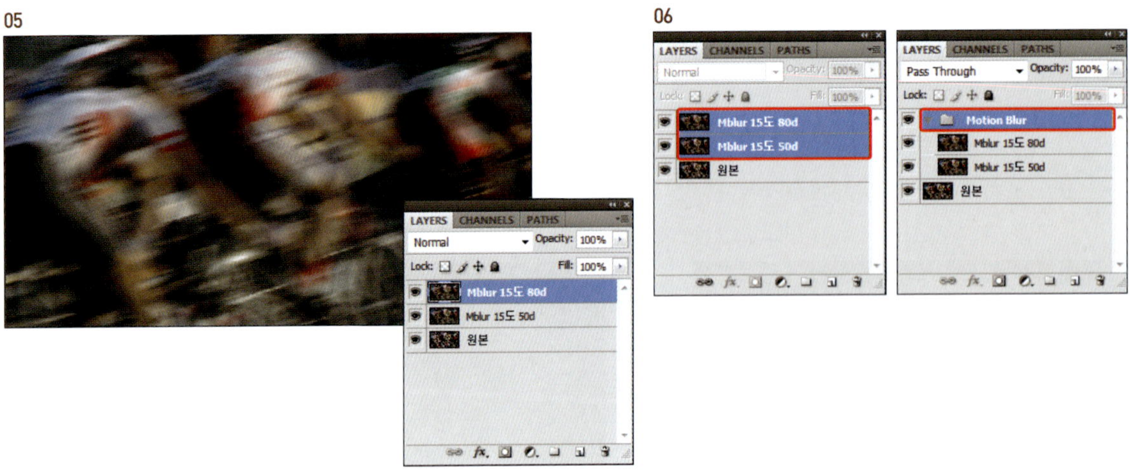

05

06

STEP 2 레이어 마스크에 Gradient 효과 적용하기

STEP1이 레이어별로 각기 다른 수치의 필터를 적용한 과정이었다면 STEP 2는 레이어 마스크를 이용해 효과가 적용되는 범위를 정해주는 과정입니다. 거리에 따라 심도가 결정되는 원리를 생각하며 작업합니다.

01 'MBlur 15도 50d' 레이어를 클릭 후, '레이어 마스크 만들기' 아이콘(○)을 선택해 마스크를 추가합니다.

02 전경색을 검은색(#000000)으로 지정한 후, Gradient 툴(▨)을 선택하고 다음과 같이 옵션을 지정합니다.

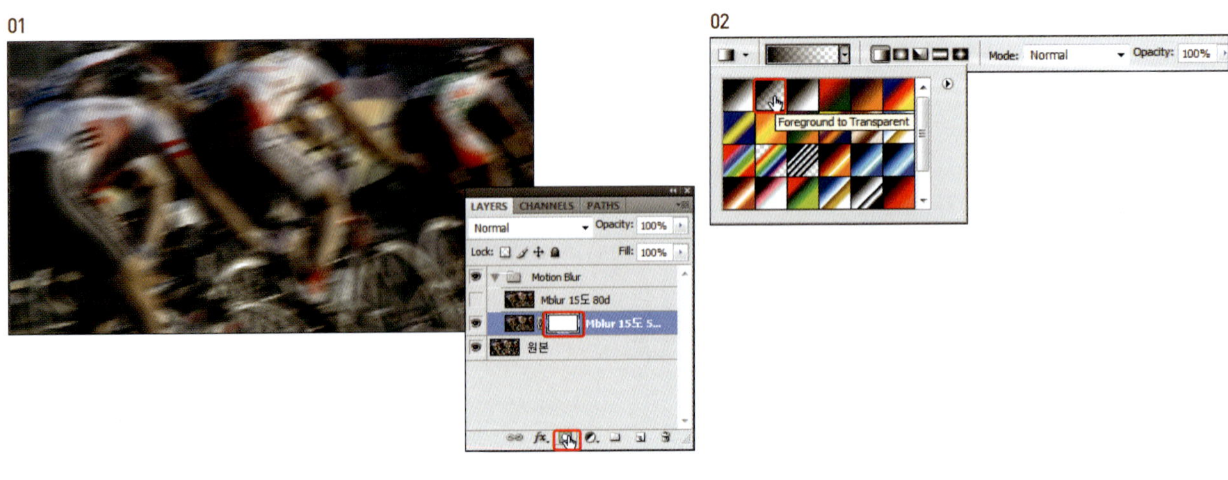

01

02

03 레이어 마스크를 클릭한 후 이미지의 왼쪽 아래에서 오른쪽 위 '15도' 방향으로 가운데 지점까지 드래그합니다. 그리고 나면 왼쪽 영역이 어두워지게 되는데 어두운 영역은 이미지가 가려지면서, 아래 있는 '원본' 이미지가 살아나게 됩니다. 결과적으로 왼쪽은 필터 효과를 주지 않은 상태가 됩니다.

04 Alt 를 누른 채로 레이어 마스크 썸네일을 클릭해 본 상태입니다.

03

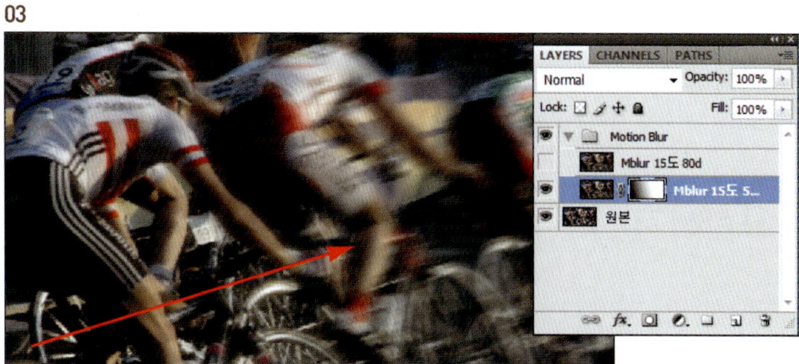

04

정확한 각도로 그리는 법

Gradient 툴을 이용해 그릴 때, 정확한 각도로 그리려면 [Info] 패널을 열어 놓고 보면서 그리는 것이 좋습니다. 이 예제에서는 각도를 나타내는 A(Angle)가 '15도'가 되도록 작업했습니다. 정교한 작업을 하는데 있어서 [Info] 패널은 필수적인 도구입니다.

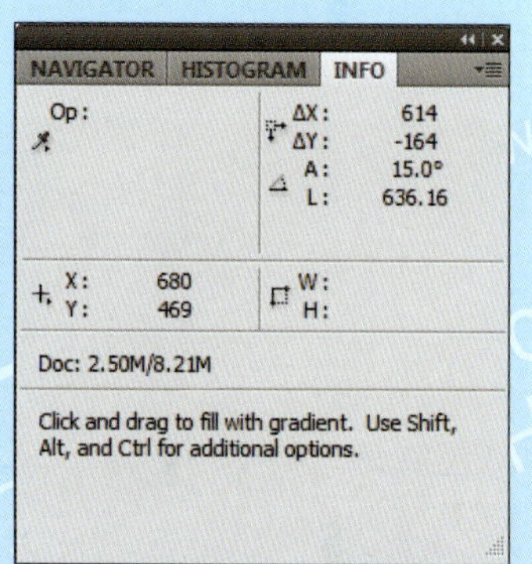

05 이전과 동일한 방법으로 'MBlur 15도 80d' 레이어에 마스크를 추가합니다. 레이어 마스크를 클릭하고 마찬가지 방법으로 왼쪽 영역이 어두워지게 그리되, 그 영역이 오른쪽으로 더 넓어지도록 길게 드래그합니다. 이렇게 하면 필터로 적용한 효과가 단계별로 보여지게 됩니다.

06 '원본' 레이어를 선택하고, [Ctrl]+[J]를 눌러 복제한 후, 복제된 레이어를 맨 위로 드래그해 옮깁니다.

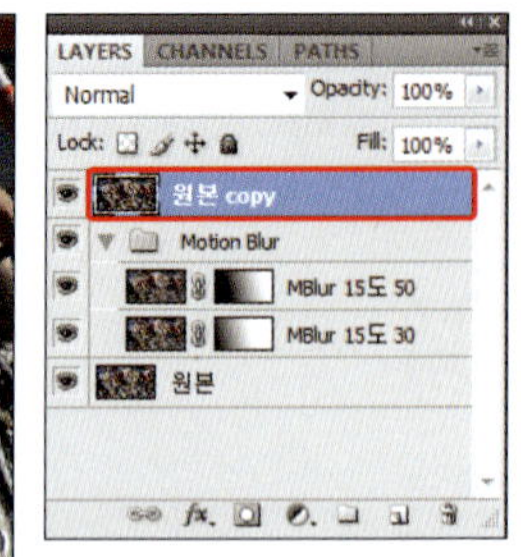

 ## 전경과 배경 물체의 거리감 표현하기

Photoshop Design

지금까지 작업이 화면 오른쪽으로 갈수록 필터 효과를 살려 속도감을 나타내는 것이었다고 한다면, 앞으로 작업할 내용은 앞쪽 선수들과 뒤쪽 선수들 사이에 거리감이 느껴지게 만드는 작업입니다.

01 먼저 [Alt]를 누른 채로 '레이어 마스크 만들기' 아이콘(◯)을 클릭하여, 마스크를 추가합니다. 검은색으로 채워진 마스크가 만들어집니다.

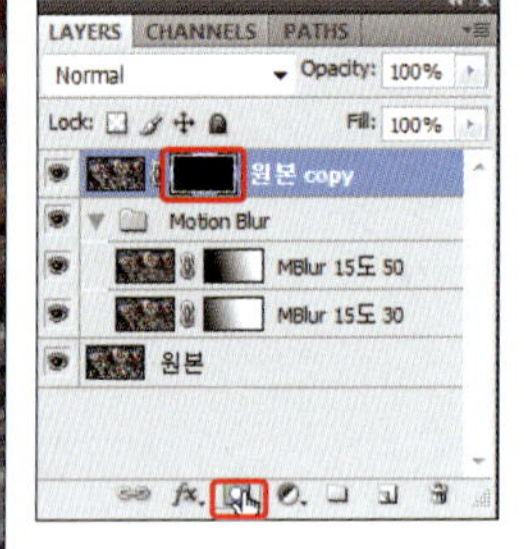

> **TiP** [Alt]를 누른 채로 마스크를 클릭하면 마스크가 검은색으로 채워지게 되므로 아무런 효과도 나타나지 않은 상태 즉, 레이어가 없는 것과 같은 상태로 보입니다.

02 이제 레이어 마스크에서 흰색 브러시로 선수들의 몸통부위를 칠해서 초점을 되살리는 작업을 할 차례입니다. 전경색을 흰색으로 맞추고, [Alt]+[Shift]+[P]를 눌러 [Airbrush] 옵션(✎)을 켠 후, 그림과 같이 입력합니다.

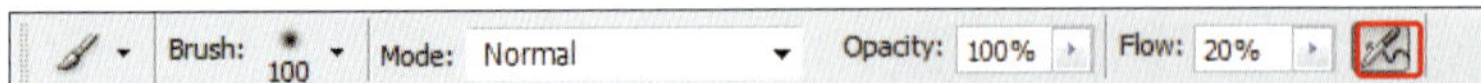

03 레이어 마스크가 선택 된 상태에서 브러시 크기를 조절해가며 가장 왼쪽에 있는 선수의 몸통 부위를 칠합니다. 나중에 레이어 마스크를 빠져나간 후 살펴보면 흰색으로 칠해진 영역은 초점이 살아났다는 것을 알 수 있습니다. [Airbrush] 옵션이 켜진 상태에서는 마우스를 누르고 있는 시간만큼 효과가 반복 적용됩니다.

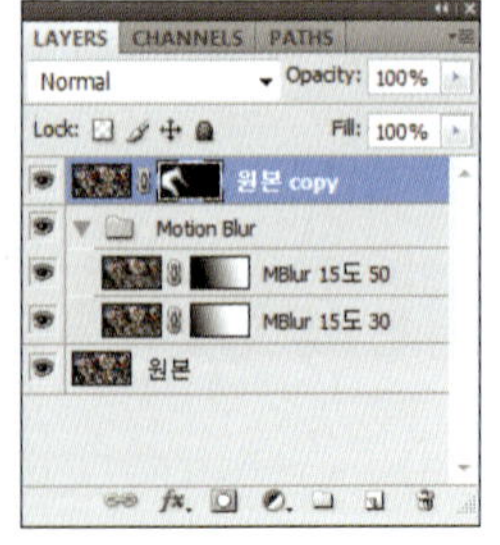

04 이번엔 키보드 숫자 1 을 눌러 Flow를 '10%'로 약하게 하고, 아래 자전거와 더불어 화면 가운데 위치한 선수도 칠해서 초점이 맞은 상태로 살려냅니다. 레이어의 이름을 '초점 조절'로 바꿉니다.

TiP 레이어 마스크 상태에서 흰색으로 칠하면 초점이 살고, 검은색으로 칠하면 초점이 흐려지는 원리입니다.

05 Alt 를 누른 채로 레이어 마스크의 썸네일을 클릭해 적용 부위를 살펴봅니다.

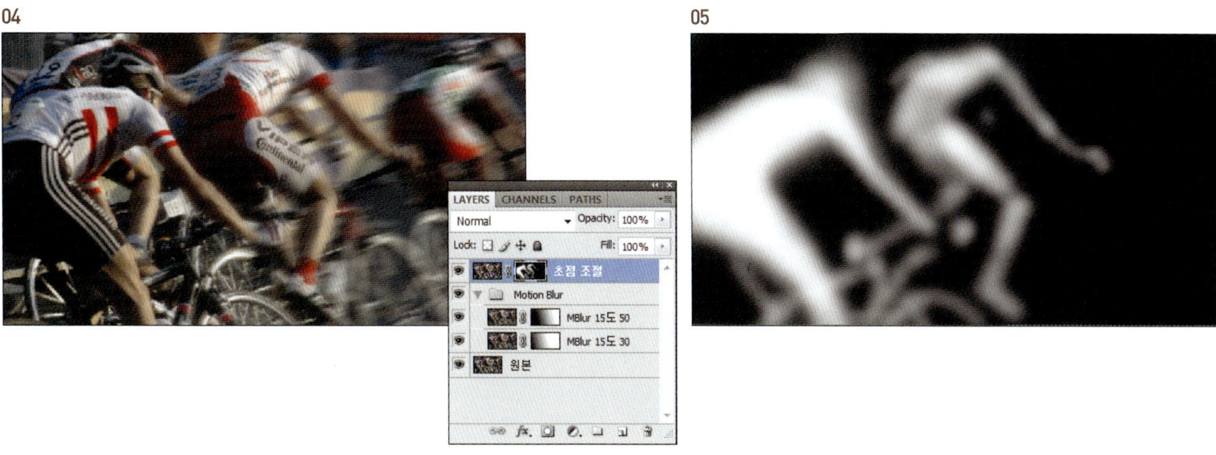

04

05

레이어 마스크에서 잘못 칠했을 때 대처법

레이어 마스크에서 브러시를 사용할 때, 잘못 칠한 부분이 생긴다면 당황하지 말고 Ctrl + Z 를 눌러 '명령취소'를 하거나 X 를 눌러 전경색을 검은색에서 흰색으로(혹은 흰색에서 검은색으로) 변경 후, 그 위에 덧칠하는 방법이 있습니다.

07 예제가 완성되었습니다. 이처럼 여러 개의 레이어를 겹쳐서 작업하면, 작업도중 실수가 있을지라도 레이어 마스크를 조정하는 방식으로 효과를 되살릴 수 있습니다.

SECTION 2

아웃 포커스 **효과주기**

Lens Blur는 포토샵이 CS로 접어들면서 지원되기 시작한 기능인데 기존의 단조로운 Blur 필터들과 달리 다양한 옵션을 갖추고 있어 상당히 사실적인 Blur 효과가 가능합니다. 특히 이 필터에는 Depth Map이라는 독특한 기능이 있는데 이것은 사용자가 알파 채널에서 명암 상태로 지정한 값을 이용해 이미지의 심도를 재조정하는 기능입니다. 이 기능을 자연스럽게 연출하기 위해서는 심도(Depth)와 조리개(Iris)에 대한 이해가 필요합니다.

Part4\Sec2\원본.psd
Part4\Sec2\결과.psd

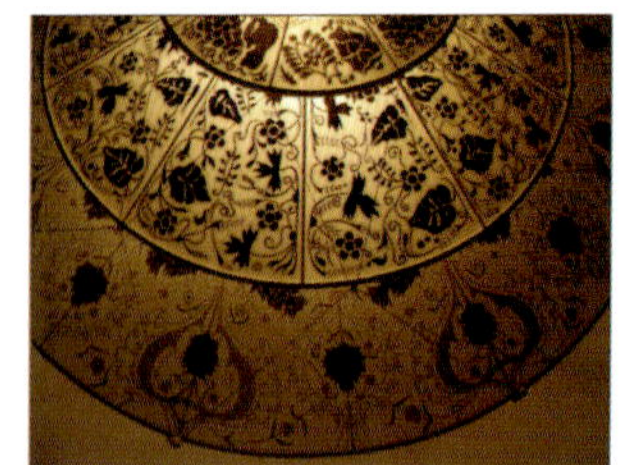

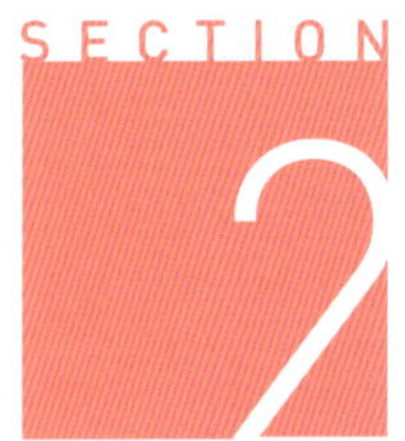

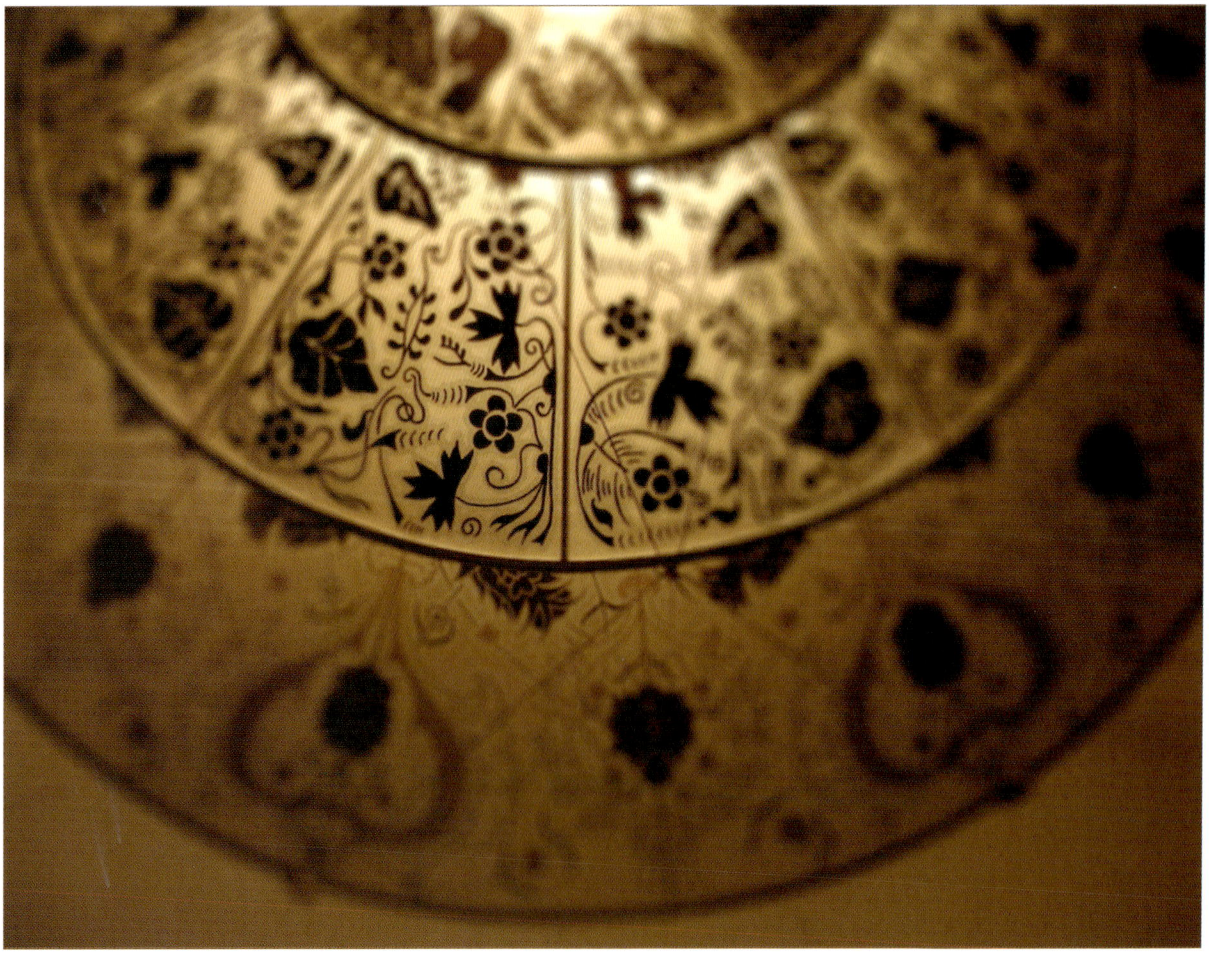

주요 사용 기능 Brush 툴, Lens Blur 필터 **난이도** ★★

소스 416style by http://www.flickr.com/photos/sookie/200802529/

STEP 1 알파 채널에서 초점 범위 만들기
Photoshop Design

이 단계에서는 Depth Map으로 사용될 소스를 알파채널을 이용해 만들도록 하겠습니다. 만들어진 소스는 [Lens Blur] 필터를 적용할 때 지정해 사용할 수 있습니다.

01 ☐Ctrl☐+☐O☐를 눌러 예제 파일(원본.psd)을 엽니다.

● Part4\Sec2\원본.psd

02 ☐Ctrl☐+☐J☐를 눌러 '원본' 레이어를 복제합니다.

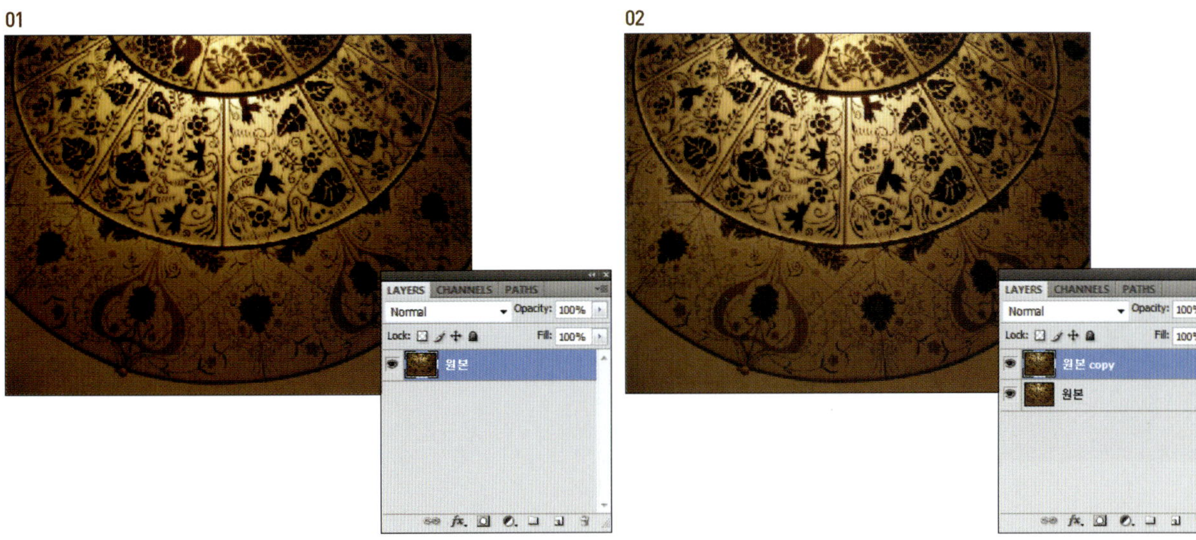

03 [Channels] 탭을 클릭하고 '새로운 채널 만들기' 아이콘()을 클릭해 채널을 추가합니다.

04 효과가 적용될 영역을 만들기 위해 채널 상태에서 브러시로 그리도록 합니다. 전경색을 흰색으로 지정하고, 브러시의 옵션은 다음과 같이 지정합니다.

Diameter(지름) : 1000픽셀, Hardness(경도) : 0%, Angle(각도) : –47도, Roundness(둥글기) : 72%

> **TiP** 이렇게 만들어진 채널은 기본 채널(RGB나 CMYK) 외에 별도로 추가된 채널이라는 뜻에서 알파 채널(Alpha Channel)이라고 합니다.

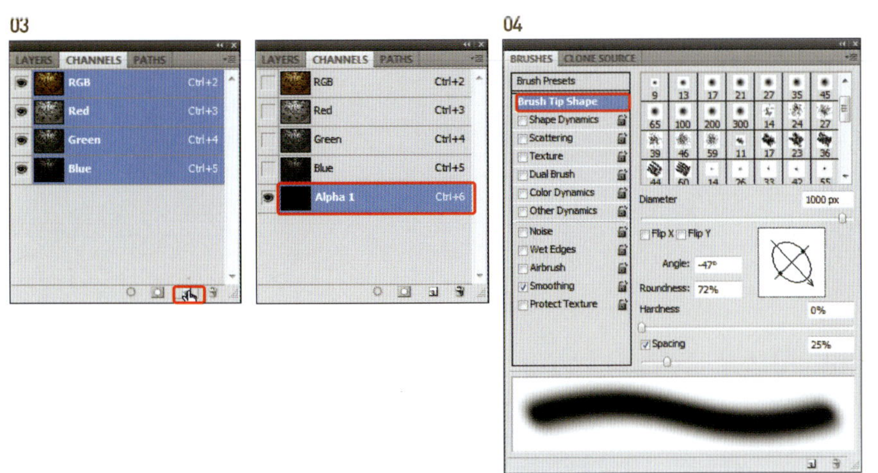

05 아래 그림처럼 단 한번 클릭하여 그립니다.

06 Ctrl + 2 를 눌러 [RGB] 채널로 되돌아간 후, [Layers] 탭을 선택합니다. 소스만 만들었을 뿐
아무 효과도 적용하지 않았기 때문에 변화는 나타나지 않습니다.

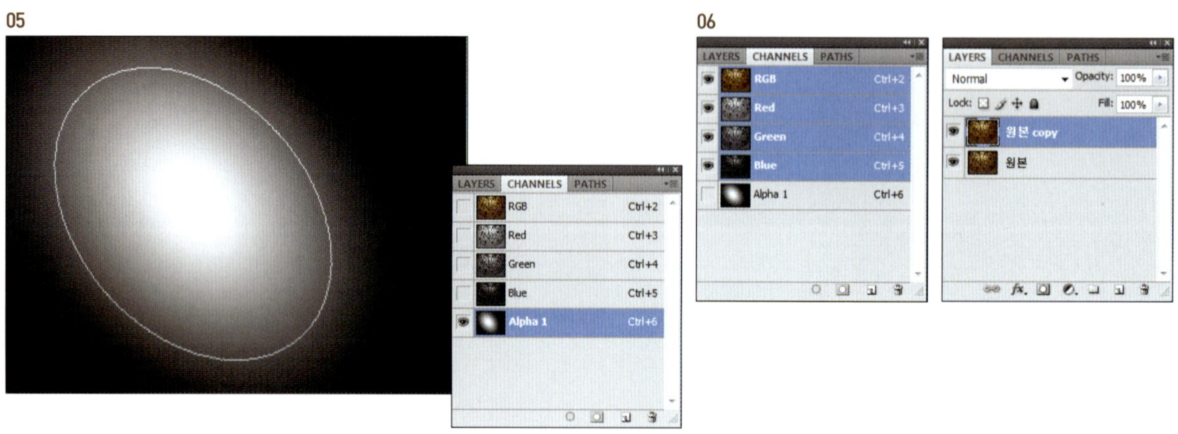

STEP 2 Lens Blur 필터 옵션 지정하기

Photoshop Design

이제 [Lens Blur] 대화상자에서 [Depth Map]과 세부 옵션을 지정할 차례입니다.

01 '원본 copy' 레이어에 Filter 〉 Blur 〉 Lens Blur 필터를 적용합니다. [Lens Blur] 대화상자에 있
는 Depth Map, Source에서 미리 만들어 둔 소스(Alpha 1)를 지정합니다.

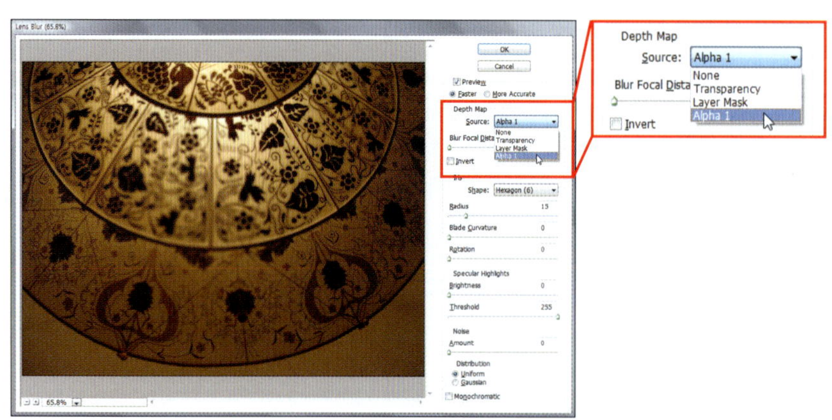

TiP [Source]를 지정했다
하더라도 Radius(반
경)에 적절한 수치를 입력하지
않으면 Blur 효과는 제대로 나
타나지 않습니다. Depth Map
의 효과를 미리 보려면 Radius
에 넉넉한 수치가 입력되어 있
어야 합니다.

Depth Map의 Source 정하기

[Lens Blur] 대화상자에서 중요한 옵션은 [Depth Map], [Iris], [Specular Highlights]입니다. [Depth Map]은 소스를 이용해 심도
를 정하는 옵션으로서 기본적으로 None(없음), Transparency(투명도), Layer Mask(레이어 마스크)가 있는데, 미리 만들어 놓은
알파 채널이 있을 경우 풀다운 메뉴에 추가로 나타납니다.

❶ None : 소스를 지정하지 않는다
❷ Transparency : 레이어의 투명도를 소스로 사용한다.
❸ Layer Mask : 레이어 마스크를 소스로 사용한다.
❹ Alpha : 알파 채널

특별한 경우가 아니라면 알파 채널을 만들어 사용하는 것이 가장 바람직합니다.

02

현재는 이미지의 외곽에 초점이 맞은 상태입니다. 필요한 부위에 초점을 맞추려면, [Depth
Map] 옵션을 잘 조절해야 합니다. Invert 박스를 체크하면 Source로 사용된 [Alpha Channel]
이 반전되기 때문에 Blur 효과 또한 반대로 적용됩니다.

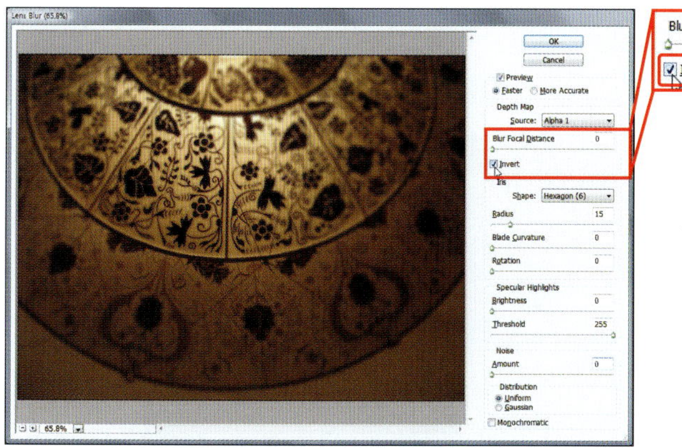
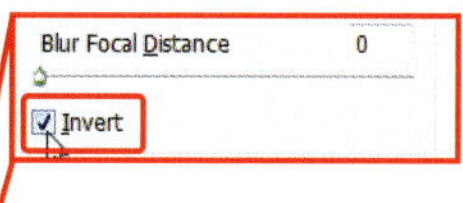

220
221

Blur Focal Distance 옵션

이미지에서 초점을 조절하는 방법은 2가지가 있습니다. 첫 번째 방법은
Invert 박스를 체크하는 것, 두 번째 방법은 Blur Focal Distance 슬라이
더를 조절하는 것입니다.

Blur Focal Distance는 0~255까지 수치입력이 가능한데, 이 수치에 따
라 심도가 결정됩니다. 즉 소스로 사용된 알파 채널의 명암 단계에 따라
Blur의 양이 결정되는 것입니다. 따라서 None 상태에서는 이 옵션이 아
예 나타나지 않고 Transparency나 Layer Mask도 별도의 명암이 없을
경우, 효과는 나타나지 않습니다.

Blur Focal Distance로 초점을 조절할 때 가장 직관적인 방법은 대화상자 내 이미지로 커서를 가져
가 초점 맞추기 원하는 부위에 대고 클릭하는 것입니다. 이렇게 하면 자동으로 그 부위에 초점이 맞
게 되며 수치는 자동 입력됩니다.

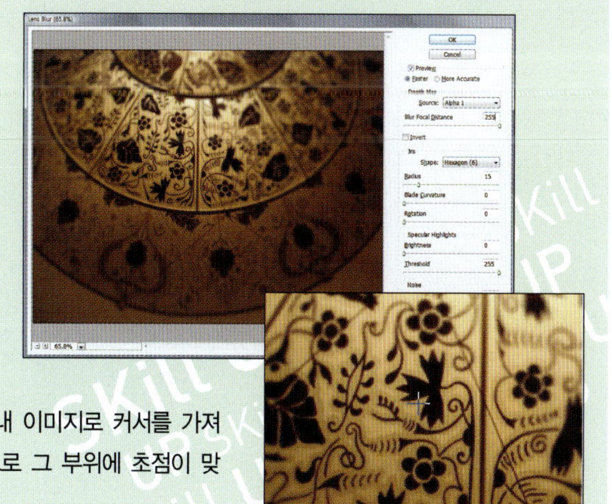

03 이제 나머지 옵션을 조절해 마무리할 차례입니다. Iris(조리개) 항목의 Radius(반경)는 '21', [Specular Highlights] 항목의 Brightness는 '4', Threshold(적용 범위)는 '172'를 입력합니다.

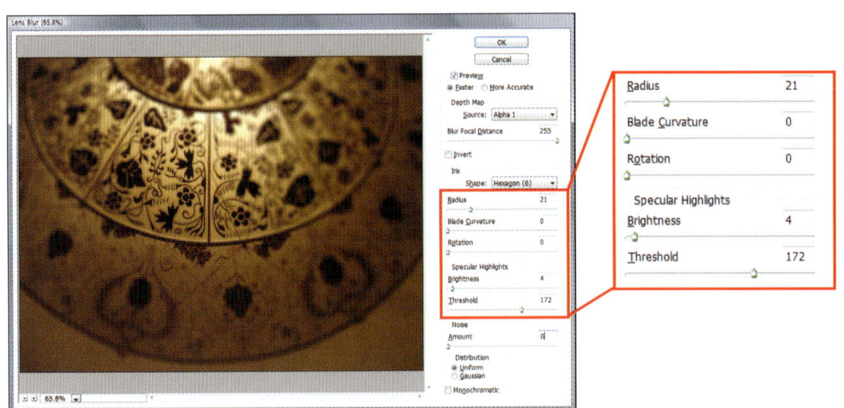

04 이미지가 완성되었습니다. [Lens Blur] 필터를 이용해 사실적인 효과를 얻으려면 Depth Map을 미리 잘 다듬어 놓는 것이 중요합니다. 또한 Blur의 강약을 정하는 'Radius'와 하이라이트의 밝기를 정하는 'Brightness', 그리고 하이라이트의 범위를 지정하는 [Threshold] 옵션 등 여러 옵션이 서로 조화를 잘 이뤄야 합니다.

색상 고민을 말끔히 해소시켜주는 Kuler Extension

컴퓨터 그래픽에서 색상이 차지하는 비중은 아무리 강조해도 지나치지 않을 것입니다. 작업자들이 컨셉을 정하고 본격적인 작업을 시작할 때 빠뜨릴 수 없는 부분이 색상 계획인데, 이 부분에서 의외로 많은 시간을 소비하게 됩니다. 특히 일러스트레이션이나 웹 디자인, 인터페이스 디자인 등에서는 어떻게 색상을 배치하느냐에 따라 작업 분위기가 결정되게 됩니다.

Adobe 사에서는 이런 고충을 덜어주기 위해 Kuler(쿨러)라는 사이트(http://kuler.adobe.com/)를 만들었습니다. Kuler에서는 사용자가 직접 만든 색상 테마를 인터넷에 올려서 태그로 검색하거나 다른 사용자와 공유하는 것이 가능하고, 테마에 따라 분류하거나 인기도에 따라 등급을 매기는 것도 가능합니다. 이곳에서는 어울리는 색상을 만들기 위한 도구들도 제공하고 있는데, 이 기능을 이용하면 인접색, 보색, 계조색 등 다양한 색상을 추출해내거나, Color Wheel(색상환)을 이용해 마음에 드는 색상을 고를 수 있습니다.

Kuler의 또 다른 놀라운 점은 이 기능을 포토샵이나 일러스트레이터 같은 프로그램에서 패널 형태로 지원한다는 것입니다. 이것은 이 색들을 Swatch 패널로 불러와 사용할 수 있다는 것을 뜻합니다(CS4버전에서는 곧바로 사용가능 하지만 CS3에서는 별도의 모듈이 필요합니다).

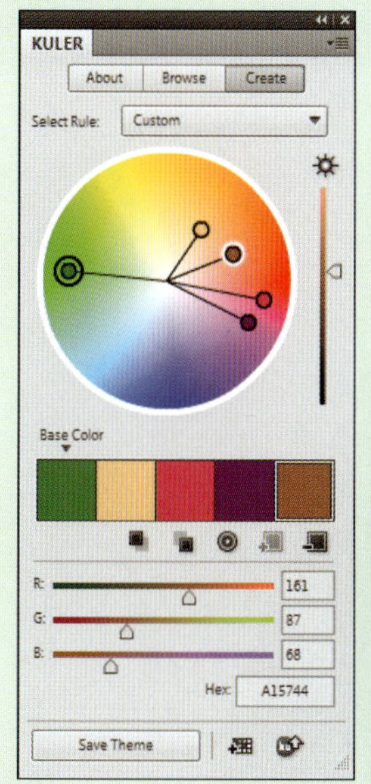

3

불필요한 부분 감쪽같이 지우기

Vanishing Point 필터는 투시 시점에 따라 질감을 늘리거나 복사하는 작업에 편리하게 사용됩니다. 하지만 이 필터의 원리를 응용하면 특정 질감을 늘릴 때뿐만 아니라 지울 때도 활용할 수 있습니다. 이 예제에서는 벽면에 달린 홈통을 지우기 위한 용도로 이 기능을 사용 하겠습니다. Vanishing Point 필터는 분명 편리한 기능이지만. 투시각이 지나치게 큰 경우에는 픽셀이 깨질 위험이 높기 때문에 주의하는 것이 좋습니다.

Part4\Sec3\원본.psd
Part4\Sec3\결과.psd

주요 사용 기능 Vanishing Point 필터 난이도 ★★★

소스 ansik by http://flickr.com/photos/ansik/2142309192/

Photoshop Design

이 예제는 [Vanishing Point] 필터를 이용해 홈통을 지우는 작업인데 크게 2가지 단계로 구성되어 있습니다.
우선 첫 번째 단계는 투시면을 지정하는 것인데, 정교한 결과를 위해서는 이 과정이 중요합니다.

01 Ctrl + O 를 눌러 예제 파일(원본.psd)을 엽니다. 그리고 Ctrl + J 를 눌러 '원본' 레이어 ◉ Part4\Sec3\원본.psd
를 복제합니다.

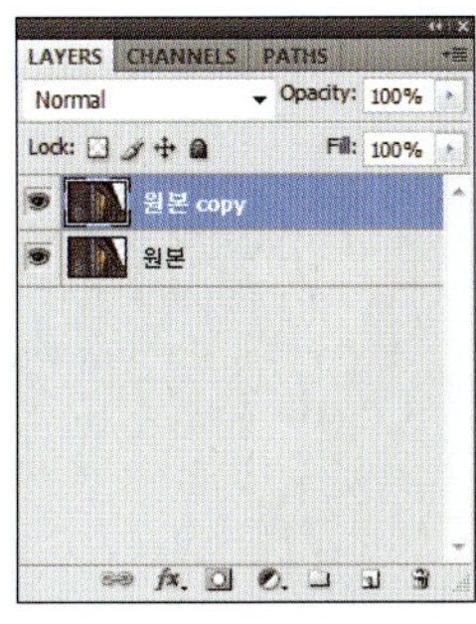

Vanishing Point(소실점)

Vanishing Point(소실점)는 회화나 사진, 건축 등에서 자주 등장하는 개념으로서 시점에 따라 늘어선 물체들의 경계를 따라 연장선
을 그었을 때 선과 선이 만나는 지점을 말합니다. 소실점은 공간감, 거리감, 원근감을 표현하는데 있어 매우 중요한 역할을 합니다.

02 Filter > Vanishing Point를 선택합니다. [Vanishing Point] 대화상자가 나타나면, Create Plane
툴(▦)을 선택한 후, 소스로 사용하기 원하는 지점을 차례대로 클릭합니다. 2번째 점을 클릭하
면 자동으로 연결선이 나타나고 3번째 점을 클릭하면 삼각형 면이 생깁니다

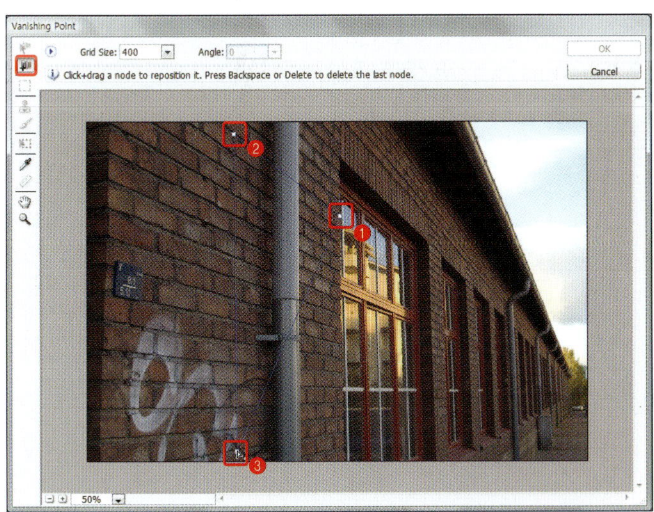

03 마지막 점을 클릭하면 사각형 면이 생깁니다. 이렇게 생성된 면을 Plane이라고 하는데, 모서리
에 위치한 각 점들을 드래그하면 언제든지 Plane의 위치는 재조정할 수 있기 때문에 각 모서리
의 시점이 잘 들어맞았는지 확인합니다.

04 Plane의 왼쪽 면을 잡고 드래그해서 왼쪽 모서리 끝에 맞춥니다.

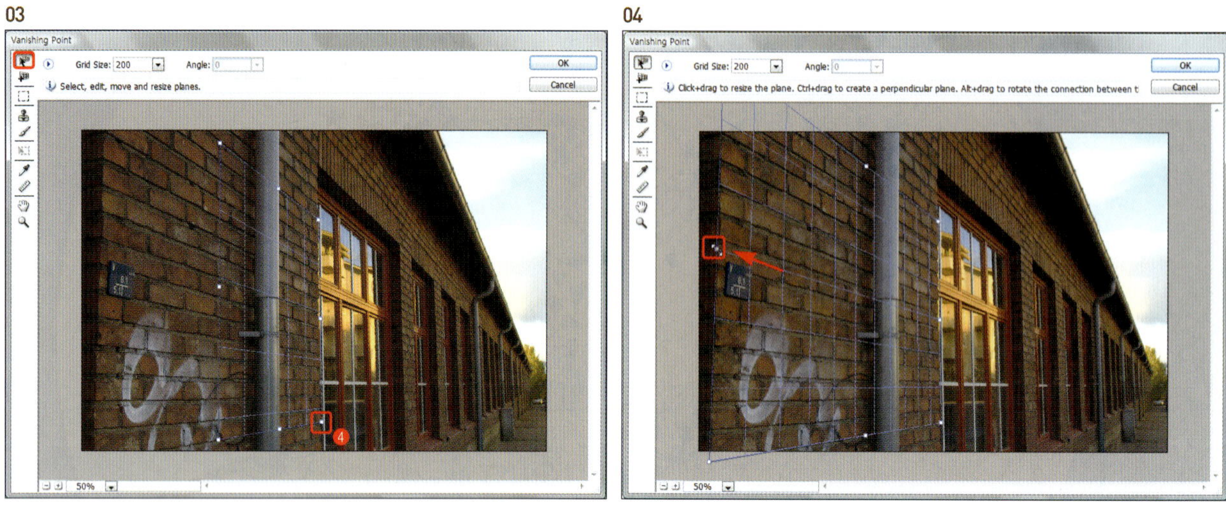

05 Plane의 위쪽과 아래쪽 면도 각각 화면 바깥쪽까지 여유 있게 드래그하여 Plane를 완성합니다.
이 작업의 목적 자체가 홈통을 지우기 위한 것이므로 Plane의 크기는 홈통보다 커야만 합니다

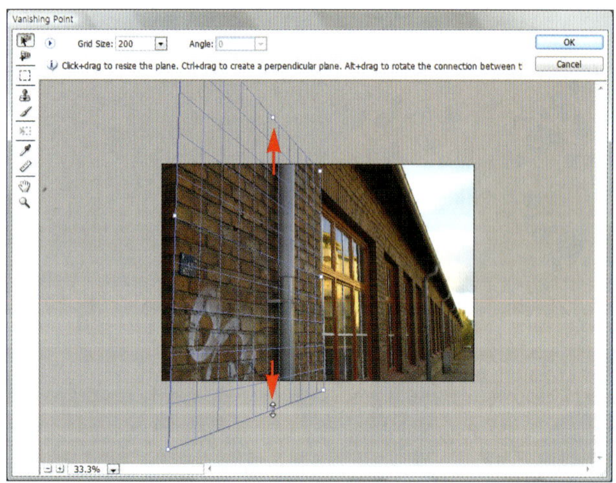

STEP 2   스탬프 툴 사용하여 홈통 없애기

Photoshop Design

두 번째 단계는 투시 면을 기준으로 스탬프 툴을 이용해 홈통을 지우는 것입니다.

01 홈통을 지우기 위해 Stamp 툴(🏛)을 선택합니다. Stamp Brush의 옵션은 다음과 같이 지정합니다.

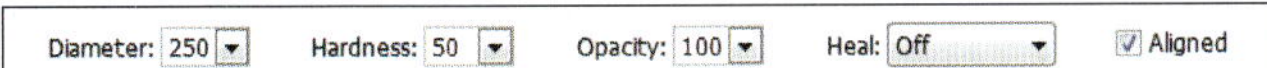

02 Alt 를 누른 채로 소스로 사용될 지점을 클릭합니다.

03 소스가 지정되면 적용될 Stamp의 범위가 미리 보여집니다. 커서를 홈통 위로 가져가 벽돌의 간격을 맞춘 후 클릭하여 문지릅니다. 브러시 크기를 조절하려면 Diameter(지름)에서 수치를 입력하거나 [[ ], [ ]]를 눌러 조절합니다.

02

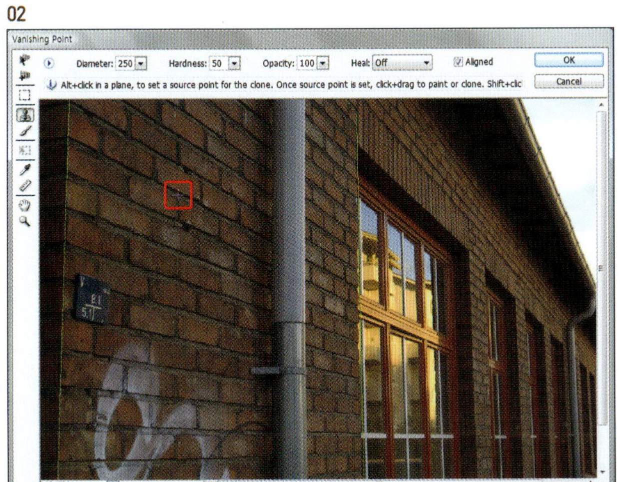

03

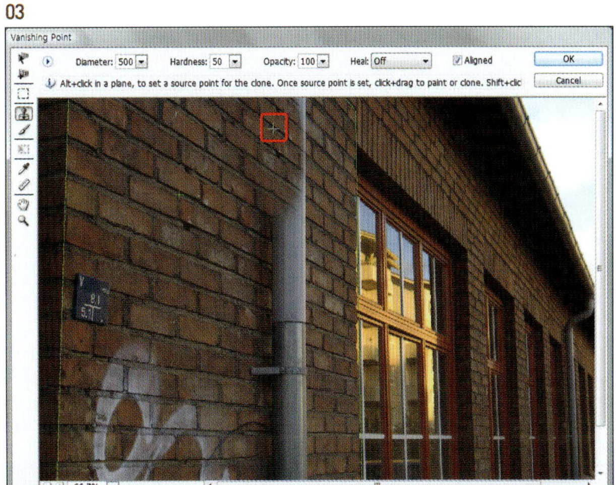

Vanishing Point 작업 시 주의사항

Vanishing Point 작업에서 가장 주의를 요하는 부분은 지정된 소스와 새로 그릴 부분의 투시를 정확하게 일치시키는 것입니다. 정교한 작업을 위해서는 Zoom 툴(🔍)을 사용하거나 Ctrl + + 를 눌러 화면을 확대한 후, 작업하는 것이 좋습니다.

04 홈통 위쪽을 어느 정도 메웠다면, [Alt]를 눌러 소스로 사용될 지점을 새로 지정합니다.

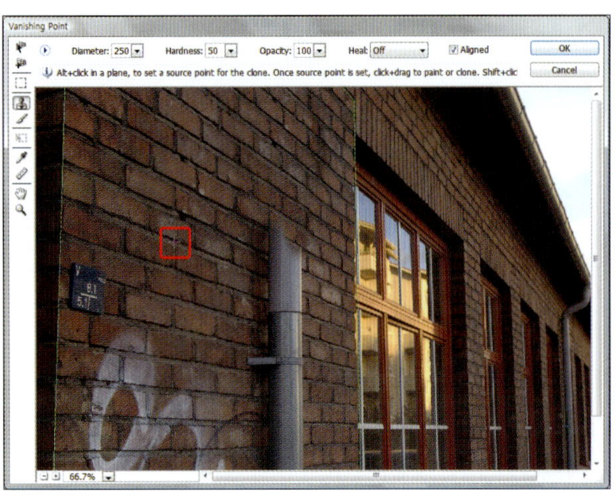

Stamp 툴 사용 시 자연스러운 효과를 얻으려면

Stamp 툴 사용 시 자연스러운 효과를 얻고, 일정한 패턴으로 복사되는 어색함을 피하려면 [Alt]를 눌러 소스를 지정하는 위치를 조금씩 바꾸는 것이 좋습니다. 이론적으로 볼 때, 한 번 소스를 지정하면 홈통 전체를 문지르더라도 투시는 맞아야 하지만 그럴 경우 지나치게 일률적인 형태가 되기 때문에 가까운 곳에 있는 소스를 지정해서 그리는 것이 보다 자연스러운 결과를 낼 수 있습니다.

05 이번엔 홈통 가운데 쪽으로 마우스 커서를 가져가 시점을 맞춘 후 클릭하여 문지릅니다. 필요에
따라 나머지 홈통 부분이 모두 지워질 때까지 소스를 새로 지정해가며 문지릅니다.

06 작업이 완료되면 [OK] 버튼을 클릭해 대화상자를 빠져 나옵니다. 필터가 적용된 레이어의 이름
을 'Vanishing Point' 로 바꿉니다.

05

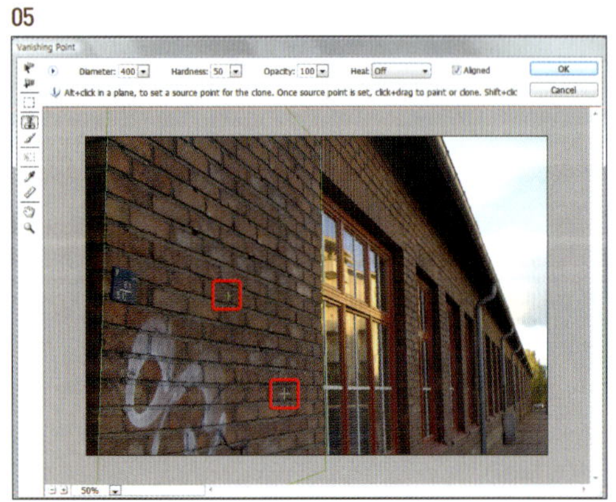

06

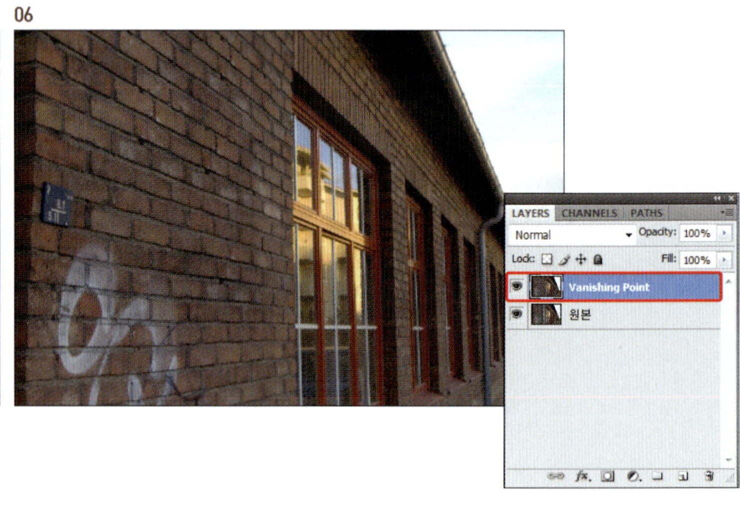

07 이미지가 완성되었습니다. 다른 예제와 달리 이미지에 직접 작업하기 때문에 필터가 적용된 레이어를 켰다 껐다 하면서 비교해 보고 어색한 곳은 없는지 확인해가며 작업하는 것이 바람직합니다.

PART 05

PHOTOSHOP · DESIGN · RECIPE

픽셀의 속성 바꾸기
Image Retouching 3

이번 파트에서는 이미지의 톤을 조절할 때 자주 사용되는 대표적인 기능 2가지에 대해 살펴 보겠습니다. 이 기능들은 그레이디언트 맵(Gradient Map)과 블렌딩 모드(Blending Mode) 인데, 픽셀이 지닌 속성을 옵션 조정으로 쉽게 바꿀 수 있다는 공통점이 있습니다.

SECTION

1

Gradient Map으로 컬러 바꾸기

Gradient Map의 기본 원리는 이미지의 명암을 기준으로 색상을 재배열하여 새로운 색상 톤을 만드는 것입니다. 예를 들어, 흑백 이미지를 가지고 밝은 톤은 흰색으로, 중간 톤은 초록색으로, 어두운 톤은 검은색으로 대치했다면 전혀 다른 분위기의 이미지로 바뀌게 됩니다. Gradient Map 기능을 사용할 때 좋은 결과를 얻으려면 원본 이미지의 계조가 풍부한 것이 좋습니다.

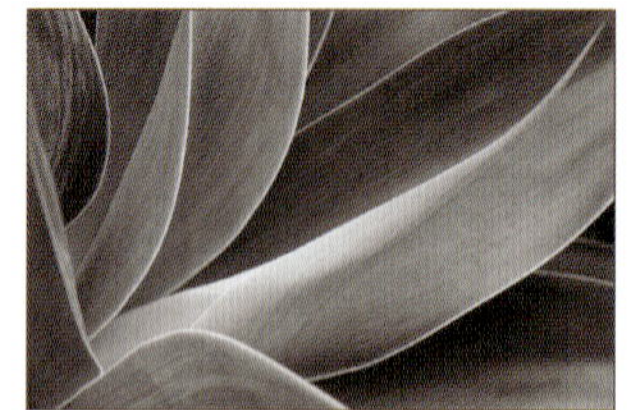

Part5\Sec1\원본.psd
Part5\Sec1\결과.psd

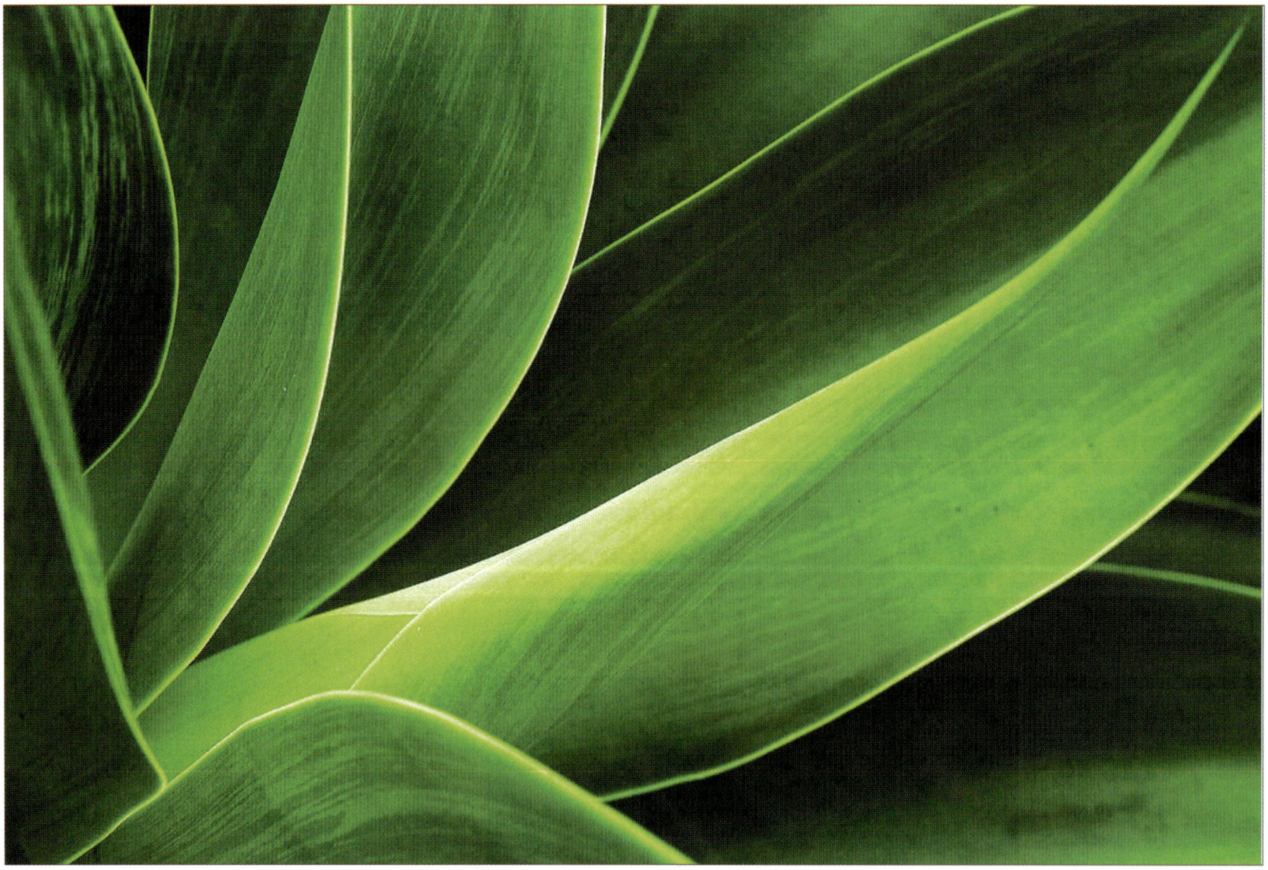

주요 사용 기능 Gradient Map 조정 레이어 **난이도** ★★

소스 macrophile by http://flickr.com/photos/macrophile/35371141/

STEP 1 Gradient Map 조정 레이어 만들기

Photoshop Design

이번 단계는 Grayscale 이미지를 컬러가 지원되는 RGB 모드로 변환하고 기존에 흑백이었던 색상을
[Gradient Map] 조정 레이어를 이용해 컬러로 바꾸는 과정입니다.

01 ⎡Ctrl⎤+⎡O⎤를 눌러 예제 파일(원본.psd)을 엽니다. 현재 이 이미지의 컬러 모드는 Grayscale입
니다.

◉ Part5\Sec1\원본.psd

02 Grayscale 모드에서는 색상을 사용할 수 없으므로, Image 〉 Mode 〉 RGB Color를 선택해
RGB 모드로 전환합니다.

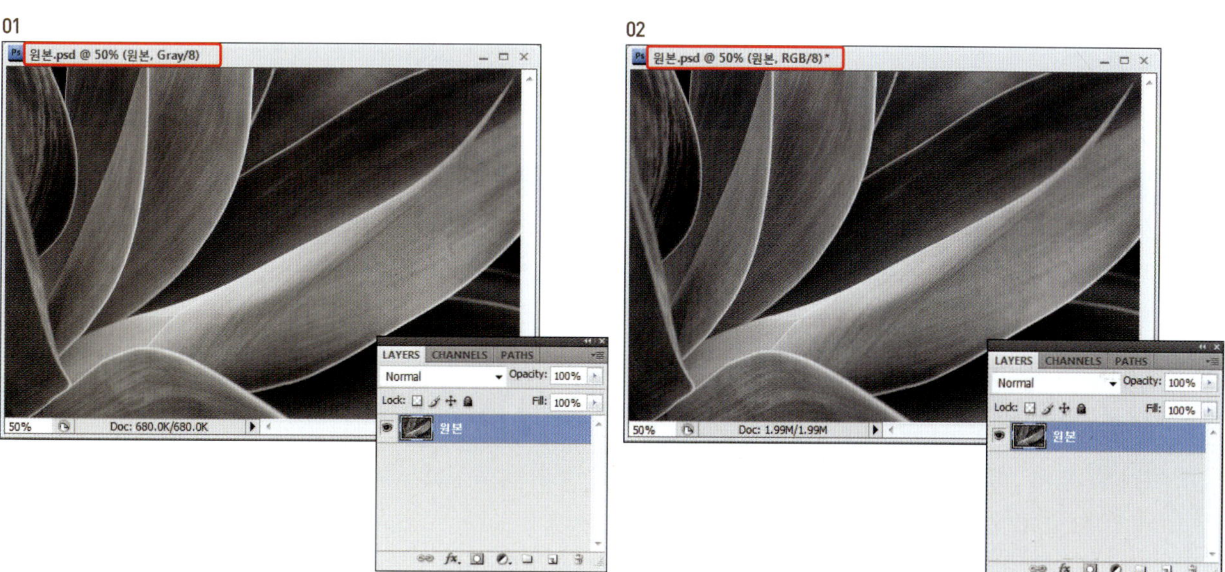

Grayscale 모드에서 다른 모드로 전환

Grayscale 이미지를 RGB 모드나 CMYK 모드로 바꾸었다고 해서 흑백
상태였던 이미지가 컬러로 바뀌는 것은 아니며 단지 컬러로 조정할 수
있는 상태로 변환되는 것입니다. Grayscale 이미지나 RGB 이미지 모두
채널당 8비트 이지만, Grayscale은 채널이 하나이고, RGB는 채널이 3개이므로 용량 또한 3배 차이가 납니다.

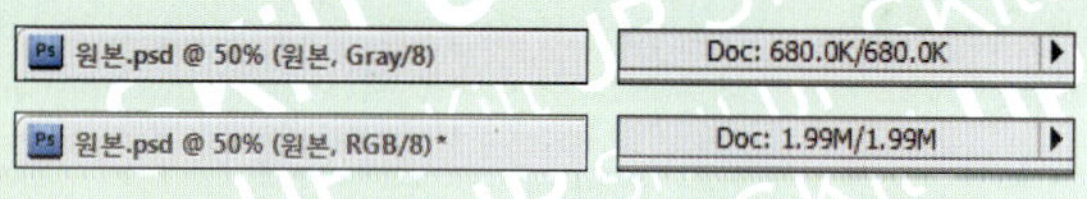

03 D를 눌러 툴 패널의 색상을 기본값(검은색, 흰색)으로 맞추고, [Adjustments] 패널에서 [Gradient Map] 아이콘(■)을 클릭하여 조정 레이어를 만듭니다.

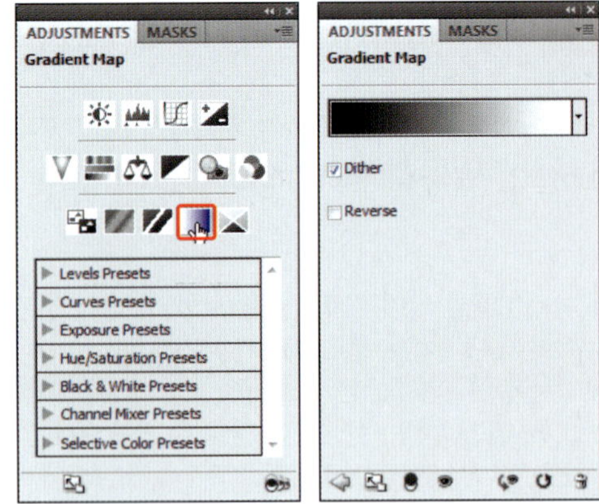

04 툴 패널에서 지정된 색상으로 리맵(Remap : 색상이 다시 배열되는 것)되었지만, 색상이 비슷해서 차이가 크게 느껴지지는 않습니다.

Gradient Map 활용하기

[Gradient Map] 기능은 비교적 직관적인 구조로 되어 있지만, 막상 작업해보면 [Gradient Map]을 통해 사실적인 색감을 표현하거나, 깊이감을 나타내기는 쉽지 않다는 것을 알 수 있습니다. 따라서 이 기능을 이용해 일반적인 사진 이미지를 얻으려는 것은 바람직하지 않으며 듀오톤 이미지와 비슷한 느낌이라고 보는 것이 더 맞습니다. [Gradient Map] 기능을 적용할 때 나타나는 색상은 기본적으로 전경색과 배경색을 기준으로 합니다. 따라서 특별한 경우가 아니라면 색상을 기본값인 검은색과 흰색으로 지정하는 것이 좋습니다. 그래야만 비교적 화이트밸런스가 맞은 상태에서 색조정을 시작할 수 있기 때문입니다.

STEP 2 Color Stop 추가하기
Photoshop Design

이제 [Gradient Editor] 대화상자에서 Color Stop을 지정할 차례입니다.
중간 톤에 해당하는 부위에 어떤 Color Stop을 지정하느냐에 따라 이미지의 전체적인 색감은 큰 영향을 받게
됩니다.

01 [Gradient Map] 옵션 패널에서 Color Bar를 클릭해서 [Gradient Editor] 대화상자로 들어갑
니다.

02 [Gradient Editor] 대화상자에서 또 다른 Color Bar 바로 아래에 있는 검은색 Color Stop(눈금)
과 흰색 Color Stop 사이를 클릭합니다. 새로운 Color Stop이 검은색 상태(가장 최근에 사용한
색)로 생깁니다. 일단 Color Stop의 중간 위치를 정확히 맞추기 위해 [Stops] 옵션의 Location을 '50%'
로 입력합니다. 50%로 지정하면 정확한 중간톤 위치가 됩니다.

01
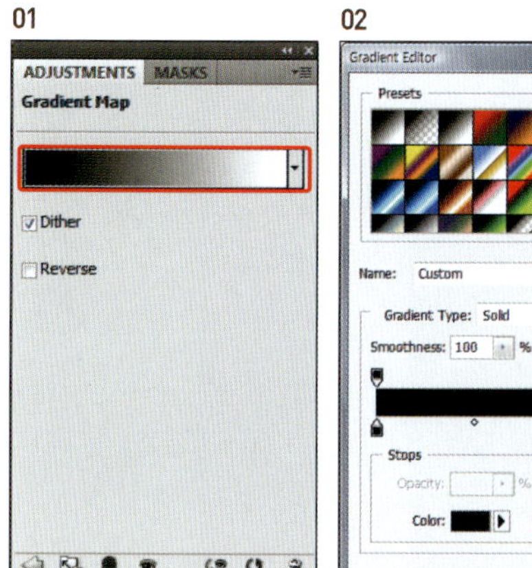

02
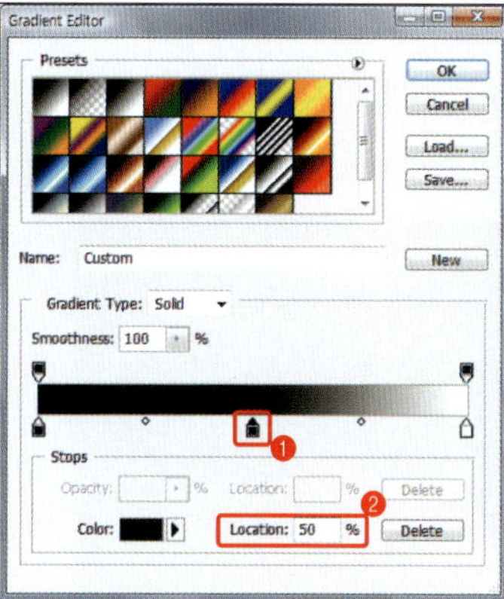

03 삽입한 Color Stop의 색상을 바꾸기 위해 왼쪽 아래에 있는 컬러 박스를 클릭합니다. 대화상자
가 나타나면 풀잎색에 해당하는 색상(#29a318)을 지정합니다.

> **TiP** Color Stop의 색상을 바꾸기 위한 또 다른 방법은 Color Stop을 더블클릭하는 것입니다.

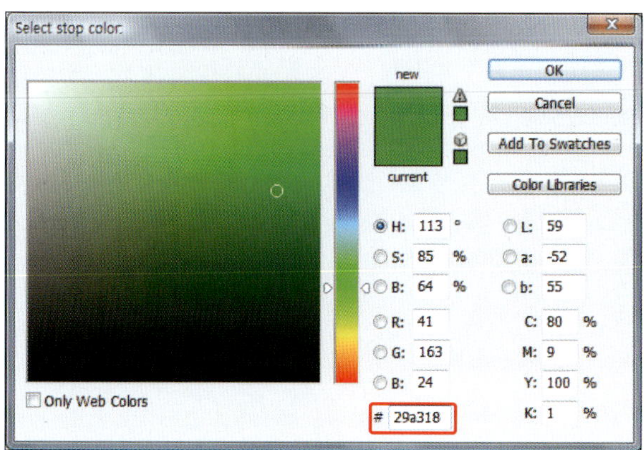

04 중간톤의 색상이 바뀌면서 전체 이미지의 톤도 달라집니다. 하지만 아직 단조로운 느낌이 듭니다.

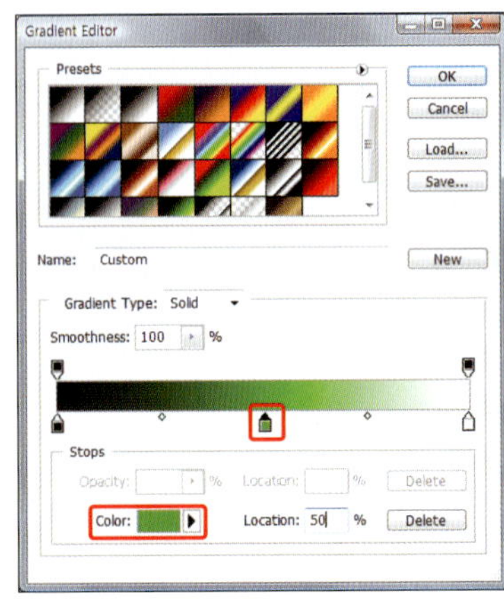

05 중간톤과 흰색 사이인 '밝은 중간톤'에 해당하는 영역을 클릭해 Color Stop을 추가하고, 컬러 박스를 클릭해 [Select stop color] 대화상자가 나타나면 연두색(#a5ec1c)을 지정합니다. 톤이 추가되면서 색상톤이 더욱 따뜻해지고 풍부한 느낌이 됩니다.

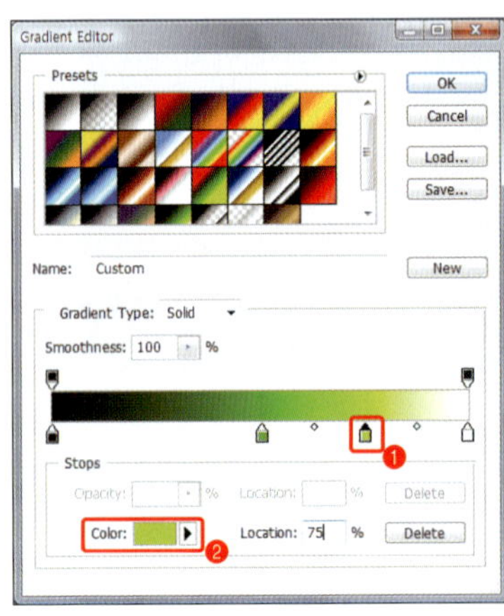

자연스러운 그러데이션 색상을 만드는 요령

일반적으로 [흰색-초록색-검은색]으로 구성된 그러데이션은 색조가 단조로울 수밖에 없습니다. 때문에 [흰색-연두색-초록색-검은색]과 같이 색상을 추가하면 사실적인 색조을 표현할 수 있으며 그러데이션의 Color Stop 위치를 좌우로 드래그해서 톤을 조절하거나 Color Stop 사이에 있는 작은 다이아몬드(Color Midpoint)를 조절하면 더욱 자연스러운 이미지를 완성할 수 있습니다.

STEP 3   Color Stop의 위치를 움직여 톤 조절하기
Photoshop Design

기본 색상 지정을 마쳤다면 Color Stop의 위치를 움직이는 방법으로 컬러 톤을 조정할 수 있습니다. 단번에 원하는 느낌이 나오기는 어렵기 때문에 Color Stop의 위치를 섬세하게 조절해야 합니다.

01 이미지를 자세히 살피면서 Color Bar 가장 오른쪽에 있는 흰색 Color Stop의 위치를 왼쪽으로 살짝 옮깁니다. 흰색 Color Stop의 Location이 100%에서 '93%'로 바뀌면서 가장 밝은 부위 (Whitepoint)에 변화가 생기고, 이미지에도 생기가 생겨납니다.

02 색상 지정을 모두 마치고 [OK] 버튼을 클릭해 [Gradient Editor] 대화상자를 빠져나옵니다. 컬러 이미지가 완성되었습니다.

TiP 한 번 만들어진 그러데이션은 [Presets]에 추가하여 보관할 수 있습니다. 이름을 입력하고 오른쪽에 있는 'New' 버튼을 클릭하면 [Presets]에 추가됩니다.

TiP [Gradient Map] 기능을 활용하기 위해서는 계열색으로 구성된 색조를 이해하는 것이 무엇보다 중요합니다. [Gradient Map]에서 색상 수가 늘어날수록 색조를 맞추기는 더 어려워질 수 있다는 점을 고려하며 Color Stop의 개수를 조절합니다.

01

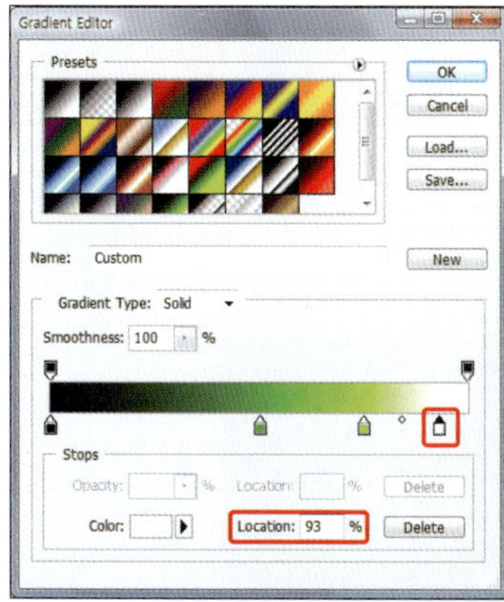

02

전문가가 찍은 듯한
이미지 연출하기

이 예제는 Overlay 블렌딩 모드와 몇몇 조정 레이어를 결합해 이미지의 톤과 색상을 조절한 예제입니다. 비록 두세 개의 레이어만 추가된 단순한 예제이지만 다양한 기능을 사용한 것 못지않은 결과를 보여줍니다. 이미지에서 주로 사용되는 톤들은 고급스러우면서도 독특한 색감과 톤을 가지는 경우가 많은데, 이러한 이미지들은 사진 촬영에서 단번에 얻어내기보다는 후보정을 통해 전문가가 만족할만한 수준까지 끌어 올린다는 특징이 있습니다.

● Part5\Sec2\원본.psd
　Part5\Sec2\결과.psd

주요 사용 기능 Overlay 모드, Hue/Saturation 조정 레이어, Selective Color 조정 레이어　**난이도** ★★

소스 law_keven by sa http://flickr.com/photos/66164549@N00/1862 192640/

STEP 1 블렌딩 모드를 이용해 콘트라스트 적용하기

이 예제에서 작업하려는 것은 크게 2가지 입니다. 하나는 콘트라스트를 적용해 좀더 강한 느낌의 이미지를 만드는 것이고, 다른 하나는 색감을 다르게 만드는 것입니다. 먼저, 콘트라스트를 강하게 만들기 위해서 자주 사용하는 [Curves] 조정 레이어 대신 Overlay 블렌딩 모드를 사용하고, 색감을 바꾸기 위해서는 [Hue/Saturation] 조정 레이어와 [Selective Color] 조정 레이어를 사용하도록 하겠습니다.

01 Ctrl + O를 눌러 예제 파일(원본.psd)을 엽니다. 이 이미지는 늦은 오후, 동물원에서 촬영된 것으로 해질녘의 고즈넉한 분위기가 잘 살아 있는 이미지입니다.

Part5\Sec2\원본.psd

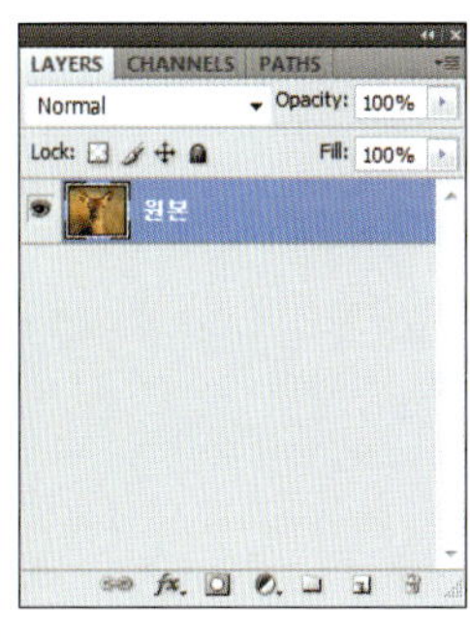

02 Ctrl + J를 눌러 '원본' 레이어를 복제하고, '원본 copy' 레이어의 블렌딩 모드를 'Overlay'로 바꿉니다. 블렌딩 모드를 바꾸는 것만으로도 콘트라스트가 강해지고 채도 또한 높아집니다.

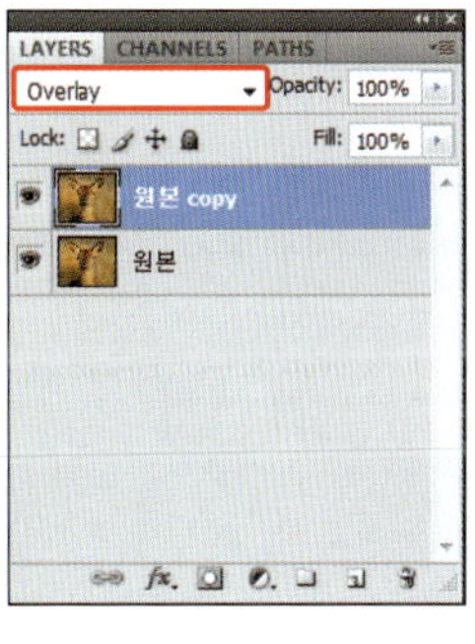

Overlay 모드

Overlay라는 단어에는 '씌우다', '바르다', '칠하다' 라는 뜻이 있습니다. Overlay 모드를 사용하면 중간톤을 기준으로 밝은 곳은 Screen 모드를 사용하고, 어두운 곳은 Multiply 모드를 사용한 것과 같은 효과가 나타납니다. 이것은 결과적으로 콘트라스트가 강해지는 효과를 내게 되는데, 주로 밋밋하고 채도가 낮은 이미지에 적용하면 좋은 결과를 얻을 수 있습니다.

이번 단계는 [Hue/Saturation] 기능을 이용해 이미지의 채도를 조절하는 과정입니다. 이 기능은 이미지의 채도를 조절하는 가장 손쉬운 방법이며, 이미지의 분위기를 바꾸는데 커다란 역할을 합니다.

01 블렌딩 모드를 이용해 콘트라스트를 적용했으므로, 이제 색감을 조정할 차례입니다. [Adjustments] 패널 오른쪽 하단에 있는 '클리핑 마스크' 아이콘(　)을 체크해 놓은 상태에서 [Hue/Saturation] 아이콘(　)을 클릭합니다. 이렇게 해야 조정 레이어가 '원본 copy' 레이어와 클리핑 마스크 상태로 결합됩니다.

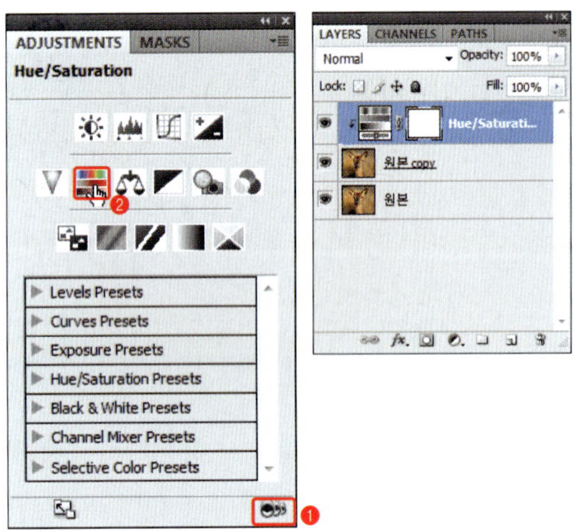

02 [Hue/Saturation] 패널에서 [Saturation](채도) 수치를 '-100' 상태로 만듭니다. 이렇게 조절하면 '원본 copy' 레이어에 적용되었던 콘트라스트와 채도 효과 중 채도 효과는 모두 사라지고 콘트라스트 효과만 남게 됩니다. 패널 하단에 있는 [Preview] 아이콘(　)을 켰다 껐다 하면서 적용 전과 후를 비교합니다.

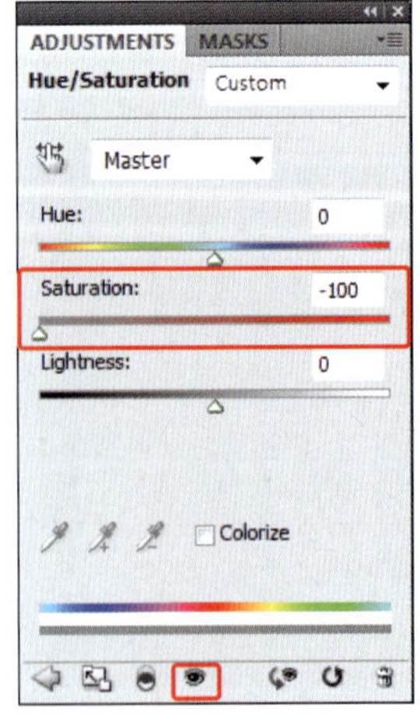

03 이 상태에서는 [Hue](색상)의 수치를 바꾸더라도 아무런 효과가 나타나지 않습니다. 그 이유는 [Saturation]이 가장 낮은 상태이기 때문입니다.

04 그렇다면 이번엔 [Saturation] 수치를 조금 살려보겠습니다. 수치를 '-100'에서 '-56'으로 바꿉니다. 채도가 살아나게 되면 이전에 적용한 [Hue] 수치도 함께 살아나게 되기 때문에 이미지의 색상은 바뀌게 됩니다.

어떤 색상으로 바뀌었을까?

[Hue/Saturation] 패널에서 색상 조절을 하다 보면 어떤 색상으로 바뀌었는지 알기 어려운 경우가 있습니다. 이때는 패널 하단에 위치한 컬러 슬라이더를 자세히 살펴보면 그 해답을 얻을 수 있습니다. 상단 슬라이드는 효과를 적용하기 이전의 색상이고, 하단 슬라이드는 효과를 적용하고 난 이후의 색상이기 때문입니다. 이 예제에서는 붉은 오렌지 색상이 푸른 청록색으로 바뀌었다는 것을 알 수 있습니다.

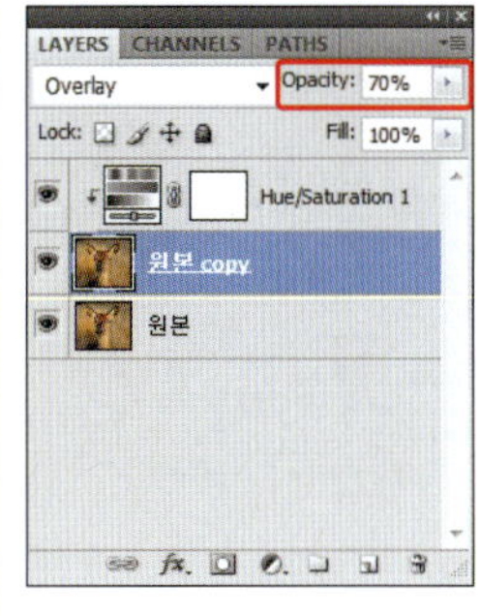

05 자세히 살펴보면 이미지의 콘트라스트가 강하다는 것을 알 수 있습니다. 콘트라스트를 약화시키기 위해 '원본 copy' 레이어의 Opacity를 '70%'로 낮춥니다. 지금까지 적용된 효과를 살펴보기 위해 '원본 copy' 레이어를 껐다 켰다 하면서 적용 전과 후를 비교해봅니다.

06 연습에서든 실전에서든 한가지 효과만을 고집하는 것은 바람직하지 않습니다. 때론 다른 기능들을 조합하거나, 수치를 바꿔가면서 다른 느낌을 연출해봅니다. 아래 그림은 수치를 바꾸고 [Colorize] 옵션을 함께 적용한 결과입니다.

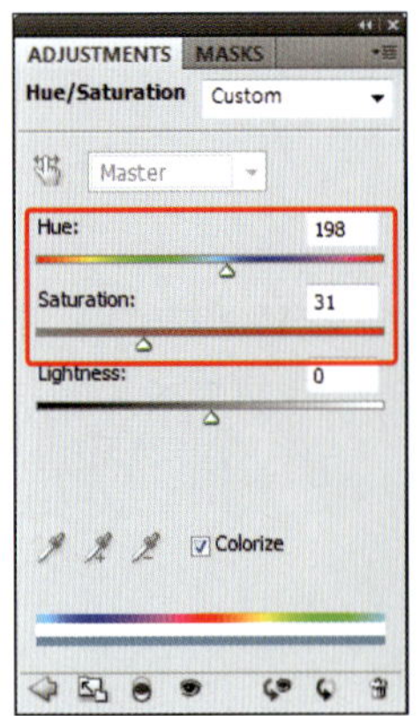

STEP 3 Selective Color 조정 레이어로 색감 조절하기

Photoshop Design

이번에는 좀더 깊이감 있는 이미지를 만들기 위해 [Selective Color] 기능을 사용해 보겠습니다.

01 [Adjustments] 패널에서 [Selective Color] 아이콘(▣)을 클릭하고, [Hue/Saturation] 조정 레이어는 끕니다.

02 [Selective Color] 패널 위쪽에 있는 [Colors] 풀다운 메뉴에서 'Neutrals'를 선택합니다. Neutrals는 중간 톤을 의미하는데, 중간톤은 이미지 전체에 가장 넓은 톤을 차지하고 있습니다. 따라서 이 수치를 바꾸면 다른 [Colors]로 색상을 조절하는 것보다 더 간편하게 톤을 정리할 수 있습니다. Neutrals에서 **Magenta : −69%, Yellow : −79%, Black : +37%**을 입력합니다. 적용 방식은 [Relative](상대값)입니다.

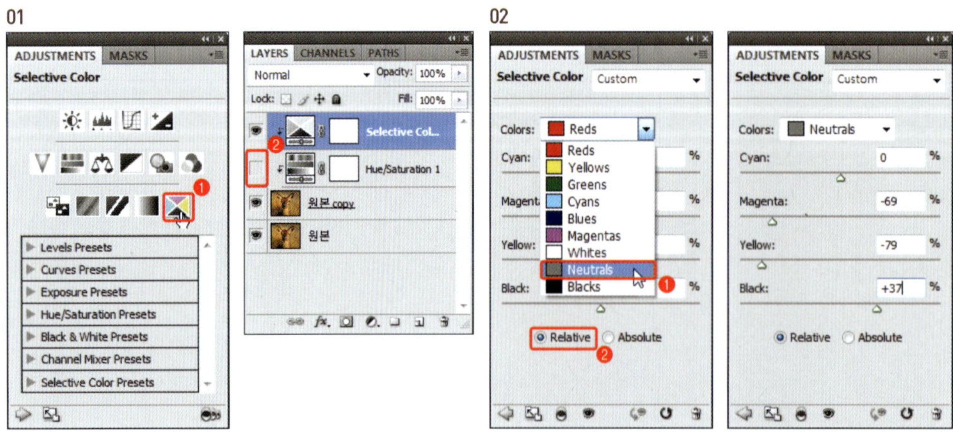

03 효과가 적용된 완성 이미지입니다. 중간톤에서 [Magenta]와 [Yellow]가 줄어들면서 상대적으로
색상톤이 더욱 풍부해졌습니다.

Selective Color 기능

Selective Color는 말 그대로 특정 영역의 색상을 선택적으로 바꾼다는 의미입니다. 따라서 이 기능은 톤 전체에 걸쳐 영향을 미치는 [Color Balance], [Photo Filter] 등 다른 조정 기능들과 달리, [Red]나 [Yellow], [Blue](혹은 밝은 톤, 중간 톤, 어두운 톤)같은 특정 색상만을 더하거나 뺄 때 사용하면 매우 편리합니다. 특히 CMYK 모드에서 특정 잉크의 색상을 조절하기 원하는 사용자들에게는 더욱 유용한 기능이라고 할 수 있습니다.

Selective Color에는 Relative(상대값)와 Absolute(질대값) 두 가지 방식이 있는데, 이것은 효과를 적용하는 방식을 나타냅니다. 예를 들어 Cyan 50%인 픽셀에 Relative 10%를 더하면 55%(50%+5%)가 되지만, Absolute 10%를 더하면 60%(50%+10%)가 되는 이치입니다.

블렌딩 모드로
질감 섞기

이 예제에서는 각기 다른 질감들을 섞어 새로운 느낌의 이미지로 만드는 작업을 진행합니다. 이런 류의 작업에는 주로 Overlay 모드가 사용되지만, Hard Light 모드나 Soft Light 모드가 사용되기도 합니다. 이 예제가 비교적 실용적이지는 않지만, 블렌딩 모드의 특성을 이해하는 데에는 도움이 될 것입니다. 또한 Layer Style에서 'Blend If' 라는 기능을 이용하여 이미지의 특정 영역만 살리는 기능도 설명하고 있습니다. 이미지를 섞을 때에는 결합되었을 때 어떤 느낌이 들 것인지 미리 살펴보는 것이 좋습니다.

Part5\Sec3\원본.psd
Part5\Sec3\결과.psd

주요 사용 기능 Soft Light 모드, Overlay 모드, Hue/Saturation 조정 레이어, Layer Style 〉 Blend If 항목　**난이도** ★★

소스 ❶ polandeze by http://www.flickr.com/photos/polandeze/ 534936754/
　　　❷ spacepleb by http://www.flickr.com/photos/spacepleb/ 254910314/

STEP 1   Soft Light 모드로 이미지 섞기

이 예제는 원본과 소스가 함께 얹혀진 상태에서 시작합니다. 원본 이미지는 구름이 낀 흐린 날, 화이트밸런스를
조절하여 찍은 바위이고, 소스 이미지는 트럭의 라이트를 켠 채로 강한 햇빛 아래에서 접사 촬영한 것입니다.

01   Ctrl + O 를 눌러 예제 파일(원본.psd)을 엽니다.

● Part5\Sec3\원본.psd

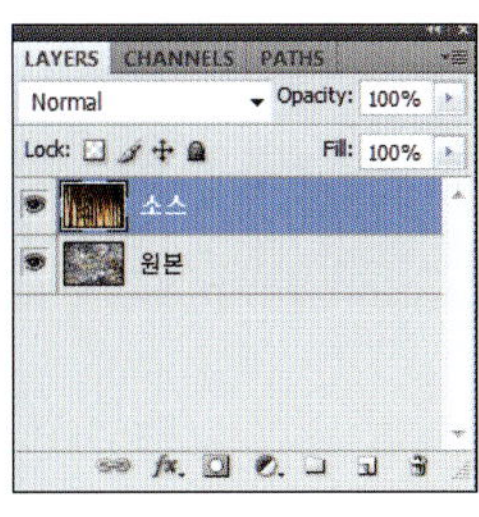

02   두 이미지를 섞기 위해 '소스' 레이어의 블렌딩 모드를 Soft Light '100%'로 바꿉니다. '소스'
레이어의 명암에 따라 이미지가 섞이는 것을 알 수 있습니다.

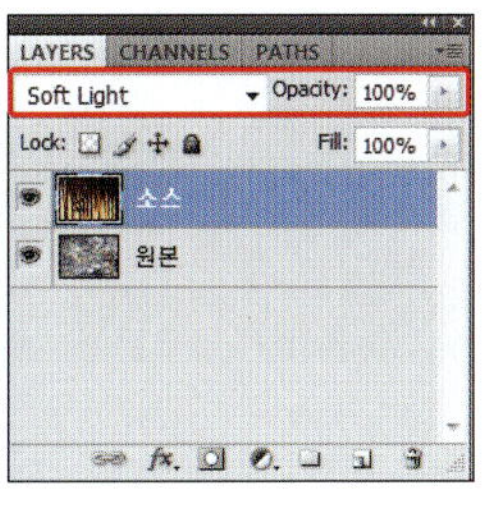

03   [Adjustments] 패널에서 [Hue/Saturation] 아이콘(📷)을 클릭해 조정 레이어를 만들고, 블렌딩
모드를 'Overlay'로 바꿉니다. 이미지의 채도와 콘트라스트가 강해집니다.

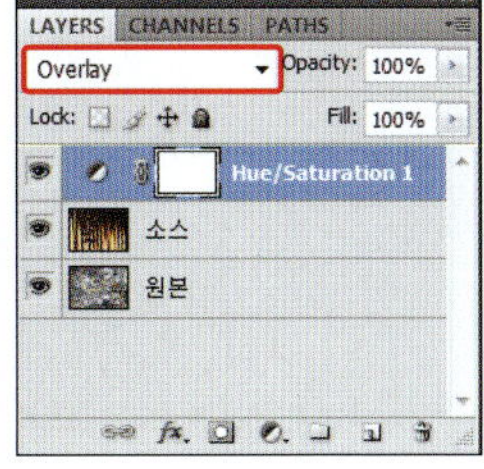

04 [Hue/Saturation] 옵션 패널에서 [Colorize] 박스를 체크합니다. Saturation(채도)는 기본 값이 '25'로 자동 설정됩니다.

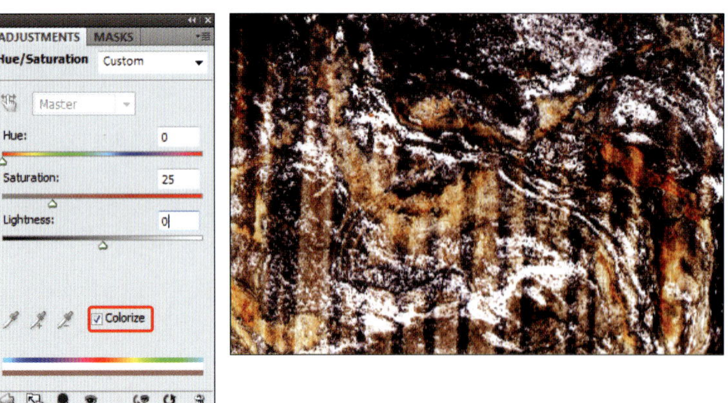

05 [Hue/Saturation] 옵션 패널에서 Hue의 수치를 '92'로, Saturation의 수치를 '17'로 바꿉니다.

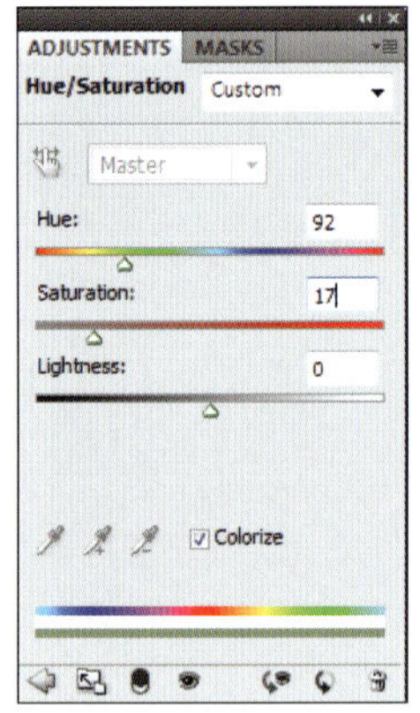

Colorize 기능

[Colorize] 기능은 이미지의 명암은 그대로 유지한 채, 색상만 [Hue]에서 지정한 한가지 색으로 바꾸는 기능입니다. 예를 들어 [Colorize] 기능이 체크된 상태에서 [Hue](색상)를 파란색 계열로 맞추면, 이미지 전체가 파란색 톤으로 바뀌는 식입니다. [Colorize] 기능을 체크한 후, 패널 아래쪽 슬라이더를 보면 모든 색상이 파란색으로 바뀐 것을 알 수 있습니다.

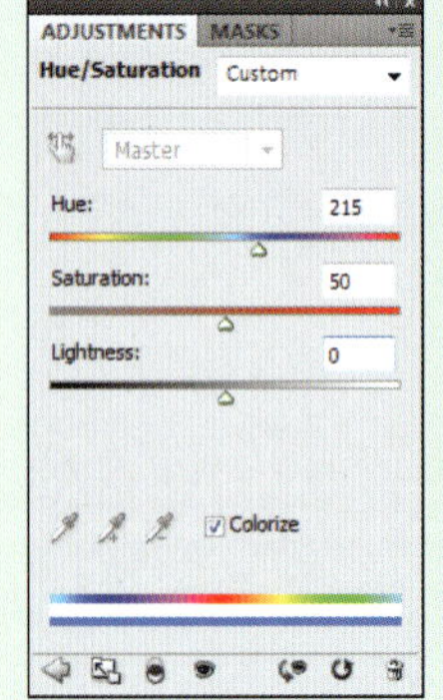
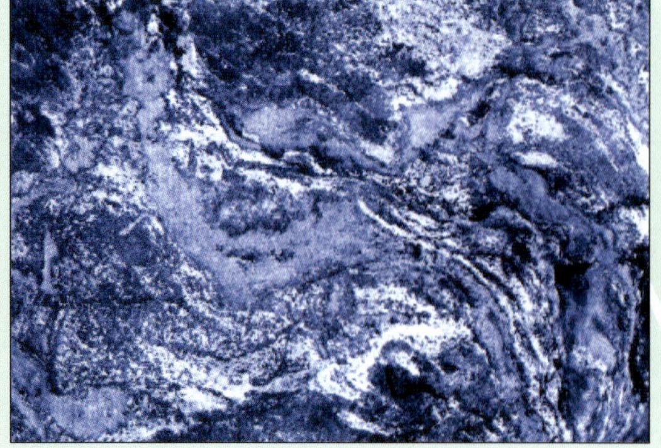

STEP 2 Blend If 기능으로 이미지 섞기

[Blend if] 기능은 이미지의 레벨 상태를 조절해, 아래 위치한 레이어들과 합성할 수 있게 해줍니다. 선택된 레이어의 특정 영역을 제거하고 아래 레이어와 합성할 때 사용하면 재미있는 효과를 얻을 수 있습니다.

01 이번엔 '소스' 레이어를 클릭한 후, Ctrl + J 를 눌러 복제합니다.

02 복제된 '소스 copy' 레이어를 맨 위로 올린 후, 블렌딩 모드를 'Overlay' 로 바꾸고, Alt + Ctrl + G 를 눌러 [Hue/Saturation] 조정 레이어와 클리핑 마스크 상태로 결합합니다.

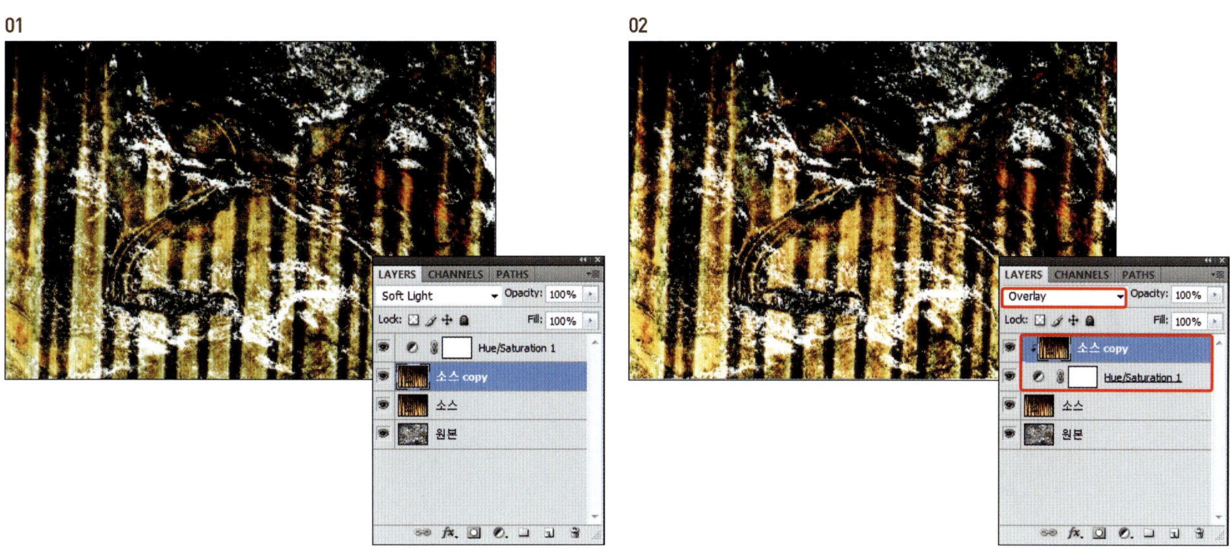

03 '소스 copy' 레이어를 더블클릭하여 [Layer Style] 대화상자로 들어간 후, Blending Options 〉 Blend If에서 This Layer의 상태를 '94' 까지 드래그합니다.

04 이미지 위쪽의 어두운 영역 일부가 사라져 보입니다.

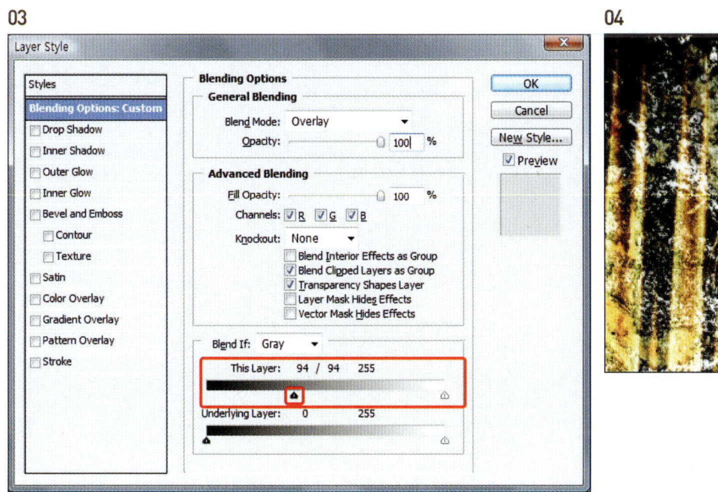

05 이번엔 Alt 를 누른 채로, This Layer의 맞물린 검은색 삼각형(▲)을 클릭하여 분리한 후,
왼쪽 끝까지 드래그합니다. 이렇게 하면 훨씬 부드러운 효과를 얻을 수 있게 됩니다.

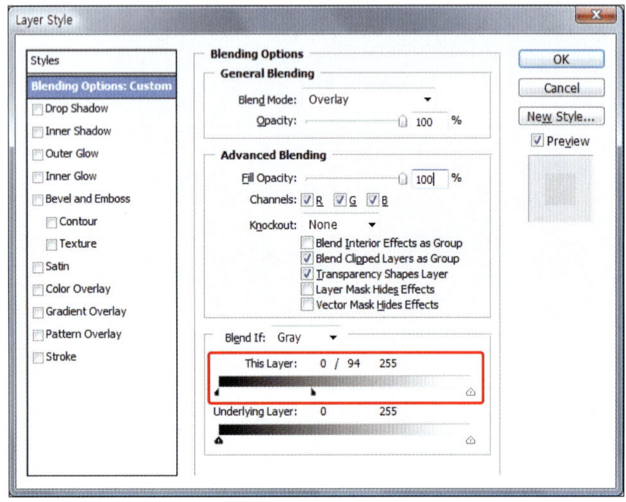

06 어두운 상태기 때문에 효과가 크게 느껴지지 않지만, 아래 이미지가 밝거나 색상차가 심한 경우
라면 상당한 차이를 느낄 수 있습니다.

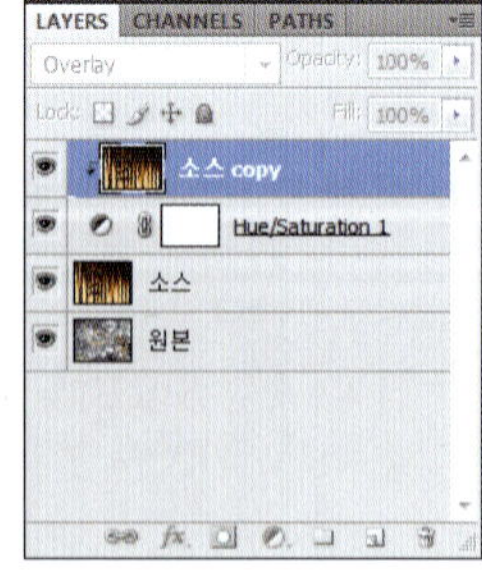

07 이미지가 모두 완성되었습니다. 이런 종류의 작업은 예술적인 느낌을 주거나, 우연한 효과를 기대할 때 사용하면 좋습니다.

스프레이 효과내기

이번엔 레이어의 블렌딩 모드와 함께 브러시의 페인트 모드를 이용한 작업입니다. 이 2가지 모드의 차이점에 대해서는 이 예제를 통해 확인해 보겠습니다. 이 예제에서는 스프레이 효과와 어울리는 거친 질감을 사용합니다. 작업 자체도 중요하지만 작업의 배경 이미지를 잘 고르는 것도 중요한 과정 중 하나입니다.

Part5\Sec4\원본.psd
Part5\Sec4\결과.psd

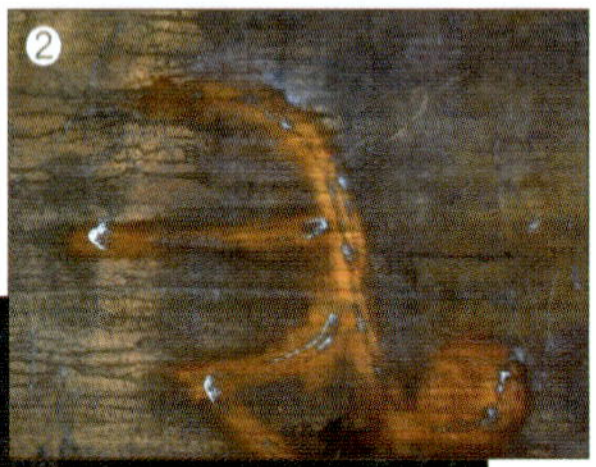

주요 사용 기능 Hard Light 모드, Airbrush 옵션, Type 툴, Rectangle 툴, Dissolve 페인트모드　**난이도** ★★★★

소스 ❶ whiteblot by http://flickr.com/photos/stoyan/390150183/in/set-72157594531678160/
　　❷ whiteblot by http://flickr.com/photos/stoyan/387992524/

STEP 1 배경질감 만들기

이 예제는 원본과 소스가 함께 얹혀진 상태에서 시작합니다. 원본은 콘크리트에 이끼가 달라붙은 이미지이고, 소스는 군데군데 녹이 슨 철판 이미지입니다. 이번 단계에서는 배경으로 사용될 질감을 만들도록 하겠습니다.

01 `Ctrl`+`O`를 눌러 예제 파일(원본.psd)을 엽니다. ◉ Part5\Sec4\원본.psd

02 두 이미지를 섞기 위해 '소스' 레이어의 블렌딩 모드를 Hard Light '60%'로 바꿉니다.

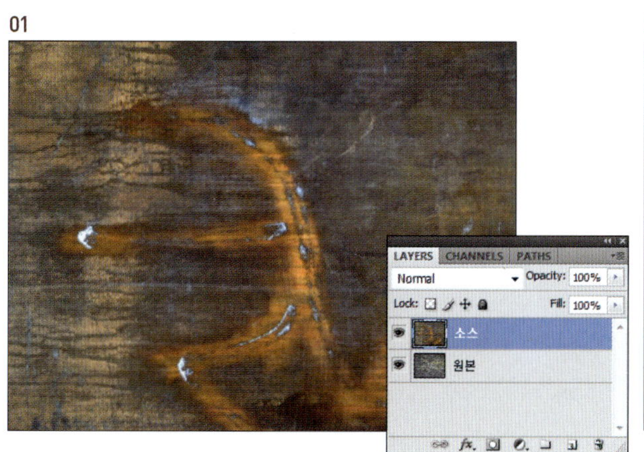

01

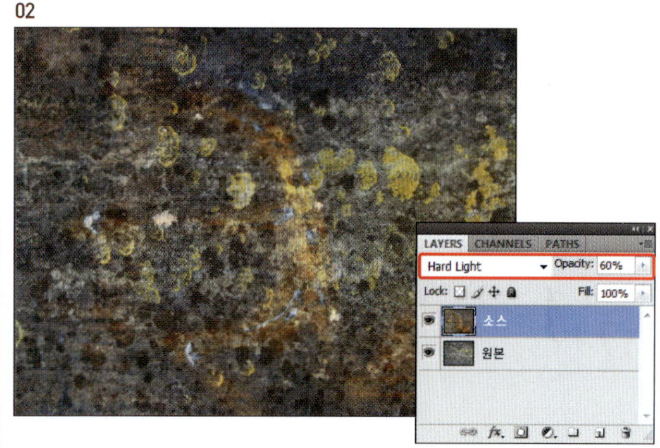

02

03 `Q`를 눌러 퀵 마스크 모드로 갑니다. 아이콘(◯)을 더블클릭할 때 나타나는 퀵 마스크의 옵션은 기본값과 동일하게 Masked Areas, Opacity '50%'입니다.

04 브러시 툴을 선택하고 전경색을 검은색으로 정합니다. 그리고 [Brushes] 패널을 열어 패널 상단에 있는 [Brush Tip Shape] 항목을 클릭한 후, 다음과 같이 옵션을 지정합니다.

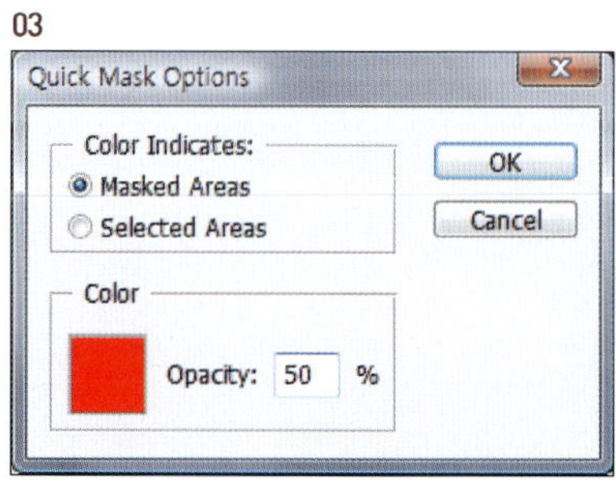

03

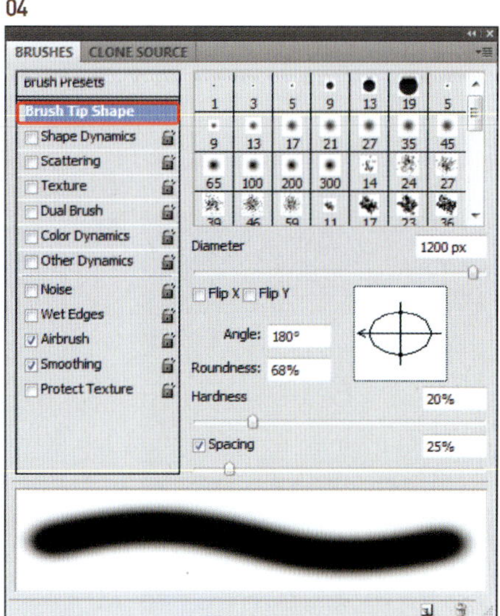

04

05 Alt + Shift + P 를 눌러 [Airbrush] 옵션을 켜고, Flow를 '30%'로 지정합니다.

06 모서리를 제외한 나머지 영역을 그림과 같은 상태가 되도록 그립니다. 빨간색으로 표시된 영역
은 마스킹되는 영역(즉, 가려지는 영역)입니다.

05

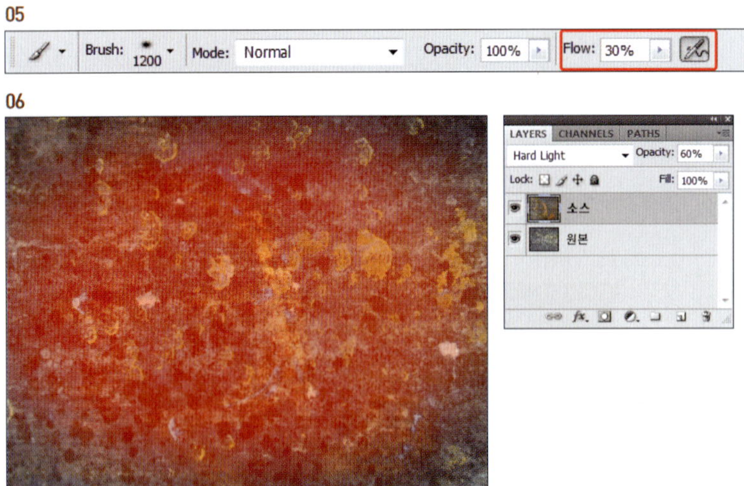

06

07 다시 Q 를 눌러 퀵 마스크 모드를
빠져 나옵니다. 이미지 주변부가 선
택된 것이 보입니다.

08 새로운 레이어를 하나 추가하고, 레이어의 블렌딩 모드를 'Multiply'로 미리 바꿉니다. 그리고
Eyedropper 툴(✐)을 선택해 오른쪽 아래에 있는 일부 픽셀을 클릭해 색상을 추출합니다. 전
경색이 #44484c로 바뀝니다.

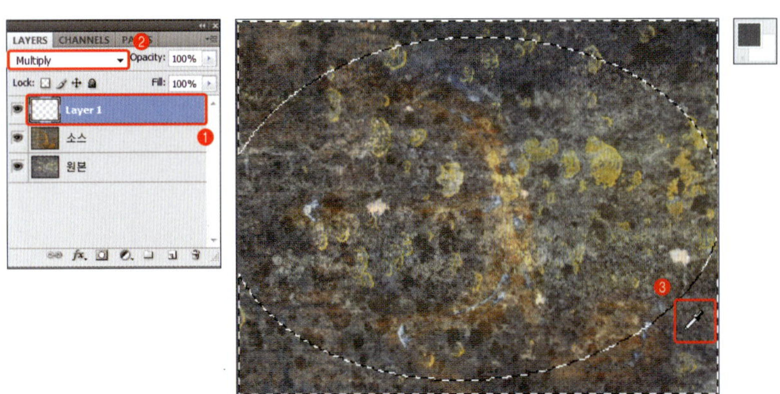

09 Alt +Delete를 눌러 선택영역에 전경색을 채워 넣고, Ctrl + D 를 눌러 선택을 해제합니다. 주변부가 어두워집니다.

10 주변부가 지나치게 어두워졌으므로 Opacity를 '60%'로 낮춥니다. 그리고 레이어의 이름을 '주변 어둡게'로 바꿉니다. 이제 배경 질감이 모두 완성되었습니다.

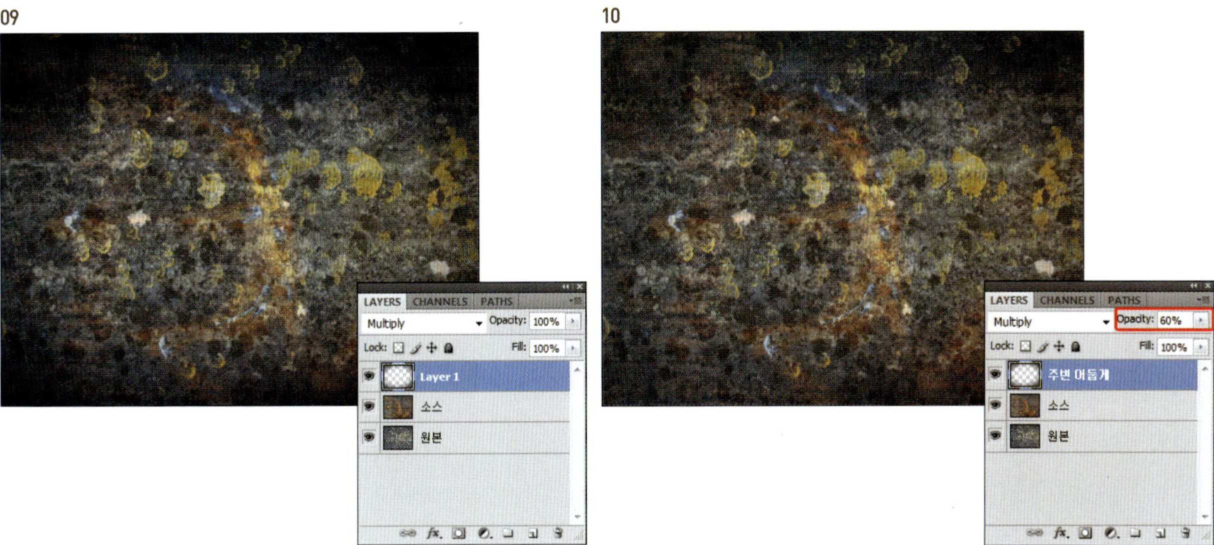

Hard Light 모드와 Overlay 모드의 차이점

앞서 설명한대로 Overlay 모드를 사용하면 중간톤을 기준으로 밝은 곳은 Screen 모드로, 어두운 곳은 Multiply 모드로 바꾼 것과 같은 효과가 나타납니다. Hard Light 모드도 Overlay 모드와 동일한 원리를 지니고 있으나 레이어의 순서에 따라 효과가 달라진다는 차이점이 있습니다.

Hard Light 모드는 선택된 레이어가 영향을 미치는 반면, Overlay 모드는 아래에 위치한 레이어의 영향을 받기 때문입니다. 이는 레이어의 순서를 바꾸어보면 금방 알 수 있는데 아래 그림에서 보듯 ❶번과 ❸번은 모드는 다르지만 효과는 동일하다는 것을 알 수 있습니다.

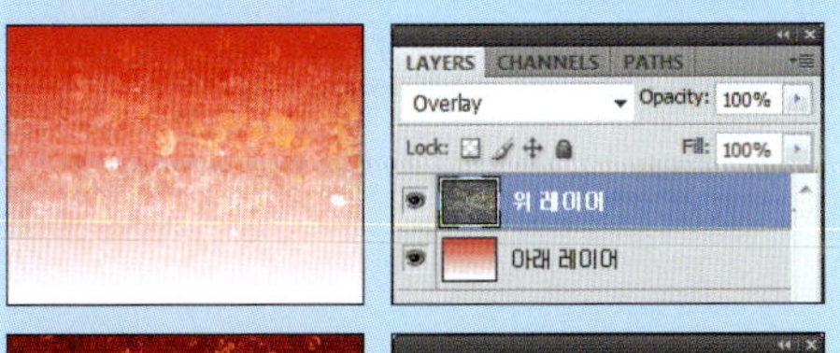

❶ '위 레이어'가 Overlay 모드인 경우 : 아래 레이어의 명암에 의해 효과가 좌우됩니다.

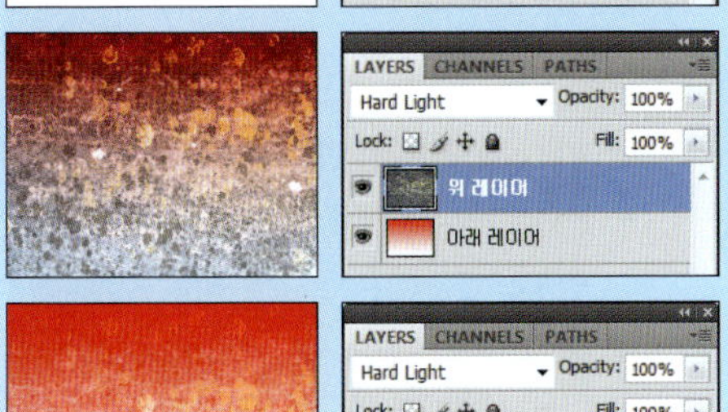

❷ '위 레이어'가 Hard Light 모드인 경우 : 위 레이어의 명암에 의해 효과가 좌우됩니다

❸ 순서를 바꾸어서, '아래 레이어'가 Hard Light 모드인 경우 : 1번과 동일한 결과가 나타납니다.

STEP 2 스텐실 느낌의 글자 입력하기

이번 단계는 스텐실 느낌의 글자를 입력하는 과정입니다.

01 Horizontal Type 툴(T)을 선택하고 화면 한가운데를 클릭해서 'SPRAY' 라고 입력합니다.

02 Ctrl+A 를 눌러 글자를 모두 선택한 후, 옵션을 다음과 같이 지정합니다.
서체 : VINCA STENCIL, 크기 : 225포인트, Horizontally Scale(평) : 90%, Color: #000000, 중앙정렬

01

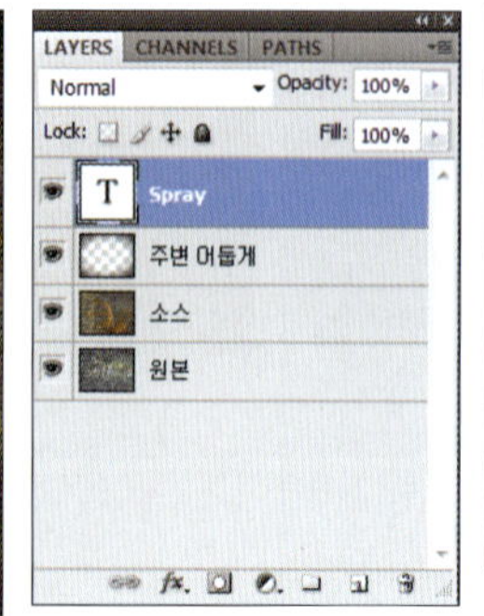

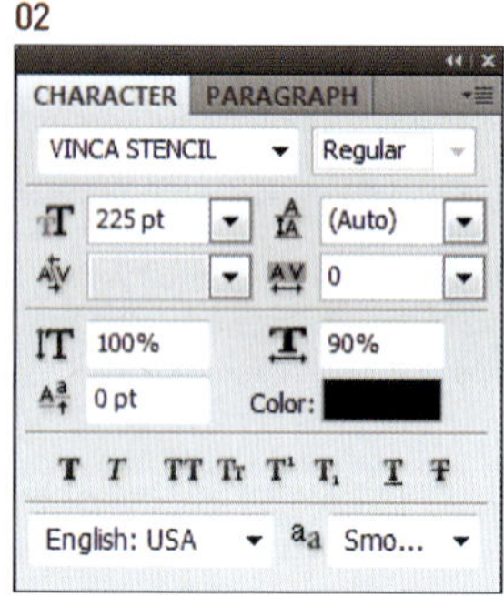

02

스텐실 느낌이 나는 'VINCA STENCIL'체

이 서체는 스텐실 느낌이 나는 'Vinca Stencil' 체입니다. 인터넷에서 검색해보면 다른 분위기의 무료 스텐실 서체도 구할 수 있습니다.

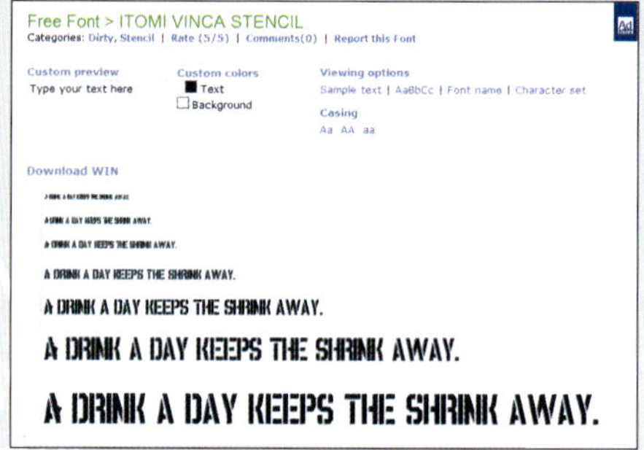

http://simplythebest.net/fonts/stencil_fonts.html ▶

글자 입력 도중 위치 바꾸기

글자를 입력하는 도중 Ctrl 를 누르면 임시로 Move 툴(▶+) 상태로 바뀌기 때문에 위치를 재조정할 때 편리합니다.

02 Horizontal Type 툴(T)을 클릭해 'SPRAY' 글자 아래 쪽에 'Till the Last Clear Wall' 이라고
입력합니다. 글자가 길게 느껴지면 다른 글자를 입력해도 좋습니다.

03 Ctrl + A 를 눌러 글자를 모두 선택한 후, 옵션을 다음과 같이 지정합니다.
서체 : Vinca Stencil, 크기 : 48포인트, Horizontally Scale(평) : 110%, Color : #000000, 중앙정렬

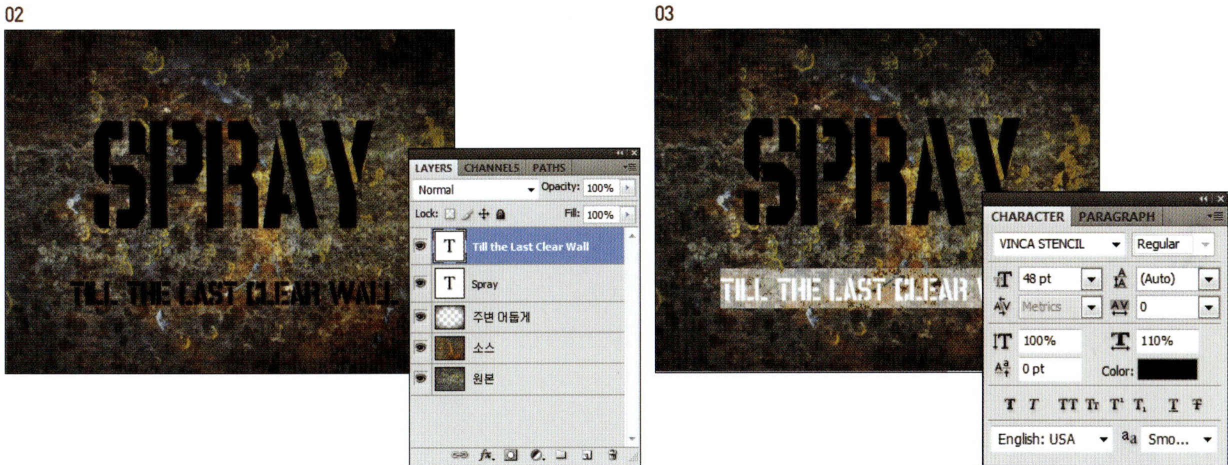

STEP 3 스텐실 마스크 만들기

Photoshop Design

이 단계는 브러시로 스프레이 느낌을 내기 전에 스텐실 느낌의 마스크를 만드는 과정입니다.

01 툴 패널에서 Rectangle 툴(▢)을 선택한 후, 전경색을 흰색으로 정하고 그림과 같이 옵션을 지
정합니다.

02 글자가 보여야 하므로 [Type] 레이어 바로 밑에 있는 '주변 어둡게' 레이어를 선택하고 아래와
같이 드래그해서 그립니다. 자동으로 [Shape] 레이어가 생겨납니다.

01

02

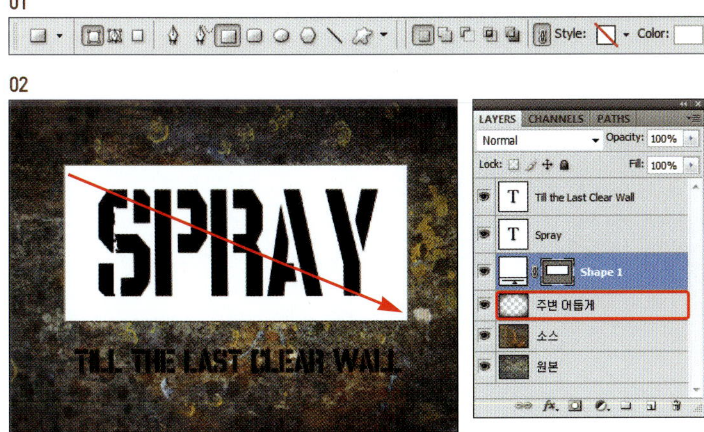

03   Shift 나 Ctrl 을 누른 채로 [Type] 레이어들과 [Shape] 레이어를 함께 선택합니다. 그리고
     Ctrl + G 를 눌러 하나의 그룹으로 만듭니다. 그룹 이름을 '스텐실 요소'로 바꿉니다.

04   Ctrl 을 누른 채로 'Shape 1' 레이어의 마스크를 클릭합니다. 셰이프 레이어의 경계를 따라
     선택이 생깁니다.

03

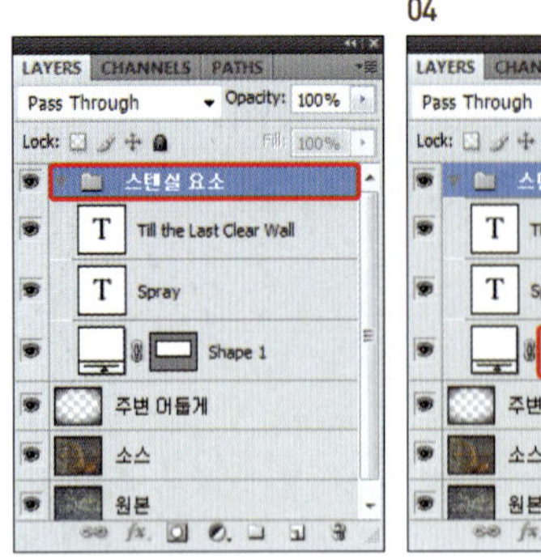

04

05   이번엔 Alt 와 Ctrl 을 동시에 누른 채로 'Spray' 레이어를 클릭합니다. 이것은 기존의 선
     택에서 클릭한 [Type] 레이어의 영역을 제외하는 역할을 합니다.

06   선택이 살아 있는 상태에서 '새로운 그룹 만들기' 아이콘을 클릭하고, '레이어 마스크 만들기'
     아이콘을 클릭합니다. 선택이 마스크 상태로 바뀝니다. 새로 만들어진 그룹 내부에는 아직 어떤
레이어도 없는 상태이므로 아무 효과도 나타나지 않습니다.

05

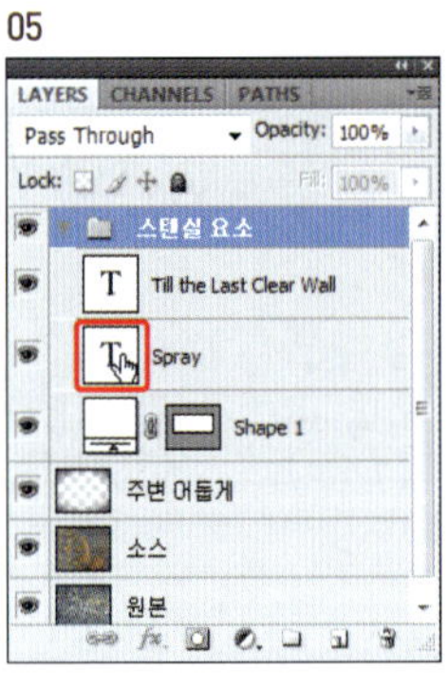

06

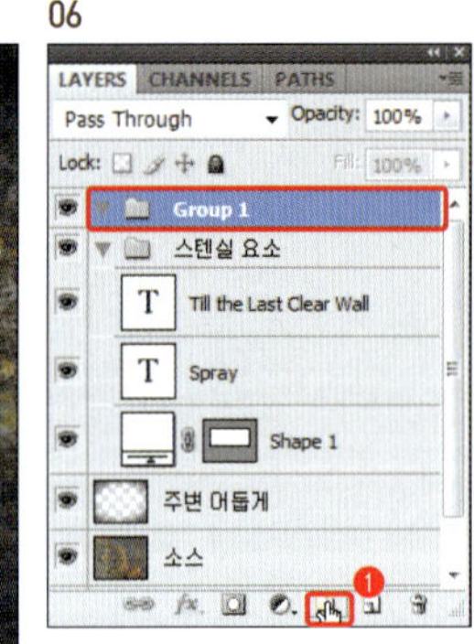

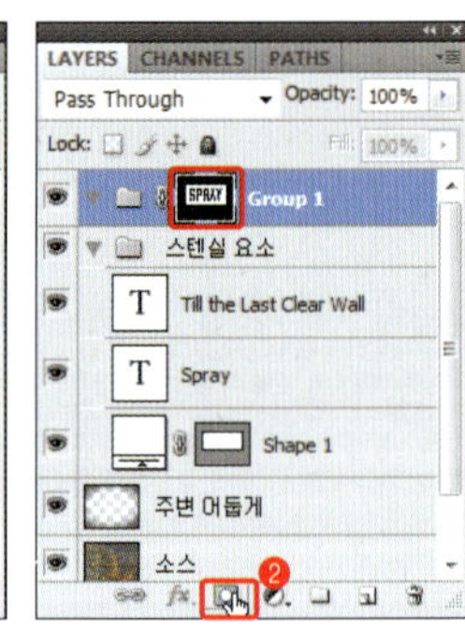

07 Ctrl + I 를 눌러 마스크를 이미지 반전합니다. 그리고 그룹의 이름을 '스텐실 마스크'로 바꿉니다. 그리고 새로운 레이어를 하나 만들어 그룹에 집어 넣습니다. 이것이 비록 일반적인 작업 방식은 아니지만, 그룹에도 마스크를 만들 수 있다는 점과 그룹 내에 여러 개의 레이어를 집어 넣으면 공통적으로 마스크를 활용할 수 있다는 점을 설명하기 위해 의도적으로 거친 과정입니다.

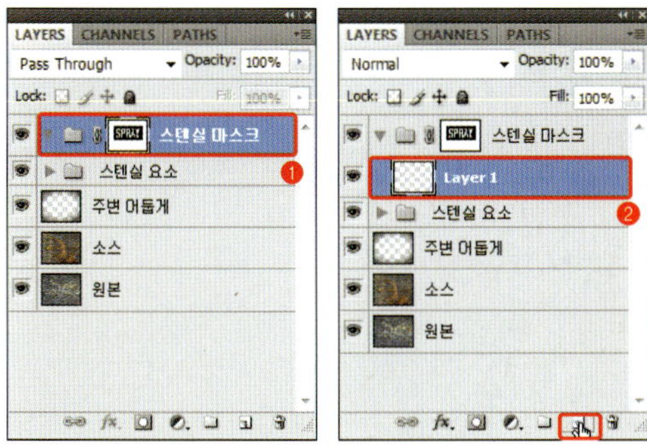

STEP 4 스프레이 느낌 표현하기 (큰 글자)

'스텐실 마스크' 그룹에서 마스크를 미리 만들어 둔 상태이므로 실제 스프레이를 뿌리는 느낌으로 작업할 수 있습니다.

01 흰색 브러시를 선택하고, 브러시 옵션을 그림과 같이 지정합니다. 이때 브러시의 페인트 모드가 [Dissolve]인지 반드시 확인합니다. 칠할수록 반복 적용되는 효과를 내기 위해 Alt + Shift + P 를 눌러 [Airbrush] 옵션을 켜고, Flow는 '10%'로 약하게 지정합니다.

02 'Layer 1' 레이어의 이름을 '스프레이'로 바꾸고, '스텐실 요소' 그룹은 끈 후, 스프레이 느낌을 살려가며 칠합니다. 브러시의 크기를 고정적으로 사용하는 것보다는 [나] 를 눌러 바꿔가며 사용하는 것이 더 자연스럽습니다.

01

02

> **TiP** 스프레이 뿌린 효과를 자연스럽게 살리려면, 누르고 있는 시간을 다르게 하여 스프레이 양을 조절합니다. 일률적인 형태와 강약으로 그리면 인위적인 느낌이 나므로 주의해야 합니다.

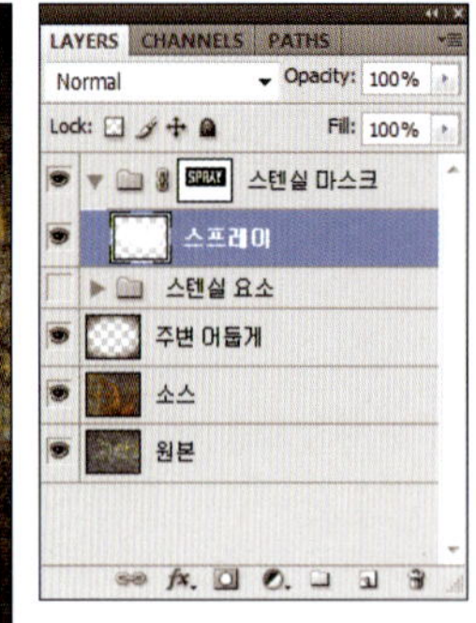

블렌딩 모드와 페인트 모드의 차이점

언뜻 보면 블렌딩 모드와 페인트 모드는 비슷해 보입니다. 하지만 두 모드의 근본적인 차이점은 적용 대상이 다르다는 것에 있습니다. 블렌딩 모드는 해당 레이어의 픽셀이 다른 레이어의 픽셀과 갖는 관계를 지정하는 것이지만, 페인트 모드는 해당 레이어의 픽셀에 중첩적으로 칠해지는 페인팅 방식입니다.

그렇기 때문에 레이어의 블렌딩 모드는 레이어가 살아 있는 한 그 성격이 그대로 유지되지만, 페인트 모드는 곧바로 픽셀에 중첩적으로 적용됩니다. 페인트 모드는 그리기 툴에만 적용되며 툴에 따라 조금씩 다른 모드를 지니고 있습니다.

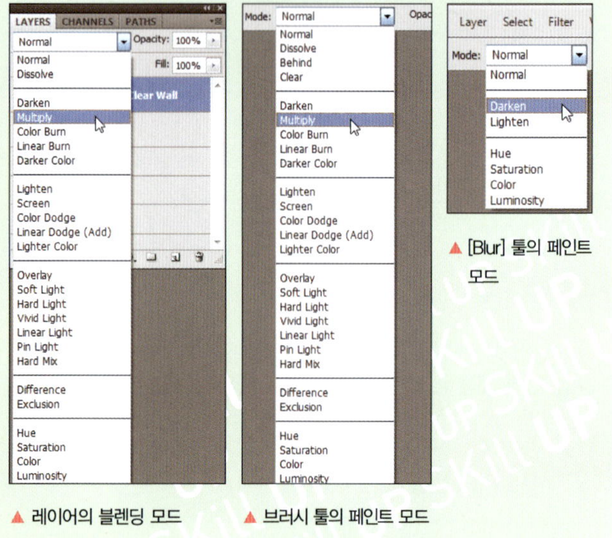

▲ [Blur] 툴의 페인트 모드

▲ 레이어의 블렌딩 모드　　▲ 브러시 툴의 페인트 모드

Dissolve 모드의 특징

Dissolve 모드는 다른 모드들과 매우 다른 특성을 지니고 있습니다. 다른 모드들이 주로 픽셀 간의 색상이나 명암 등에 영향을 미친다고 한다면, Dissolve 모드는 농도에 의해 그 효과가 결정됩니다. Dissolve 모드는 픽셀들을 흩어 뿌리면서 농도로 강약을 표현하는 기법인 Dithering(디더링) 방식을 사용하기 때문에, 화면 배율에 따라서 상태가 크게 달라 보입니다. 하지만 이것은 모니터 해상도(72dpi)와의 충돌에 의한 것으로 실제 출력물에서는 깨져 보이지 않으므로 걱정하지 않아도 됩니다.

▲ (왼쪽 : 66.7%, 오른쪽 : 100%) [Dissolve] 모드는 화면 배율에 따라 그 느낌이 달라 보인다.

STEP 5 스프레이 느낌 표현하기 (작은 글자)

큰 글자를 만들 때와 마찬가지로 마스크를 먼저 만드는 방식으로 작은 글자도 만들어보겠습니다.

01 새로운 레이어를 하나 만들고, 레이어의 이름을 '스텐실 마스크 2'로 정합니다.

02 ⌈Ctrl⌉을 누른 채로 'Till the Last Clear Wall' 레이어의 썸네일을 클릭합니다. 비록 레이어가 보이진 않지만, [Type] 레이어의 경계를 따라 선택이 생깁니다.

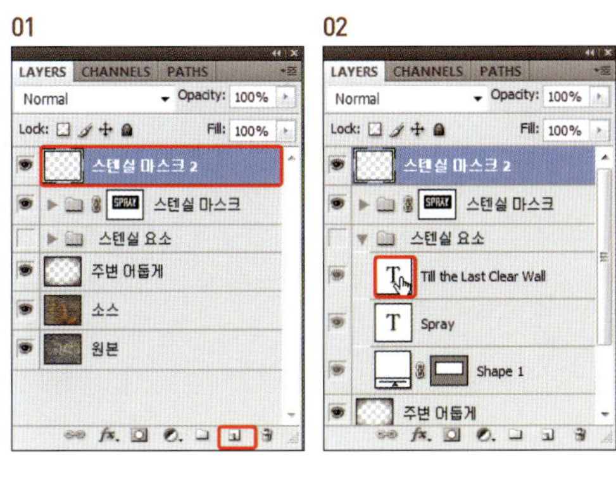

03 선택이 살아 있는 상태에서 '레이어 마스크 만들기' 아이콘을 클릭해 마스크를 만듭니다.

04 이제 브러시의 색상을 검은색으로 바꾸고, 레이어를 선택한 후 너무 진해지지 않게 그립니다.

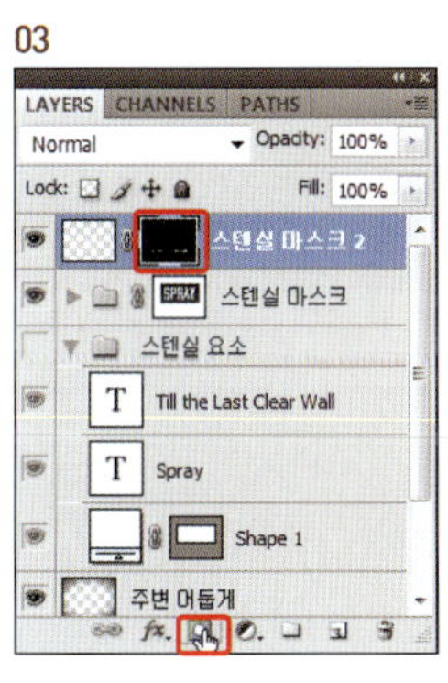

05 이제 마무리 단계입니다. '스텐실 마스크' 그룹을 클릭하고 Ctrl + T 를 눌러, 오른쪽으로 '9도' 회전시킨 다음 Enter 를 누릅니다. 그룹과 레이어 마스크가 함께 회전됩니다.

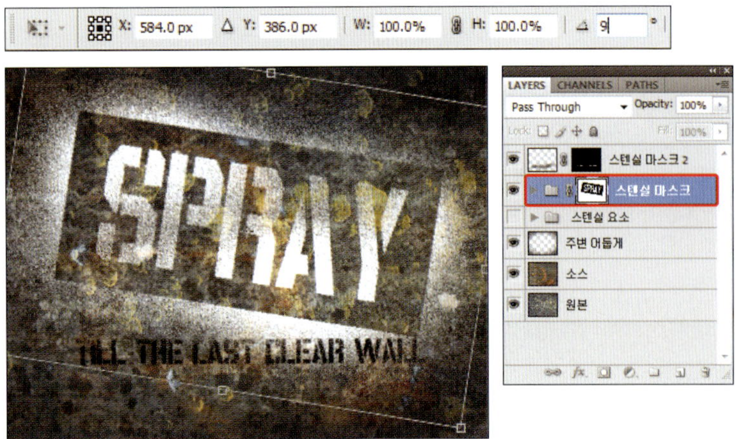

06 이번엔 '스텐실 마스크 2' 레이어를 선택 후, 다시 Ctrl + T 를 눌러 오른쪽으로 '5.5도' 회전시킨 다음 Enter 를 누릅니다.

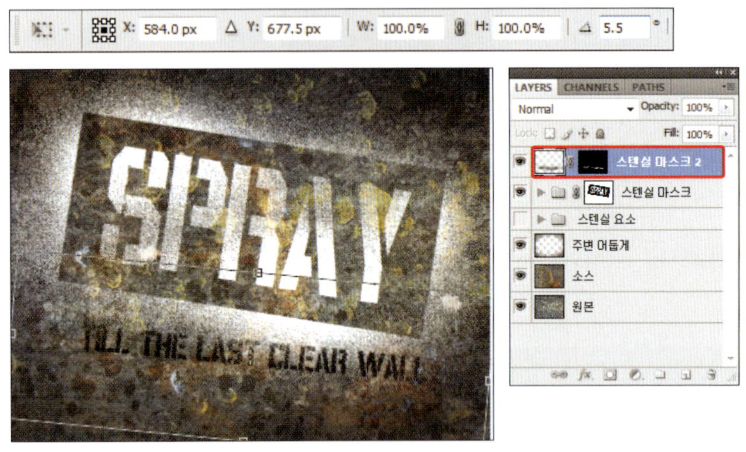

07 글자가 어둡기 때문에 다소 눈에 띄지 않습니다. 전경색을 빨간색(#ed1c24)으로 바꾸고,
[Alt] + [Delete]를 눌러 색상을 채웁니다.

08 모두 완성되었습니다. 필요에 따라 배경만 바꾸어 사용해도 좋습니다.

PHOTOSHOP
DESIGN RECIPE

PART 06

이미지 합성작업
Image Composition

이 파트에서는 단순한 합성에서부터 콜라주 합성에 이르기까지 다양한 종류의
합성을 살펴보겠습니다. 처음부터 복잡한 예제를 설명하려면
많은 시간이 필요하므로 간단한 합성부터 시작해 점차 난이도가 있는
작업으로 진행하도록 하겠습니다.

이미지를 합성해 테두리에 효과주기

이 예제는 글자에 테두리를 만들고 그 곳에 이미지를 끼워 넣는 작업입니다. 화면에 있는 글자의 색상이 단색이므로 선택을 하기 위해 Color Range 기능보다는 Magic Wand 툴과 Select 〉 Similar 메뉴를 조합하는 방식을 사용합니다. 이 예제 또한 테두리에 끼워 넣는 이미지가 중요한 역할을 하므로 이미지를 잘 선택해야 합니다. 비교적 단순한 예제이지만 손쉽게 주제를 부각할 수 있다는 점에서 의미가 있는 작업입니다.

Part6\Sec1\원본소스1.psd
Part6\Sec1\원본소스2.psd
Part6\Sec1\결과.psd

주요 사용 기능 Magic Wand 툴, Rectangular Marquee 툴, Stroke 기능　난이도 ★★

소스 ❶ sillygwailo by http://flickr.com/photos/sillygwailo/361307670/
　　 ❷ Lin Pernille ♥ Photography by http://flickr.com/photos/linnybinnypix/44685 8222/

STEP 1 Magic Wand 툴을 이용해 큰 글자만 선택하기
Photoshop Design

이 이미지는 캐나다 밴쿠버에 있는 베트남풍 레스토랑 유리창에 표시된 상호입니다. 우선 일반적인 선택 툴을
사용해서 글자를 선택하도록 하겠습니다.

01 Ctrl + O 를 눌러 예제 파일(원본소스1.psd)을 엽니다.　　　　　　　　　◉ Part6\Sec1\원본소스1.psd

02 Magic Wand 툴(✎)을 선택 하고 옵션 바에서 Tolerance를 '30' 으로 설정한 뒤, 화면에 있는
글자 중 'L' 을 클릭합니다.

01

02

03 Select > Similar 메뉴를 선택합니다. 이 기능은 색상 정보를 기준으로 픽셀을 선택한다는 점에
서 [Color Range]와 비슷한 원리지만, 이 예제처럼 유사한 색으로 채워진 부분을 따로 선택할
때는 오히려 편리합니다.

04 Rectangular Marquee 툴(▫)을 선택하고, 옵션바에서 'Intersect with selection'(교차된 영역
선택하기) 아이콘을 지정한 후, 큰 글자 주위를 드래그합니다.

TiP 같은 툴 상태에서 Alt + Shift 를 누른 후, 드래그해도 같은 결과를 얻을 수 있습니다

03

04

05 기존 선택영역에서 교차된 영역만 남게됩니다.

 ## 글자에 Stroke 적용하기

Photoshop Design

이제 선택된 영역에 Stroke를 적용할 차례입니다. 새로운 레이어를 만든 다음, Stroke를 적용해야 [Stroke]를 별도의 레이어로 관리할 수 있게 됩니다.

01 Stroke를 적용할 새로운 레이어를 하나 추가합니다. 새로운 레이어가 생기면 선택영역 위에서 마우스 오른쪽 버튼을 클릭해 Stroke 명령을 선택합니다.

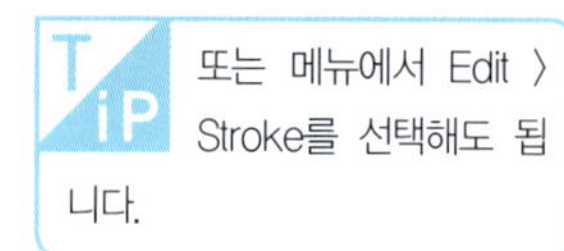

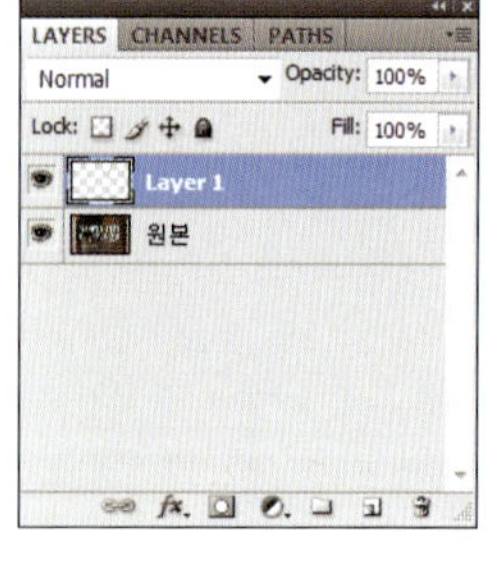

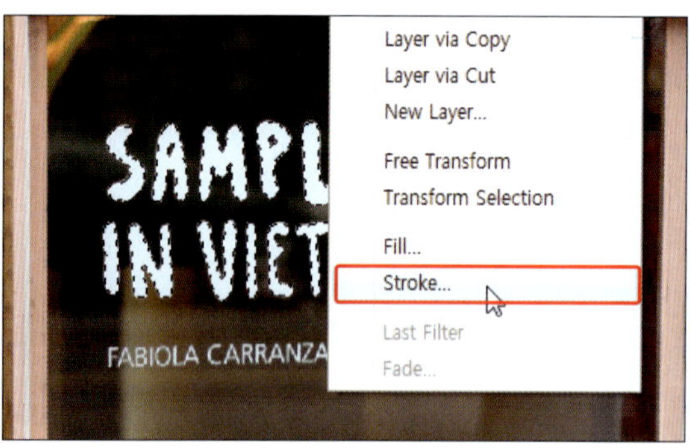

02 Stroke 대화상자가 나타나면 Width(너비)를 '8픽셀'로 설정하고 [OK] 버튼을 클릭합니다. 색상은 어떤 색이든 상관없습니다.

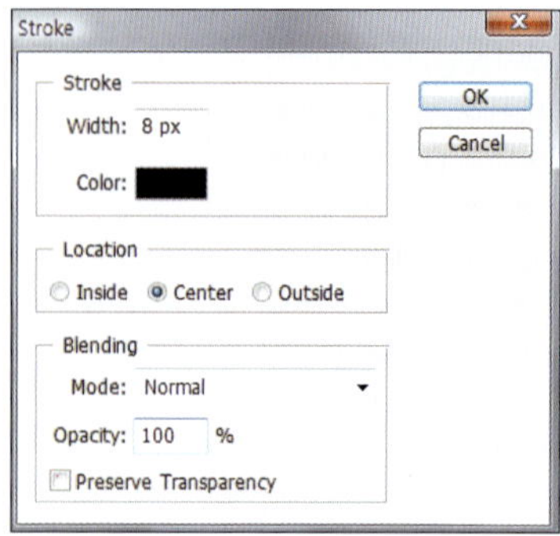

03 `Ctrl` + `D` 를 눌러 선택을 해제하면 Stroke가 별도로 적용된 레이어를 확인할 수 있습니다. 레이어의 이름을 'Stroke'로 바꿉니다.

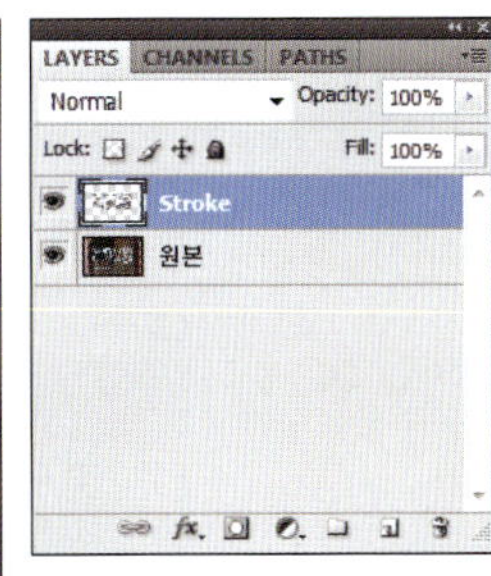

적절한 Location 설정하기

어느 정도 두께가 있는 Stroke일 경우엔 [Location]을 Center로 지정하는 것이 좋습니다. 이렇게 하는 이유는 Inside나 Outside 로 지정할 경우 Center로 지정한 것에 비해, 모서리의 굴곡 부위가 매끄럽지 않기 때문입니다.

▲ Inside   ▲ Center   ▲ Outside

266
267

STEP 3 글자 테두리에 이미지 채워 넣기.

Photoshop Design

이제 Stroke 명령으로 만들어진 테두리에 이미지를 채워 넣을 차례입니다. 2개의 이미지를 동시에 열어놓고 작업해야 하므로 이미지의 이름을 잘 확인해야 합니다.

01 `Ctrl` + `O` 를 눌러 예제 파일(원본소스2.psd)을 열어, 소스로 사용될 이미지를 불러옵니다. 그리고 Move 툴(🔤)이 선택된 상태에서 `Shift` 를 누른 채 원본소스1.psd를 도큐먼트로 드래그합니다.

⊙ Part6\Sec1\원본소스2.psd

02   `Shift`를 누르고 드래그하면 화면 한가운데로 이미지가 들어오게 됩니다.

03   소스 이미지와 원본 이미지의 배치 상태를 살피기 위해, 소스 이미지의 Opacity를 '50%'로 바꿉
니다. 그리고 Edit 〉 Free Transform(`Ctrl`+`T`)을 클릭해, 소스 이미지를 그림과 같은 크기와
위치로 조절합니다. 정해진 크기는 따로 없지만 글자와 과자가 서로 잘 겹쳐지도록 크기를 조절합니다.

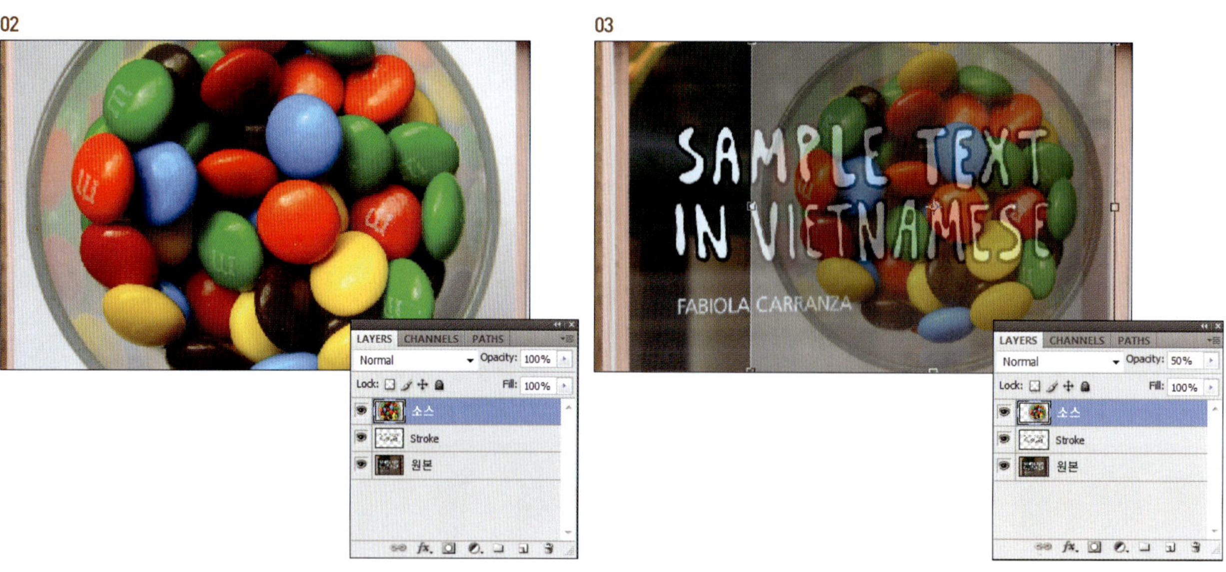

04   `Enter`를 눌러 크기를 확정한 후, 숫자 `0`을 눌러 Opacity를 '100%'로 바꿉니다.

05   소스 이미지가 오른쪽에만 자리를 차지하고 있으므로 `Ctrl`+`J`를 눌러 '소스' 레이어를 복
제한 후, Move 툴(👆)을 이용해 왼쪽으로 이동합니다.

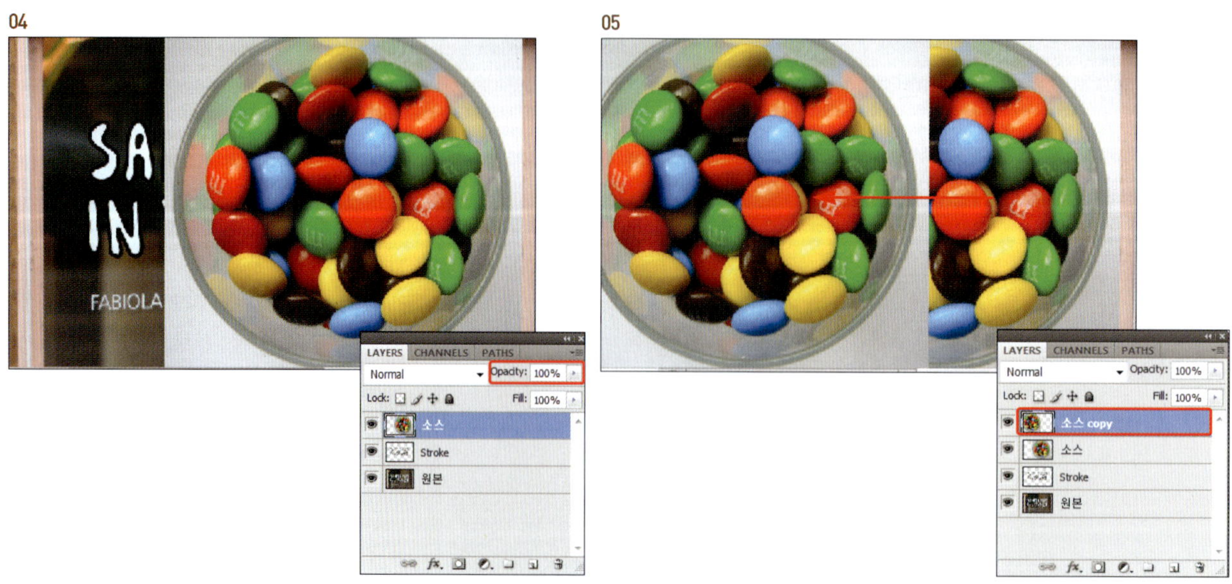

06 이제 클리핑 마스크를 적용할 차례입니다. [Ctrl]를 누른 채로 '소스'와 '소스 copy' 레이어를 선택합니다.

07 [Alt]+[Ctrl]+[G]를 눌러 클리핑 마스크를 만듭니다. 선택된 레이어들이 아래에 있는 'Stroke' 레이어와 결합되면서 글자의 Stroke(테두리) 영역에만 이미지가 나타납니다. 하지만 가운데 있는 몇몇 글자들(E, T, N, A자)은 아직 어색한 상태입니다.

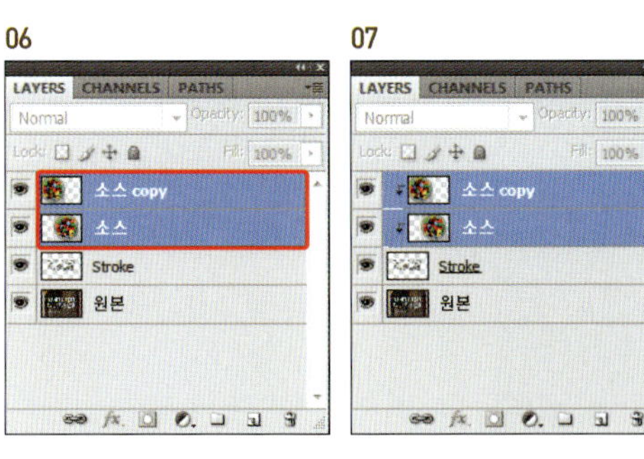

STEP 4 레이어 마스크에서 불필요한 영역 지우기

Photoshop Design

2개의 소스를 사용했기 때문에 겹치는 자리에 어색한 부분이 생겼습니다. 이 부분은 레이어 마스크를 만들어서 처리하도록 합니다.

01 맨 위에 있는 '소스 copy' 레이어에 레이어 마스크를 추가합니다. 그리고 레이어 마스크를 클릭한 상태에서 회색 글자에 해당하는 부분을 검은색 브러시로 칠해 아래 있는 '소스' 레이어의 색상이 살아나게 만듭니다.

02 모두 완성되었습니다.

▲ 소스 **Hamed Saber by** http://flickr.com/photos/hamed/1305699422/

브러시 만드는 법

브러시에는 여러 가지 종류가 있습니다. 가장 기본적으로는 둥근 브러시가 사용되지만 사각형 브러시나 특정한 형태를 지닌 '커스텀'(Custom) 브러시도 있습니다. 나만의 브러시라고 할 수 있는 커스텀 브러시를 만들 때는 포토샵 도큐먼트를 이용해 일정 부분을 선택하거나 그려서 브러시로 등록해야 하는데, 이 곳에서는 소스 이미지를 이용해 브러시 등록하는 법을 단계별로 살펴보겠습니다.

❶ 소스를 엽니다

소스로 사용될 도큐먼트를 엽니다. 브러시는 흑백 상태로 등록되기 때문에 이미지의 컬러 모드는 어떤 상태(Grayscale, RGB, CMYK, Lab 등)라도 무방합니다.

❷ 브러시로 등록하기 원하는 부분을 마스킹합니다.

퀵 마스크나 레이어 마스크를 이용해 브러시로 등록하기 원하는 부분을 마스킹합니다.

❸ Edit 〉 Define Brush Preset… 메뉴를 선택해 등록합니다.

Edit〉Define Brush Preset… 메뉴를 선택하고 대화상자가 나타나면 브러시의 이름을 입력한 다음 [OK] 버튼을 클릭해 브러시를 등록합니다.

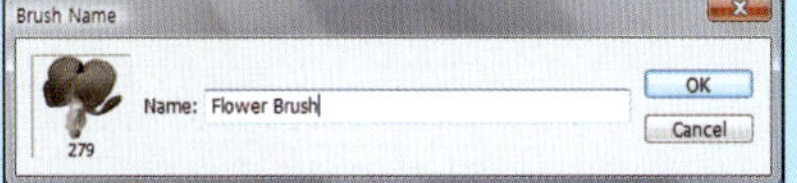

❹ 등록한 브러시를 Brushes 패널에서 확인합니다.

브러시가 제대로 등록되었는지 Brushes 패널을 열어 확인합니다. 브러시 바로 밑에 나타난 숫자는 브러시의 크기를 나타냅니다.

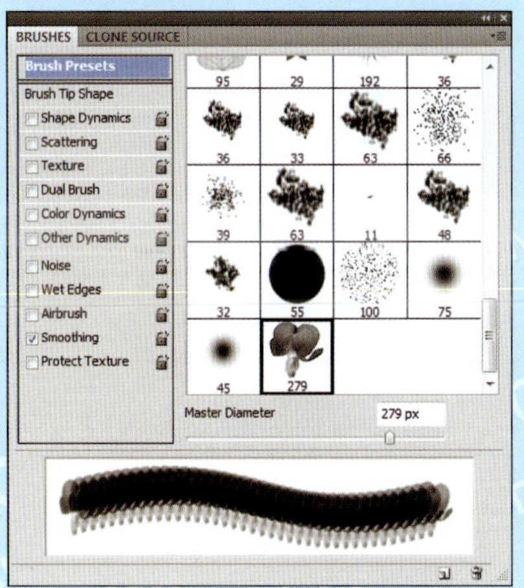

Tip 특정 부분을 선택하면 그 부분만 브러시로 등록되지만, 선택이 없을 경우에는 이미지 전체가 브러시로 등록됩니다. 등록되는 브러시의 크기는 포토샵 버전에 따라 다르며 CS4의 경우 2500×2500픽셀까지 등록됩니다. 보다 또렷한 상태의 브러시를 만들려면 이미지의 명암을 조절해 톤이 선명한 상태로 저장해야 합니다.

브러시 저장에 대한 더 자세한 설명은 〈281page〉에 있습니다.

SECTION 2

TV 주사선 표현하기

이 예제는 단순한 패턴을 이용해 주사선을 만드는 작업입니다. TV 화면에서 생기는 플리커(화면 떨림 현상을 나타내는 말)를 표현하기 위해 마무리 단계에서 약간의 변화를 주었습니다. 이런 유형의 작업에서는 픽셀로 구성된 가느다란 줄과 줄 사이의 명도 차가 크기 때문에 화면 배율에 따라 느낌이 달라지는 현상이 생길 수 있습니다. 주사선 같은 효과는 한번 레이어로 만들어 놓으면 이미지만 바꾸어서 다시 활용할 수 있다는 장점이 있습니다.

Part6\Sec2\원본.psd
Part6\Sec2\결과.psd

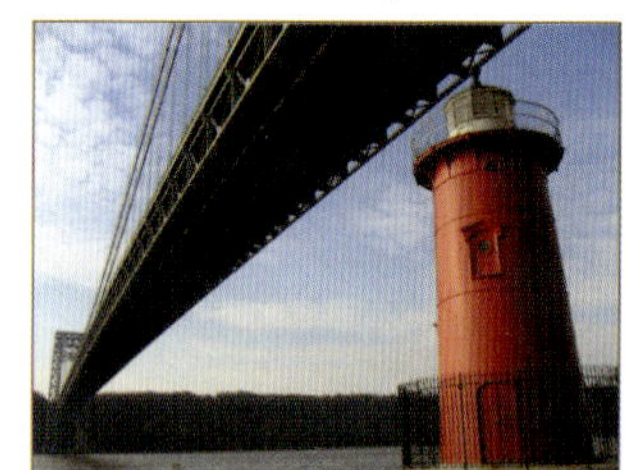

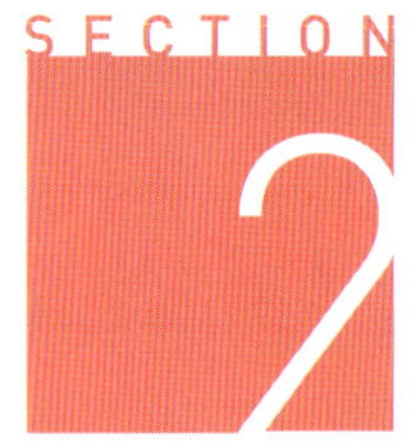

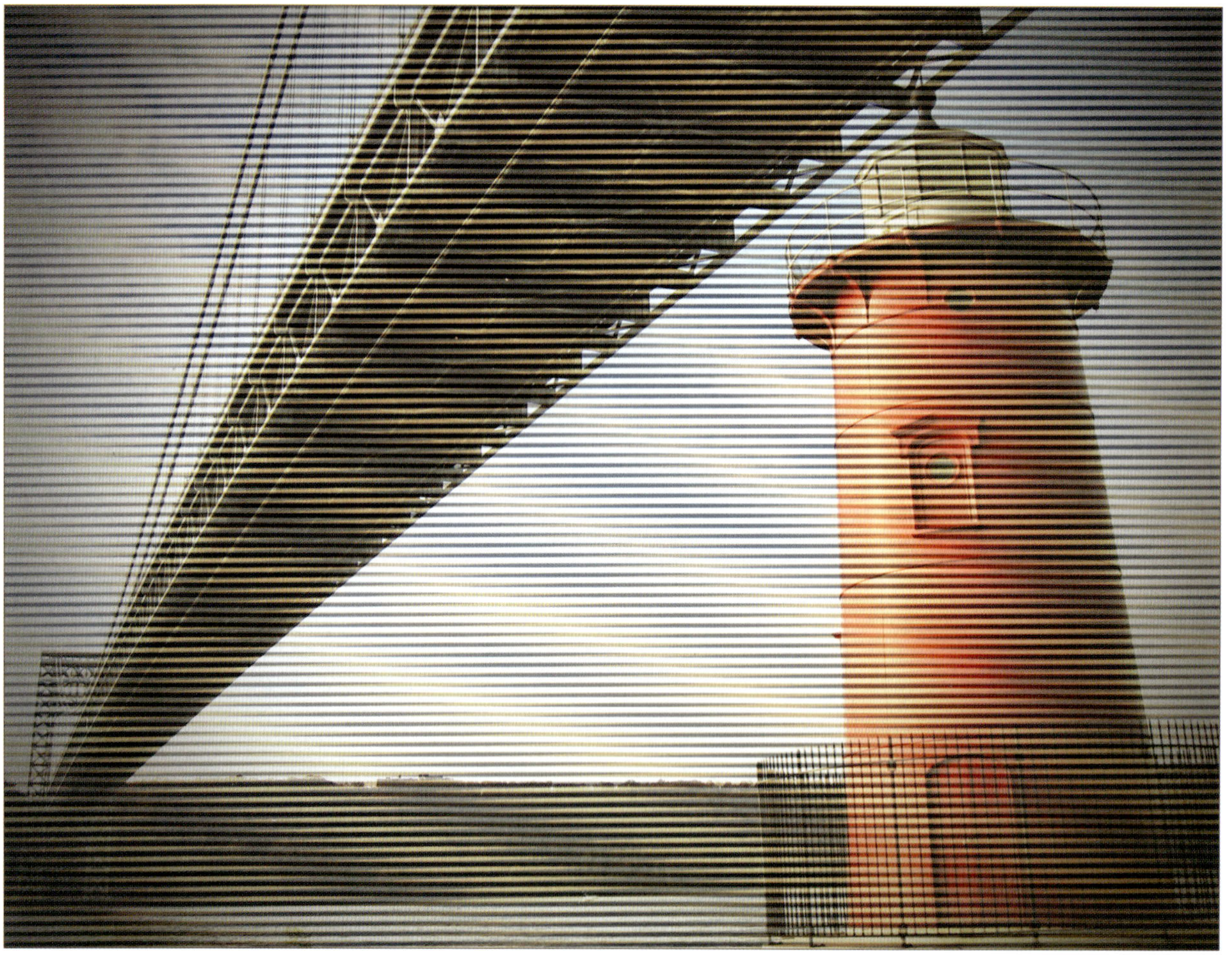

주요 사용 기능 Line 툴, Define Pattern 기능, Solid Color 레이어, Lens Correction 필터 **난이도** ★★

소스 **CPW View by** http://flickr.com/photos/49152808@N00/299156128/

STEP 1 주사선 느낌의 패턴 만들어 적용하기

이 이미지는 세계에서 가장 많은 통행량을 자랑한다는 '조지 워싱턴 다리'와 그 아래에 있는 작은 등대 이미지
입니다. 이 단계에서는 기본적인 패턴을 만들도록 하겠습니다.

01 Ctrl + O 를 눌러 예제 파일(원본.psd)을 엽니다.

🔘 Part6\Sec2\원본.psd

02 Q 를 눌러 퀵 마스크 모드로 들어간 후, D 를 눌러 색상을 기본색으로 바꾸고 Line 툴(◥)을
선택합니다. 그리고 [Fill Pixels] 방식을 선택하고, Weight(두께)는 '5픽셀'을 지정합니다.

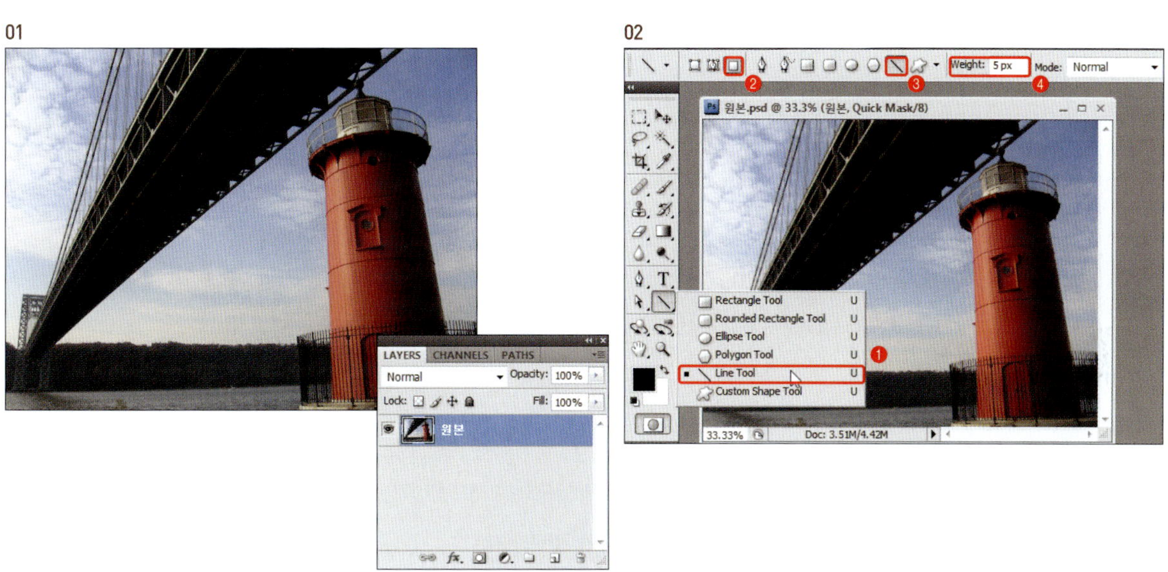

03 Line 툴 옵션이 제대로 지정되었는지 확인한 후, 화면을 약간 확대한 상태에서 Shift 를 누른
채로, 오른쪽으로 드래그합니다. 5픽셀 두께의 선이 그려집니다.

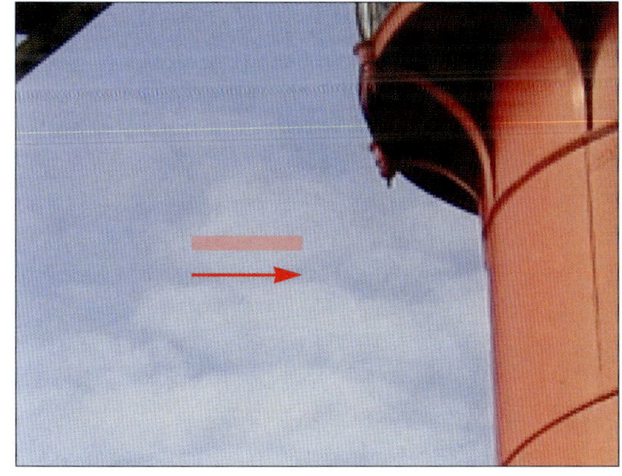

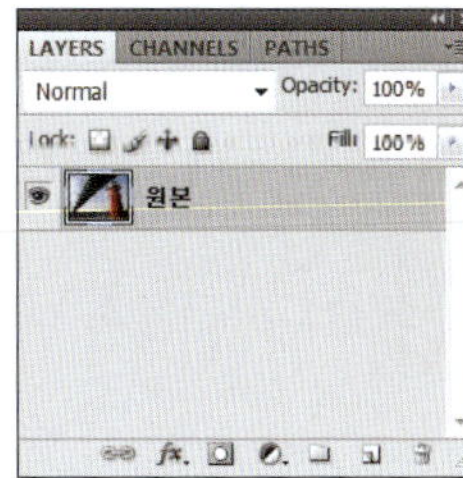

성격이 다른 3가지 그리기 방식

Line 툴을 포함한 Shape 툴들은 옵션바에서 3가지의 그리기 방식 중 하나를 지정할 수 있습니다. 각기 장단점을 가지고 있기 때문에 필요한 용도에 따라 사용하면 좋습니다.

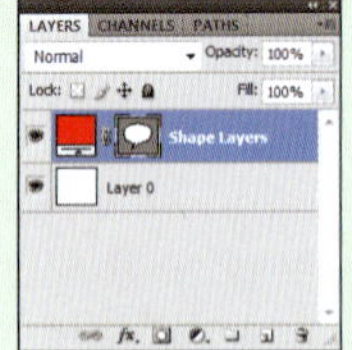

❶ Shape Layers(□) : 이 방식을 선택하고 그리면, [Shape] 레이어에 [Vector mask]가 결합된 상태로 그려집니다. 더블 클릭만으로 색상을 바꿀 수 있기 때문에 익숙해지면 가장 편리한 방법이나 [Vector mask]를 다룰 줄 모른다면 번거로울 수도 있습니다.

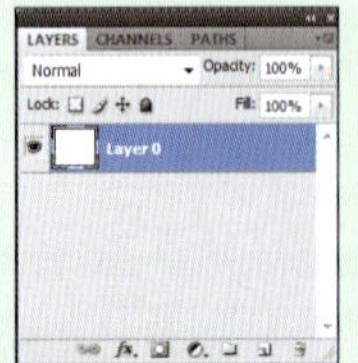

❷ Paths(□) : 이 방식을 선택하고 그리면, 기존 레이어에 Path만 그려집니다. 선택을 만들거나 Path를 이용해 추가로 물체를 그릴 때 편리한 방식입니다.

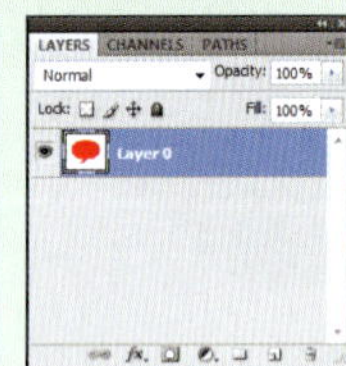

❸ Fill Pixels(□) : 이 방식을 선택하고 그리면, 기존 레이어에 픽셀 상태로 그려집니다. 가장 직접적인 방식이지만, 잘못 그렸을 때 재조정이 어렵고 처음부터 다시 그려야 한다는 단점이 있습니다.

04 Rectangular Marquee 툴(□)로 바꾼 후, 그려진 선 만큼의 공간을 추가해서 드래그합니다. 선의 두께가 5픽셀이었으므로, 선의 두께를 포함한 높이가 10픽셀이 되도록 드래그합니다.

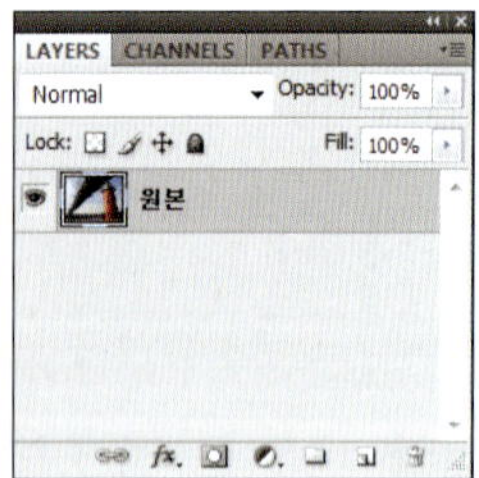

Info 패널을 이용해 정확하게 그리는 법

정확하게 10픽셀이 되도록 그리려면 눈짐작만으로는 어렵습니다. 이런 경우에는 [Info] 패널을 이용합니다. [Info] 패널은 정확한 위치, 거리, 각도, 농도 등 모든 정보를 보여주기 때문에 정교한 작업을 위해 필수적인 도구입니다. 현재 선택영역의 높이(H: Height)가 10픽셀로 표시되어 있습니다.

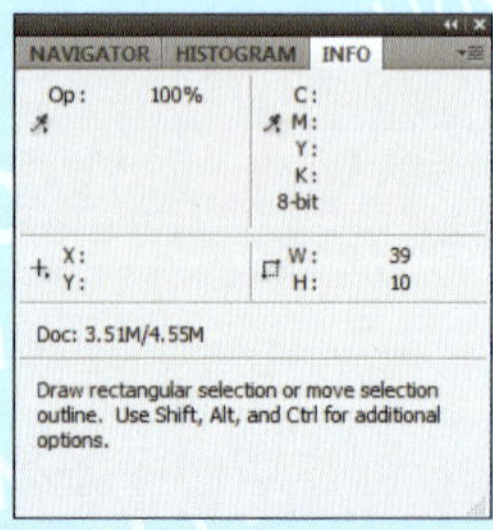

05 Edit 〉 Define Pattern을 선택해 방금 선택한 영역을 패턴으로 등록합니다. [Pattern Name] 대화상자가 나타나면, 패턴 이름을 '주사선'이라고 입력하고 [OK] 버튼을 클릭합니다.

> **TiP** 대화상자에서 패턴의 비례가 다르게 표시되는 것은 프로그램 차원에서 동일하게 반복되는 픽셀을 무시하기 때문이므로 신경 쓰지 않아도 됩니다.

06 [Ctrl]+[D]를 눌러 선택영역을 해제합니다. 방금 등록한 패턴을 사용하기 위해 Edit 〉 Fill([Shift]+[Delete])을 선택합니다. [Fill] 대화상자가 나타나면 [Use]에서 Pattern 방식을 지정한 후, 방금 등록한 패턴을 선택하고 [OK] 버튼을 클릭합니다.

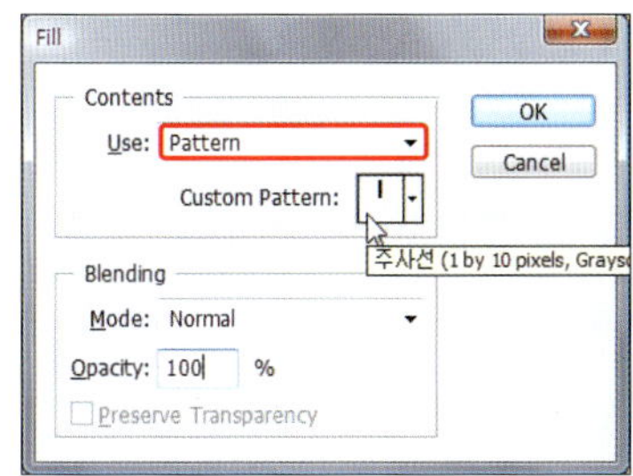

07 이미지 전체에 주사선 모양의 패턴이 채워집니다. 이것을 [Channels] 패널에서 확인하면 그림처럼 보여집니다.

08 패턴의 경계를 조금 부드럽게 만들 필요가 있으므로 Blur 필터를 적용하겠습니다. Filter 〉 Blur 〉 Gaussian Blur를 선택합니다. 대화상자가 나타나면 Radius에 '0.5' 픽셀을 입력하고 [OK] 버튼을 클릭합니다. 주사선의 경계가 부드러워집니다.

07

08

이번 단계에서는 [Solid Color] 레이어의 마스크에 패턴을 적용하는 방식으로 주사선 효과를 내도록 하겠습니다.

01 이제 Q 를 눌러 퀵 마스크 모드를 빠져나온 후, [Layers] 패널 아래 있는 '조정 레이어 만들기' 아이콘(●)을 클릭해 [Solid Color]를 선택합니다.

02 [Solid Color] 대화상자가 나타나면, 아래와 같이 색상(#41454d)을 지정한 후 [OK] 버튼을 클릭합니다.

> **TiP** Solid Color는 단색이라는 의미이며, [Solid Color] 레이어는 메모리를 적게 차지하면서도 언제든지 색상을 재조정 할 수 있습니다.

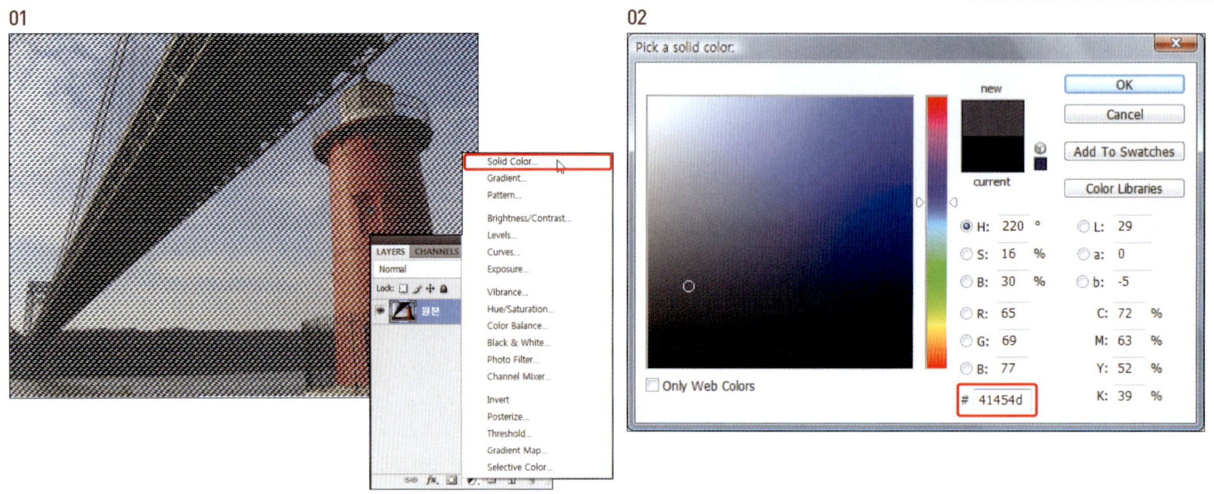

03 선택영역이 자동으로 마스크 상태로 바뀌면서 [Solid Color] 레이어가 만들어집니다. [Solid Color] 레이어의 블렌딩 모드를 Multiply '60%'로 바꾸고, 레이어의 이름을 '#41454d'로 바꿉니다.

04 Ctrl + J 를 눌러 [Solid Color] 레이어를 복제합니다. 복제된 레이어의 마스크를 클릭 후 Ctrl + I 를 눌러 마스크의 이미지를 반전합니다.

05 [Solid Color] 레이어의 색상을 바꾸기 위해 레이어의 썸네일을 더블클릭 합니다. [Pick a solid color] 대화상자가 나타나면 색상을 '#fffcd2'로 바꾸고 [OK] 버튼을 클릭합니다.

06 조정 레이어의 색상이 밝은 노랑색으로 바뀝니다. 밝은 주사선 라인을 만들어야 하므로 블렌딩 모드를 Overlay '50%'로 바꾸고, 레이어의 이름을 '#fffcd2'로 바꿉니다. 기본적인 주사선이 생겼지만 다리 밑은 아직 어두운 상태입니다.

05

06

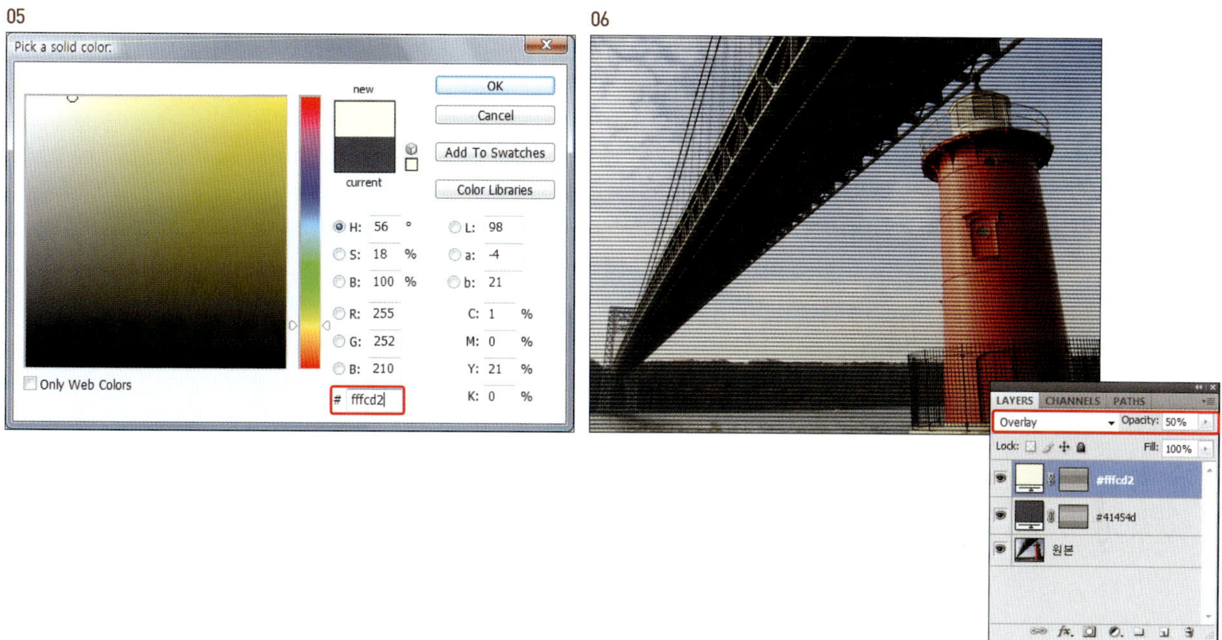

07 주사선이 아직 약해 보이므로 Ctrl + J 를 눌러 조정 레이어를 한번 더 복제한 후, 복제된 조정 레이어의 블렌딩 모드를 Screen '30%'로 바꿉니다. 이제 다리 밑의 주사선도 밝아졌습니다.

기본적인 주사선 형태는 만들어졌지만 좀더 자연스러운 느낌을 위해 화면이 깜박거리는 플리커 효과를 만들어 보겠습니다.

01 [Shift]나 [Ctrl]을 누른 채로 원본 레이어를 제외한 나머지 레이어를 모두 선택한 후, [Ctrl]+[G]를 눌러 그룹으로 만듭니다. 그룹이 만들어지면 이름을 '주사선'이라고 입력합니다.

02 '주사선' 그룹을 '새로운 레이어 만들기' 아이콘 위로 드래그해 복제합니다. 똑 같은 그룹이 하나 더 생깁니다.

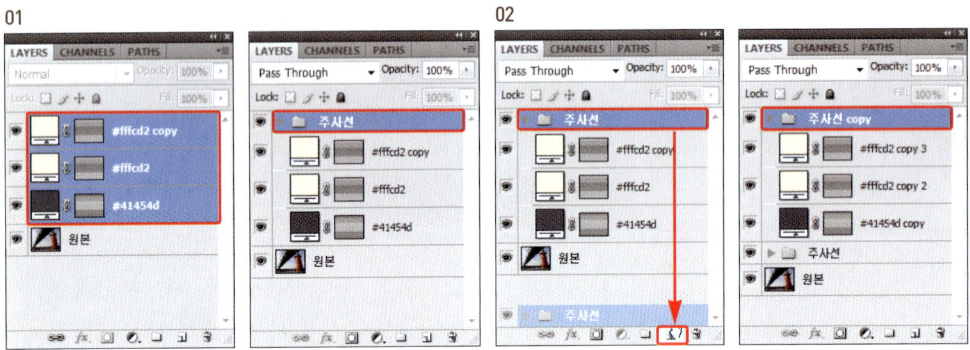

03 '주사선 copy' 그룹의 블렌딩 모드를 Color Dodge '70%'로 바꿉니다.

04 이제 '주사선 copy' 그룹을 클릭하고 [Ctrl]+[T]를 누릅니다. 옵션 바에서 'Maintain aspect ratio'(크기 비율 유지) (🔗)버튼을 선택하고, 크기 '110%', Angle(각도) '-2도'를 지정해 주사선이 살짝 엇갈리도록 만듭니다. 이렇게 해야 화면이 깜박이는 느낌을 낼 수 있습니다. [Enter]를 눌러 효과를 적용합니다.

05 '주사선 copy' 그룹에 속한 [Solid Color] 레이어 중, 가운데 레이어의 썸네일을 더블 클릭하여 대화상자로 들어간 후, 색상을 #f7941d로 바꿉니다.

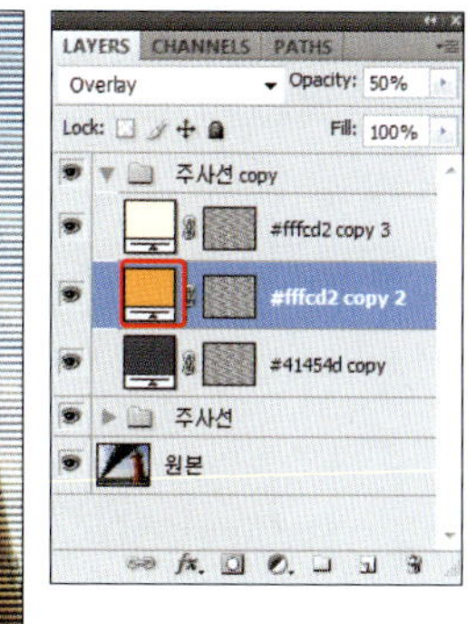

STEP 4 **비네팅 효과 만들기**

Photoshop Design

이제 마지막 단계입니다. 이미지에 집중도를 높이기 위해, 비네팅 효과를 적용하도록 하겠습니다.

01 새로운 레이어를 하나 만든 후, 흰색으로 채웁니다.

02 Filter 〉 Distort 〉 Lens Correction을 선택합니다. [Lens Correction] 대화상자가 나타나면 Vignette 옵션에서 그림과 같이 입력합니다.

278
279

01

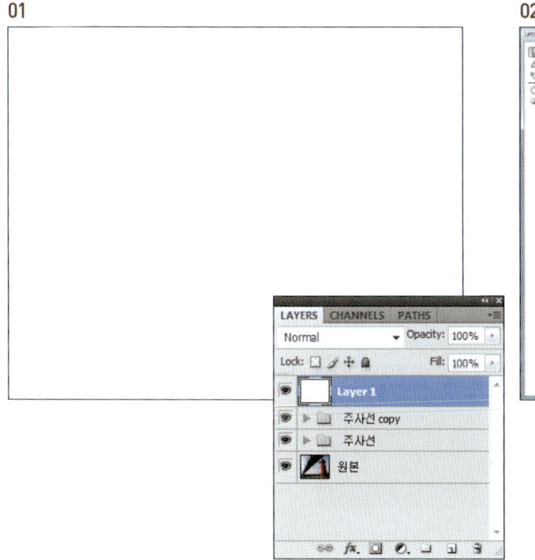

02

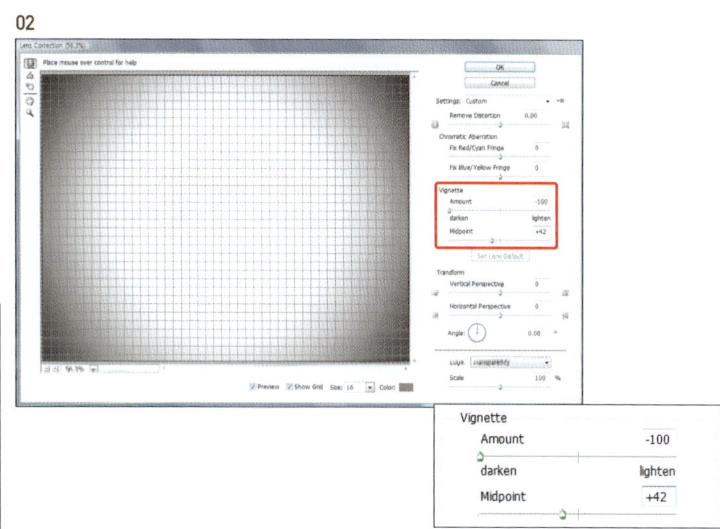

Lens Correction 필터가 메뉴에 뜨지 않을 때

몇몇 필터들은 RGB 모드가 아닌 상태에서는 작동하지 않습니다. 그 이유는 필터의 구조 자체가 RGB 모드를 기준으로 설계되었기 때문입니다. 따라서 CMYK 모드 상태에서 작업하다 보면 활성화되지 않는 필터들을 종종 볼 수 있는데, [Lens Correction] 필터 또한 이러한 필터 중 하나입니다. 이러한 문제를 해결하기 위해서는 도큐먼트를 복제하여,(Image 〉 Duplicate) 새로운 도큐먼트로 옮긴 후 RGB 모드로 바꾸고 효과를 적용해야 합니다.

03 효과가 적용된 레이어의 블렌딩 모드를 'Multiply' 로 바꾸고, 레이어의 이름도 '비네팅 효과' 로 바꿉니다.

04 이미지가 완성된 상태입니다. 주변부가 어두워지면서 좀더 사실적이고 입체적인 느낌이 듭니다. 만약 주사선이 강하게 느껴질 경우, 그룹의 Opacity를 조절해도 좋습니다.

브러시 저장하는 법

❶ 브러시가 낱개로 등록되었다고 해서 완전히 저장된 것은 아닙니다. 브러시를 나중에 다시 사용하기 위해서는 반드시 외부에 저장해 두어야 합니다. 보통 여러 개의 브러시를 등록한 다음, 하나의 파일로 저장하는 경우가 대부분입니다. Brushes 패널 오른쪽 위를 클릭해 메뉴가 나타나면 [Save Brushes…]를 선택합니다.

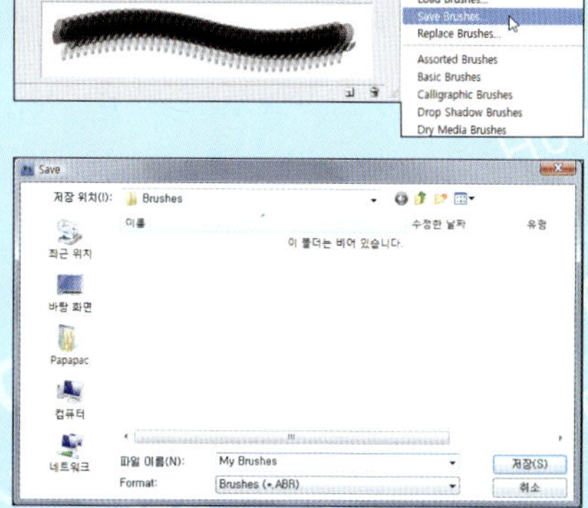

❷ 대화상자가 나타나면 브러시 파일의 이름을 입력하고 저장합니다.

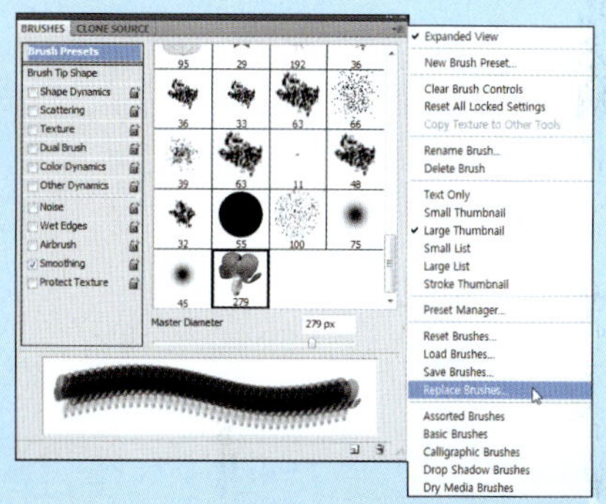

브러시 불러오는 법

❶ 한번 저장된 브러시는 위치만 잘 기억해 둔다면 쉽게 불러와 사용할 수 있습니다. 다시 Brushes 패널 오른쪽 위를 클릭해 메뉴가 나타나면 Replace Brushes…를 선택합니다. Replace Brushes…는 기존 브러시를 외부에 있는 브러시로 교체하는 명령입니다. 기존 브러시에 추가하려는 경우라면 Load Brushes…를 선택하면 됩니다.

280
281

❷ 대화상자에서 브러시를 선택하고 [Load] 버튼을 클릭하면 브러시가 추가됩니다.

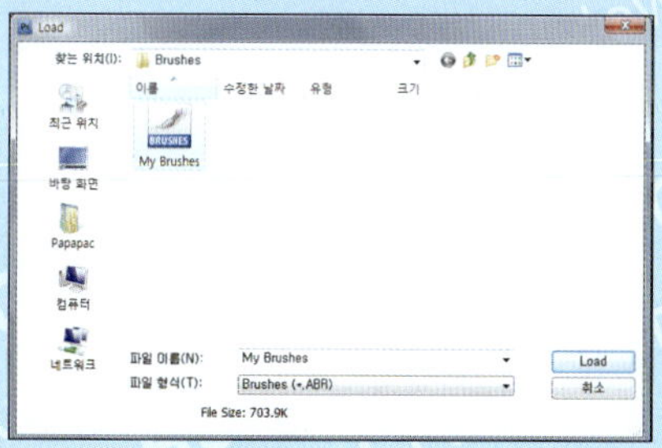

 브러시를 불러올 때 보다 간편한 방법은 브러시 파일을 더블클릭하는 것입니다. 더블클릭한 후 조금 기다리면 [Brushes] 패널에 브러시가 추가된 것을 확인할 수 있습니다.

브러시 저장에 대한 더 자세한 설명은 〈288page〉에 있습니다.

그래픽 효과로
개성있는 이미지 만들기

사진이라는 용어가 이미지와 같은 뜻으로 쓰이는 경우가 많지만, 이미지의 종류에는 사진 이외에도 여러 가지가 있습니다. 도면, 그래픽, 일러스트레이션 등 우리 눈에 보여지는 모든 시각적 요소들은 이미지의 한 형태라고 할 수 있습니다. 이 예제에서는 사진 이미지와 그래픽 이미지를 합성해 하나의 이미지로 만드는 과정을 살펴보겠습니다.

이 예제에서 눈여겨볼 곳은 흑백 이미지를 투명하게 바꾸는 부분입니다. 이것은 합성 작업에서 자주 사용될 뿐만 아니라 매우 유용한 기능입니다.

◉ Part6\Sec3\원본.psd
　 Part6\Sec3\결과.psd

주요 사용 기능 Desaturate 기능, Copy Merged 기능, Warp 기능, Linear Dodge 블렌딩 모드　난이도 ★★

소스 ❶ lightwerk by sa http://flickr.com/photos/lightwerk/5097 0731/in/set−72157601902763750/
　　 ❷ fdecomite by http://flickr.com/photos/fdecomite/526551927/

STEP 1 악보 이미지의 콘트라스트 높이기

이 이미지는 2개의 레이어로 구성되어 있습니다. 우선 악보 레이어에 있는 흑백 이미지에 강한 콘트라스트를 적용하도록 하겠습니다.

● Part6\Sec3\원본.psd

01 [Ctrl]+[O]를 눌러 예제 파일(원본.psd)을 엽니다. '악보' 레이어를 클릭하고 Image 〉 Adjustments 〉 Desaturate([Shift]+[Ctrl]+[U]) 명령을 적용해서 흑백 이미지로 만듭니다.

02 악보 이미지를 대비가 강한 흑백 상태로 만들기 위해 [Curves] 조정 레이어를 하나 만들고, 꺾인 'S'자 형태로 곡선을 조절해 콘트라스트가 강하게 만듭니다. [Curves] 조정 레이어를 만들기 전에 '클리핑 마스크 만들기' 아이콘(⬤)을 체크해둡니다.

> **TiP** 이미지의 채도를 완전히 제거하는 방법(흑백 이미지로 바꾸는 것)에는 여러 종류가 있습니다. 그 중에서 [Desaturate] 기능은 가장 빠른 방법에 속합니다.

01

02

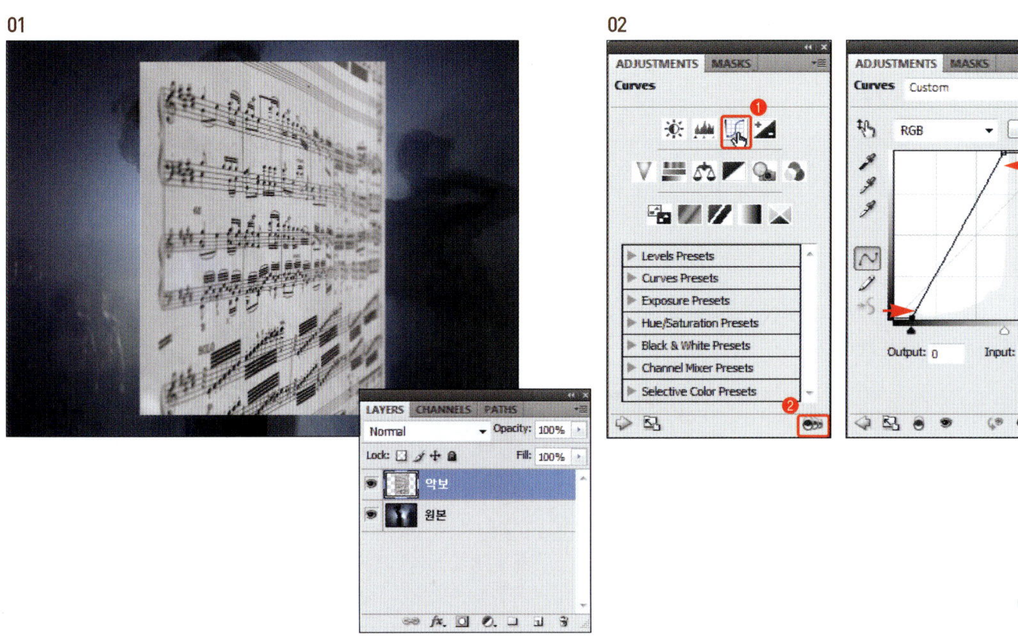

03 클리핑 마스크 상태가 되었으므로 [Curves] 조정 레이어의 효과는 '악보' 레이어에만 적용됩니다. 조정 레이어의 이름을 '콘트라스트'로 바꿉니다.

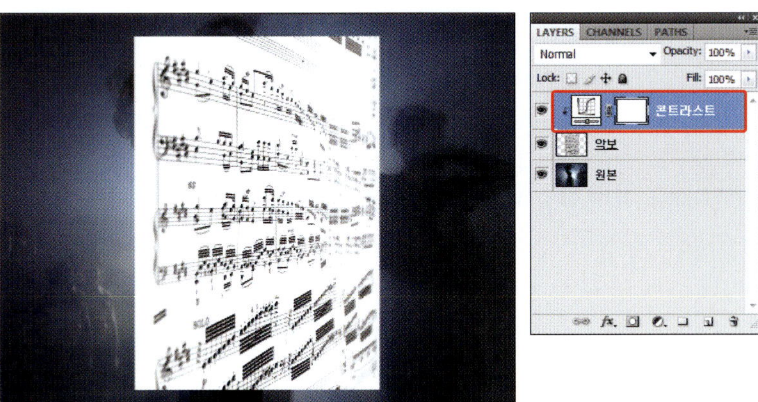

가장 아래에 있는 원본 레이어는 잠시 끄고 작업합니다.

01 Ctrl + A를 눌러서 이미지 전체를 선택한 후, Edit 〉 Copy Merged (Shift + Ctrl + C)
를 선택해 눈에 보이는 이미지를 모두 복사합니다.

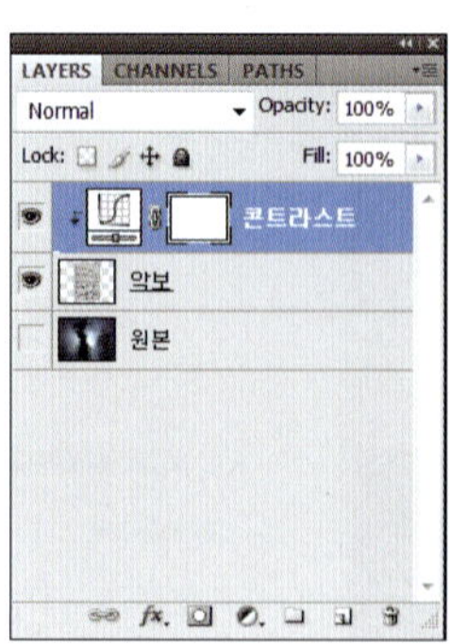

02 복사가 끝났으면 Ctrl + D를 눌러 선택영역을 해제하고, Q를 눌러 퀵 마스크 모드로 들어
간 후, Ctrl + V로 붙여넣기 합니다.

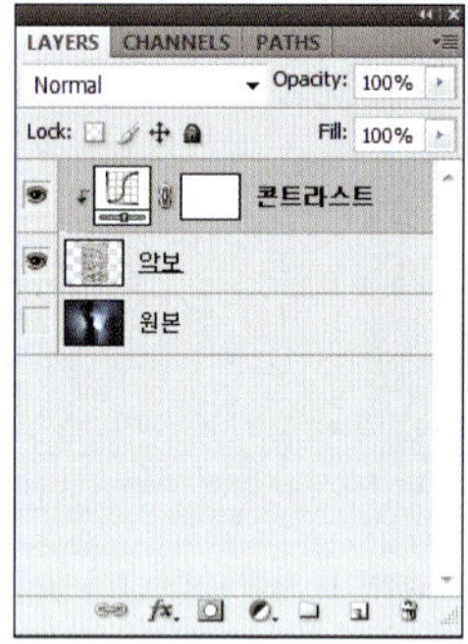

Copy Merged 기능

Copy 명령이 단 하나의 레이어에 있는 선택 영역을 복사하는 개념인데 반해, [Copy Merged]는 눈에 보이는 모든 레이어의 이미
지를 한꺼번에 복사하는 개념입니다. 작업된 상태에서 레이어들을 결합할 때 쓰이는 이 기능은 복잡한 합성 작업에서 자주 사용됩
니다.

03 다시 [Q]를 눌러 퀵 마스크 모드를 빠져나오면 다음과 같이 선택영역이 생긴 것을 알 수 있습니다. 퀵 마스크 모드에서 흰색이던 영역이 일반 모드에서는 선택영역이 되었습니다. 새로운 레이어를 하나 만들고, 레이어가 보여지는 상태를 그림과 같이 바꿉니다.

 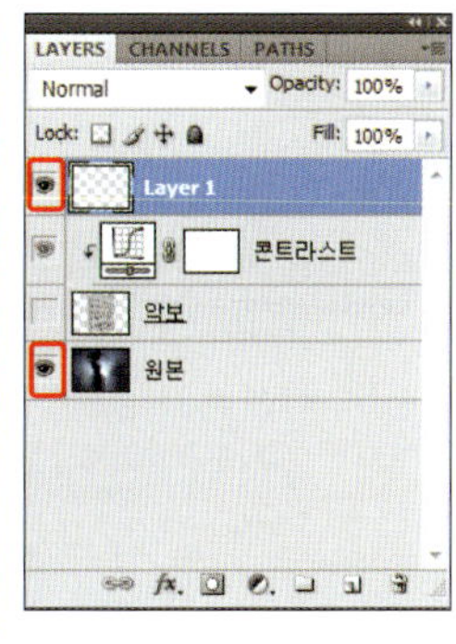

STEP 3 악보 이미지의 형태 다듬기

이 단계는 투명도가 살아 있는 형태로 바뀐 악보를 [Warp] 기능을 이용해 변형하는 과정입니다.

01 [Shift]+[Ctrl]+[I]를 눌러 선택영역을 반전하고, 흰색으로 채운 후 레이어의 이름을 '투명한 악보'로 바꿉니다. 처음에는 사진 이미지였던 악보가 퀵 마스크 모드를 거치면서 투명도를 지닌 악보로 바뀌었습니다. 이러한 유형의 작업은 자주 사용되므로 익혀두는 것이 좋습니다.

 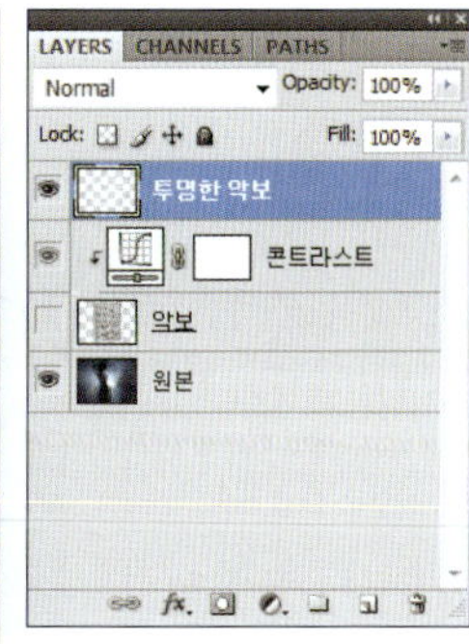

02 Ctrl + D 를 눌러 선택을 해제하고, Ctrl + J 를 눌러 '투명한 악보' 레이어를 복제한 다음, 이 레이어는 끕니다. 그리고 복제된 레이어를 선택한 후, Ctrl + T 를 눌러 옵션과 같이 이미지의 크기와 위치를 조정합니다. 이때 기준점의 위치는 오른쪽(▦)에 둬야 합니다.

03 악보의 위치 지정을 마쳤다면 마우스 오른쪽 버튼을 클릭해 [Warp] 명령을 선택합니다.

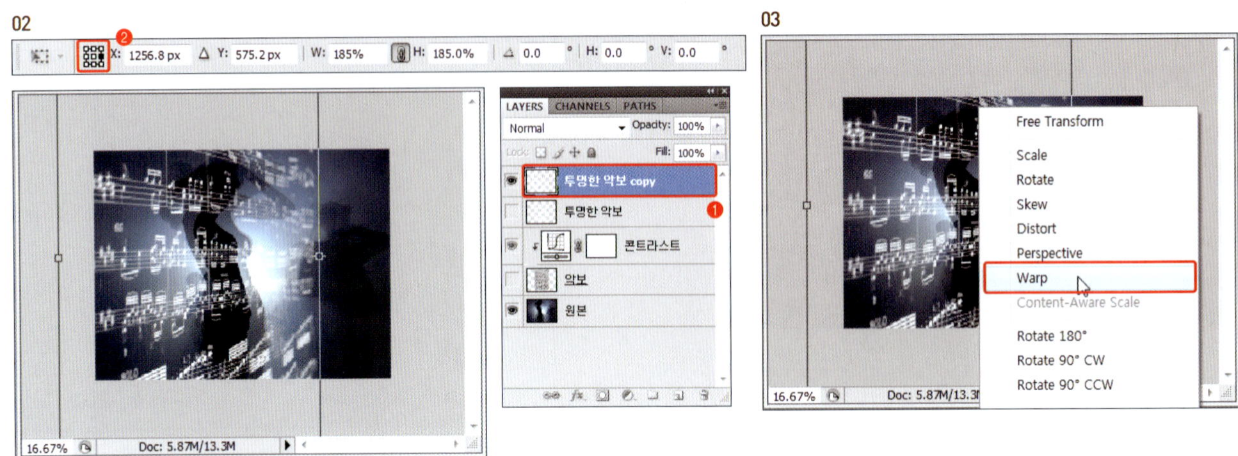

04 음악이 흐르는 느낌을 연출해야 하므로, 악보 형태가 물결 모양을 이루도록 왼쪽 영역을 잡고 위로 드래그합니다.

05 이미지의 내부와 모서리 등 여러 곳을 고르게 드래그해서 자연스러운 물결이 되도록 만듭니다. 지나치게 변형할 경우, 형태를 조절하기 어려워지는 경우도 생기므로 주의해야 합니다. 곡선의 형태가 다듬어지면 Enter 를 눌러 효과를 적용합니다.

> **TiP** [Warp] 효과를 적용하는 도중 다른 종류의 변형이 필요하다면 다시 마우스 오른쪽 버튼을 클릭해 바꿔가면서 작업할 수 있습니다.

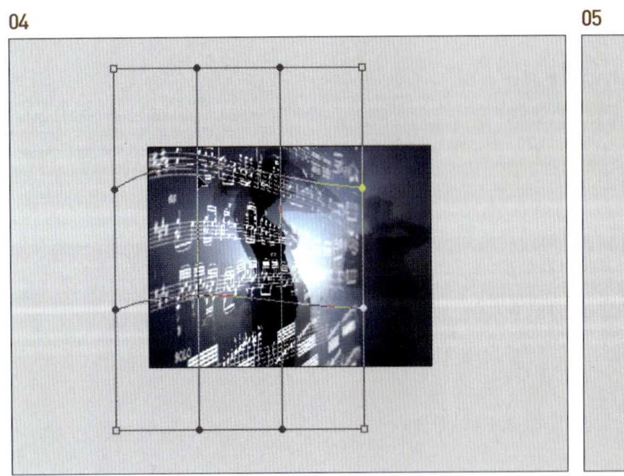

06 [Warp] 효과가 모두 적용된 상태입니다.

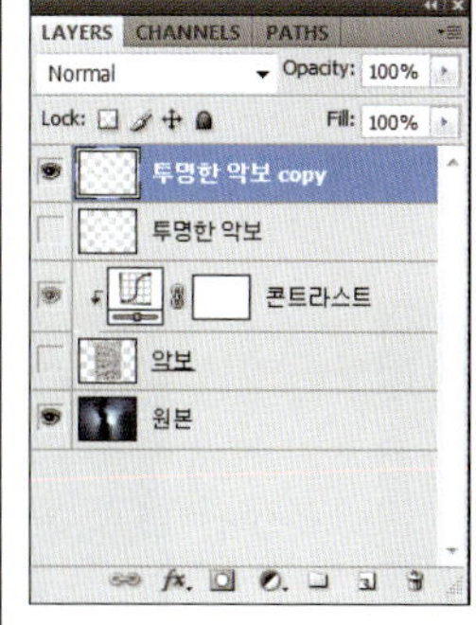

STEP 4 악보 이미지의 색상 변경하기

Photoshop Design

이제 마무리 단계입니다. 이 단계에서는 악보의 색상을 바꾼 후, 레이어 마스크를 이용해 악보의 오른쪽 영역이 자연스럽게 사라지도록 하겠습니다.

01 전경색을 밝은 주황색(#d5936e)으로 지정하고, Alt + Shift + Delete 를 눌러 색상을 채웁니다. 레이어의 이름을 '색상 있는 악보'로 바꿉니다.

02 전경색을 검은색(#000000)으로 지정한 후, Gradient 툴(▮▮)을 선택하고 그림과 같이 옵션을 지정합니다.

01

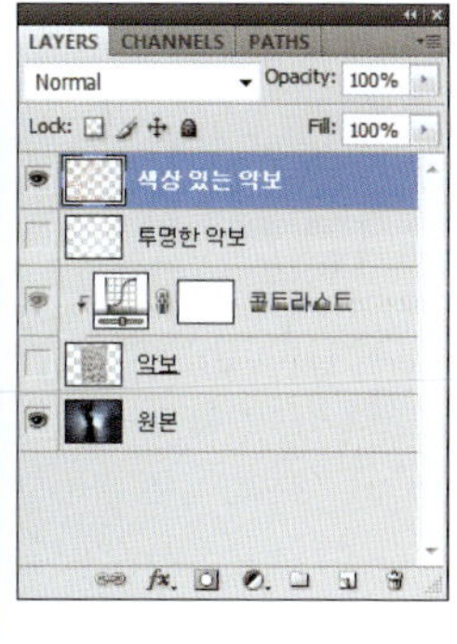

02

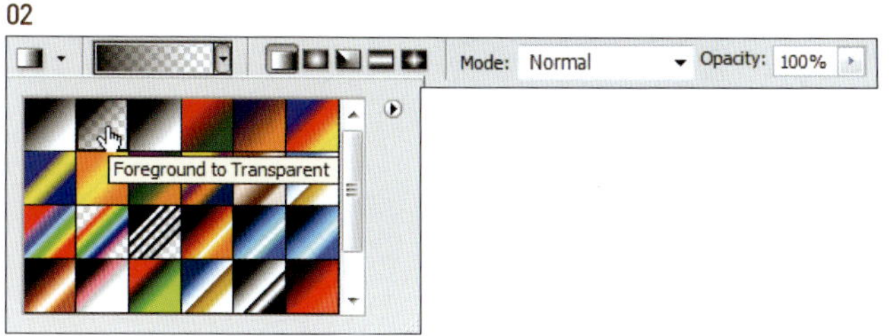

286
287

03 '색상 있는 악보' 레이어에 마스크를 추가하고, 전경색이 검은색인지 확인한 후, Shift 를 누른 채로, 오른쪽에서 왼쪽 방향으로 드래그합니다. 이렇게 하면 악보의 오른쪽 영역이 자연스럽게 사라지게 됩니다.

04 악보의 색상이 다소 인위적으로 느껴지므로, 레이어의 블렌딩 모드를 Linear Dodge '100%' 로 바꿉니다.

05 사진 이미지와 악보 형태의 그래픽 이미지가 스며들 듯 합성되면서 이미지가 완성되었습니다.

좋은 브러시가 있는 곳

브러시를 직접 만들어 사용하는 것도 좋지만 바쁠 때는 다른 사람들이 만들어 놓은 브러시를 사용하는 것도 편리한 방법입니다. 최근에는 무료로 사용할 수 있는 공개된 브러시가 인터넷에 많이 있으므로 검색을 통해 찾거나 커뮤니티 사이트에 들어가 찾는 방법을 추천합니다.

• 인터넷 검색사이트에서 찾는 방법

포토샵 브러시의 확장자는 '.abr'이므로 '원하는 브러시 이름'(영문)과 '확장자'를 키워드로 함께 입력해 검색합니다. 아래 그림은 구글 이미지검색(http://images.google.co.kr)에서 키워드를 'cloud', 'brush', '.abr'로 입력해 검색한 결과입니다. 대부분의 브러시는 무료이지만 유료인 경우도 간혹 있으므로 해당 사이트에서 확인하는 것이 좋습니다.

구글 이미지검색에서 키워드를 'cloud', 'brush', '.abr'로 검색한 결과 ▶

• 커뮤니티 사이트에서 찾는 방법

좀더 다양한 브러시를 한자리에서 찾기 원한다면 커뮤니티 사이트를 이용하는 것도 좋은 방법입니다. 아래 그림은 아마추어 작가나 개인들의 작품을 한자리에 모아놓은 Deviantart.com에서 제공하는 포토샵 브러시 페이지입니다. 이곳에서는 다른 포토샵 자료들도 찾을 수 있습니다.

포토샵 브러시를 모아놓은 사이트 Deviantart.com ▶
http://browse.deviantart.com/resources/applications/psbrushes/#order=15

유리창에 반사되는 이미지 만들기

Screen 블렌딩 모드는 선택된 레이어와 아래 있는 레이어의 명도값을 서로 더하는 방식으로 효과를 냅니다. 무대 위에서 여러 개의 조명이 겹쳐졌을 때 밝아지는 효과를 연상하면 이해가 쉽습니다.

이번 예제는 패스트푸드 매장에 반사되는 유리창을 만들어 넣는 작업입니다. 매장 이미지와 반사용 이미지가 필요하며, 좋은 효과를 내기 위해서는 약간 어두운 매장 이미지와 콘트라스트가 강한 반사 이미지가 필요합니다.

Part6\Sec4\원본.psd
Part6\Sec4\결과.psd

주요 사용 기능 Curves 조정 레이어, Gradient 툴, Screen 블렌딩 모드, Selective Color 조정 레이어 **난이도** ★★

소스 ❶ ewen and donabel by http://flickr.com/photos/donabelandewen/475318805/
❷ Oimax by http://flickr.com/photos/oimax/163046968/

STEP 1 배경 이미지 톤 조절하기
Photoshop Design

원본 이미지는 하와이 호놀룰루에 있는 파파이스 매장이고, 소스 이미지는 일본 도쿄의 가빠바시 시장 야경입니다. 서로 다른 시간과 공간에 속한 이미지지만, 하나의 이미지처럼 자연스럽게 합성해야 합니다. STEP 1에서는 '원본' 레이어의 톤을 조절 하도록 하겠습니다.

01 Ctrl+O를 눌러 예제 파일(원본.psd)을 엽니다. 이 이미지는 원본과 소스 레이어로 구성되어 있습니다.

◉ Part6\Sec4\원본.psd

02 아래 있는 이미지가 너무 밝으면 반사 효과가 잘 드러나지 않기 때문에, 일단 '원본' 레이어를 어둡게 만들어야 합니다. '소스' 레이어는 끄고 '원본' 레이어만 켭니다. '원본' 레이어 바로 위에 [Curves] 조정 레이어를 만든 후, 그림과 같은 상태로 조절합니다. 이때 클리핑 마스크 옵션은 꺼진 상태입니다.

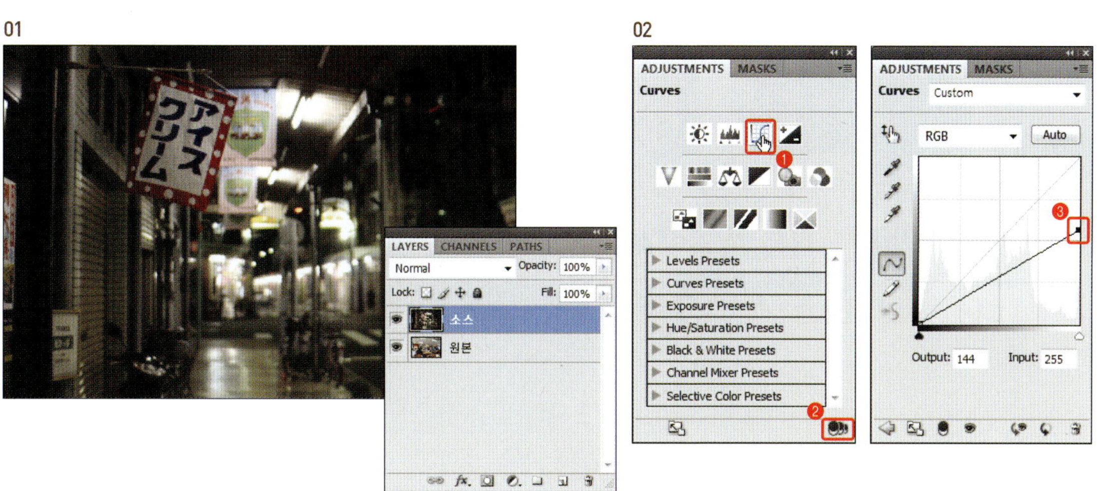

03 이미지가 전체적으로 어두워집니다.

04 조금 더 어둡게 만들기 위해 중간톤에 해당하는 부분을 클릭해 아래쪽으로 드래그합니다. 큰 차이는 아니지만 중간톤에 해당하는 영역이 좀 더 어두워졌습니다. (RGB Output : 69, Input : 150)

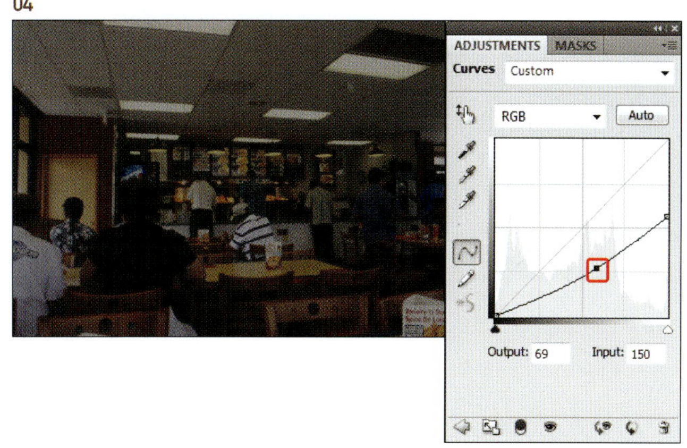

05 전경색을 검은색(#000000)으로 지정한 후, Gradient 툴( )을 선택하고 다음과 같이 옵션을 지정합니다.

06 우선, 조정 레이어의 레이어 마스크를 클릭한 다음 [Shift]를 누른 채로 이미지의 아래쪽에서 위쪽으로 드래그해서 그립니다. 레이어 마스크에서 어둡게 만든 부분은 효과가 가려지는 부분 이므로 이미지에서는 원상태로 돌아오게 됩니다.

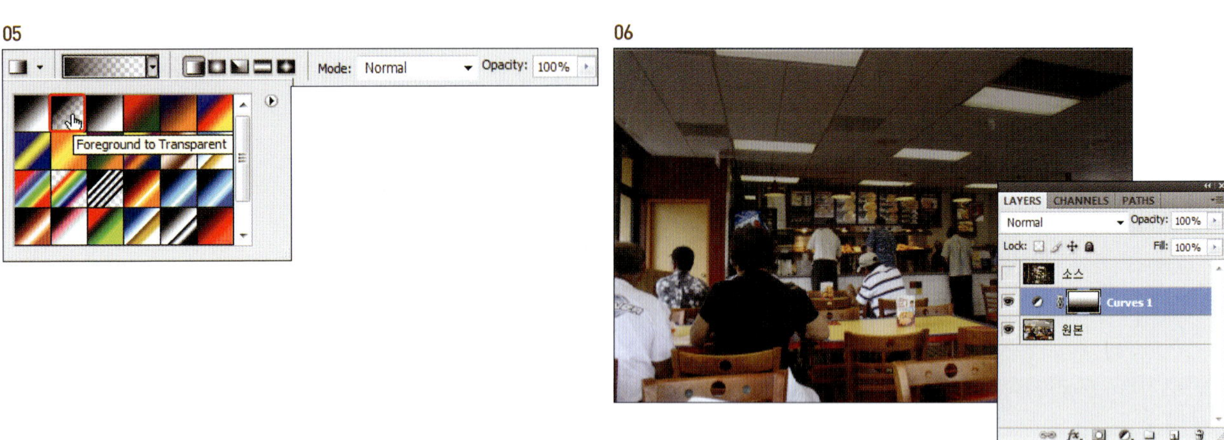

Photoshop Design

STEP 2   반사되는 이미지 위치 조절하기

Photoshop Design

'원본' 레이어의 톤조정을 마쳤으므로 이제 소스 이미지를 다룰 차례입니다. 이번 단계에서는 소스 이미지를 수평반전 하도록 하겠습니다.

01 이제 패스트푸드 매장 유리창에 반사되는 이미지를 만들 차례입니다. '소스' 레이어를 선택하고 켭니다.

02 반사된 상태로 보이려면 이미지를 수평으로 반전 시켜야 하므로 [Ctrl]+[T]를 누른 후, 마우스 오른쪽 버튼을 클릭해 [Flip Horizontal]을 선택하고 [Enter]를 누릅니다.

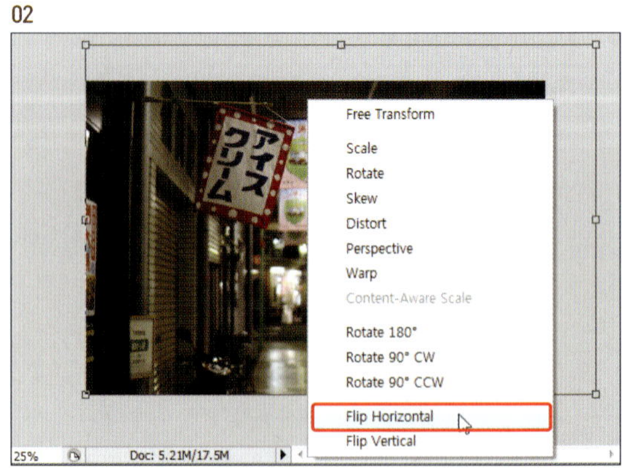

03 '소스' 레이어가 수평 반전됩니다.

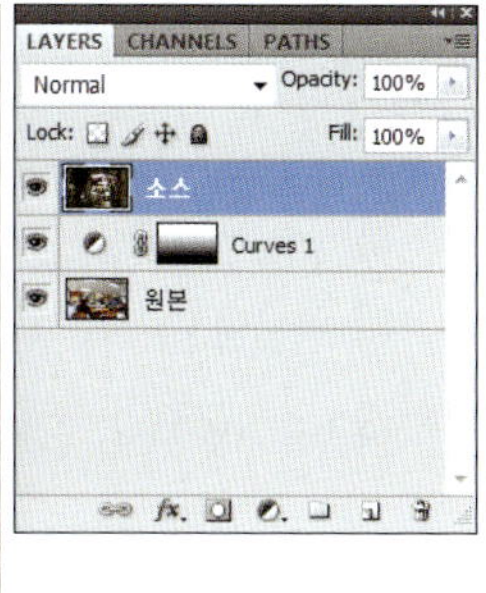

Reveal All 기능

현재 '소스' 이미지는 캔버스 크기보다 큰 상태이므로 Free Transform 기능을 적용할 때, 자세히 살펴보면 이미지의 경계가 바깥쪽까지 나타납니다. [Canvas Size]가 화면상에 보여지는 이미지 크기인 것과 달리, 실제 작업에서는 이미지가 Canvas 뒤에 가려져있는 경우가 많습니다. 이처럼 Canvas 뒤에 감추어진 이미지를 모두 보고 싶을 때 사용하는 명령이 (Image 〉 Reveal All)입니다. 이 명령을 적용하면 감추어진 부분이 드러남과 동시에 [Canvas Size]도 커지게 됩니다. Reveal All은 '모두 드러내다' 라는 의미입니다.

STEP 3 반사되는 이미지 톤 조절하기

Photoshop Design

이제 마지막 단계로 소스 이미지의 톤을 조절해야 합니다. 이 단계에서 소스 이미지는 반사되는 이미지로서 전체적인 분위기를 표현하는 중요한 역할을 하게 됩니다.

01 반사된 이미지를 만들기 위해 블렌딩 모드를 Screen '80%' 로 바꿉니다. 원본과 반사된 이미지가 결합되면서 분위기가 다소 산만해 보입니다. 레이어의 이름을 '유리창 반사' 로 바꿉니다.

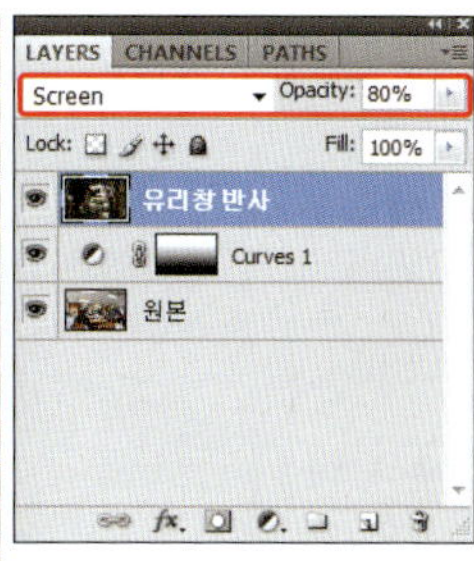

02 분위기를 정리하기 위해서는 반사되는 영역을 어느 한쪽으로 제한할 필요가 있습니다. '유리창 반사' 레이어에 마스크를 추가한 후, Ctrl 을 누른 채로 'Curves 1' 레이어를 클릭합니다. 선택이 생겨납니다.

03 Shift + Ctrl + I 를 눌러 선택을 반전한 후, '유리창 반사' 레이어 마스크를 클릭한 다음, Ctrl + I 를 눌러 반전합니다. 'Curves 1' 레이어의 마스크와 '유리창 반사' 레이어의 마스크가 같아집니다. Ctrl + D 를 눌러 선택을 해제합니다. '유리창 반사' 레이어를 강조하기 위해서는 콘트라스트를 강하게 만들어야 합니다. 이 레이어에는 이미 Screen 모드가 적용된 상태이므로 콘트라스트를 적용해서 잡광을 제거하도록 하겠습니다.

02

03

이미지 반전과 선택 반전

이미지 반전과 선택 반전 기능들은 선택을 만드는 과정으로 퀵 마스크나 레이어 마스크를 거치면서 주로 사용됩니다. 이미지 반전은 픽셀의 색상 값을 반대로 만드는 개념(네거티브 상태)이지만, 선택 반전은 선택된 영역을 반대로 만드는 개념입니다. 둘 다 자주 사용되는 기능이므로 단축키를 반드시 외워두는 것이 좋습니다.

04 [Curves] 조정 레이어를 추가한 후, 먼저 중간톤에 해당하는 지점을 클릭해 중간톤을 묶어둡니다. 그런 다음 밝은 톤과 어두운 톤을 추가하고, 'S' 자 형태로 만들어 부드럽게 콘트라스트를 적용합니다.

05 반사된 이미지가 밝은 영역 위주로 살아납니다. 원본의 매장 이미지는 낮 분위기였지만, 추가된 반사 이미지의 불빛으로 인해 밤 분위기가 나는 이미지가 되었습니다.

04
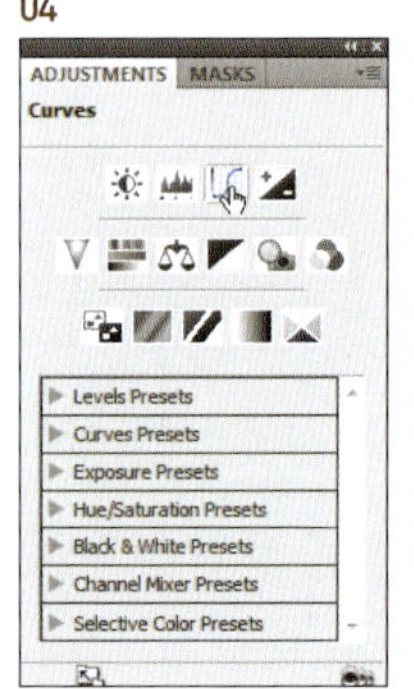
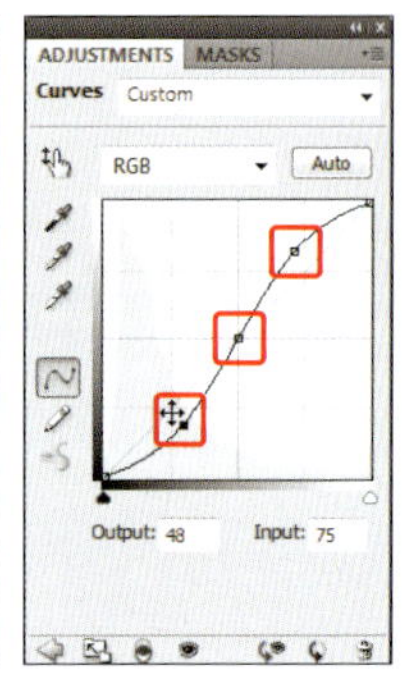

05

06 이제 마지막으로 반사 이미지에 붉은 기운이 돌도록 만들어 보겠습니다. [Adjustments] 패널에
서 클리핑 마스크 옵션을 켠 후, [Selective Color] 아이콘을 클릭해 조정 레이어를 만든 다음,
[Neutrals]를 선택하고 그림과 같이 수치를 입력합니다.

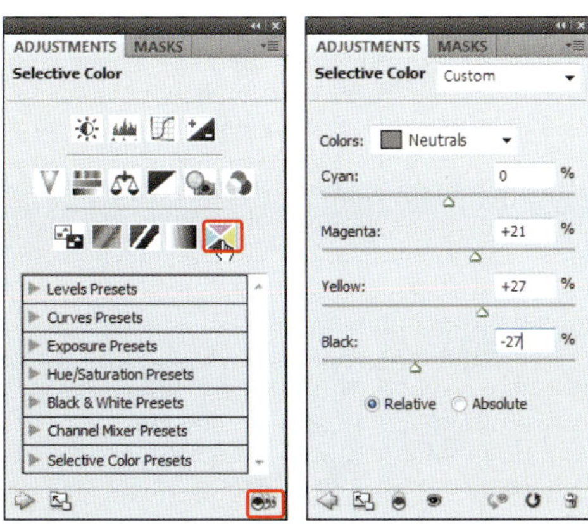

07 붉은 색상이 추가 되면서 밤 분위기를 풍기는 이미지가 완성되었습니다.

PART 07

PHOTOSHOP • DESIGN • RECIPE

이미지 변형 작업
Image Transformation

이미지 변형 작업이란 특정 부위의 형태나 위치를 바꾸어 이미지 속성을 바꾸는 작업을 말합니다. 이러한 작업은 변형 작업 자체를 목적으로 하기보다는 보조적 차원에서 주로 사용되며, 물체에 운동감을 부여하거나 질감을 부여하는 작업들도 이러한 변형 작업에 해당합니다.

SECTION 1

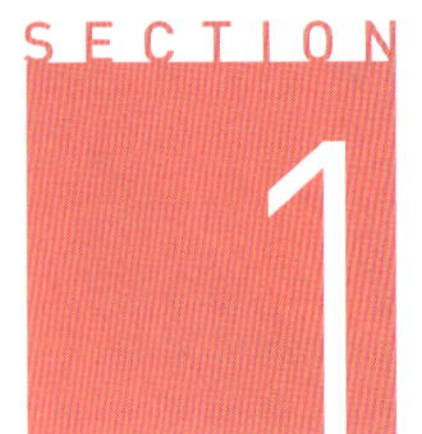

빛 줄기 효과내기

이 이미지는 숲 속으로 들어오는 빛 줄기가 약한 상태입니다. 따라서 빛 줄기를 강하게 하려면 단순히 톤을 밝게 처리하거나 특정 부분을 강조하는 것만으로는 원하는 효과를 얻기 어렵습니다. 이러한 경우라면 과감하게 빛 줄기를 그려 넣는 것도 좋은 방법입니다. 이번 예제는 브러시 옵션을 조절하여 빛 줄기를 그려 넣는 작업입니다. 브러시를 활용하는 방법과 모서리의 위치를 조정해 형태를 빠르게 변형하는 방법이 주의깊게 살펴볼 부분입니다.

Part7\Sec1\원본.psd
Part7\Sec1\결과.psd

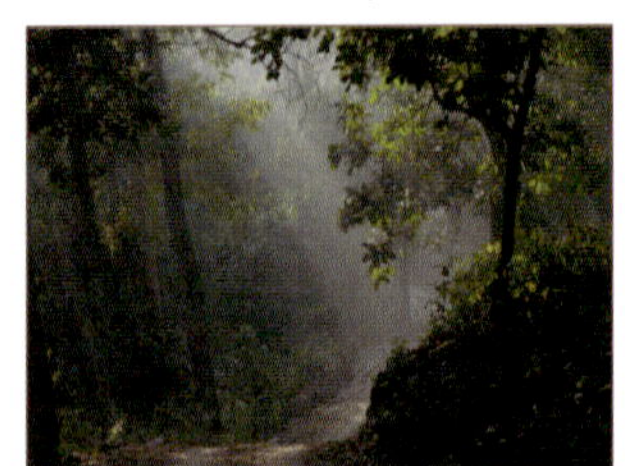

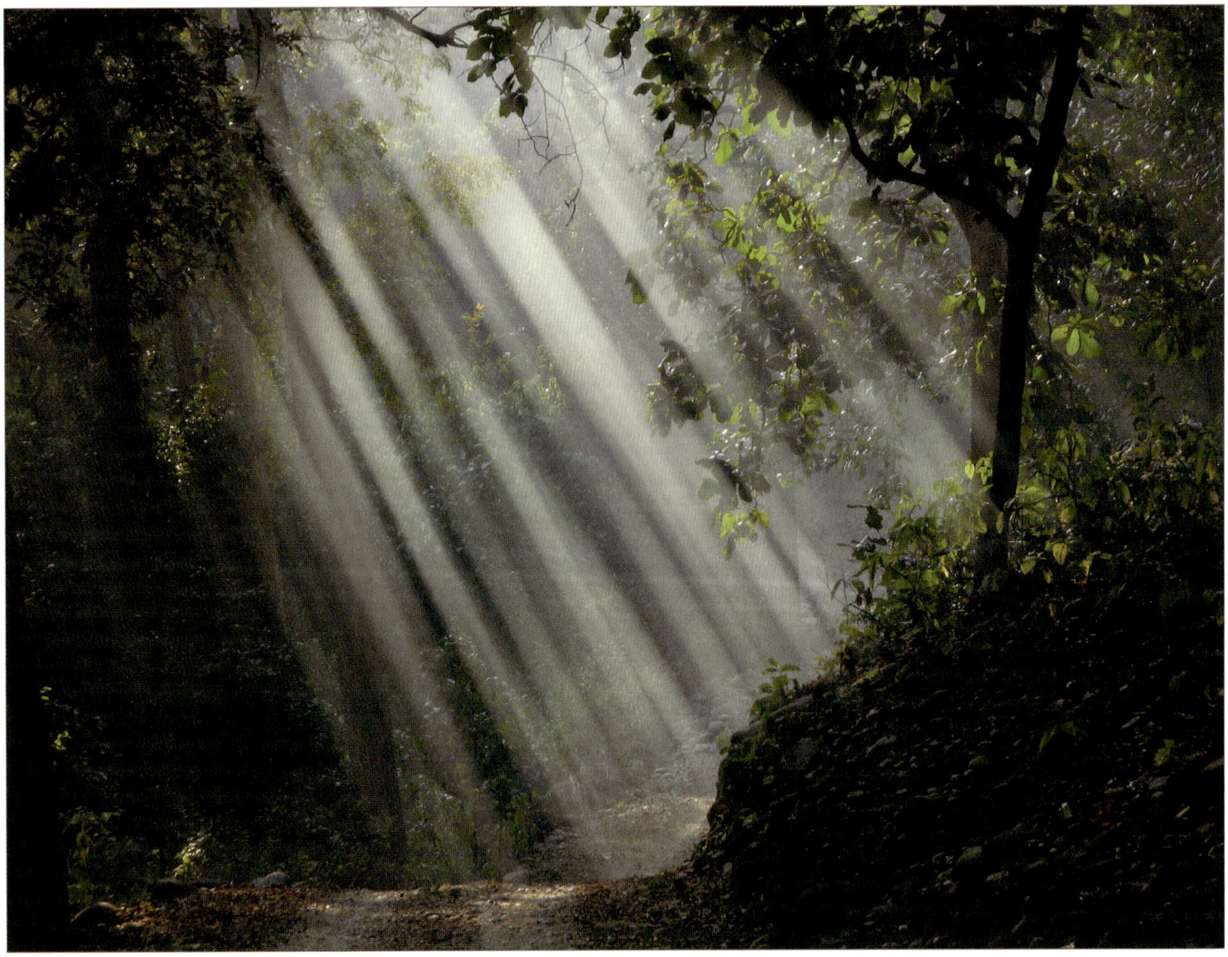

주요 사용 기능 Brush 툴, Motion Blur 필터, Free Transform 기능 **난이도** ★★★

소스 netlancer2006 by http://flickr.com/photos/netlancer2006/344033647/

STEP 1 브러시로 빛 모양 그리기
Photoshop Design

이 이미지는 인도 최초의 국립공원이라고 하는 짐 코벳 국립공원(Jim Corbett Park) 내에서 촬영된 이미지입니다. 밀림의 우거진 수목을 뚫고 나오는 빛 줄기가 신비스럽게 느껴집니다. 이 예제의 첫 번째 단계는 브러시 옵션을 조정해 나중에 빛줄기가 될 입자를 그리는 것입니다.

01 Ctrl+O를 눌러 예제 파일(원본.psd)을 엽니다. 그리고 먼저 '원본' 레이어 위에 새로운 레이어를 하나 만듭니다.

Part7\Sce1\원본.psd

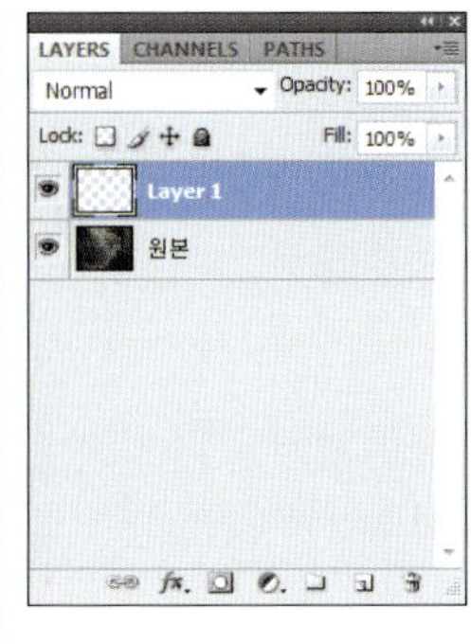

02 이 예제의 첫 번째 단계는 나중에 빛 줄기가 될 요소를 브러시로 그려 넣는 것입니다. 브러시 툴을 선택하고 전경색을 흰색으로 정한 후, [Brushes] 패널을 열고 다음과 같이 옵션을 지정합니다.

- [Brush Tip Shape] : Diameter(지름) : 35픽셀, Hardness(경도) : 50%, Spacing(간격) : 52%,
- [Shape Dynamics] : Size Jitter(크기 변화정도) : 75%, Minimum Diameter(최소 지름) : 25%
- [Scattering] : Scatter(흩어뿌리기 범위) 360%, Count(카운트 : Brush 터치 횟수) 1,
- [Other Dynamics] : Opacity Jitter(불투명도 변화정도) 75%

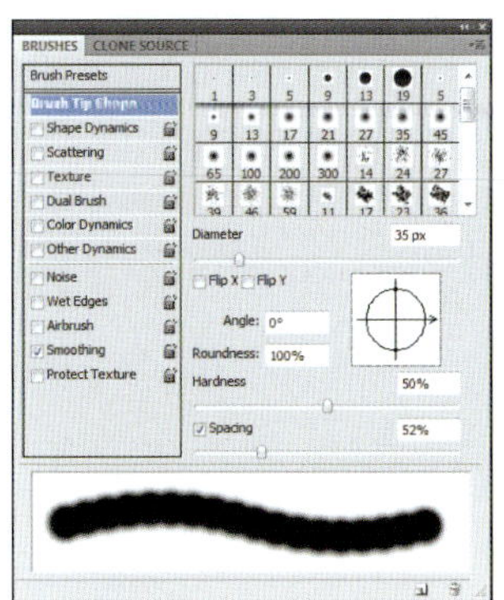

▲ [Brush Tip Shape]

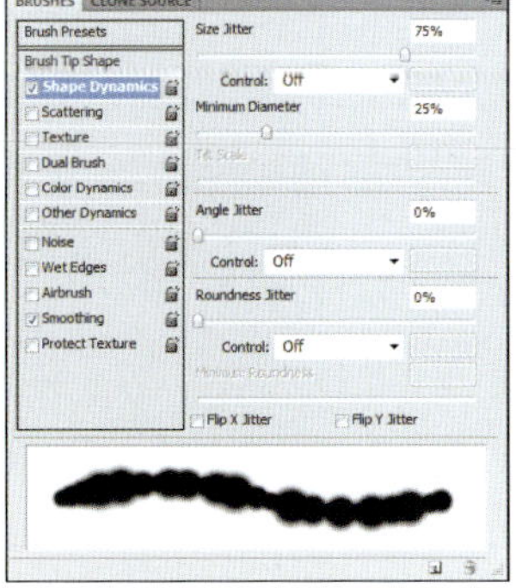

▲ [Shape Dynamics]

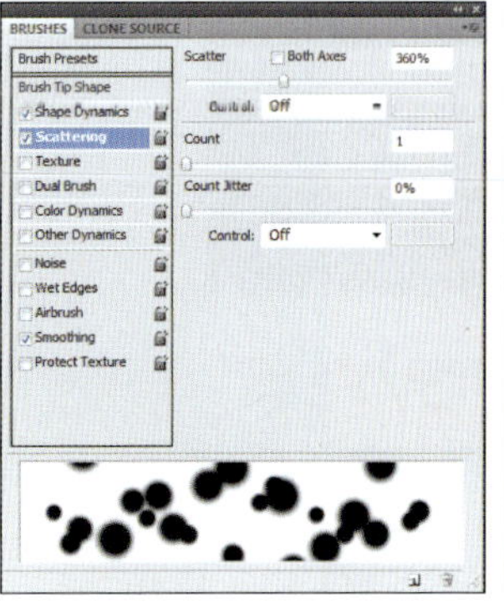

▲ [Scattering]

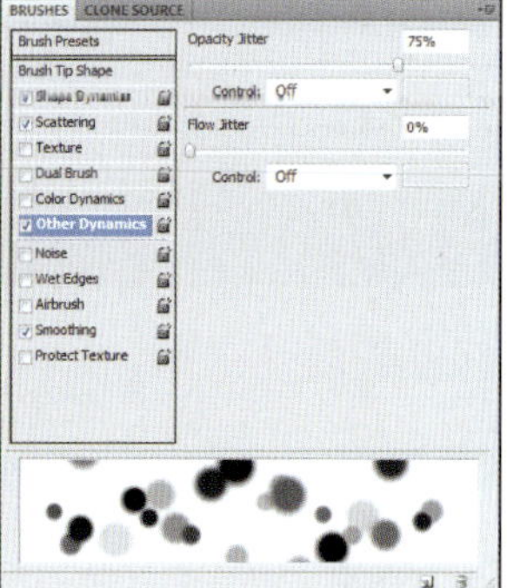

▲ [Other Dynamics]

04 브러시를 좌우로 움직여 두 차례 정도 드래그해서 다음과 같은 모양으로 그립니다. 그림과 똑같은 모양이 아니어도 상관없습니다. 하얀 점들이 그려지고 나면 레이어의 이름을 '브러시'로 변경합니다.

 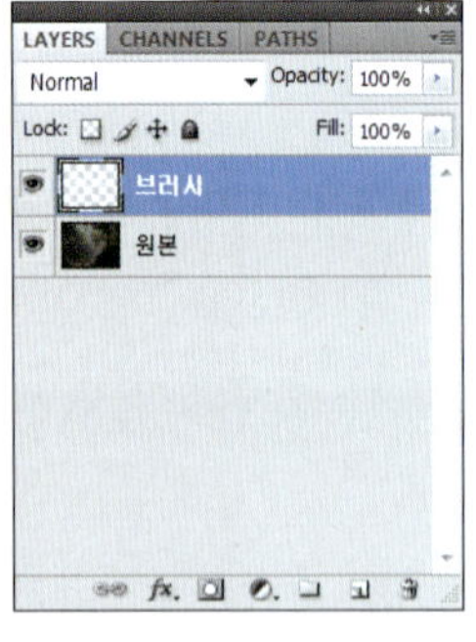

STEP 2   빛 줄기 만들기

이번 단계는 빛줄기 입자를 세로 방향으로 잡아 늘린다음 Motion Blur를 적용하는 과정입니다.

01 툴 패널에서 Rectangular Marquee 툴(　)을 클릭하고, 빛 줄기로 사용될 영역을 그림과 같이 드래그해 선택합니다.

 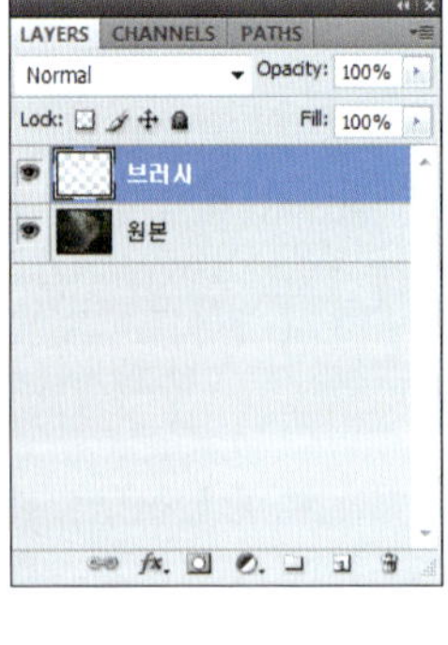

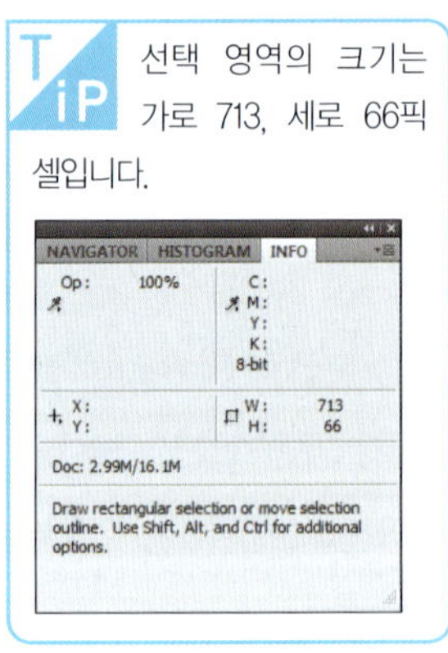

TiP 선택 영역의 크기는 가로 713, 세로 66픽셀입니다.

02 Ctrl + J 를 눌러 선택영역을 새로운 레이어로 만들고, '브러시' 레이어는 끕니다.

03 레이어 이름을 '세로방향 확대'로 바꿉니다. Ctrl + T 를 눌러 수직 방향으로 '1500%' 늘린
후, Enter 를 눌러 적용합니다.

300
301

04 '세로방향 확대' 레이어 선택 후, Ctrl + J 를 눌러 레이어를 복제하고, Filter 〉 Blur 〉 Motion
Blur를 적용한 다음, 그림과 같이 옵션을 지정합니다. 이것은 빛 줄기를 부드럽게 만들기 위한
작업입니다.

05 [Motion Blur] 필터 적용으로 빛 줄기가 한결 부드러워집니다. 레이어의 이름을 'Motion Blur
312'로 바꿉니다.

이번 단계는 세로 방향으로 늘어난 빛줄기를 다시 한번 변형해 자연스러운 각도로 만드는 과정입니다. 원하는
상태로 자유롭게 변형하기 위해서는 조합키를 익혀두는 것이 좋습니다.

01 Ctrl + J 를 눌러 레이어를 복제합니다. Ctrl + T 를 눌러 다시 빛 줄기를 선택한 후, 마우
스 오른쪽 버튼을 클릭해 [Perspective]를 선택합니다.

02 이 기능을 이용해서 빛이 쏟아지는 각도를 만들어야 합니다. 아래에 있는 왼쪽이나 오른쪽 꼭지
점 중 하나를 바깥쪽 방향으로 천천히 드래그합니다.

01

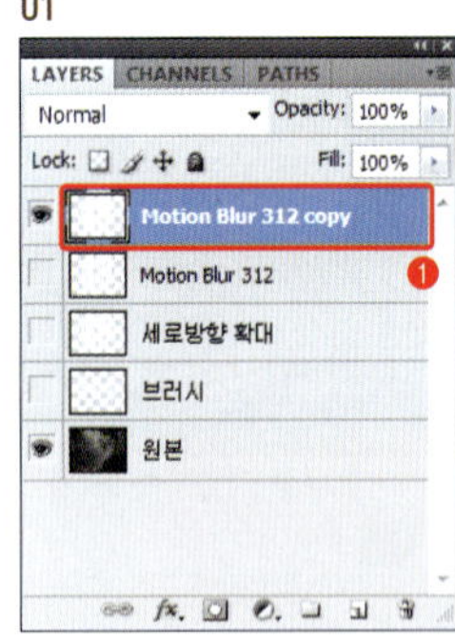

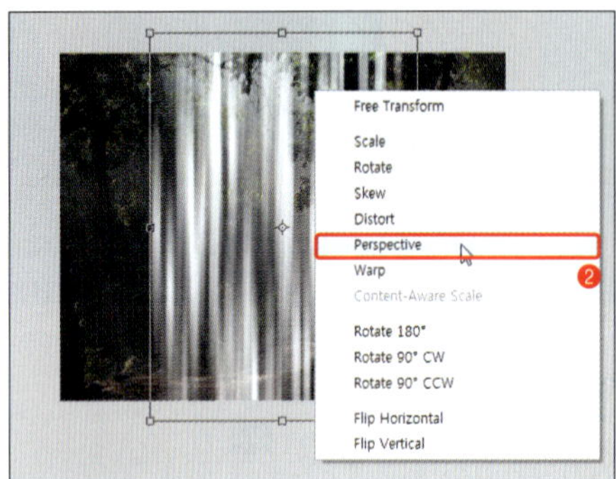

02

03 적용할 수치는 아래 그림을 참고합니다.

| | X: 592.5 px | Y: 443.0 px | W: 136.3% | H: 100.0% | 0.0 | H: 7.4 | V: 0.0 |

Free Transform 상태에서 조합키 사용하기

Ctrl + T 를 눌러 Free Transform을 적용한 상태에서 Alt , Shift , Ctrl 같은 조합키를 함께 사용하면, 마우스 오른쪽
버튼을 이용하지 않고도 원하는 형태를 바로 만들 수 있습니다.

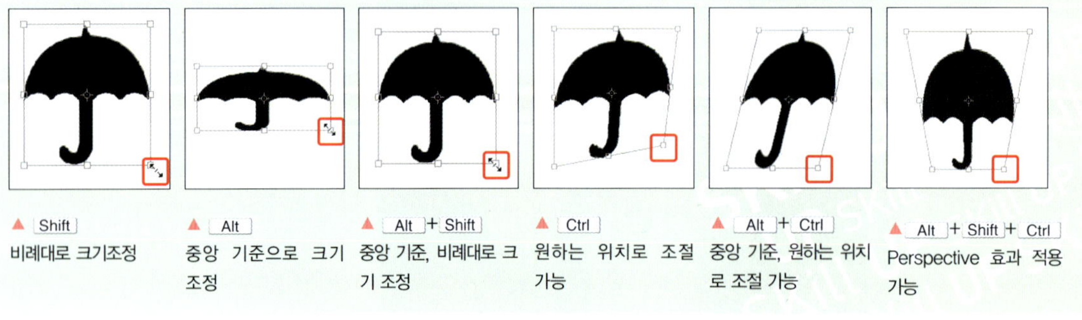

▲ Shift
비례대로 크기조정

▲ Alt
중앙 기준으로 크기
조정

▲ Alt + Shift
중앙 기준, 비례대로 크
기 조정

▲ Ctrl
원하는 위치로 조절
가능

▲ Alt + Ctrl
중앙 기준, 원하는 위치
로 조절 가능

▲ Alt + Shift + Ctrl
Perspective 효과 적용
가능

04 마우스 오른쪽 버튼을 클릭해 [Rotate]를 선택한 후, 시계 반대 방향으로 '28도' 회전합니다.

05 다시 한 번 마우스 오른쪽 버튼을 클릭해 [Distort]를 선택한 후, 오른쪽 하단의 꼭지점을 잡고
오른쪽으로 살짝 드래그하며 왼쪽 하늘에서 오른쪽 바닥으로 쏟아지는 듯한 느낌을 살립니다.

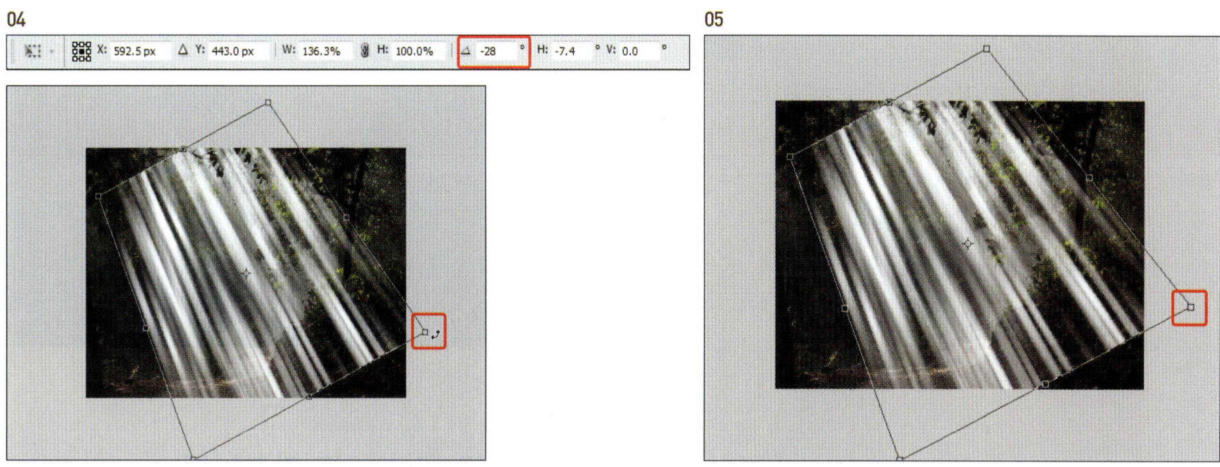

Distort 효과를 얻는 빠른 방법

Free Transform 기능을 자유롭게 이용하는 사용자라면, `Ctrl` 을 눌러서 4개 모서리의 위치를 바로 조정하는 것이 Distort 효과
를 얻는 빠른 방법입니다. 이것은 Perspective나 Rotate 같은 Transform 과정을 거치는 것보다 훨씬 간편합니다.

06 레이어의 이름을 '빛 줄기 변형'으로 바꾸고, Move 툴( )을 이용해 적절한 위치를 잡습니다.

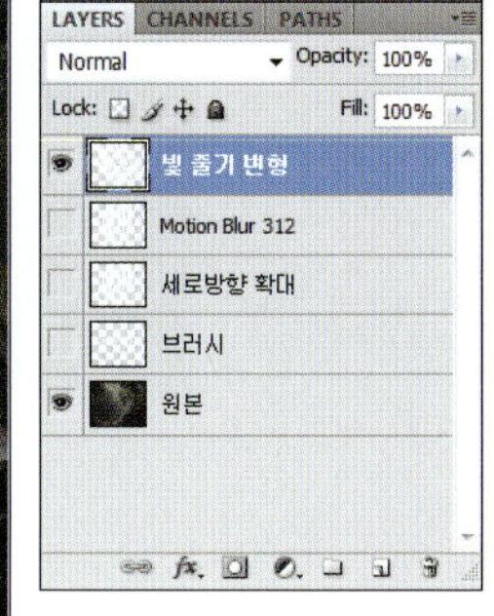

이제 변형된 빛줄기 레이어에 마스크를 추가하고 빛줄기의 가장자리를 자연스럽게 털어낼 차례입니다.

01 `Ctrl`+`J`를 눌러 '빛 줄기 변형' 레이어를 복제하고, 레이어의 이름을 '마스킹'으로 바꿉니다. 레이어 마스크를 만들고, 브러시를 검은색 100%로 지정한 후, 빛 줄기 가장자리에 해당하는 부위에 대고 그립니다. 브러시는 200픽셀을 기준으로 크기를 조절해가며 그립니다.

02 빛 줄기의 가장자리가 어느 정도 정리되면 바깥쪽은 모두 어둡게 칠하고, 브러시의 크기를 조절해가며 가장자리를 정교하게 다듬습니다.

03 좀더 자연스러운 효과를 위해 브러시의 Opacity를 '30~50%' 정도로 약하게 한 후, 크기를 조절해가며 그립니다. 그리는 도중, 나뭇가지나 빛 줄기 사이사이를 칠해서 약간의 강약 차이를 주는 것이 좋습니다.

STEP 5 마무리 작업
Photoshop Design

이제 마무리 단계입니다. 이곳에서는 빛줄기의 색상과 농도를 조절하도록 하겠습니다.

01 '마스킹' 레이어를 클릭하고, 전경색을 밝은 연두색(#e9eacb)으로 지정한 후, [Alt]+[Shift] +[Delete]를 눌러 색상을 채웁니다. 그리고 레이어의 이름을 '#e9eacb'로 바꿉니다.

02 마지막으로 레이어의 블렌딩 모드를 Screen '85%'로 바꿉니다.

01

02

03 모두 완성되었습니다. 필요에 따라 빛 줄기의 색상을 바꾸어도 좋습니다.

크기
바리에이션하기

실무 작업을 하다 보면 이미지의 크기를 바꾸거나 여백을 늘리는 등의 단순한 작업을 하는 경우가 의외로 많습니다. 하지만 아무리 단순한 작업이라 할지라도 계획을 세우고 작업하지 않으면 많은 시간이 소요됩니다. 이 예제는 세로방향 이미지를 가로방향으로 바꾸는 작업인데, 이러한 유형의 작업을 '사이즈 바리에이션(Size Variation)' 이라고 합니다. 이 예제에서는 Free Transform 대신 Content-Aware Scale 기능을 사용합니다. 이 기능을 이용하면 형태를 인식한 채로 물체의 크기를 조절할 수 있으므로 사이즈 바리에이션이 훨씬 편리해 집니다.

○ Part7\Sec2\원본.psd
　Part7\Sec2\결과.psd

주요 사용 기능 Content-Aware Scale 기능, Reveal All 기능, Crop 기능　**난이도** ★★

소스 twoblueday by http://flickr.com/photos/twoblueday/387548404/

STEP 1 Content-Aware Scale 기능 확인하기
Photoshop Design

이 예제에 사용된 이미지는 출입문과 창이 있는 단순한 형태의 건물 외벽입니다. 이 이미지는 적당한 공간량으로 인해 [Free Transform] 기능과 [Content-Aware Scale] 기능의 차이점을 비교하기에 적합합니다. 참고로 [Content-Aware Scale] 기능은 포토샵이 CS4로 업그레이드되면서 새롭게 추가된 기능입니다.

01 Ctrl + O를 눌러 예제 파일(원본.psd)을 엽니다. Ctrl + T를 눌러 '원본' 레이어의 세로 방향 크기를 '70%'로 바꿉니다. 이때 기준점은 가운데 하단(圖)을 선택합니다. ⊙ Part7\Sec2\원본.psd

02 이미지의 상태를 살펴보면 출입문과 창 모두 비율대로 줄어들었음을 알 수 있습니다. 이 예제에서는 [Free Transform] 대신 [Content-Aware Scale]을 사용할 예정이므로 Esc 를 눌러 명령 실행을 취소합니다.

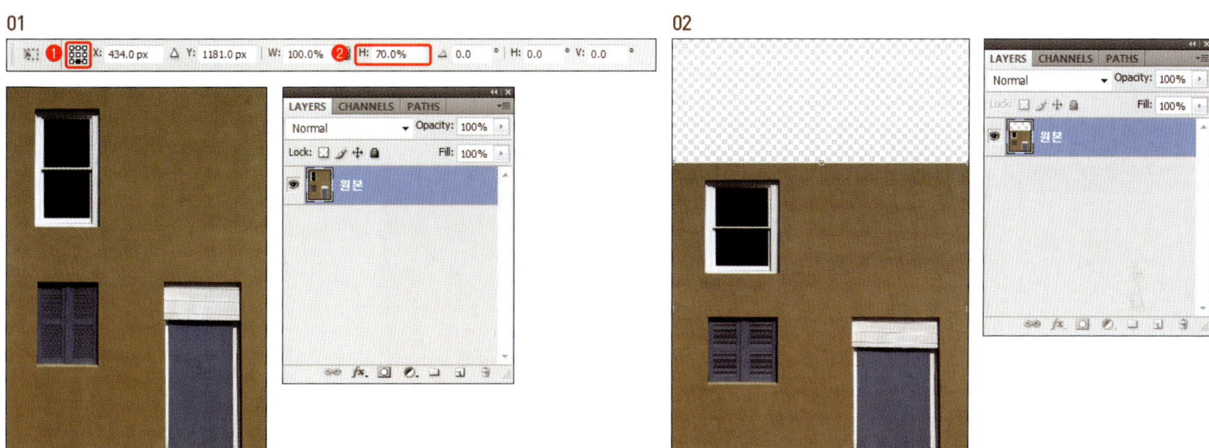

03 이번에는 Edit 〉 Content-Aware Scale(Alt + Shift + Ctrl + C)을 선택한 후, 동일한 옵션(세로크기 : 70%)을 지정합니다.

04 자세히 살펴보면 [Free Transform] 기능을 사용했던 것과는 다른 형태로 이미지 크기가 조절된 것을 알 수 있습니다. 출입문과 미닫이 창문의 크기가 원본 상태와 유사한 크기로 유지된 상태입니다. 확인을 마쳤으므로 다시 Esc 를 눌러 명령을 취소합니다.

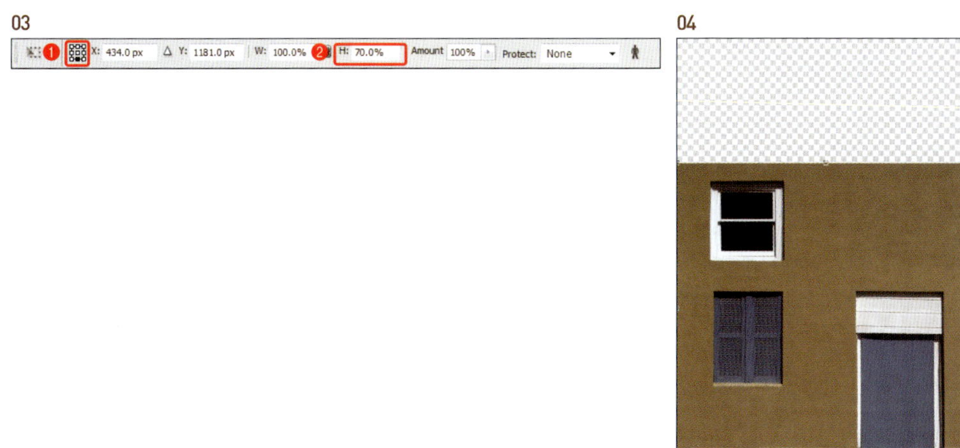

[Content-Aware Scale] 기능에는 Protect라는 옵션이 있습니다. 이 옵션은 이미지의 특정 영역을 변형으로 부터 보호해 주는 기능인데, 이 기능을 활용하려면 보호할 영역을 알파 채널 형태로 만든 다음, 옵션으로 지정 해줘야 합니다.

이 단계에서는 [Content-Aware Scale] 기능을 적용하기에 앞서 Protect 옵션에 사용될 알파 채널을 만드는 과정에 대해 설명하고자 합니다.

01 [Channels] 탭을 클릭하고 'Create new channel(채널 새로 만들기)' 아이콘(🔲)을 눌러 채 널을 추가합니다. 아직까지 아무런 효과도 적용되지 않은 상태입니다.

02 툴 패널에서 Rectangular Marquee 툴(▢)을 선택하고, 왼쪽 위에 있는 창문의 아래 칸을 드 래그해 선택한 후, 흰색으로 채우고 Ctrl+D를 눌러 선택을 해제합니다. 채널을 추가하고 창문의 일부를 마스킹 한 것은 [Content-Aware Scale] 기능을 적용할 때 해당 부위를 보존하기 위 함입니다.

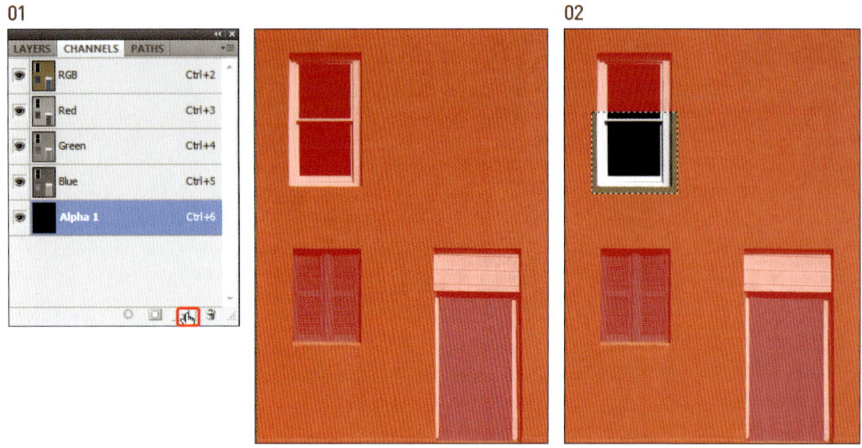

03 채널의 상태를 아래 그림과 같이 만든 후, [Layers] 탭으로 돌아옵니다.

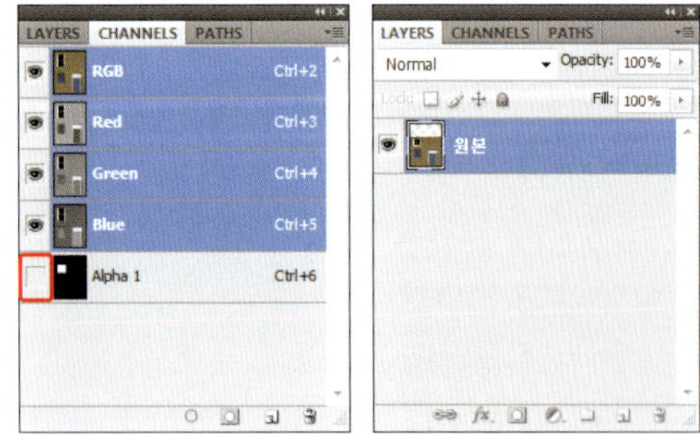

STEP 3 세로방향 이미지를 가로방향으로 바꾸기

이번 단계는 [Content-Aware Scale] 기능을 이용해 세로방향 이미지를 가로방향으로 바꾸는 과정입니다.

01 Alt + Shift + Ctrl + C 를 눌러 다시 [Content-Aware Scale]을 적용합니다. 이전 단계에서 적용한 수치인 세로방향 70%를 그대로 적용하되 Protect 항목에서 'Alpha 1' 채널을 지정합니다(참고로 이 'Alpha 1' 채널은 이전 단계에서 만들어 놓은 것입니다). 이미지의 높이가 전체적으로 줄어든 것과 달리, 채널에서 마스킹한 영역의 원본 상태는 그대로 유지되고 있다는 것을 알 수 있습니다.

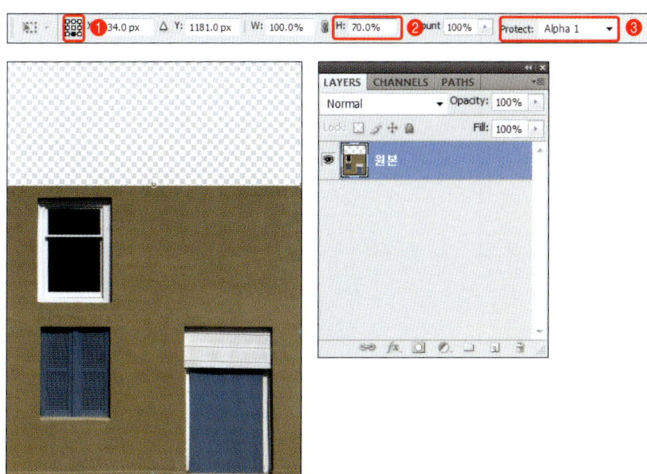

02 아직 Enter 를 누르지 않은 상태에서 기준점을 왼쪽 아래(▦)로 바꾸고 가로방향 크기를 125%로 지정합니다. 가로방향 크기가 늘어나므로 이미지가 캔버스를 벗어나게 되지만 이미지는 살아 있는 상태이므로 개의치 말고 Enter 를 누릅니다.

현재 이미지의 오른쪽 영역이 캔버스 뒤에 감추어진 상태입니다. 이번 단계에서는 Reveal All 기능을 통해 캔버스의 폭을 확보하고, 위쪽의 빈 여백을 제외한 상태로 트리밍해서 마무리 하도록 하겠습니다.

01 Image 〉 Reveal All을 선택하면 캔버스 뒤에 숨어 있던 이미지가 드러나면서 캔버스의 폭이 자동으로 늘어납니다. ［ Ctrl ］을 누른 채로 레이어 썸네일을 클릭해 이미지 외곽선을 선택합니다.

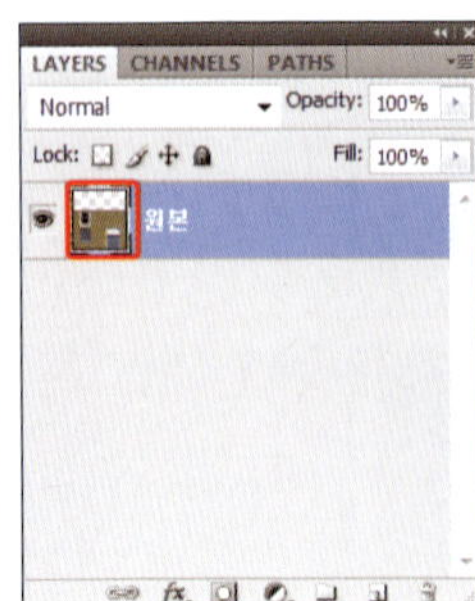

02 Image 〉 Crop을 선택하면 선택영역을 기준으로 이미지가 트리밍 됩니다.

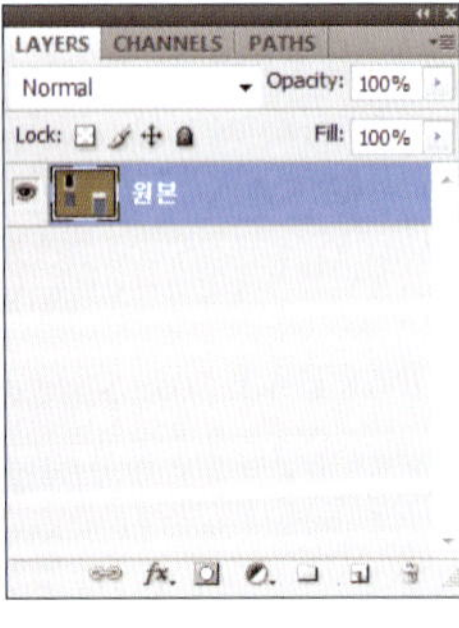

03 모두 완성되었습니다. 출입문과 창의 크기에 어떤 변화가 있었는지 원본 상태와 비교해 관찰해
봅니다. [Content-Aware Scale]을 적용해 이미지 크기를 조절하려면, 물체와 물체 사이에 최소
한의 빈 공간이 있어야 효과가 제대로 나타납니다.

SECTION 3

화면 왜곡 바로잡기

좁은 실내에서 이미지를 넓게 담기 위해 광각렌즈를 사용하면, 주변부로 갈수록 휘어지는 왜곡현상(Barrel Distortion)이 발생하는데, Lens Correction 필터를 적용하면 이러한 문제를 손쉽게 해결할 수 있습니다. 이 기능의 장점은 하나의 대화상자에서 왜곡(Distortion) 현상, 색수차(Chromatic Aberration) 현상, 비네팅(Vignetting) 등의 문제를 한꺼번에 해결할 수 있다는 점입니다.

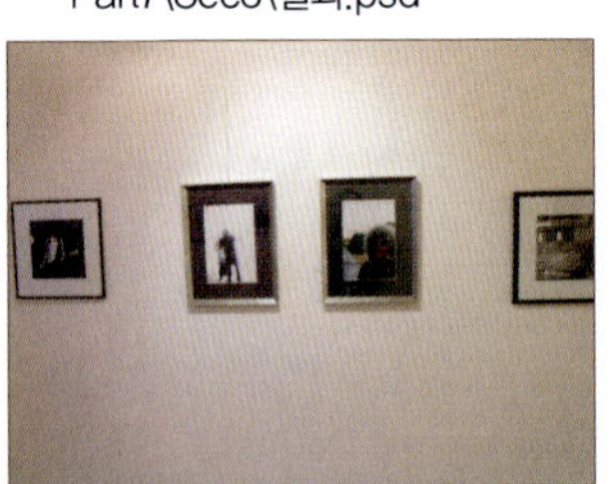

Part7\Sec3\원본.psd
Part7\Sec3\결과.psd

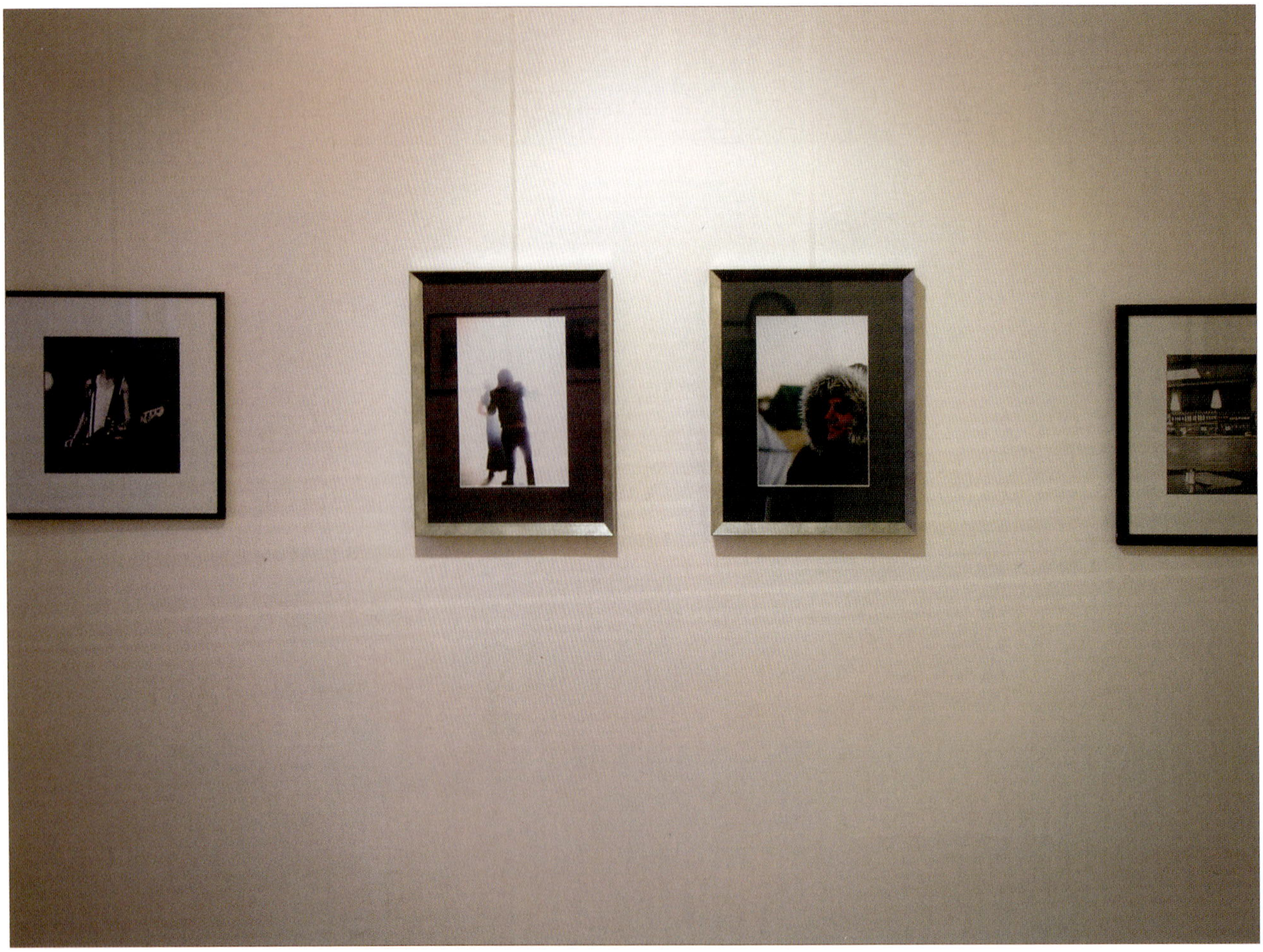

주요 사용 기능 Lens Correction 필터 **난이도** ★★★

소스 s2art by sa http://flickr.com/photos/s2art/151824546/

STEP 1 Lens Correction 필터 사용하기
Photoshop Design

이 예제는 이미지의 왜곡을 바로잡는 과정과 비네팅 효과를 의도적으로 적용하는 과정으로 구성되어 있습니
다. 이 중 첫 번째 단계는 여러 가지 옵션을 활용해 이미지의 왜곡된 상태를 바로잡는 과정입니다.

01 Ctrl+O를 눌러 예제 파일(원본.psd)을 엽니다. 파일이 열리면 Ctrl+J를 눌러 '원본' ● Part7\Sec3\원본.psd
레이어를 복제합니다.

02 Filter 〉 Distort 〉 Lens Correction을 선택하면 [Lens Correction] 대화상자가 나타납니다. 먼저,
기본 기울기를 조정하기 위해 A를 눌러 Straighten 툴(▲)을 선택합니다. 가운데 위치한 액자
의 왼쪽선 각도에 맞춰 위에서 아래로 드래그합니다. 이때 드래그하는 길이가 길수록 정교한 결과가 나
타납니다.

01

02
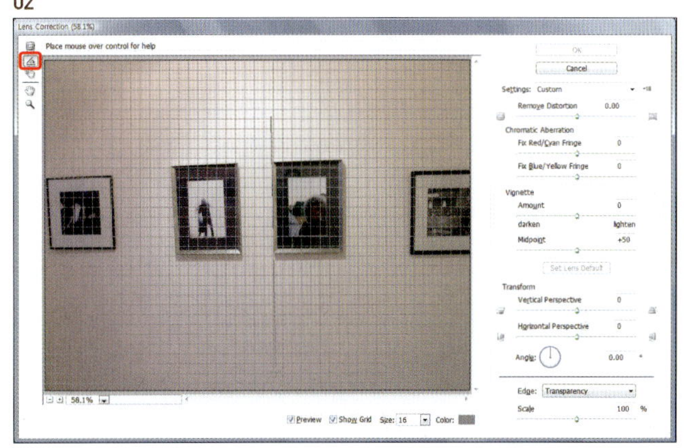

03 화면 전체의 기울기(Angle)가 자동으로 조정됩니다. 기울기 조정이 쉽지 않을 경우, '358.90' 도
를 직접 입력합니다. 이것은 '-1.1' 도를 입력하는 것과 같은 결과입니다.

04 다음 단계로 Vertical Perspective(수직방향 투시)를 맞춥니다. 단번에 조정하기는 어렵지만,
모든 액자의 수직 기울기가 평균적으로 일정해 보이도록 만드는 것이 중요합니다. 수치 +12를
입력합니다.

03
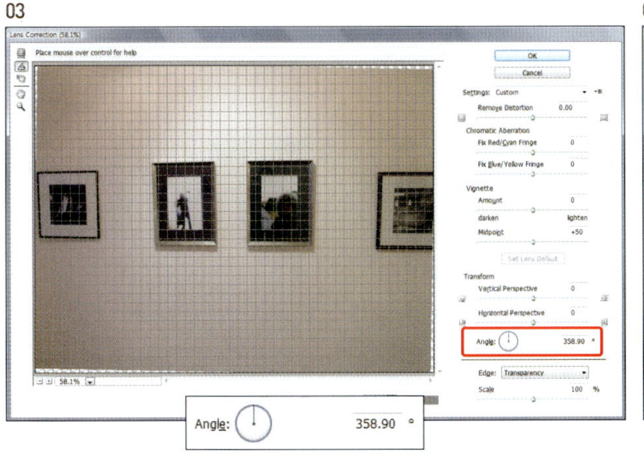

04
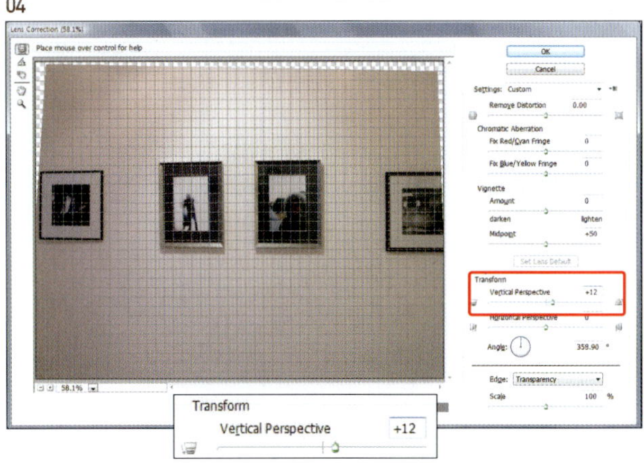

05 이번엔 Horizontal Perspective(수평방향 투시)를 맞춰야 합니다. 수치를 '+16'으로 입력합니다.

06 Remove Distortion(왜곡 제거) 슬라이더를 수치 '+7' 정도로 드래그해서 왜곡 부위를 바로 잡습니다.

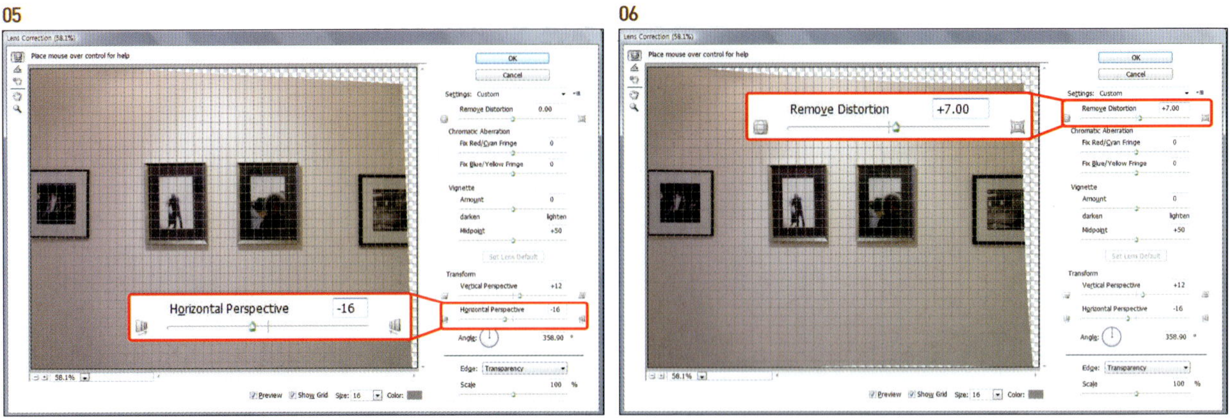

Barrel Distortion과 Pin Cushion Distortion

이미지가 볼록하고 주변부로 갈수록 휘어 보이는 현상을 Barrel Distortion이라고 하는데, 이것은 광각렌즈를 사용할 때 주로 나타나는 현상입니다. 반대로 이미지가 오목하게 휘어 보이는 현상을 Pin Cushion Distortion이라고 하는데 이것은 망원렌즈를 사용할 때 나타납니다. 'Barrel'은 술이나 기름을 담는 커다랗고 볼록한 통 모양을 뜻하고, Pin Cushion은 바늘집처럼 오목한 모양을 뜻합니다. 왜곡 상태에 따라 Barrel Distortion일 경우 높은 수치를, Pin Cushion Distortion일 경우 낮은 수치를 적용하면 됩니다.

07 이제 마지막으로 [Edge] 항목에서 [Edge Extension]을 선택해 이미지 가장자리의 비어 있는 공간을 채웁니다. 모든 옵션 지정을 마쳤으므로 [OK] 버튼을 클릭해 대화상자를 빠져 나옵니다.

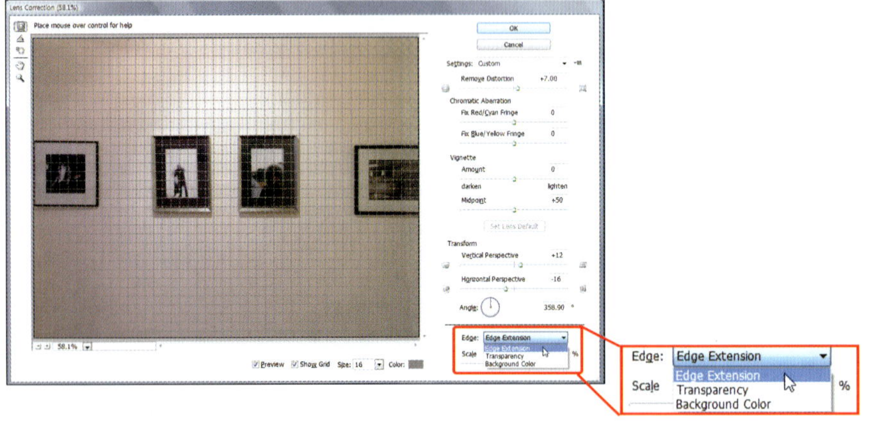

Lens Correction 적용값 저장하기

[Lens Correction] 대화상자에서 입력된 수치는 Save Setting 명령으로 저장해두면 나중에 다시 불러들여 사용할 수 있습니다. 특히 이미지를 동일화각 연속 촬영한 경우라면, 유사한 왜곡을 수정하는 데 있어 약간의 수치만 조절하면 되므로 상당히 편리합니다.

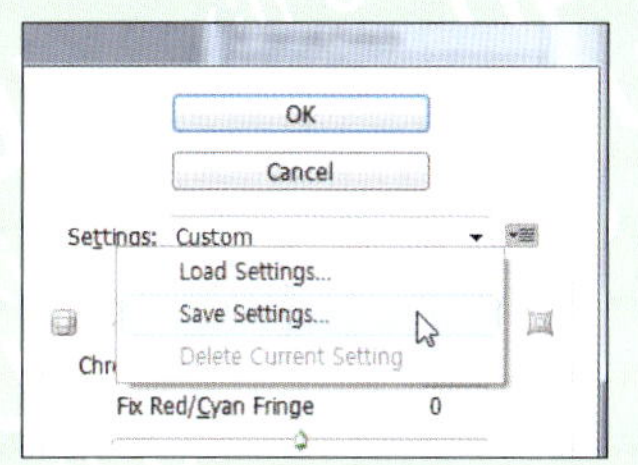

08 효과가 적용된 레이어의 이름을 '수정 후'로 바꿉니다. 이미지의 가장자리를 보면 약간 어색한 부분이 있습니다. 이 곳은 불필요한 부분이므로 선택하여 트리밍해야 합니다. Rectangular Marquee 툴(□)을 선택하고 필요한 부분만 드래그합니다.

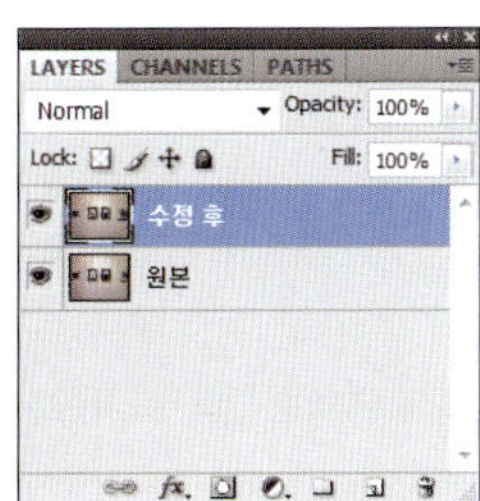

09 Image 〉 Crop을 선택해 트리밍 합니다. Ctrl+D를 눌러 선택을 해제합니다.

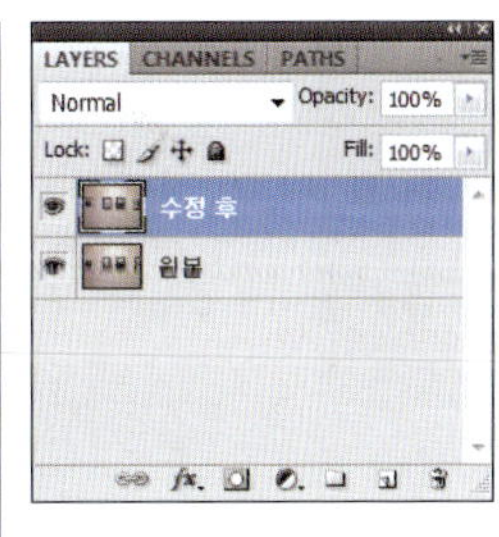

화면 왜곡 현상을 모두 바로잡았으므로 이제 비네팅 효과를 적용하도록 하겠습니다.

01 새로운 레이어를 만들고 레이어 전체를 흰색으로 채웁니다. 그리고 블렌딩 모드는 'Multiply' 로 미리 바꿉니다.

02 다시 Filter 〉 Distort 〉 Lens Correction을 선택해 대화상자로 들어갑니다. Vignette 항목에서 옵션을 그림과 같이 적용한 후, [OK] 버튼을 클릭합니다.

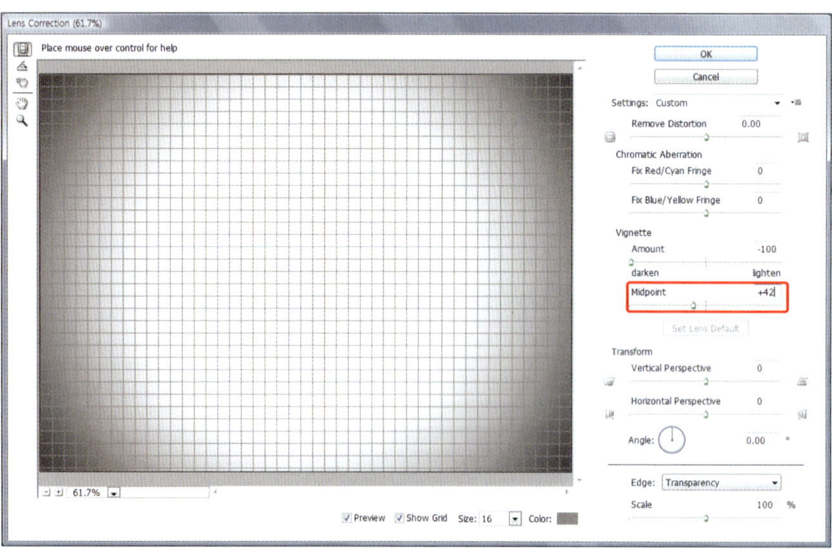

03 효과가 적용된 레이어의 이름을 '비네팅' 으로 바꾸고, 레이어의 Opacity를 '45%' 로 바꿉니다.

04 모두 완성되었습니다.

구겨진 이미지를 이용해
포장지 느낌 내기

이 예제는 알루미늄 호일을 소스로 삼아 초콜릿 포장지 질감을 만드는 작업입니다. 이 과정에서 패턴을 만들고 사용하는 법과 Displace 필터를 사용하는 법이 소개됩니다. Displace 필터는 다른 필터들에 비해 적용이 복잡해 보이지만, 소스(Displacement Map)만 잘 준비해둔다면 실제로는 그다지 까다롭지 않습니다. 소스는 예제와 비슷한 크기로 미리 맞춰 놓는 것이 좋습니다. 이 예제에서 눈여겨 볼 점은 소스의 활용도입니다. 소스는 그 자체가 작업 파일이 아니고, 작업 파일에 보조적인 역할만 한다는 점을 유의합니다.

Part7\Sec4\소스.psd
Part7\Sec4\결과.psd

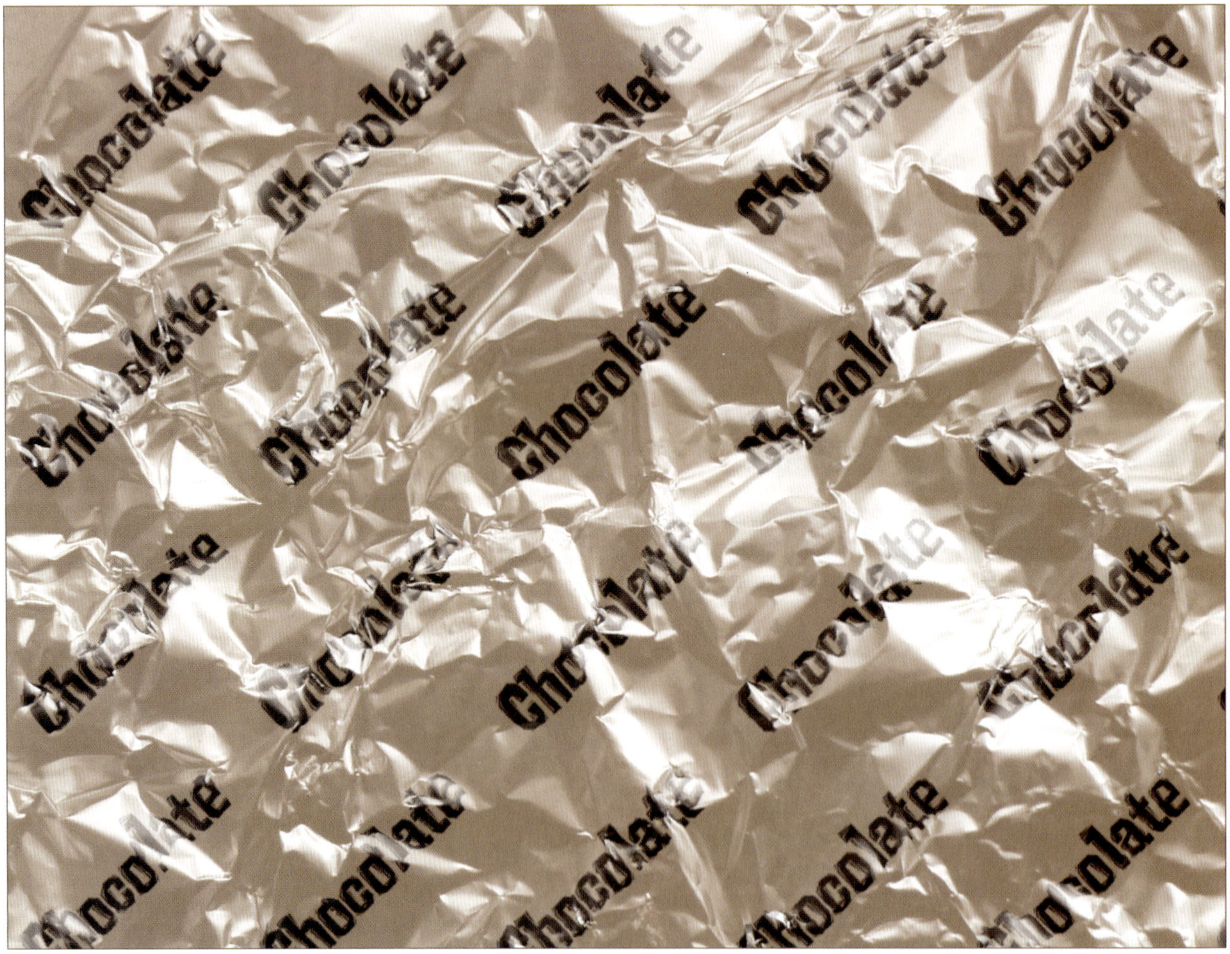

주요 사용 기능 Define Pattern 기능, Fill 기능, Displace 필터, Curves 조정 레이어　난이도 ★★★★
소스 halfofone by sa http://flickr.com/photos/h1/1737880068/

STEP 1 포장지에 사용될 글자 만들기
Photoshop Design

이 예제는 크게 포장지를 만드는 과정과 만들어진 포장지에 구겨진 느낌을 적용하는 과정으로 나눌 수 있습니다. 이 중 첫 번째 단계는 포장지에 사용될 기본 글자를 만드는 작업입니다.

01 Ctrl+O를 눌러 예제 파일(바탕.psd)을 엽니다. Horizontal Type 툴(T)을 선택하고 화면 가운데를 클릭해서 'Chocolate'이라고 입력합니다.

◉ Part7\Sec4\바탕.psd

02 Ctrl+A를 눌러 글자를 모두 선택한 후, 옵션을 다음과 같이 지정하고 Enter를 누릅니다.
서체 : Vademecum, 크기 : 48포인트, Color : #392b23, 중앙정렬

03 기본 서체지정이 끝났다면 Ctrl+T를 눌러 크기를 '50%'로 줄이고, 시계 반대 방향(△)으로 '-45' 회전한 후 Enter 를 누릅니다.

01

03
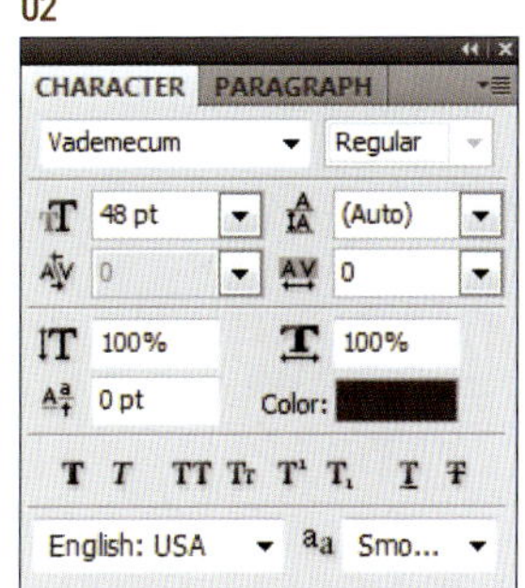
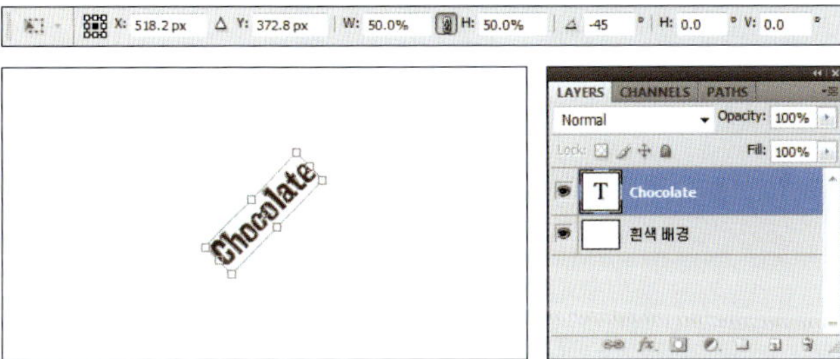

발랄하고 경쾌한 느낌의 'Vademecum'체

이 예제에서 사용된 서체는 'Vademecum' 입니다. 'Vademecum' 이란 '항상 휴대하는 물건', '편람' 이라는 뜻입니다.
License : Freeware, 종류: TrueType(.ttf)

http://www.fonts4free.net/vademecum-font.html
기타 폰트 : http://www.larabiefonts.com▶

만들어진 글자를 이용해 포장지를 만들려면 글자를 패턴 형태로 지정해야 합니다. 이번 단계에서는 패턴을 등록하고 적용하는 과정에 대해 설명하고 있습니다.

01 Rectangular Marquee 툴(▢)을 선택하고, 글자 주변에 약간의 여유를 둔 상태로 드래그합니다. 선택이 생기면 Edit 〉 Define Pattern을 선택합니다.

02 [Pattern Name] 대화상자가 나타나면 'Chocolate' 이라고 입력하고 [OK] 버튼을 클릭합니다. 패턴이 등록됩니다.

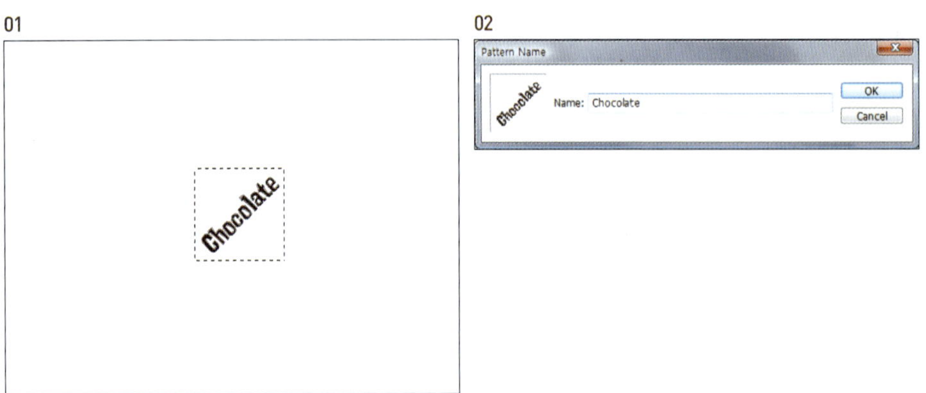

03 패턴 등록을 모두 마쳤으므로 이제 이미지 전체에 패턴을 적용할 차례입니다. Ctrl + D를 눌러 선택을 해제하고, 새로운 레이어를 하나 만듭니다.

04 Edit 〉 Fill(Shift + Back Space)을 선택합니다. [Fill] 대화상자가 나타나면, Use 항목에서 [Pattern]을 지정하고, 사용하고자 하는 패턴을 지정한 후, [OK] 버튼을 클릭합니다.

TiP 'Preserve Transparency' 는 투명도에 따라 효과가 적용되는 옵션입니다. 체크되어 있을 경우, 효과가 나타나지 않을 수도 있으므로 주의합니다.

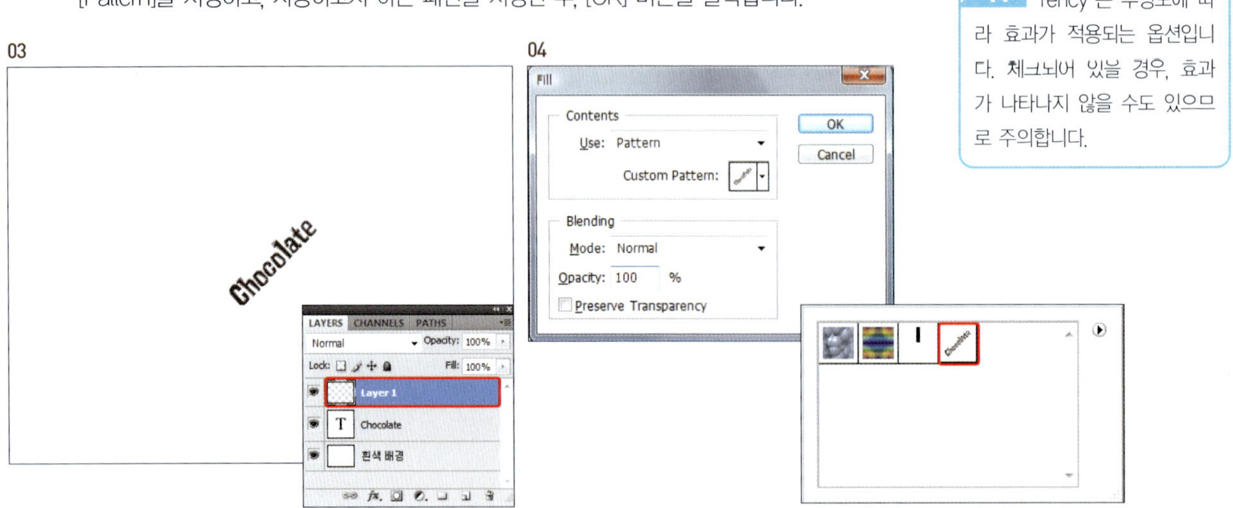

05 패턴이 적용됩니다. 레이어의 이름을 '패턴'으로 바꿉니다.

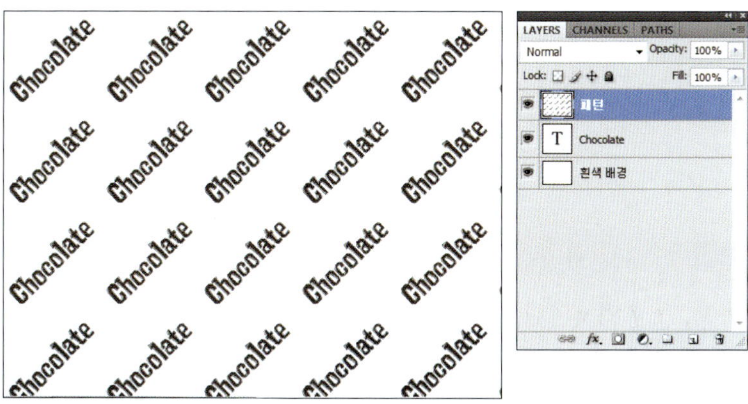

STEP 3 ## Displace 필터 적용하기
Photoshop Design

이번 단계는 패턴이 적용된 포장지에 Displace 필터를 적용하는 과정입니다.

01 Ctrl + J를 눌러 '패턴' 레이어를 복제하고, Filter > Distort > Displace를 선택합니다. [Displace] 대화상자가 나타나면 다음과 같이 옵션을 지정합니다.

Horizontal Scale : 2, Vertical Scale : 6, Displacement Map : Stretch To Fit, Undefined Areas : Repeat Edge Pixels

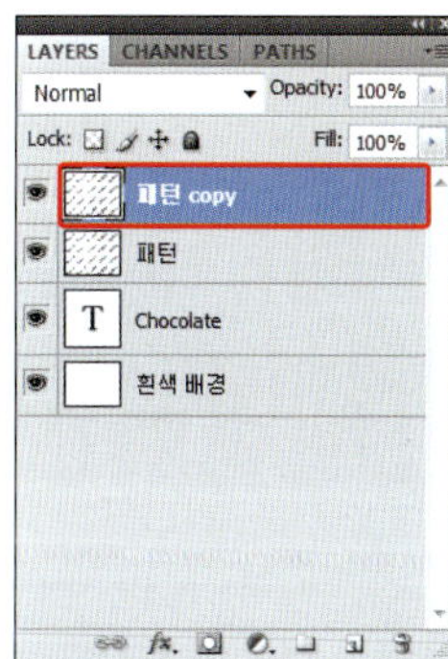
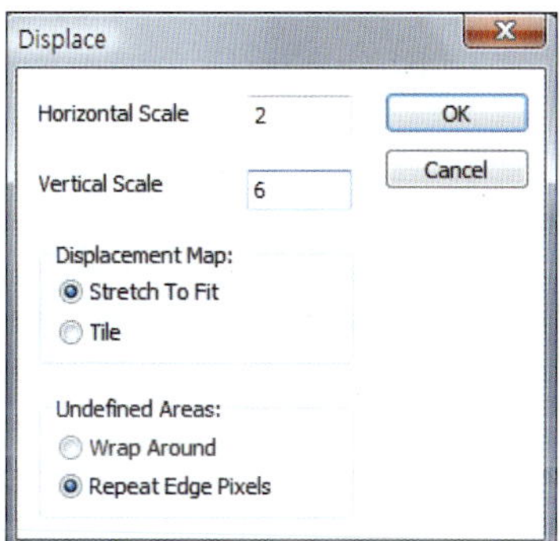

Displace 옵션

[Horizontal Scale]은 가로방향에 적용되는 굴곡의 수치를, [Vertical Scale]은 세로방향에 적용되는 굴곡의 수치를 나타냅니다. 두 수치는 비슷하게 지정하는 것이 무난하며, 수치가 커질수록 굴곡 또한 커지게 됩니다. 소스와 작업 파일의 크기가 비슷하거나 소스의 굴곡을 화면 전체에 적용하려면 'Stretch To Fit(늘려서 맞추기)' 방식을 지정하고, 소스가 작업 파일보다 작거나 패턴 방식으로 적용하려면 'Tile(타일)' 방식을 지정하는 것이 좋습니다.

02 [Displacement Map]을 선택하라는 대화상자가 나타나면, 예제 파일(소스.psd)을 찾아 지정합   ● Part7\Sec4\소스.psd
   니다.

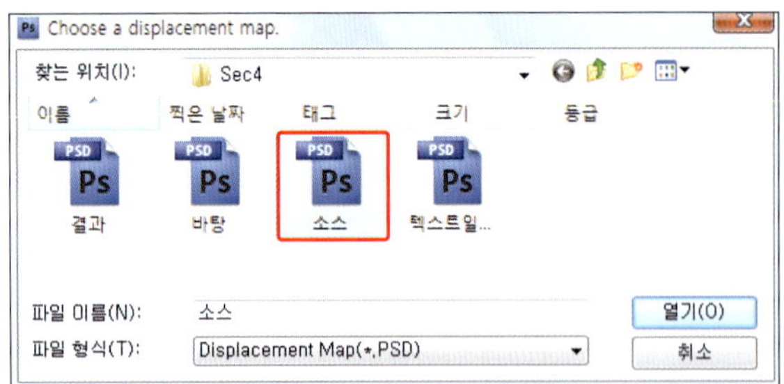

03 필터가 적용되고 나면 'Chocolate' 글자에
   질감 소스의 명암이 굴곡으로 반영되어 나타
납니다. 하지만 아직 명암을 입히지 않은 상태이므로
입체감은 잘 드러나지 않습니다. 레이어의 이름을
'Displace 2 6'으로 바꿉니다.

STEP 4   구겨진 질감 표현하기

Photoshop Design

이번 단계에서는 포장지의 기본 색상과 명암을 채워 넣도록 하겠습니다. 이 과정에서 [Curves] 조정 레이어의
마스크를 이용해 명암 상태를 정해주는 작업이 나오는데 이 부분이 가장 중요한 과정입니다.

01 새로운 레이어를 만들고 밝은 갈색(#b9a28d)으로 전체를
   채웁니다. 그리고 블렌딩 모드는 'Multiply'로 바꿉니다.
이 레이어는 초콜릿 포장지의 바탕색이 됩니다. 필요할 경우 다른
색상을 지정해도 좋습니다.

02 [Curves] 조정 레이어를 추가하고, 그림과 같은 형태로 만듭니다.

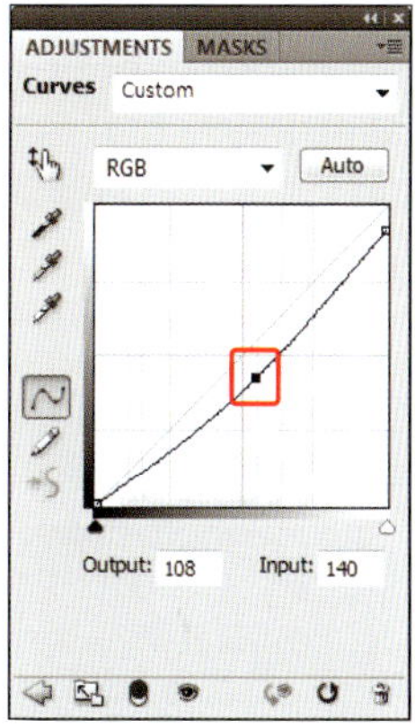

03 [Curves] 조정 레이어의 이름을 '어두운 영역' 으로 정하고, 블렌딩 모드를 'Multiply' 로 바꿉니다.

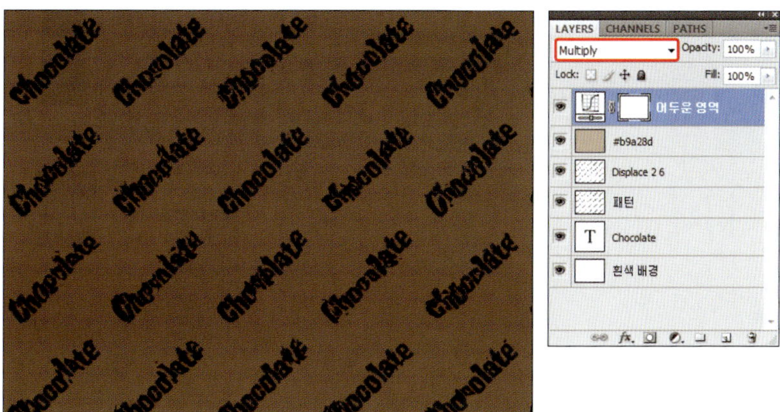

04 이제 [Displacement Map]으로 사용되었던 소스(소스.psd)를 엽니다. 파일이 열리면 Ctrl +A 를 눌러 전체 선택한 후, Ctrl + C 를 눌러 복사해둡니다.

● Part7\Sec4\소스.psd

05 작업 파일(바탕.psd)로 되돌아옵니다. [Alt]를 누른 채로 '어두운 영역' 레이어의 마스크를 클릭해서 들어갑니다. 그리고 [Ctrl]+[V]를 눌러 이미지를 붙이고, [Ctrl]+[I]를 눌러 이미지를 반전합니다.

06 [Ctrl]+[2]를 눌러 레이어 마스크를 빠져 나온 후, [Ctrl]+[D]를 눌러 선택해제 합니다. 비로소 조정 레이어에 어두운 명암이 생깁니다.

07 비슷한 원리를 이용해 이번엔 밝은 명암을 만들어 보겠습니다. [Curves] 조정 레이어를 하나 더 만들어 그림과 같은 형태로 만듭니다.

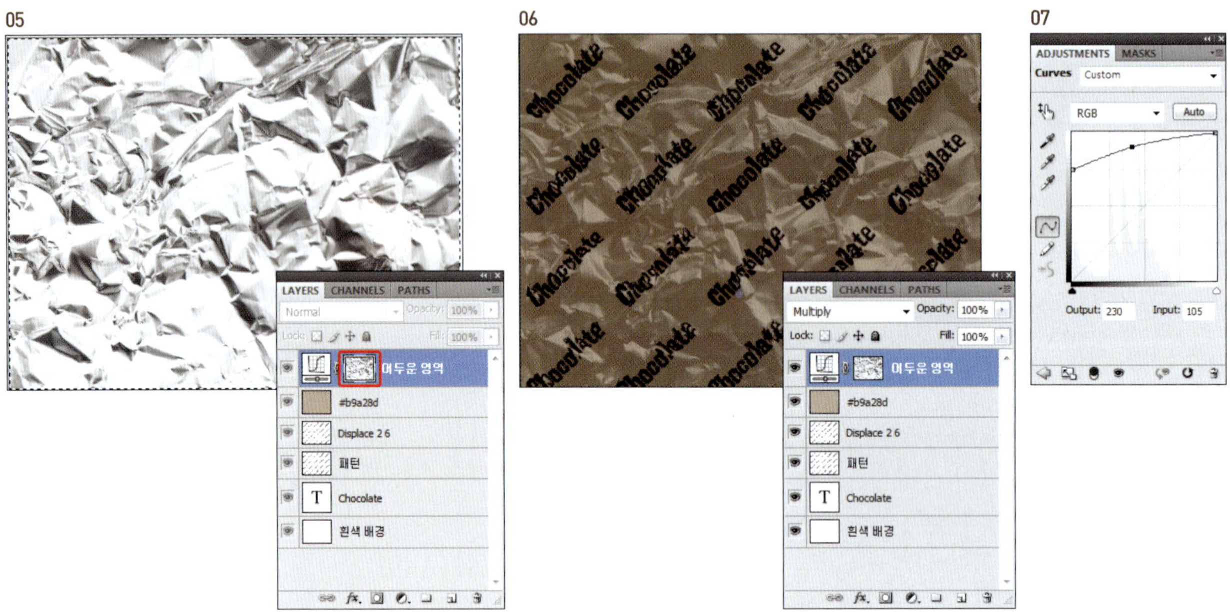

08 [Curves] 조정 레이어의 이름을 '밝은 영역' 이라고 정하고, 블렌딩 모드를 'Screen' 으로 바꿉니다.

09 [Alt]를 누른 채로 '밝은 영역' 레이어의 마스크를 클릭한 다음, [Ctrl]+[V]를 눌러 복사해둔 이미지를 붙입니다.

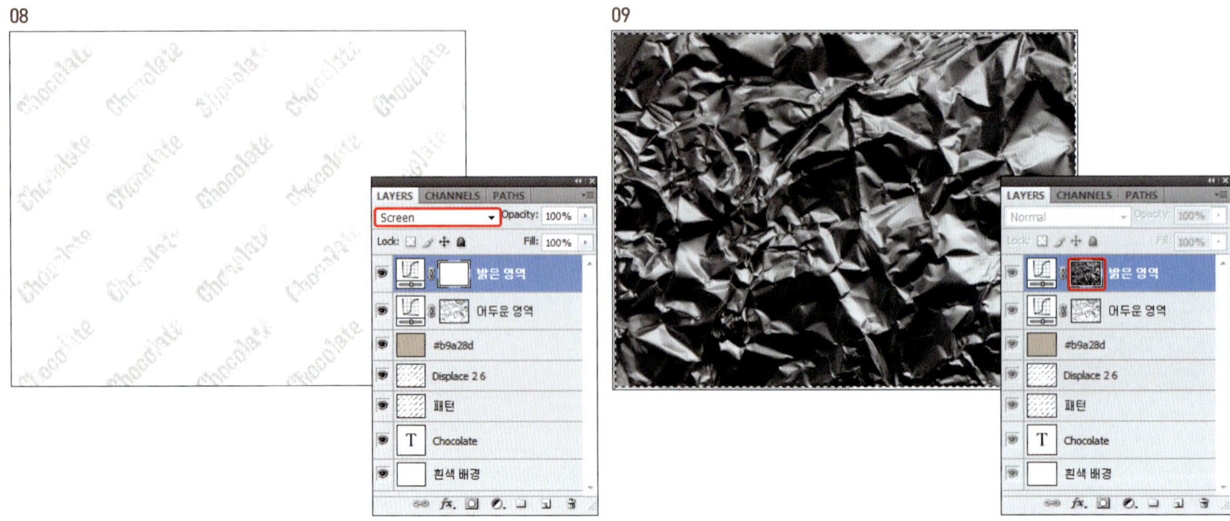

STEP 5 마무리 작업하기

이제 작업이 거의 완성되었습니다. 마지막 단계에서는 레이어의 Opacity 강약 조절을 통해 자연스러운 톤이
되도록 정리합니다.

01 `Ctrl`+`2`를 눌러 레이어 마스크를 빠져 나온 후, `Ctrl`+`D`를 눌러 선택해제 합니다. 이제
조정 레이어에 밝은 명암이 생깁니다.

02 포장지가 전체적으로 진해 보이므로 '#b9a28d' 레이어와 'displace 2 6' 레이어의 Opacity를
각각 '80%'로 낮춥니다. '패턴' 레이어와 'Chocolate' 레이어는 끕니다.

03 모두 완성된 상태입니다. 각각의 레이어들이 맡은 역할을 잘 살펴보고, 그 색상이나 밝기 등을
조절하다 보면 응용력을 기를 수 있습니다.

01

02

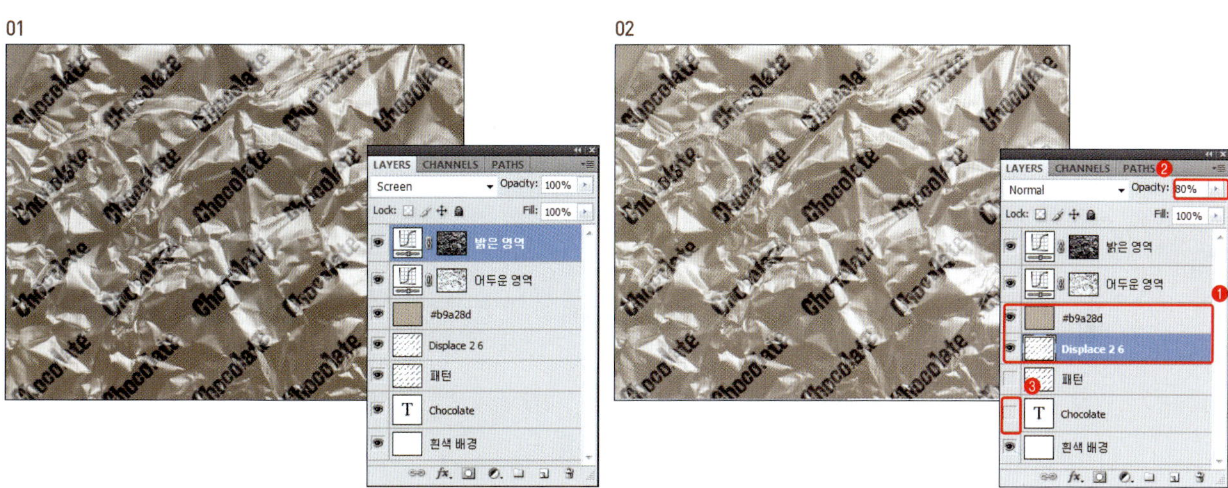

03

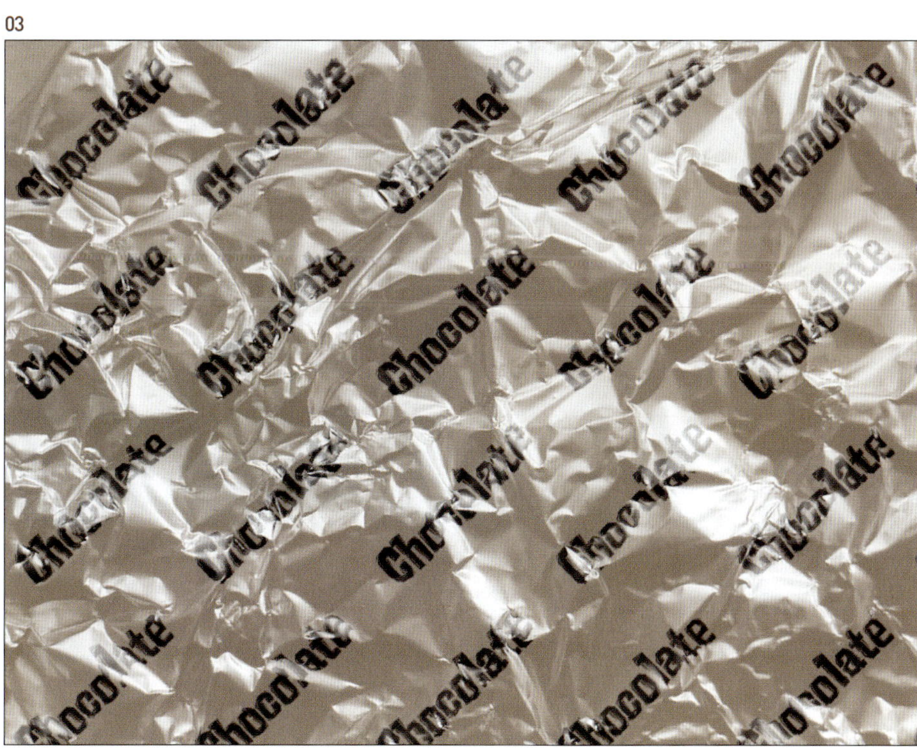

Liquify 필터로
추상적 이미지 표현하기

Liquify 필터는 사람의 얼굴을 보기 좋게 가다듬을 때나 왜곡된 사물의 특정 부위를 바로 잡을 때 와 같이 형태를 다듬는데 주로 사용됩니다. 하지만 이와 반대로 형태를 왜곡시킬 때도 활용할 수 있습니다. 이 필터에서 제공하는 여러 기능을 조합하다보면 이미지를 왜곡시켜 추상적인 형태로 만드는 것도 가능한데, 이 예제에서는 자라는 나무의 형태를 변형하여 재미있는 추상화를 만들어 보도록 하겠습니다.

Part7\Sec5\원본.psd
Part7\Sec5\결과.psd

주요 사용 기능 Liquify 필터, Mirror 툴, Reconstruct 툴, Mesh 기능, Reconstruct 기능 난이도 ★★★★

소스 The Wandering Angel by http://flickr.com/photos/wandering_angel/439162600/

STEP 1 Liquify 필터에서 Mirror툴 사용하기
Photoshop Design

이 이미지는 필리핀 타가이타이(Tagaitai) 지역에서 촬영된 야자수입니다. 사방으로 자유롭게 뻗은 야자수 잎
과 하늘색이 절묘한 조화를 이루는 이미지입니다. 이 예제의 첫 번째 단계는 [Liquify] 대화상자에서 [Mirror]
툴을 이용해 형태를 왜곡시키는 것입니다.

01 Ctrl + O 를 눌러 예제 파일(원본.psd)을 엽니다. 파일이 열리면 Ctrl + J 를 눌러 '원본'　●Part7\Sec5\원본.psd
레이어를 복제합니다.

02 Filter 〉 Liquify(Shift + Ctrl + X)를 선택합니다. [Liquify] 대화상자가 나타나면, M 을 눌러
Mirror 툴(　)을 선택합니다. 대화상자 오른쪽에 있는 [Tool Options] 항목에서 브러시 옵션들
을 다음과 같이 조정하고 그림을 참조하여 그립니다.

Brush Size : 180, Brush Density : 57, Brush Pressure : 55

01

02

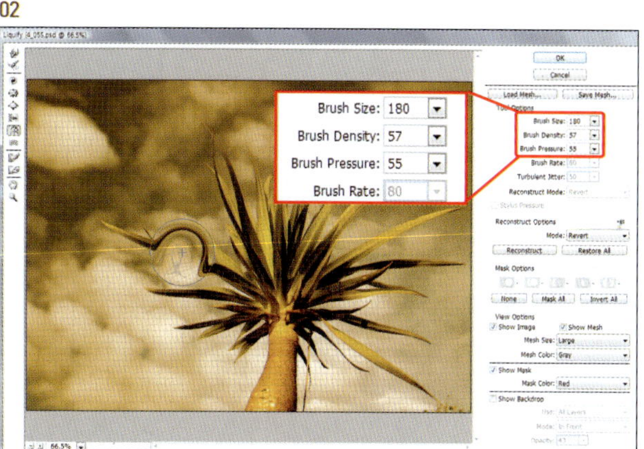

Mirror 툴 사용하기

Mirror 툴(　)은 브러시로 그린 부위를 반전시키며 효과를 내기 때문에 같은 형태로 따라 그린다는 것이 불가능하며 브러시 크기
에 따라서도 커다란 차이가 납니다. [키와] 키를 눌러 브러시의 크기를 바꿔가면서 그리고 마음에 드는 형태가 나올 때까지 가
볍게 드래그하며 그리는 것이 좋습니다. 때로는 다른 툴과 함께 사용해도 재밌는 결과를 얻을 수 있습니다. 또한 [Show Mesh] 옵
션을 켜두면 형태가 변화되는 범위를 파악할 수 있으므로 편리합니다.

원상태로 되돌리기

Mirror(　)툴은 마음대로 조절하기 어려운 툴이므로, 마음에 들지 않는 부분이 생길 때는 Ctrl + Z 나 Alt + Ctrl + Z 를
눌러 명령을 취소를 합니다. 또는 R 을 눌러 Reconstruct 툴(　)로 바꾼 후, 클릭하면 원상태에 가깝게 회복됩니다. 만약 이미지
전체를 원상태로 회복하고 싶다면 Alt 를 누른 채로 [Cancel] 버튼을 클릭해 리셋합니다.

03 특정 영역을 집중적으로 그리다 보면 구멍이 뚫리는 현상이 생길 수 있으므로 주의합니다. 이런 경우에는 Reconstruct 툴(✎)을 이용해 원상태로 되돌리면서 작업해야 합니다. 무엇보다 전체적으로 작업하는 것이 중요합니다.

04 [Show Mesh] 옵션을 끄고 이미지 상태를 확인하며 그립니다. 형태가 재미있게 나오지 않을 경우, 브러시 크기를 바꾸어 그리거나 다른 툴과 함께 섞어서 그립니다.

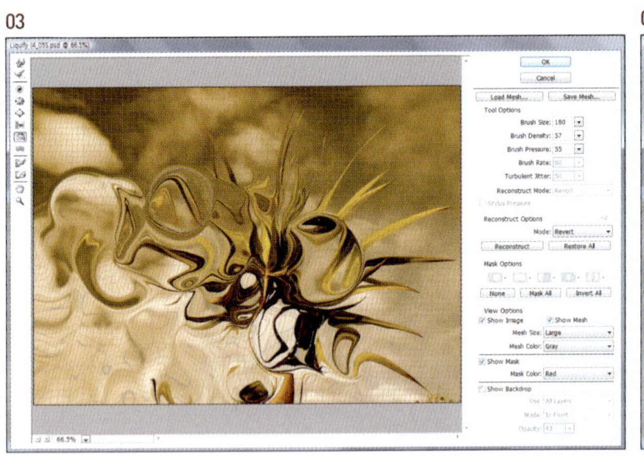

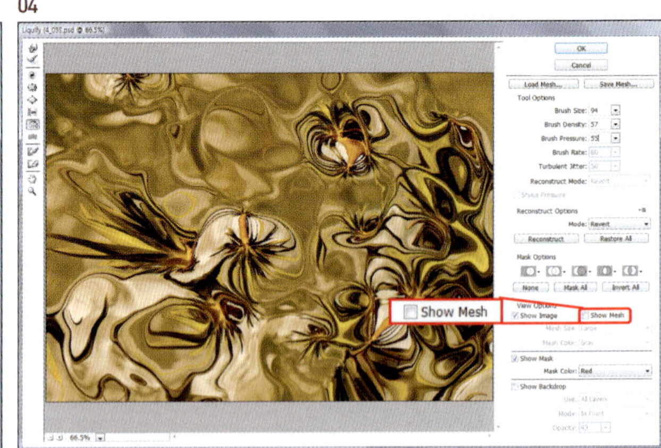

특정 영역을 원본 상태로 보존하는 법

특정 영역을 원본 상태로 보존한 채 작업하려면 Freeze Mask 툴(✎)을 이용하면 됩니다. Freeze Mask 툴을 선택하고 보존하기 원하는 영역을 칠해줍니다. 그런 다음, 변형 툴로 바꾸고 문지르면 마스킹 된 영역을 제외한 나머지 부분에만 효과가 적용되기 때문에 마스킹 된 영역은 어떤 툴에도 영향을 받지 않습니다.

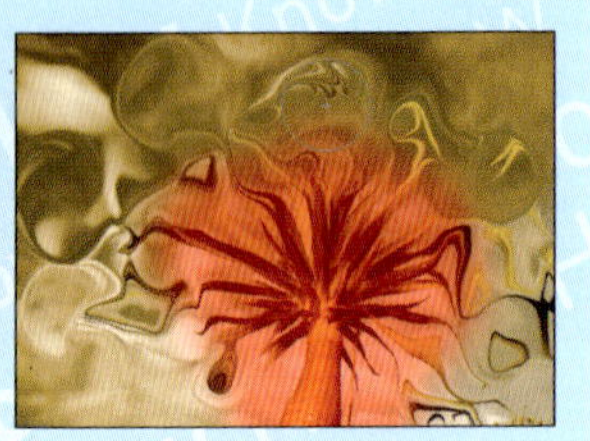

STEP 2　Mesh 파일 저장하기

이미지 변형 작업을 모두 마쳤다면 적용된 상태를 나중에 다시 사용할 수 있도록 [Mesh] 상태로 저장해 두는 것이 좋습니다.

01 [Liquify] 대화상자 오른쪽 위에 있는 [Save Mesh] 버튼을 클릭합니다.

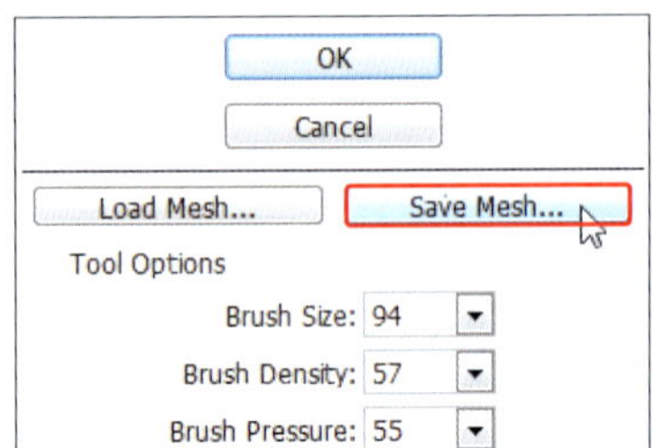

02 대화상자가 나타나면 저장하기 원하는 위치를 지정하고 파일이름을 'Mirror Tool' 이라고 입력한 후, [저장] 버튼을 클릭합니다.

03 [OK] 버튼을 눌러서 [Liquify] 대화상자를 빠져나옵니다. 이미지에 효과가 적용된 것을 확인한 후, 레이어의 이름을 'Liquify' 로 바꿉니다.

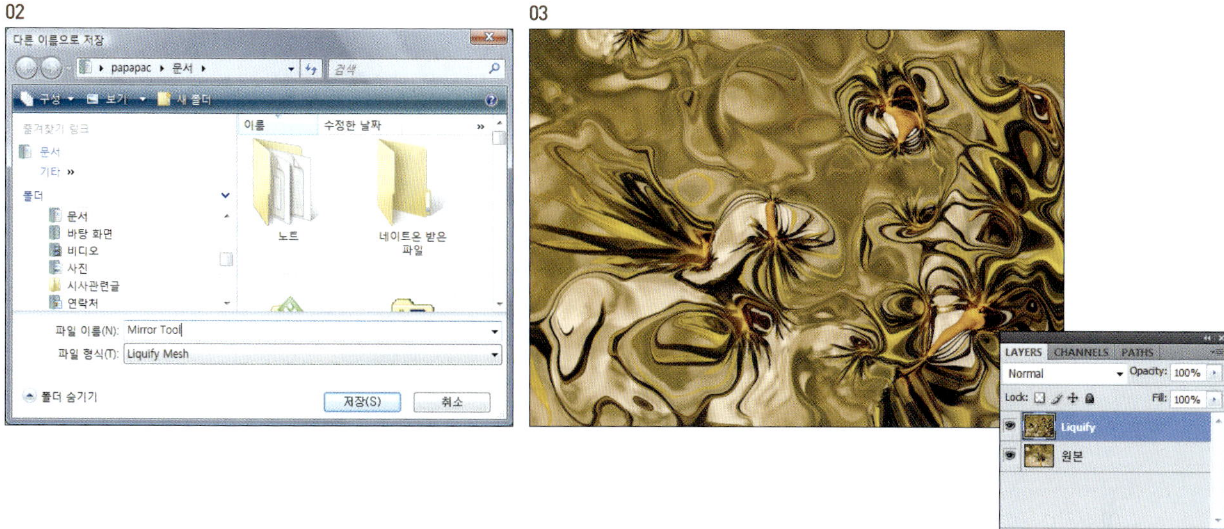

02

03

STEP 3 ## Mesh 파일 불러오기

Photoshop Design

이번엔 전 단계에서 저장된 Mesh 파일을 불러오는 작업입니다.

01 '원본' 레이어를 클릭하고 Ctrl + J 를 눌러 복제한 후, 맨 위쪽으로 옮깁니다.

02 다시 Filter 〉 Liquify(Shift + Ctrl + X)를 선택합니다. [Liquify] 대화상자가 나타나면 [Load Mesh] 버튼을 클릭합니다.

01

02

$\underset{\text{03}}{}$ [열기] 대화상자가 나타나면 저장해두었던 위치에서 파일(Mirror Tool.msh)을 선택하고 [열기] 버튼을 클릭합니다.

Part7\Sec5\Mirror tool.msh

$\underset{\text{04}}{}$ [Save Mesh]로 저장되었던 상태 그대로가 불러들여집니다. 이렇게 [Mesh] 파일을 불러오는 이유는 변형된 이미지를 다시 불러온 뒤 독특한 형태로 복구하기 위해서입니다.

03

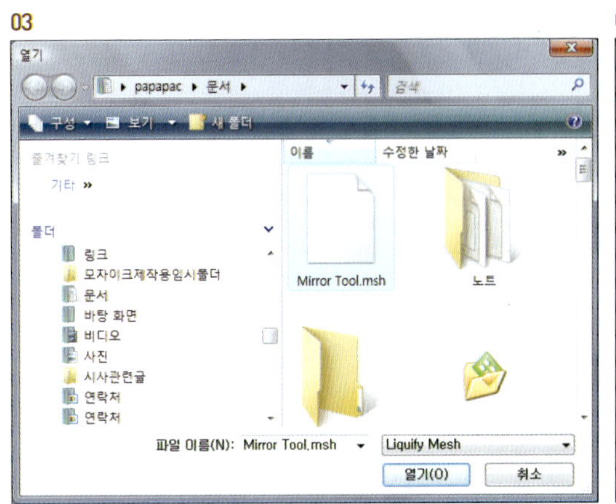

04

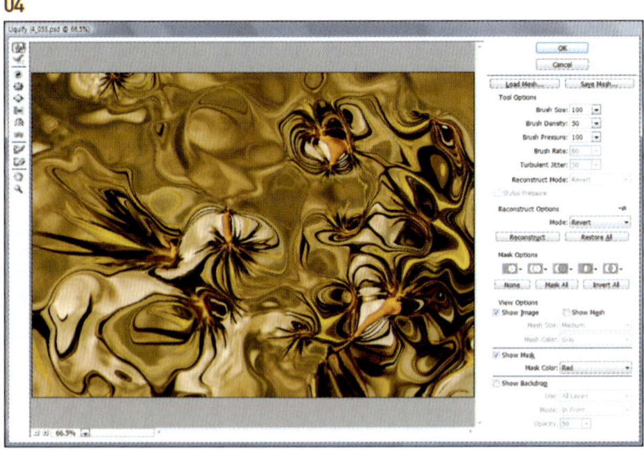

STEP 4 ## Reconstruct 기능 적용하기

Photoshop Design

'Reconstruct'는 각기 다른 특성을 가지고 있으므로, 필요한 목적에 맞게 선택적으로 사용하는 것이 좋습니다.

$\underset{\text{01}}{}$ [Reconstruct Options]를 이용하면 작업된 내용을 원본 상태로 복구할 수 있습니다. 5가지 옵션들 중에서 [Stiff]를 선택합니다.

$\underset{\text{02}}{}$ [Stiff Reconstruction] 대화상자가 나타나면 Amount(수치) '20'을 입력하고 [OK] 버튼을 클릭한 후, 다시 한번 [OK] 버튼을 클릭하여 [Liquify] 작업을 마칩니다.

Tip [Reconstruct] 기능들은 미리보기가 지원되며 슬라이더를 좌우로 드래그하는 방식으로 강약 조절을 할 수 있으므로 편리합니다.

01

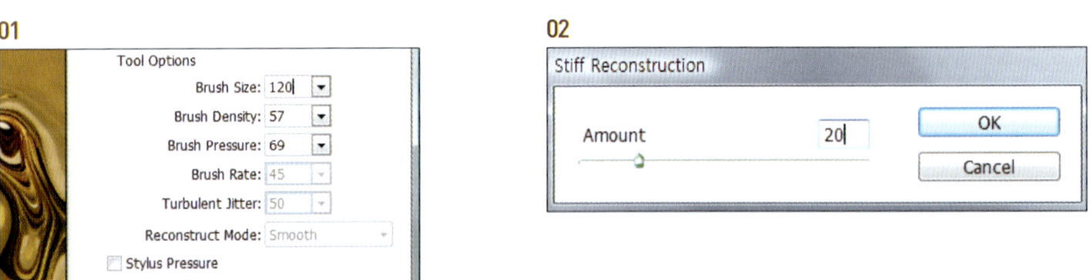

02

Reconstruct Options의 종류

[Reconstruct Options]에는 각기 다른 특성을 가지고 있으므로, 필요한 목적에 맞게 선택적으로 사용하는 것이 좋습니다. 'Reconstruct'는 '재건하다', '복구하다'라는 뜻이며, Reconstruct Option에서 이미지를 복구하는 방식은 총 5가지가 있습니다.

▲ [Reconstruct Options] 사용 전

- **Revert** : 변형된 상태의 디테일을 살리지 않고 전체적인 범위를 일반적인 방법으로 복구하는 방식입니다.
- **Rigid** : Rigid는 단단하거나 딱딱하다는 뜻을 가지고 있습니다. 5가지 방식 중 디테일이 가장 떨어지며 융통성이 없는 방식입니다.
- **Stiff** : 변형된 상태를 원본상태로 복구할 때, 마치 자석이 끌어 당기는 것처럼 완만하게 연결해서 복구하는 방식입니다.
- **Smooth** : 변형된 상태의 디테일이 가장 잘 유지된 채로 부드럽게 복구하는 방식입니다.
- **Loose** : Smooth 효과와 가장 유사한 방식이며 변형된 상태와 복구된 상태가 좀더 자연스럽게 연결되는 방식입니다.

▲ Revert 50%

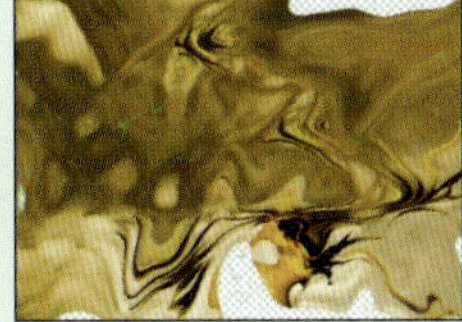
▲ Rigid 50%

▲ Stiff 50%

▲ Smooth 50%

▲ Loose 50%

03 [Reconstruct] 효과가 적용된 결과가 나타납니다. 레이어의 이름을 'Reconstruct Stiff 20'으로 바꾸고, 블렌딩 모드를 'Luminosity'로 바꿉니다

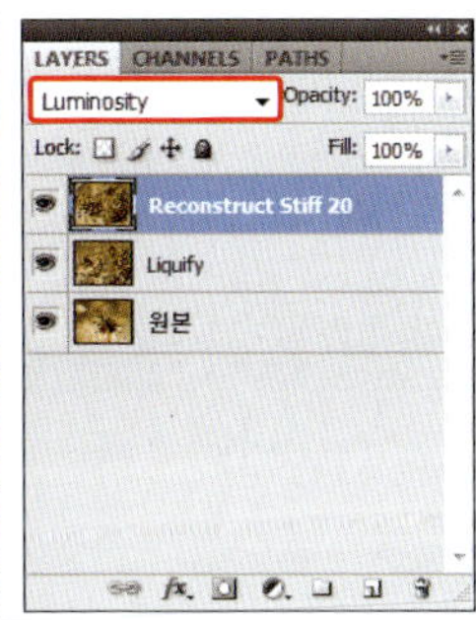

04 [Curves] 조정 레이어를 만들고 Curve 모양을 그림과 같이 바꿉니다. 이미지가 반전됩니다. 이 것은 조정 레이어를 사용하지 않았을 때 ⌜Ctrl⌟+⌜I⌟를 눌러 이미지를 반전시킨 것과 동일한 결과입니다.

05 이미지에 깊이감이 없어 보이므로 [Curves] 조정 레이어를 새로 추가하고, Green 채널과 Blue 채널을 그림과 같은 상태로 조정합니다.

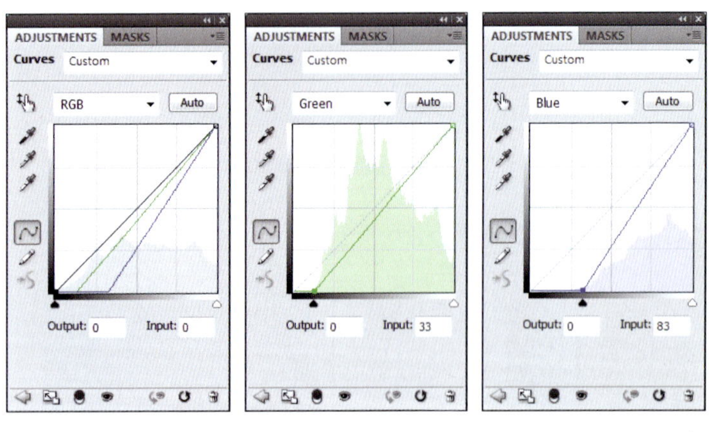

▲ (RGB Output: 0, Input: 0)　　▲ (Green Output: 0, Input: 33)　　▲ (Blue Output: 0, Input: 83)

06 모두 완성된 상태입니다. 원본 이미지와는 전혀 다른 느낌의 추상적인 이미지가 만들어졌습니다.

PHOTOSHOP
DESIGN RECIPE

PART 08

페인팅
Painting

이 파트에서는 기존 이미지에 회화적인 느낌을 더하는 작업 위주로 소개합니다.
일반적으로 브러시를 이용해 그리는 방법 외에 Smudge 툴,
Pattern Stamp 툴, Dodge와 Burn 툴, History Brush 툴, Pen 툴 등을
다양한 방법을 통해 다루어 봅니다.

수채화 같은 이미지 만들기

이 예제는 실제 페인팅이라기보다는 필터를 적용해 그림을 그린듯한 효과를 주는 예제입니다. 우선 회화적인 느낌에 어울리도록 전체 색상톤을 조절한 후, 나중에 필터를 사용하는 것이 좋습니다. Filter Gallery 필터를 이용하면 회화적인 느낌을 내는 다양한 필터를 하나의 대화상자에서 동시에 사용할 수 있으므로 편리합니다. 필터 적용시 입력된 수치 또는 이미지의 크기에 따라 붓터치의 느낌은 크게 달라질 수 있으므로 해상도에 따라 적절한 수치를 입력하는 것이 중요합니다.

Part8\Sec1\원본.psd
Part8\Sec1\결과.psd

주요 사용 기능 Average 필터, Curves 조정 레이어, Dry brush 필터, Sponge 필터, Rough Pastels 필터　**난이도** ★★

소스 Southernpixel by http://www.flickr.com/photos/southernpixel/344694745/

STEP 1 이미지의 상태 살피고 Curve로 색상톤 조절하기
Photoshop Design

이 이미지는 전형적인 정물사진이므로 회화적인 분위기를 얻기에 안성맞춤입니다.

01 Ctrl + O 를 눌러 예제 파일(원본.psd)을 엽니다.

● Part8\Sec1\원본.psd

02 이미지에 분포된 색상의 평균값을 알아보기 위해 [Average] 필터를 적용합니다. Filter 〉 Blur 〉 Average 명령을 적용합니다. 관찰이 끝났다면 Ctrl + Z 를 눌러 원상태로 복귀합니다.

336
337

> **TiP** 이 명령은 별도의 대화상자 없이 단번에 적용되는데 [Histogram]을 살펴보는 것보다 직관적이기 때문에 편리합니다.

03 [Adjustments] 패널에서 [Curves] 버튼을 클릭해서 조정 레이어를 만듭니다. 먼저 Alt + 3 를 눌러 [Red] 채널을 선택하고 중간에 점을 추가한 후 아래쪽으로 옮깁니다. (Output : 121, Input : 62)

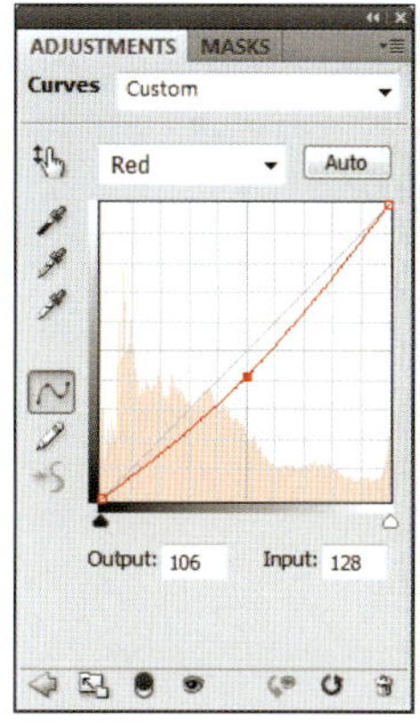

04 이번엔 [Alt]+[4]를 눌러 [Green] 채널을 선택하고 중간에 점을 추가한 후 위쪽으로 옮깁니다. Green 색상이 늘어나면서 붉은 색이 좀 더 줄어듭니다. (Green Output : 133, Input : 114)

05 이미지에 전체적으로 초록색이 늘어나면서 이미지 위쪽에 위치한 바구니에도 초록색이 늘어났습니다. 이것을 완화하기 위해서 브러시 툴을 이용해 레이어 마스크에 그리도록 하겠습니다. 레이어 마스크를 클릭한 다음 적당한 크기의 브러시를 이용해 바구니 부분을 칠합니다. 이때 브러시는 70% 회색에 해당하는 색상(#626366)을 지정합니다. 회색으로 칠한 부위는 효과가 약해지게 되므로 붉은색이 다시 살아나게 됩니다.

04

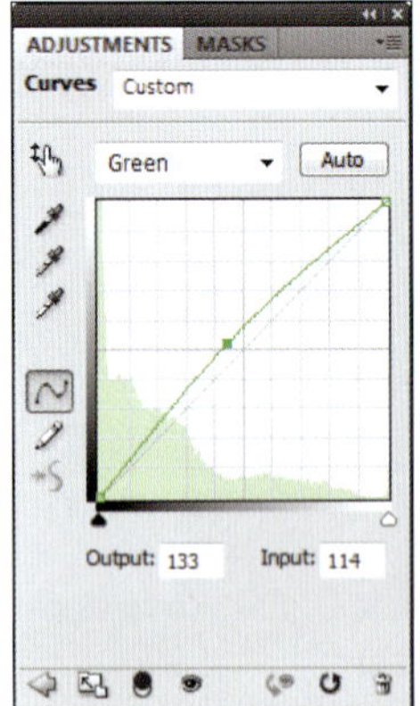

05

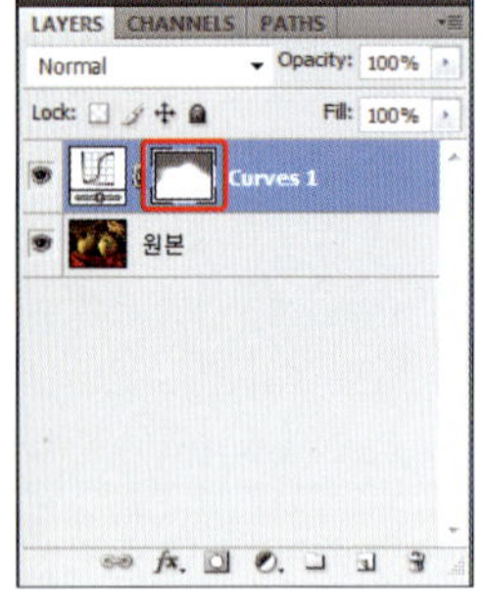

레이어 마스크의 효과 적용 원리

레이어 마스크에서는 효과 적용을 위해 명암을 사용하므로 컬러가 아닌 흑백 상태만 사용 가능합니다. 이러한 원리는 퀵마스크나 알파 채널에서도 마찬가지로 적용됩니다. 마스크에서 검은색은 효과가 가려지는 것을 의미하고, 흰색은 효과가 모두 적용되는 것을 의미하기 때문에 만약 50% 회색을 사용했다면 효과는 절반만 적용됩니다.

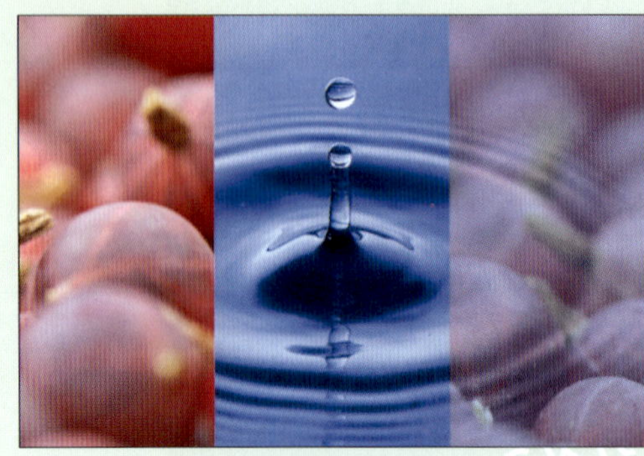
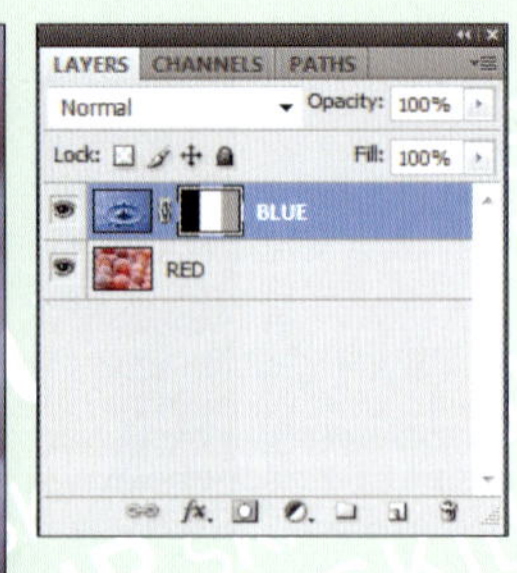

STEP 2   다양한 필터를 한꺼번에 적용하기
Photoshop Design

Filter Gallery의 장점은 여러 개의 필터를 하나의 대화상자에서 중첩적으로 적용할 수 있고, 효과의 미리보기가 가능하다는 점입니다. 이번 단계에서는 총 3개의 필터를 동시에 사용하도록 하겠습니다.

01 필터를 적용하려면 눈에 보이는 레이어들을 결합해야 합니다. Alt + Shift + Ctrl + E 를 눌러 레이어를 결합하고 레이어 이름을 '결합'으로 바꿉니다.

02 그런 다음, Ctrl + J 를 눌러 레이어를 복제합니다.

338
339

03 이제 Filter 〉 Artistic 〉 Dry Brush를 선택하고 대화상자가 나타나면 아래와 같이 수치를 입력합니다.

Brush Size : 0, Brush Detai l : 1, Texture : 2

04 그리고 대화상자 오른쪽 아래에 있는 'New Effect Layer'(📄)를 클릭한 후, [Sponge] 필터를 지정합니다.

Brush Size : 2, Brush Detail : 12, Smoothness : 2

04 한번 더 'New Effect Layer'를 클릭한 다음, 마지막으로 Rough Pastels 필터를 지정하고 [OK] 버튼을 클릭합니다. 필터 효과가 적용된 후, 레이어의 이름을 '필터 적용'으로 바꿉니다.

Stroke Length : 13, Stroke Detail : 4, Texture : Sandstone, Scaling : 120%, Relief : 22, Light : Bottom

필터 적용 요령

[Filter Gallery]에 속한 필터들은 저마다 개성 있는 효과들을 지니고 있지만, 하나의 필터만 사용했을 경우 깊이감이 없다는 단점이 있습니다. 따라서 2~3개의 필터를 섞어서 사용하면 이러한 문제점을 보완할 수 있습니다. 이때 해상도가 높을수록 Brush Size나 Sharpness 등 옵션 수치는 높게 적용해야 합니다.

05 필터 적용 후 어두워진 주변 부위를 밝게 하기 위해 Curves 조정레이어를 하나 만듭니다. 그리고 레이어의 블렌딩 모드를 'Screen'으로 바꾼 다음, 레이어 마스크를 검정색으로 채웁니다. 검정색은 효과를 가리는 역할을 하므로 마치 조정 레이어가 없는 것 같은 상태가 됩니다.

06 브러시의 색상은 흰색, Opacity는 '50%' 내외로 정하고 효과를 드러내기 원하는 부위에만 칠합니다. 칠한 부위에는 밝아지는 효과가 나타납니다.

07 모두 완성되었습니다. 해상도가 높은 이미지의 경우, 상대적으로 필터의 효과가 약화되므로 질감을 살리기 위해서라면 커다란 이미지는 작은 크기로 줄인 후 필터를 적용하는 것이 바람직합니다.

SECTION 2

불타는 이미지 만들기

Smudge는 '얼룩'이나 '짙은 연기'를 뜻하는 단어입니다. Smudge 툴은 문지르기 툴이라고도 하는데 이 툴을 이용하면 브러시와는 다른 느낌의 페인팅이 가능합니다. 이 예제에서는 Color Balance 조정 레이어를 미리 적용하고 글자를 문질러서 효과를 얻는 방식으로 작업을 진행합니다.

Part8\Sec2\원본.psd
Part8\Sec2\결과.psd

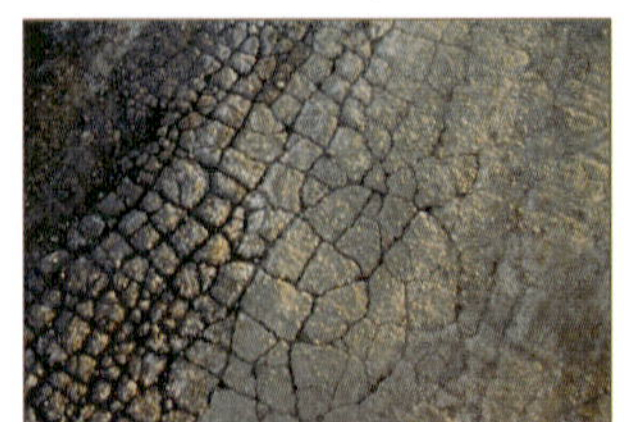

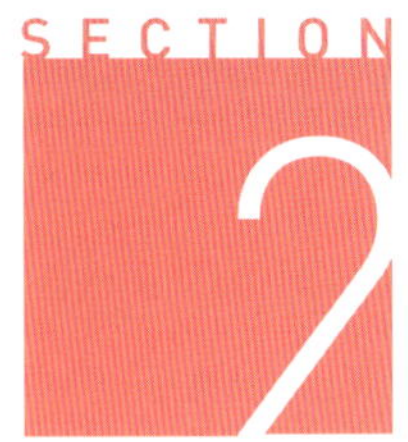

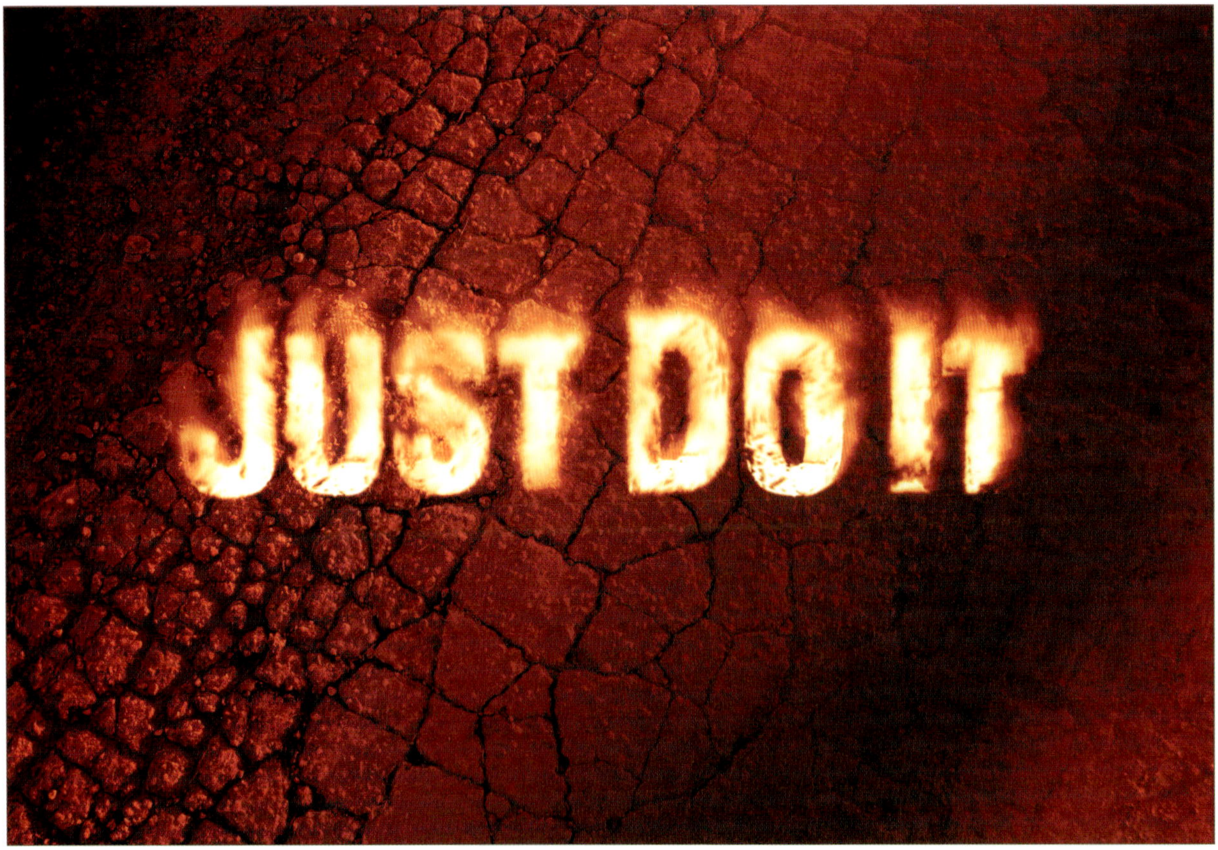

주요 사용 기능 Type 툴, Color Balance 조정 레이어, Smudge 툴, Gradient 툴 난이도 ★★★★

소스 Crinity by http://flickr.com/photos/thearchive/278692249/

STEP 1 이미지에 글자 입력하기
Photoshop Design

이 이미지는 '검정색 배경' 레이어와 'Texture' 레이어 2개로 구성되어 있습니다. 이 중 'Texture' 레이어는 바닷물에 의해 부식된 것으로 보이는 아스팔트의 질감이 기하학적 형태로 분할되어 있습니다. 이 단계는 글자를 입력하는 과정과 [Color Balance] 조정 레이어를 만드는 과정을 모두 포함하고 있습니다.

01 Ctrl + O 를 눌러 예제 파일(원본.psd)을 엽니다.

⊙ Part8\Sec2\원본.psd

02 Horizontal Type 툴(T)을 선택하고 화면 한가운데를 클릭해서 'Just Do It'이라고 입력합니다. 'Texture' 레이어는 나중에 사용할 계획이므로 잠시 꺼 놓습니다.

03 Ctrl + A 를 눌러 글자를 모두 선택한 후, 옵션을 아래와 같이 지정하고 Enter 를 누릅니다.
서체 : 28 Days Later, 크기 : 100포인트, Color : #ffffff, 중앙정렬

01

02

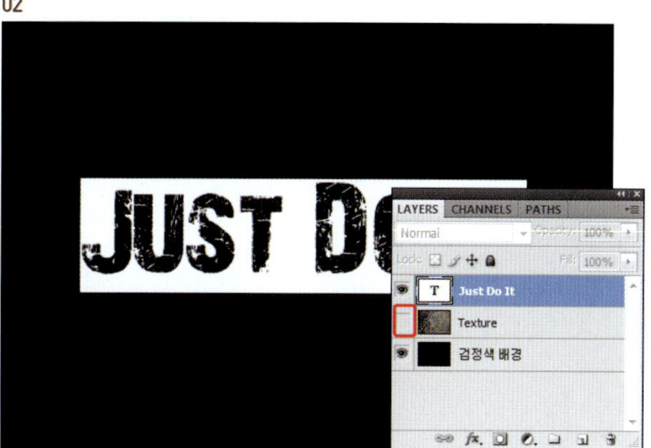

03

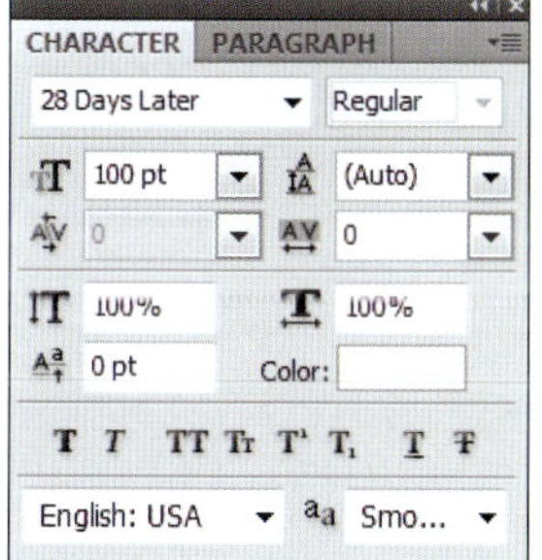

비정형적인 스크래치가 인상적인 '28 Days Later'체

이 예제에서 사용된 서체는 묵직하고 강렬하면서도 비정형적인 스크래치가 가미된 '28 Days Later'체입니다. 서체는 개인적으로 사용할 경우에 한해 무료(Free for personal use)입니다. License : Free for Personal Use, 종류 : TrueType(.ttf)

http://www.dafont.com/28-days-later.font?nb_ppp=50&psize=m ▶

04 글자를 자세히 살펴보면 단어와 단어 사이의 간격인 어간(Word spacing)이 다소 크다는 것을 알 수 있습니다. 'Just'와 'Do' 사이, 그리고 'Do'와 'It' 사이에 커서를 위치시키고 간격 (Kerning)을 각각 '-80'으로 조절합니다.

05 이 예제에서는 문지르기 작업을 해야 하는데, [Type] 레이어에는 곧바로 Smudge 툴(　)을 적 용할 수 없습니다. 따라서 아래 레이어들을 새로운 레이어로 만들기 위해　Alt　+　Shift　 +　Ctrl　+　E　를 누릅니다. 레이어가 생성되면 이름을 '결합'으로 바꿉니다.

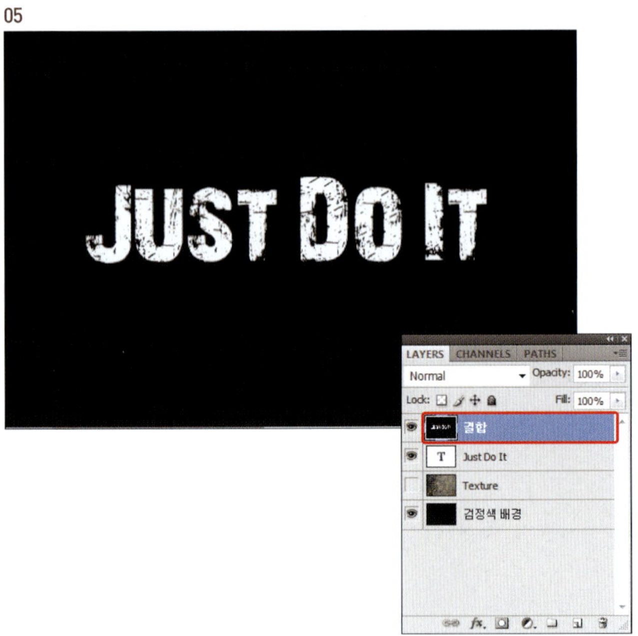

Smudge 툴을 사용할 수 없는 이유

[Type] 레이어, [Shape] 레이어, [Fill] 레이어 등은 픽셀이 아닌 벡터(Vector) 방식이기 때문에 Smudge 툴(　)을 비롯한 그리 기 툴들을 사용할 수 없습니다. 이런 경우 먼저 Layer 〉 Rasterize 메뉴를 이용해 벡터를 픽셀 상태로 바꾼 후 진행해야 합니다. 하지만 이 방법은 레이어 고유의 상태를 훼손시킵니다. 따라서 이런 경우에는 새로운 레이어를 추가하고, Smudge 툴 옵션 바에 서 'Sample All Layers' 옵션을 체크한 후, 작업하거나　Alt　+　Shift　+　Ctrl　+　E　를 눌러 레이어들을 결합한 후 작업해야 합 니다.

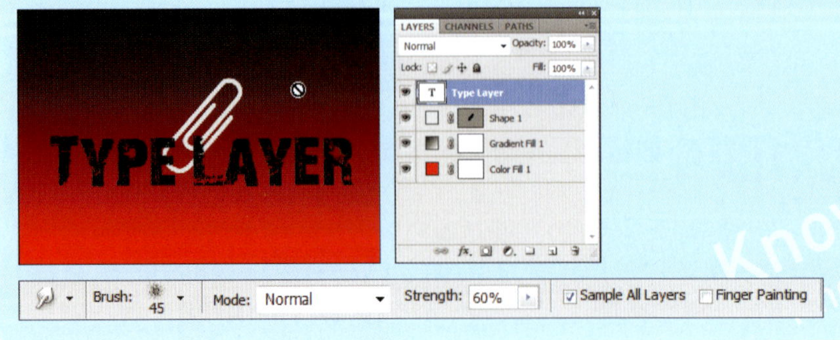

06 흑백 상태인 이미지에 색상을 입히기 위해 [Color Balance] 조정 레이어를 만듭니다. 먼저 Tone 항목에서 [Shadows] 버튼을 클릭하고 '+60', '0', '-63'을 입력합니다. 그리고 [Midtones]에는 '70', '0', '-66'을, [Highlights]에는 '50', '0', '-42'의 수치를 각각 입력합니다.

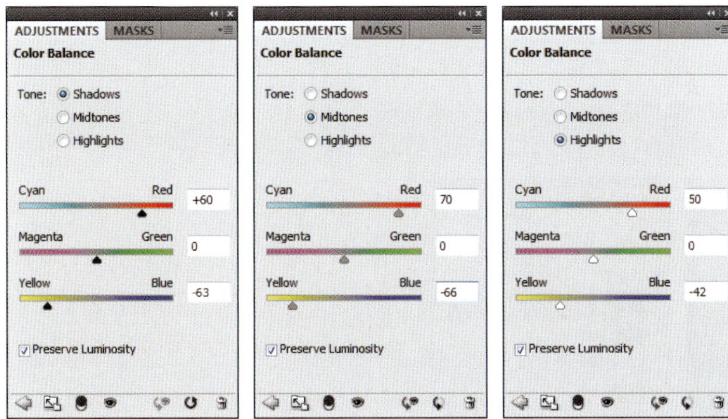

Color Balance 옵션 조절하기

[Color Balance]에서 옵션을 조절하는 것이 복잡해 보이지만 알고 보면 단순한 원리입니다. 3가지의 톤 모두 Red와 Yellow 방향으로 수치를 조절했으므로 붉은색 계열로 바뀐 것입니다. 단지 밝은 영역(Highlights)에는 노란색 기운이 돌게 하고, 중간 톤(Midtones)에는 진한 주황색이 나타나게 하며, 어두운 영역(Shadows)에는 어둡고 붉은색이 나타나게 만든 작업이라고 보면 됩니다. 현재는 검정 바탕에 흰색 글씨라서 잘 보이지 않지만 나중에 문지르기를 하면 중간 톤이 생겨나므로 그때야 비로소 효과가 나타납니다. 문지르기를 마친 후에도 옵션 수치는 재조정할 수 있으므로 정교한 조정은 나중에 하는 것이 좋습니다.

07 [Color Balance] 조정 레이어가 만들어진 상태에서 글자 경계 부분을 자세히 보면 붉은 색상이 살짝 보입니다.

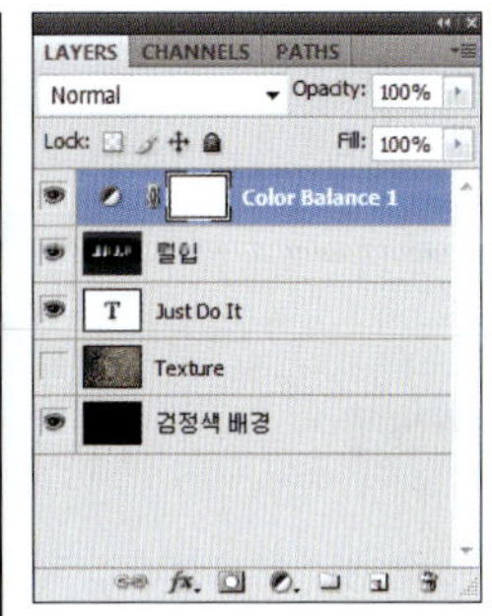

예제의 핵심 부분인 문지르기 작업을 할 차례입니다. 문지르는 터치나 강약에 따라 매우 다른 결과가 나타날 수 있다는 점을 염두에 두고 작업합니다.

01 '결합' 레이어를 선택한 후, Ctrl + J 를 눌러 복제한 후, 이름을 'Smudging' 으로 바꿉니다.

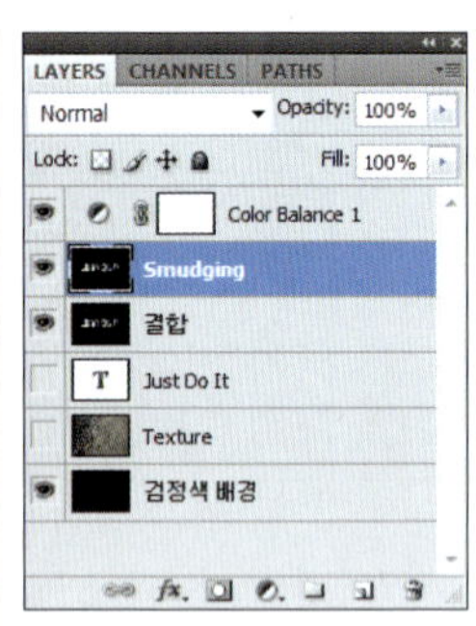

Smudge 옵션 조정하기

Smudge 툴을 지정하고 옵션 바를 살펴보면 'Strength' 옵션이 있습니다. 이것은 문지르는 힘을 나타내는데 해상도가 높을수록 수치를 높여주는 것이 좋습니다. 이곳에서는 30~40% 정도로 약하게 정하고 반복적으로 사용하도록 하겠습니다.

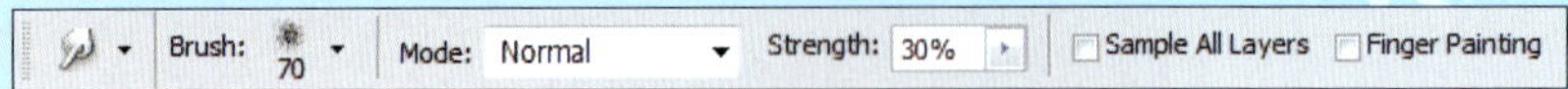

02 Smudge 툴(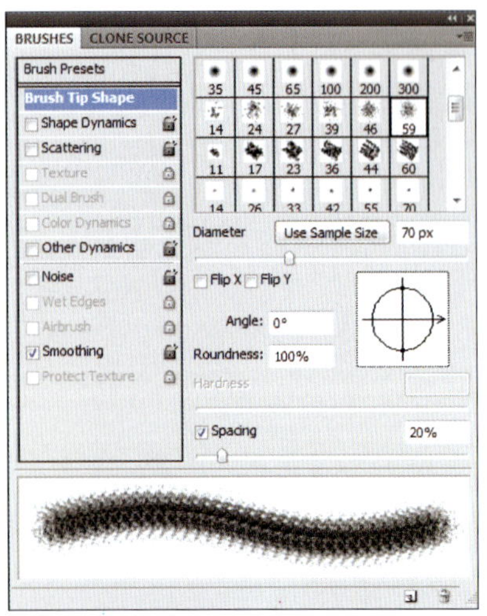)도 일반 브러시와 마찬가지로 형태를 정할 수 있는데 일반적인 형태보다는 불규칙한 형태의 브러시가 더 좋은 효과를 냅니다. 툴 패널에서 Smudge 툴을 선택하고 [Brushes] 패널에서 다음과 같이 지정합니다.

Diameter(지름) : 70픽셀, Angle(각도) : 0도, Roundness(둥글기) : 100%, Spacing(간격) : 20%

문지르기 작업 요령

문지르기 작업을 할 때는 상황에 따라 브러시 크기를 바꿔가며 작업합니다. 우선 적당한 크기의 Brush(70픽셀 안팎)와 낮은 Strength(30% 안팎)를 이용해 전체적으로 가볍게 문지른 후, 상태에 따라 글자 경계 부위를 정교하게 다듬는 것이 좋습니다. 지나치게 문지르면 형태가 뭉그러지므로 한번 클릭한 후, 글씨 안쪽에서 바깥쪽 방향으로 가볍게 흔들듯이 문지르도록 합니다. 불꽃 형태가 지나치게 커졌을 경우에는 오히려 바깥쪽에서 안쪽으로 문질러서 형태를 다듬습니다.

03 정교한 결과를 위해서 화면을 확대한 상태로 작업합니다.

04 전체적으로 약하게 문지른 후, 'Smudging' 레이어를 선택한 상태에서 Ctrl + J 를 눌러 복제합니다. 이번엔 강하게 문지르는 작업을 해보겠습니다. 우선 'Smudging copy' 레이어의 Opacity를 '50%'로 바꿉니다.

03

04

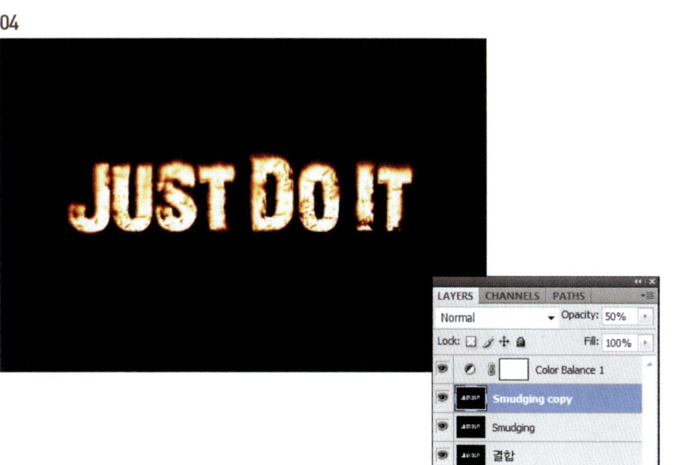

05 그리고 Smudge 툴( )의 옵션을 그림과 같이 지정합니다.

Brush : 90픽셀, Mode : Normal, Strength : 60%

06 Strength 수치를 높였기 때문에 문지르는 범위도 넓어집니다. 글자에서 불꽃이 타오르는 것처럼 표현하기 위해 'S'자 형태로 흔들면서 문지릅니다.

05

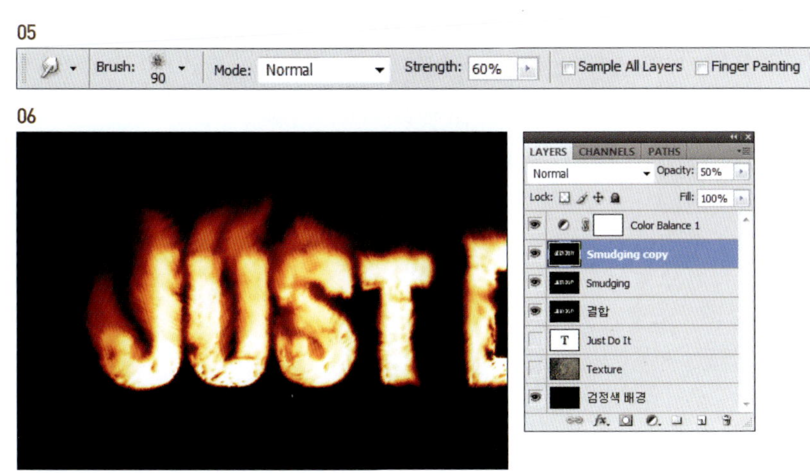

06

07 전체적으로 강하게 문지르기 작업을 마친 상태입니다. 이 상태는 앞서 약하게 문지른 경우에 비해 훨씬 강한 느낌을 줍니다.

STEP 3 질감 추가하기

Photoshop Design

이제 배경에 질감을 더할 차례입니다.

01 아래쪽에 있는 'Texture' 레이어를 선택한 상태에서 'Color Balance 1' 레이어 바로 아래로 옮긴 다음 레이어를 켭니다. [Color Balance] 조정 레이어의 영향을 받게 되므로 아스팔트 이미지가 붉게 보입니다.

02 'Texture' 레이어의 블렌딩 모드를 Lighten '50%'로 바꿉니다. 그리고 레이어 마스크를 추가합니다.

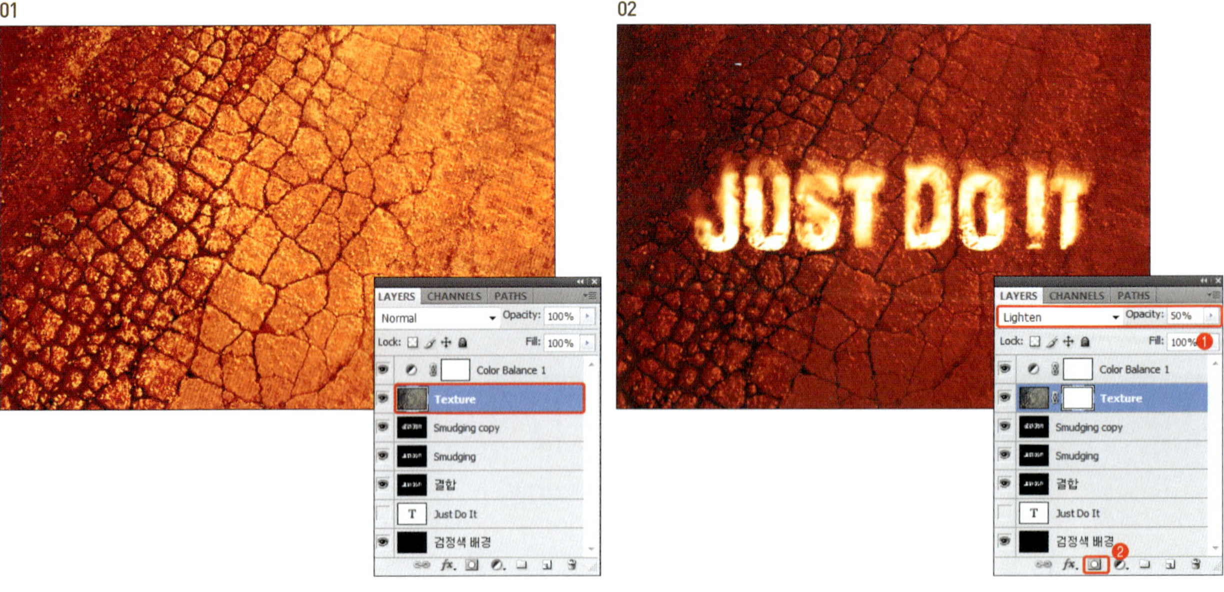

03 Gradient 툴(▨)을 선택하고 다음과 같이 옵션을 지정합니다.

Copper, Linear Gradient, Mode : Normal, Opacity : 100%

04 왼쪽 위에서 오른쪽 아래 방향으로 크게 드래그합니다. 레이어 자체가 선택되지 않도록 주의합니다. 적용된 그러데이션의 명암 상태에 따라 배경 질감의 농도도 달라집니다.

03

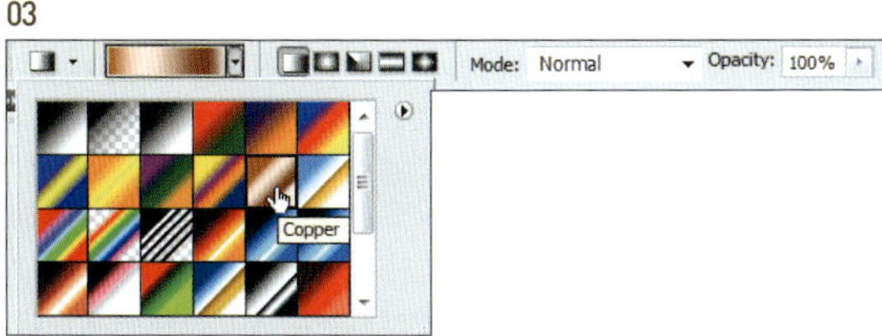

04

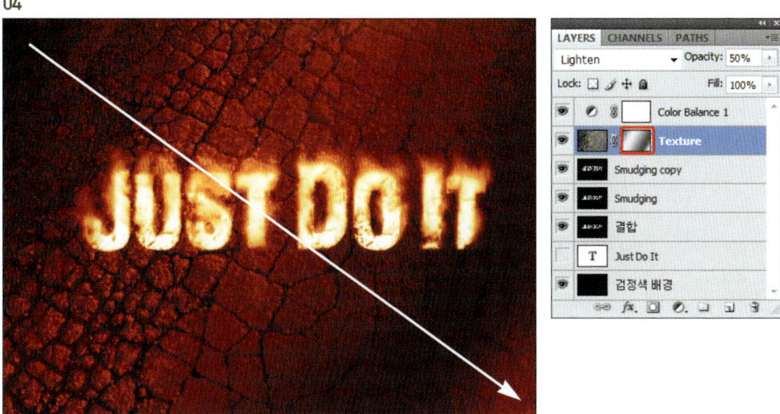

05 모두 완성되었습니다. 불꽃의 강약을 조절하려면 'Smudding copy' 레이어의 Opacity를 조절합니다.

SECTION 3

회화적인 이미지로 표현하기

이 예제는 Smudge 툴을 단순히 문지르기 용도로 사용하지 않고 'Sample All Layers' 기능과 브러시 옵션을 적용해 회화적인 느낌을 연출한 작업입니다. 커다란 브러시와 작은 브러시를 별도의 레이어에 적용해 단조로운 느낌을 피하도록 하겠습니다. 또한 최종 단계에서는 Unsharp Mask 필터를 사용해야 브러시 터치의 디테일을 살릴 수 있습니다.

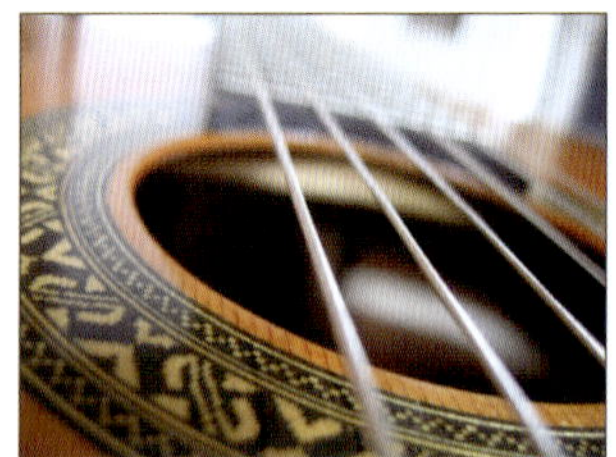

Part8\Sec3\원본.psd
Part8\Sec3\결과.psd

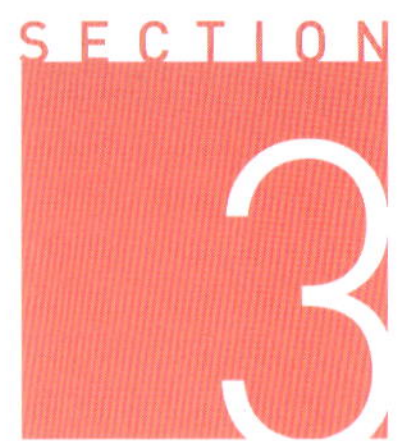

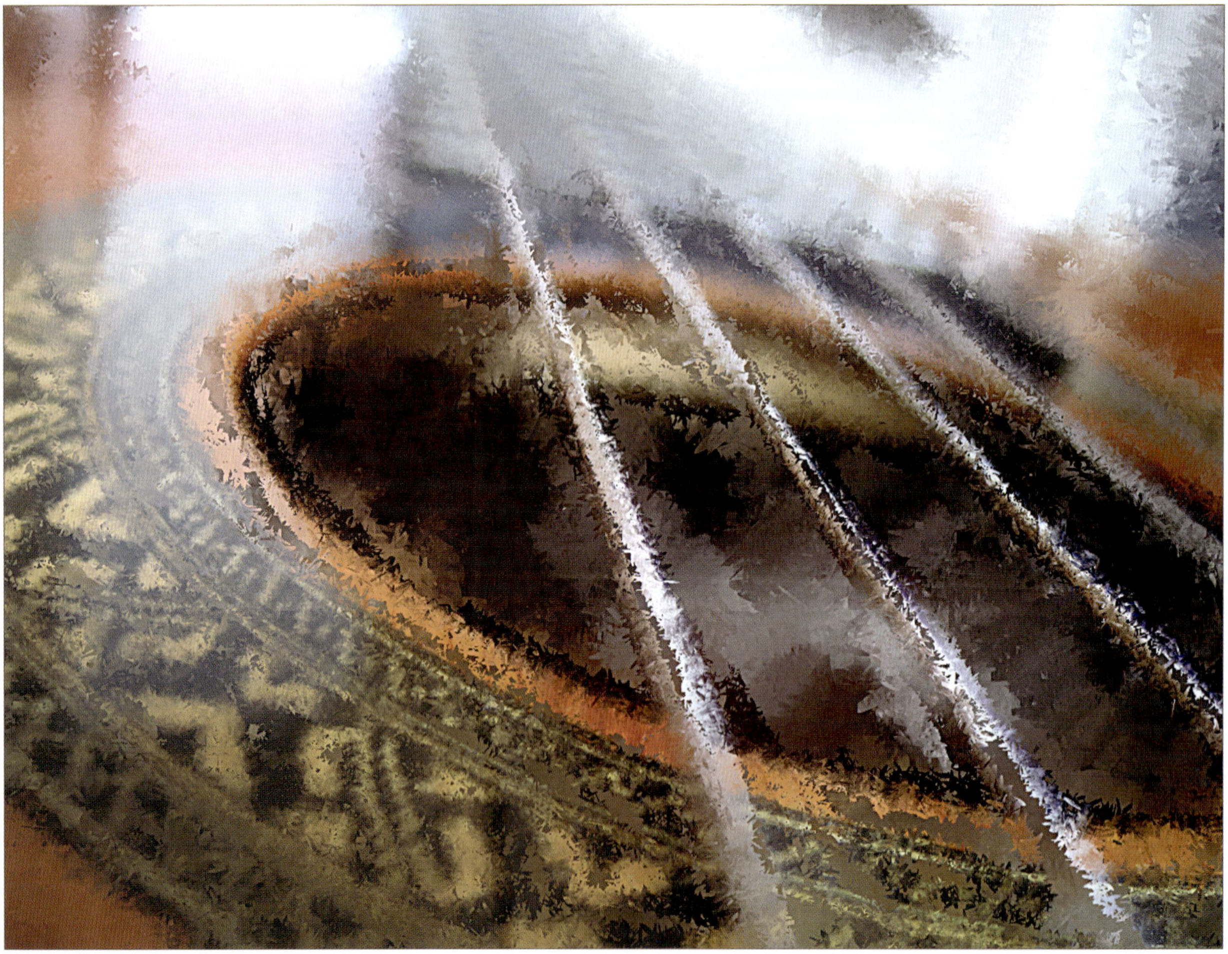

주요 사용 기능 브러시 툴, Smudge 툴, Unsharp Mask 필터 **난이도** ★★★★

소스 Benjamin Fèron by sa http://www.flickr.com/photos/befe/175346155/

STEP 1 전체적인 톤 조절하기

이번 단계는 이미지에서 밝게 느껴지는 부분만 부분적으로 어둡게 만드는 작업입니다.

01 `Ctrl`+`O`를 눌러 예제 파일(원본.psd)을 엽니다. [Curves] 조정 레이어를 아무런 옵션도 지정하지 않은 상태로 추가합니다.

● Part8\Sec3\원본.psd

02 [Curves] 조정 레이어의 마스크를 선택한 뒤 `Ctrl`+`I`를 눌러 검은색으로 만들고 블렌딩 모드는 'Multiply'로 바꿉니다. 마스크가 모두 검은색으로 채워진 상태이므로 아직 아무런 효과도 나타나지 않습니다.

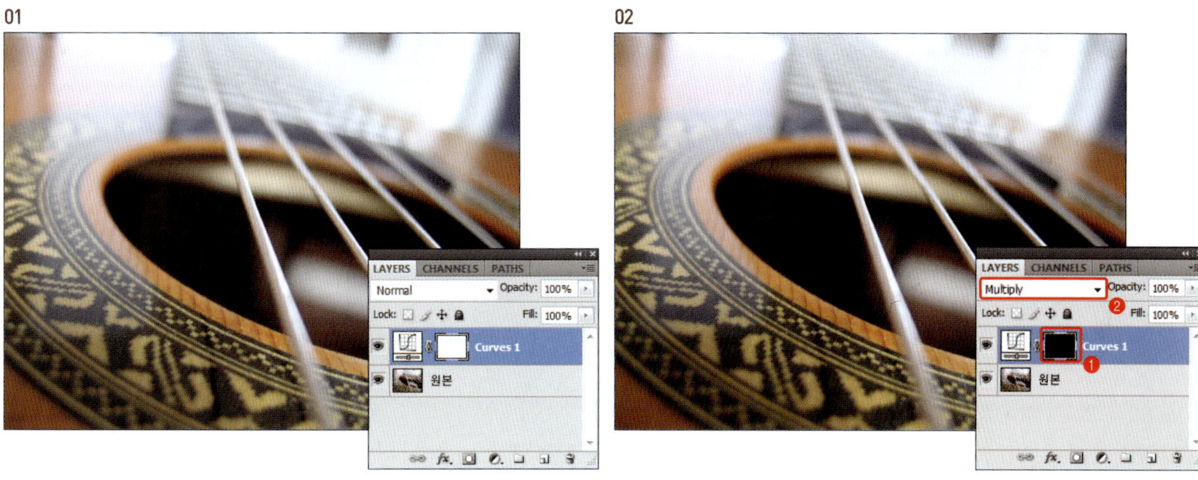

350
351

03 브러시 툴( )을 클릭하고 전경색을 흰색으로 지정합니다. 브러시의 크기를 '80픽셀', Opacity를 '30%'로 지정합니다. 상대적으로 밝은 영역을 칠해 어둡게 만듭니다. 조정 레이어의 블렌딩 모드가 'Multiply'로 미리 지정된 상태이므로 브러시로 칠한 부분만 어두워집니다. 부위에 따라 브러시의 크기를 조금씩 달리해가며 칠하는 것이 좋습니다

04 `Alt`를 누른 채로 레이어 마스크의 썸네일을 클릭하면 마스크 영역을 정확하게 볼 수 있습니다.

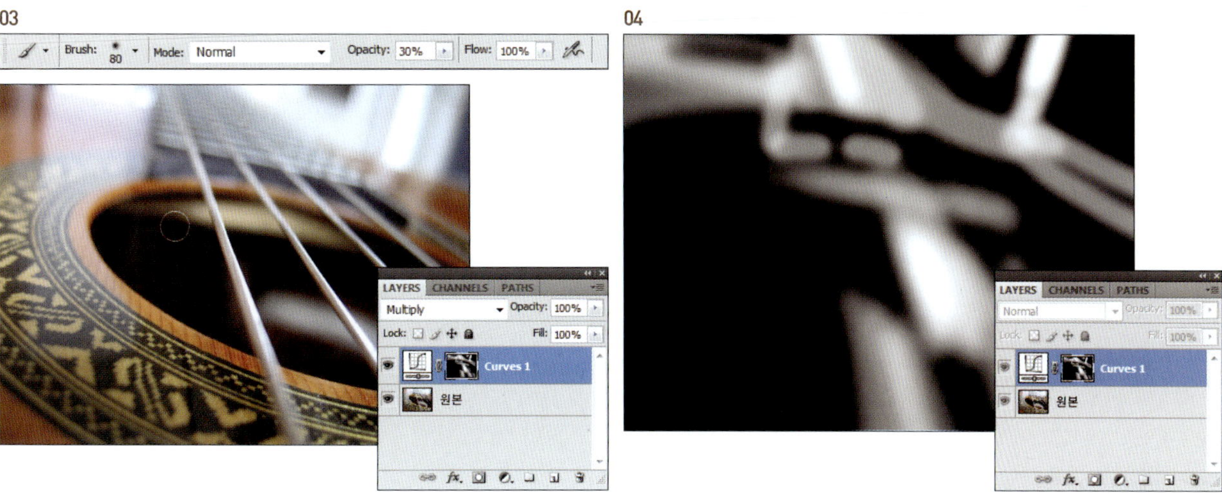

STEP 2　Smudge Brush의 옵션 지정하기

이번에는 브러시의 옵션을 정하는 단계입니다. 이 과정이 직접적인 작업은 아니지만 실제 작업 못지 않게 중요합니다. 이곳에서 옵션을 어떻게 지정하느냐에 따라 작업 분위기가 크게 달라지기 때문입니다.

01 Smudge 툴(🖐)이 선택된 상태에서 [Brushes] 패널을 엽니다. [Brush Tip Shape] 항목을 눌러 브러시의 기본 형태를 지정합니다.

Diameter : 80픽셀, Angle : 45도, Roundness : 15%, Hardness 100%, Spacing 1%

02 [Shape Dynamics]에서 [Angle Jitter]와 [Roundness Jitter]를 최대로 잡아 브러시 터치에 변화를 줍니다.

Size Jitter : 22%, Minimum Diameter : 1%, Angle Jitter : 100%, Roundness Jitter : 100%, Minimum Roundness 1

03 Scatter에서는 브러시 터치들 간 촘촘함의 정도를 지정합니다.

Scatter : 96%, Count : 1, Count Jitter : 0%

04 [Other Dynamics]에서는 [Strength Jitter] 수치를 최대로 잡아 문지르는 힘의 강약에 변화를 줍니다.

Strength Jitter : 100%

> **TiP** 태블릿을 사용하는 경우라면 [Control] 항목에서 [Pen Pressure] 기능을 선택해야 더 자연스러운 효과를 얻을 수 있습니다.

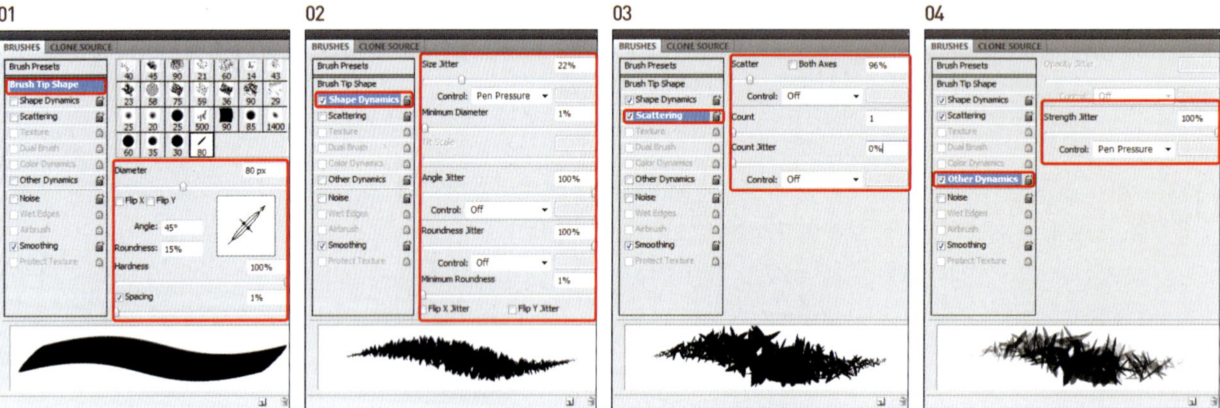

보다 회화적인 느낌을 연출하려면

보다 회화적인 느낌을 연출하려면 브러시옵션을 지정할 때, [Brushes] 패널 하단에 나타나는 미리보기 상자를 살펴가며 꼼꼼하게 지정하는 것이 좋습니다. 일반적으로 브러시의 형태와 강약 등 여러 요소에 변화가 많을수록 다양한 표현이 가능합니다. 더불어 회화적인 느낌을 연출하는데 있어서는 태블릿의 역할이 매우 중요합니다. 태블릿에는 얼마나 강한 힘으로 누르느냐에 따라 강약조절이 되는 '필압 감지 기능'이 있기 때문에, 회화적인 표현을 위해서라면 태블릿을 사용하기를 추천합니다.

STEP 3   큰 Smudge Brush로 그리기

Photoshop Design

브러시의 옵션 지정을 모두 마쳤으므로 이제 Smudge 툴을 이용해 그릴 차례입니다. 전체적으로 질감을 적용하는 단계이므로 브러시의 크기는 상대적으로 크게 지정하는 것이 좋습니다.

01 새로운 레이어를 하나 만들고 레이어의 이름을 '80px'로 정합니다. 그리고 Smudge 툴(🖐) 옵션 바에서 [Strength]에 '40%'를 입력하고 'Sample All Layers' 옵션을 체크합니다.

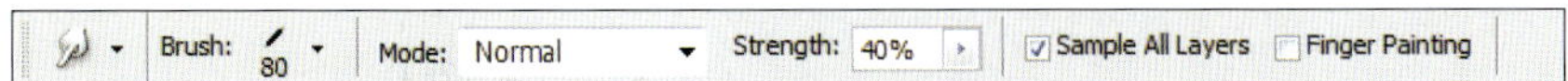

02 이 브러시는 '80픽셀'이므로 결코 작지 않은 크기입니다. 이 레이어는 맨 밑에 배치해 밑바탕으로 사용할 것이므로 이미지가 전체적으로 뭉개지더라도 개의치 말고 그립니다. 최소한의 디테일이 살아야 하기 때문에 기타 줄 등 특징 있는 부분에는 브러시 크기를 줄여서 그립니다.

03 전체 화면이 브러시 터치로 완전히 뒤덮일 때까지 계속 그립니다.

Smudge 툴 옵션

'Sample All Layers'는 눈에 보이는 모든 레이어를 마치 하나의 레이어처럼 사용하겠다는 뜻입니다. 따라서 이 버튼이 체크되어 있어야만 새로 만든 레이어에 문지르기 효과가 나타납니다. 'Finger Painting' 옵션은 손가락으로 문질러 그린다는 뜻으로 첫 브러시 팁을 전경색을 이용해 그리겠다는 뜻입니다. Smudge 툴(🖐)을 사용할 때 Alt 를 누르면 임시로 'Finger Painting' 기능을 사용할 수 있습니다.

작은 Smudge Brush로 그리기

기본적인 질감은 만들어졌지만, 이미지의 디테일은 없는 상태입니다. 따라서 새로운 레이어를 추가한 다음, 브러시의 크기를 절반 이하로 줄여서 그리도록 합니다.

01 브러시의 나머지 옵션은 그대로 둔 채 Diameter(지름)만 '40픽셀'로 줄입니다. 브러시의 크기가 적당히 촘촘해야 이미지의 디테일을 살릴 수 있습니다.

02 다시 새로운 레이어를 추가하고 레이어의 이름을 '40px'로 바꾼다음, '80px' 레이어는 끈 채, 색상이나 명도 차가 큰 부분을 우선적으로 그립니다.

03 형태가 어느 정도 살아야 하므로 큰 브러시로 그릴 때보다 꼼꼼하게 그립니다. 브러시의 크기를 조금씩 바꾸어가며 그려야 좀 더 자연스럽습니다. 어느 정도 그려지면 '80px' 레이어를 켭니다.

04 아래 레이어들을 결합해 새로운 레이어로 만들기 위해 Alt + Shift + Ctrl + E 를 누릅니다. 결합된 레이어가 생성되면 레이어 이름을 '결합'으로 바꿉니다.

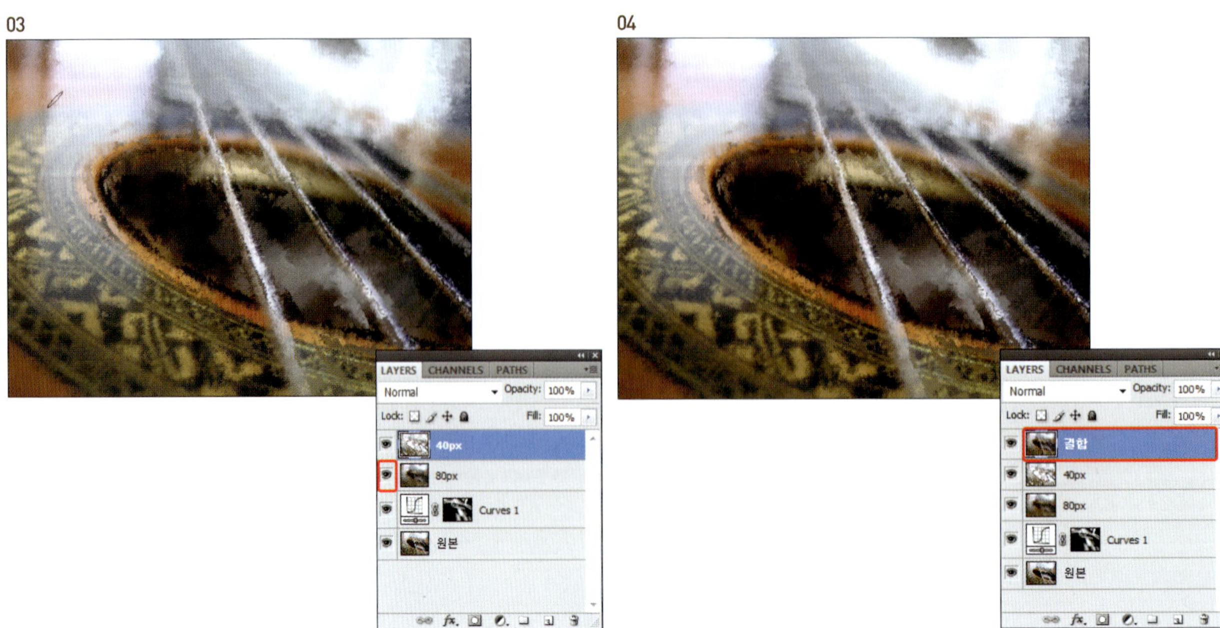

STEP 5 Unsharp Mask 적용하기
Photoshop Design

이제 거의 완성된 상태입니다. 하지만 이미지의 디테일을 강조하기 위해서는 [Unsharp Mask] 필터를 이용해서 샤프니스를 추가하는 것이 좋습니다.

01 Filter 〉Sharpen 〉Unsharp Mask를 선택하고 대화상자가 나타나면 그림과 같이 옵션을 지정합니다.

02 필터를 적용하면 선예도가 높아지면서 디테일한 터치가 살아납니다. 레이어의 이름을 'Unsharp 90% 2.5px'로 바꿉니다.

> **TiP** 표현된 질감을 다르게하고 싶을 때는 Smudge Brush의 형태를 다르게 하거나 옵션을 다르게 조합하면 됩니다.

01

02

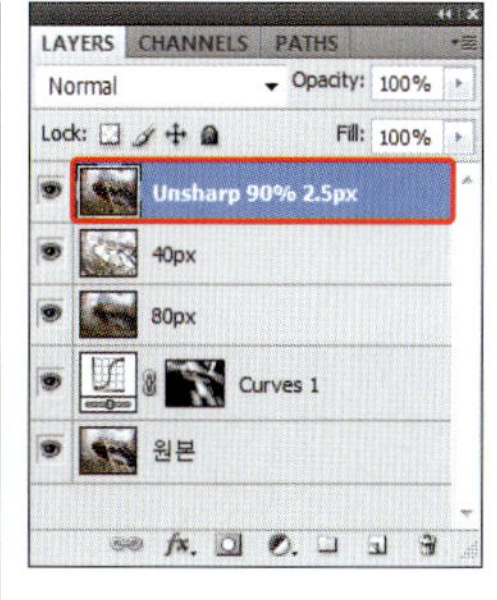

03 섬세한 작업을 위해서는 브러시를 크기를 좀 더 다양하게 적용하는 것이 좋습니다.

그림에 질감 입히기

이 예제는 Pattern Stamp 툴을 이용한 예제입니다. Pattern Stamp는 실제 이미지를 소스로 사용하는 Clone Stamp와는 달리 패턴을 소스로 사용합니다. 이 예제에서는 이미지 소스를 패턴으로 등록하는 방법과 Pattern Stamp를 이용해 그림을 그리는 방법 2가지를 살펴보도록 하겠습니다. 이러한 종류의 페인팅 작업에서는 여러 옵션에 따라 작업 결과가 크게 달라지므로 똑같이 따라 하기보다는 작업의 흐름을 파악하는 것이 더 중요합니다. 보통 사용되는 패턴은 작은 크기지만 이미지와 비슷한 크기로 패턴을 지정해 사용한 것이 이 예제의 특징입니다.

Part8\Sec4\원본.psd
Part8\Sec4\결과.psd

주요 사용 기능 Define Pattern 기능, Pattern Stamp툴, Curves 조정 레이어 **난이도** ★★★★

소스 · striatic by sa http://flickr.com/photos/striatic/1276095/
① whiteblot by http://www.flickr.com/photos/stoyan/1242086344
② bjortklingd by http://www.flickr.com/ photos/vatsug/1351377043/
③ whiteblot by http://www.flickr.com/photos/stoyan/1205546282/in/set-72157594531678160/
④ whiteblot by http://www.flickr.com/photos/stoyan/390150183/

STEP 1 　패턴 등록하기

이 이미지는 하나의 흑백 일러스트 이미지와 4개의 질감 이미지로 구성되어 있습니다. 작업의 편의를 위해 질감 소스는 미리 레이어 상태로 만들어 놓았습니다. 작업 과정에서 일러스트 이미지는 영역을 구분 짓는 역할을 하고, 질감 이미지는 영역을 채우는 역할을 하게 됩니다.

01 ⌐Ctrl⌐+⌐O⌐를 눌러 예제 파일(원본.psd)을 엽니다.　　　　　　　　● Part8\Sec4\원본.psd

02 작업의 첫 번째 단계는 그룹에 속한 4개의 질감 소스를 각각 패턴으로 등록하는 것입니다. ⌐Alt⌐를 누른 채로 '질감 1' 레이어를 클릭해서 다른 레이어들을 끕니다.

필요한 레이어만 켜기

여러 개의 레이어가 있는 작업에서 필요한 레이어만 켜려면, ⌐Alt⌐를 누른 채로 해당 레이어의 눈모양(●)을 클릭하면 됩니다. 이렇게 하면 나머지 레이어는 모두 꺼지고 클릭한 레이어만 켜지게 됩니다. 다시 한번 ⌐Alt⌐를 누른 채로 클릭하면 원상태로 되돌아 옵니다.

03 그리고 Edit > Define Pattern 메뉴를 선택한 후, [Pattern Name] 대화상자가 나타나면 '질감 1' 이라고 입력하고 [OK] 버튼을 클릭합니다. 한 개의 레이어만 켠 상태가 아니라면 이미지 전체가 패턴으로 등록됩니다.

04 같은 방법을 이용해 이번엔 '질감 2' 레이어만 켭니다.

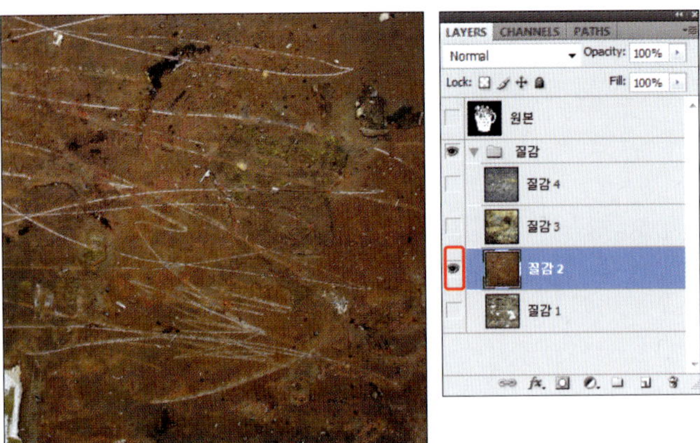

05 그리고 다시 Edit 〉 Define Pattern을 선택해서 패턴으로 등록합니다. '질감 3'과 '질감 4'도 마
찬가지 방법으로 모두 등록합니다. 이렇게하면 총 4개의 패턴이 등록됩니다.

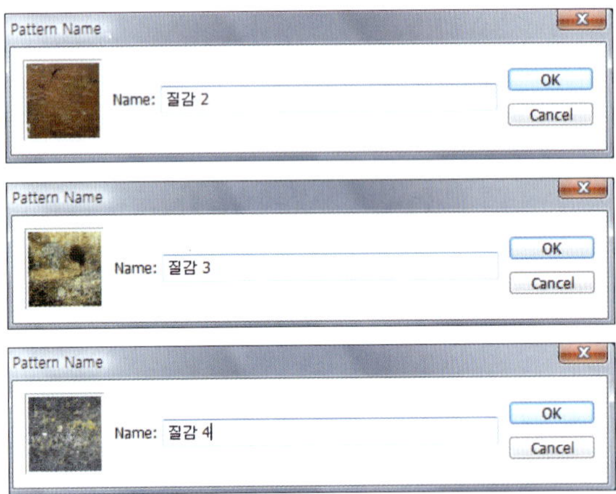

STEP 2 Pattern Stamp 툴의 브러시 설정하기

Photoshop Design

본격적인 작업에 앞서 Pattern Stamp 툴(🎨)의 브러시 형태를 지정해야 합니다.

01 툴 패널에서 Pattern Stamp 툴을 선택합니다.

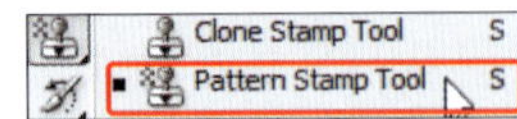

02 그리고 [Brushes] 패널을 엽니다. 우선 [Brush Tip Shape] 항목을 눌러 브러시의 기본 형태를
지정합니다.

Diameter : 60픽셀, Angle : 0도, Roundness : 100%, Spacing 5%

03 [Shape Dynamics] 항목에서 [Size Jitter]를 100%로 정합니다. 이 수치를 크게 잡을수록 브러
시 터치의 크기 변화가 생깁니다. 태블릿을 사용하는 경우라면 Control 항목에서 [Pen
Pressure] 기능을 선택하는 것이 좋습니다.

Size Jitter : 100%, Minimum Diameter : 0%, Angle Jitter : 100%, Roundness Jitter : 0%

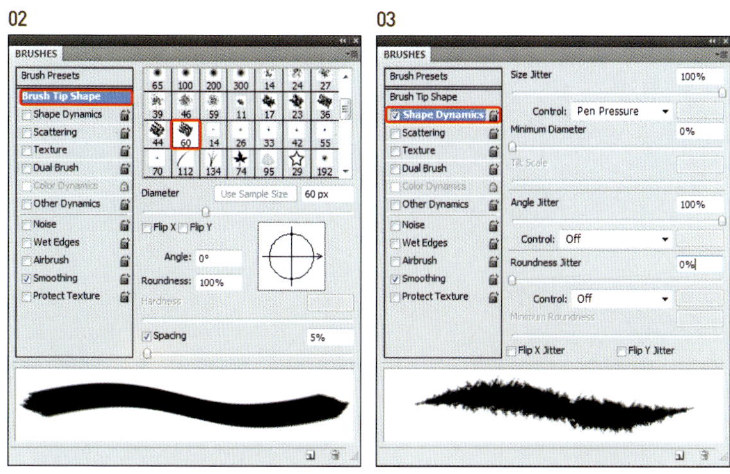

04

05

04 [Scatter] 항목에서는 브러시 터치들 간의 촘촘함 정도를 지정합니다. 수치를 높이면 간격이 멀
어집니다. 하지만 브러시 터치 개수 자체를 늘리기 원한다면 Count 수치를 높입니다.

Scatter : 533%(Both Axes), Count : 1, Count Jitter : 0%

05 [Dual Brush] 항목은 2개의 브러시를 섞어 사용해 브러시의 깊이감을 더하는 옵션입니다. 기본
브러시가 기본적인 형태를 나타낸다면 [Dual Brush]는 기본 브러시 내부의 질감을 결정합니다.

Mode : Color Burn, Diameter : 59픽셀, Spacing 2%, Scatter : 0%, Count : 1

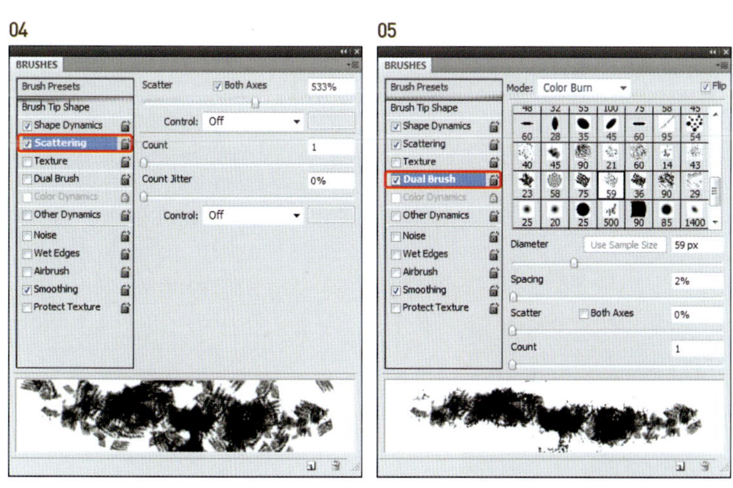

자주 사용하는 브러시 등록하기

이렇게 복잡한 과정을 거쳐 만들어진 브러시는 나중에 다시 사용하기 위해 [Tool Preset]에 등록해두는 것이 좋습니다. 등록 방법은 옵션 바 왼쪽 끝에 있는 아이콘(團)을 클릭하고, 조그만 도큐먼트 아이콘(団)을 클릭한 후, 대화상자가 나타나면 이름을 입력하는 것입니다. 등록을 마치면 [Tool Preset] 리스트에 이름이 나타나게 됩니다

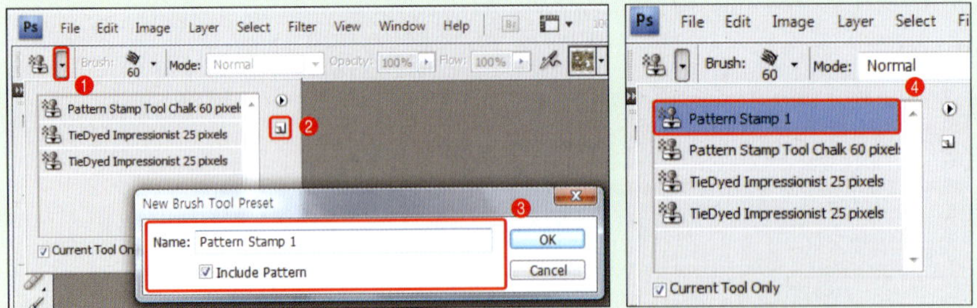

이렇게 등록된 [Tool Preset]은 Edit 〉 Preset Manager나 [Tool Presets] 패널에서도 확인이 가능하며, 나중에도 이름을 변경하거나 삭제할 수 있습니다.

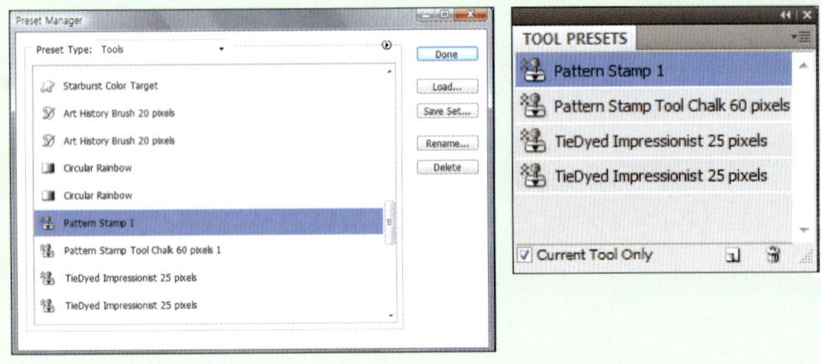

STEP 3　패턴으로 그리기 1

이번 단계는 첫 번째 등록된 패턴을 불러와 새로운 레이어에 그리는 것입니다. 이것이 하나의 작업 사이클을 이루게 되므로, 이 구조를 이해하면 다음 단계의 작업도 손쉬워집니다.

01 옵션 바에서 Pattern Picker(圖)를 클릭한 후, 등록된 패턴 중 '질감 1' 패턴을 지정합니다. 만약 [Aligned] 옵션이 체크되어 있다면 해제합니다.

> **TiP** 옵션 바에서 [Aligned] 옵션을 체크하지 않으면, 덧칠할 때마다 다른 질감이 표현되기 때문에 옵션을 체크했을 때보다 자연스러운 결과가 나타납니다.

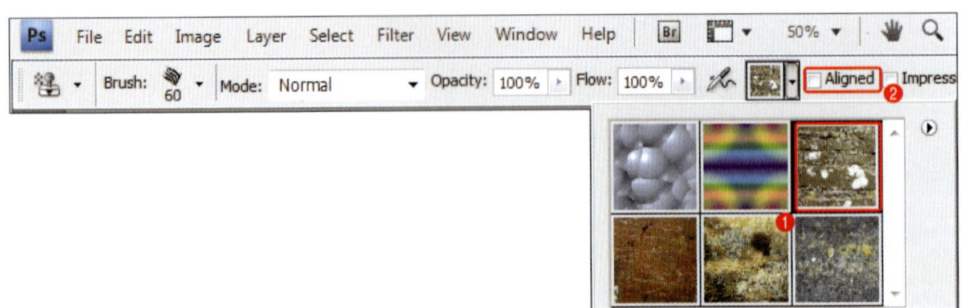

02 '질감' 그룹은 끄고 '원본' 레이어만 선택한 후, 블렌딩 모드를 'Multiply'로 바꿉니다.

03 '원본' 레이어 바로 밑에 Pattern Stamp()를 적용할 레이어를 만들고, 레이어 이름을 'Pattern Stamp 1'이라고 입력합니다.

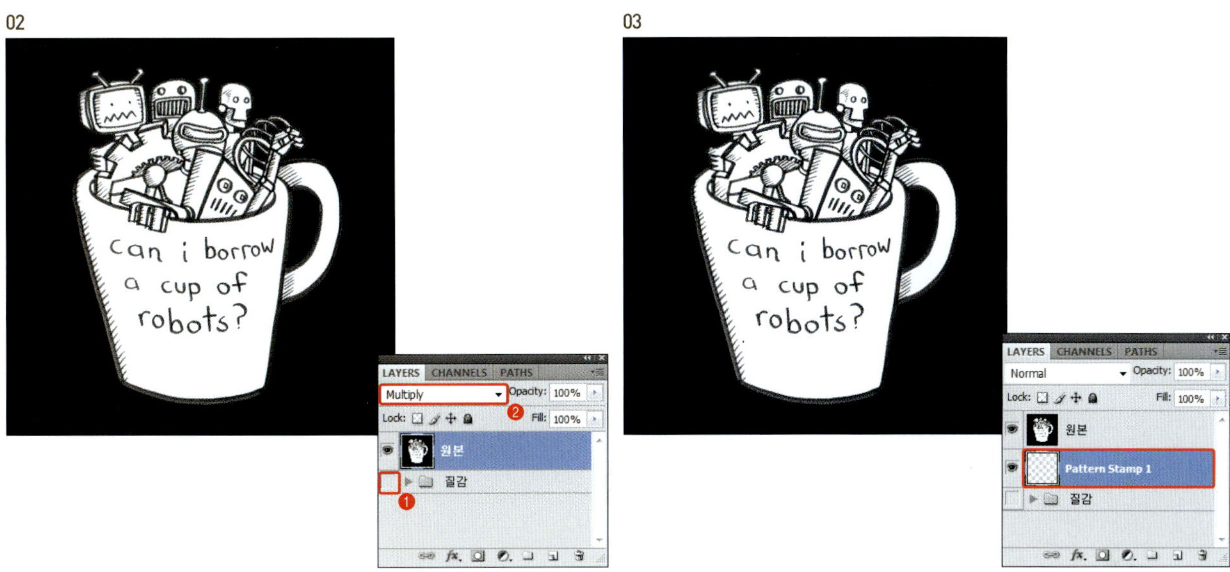

04 이제 Pattern Stamp로 그림을 그릴 준비를 모두 마쳤습니다. 전체적으로 골고루 칠해나갑니다. 보다 자연스러운 효과를 위해서는 Pattern Stamp Brush의 크기를 조금씩 바꾸어가며 그리는 것이 좋습니다. 위쪽에 위치한 '원본' 레이어의 블렌딩 모드가 Multiply이므로 편하게 칠해도 됩니다.

05 이 패턴은 가장 아래 위치할 레이어에 사용되므로 화면을 가득 채울 정도로 그리는 것이 좋습니다. 마음에 들지 않는 부분은 덧칠을 해서 마음에 들 때까지 그립니다.

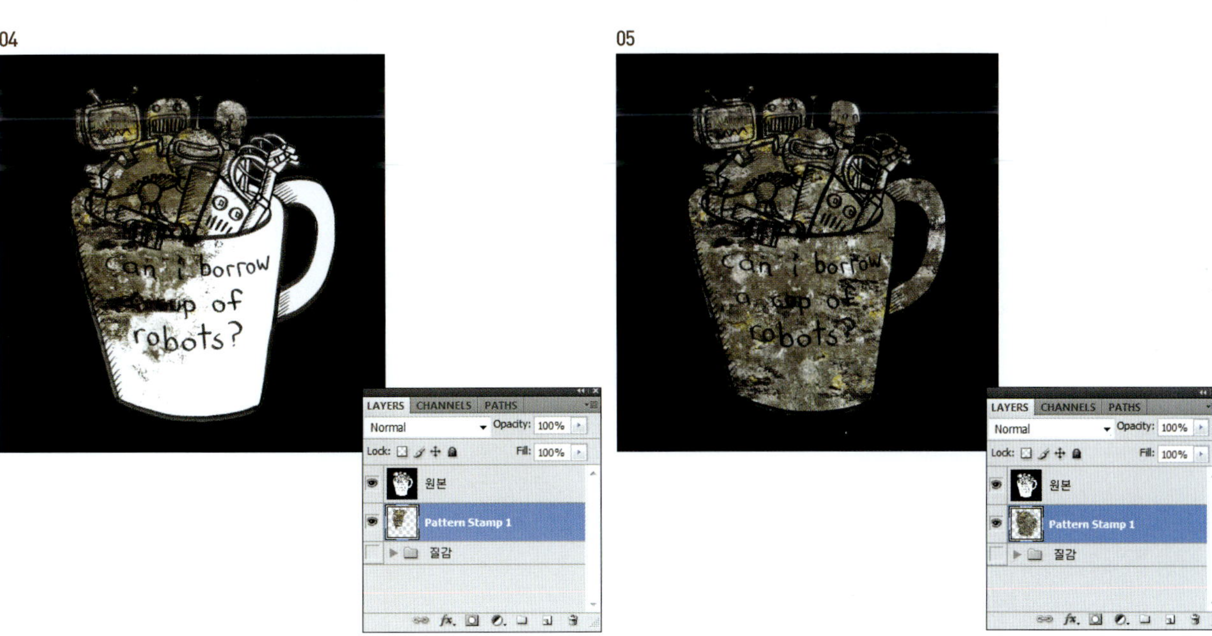

이번 단계는 이전 단계에서 진행된 과정(패턴을 불러와 새로운 레이어에 그리는 것)이 3번 더 반복되는 구조입니다. 각각 레이어의 블렌딩 모드가 다르다는 점에 유의합니다.

01 '원본' 레이어 바로 밑에 레이어를 하나 추가하고, 블렌딩 모드를 'Darken'으로 지정합니다. 레이어 이름은 'Pattern Stamp 2'라고 입력합니다.

02 옵션 바에서 2번째로 사용하고자 하는 패턴을 지정합니다.

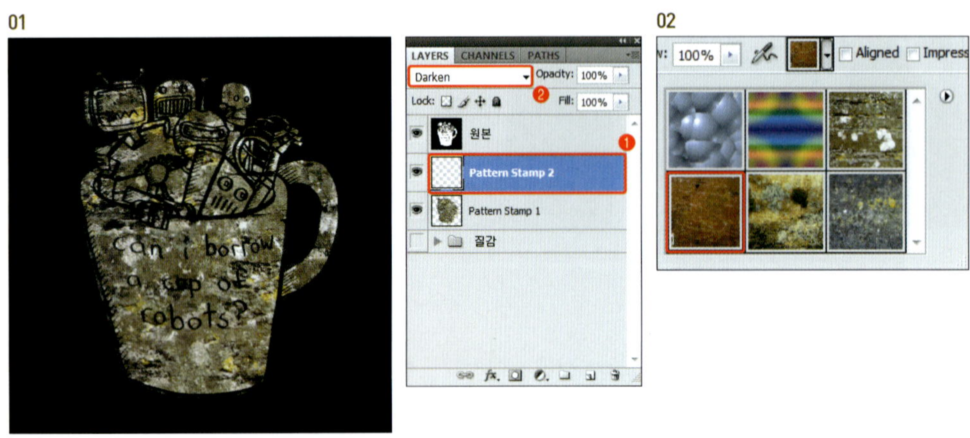

03 브러시의 크기를 '40픽셀'로 바꾸고 Airbrush 옵션을 켠 후, Flow를 '30%'로 지정합니다. 칠하는 부위에 따라 브러시의 크기를 조절해가며 그립니다. 좁은 부위는 40픽셀, 넓은 부위는 100픽셀 정도로 그립니다.

04 '원본' 레이어 바로 밑에 레이어를 하나 더 추가하고, 블렌딩 모드를 'Screen'으로 지정합니다. 레이어 이름은 'Pattern Stamp 3'라고 입력합니다.

05 옵션 바에서 3번째로 사용하고자 하는 패턴을 지정합니다.

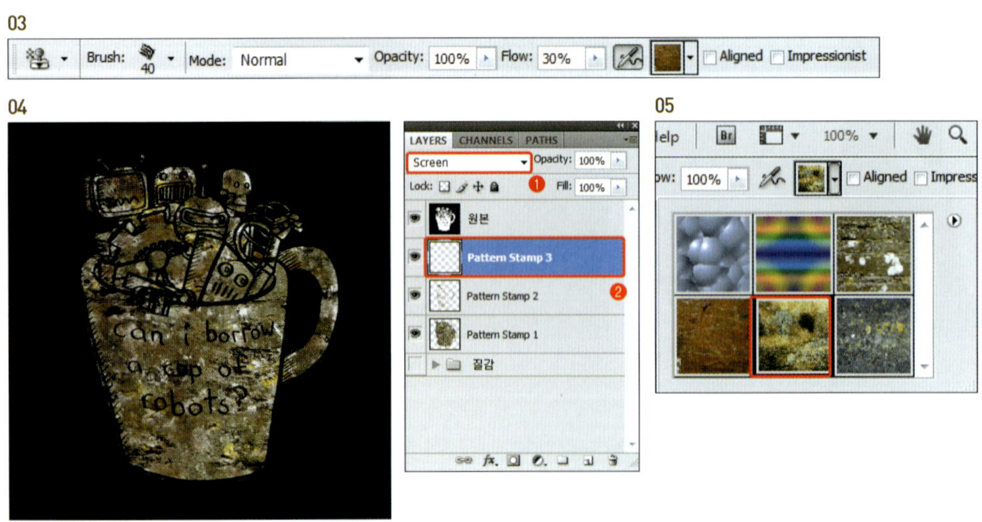

06 브러시의 크기는 '30픽셀'로 정하고, 브러시의 페인트 모드는 Screen, Airbrush의 Flow는 '50%'로 지정합니다.

07 빛의 방향이 오른쪽 위에서 온다고 생각하며 그립니다. 좁은 부위를 칠할 때는 화면을 확대해서 그리는 것이 좋습니다.

> **TiP** 레이어의 Screen 블렌딩 모드와는 달리 브러시의 Screen 페인트 모드는 덧칠할수록 계속 밝아지는 속성이 있습니다.

06

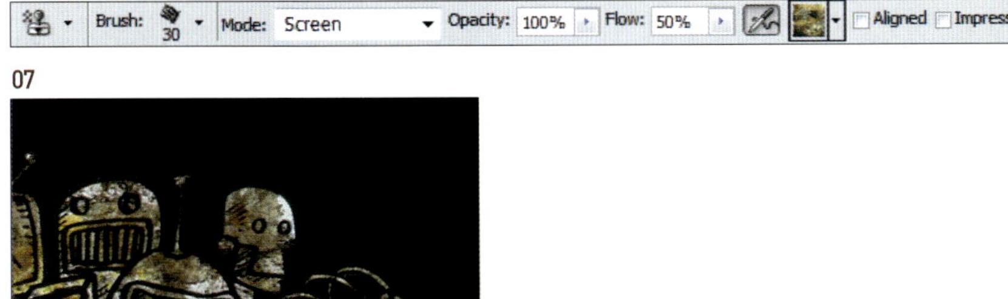

07

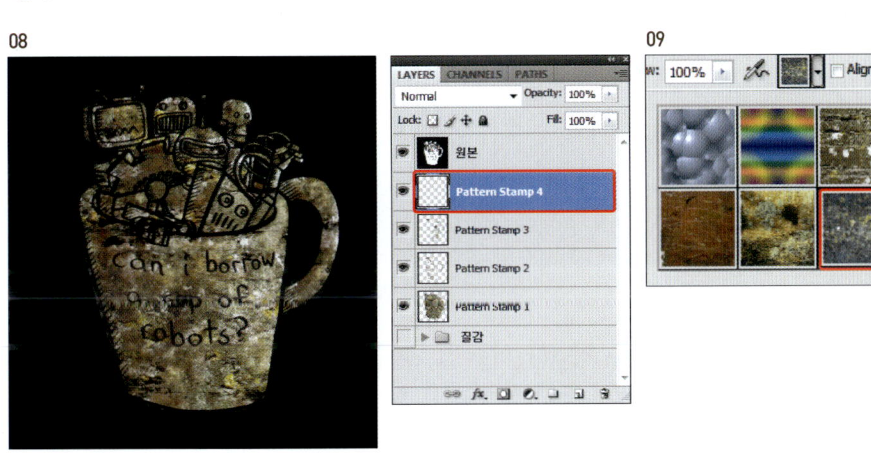

08 '원본' 레이어 바로 밑에 레이어를 다시 추가하고, 레이어 이름을 'Pattern Stamp 4'라고 입력합니다.

09 옵션 바에서 4번째로 사용하고자 하는 패턴을 지정합니다.

08

09

10 브러시의 크기는 '60픽셀'로 정하고, Airbrush의 Flow는 '30%'로 지정합니다. 이 레이어는 마지막으로 적용하는 Pattern Stamp입니다. 어두운 부분에 그림을 그립니다.

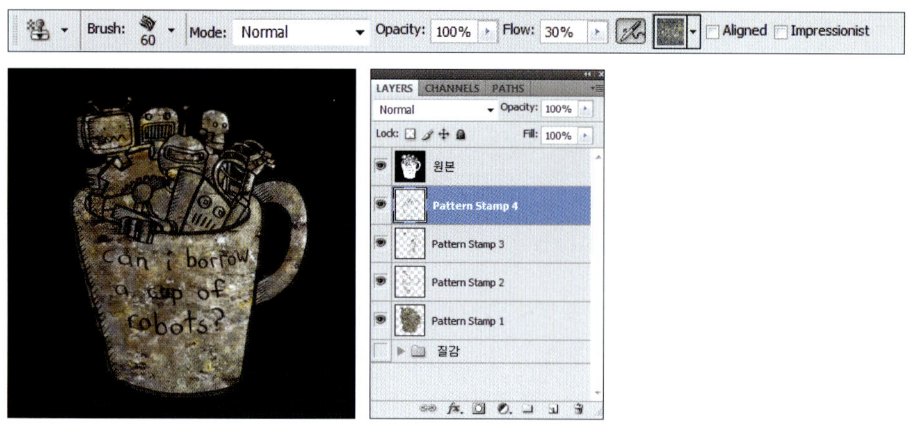

STEP 5 톤 정리하기

이제 마지막 단계입니다. 만들어진 레이어의 순서나 강약을 조절하여 원하는 느낌을 끌어내는 것이 중요합니다.

01 전체적인 톤이 다소 어두워 보이므로 [Curves] 조정 레이어를 만들어 그림과 같은 형태로 조정합니다.

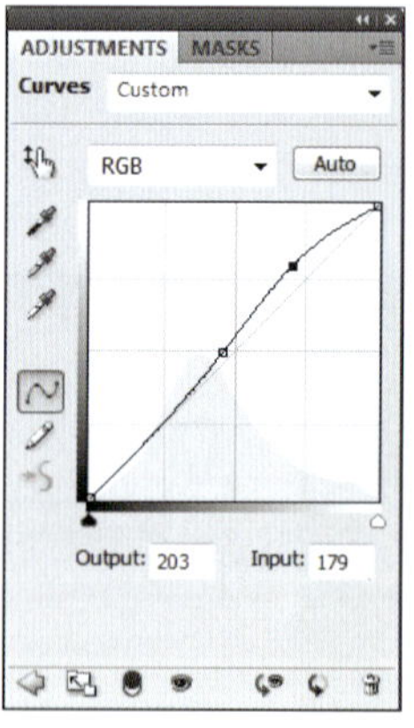

02 커브를 S자 형태로 만들면 콘트라스트가 높아지면서 채도 또한 높아집니다.

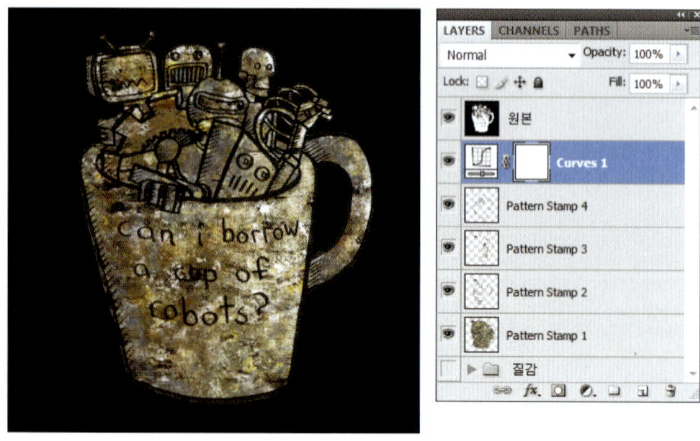

03 질감이 마음에 들지 않을 경우, 레이어의 순서를 바꾸거나 블렌딩 모드를 바꿔도 좋습니다.

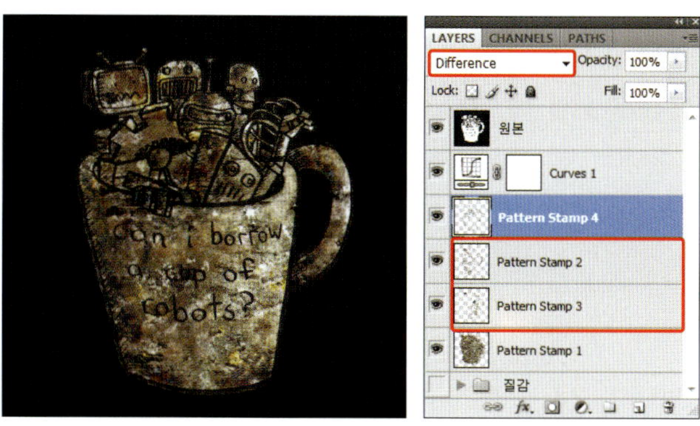

04 그림이 모두 완성되었습니다.

블렌딩 모드와 브러시 농도에 따른 이미지 결과

다음 그림은 각기 다른 블렌딩 모드와 브러시 농도를 사용해 작업한 예
제들입니다. 페인팅 관련 작업은 옵션 지정에 따른 변수가 많을 뿐만 아
니라 작업 스타일에 따라서도 차이가 나기 때문에 동일한 결과가 나오기
는 쉽지 않습니다. 전체적인 원리는 참고하되 자신만의 스타일을 살려서
작업하는 것이 바람직합니다.

PART 09

PHOTOSHOP · DESIGN · RECIPE

문자를 이용한 작업
Typography

문자는 정보를 전달한다는 고유의 역할에서 벗어나 디자인의 중요한 표현요소로 자리 잡은 지 오래입니다. 이번 파트에서는 Warp Text, Transform Again, Channel 등의 편리한 기능을 이용해 개성 있는 타이포그래피 작업을 연출하도록 하겠습니다.

SECTION 1

유리잔에 글자 **랩핑하기**

Warp Text는 Type 툴을 이용해 글자를 만들 때 옵션 바에 나타나는 기능입니다. Warp Text 기능을 이용하면 다양한 방법으로 글자의 형태를 변형할 수 있습니다. 이 기능의 장점은 글자가 변형되는 방식이나 강약을 옵션 지정을 통해 마음대로 조절할 수 있다는 점입니다. 이 예제에서는 Warp Text 기능을 이용해 유리잔 위에 글씨를 랩핑하도록 하겠습니다.

Part9\Sec1\원본.psd
Part9\Sec1\결과.psd

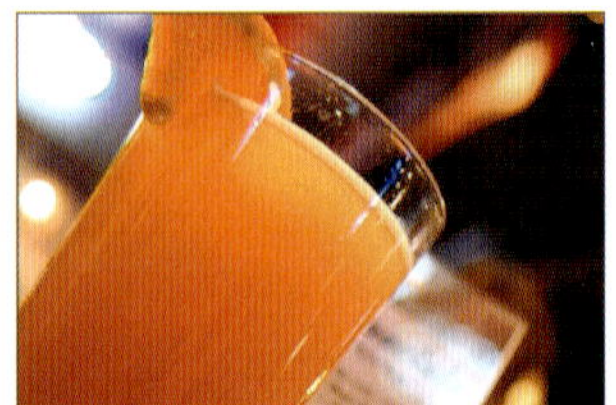

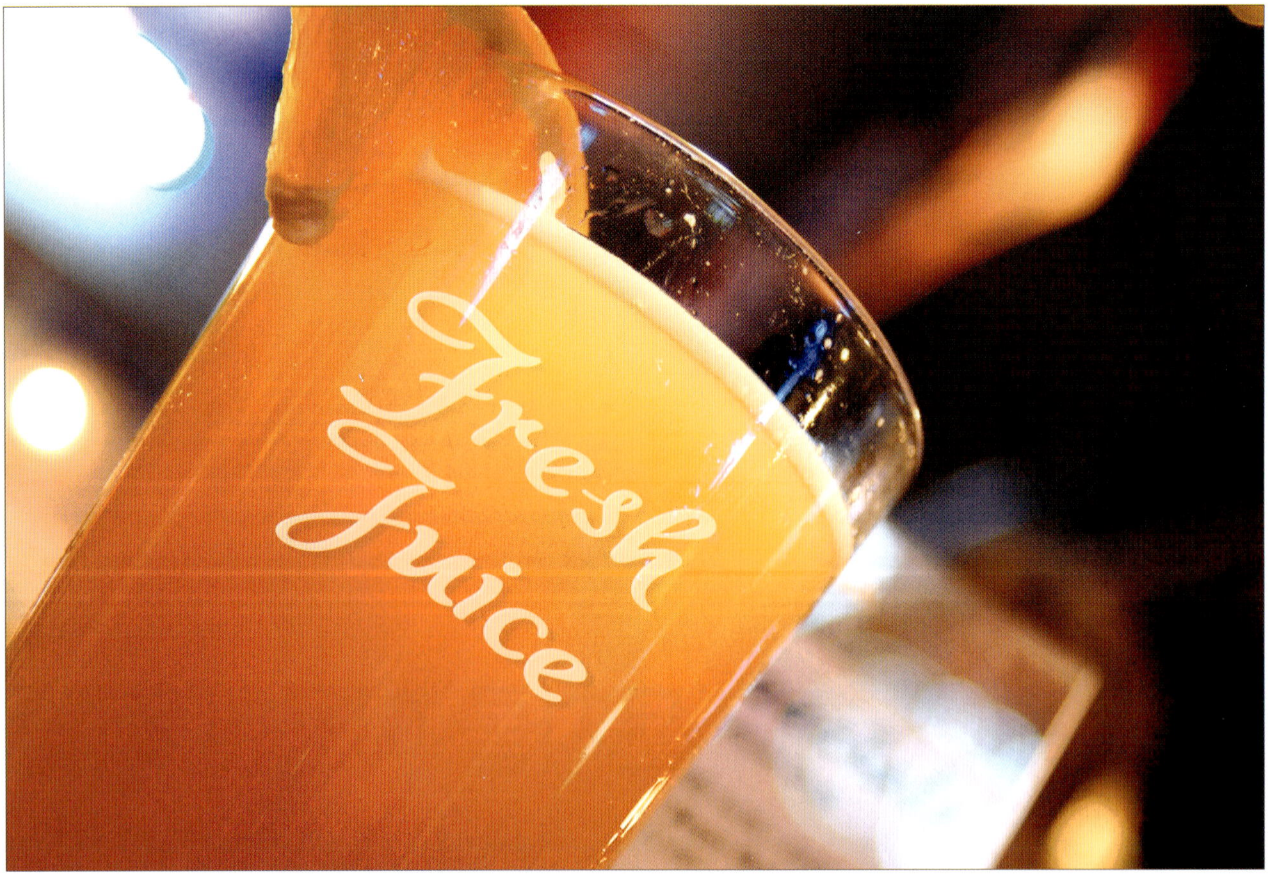

주요 사용 기능 Curves 조정 레이어, Screen 블렌딩 모드, Gradient 툴, Type 툴, Warp Text 기능 **난이도** ★★★★

소스 mfajardo by sa http://flickr.com/photos/mfajardo/389636145/

STEP 1 Curves 조정 레이어를 이용해 톤 조절하기

Photoshop Design

이 이미지에 있는 음료는 주스처럼 보이지만 사실은 '블루문'이라는 벨기에풍 맥주입니다. 노출이 오버된 탓에
실제보다 밝은 오렌지 빛으로 나왔습니다.

01 Ctrl+O를 눌러 예제 파일(원본.psd)을 엽니다.

◉ Part9\Sec1\원본.psd

02 [Curves] 조정 레이어를 하나 만들고, 블렌딩 모드를 Screen '80%'로 지정합니다. Curve 곡
선에는 아무런 조정도 하지 않았지만, 'Screen' 모드로 인해 밝아진 상태입니다. 유리잔 주변의
어두운 영역이 함께 밝아졌기 때문에 노이즈 입자도 살짝 보입니다. 레이어의 이름을 '컵 밝게'로 바꿉
니다.

01

02

랩핑

랩핑(Wrapping)은 어떤 물체를 싸거나 덮는 것을 말하는데, 보통 건물이나 벽 등에 디자인 제작물을 정교하게 부착하는 작업을 일
컫습니다. 이 예제에서 사용할 기능인 Warp는 '휘게 하다', '구부리다'는 뜻이므로 구분해야 합니다.

03 전경색을 검은색(#000000)으로 지정한 후, Gradient 툴(▮)을 선택하고 다음과 같이 옵션을 지정합니다.

Foreground to Transparent, Linear Gradient, Mode : Normal, Opacity : 100%

04 레이어 마스크를 잡고 바깥쪽에서 안쪽으로 드래그해서 바깥쪽이 어두워지게 그립니다. 마스크에서 어두운 영역은 효과가 나타나지 않는 부분이므로 해당 부분은 이미지의 원래 상태로 되돌아옵니다.

05 유리잔을 경계로 바깥쪽에서 안쪽으로 드래그해서 계속 그립니다. 그러데이션의 범위는 드래그하는 길이에 따라 결정됩니다.

06 ⌐Alt⌐를 누른 채로 레이어 마스크의 썸네일을 클릭해서 그려진 영역을 확인합니다.

07 다시 Alt 를 누른 채로 레이어 마스크 썸네일을 클릭해서 마스크를 빠져 나온 후, 이번엔 왼쪽 아래에서 안쪽 방향으로 길게 드래그합니다.

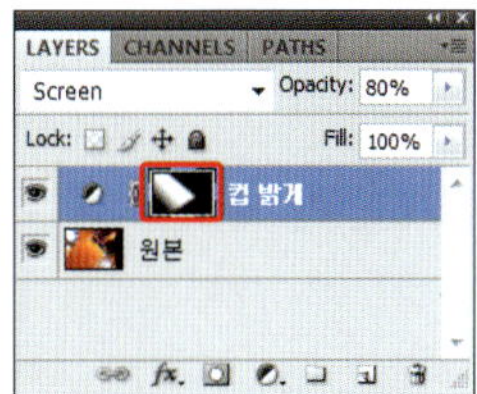

08 마지막으로 왼쪽 위에서 안쪽 방향으로 드래그합니다.

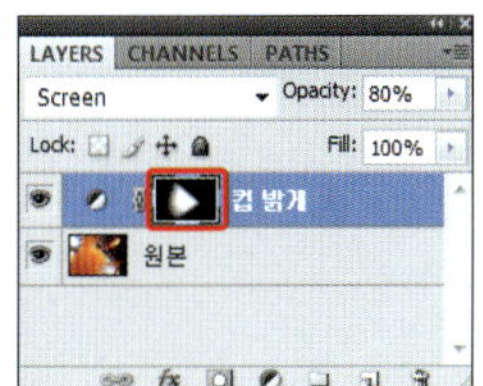

브러시 툴보다 Gradient 툴이 편리한 이유

브러시 툴을 이용하는 것보다 Gradient 툴(▨)을 이용하는 것이 편리한 이유는 넓은 범위를 분할 때는 브러시로 일일이 그리는 것보다 Gradient 툴로 드래그해서 그리는 것이 빠르기 때문입니다. 이러한 작업은 전체적인 흐름을 잡는 작업이므로 정교하게 그릴 필요는 없습니다.

두 번째 단계는 글자를 입력하고 글자의 기본적인 위치를 조절하는 작업입니다.

01 Horizontal Type 툴(T)을 선택하고 유리잔 한가운데를 클릭해서 'Fresh Juice' 라고 입력합니다. Ctrl + A 를 눌러 글자를 모두 선택한 후, 글자 옵션을 다음과 같이 지정합니다.

서체 : akaDora, 크기 : 70포인트, Horizontally Scale(평) : 110%, Color: #ffffff, 중앙정렬

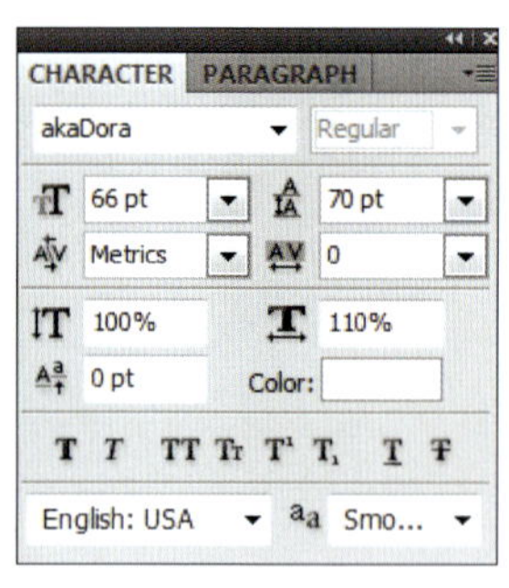

경쾌한 느낌의 스크립트체 'akaDora'

이 예제에 사용된 서체는 경쾌하고 발랄한 느낌이 드는 'akaDora'체입니다. 만약 동일한 서체가 없다면, 비슷한 느낌의 스크립트체를 대신 사용해도 좋습니다.

License : Freeware, 종류 : TrueType(.ttf)

http://www.abstractfonts.com/font/12767 ▶

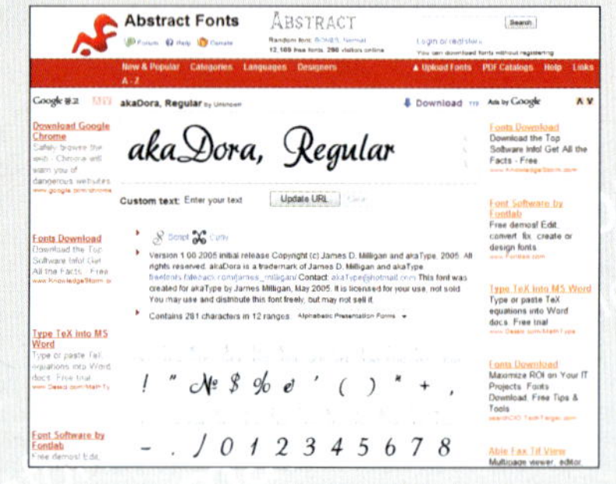

02 Ctrl + J 를 눌러 [Type] 레이어를 복제한 후, 'Fresh Juice' 레이어는 끕니다. 우선 유리잔과 글자의 기울기를 일치시켜야 하므로 Ctrl + T 를 눌러 시계 방향으로 '36도' 회전시킨 후 레이어의 이름을 '36도 회전' 으로 바꿉니다.

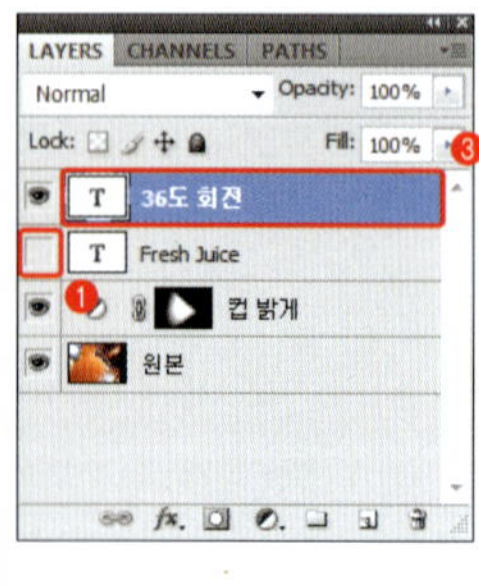

03 다시 `Ctrl`+`J`를 눌러 '36도 회전' 레이어를 복제한 후, '36도 회전' 레이어는 끕니다.

STEP 3 **Warp Text 기능으로 글자 형태 다듬기**
Photoshop Design

이번 단계는 [Warp Text] 기능으로 글자 형태를 다듬는 작업입니다. 현재 얹혀진 글자가 유리잔의 곡면 상태
와 일치하지 않기 때문에 [Warp Text] 기능을 이용해야만 글자의 형태를 바로 잡을 수 있습니다.

01 Horizontal Type 툴(T)이 선택되었는지 확인하고, 옵션 바에 위치한 [Create Warped Text]
버튼(T)을 클릭합니다.

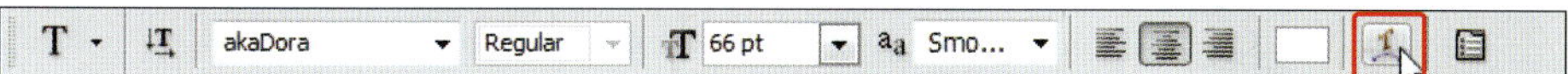

02 [Warp Text] 대화상자가 나타나면, Style을 [Acr], [Horizontal] 방식으로 지정하고, **Bend +17%**,
Vertical Distortion +19%를 입력한 후 [OK] 버튼을 클릭합니다.

03 효과가 적용되고 나면 [Type] 레이어의 썸네일이 (T)로 바뀝니다. 레이어의 이름을 'Warp'로
변경합니다.

02

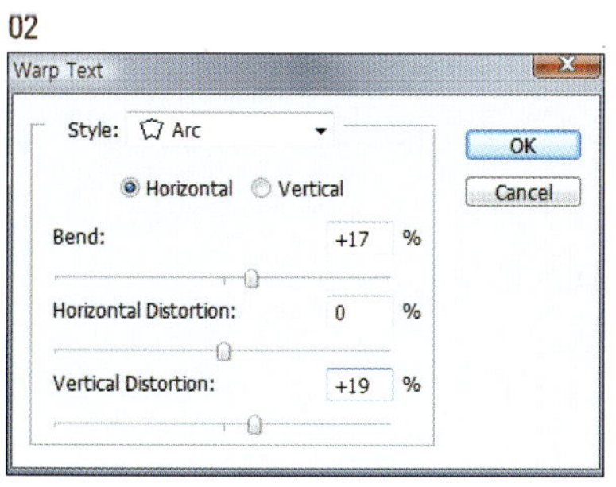

03

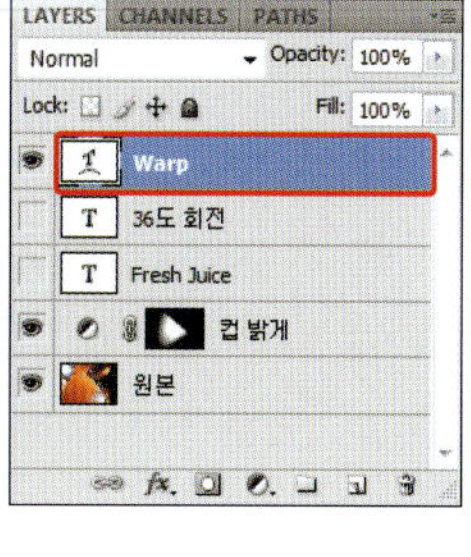

04 보다 사실적인 느낌을 위해 글자의 색상을 바꾸도록 하겠습니다. 먼저 전경색을 #d5c6b2로 바꾼 다음, [Alt]+[Shift]+[Delete]를 눌러 글자의 색을 바꿉니다. 그리고 레이어의 블렌딩 모드를 Screen '85%' 로 바꾼 후, 레이어 이름에 적용된 색상 수치를 표기합니다.

05 글자의 형태와 색상이 모두 정리되었으므로 이제 글자에 입체적인 효과를 만들 차례입니다. [Type] 레이어를 더블클릭해 [Layer Style] 대화상자로 들어갑니다. [Drop Shadow] 항목을 클릭해서 다음과 같이 옵션을 적용한 후 [OK] 버튼을 클릭합니다.

Blend Mode : Multiply 10% (#4a3539), Angle : 141도(Use Global Light), Distance : 10픽셀, Spread : 0%,

Size : 5픽셀, Contour : 그림 참조

06 확대해서 보면 글자 뒤쪽으로 가벼운 그림자가 생겨난 것을 알 수 있습니다.

04

05

06

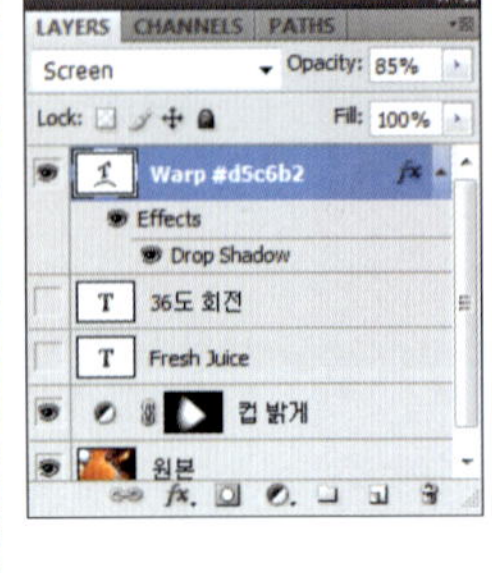

07 [Type] 레이어를 더블클릭해 다시 Layer Style 대화상자로 들어갑니다. 이번에는 글자 표면에
약간의 입체감을 주기 위해 [Bevel and Emboss] 항목을 체크하고 아래와 같이 옵션을 적용한
후 [OK] 버튼을 클릭합니다.

Style : Inner Bevel, Technique : Smooth, Depth : 100%, Direction : Up, Size : 4픽셀, Soften : 1픽셀, Angle :
141도, Altitude : 30도, Highlight Mode : Screen 75%, Shadow Mode : Multiply: 0%

08 글자 표면에 약간의 두께감이 생겨납니다.

07

08

09 이미지가 모두 완성되었습니다. 이 예제는 물체의 형태를 잘 살펴서 글자의 기울기와 굴곡이 잘
맞도록 조절하는 것이 포인트입니다.

2

휘어진 형태의
글자 만들기

이 예제는 Warp Text 기능을 이용해 글자의 형태를 자유롭게 변형할 뿐만 아니라 여러 개의 글자들을 겹쳐서 효과를 내고 있습니다. Warp Text 기능은 언제든지 그 효과를 재조정해도 픽셀이 손상되지 않기 때문에 편리합니다. 또한 글자의 내부와 배경에는 Layer Style의 Pattern Overlay 기능을 이용해 질감을 적용하고 있습니다. 이 방식은 Layer Style을 이용하지 않고 직접 패턴을 적용하는 것에 비해 상당히 융통성 있는 방식입니다.

Part9\Sec2\결과.psd

주요 사용 기능 Gradient 툴, Type 툴, Warp Text 기능, Layer Style 〉 Pattern Overlay, Stroke 항목　**난이도** ★★★★

STEP 1 Gradient 툴로 배경 만들기

Photoshop Design

이 예제의 첫 번째 단계는 Gradient 툴을 이용해 배경 주변부위를 어둡게 만드는 것입니다.

01 `Ctrl`+`O`를 눌러 예제 파일(바탕.psd)을 엽니다. 파일엔 [Solid Color] 레이어 하나만 있는 상태입니다. 새로운 레이어를 하나 만들고, 레이어의 이름을 '주변 어둡게' 라고 입력합니다.

⦿ Part9\Sec2\바탕.psd

02 전경색을 검은색(#000000)으로 지정한 후, Gradient 툴(▮)을 선택하고 다음과 같이 옵션을 지정합니다. [Reverse] 옵션은 효과를 반대로 적용하는 옵션입니다.

Foreground to Transparent, Radial Gradient, Mode : Normal, Opacity : 100%, Reverse

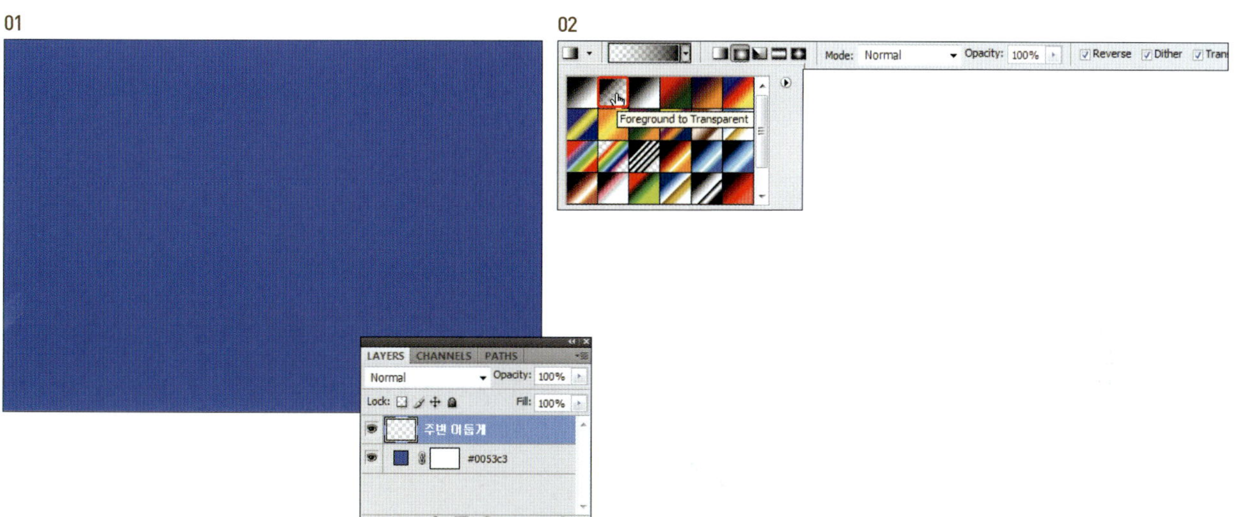

03 이미지 한가운데를 클릭하고 바깥쪽으로 끝까지 드래그합니다. [Reverse] 옵션을 켠 상태이므로 시작하는 점이 아닌 끝 부분이 어두워집니다.

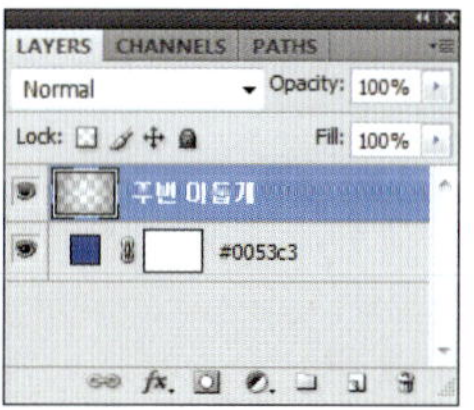

STEP 2　글자 입력하고 어간 조절하기

이 단계는 글자를 입력해 어간을 조절한 다음, 글자 변형에 앞서 미리 Type 레이어들을 만들어 놓는 과정입니다.

01 Horizontal Type 툴(T)을 선택하고 화면 한가운데를 클릭해서 'Every Breath You Take'라고 입력합니다.

02 Ctrl+A를 눌러 글자를 모두 선택한 후, 옵션을 다음과 같이 지정합니다.
서체 : Cocaine Sans, 크기 : 160포인트, Leading(행간) : 80포인트, Color : #ffffff, 중앙정렬

01

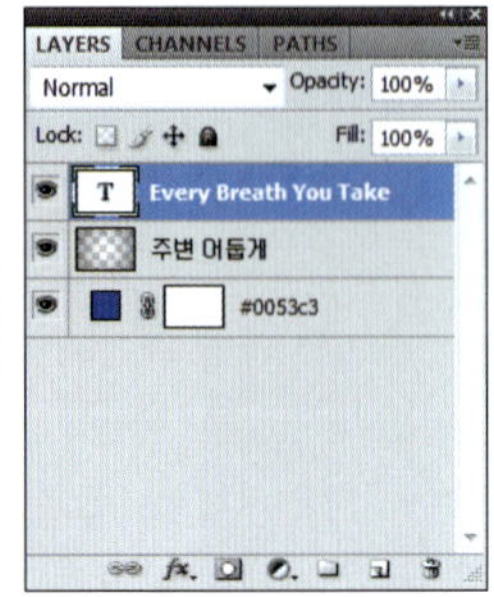

02

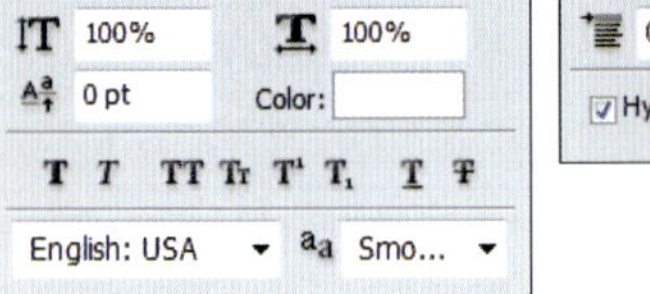

부식된 느낌이 드는 'Cocaine sans'체

이 예제에 사용된 서체는 자유롭지만 어둡고 부식된 느낌이 드는 'Cocaine sans'체입니다. 이러한 서체는 공포영화 포스터에 사용해도 잘 어울릴 것 같습니다. 대문자와 소문자의 디자인이 다르므로 섞어서 사용하면 재미있는 효과를 얻을 수 있습니다.

License : Shareware, 종류 : TrueType(.ttf)

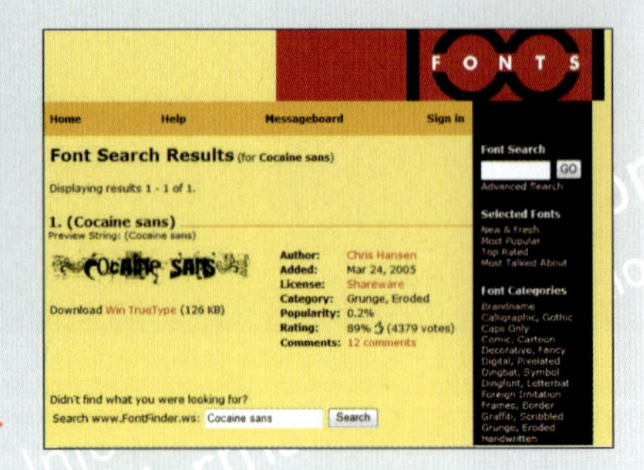

http://www.1001fonts.com/search.html?query=Cocaine+sans ▶

03 그런데 이 문장은 단어와 단어 사이의 간격인 어간(Word spacing)이 지나치게 커서 가독성이 떨어지는 상태입니다. 'Every'와 'Breath' 사이에 커서를 위치시키고 간격(AV)(Kerning)을 '-160'으로 조절합니다.

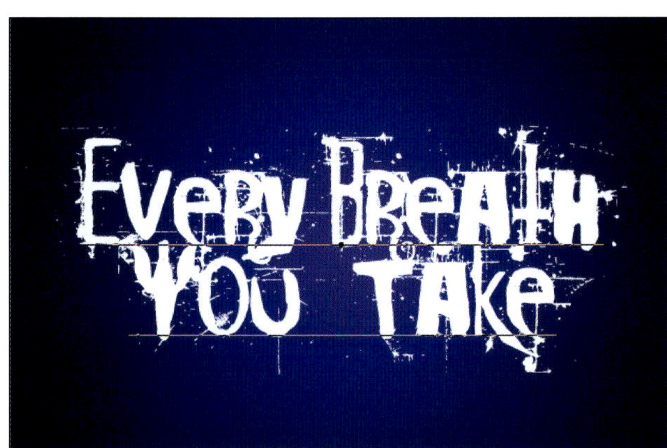

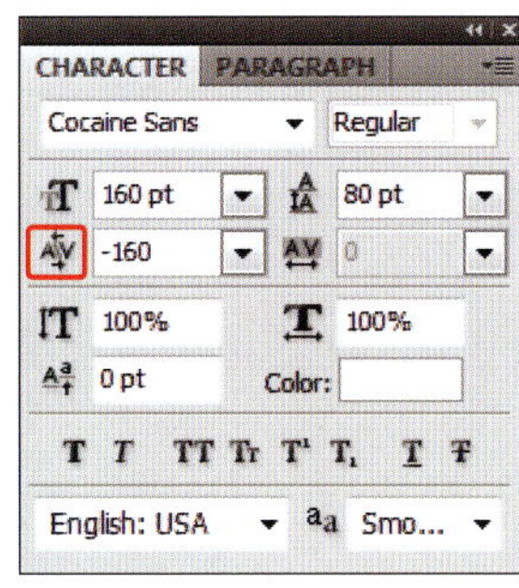

가독성이란?

가독성이란 책이나 웹 페이지처럼 문자로 이루어진 매체를 읽을 때, 쉽고 편하게 읽을 수 있는 정도를 나타내는 말입니다. 글자의 기본 디자인, 자간, 어간, 행간 등은 모두 가독성에 영향을 미치는 요소들입니다. 보통 영문 서체에서는 산세리프보다 세리프 계열 서체가 가독성이 높고, 한글 서체에서는 돋움(고딕)보다 바탕(명조)계열 서체들이 가독성이 높습니다. 단행본 등에서 세리프 계열 서체나 바탕 계열 서체들이 주로 사용되는 이유도 바로 가독성 때문입니다.

가독성이란 책이나 웹 페이지처럼 문자로 이루어진 매체를 읽을 때, 쉽고 편하게 읽을 수 있는 정도를 나타내는 말입니다.
글자의 기본디자인, 자간, 어간, 행간 등은 모두 가독성에 영향을 미치는 요소입니다.
보통 영문서체에서는 산세리프보다 세리프계열 서체가 가독성이 높고, 국문서체에서는 돋움(고딕)보다 바탕(명조)계열 서체들이 가독성이 높습니다.
단행본 등에서 세리프계열 서체와 바탕계열 서체들이 주로 사용되는 이유도 바로 가독성 때문입니다.

가독성이란 책이나 웹 페이지처럼 문자로 이루어진 매체를 읽을 때.
쉽고 편하게 읽을 수 있는 정도를 나타내는 말입니다.
글자의 기본디자인, 자간, 어간, 행간 등은 모두 가독성에 영향을 미치는 요소입니다.
보통 영문서체에서는 산세리프보다 세리프계열 서체가 가독성이 높고, 국문서체에서는 돋움(고딕)보다 바탕(명조)계열 서체들이 가독성이 높습니다.
단행본 등에서 세리프계열 서체와 바탕계열 서체들이 주로 사용되는 이유도 바로 가독성 때문입니다.

▲ 동일한 서체로 가독성을 낮게 배열한 경우   ▲ 가독성을 높게 배열한 경우

04 마찬가지로 'You'와 'Take' 사이의 간격도 '-160'으로 조절합니다. 조정이 끝나면 Enter 를 눌러 글자 입력 모드를 종료합니다.

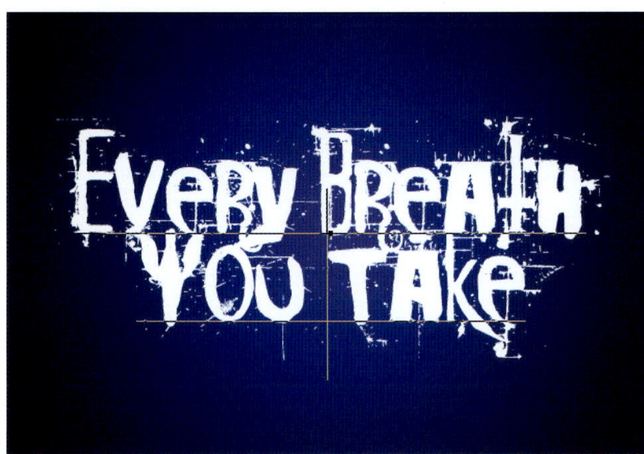

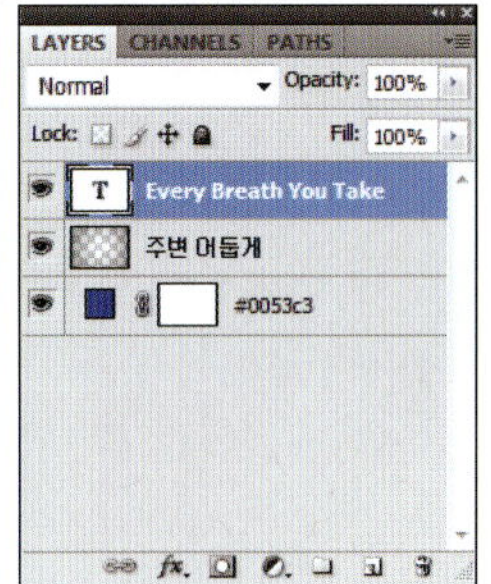

05 [Type] 레이어에 다양한 효과를 적용하려면 레이어가 여러 개 필요합니다. Ctrl + J 를 3번 눌러 레이어를 복제합니다.

06 Shift 나 Ctrl 을 누른 채로 복제된 레이어를 모두 선택한 후, Ctrl + G 를 눌러 그룹으로 만듭니다.

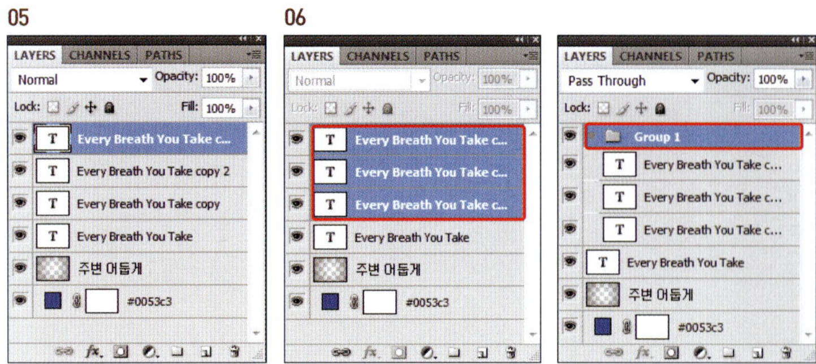

STEP 3 Warp Text 기능으로 글자 변형하기

이 단계는 미리 만들어놓은 글자에 [Warp Text] 기능을 적용해 변형하는 과정입니다. 변형할 글자는 총 3종이며, 기본 작업 사이클을 파악한 다음 작업하면 효과적인 작업이 가능합니다.

01 배경이 되는 레이어를 제외한 나머지 [Type] 레이어들은 모두 끄고 맨 위에 있는 레이어만 켠 후, 레이어 썸네일을 더블클릭하여 글자를 모두 선택합니다.

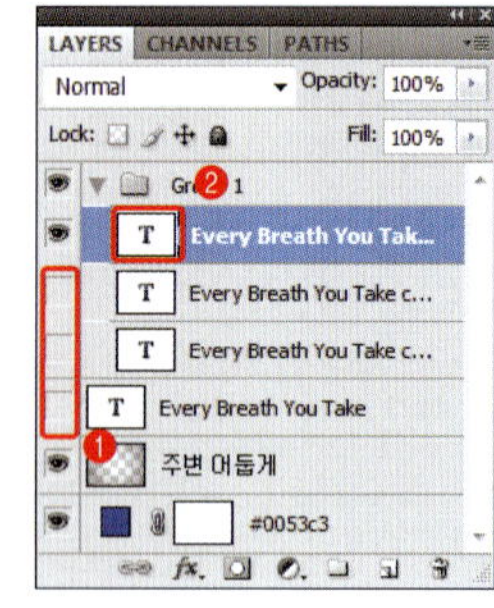

02 옵션 바에 위치한 [Create Warped Text] 버튼(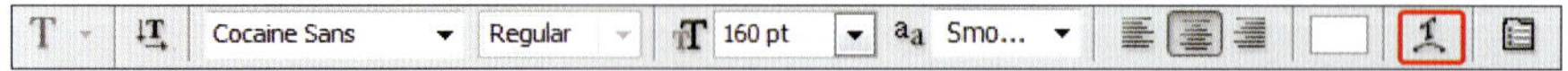)을 클릭합니다.

03 [Warp Text] 대화상자가 나타나면, Style을 [Flag], [Horizontal] 방식으로 지정하고, Bend '+20%'를 설정한 후, [OK] 버튼을 클릭합니다.

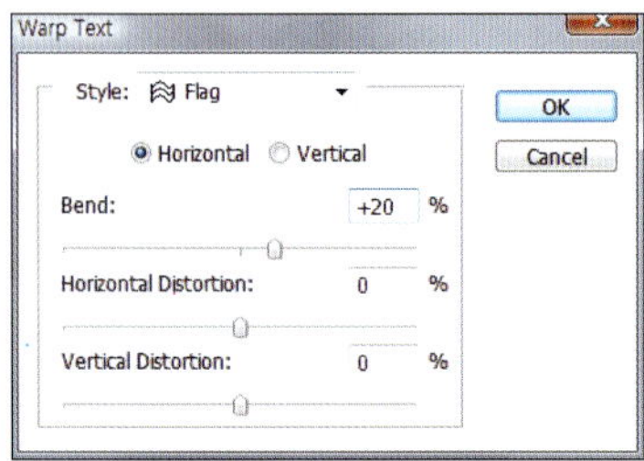

04 효과가 적용되면 [Type] 레이어의 썸네일이 바뀝니다. 레이어의 이름을 'Flag Horizontal Bend +20'으로 바꿉니다. 여기까지가 [Warp Text] 기능을 이용해 글자를 변형하는 하나의 사이클입니다.

05 이번엔 두 번째 위치한 레이어를 선택하고 전경색을 검은색으로 바꾼 후, Alt + Shift +Delete 를 눌러 채웁니다.

04

05

06 레이어 썸네일을 더블클릭하여 글자를 모두 선택합니다.

07 [Create Warped Text] 버튼(🔲)을 클릭한 후, [Warp Text] 대화상자가 나타나면, Style을 [Twist]로 지정하고 Bend '+20%'를 설정한 후, [OK] 버튼을 클릭합니다.

06

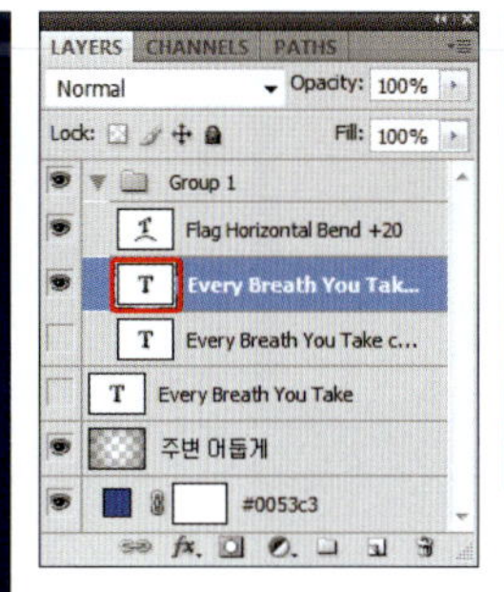

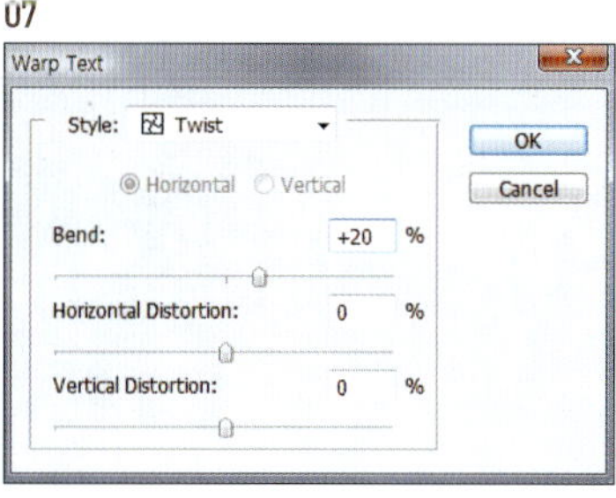

08 효과가 적용되면 [Type] 레이어의 썸네일이 바뀝니다. 레이어의 이름을 'Twist +20'으로 바꿉니다.

09 마지막으로 세 번째 위치한 레이어를 켜고 마찬가지로 `Alt` + `Shift` + `Delete` 를 눌러 검은색으로 채웁니다.

08

09

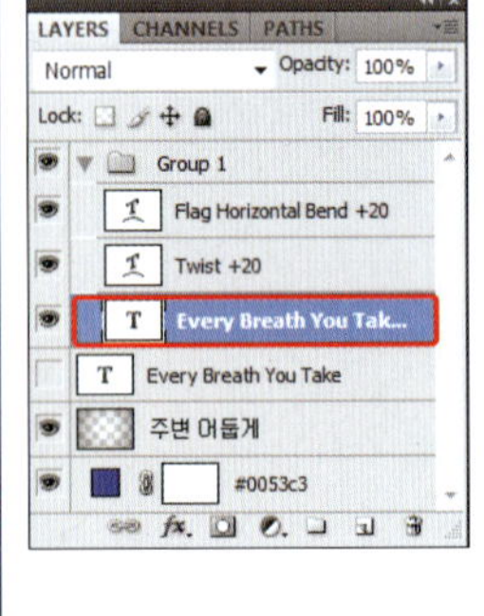

10 레이어 썸네일을 더블클릭해 글자를 모두 선택합니다.

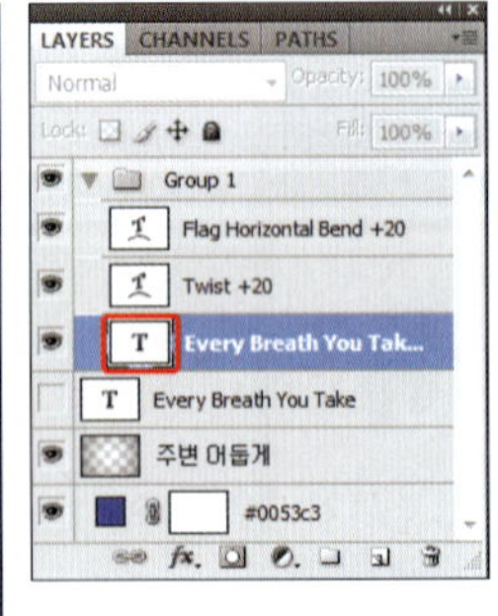

11 다시 [Create Warped Text] 버튼을 클릭한 후, [Warp Text] 대화상자가 나타나면, Style을 [Squeeze], [Horizontal]로 지정하고, Bend '+50%'로 설정한 후, [OK] 버튼을 클릭합니다.

12 효과가 적용되면 [Type] 레이어의 썸네일이 바뀝니다. 레이어의 이름을 'Squeeze Horizontal Bend +50'으로 바꿉니다. 이제 글자 변형을 모두 마쳤습니다.

11

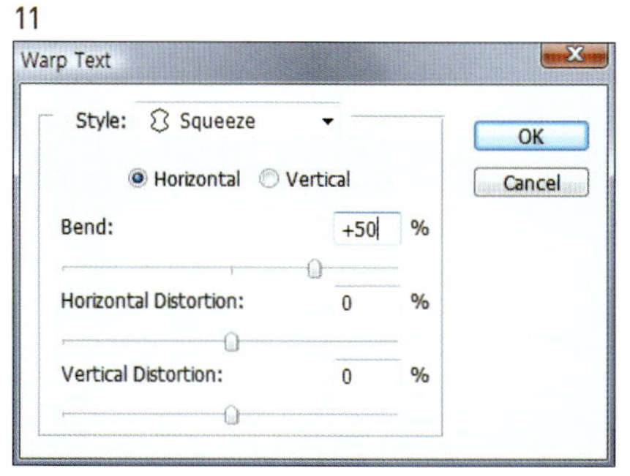

12

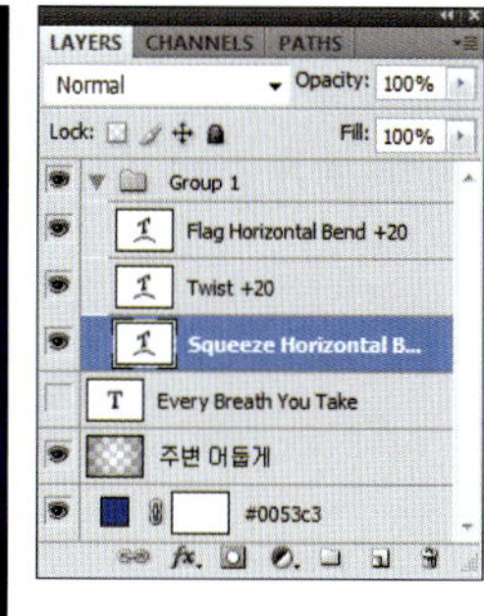

형태를 변형한 여러 개의 [Type] 레이어를 겹쳐 사용하면, 하나의 [Type] 레이어를 사용하는 것에 비해 공간감이 생기기 때문에 글자를 강조하는 효과를 얻을 수 있습니다.

STEP 4 글자의 내부 질감 표현하기
Photoshop Design

글자의 형태가 모두 완성되었으므로 글자 내부의 질감을 표현할 차례입니다.

01 전경색을 분홍색(#f49ac1)으로 바꾸고, 맨 위에 있는 레이어를 클릭한 후, Alt + Shift +Delete 를 눌러 분홍색으로 채웁니다.

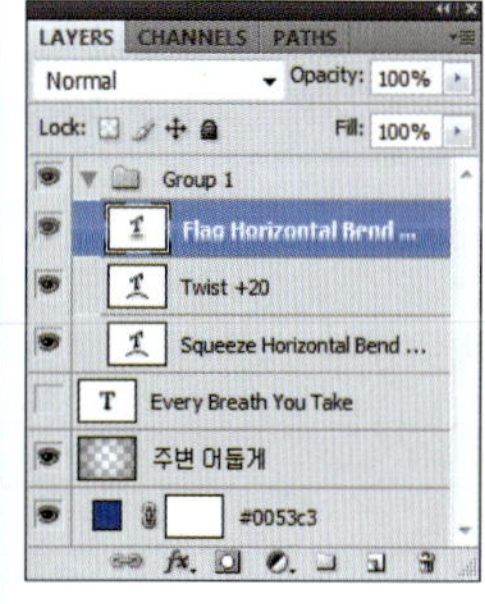

올리브그린 색 계열의 'Greenery' 패턴

이 예제에서 사용된 패턴은 자연의 느낌을 살린 올리브그린 색 계열입니다. 이 패턴은 무료이므로, 서비스를 제공하는 사이트에서 다운로드 한 후 압축을 풀어둡니다.

http://www.chainstyle.com/free_patterns.html ▶

02 레이어를 더블클릭해 [Layer Style] 대화상자로 들어간 후, [Pattern Overlay] 항목을 클릭합니다. 그리고 Pattern Picker를 클릭한 후, 나타나는 메뉴에서 [Load Patterns]를 선택합니다. 이 메뉴를 이용하면 외부에 있는 패턴(.pat)을 불러올 수 있습니다.

03 Load 대화상자가 나타나면 예제에서 패턴(greenery.pat)을 선택하고 [Load] 버튼을 클릭합니다. ◉ Part9\Sec2\greenery.pat

02　　　　　　　　　　　**03**

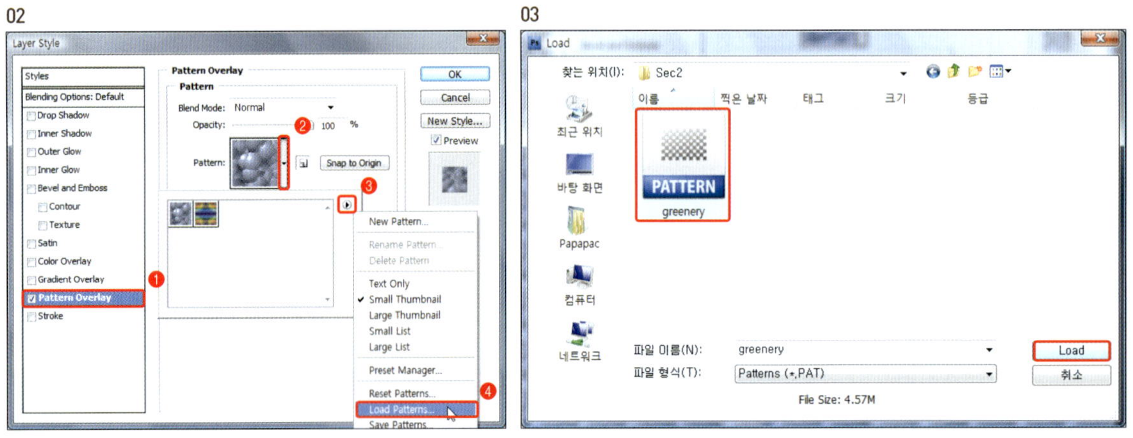

04 패턴이 추가되면 그림과 같이 가운데 아래 쪽에 있는 'Pinwheel' 패턴으로 교체합니다.

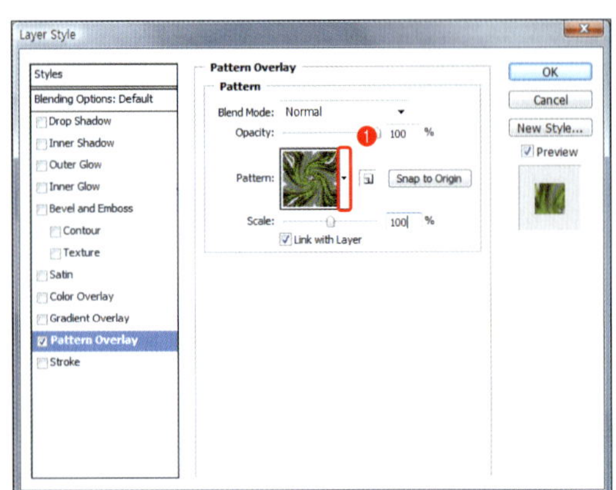

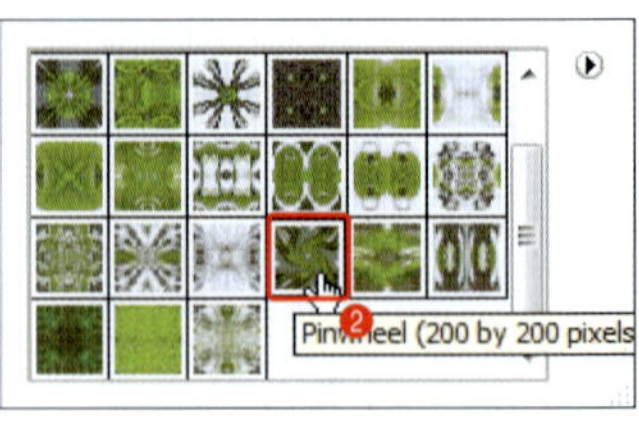

05 패턴이 바뀝니다. [Layer Style] 대화상자는 아직 닫지 않은 상태입니다.

06 다른 옵션은 그대로 둔 채, 패턴의 Blend Mode를 Color Burn '100%' 로 바꿉니다.

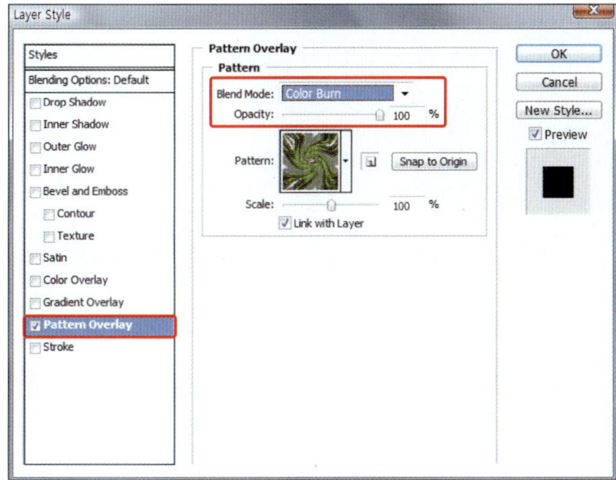

07 패턴의 색감이 바뀝니다.

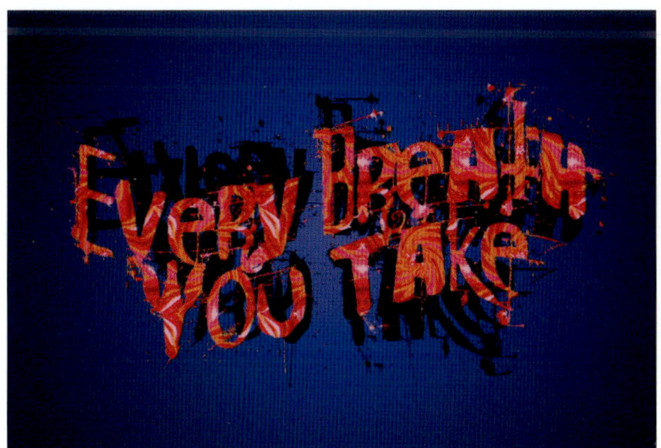

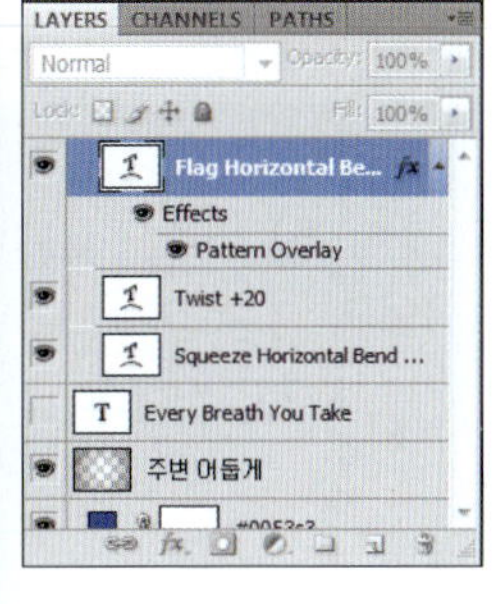

이제 마지막 단계입니다. 이번 단계에서는 [Stroke] 항목을 지정해 글자 외곽선에 두께를 지정하고, 배경이 되는 레이어에 다시 한번 [Pattern Overlay]를 지정해 작업을 마무리하도록 하겠습니다.

01 [Stroke] 항목을 클릭한 후, 아래와 같이 옵션을 지정합니다.
Structure 〉 Size : 2픽셀, Position : Center, Blend Mode : Normal, Opacity : 100%, Fill Type : Color, Color : #b9b8a1

02 글자의 테두리에 2픽셀 두께의 외곽선이 적용됩니다.

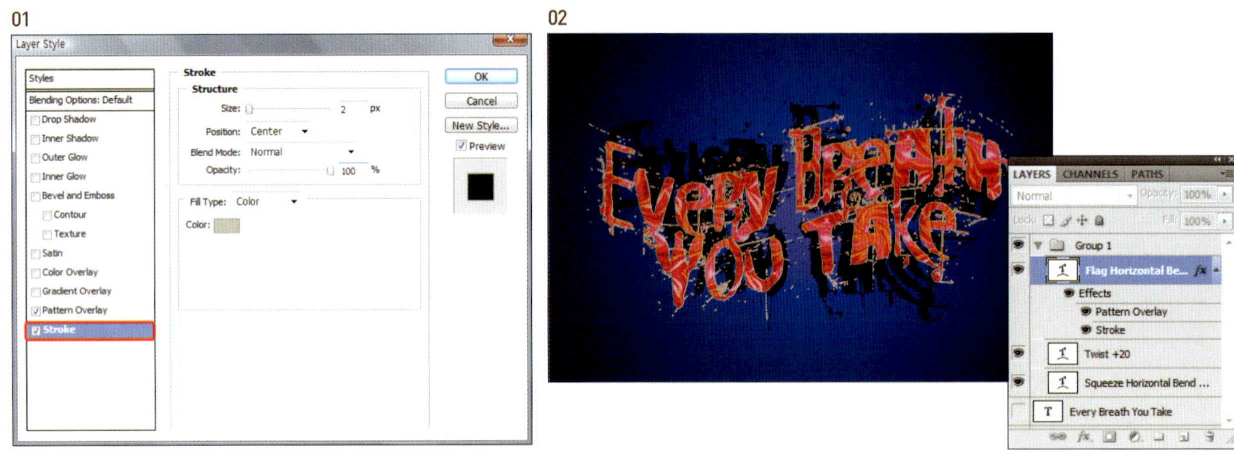

03 이제 'Group 1' 그룹을 선택하고 `Ctrl`+`T`를 눌러 글자들을 '-5도' 회전하고 `Enter`를 누릅니다. 이렇게 각도를 기울이면 좀더 역동적인 효과를 얻을 수 있습니다.

04 맨 아래 위치한 레이어 '#0053c3'를 더블클릭해 [Layer Style] 대화상자로 들어갑니다. 글자에 적용한 것과 마찬가지로 [Pattern Overlay] 항목을 클릭하고 동일한 패턴을 지정하되 블렌딩 모드는 Luminosity '80%'로 지정합니다.

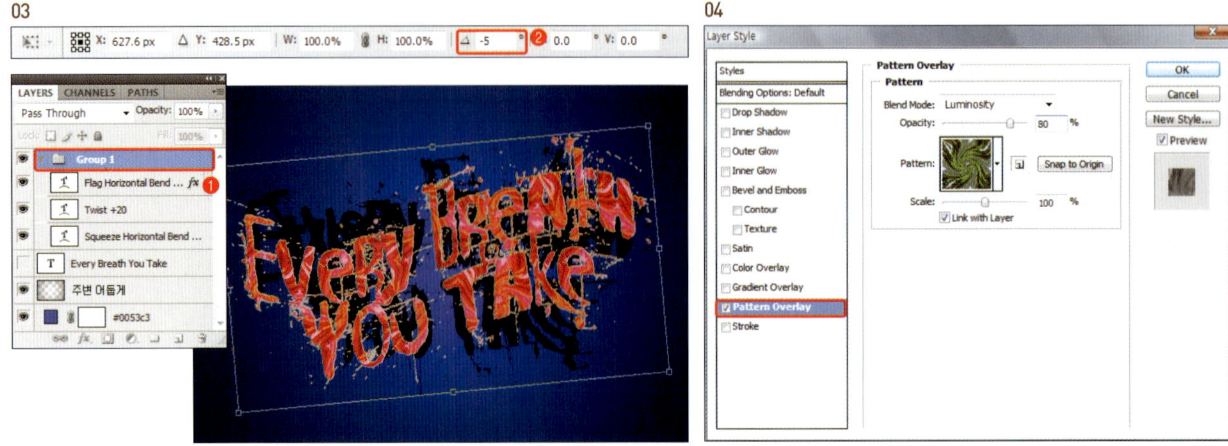

05 배경에 패턴이 적용됩니다.

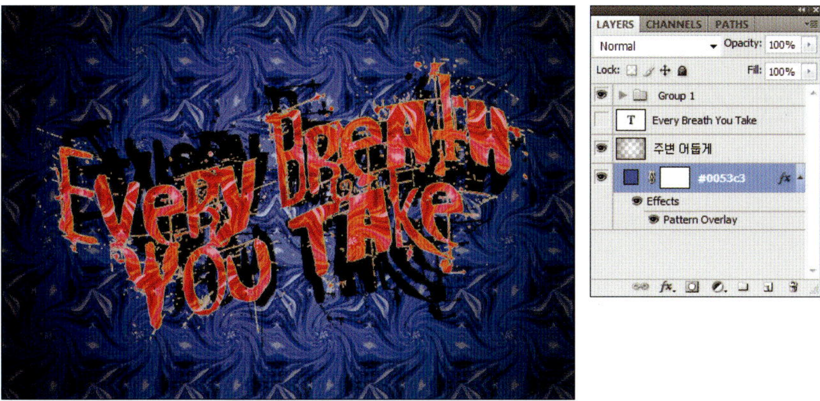

06 모두 완성되었습니다. [Warp Text] 기능을 적용한 글자들은 작업 후 언제라도 형태를 재조정할 수 있다는 장점이 있습니다.

원근감이 적용된 문자 만들기

상당수의 이미지에는 원근감이 존재합니다. 그리고 원근감이 드러난 이미지 중에는 소실점이 나타나는 경우도 있습니다. 소실점이란 사물의 위치가 우리 눈에서 가장 멀어져 하나로 모아지는 지점을 말하는데, 어떤 시점과 시점을 연결하여 연장선을 그으면 서로 만나는 지점에 위치합니다. 이번 예제는 소실점을 따라 글자를 배치하는 작업입니다. 이 과정에서 Guide를 활용하는 법과 Transform Again(반복 변형) 명령을 활용하는 법, Path 툴을 이용해 소실점에 따른 투시를 만드는 법 등에 대해 살펴보도록 하겠습니다.

Part9\Sec3\원본.psd
Part9\Sec3\결과.psd

주요 사용 기능 Lock transparent pixels 옵션, Motion Blur 필터, Path 툴(Stroke Path), Transform Again 기능　난이도 ★★★★

소스 eschipul by sa http://flickr.com/photos/eschipul/438296669/in/set-72157594529825189/

STEP 1 Guide에 따라 글자 입력하기
Photoshop Design

이 예제의 첫 번째 단계는 여러 개의 [Type] 레이어를 이용해 하나의 글자세트를 만드는 것입니다. 이것을 위해서는 기존에 만들어 놓은 Guide를 따라 글자의 위치를 잘 정돈해야 합니다.

01 Ctrl + O 를 눌러 예제 파일(원본.psd)을 엽니다. 파일이 열리면 문자 작업을 위해 미리 만들어둔 Guide가 보입니다.

◉ Part9\Sec3\원본.psd

02 Horizontal Type 툴(T)을 선택하고 가이드에 맞춰 'For a new' 라고 입력합니다.

03 Ctrl + A 를 눌러 글자를 모두 선택한 후, 옵션을 다음과 같이 지정하고 Enter 를 누릅니다.
서체 : Big Noodle Titling, 크기 : 66포인트, Color : #e0922f, 좌측정렬

> **TiP** 문자 작업 입력 글자를 Guide에 맞추려면 Ctrl 을 누른 채로 드래그합니다.

01

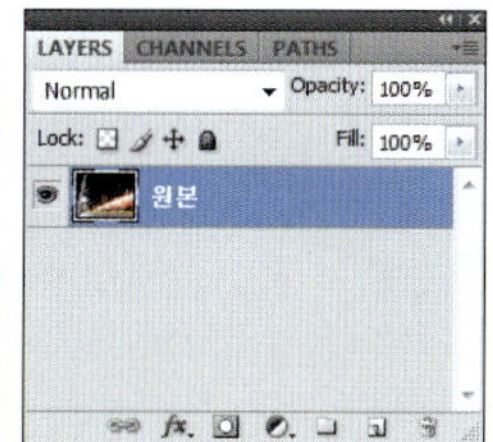

02

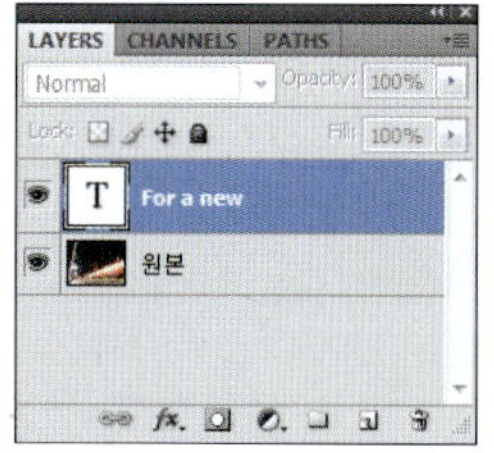

03
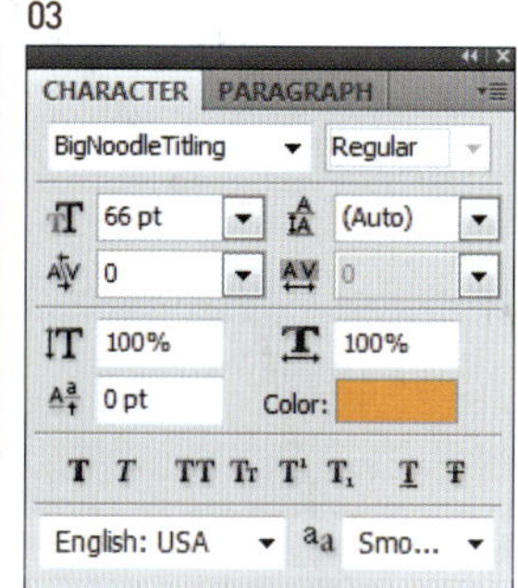

Condensed 스타일의 헤드라인체 'Big Noodle Titling"

이 예제에서 사용된 서체는 영화포스터 등에서 자주 사용되는 Condensed 스타일의 헤드라인체입니다. 해당사이트에 있는 'Custom Preview' 창에 사용할 글자를 입력하면 미리보기가 가능합니다. 만약 동일한 서체가 없다면, 글자의 비례가 비슷한 서체를 대신 사용해도 좋습니다.

License : Freeware, 종류 : TrueType(.ttf)

http://www.urbanfonts.com/fonts/BigNoodleTitling.htm ▶

04 Type 툴 상태에서 다시 한 번 가이드에 맞춰 'Transportation'이라고 입력합니다. 이때 기존에 만들어진 [Type] 레이어가 선택되지 않도록 주의합니다. 다른 옵션들은 그대로 둔 채, 크기만 '38' 포인트로 바꿔서 위 글자와 동일한 폭으로 맞추고 Enter 를 누릅니다.

05 한번 더 가이드에 따라 'AGE'라고 입력합니다. 다른 옵션들은 그대로 둔 채, 크기만 '116' 포인트로 바꿔서 나머지 글자와 폭을 맞춥니다. 이렇게 해서 글자 한 세트가 만들어졌습니다.

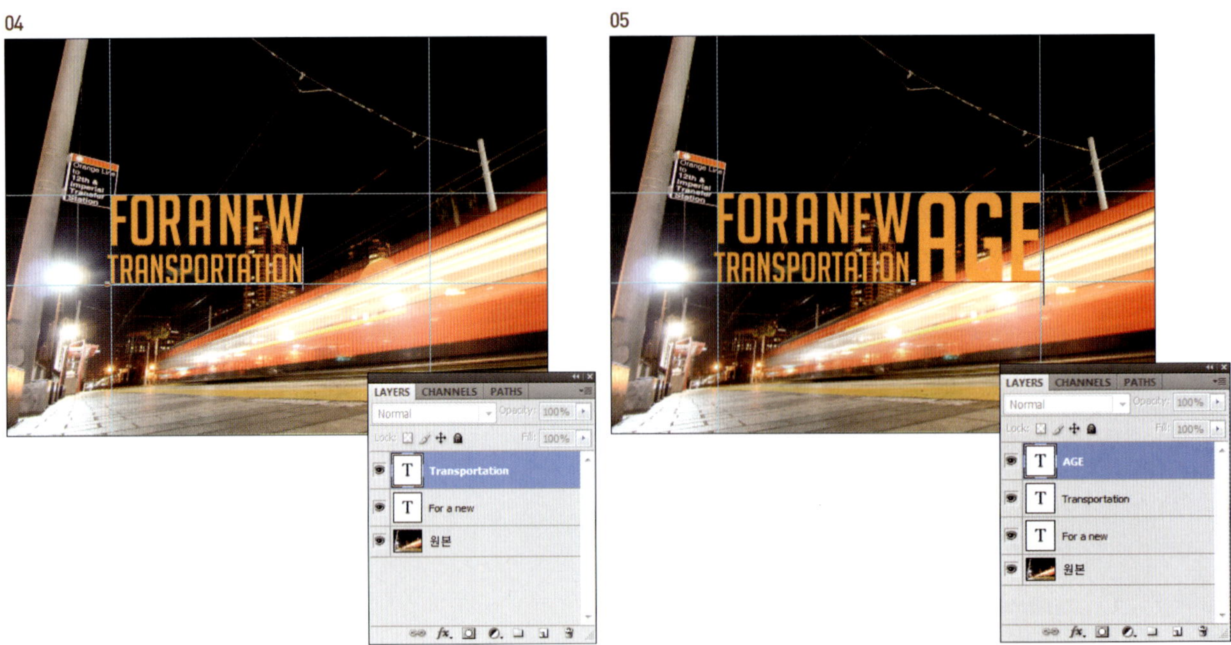

STEP 2 레이어를 그룹으로 만들기

Photoshop Design

빠르고 편리한 작업을 위해 글자들을 하나의 그룹으로 묶도록 하겠습니다. 레이어의 개수가 늘어나면 그룹을 만들어 관리하는 것이 훨씬 더 효율적입니다.

01 Shift 나 Ctrl 을 누른 채로 [Type] 레이어들을 클릭해 모두 선택합니다. 그런 다음, Ctrl + G 를 눌러 하나의 그룹으로 만듭니다. 그룹이름은 '글자'로 정합니다.

02 '글자' 그룹을 클릭한 상태에서 '새로운 레이어 만들기' 아이콘( ) 위로 드래그하여 복제합니다. 그룹이 복제되면 한번 더 드래그해서 추가 복제합니다. '글자' 그룹이 총 3개가 됩니다.

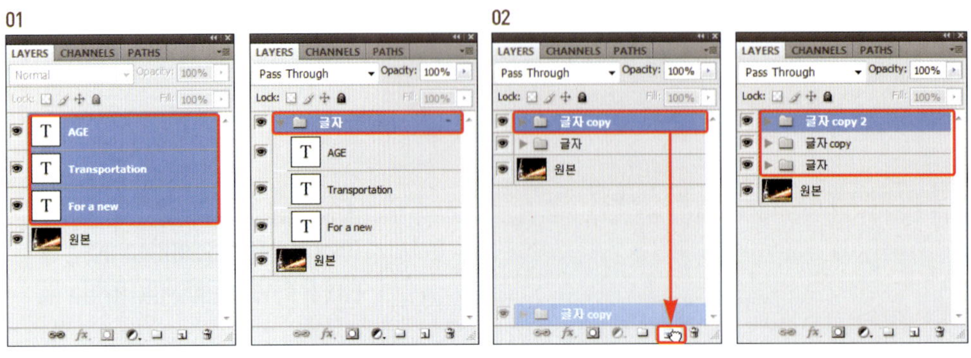

STEP 3 문자 재배치하기
Photoshop Design

이번 단계에서는 첫 번째 그룹인 '글자' 그룹은 원 상태를 유지한 채, 두 번째 그룹과 세 번째 그룹의 글자 배치에 변화를 주도록 하겠습니다.

01 '원본' 레이어와 '글자 copy' 그룹만 켠 상태에서, Move 툴(▶+)을 선택해 내부에 있는 [Type] 레이어들의 위치를 그림과 같이 각각 조정합니다.

02 이번엔 '글자 copy 2' 그룹만 켠 채로, 내부에 있는 [Type] 레이어들의 위치를 그림처럼 각각 조정합니다. 이렇게 글자의 위치를 다르게 조정하는 이유는 '글자' 그룹 주변에 여러 개의 글자들이 서로 겹쳐지는 효과를 연출하기 위함입니다.

01

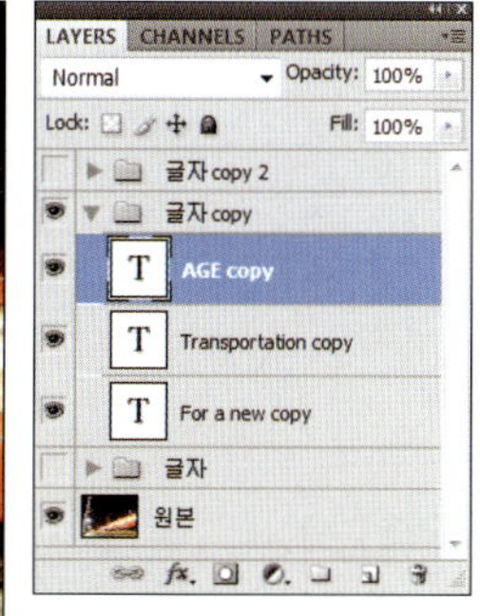

02
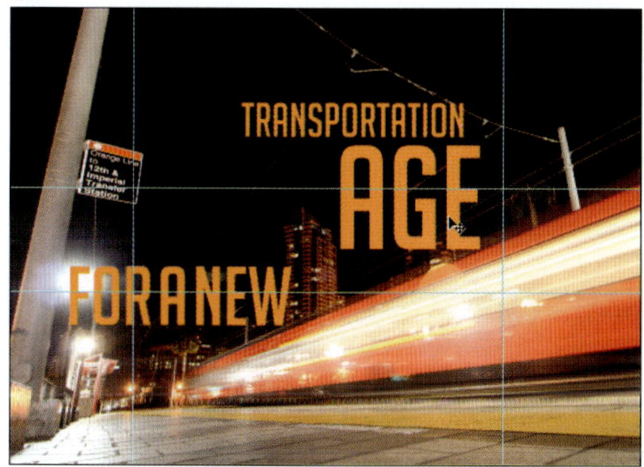

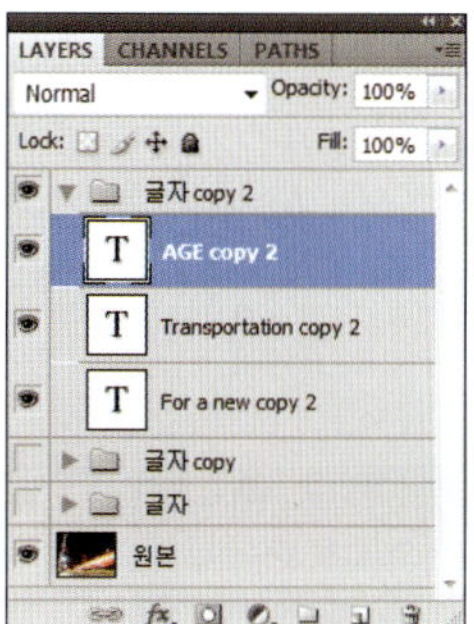

Move 툴로 레이어를 선택하는 방식

Move 툴(▶+)을 선택한 상태에서 옵션 바를 살펴보면, 선택 방식을 정하는 옵션이 있습니다. 주로 그룹 단위로 작업한다면 'Group' 방식을 선택하면 되지만, 그렇지 않은 경우라면 'Layer' 방식을 선택하는 것이 좋습니다. 또한 [Auto-Select] 옵션을 체크하게 되면 레이어를 별도로 선택하지 않아도 클릭한 영역이 곧바로 선택되므로 레이어를 옮기는 작업이 많은 경우에 사용하면 편리합니다.

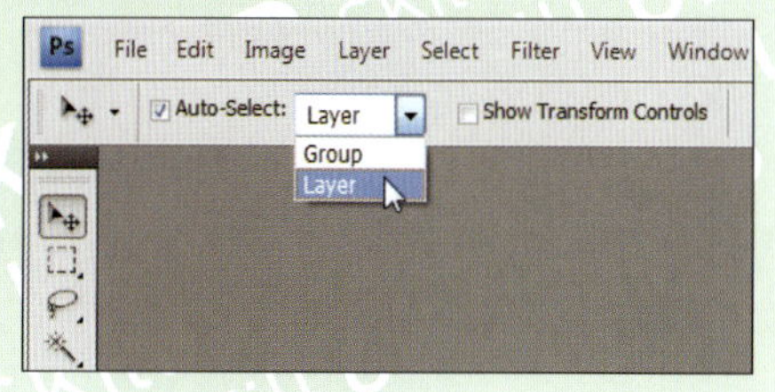

03 [Type] 레이어의 배치가 모두 끝났다면, [Shift]나 [Ctrl]을 누른 채로 '글자' 그룹들을 클릭해 모두 선택합니다. 그리고 'Create a New Layer (새로운 레이어 만들기)' 아이콘(□)위로 드래 그해서 복제합니다.

04 기존에 있던 그룹과 동일한 그룹이 한벌 더 생겨납니다. 복제된 그룹 중 하나인 '글자 copy 3' 그룹을 잡고 [Ctrl]+[E]를 눌러 결합합니다. 그리고 나머지 그룹들도 동일한 방법을 이용해 차 례대로 결합합니다. 이것은 그룹을 레이어 상태로 바꾸는 작업입니다.

03

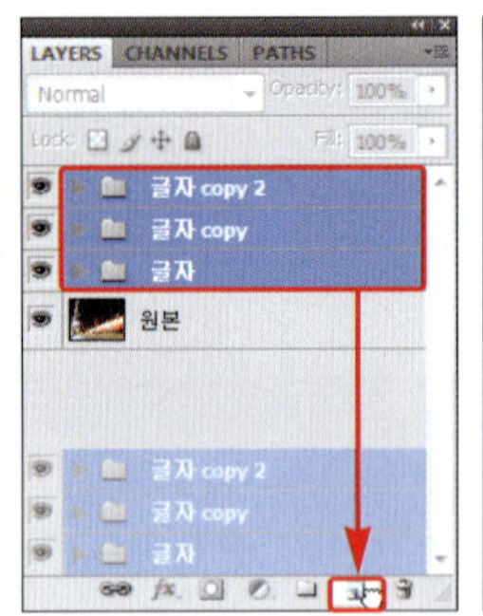

04

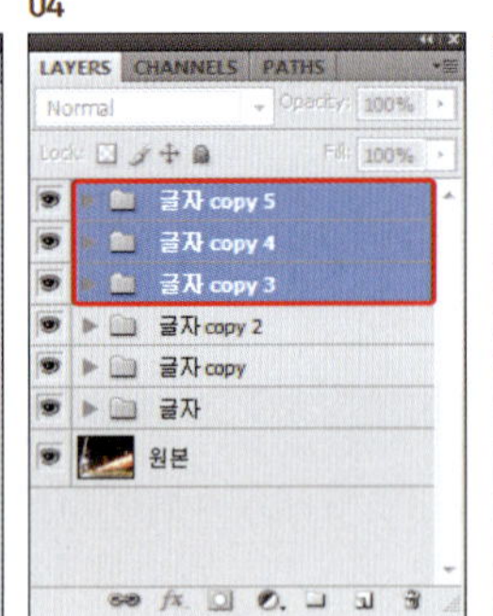
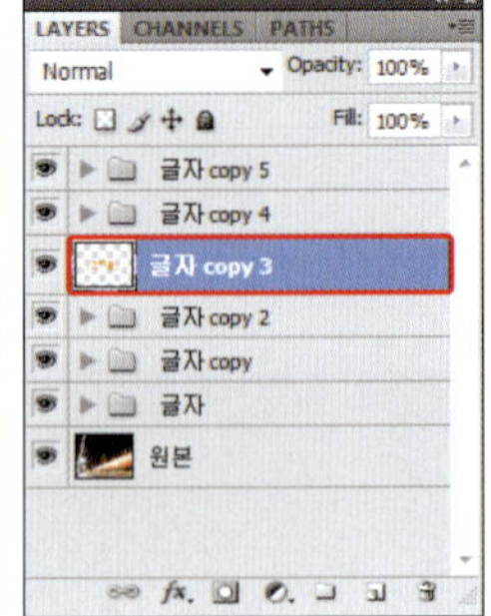

STEP 4 **문자에 그러데이션 적용하기**

이제 그룹의 내용과 동일한 레이어가 3개 만들어진 상태입니다. 그룹들은 모두 끄고 레이어들의 이름은 '기본 글자' 와 '주변 글자' 로 나누어 각각 아래와 같이 바꿉니다.

01 '주변 글자 1' 레이어를 클릭 후 [/]를 눌러 'Lock transparent pixels(픽셀의 투명도 유지)' (□) 옵션을 켭니다. 이 옵션을 지정하는 이유는 해당 레이어에서 글자 영역에만 그러데이션 효 과를 적용하기 위함입니다.

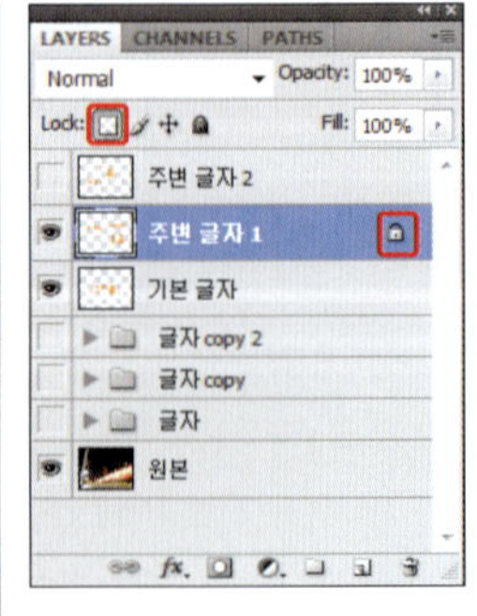

02 Gradient 툴(▮)을 선택하고 다음과 같이 옵션을 지정합니다.

(Blue, Red, Yellow), Linear Gradient, Mode : Normal, Opacity : 100%

03 [Shift]를 누른 채로 화면 왼쪽에서 오른쪽 방향으로 드래그합니다. 투명도는 유지된 채 색상만
바뀝니다. 여기까지가 글자 한 세트에 그러데이션을 적용하는 하나의 사이클입니다.

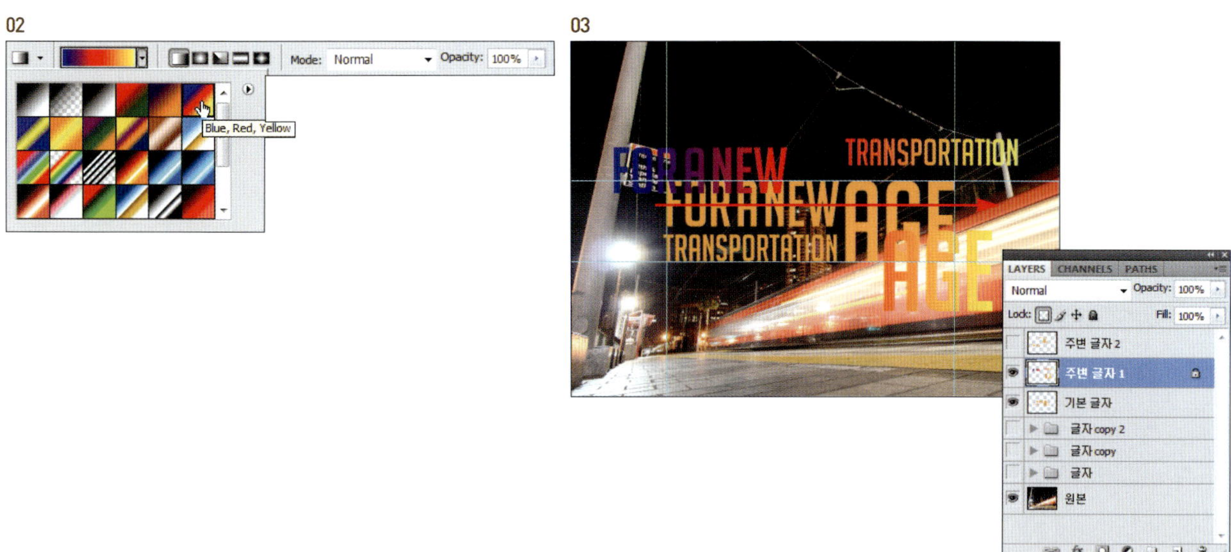

04 이번엔 '주변 글자 2' 레이어를 클릭 후, 다시 [/]를 누릅니다. Gradient 툴(▮)을 선택하고 다
음과 같이 옵션을 지정합니다.

(Red, Green), Linear Gradient, Mode : Normal, Opacity : 100%

05 이 레이어 또한 마찬가지 방법으로 [Shift]를 누른 채로 화면 왼쪽에서 오른쪽 방향으로 드래
그합니다.

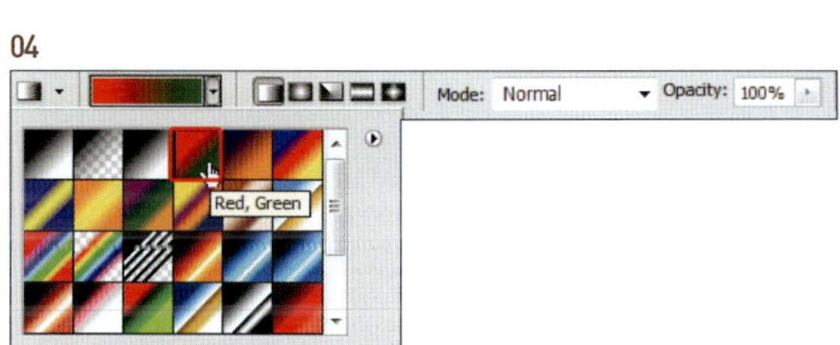

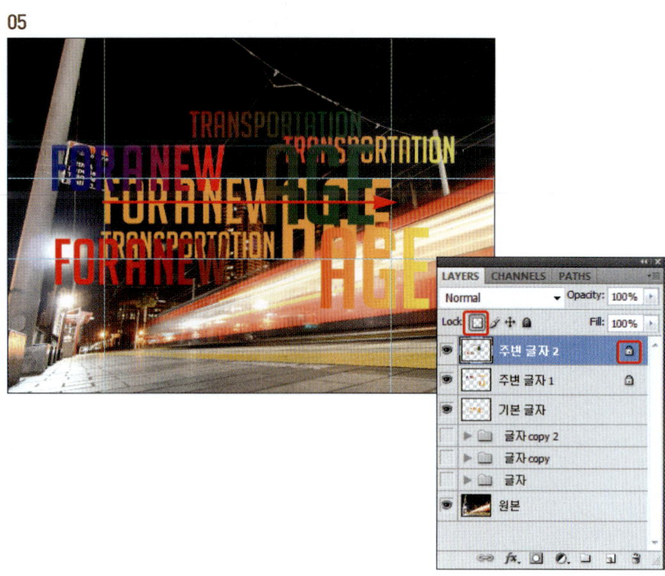

STEP 5　Motion Blur 효과 적용하기

이번 레이어에는 [Motion Blur] 필터를 적용해 속도감 있는 효과를 연출해보겠습니다.

01　[Lock transparent pixels] 옵션이 켜진 상태에서는 필터 효과가 제대로 적용되지 않으므로 `/`
　　를 눌러서 옵션을 끕니다.

02　Filter 〉 Blur 〉 Motion Blur를 선택해 대화상자가 나타나면 다음과 같이 옵션을 입력합니다.
　　Angle : 0도, Distance : 20 Pixels

03　필터 효과가 적용되었습니다.

01

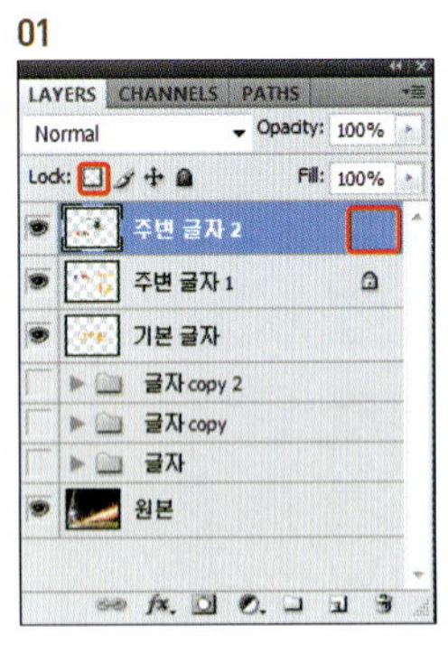

02

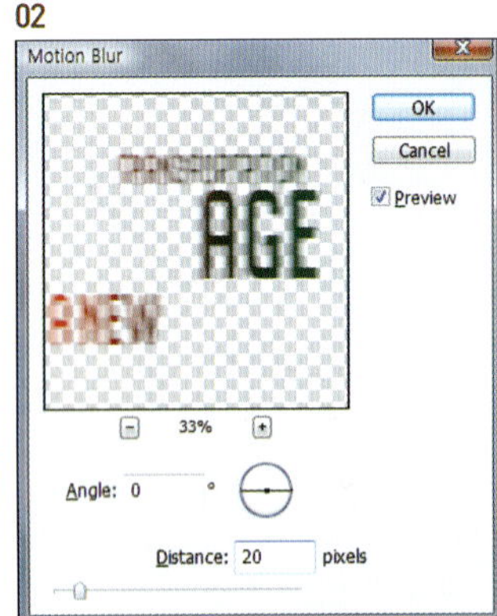

03

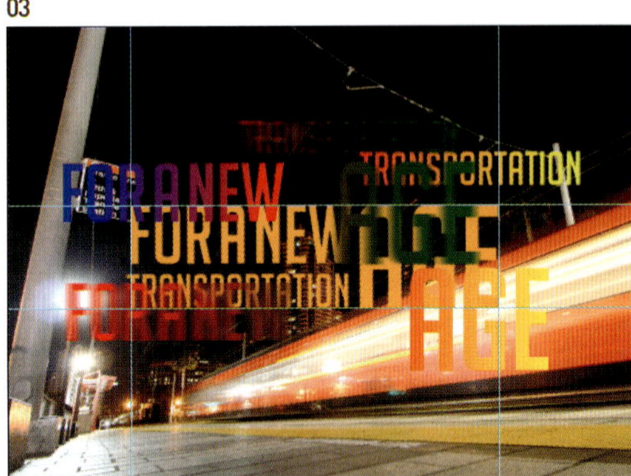

STEP 6　소실점 가이드를 만들고 글자 변형하기

이제 글자 배치 작업을 모두 마쳤으므로 소실점 가이드를 만들고, 그 소실점에 맞추어 글자를 변형하는 작업을
진행하도록 합니다.

01　'원본' 레이어를 제외한 나머지 레이어들을 모두 끈 후, `Ctrl`+`;`를 눌러 가이드를 숨기고,
　　새로운 레이어를 하나 만듭니다. 이후 [Layers] 패널과 [Paths] 패널을 서로 분리해 나란히 배열
합니다.

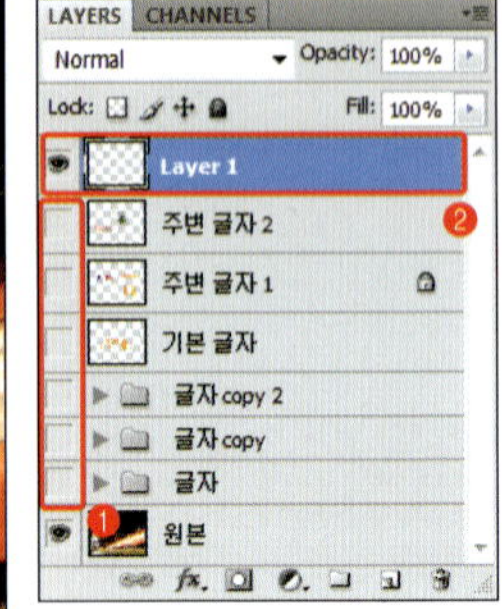

02 이제 Pen 툴(✑)을 이용해 소실점을 그릴 차례입니다. 원근법에 따라 이미지를 다뤄야 할 경우, 소실점의 위치를 파악하는 것이 우선입니다. 다행히 이 예제에 사용된 이미지는 소실점이 명확히 보이는 상태입니다. P를 눌러 펜 툴(✑)을 선택한 후, 아래에 보이는 것처럼 세 점을 차례대로 클릭합니다. [Paths] 패널에서 'Work Path'를 더블클릭한 후, [Path] 이름을 '소실점'이라고 입력합니다.

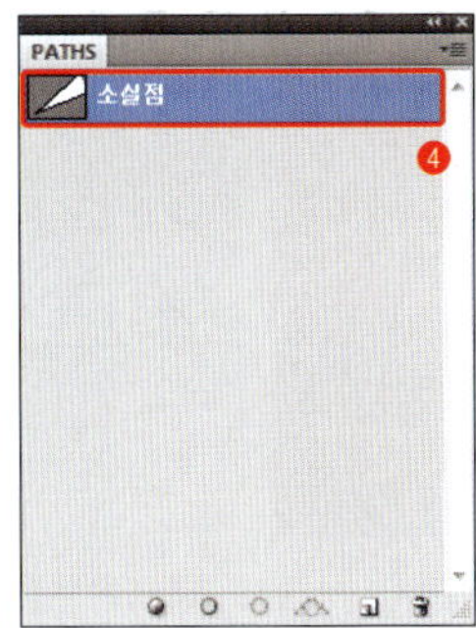

Stroke Path 적용 시 주의할 점

Stroke Path를 적용할 때, Brushes 패널의 Brush Presets 항목에 옵션이 켜져 있으면 원치 않는 결과가 나올 수 있습니다. 따라서 Brushes 패널 오른쪽 위에 있는 메뉴에서 'Clear Brush Controls' 옵션을 적용해서 모든 옵션을 꺼두는 것이 좋습니다.

03 [Path]가 선택된 상태에서 브러시 툴을 선택하고 브러시 크기를 3픽셀로 지정합니다. 나머지 브러시 옵션은 기본값을 사용합니다. 전경색은 빨간색(#ff0000)으로 지정합니다.

04 키보드 오른쪽 끝에 있는 Enter를 눌러서 [Stroke Path]를 적용하고 소실점 [Path]는 끕니다. 이렇게 만들어진 소실점은 그 자체로 쓰이는 것이 아니고, 가이드 역할만 하게 됩니다. 레이어의 이름도 '소실점'으로 바꿉니다.

03

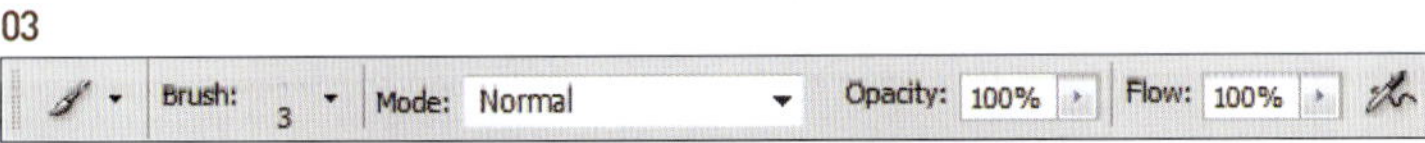

04

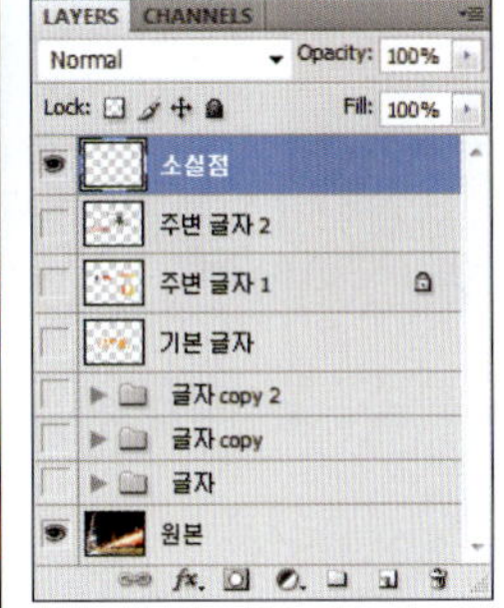

05 이제 만들어 놓았던 글자를 소실점에 따라 맞출 차례입니다. 맨 위에 있는 '소실점' 레이어는 켜둔 채로 '기본 글자' 레이어를 선택 후 Ctrl + T 를 누릅니다.

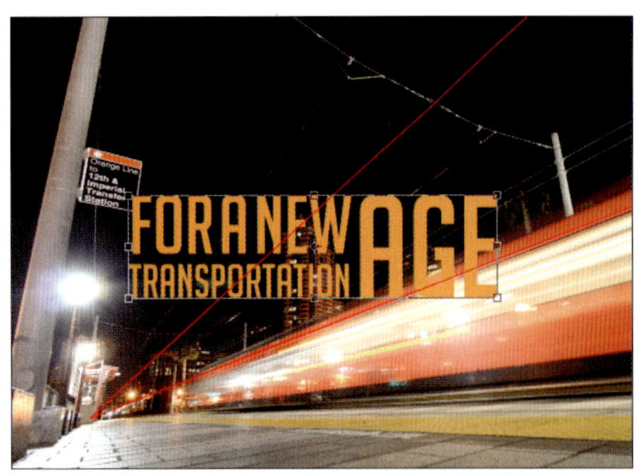

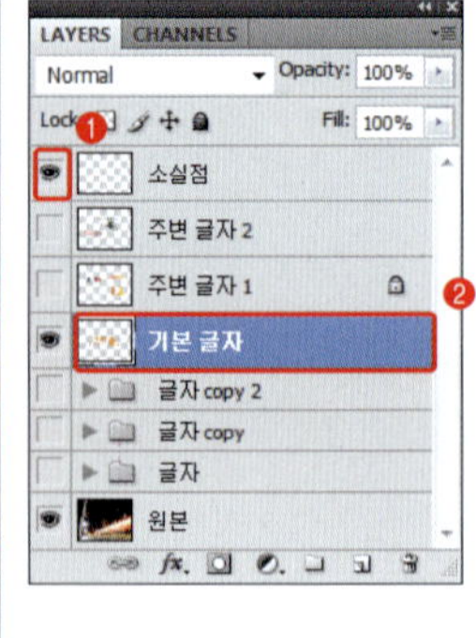

이때 [Path]가 선택되어 있으면 안됩니다. 변형작업 시 [Path]는 레이어보다 우선적으로 선택되기 때문에, 변형작업을 하려는 경우엔 반드시 [Path]를 끄고 작업해야 합니다.

06 Ctrl + T 를 누른 상태에서 4개의 꼭지점을 차례로 옮기는 방식으로 작업합니다. Ctrl 을 누른 채 소실점 가이드에 맞춰 꼭지점을 드래그하면 위치를 옮길 수 있습니다.

07 소실점 가이드에 글자의 꼭지점을 모두 맞췄기 때문에 상하 좌우에 있는 조절점은 위치를 이동 해도 투시를 유지하게 됩니다. 조절을 모두 마치고 나면 Enter 를 눌러 적용합니다.

08 이제 가이드의 역할을 다했기 때문에 '소실점' 레이어는 끄고, '기본 글자' 레이어의 블렌딩 모 드를 'Screen'으로 바꿉니다. 여기까지가 글자 세트를 소실점에 맞게 변형한 첫 번째 사이클 입니다.

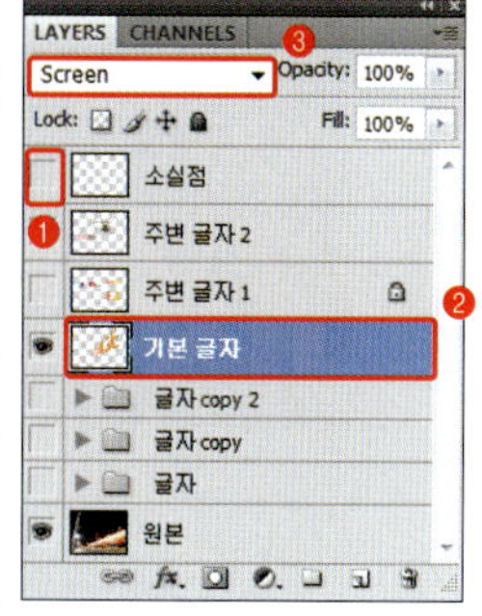

STEP 7 변형작업 반복적용하기

'기본 글자' 레이어에 적용된 변형작업의 값은 프로그램이 기억하고 있는 상태입니다. 따라서 나머지 글자 레 이어에도 동일한 값을 반복적용 하도록 하겠습니다.

01 '주변 글자 1' 레이어를 클릭하고 Edit 〉 Transform 〉 Again(Shift + Ctrl + T) 명령을 적용 합니다. '기본 글자' 레이어에 적용되었던 변형 효과가 '주변 글자 1' 레이어에도 동일하게 적용 됩니다.

02 레이어의 블렌딩 모드를 'Screen'으로 바꿉니다.

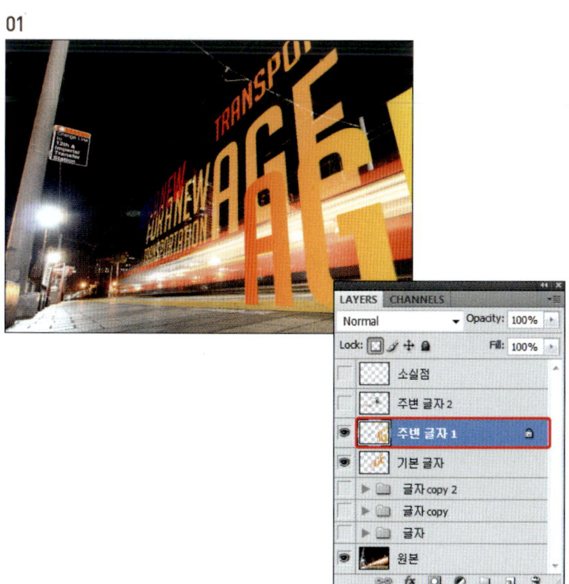

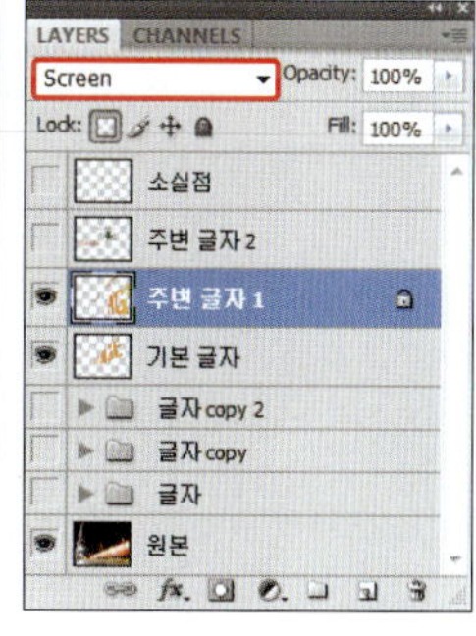

03 이번엔 '주변 글자 2' 레이어를 클릭하고 다시 한번 동일한 명령(Shift + Ctrl + T)을 적
용합니다.

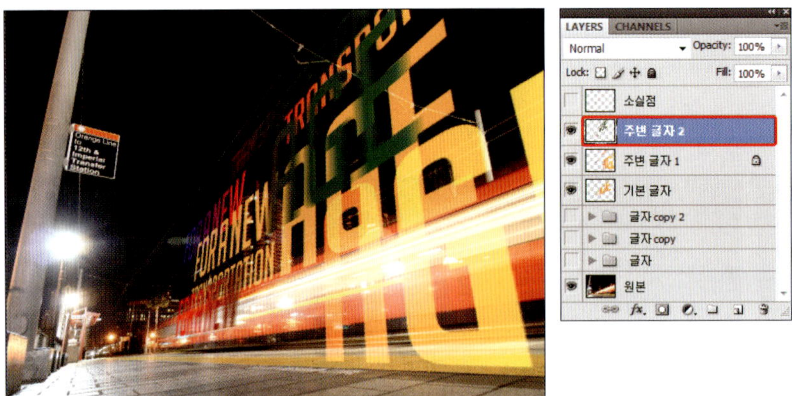

04 이 레이어 또한 블렌딩 모드를 'Screen'으로 바꿉니다.

05 마지막으로 '주변 글자 1' 레이어의 Opacity를 '60%'로 변경합니다.

06

모두 완성되었습니다. 모든 글자들이 소실점을 기준으로 정렬되었습니다. 시점이 지나치게 급하거나 완만한 경우, 또는 화면 내에 소실점이 보이지 않는 경우에는 작업이 어려울 수도 있습니다. 따라서 이런 유형의 작업에는 적절한 시점을 지닌 이미지를 확보하는 것이 중요합니다.

채널로 입김서린
효과 만들기

이번 예제는 채널을 이용해 글자에 효과를 적용하는 작업입니다. 과거에는 채널에서만 가능했던 작업들이 오늘날에는 레이어에서도 가능해짐에 따라 채널의 중요성과 사용빈도는 현저히 낮아졌습니다. 하지만 채널은 여전히 자신만의 고유한 역할을 지니고 있습니다. 또한 채널을 이용하면 레이어를 이용하는 것보다 메모리를 적게 차지한다는 장점이 있습니다. 한편 채널을 제대로 활용하기 위해서는 마스크의 개념을 반드시 숙지해야만 합니다.

Part9\Sec4\원본.psd
Part9\Sec4\결과.psd

주요 사용 기능 Crop 툴, Type 툴, Gaussian Blur 필터, Lasso 툴, Difference 모드, Luminosity 모드　**난이도** ★★★★

소스 》Zitona《 http://www.flickr.com/photos/66548401@N00/4064881678/

STEP 1 Crop 툴로 이미지 트리밍 하기
Photoshop Design

이 이미지는 커피숍이라는 매우 일상적인 공간에서 촬영된 것임에도 불구하고 정적인 구도와 얕은 심도, 묵직한 톤으로 인해 마치 영화의 한 장면 같은 느낌이 듭니다.

01 [Ctrl]+[O]를 눌러 예제 파일(원본.psd)을 엽니다.　　　　　　　　　　🔴 Part9\Sec4\원본.psd

02 툴 패널에서 Crop 툴(🔲)을 선택하고 드래그하여 그림과 같은 상태로 만든 후 [Enter]를 눌러 트리밍 합니다.

01

02

Delete와 Hide 옵션의 차이점

Crop 툴(🔲)을 사용할 때 어떤 옵션을 지정하느냐에 따라 결과는 달라집니다. [Delete] 옵션을 지정하면 드래그한 영역 바깥쪽이 모두 사라지게 되지만, [Hide] 옵션을 지정하면 드래그한 영역 바깥쪽이 살아있게 됩니다. 이것을 확인하려면 Image > Reveal All 명령을 적용하거나, [Ctrl]+[T]를 눌러보면 됩니다.

▲ [Delete] 옵션을 적용했을 때　　　　　　▲ [Hide] 옵션을 적용했을 때

 왼쪽 위 영역이 잘려나가면서 상대적으로 음료수 잔이 왼쪽으로 이동했습니다.

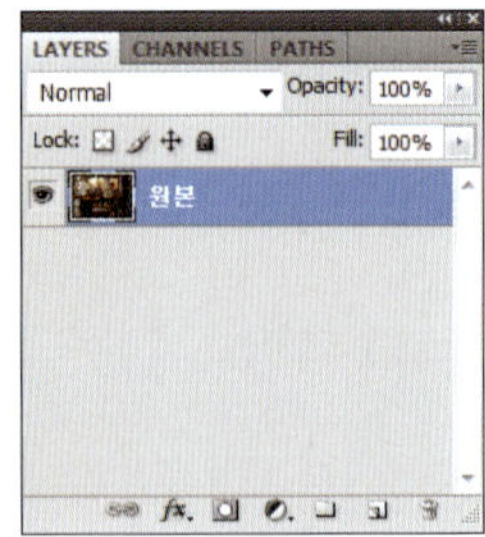

STEP 2 글자의 기본형태 만들기

이번 단계는 글자를 입력하고 글자의 각도를 조절한 다음, 글자의 경계선을 선택상태로 바꾸는 작업입니다.

01 Horizontal Type 툴(T)을 선택하고 화면 오른쪽 아래를 클릭해서 'Where in the world are you?' 라고 입력합니다. Ctrl + A 를 눌러 글자를 모두 선택한 후, 다음과 같이 옵션을 지정하고 Enter 를 누릅니다.

서체 : Artemon, 크기 : 52포인트, Leading(행간) : 52포인트, Horizontally Scale(평) : 120%, Color : #ffffff, 좌측 정렬

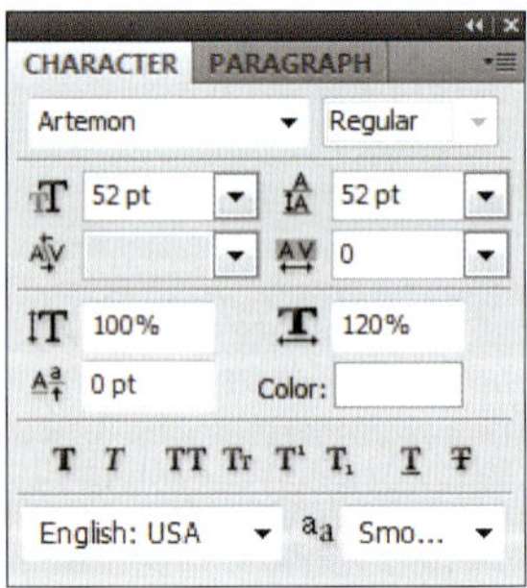

아기자기한 느낌의 장식체 'Artemon'

이 예제에서 사용된 서체는 곱슬곱슬한 느낌이 나는 'Artemon' 체입니다.

License : Freeware, 종류 : TrueType(.ttf)

http://www.abstractfonts.com/font/13605?text ▶

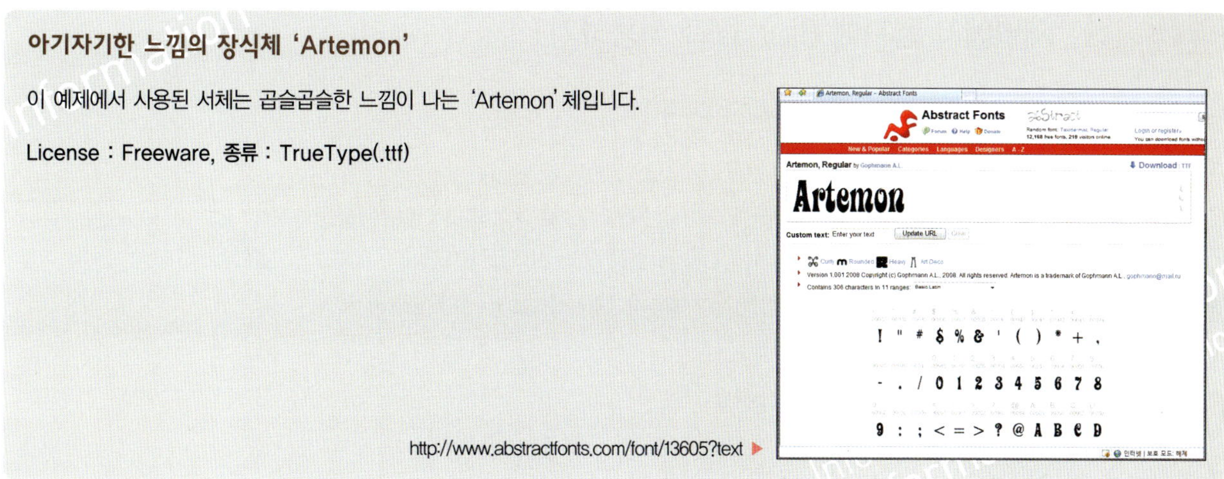

02 Ctrl + T 를 눌러 글자를 '-7도' 회전합니다.

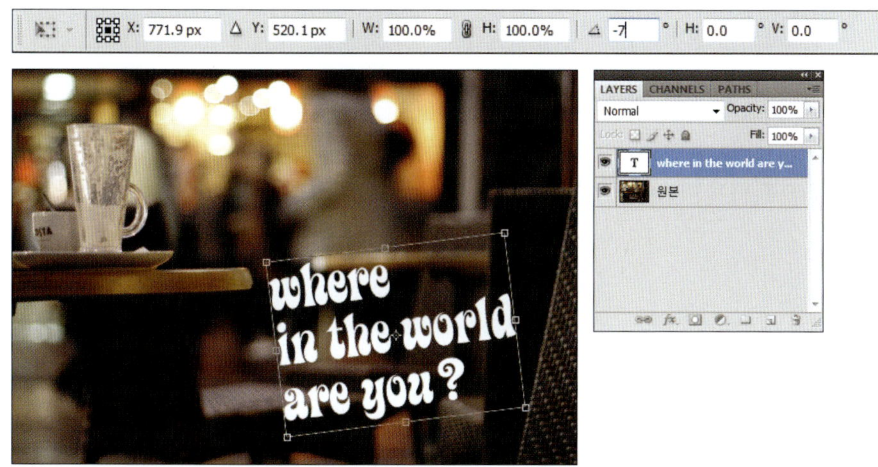

03 Ctrl 을 누른 채로 레이어 썸네일을 클릭합니다. 이렇게 하면 글자의 경계선이 선택 상태로 바뀝니다.

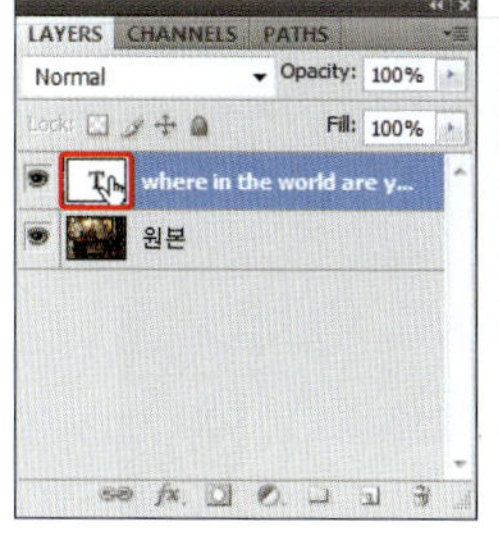

[Channels] 패널을 클릭한 상태로 드래그해 레이어 패널탭과 분리합니다.

01 레이어가 활성화 되어있는 상태에서 패널 하단에 있는 '선택을 채널로 저장하기' 아이콘(▣)을 클릭하면 채널이 추가됩니다. 채널이 생겨난 후, Ctrl + D 를 눌러 선택을 해제합니다. 그리고 새로 생겨난 'Alpha 1' 채널을 잡고 '새로운 채널 만들기(Create a New Channel)' 아이콘(▣) 위로 드래그해서 복제합니다.

02 이렇게 하면 'Alpha 1'과 동일한 채널이 생겨납니다.

> **TiP** 채널을 복제해가며 작업하는 이유는 작업 과정을 단계에 따라 보관하고 필요에 따라 불러오기 위해서 입니다.

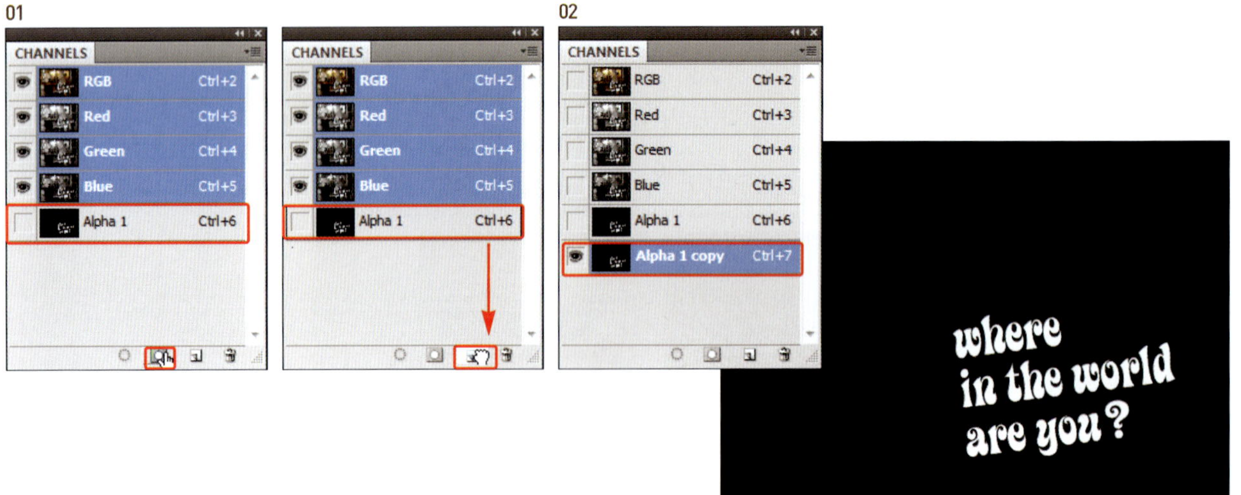

03 Filter 〉 Blur 〉 Gaussian Blur를 선택하고 대화상자에서 Radius 수치를 '3' 픽셀로 입력합니다.

04 글자가 약간 흐린 상태로 바뀝니다. 채널의 이름을 'GBlur 3'으로 변경합니다.

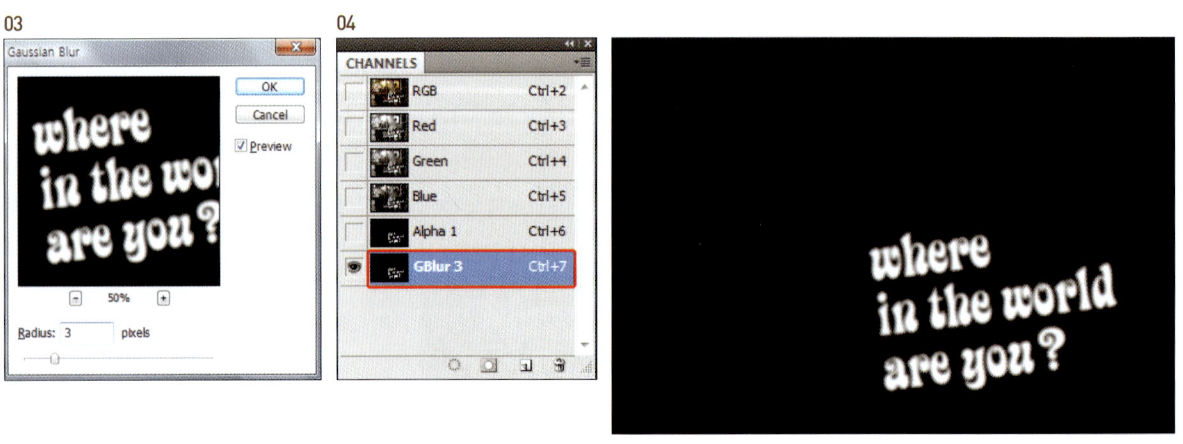

05 이전 단계와 마찬가지로 'GBlur 3' 채널을 클릭한 채로 '새로운 채널 만들기' 아이콘(📄) 위로
드래그해 복제합니다.

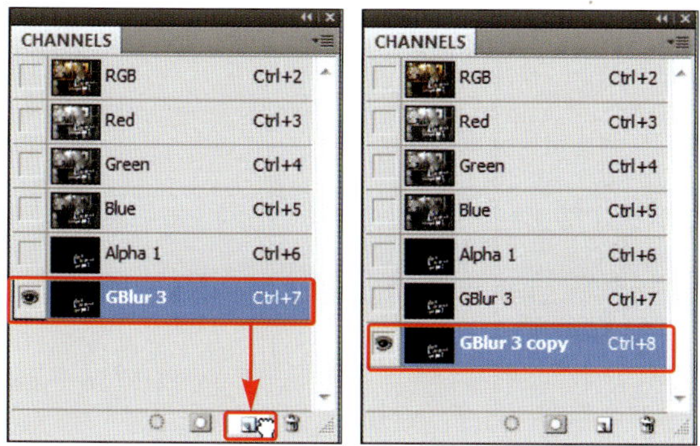

06 글자의 일부분을 선택하기 위해 툴 패널에서 Lasso 툴(🔎)을 선택합니다. 선택방식은 '추가 선
택하기(Add to selection)' 아이콘(🔲)으로 지정하고, Feather 옵션은 '12' 픽셀로 지정합니다.

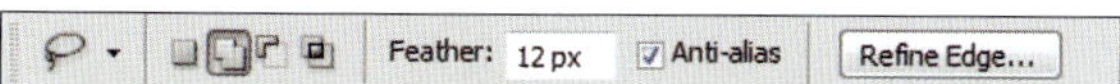

07 아래 그림처럼 글자를 특정한 영역이 많이 선택되지 않도록 골고루 선택합니다.

08 다시 Filter 〉 Blur 〉 Gaussian Blur를 선택하고
대화상자에서 Radius '7' 픽셀을 입력합니다. 선
택된 영역에만 필터 효과가 적용되었으므로 글자의 경
계는 불규칙한 형태로 바뀌게 됩니다.

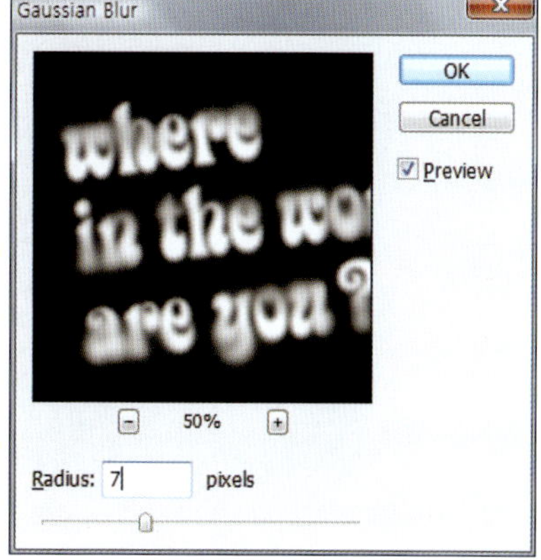

09 선택영역에 필터 효과가 적용된 상태입니다. 채널의 이름을 '부분 GBlur 7'로 바꿉니다.

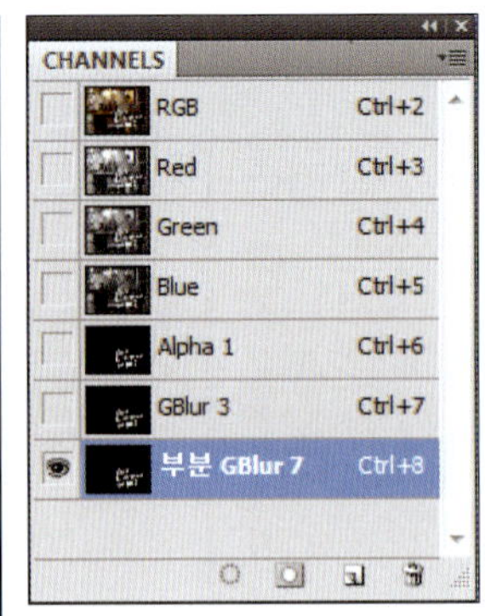

STEP 4 **채널에서 브러시로 영역 그리기**

지금까지는 채널에서 글자에 효과를 주는 작업을 해왔지만 이번에는 글자 주변에 나타날 효과를 브러시를 이용해 그리도록 하겠습니다.

01 Ctrl + D 를 눌러 선택을 해제한 후, '새로운 채널 만들기' 아이콘(□)을 클릭해 채널을 추가합니다. 만들어진 채널은 빈 채널이므로 아무것도 없는 상태입니다.

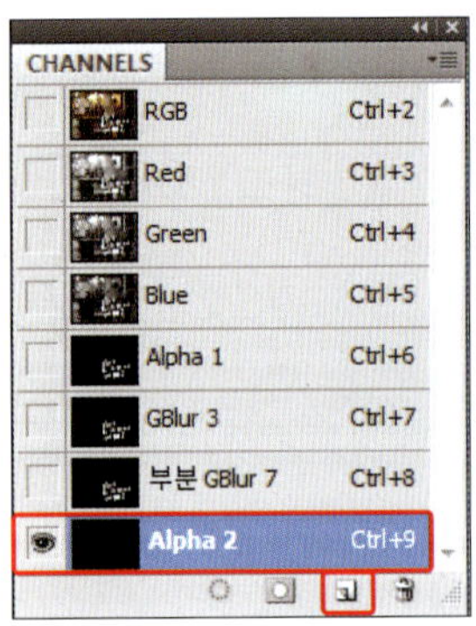

02 툴 패널에서 전경색을 흰색으로 지정하고, 브러시 툴을 선택한 후, 옵션을 아래와 같이 지정합니다.

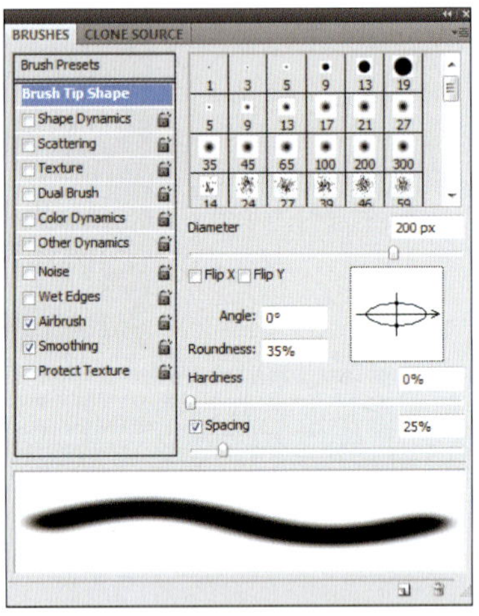

03 브러시의 크기를 조금씩 다르게 해가며 아래 그림처럼 그립니다.

04 글자와 겹쳐질 영역을 그리는 작업이므로 글자가 위치할 영역을 가늠해서 그립니다.

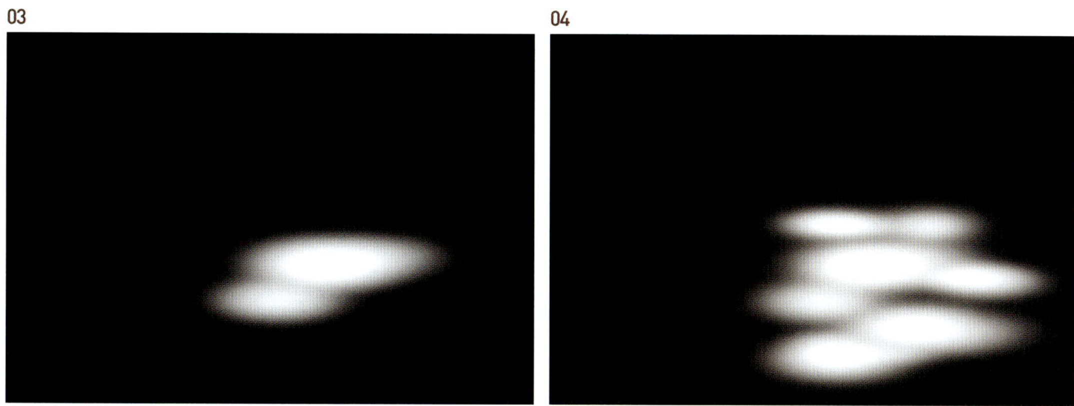

글자 위치를 보면서 작업하기

만약 글자와 붓 터치의 위치를 가늠하기 힘들다면 [RGB] 채널
을 켠 상태로 작업하는 것이 좋습니다. 이때 보이는 붉은 색은
채널의 명암을 나타내는 가상색입니다.

채널(channel)

채널은 그 자체로 쓰인다기보다는 정교한 선택을 만들
거나 작업을 보조하기 위한 수단으로 쓰이는 경우가 많
습니다. 채널의 쓰임새는 평소에는 눈에 잘 띄지 않지
만, 의외로 곳곳에서 찾을 수 있습니다. 예를 들어 3D
프로그램에서 렌더링 된 이미지의 [Alpha Channel]을
불러들이거나, 별색(Spot Color) 인쇄를 위해 별색 채널
을 만들 때, [Lens Blur] 필터에서 명암을 참고해 효과
를 적용하기 위한 [Map]을 만들 때, [Content Aware
Scale] 기능에서 특정 영역을 보호하기 위해 영역을 지
정할 때 등 매우 다양한 곳에서 활용됩니다.

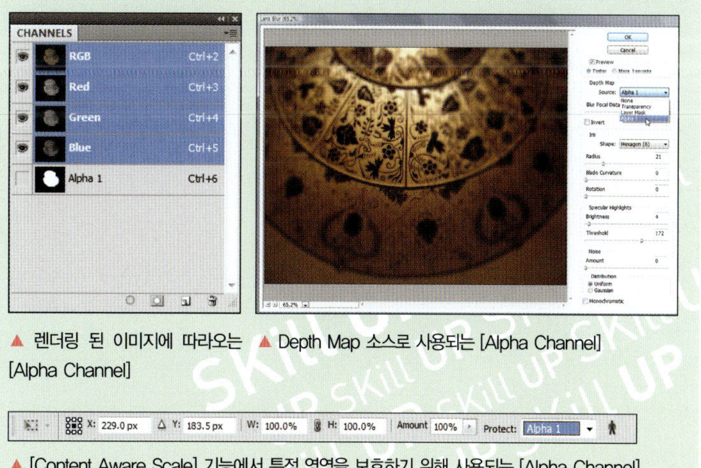

▲ 렌더링 된 이미지에 따라오는 [Alpha Channel]

▲ Depth Map 소스로 사용되는 [Alpha Channel]

▲ [Content Aware Scale] 기능에서 특정 영역을 보호하기 위해 사용되는 [Alpha Channel]

 채널을 선택으로 바꾼 후 레이어에서 작업하기

이제 채널을 이용한 작업을 모두 마쳤으므로 [Layers] 탭으로 돌아옵니다. 이번 단계는 채널에서 만든 효과들
을 레이어에 선택 상태로 불러와서 작업하는 것입니다.

01 새로운 레이어를 2개 만든 후, 모두 흰색으로 채웁니다. [Channels] 패널도 옆에 나란히 배치하
고 상태를 살펴봅니다.

02 만들어진 2개의 레이어 중에서 'Layer 1' 레이어만 켭니다. 그리고 [Channels]에서 `Ctrl`을
누른 채로 '부분 GBlur 7'을 클릭합니다.

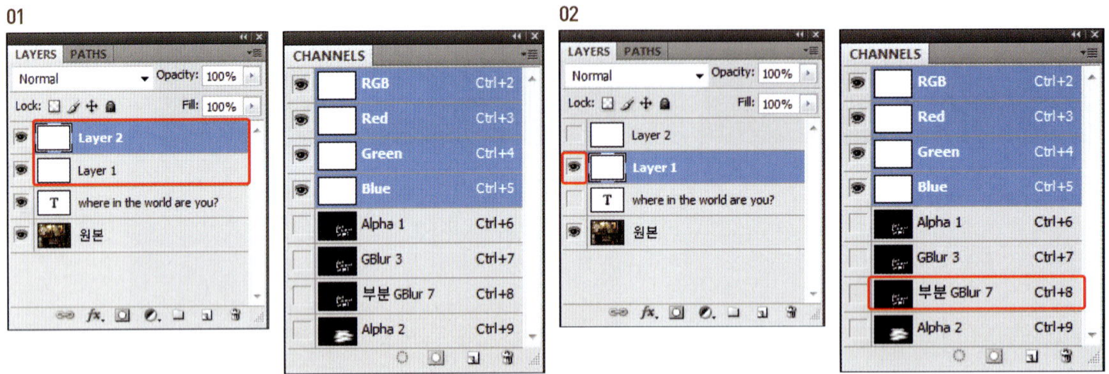

03 해당 채널에서 밝은 영역이 선택된 상태로 불러들여집니다.

04 `Ctrl`+`I`를 눌러 이미지를 반전한 후, `Ctrl`+`D`를 눌러 선택을 해제합니다.

05 'Layer 2' 레이어를 클릭하고 [Alt]+[Ctrl]+[9]를 눌러 선택을 불러들입니다.

06 마찬가지 방법으로 [Ctrl]+[I]를 눌러 이미지를 반전한 후, [Ctrl]+[D]를 눌러 선택을 해제합니다.

채널을 선택으로 바꾸는 단축키

[Ctrl]을 누르고 채널을 직접 클릭하는 것보다는 [Alt]+[Ctrl]+채널번호를 눌러 선택 상태로 만드는 것이 훨씬 빠르고 간편한 방식입니다. 단 포토샵 CS4에서부터는 채널 번호가 2부터 시작하는 것으로 바뀌었으므로 주의하도록 합니다.

이제 마지막 단계입니다. 지금까지 만들어진 채널과 레이어들이 결국 정교한 선택을 만들기 위한 과정이었다는 것을 알 수 있습니다.

01 'Layer 2' 레이어의 블렌딩 모드를 'Difference'로 바꿉니다.

02 새로운 레이어를 추가한 후, Alt + Ctrl + 2를 눌러 [Composite] 채널을 불러옵니다. 선택영역이 생겨납니다.

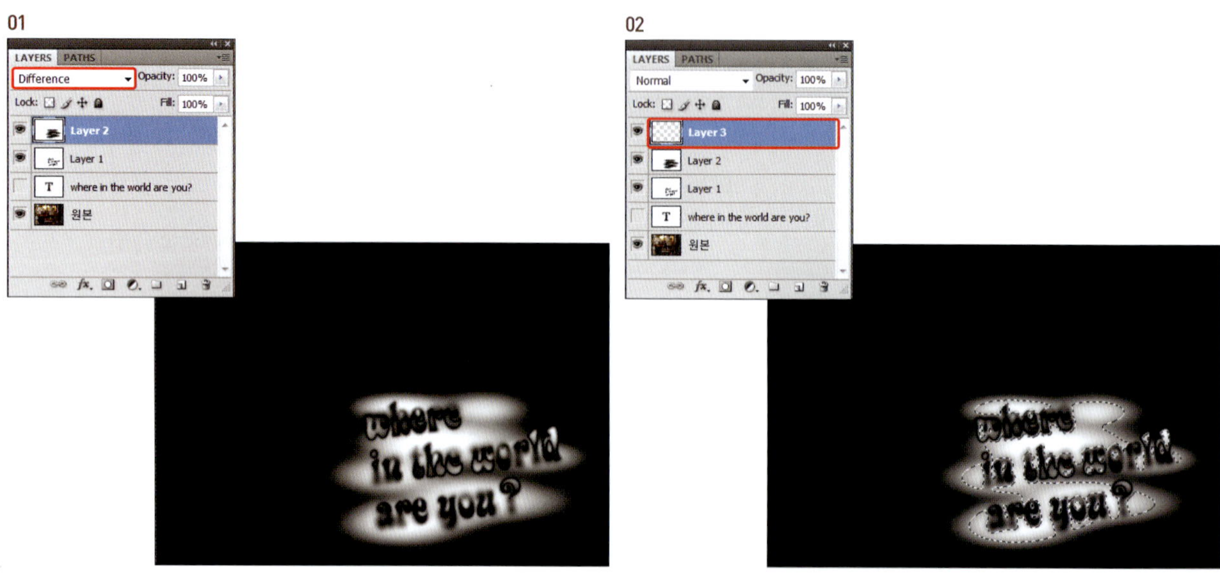

03 'Layer 1'과 'Layer 2' 레이어는 끄고, 'Layer 3' 레이어에 밝은 노란색(#fff502)을 채웁니다.

04 'Layer 3' 레이어의 블렌딩 모드를 'Luminosity'로 바꾸고 □를 눌러서 'Lock transparent pixels(픽셀 투명도 유지)' 아이콘(□)을 켭니다. 이 옵션을 켜면 기존 픽셀의 투명도가 그대로 유지되기 때문에 대충 그려도 원하는 효과를 얻을 수 있습니다. 브러시의 색상과 Opacity를 흰색 '100%'로 정한 후, 'Where in the' 글자가 있는 부위에 대고 그립니다.

05 입김이 서린듯한 이미지가 모두 완성되었습니다.

410
411

PHOTOSHOP
DESIGN RECIPE

PART 10

응용작업
Application

이 파트에서는 다른 파트에서 다루었던 작업을 응용해 보도록 하겠습니다.
기능을 조합하다 보면 각 기능의 고유한 역할을 이해하게 되기 때문에
한두 가지 기능만 사용하는 것에 비해 응용력 향상에 큰 도움이 됩니다.
이러한 응용력은 실력을 키우는 지름길이 됩니다.

SECTION 1

나만의 블로그 배경 만들기

이번엔 브러시를 이용해 블로그 스킨을 디자인 해보겠습니다. 이 작업을 위해서는 미리 만들어놓은 브러시 세트가 필요합니다. 브러시 기능이 강화된 7.0 버전 이후로 브러시의 활용도는 점차 높아지고 있습니다. 브러시를 이용하면 쉽고 빠른 효과를 얻을 수 있고, 여러 가지 옵션을 조합할 수 있다는 장점으로 인해 폭넓은 표현이 가능해집니다.

Part10\Sec1\원본.psd
Part10\Sec1\결과.psd

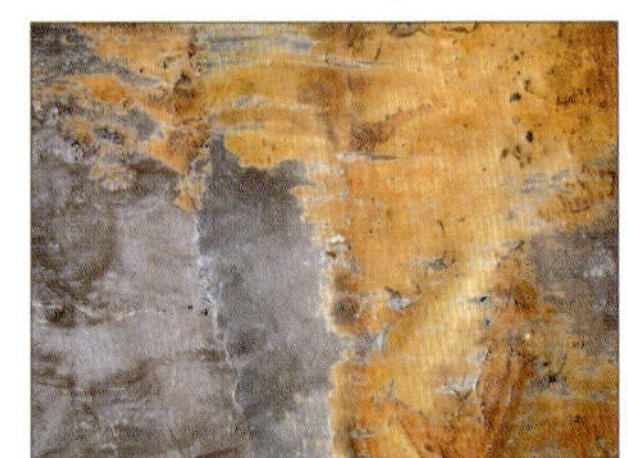

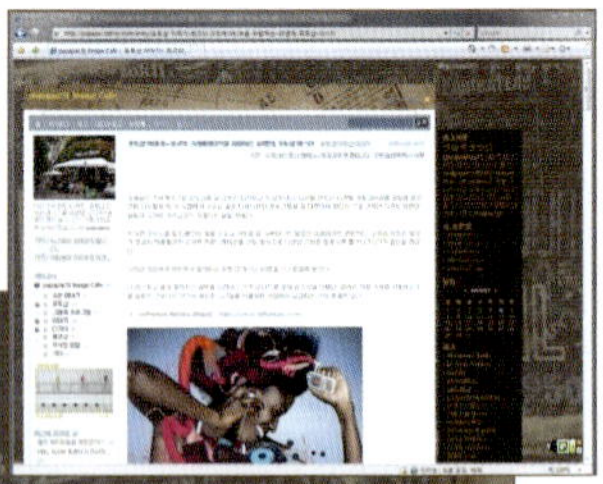

▲ 적용된 블로그

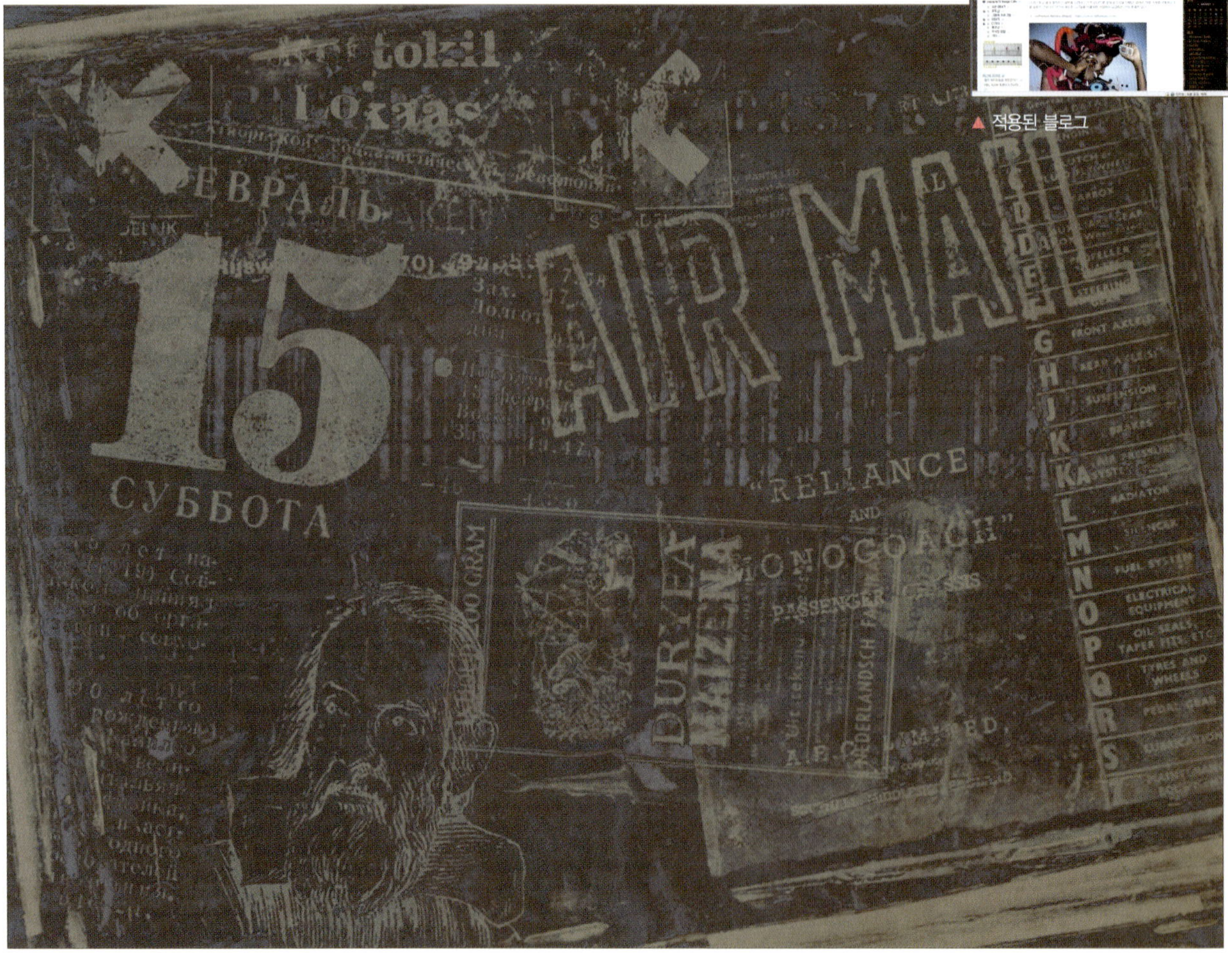

주요 사용 기능 브러시 툴 **난**이도 ★★★★

소스 whiteblot by http://flickr.com/photos/stoyan/387961807/

STEP 1 기본 배경 질감 만들기
Photoshop Design

이 예제의 첫 번째 단계는 블로그 스킨으로 사용될 기본 배경을 만드는 것입니다. 다음 단계에서 브러시로 그림을 그려야 하므로 일단 배경을 연하게 만들도록 하겠습니다.

01 Ctrl + O 를 눌러 예제 파일(원본.psd)을 엽니다. 이 파일은 녹슨 철판 질감 레이어와 바탕색 레이어로 구성되어 있습니다. ● Part10\Sec1\원본.psd

02 Alt + Ctrl + 2 를 눌러 [Composite] 채널을 불러옵니다. 밝은 영역(Highlights)이 선택됩니다.

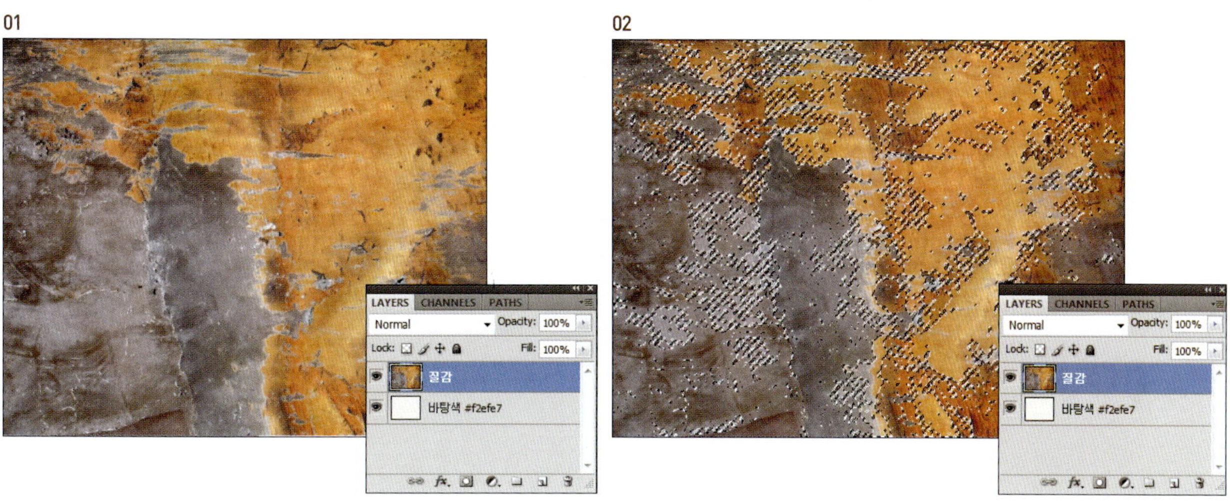

03 '질감' 레이어는 끄고 새로운 레이어를 하나 만든 후, 선택영역을 밝은 갈색(#ba9673)으로 채웁니다.

04 Ctrl + D 를 눌러 선택을 해제하고, 블렌딩 모드를 'Linear Burn'으로 바꾼 후, 레이어의 이름을 '연한 질감 #ba9673'으로 바꿉니다. 이제 '질감' 레이어는 필요 없어졌으므로 맨 아래로 보냅니다.

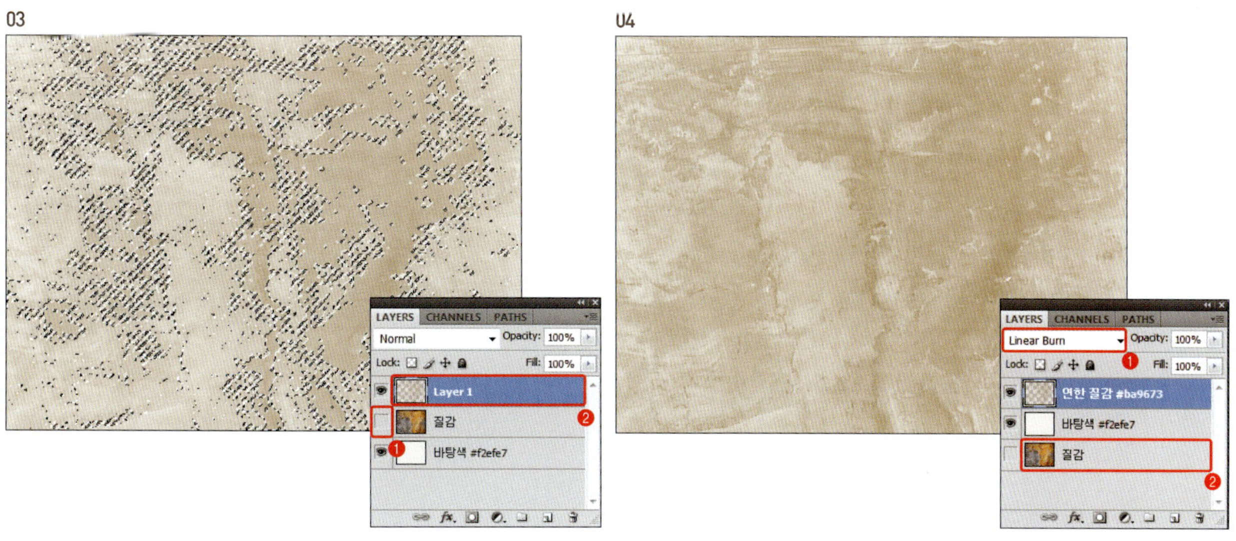

이번에는 브러시를 외부에서 불러와 지정하고 그리도록 하겠습니다. 각기 다른 형태의 브러시를 자유롭게 조합해 그리되 크기와 각도를 조금씩 바꿔가며 그리는 것이 좋습니다.

01 [Brushes] 패널의 오른쪽 위에 있는 작은 삼각형 아이콘을 클릭해 메뉴가 나타나면 [Load Brushes]를 선택합니다. [Load] 대화상자가 나타나면 예제 브러시(Old brushes 2.abr)를 선택하고 [Load] 버튼을 클릭합니다.

● Part10\Sec1\Old brushes 2.abr

02 브러시가 추가됩니다. 'Old code barre(1441)' 브러시를 지정합니다.

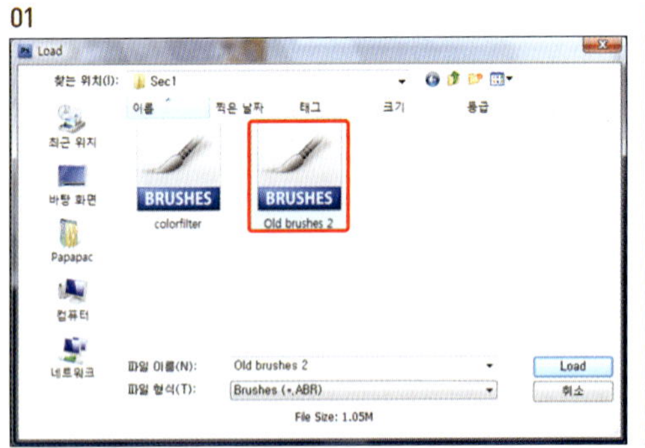

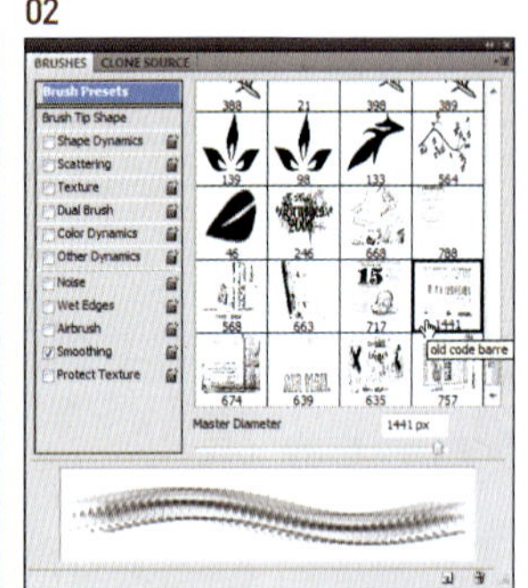

오래되고 재미있는 소품들로 구성된 'Old brushes 2'

이 Brush 세트는 총 10개의 브러시로 구성되어 있으며 화폐, 엽서, 소인, 수첩, 패키지 등 오래되고 재미있는 소품들로 구성되어 있습니다. 브러시의 크기 또한 넉넉하게 큰 편입니다.

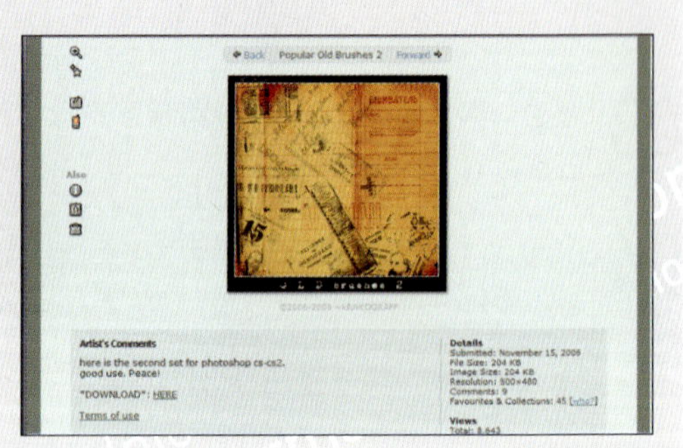

http://krakograff.deviantart.com/art/quot-Old-brushes-2-quot-43088260 ▶

03 새로운 레이어를 하나 만듭니다. 키보드에 있는 [[ ]키나 [ ]]키를 눌러가며 브러시 크기를 조절해 크기를 '1000 픽셀'로 맞춥니다. [Brushes] 패널에서 브러시를 지정하면 화면에 윤곽이 나타나므로, 전체적인 레이아웃을 잡는 것이 편리합니다.

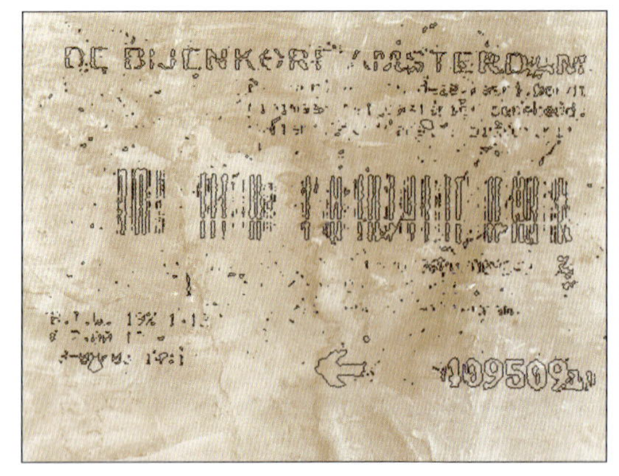

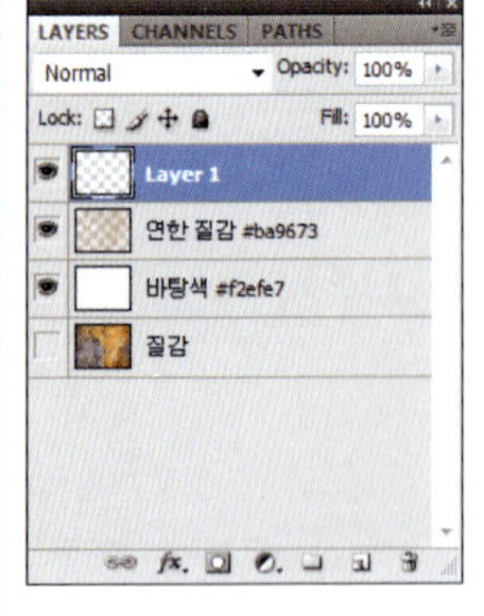

04 원하는 위치에 대고 클릭합니다. 브러시 색상은 밝은 아이보리색(#f5ebe0)을 사용합니다. 레이어의 이름을 '밝은 브러시 #f5ebe0'로 바꿉니다.

05 새로운 레이어를 하나 추가하고 블렌딩 모드를 'Multiply'로 미리 지정합니다. 'Danger' Brush(635픽셀)를 지정하고 색상을 갈색(#a67c52)으로 바꾼 후, 왼쪽 상단 모서리에 대고 클릭합니다.

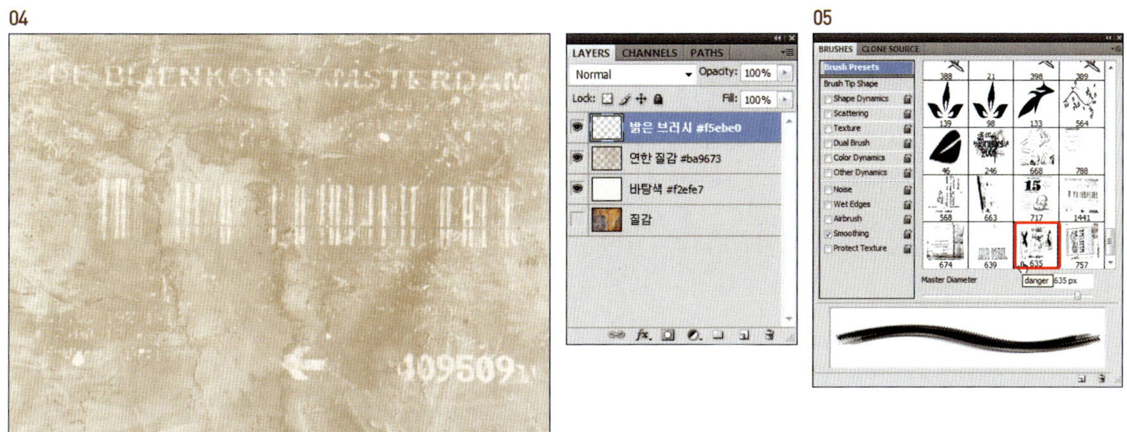

06 레이어의 이름을 '어두운 브러시 #a67c52'로 바꿉니다.

07 이번엔 브러시의 색상은 그대로 둔 채, 형태와 각도(Angle)만 조금 바꿔서 그리도록 하겠습니다. 'Old calendar' Brush(717픽셀)를 지정하고, 각도를 '-5도'로 바꿉니다.

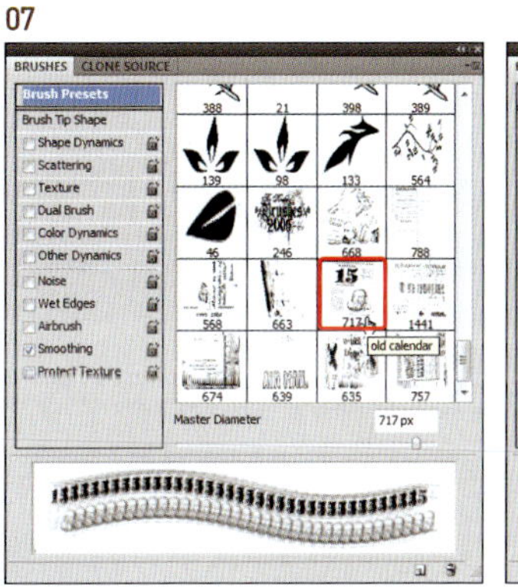

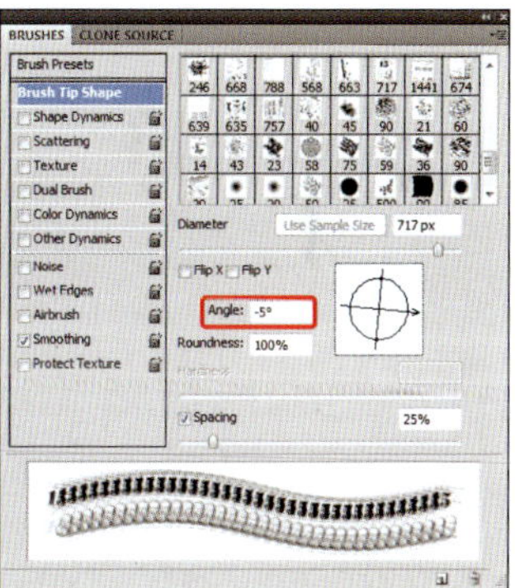

08 왼쪽 끝으로 브러쉬의 위치를 옮긴 후 클릭해서 그립니다.

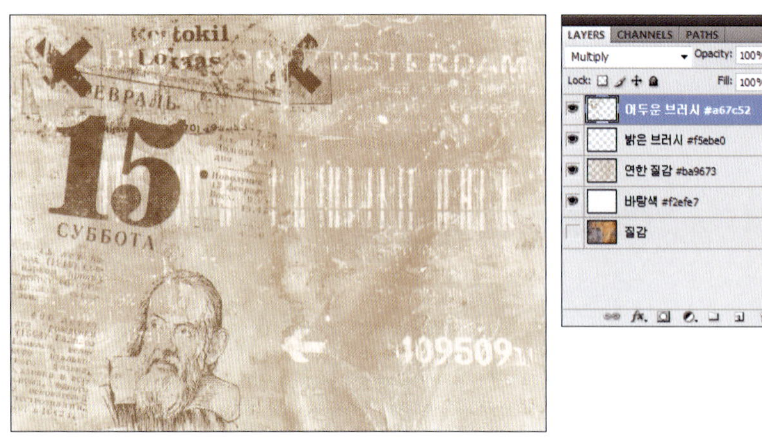

09 이번엔 'index' (674픽셀) 브러시를 지정하고, 각도를 '9도'로 바꿔서 그립니다.

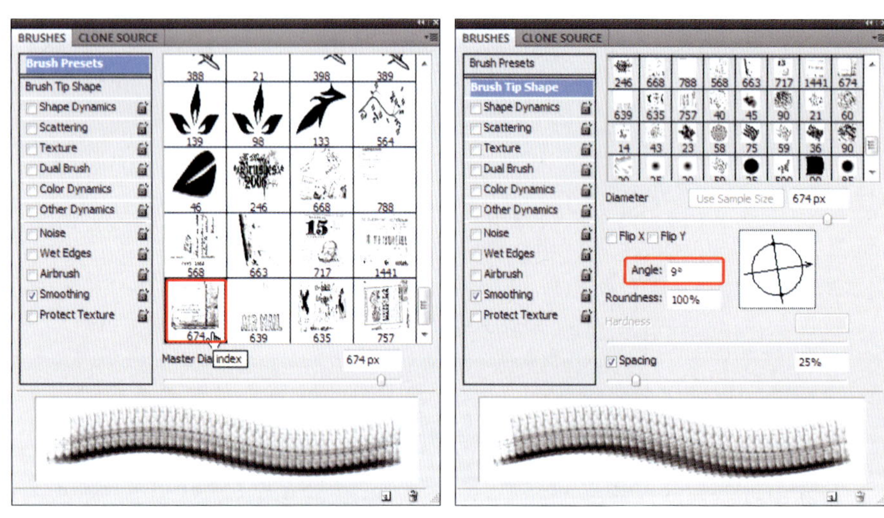

10 같은 방법으로 브러시의 종류와 Diameter(지름), Angle(각도) 등을 바꿔가며 그립니다. 정해진 방법이 따로 있는 것이 아니므로 자유롭게 겹쳐 그려도 좋습니다.

STEP 3   브러시 터치에 질감 입히고 프레임 그려넣기
Photoshop Design

아직 이미지가 심심해 보이므로 브러시 터치 내부에 질감을 더하도록 합니다. 또한 단조로움을 피하기 위해서 브러시로 가장자리를 막아서 프레임을 그려 넣도록 합니다.

01 새로운 레이어를 만들어 '질감' 이라는 이름을 입력하고 Alt + Ctrl + G 를 눌러 클리핑 마스크를 만듭니다.

02 Ctrl 을 누른 채로 '연한 질감 #ba9673' 레이어를 클릭합니다. 이렇게 하면 이 레이어의 투명도가 선택 상태로 바뀌게 됩니다.

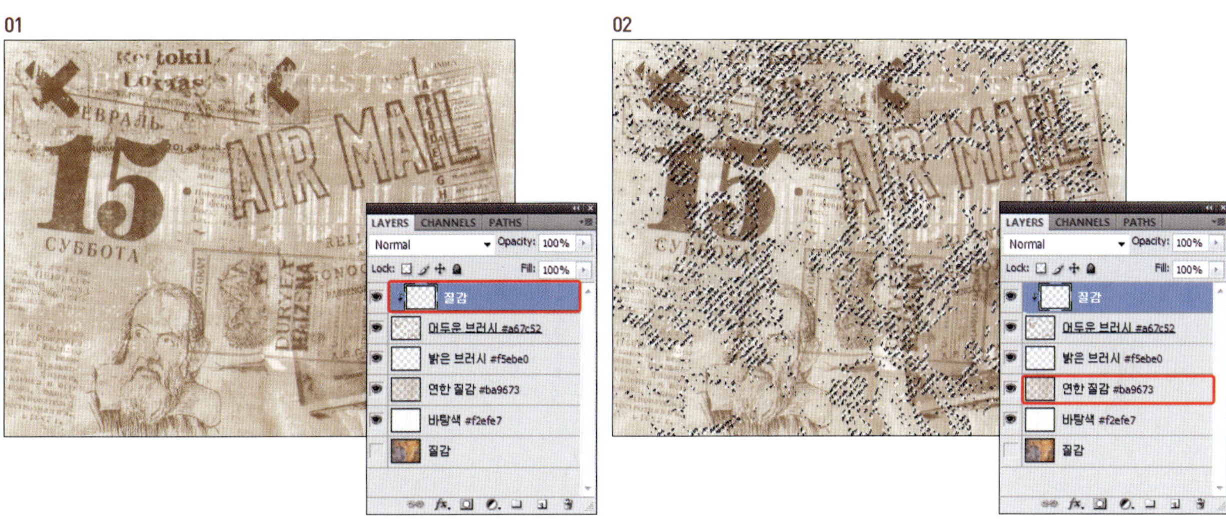

03 '질감' 레이어를 클릭한 상태에서 선택 영역을 어두운 갈색(#251c19)으로 채운 다음, Ctrl + D 를 눌러 선택을 해제합니다. 브러시 내부 질감이 진해졌습니다.

04 이제 이미지 가장자리에 프레임을 그릴 차례입니다. 다시 새로운 레이어를 하나 만들고 이름을 '밝은 테두리 #f5ebe0' 라고 입력합니다. 'bord grunge' Brush(663픽셀)를 지정하고, 크기는 '600픽셀', 각도는 '4도' 로 바꿉니다.

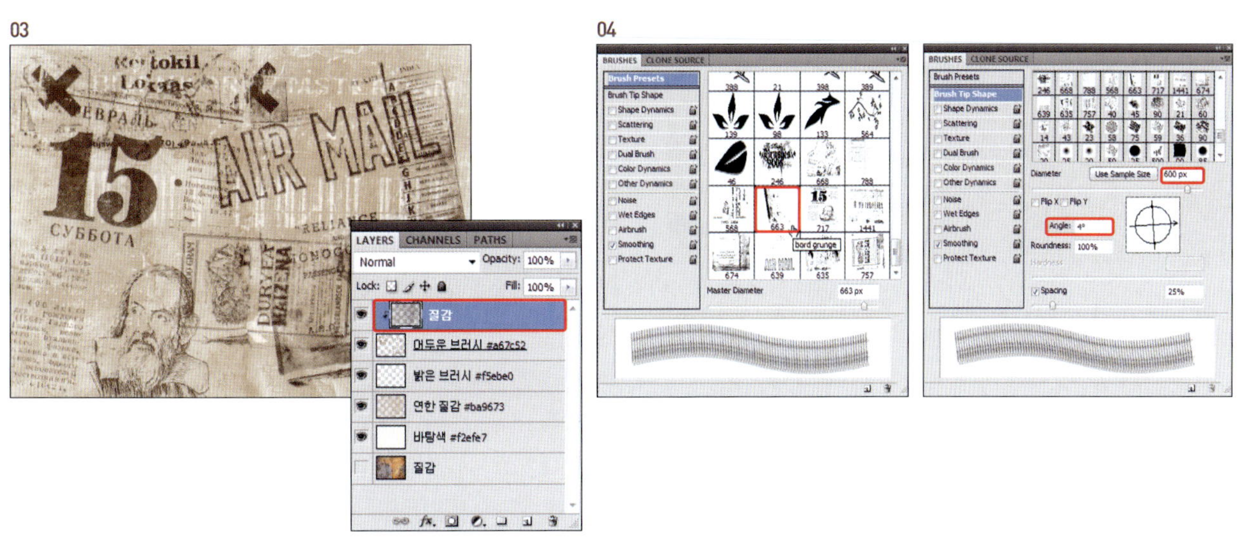

05 브러시의 색상(#f5ebe0)을 지정한 후, 왼쪽 가장자리에 대고 클릭합니다.

06 브러시의 크기나 각도 등을 바꿔 나머지 모서리에도 그립니다.

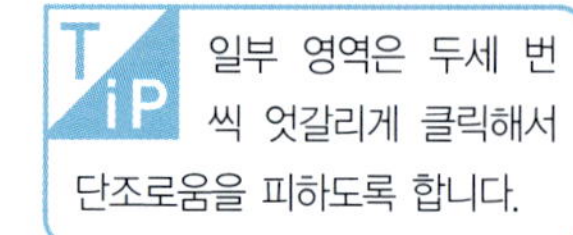

05

06

07 다시 새로운 레이어를 하나 만들고 이름을 '어두운 테두리 #362f2d' 라고 입력합니다. 브러시의 색상을 어두운 갈색(#362f2d)으로 바꾸고, 밝은 테두리와 살짝 엇갈린 상태가 되도록 겹쳐 그립니다. 레이어의 블렌딩 모드는 'Multiply' 로 지정합니다.

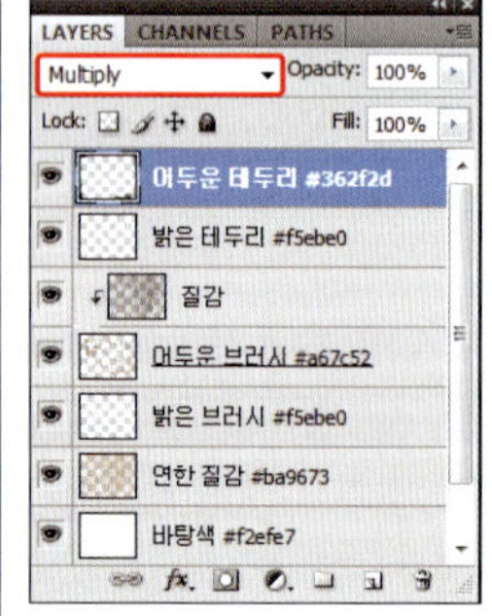

STEP 4 브러시로 질감 표현하기

이제 마지막 단계입니다. 이번에는 다른 종류의 브러시를 불러와 배경에 칠해서 약간 밝은 느낌을 더하도록 합니다.

01 [Brushes] 패널 오른쪽 위에 있는 작은 아이콘을 클릭해 메뉴가 나타나면 [Load Brushes]를 선택합니다. [Load] 대화상자가 나타나면 예제 브러시(colorfilter.abr)를 선택하고 [Load] 버튼을 클릭합니다.

● Part10\Sec1\colorfilter.abr

02 브러시가 추가됩니다. 'flaky06' Brush(500픽셀)를 지정합니다.

01
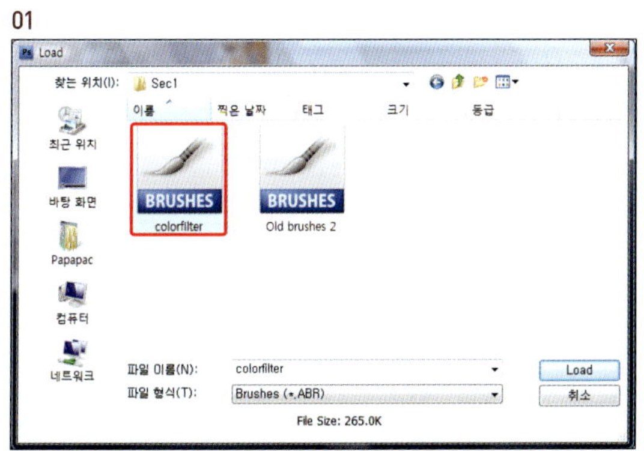

02
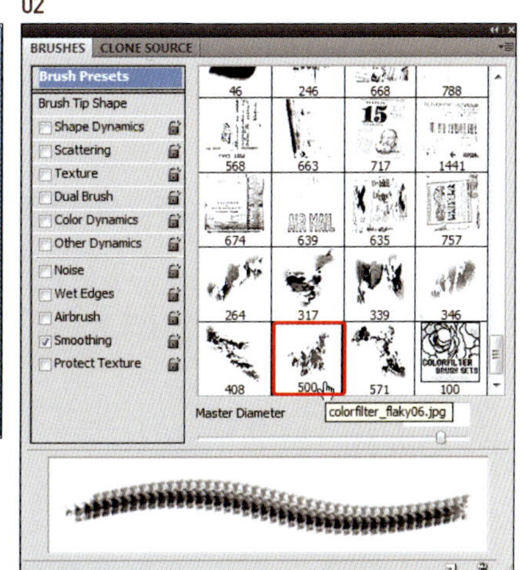

03 [Shape Dynamics] 항목을 클릭한 후, 아래와 같이 옵션을 지정합니다. 태블릿을 사용하는 경우라면 [Size Jitter]의 [Control] 항목에서 [Pen Pressure] 기능을 선택합니다.

Size Jitter(크기 변화 정도) : 75%, Minimum Diameter(최소 크기) : 0%, Angle Jitter(각도 변화 정도) : 100%, Roundness Jitter(둥글기 변화 정도) : 52%, Minimum Roundness(최소 둥글기) : 25%

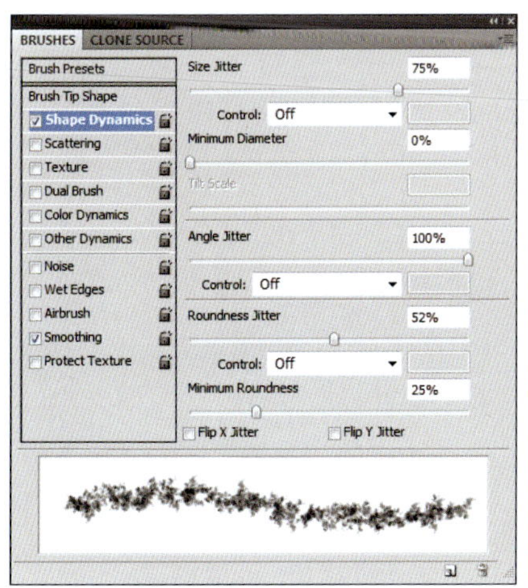
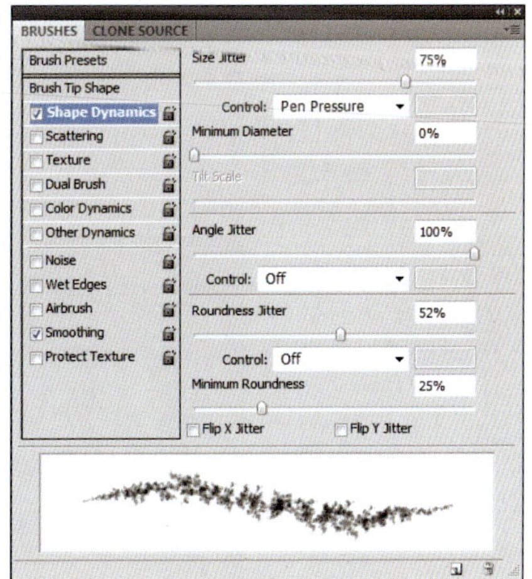

04 새로운 레이어를 하나 추가하고 레이어의 이름을 '#d09987' 로 바꿉니다. 블렌딩 모드를 'Color
Burn' 으로 미리 지정하고, 브러시의 색상을 약간 채도가 높은 색상(#d09987)으로 바꾼 후 그립
니다.

05 붓질을 할 때는 브러시와 브러시 사이의 간격을 어느 정도 확보해야 합니다. 그래야만 질감이
잘 드러나기 때문입니다.

06 전체적으로 질감이 추가되었지만 색상이 지나치게 강해 보입니다.

07 레이어의 Opacity를 '45%' 로 낮춥니다.

> **TIP** 터치가 마음에 들지 않을 경우엔 Ctrl + Z 를 눌러서 명령을 취소하고 다시 그리기를 반복하면서 진행합니다.

04

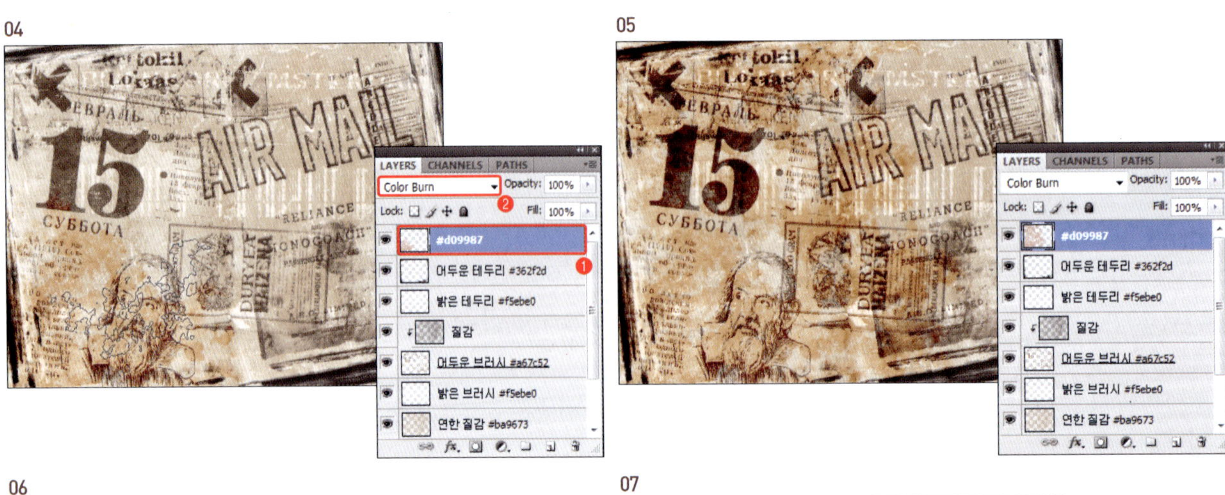

06

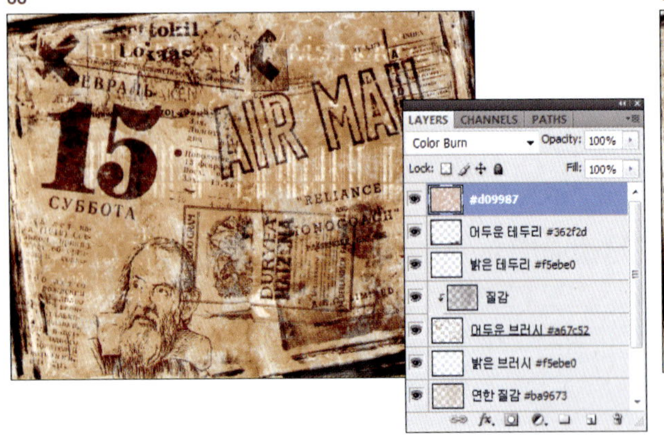

07

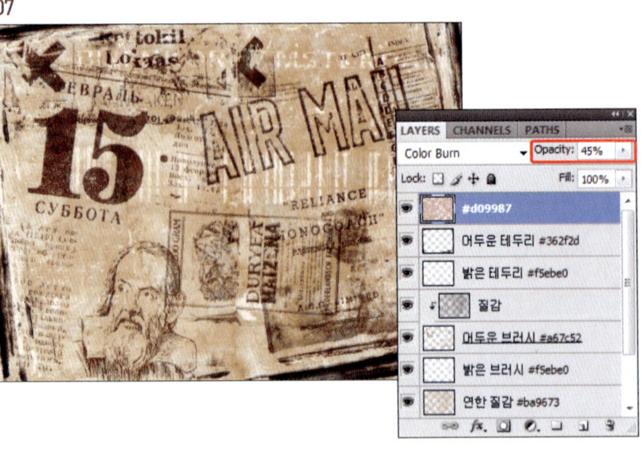

08 새로운 레이어를 만들고 전체화면에 색상(#d3ba9d)을 채운 후, 레이어의 이름을 '#d3ba9d' 로 바꿉니다. 그리고 레이어의 블렌딩 모드는 Difference '70%' 로 바꿉니다.

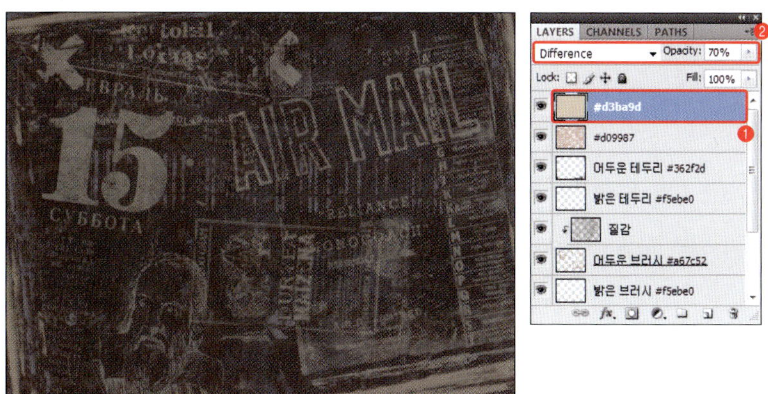

09 이미지가 완성되었습니다. 블로그에 사용될 배경이기 때문에 배경자체가 눈에 띄지는 않는 것이 바람직합니다. 따라서 채도나 콘트라스트를 낮춰서 사용하는 것이 좋습니다.

필터로 볼록렌즈 만들기

이 예제는 Spherize나 Polar Coordinates 같은 변형필터를 이용해 평면적인 이미지에 입체감을 더하는 내용입니다. Spherize는 볼록한 렌즈 느낌을 내기 위해, Polar Coordinates는 유리창이 반사되는 느낌을 내기 위해 각각 사용되고 있습니다. 그리고 렌즈 경계의 반사광은 Layer Style을 이용해 만듭니다. 이 예제는 2개의 파일을 오가며 작업하므로 혼동하지 않도록 주의합니다.

Part10\Sec2\원본.psd
Part10\Sec2\소스.jpg
Part10\Sec2\결과.psd

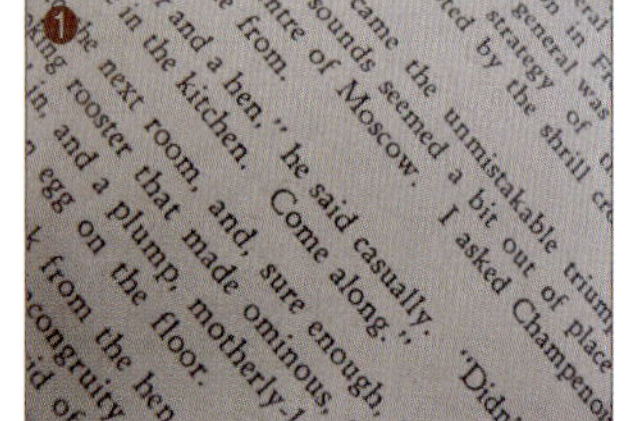

주요 사용 기능 Spherize 필터 Fill Opacity 기능, Layer Style, (Inner Glow)항목 Polar Coordinates 필터 **난이도** ★★★★

소스 ❶ Laineys Repertoire by http://flickr.com/photos/76283671@N00/157789902/
❷ AMagill by http://flickr.com/photos/amagill/73149777/

STEP 1 **배경 이미지 다듬기**

Photoshop Design

이 예제에 사용된 배경이미지는 소설책입니다. 이런 종류의 배경을 선택한 이유는 글자의 형태가 볼록렌즈의   ● Part10\Sec2\원본.psd
질감을 드러내기에 적절하기 때문입니다. 현재 배경이미지의 상태가 스캔 받은 것처럼 밋밋하므로 톤을 조절
하여 조명을 받은듯한 느낌으로 바꾸도록 하겠습니다.

01 `Ctrl`+`O`를 눌러 예제 파일(원본.psd)을 엽니다. 이 이미지는 배경으로 사용될 이미지입니다.

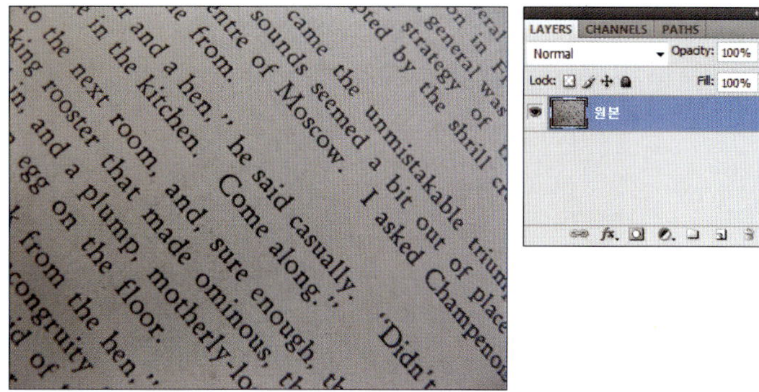

02 [Curves] 조정 레이어를 만들고 그림과 같이 [Curves]를 조절합니다.

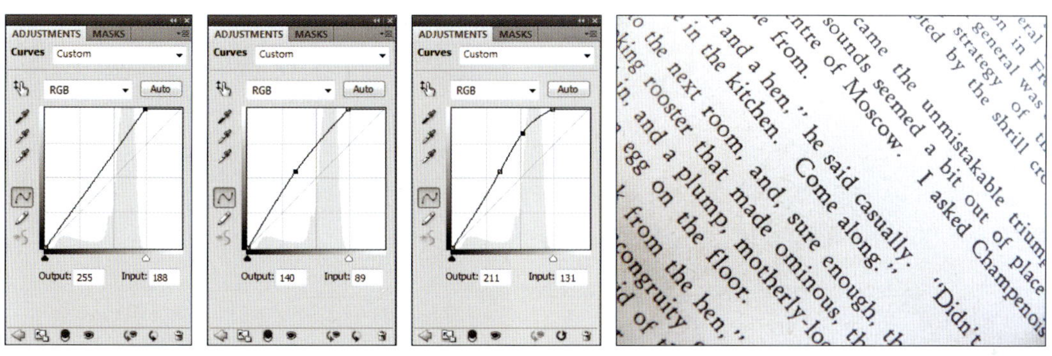

03 새로운 레이어를 만들어서 색상(#020909)을 채운 후, Opacity를 '90%'로 바꾸고 레이어 마스크를 추가합니다.

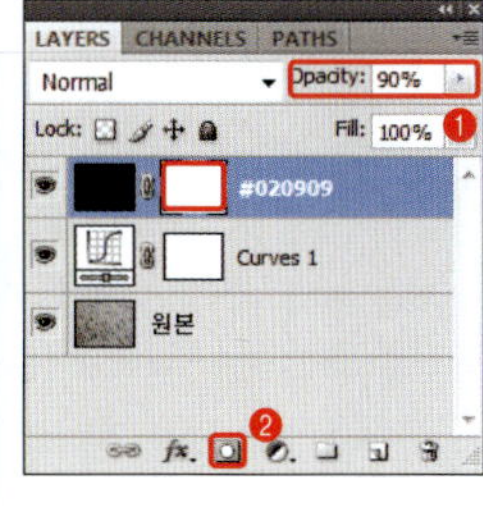

04 먼저 전경색을 검은색으로 바꾼 후, 브러시 툴 상태에서 [Brushes] 패널을 열고, [Brush Tip Shape] 항목을 눌러 브러시의 형태를 다음과 같이 지정합니다.

Diamete : 1100픽셀, Angle : 142도, Roundness : 96%, hardness : 0%, Spacing : 25%

05 브러시의 Opacity는 '100%'로 지정하고 레이어 마스크가 선택된 상태인지 확인한 다음, 브러시로 화면 한 가운데를 클릭해 그립니다.

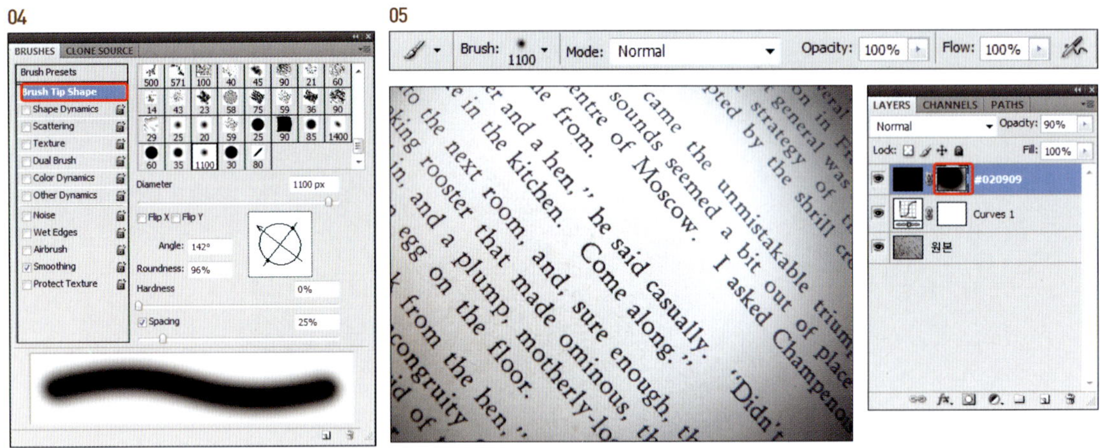

STEP 2 기본적인 렌즈 형태 만들기

01 Ctrl + 2 를 눌러 레이어 마스크를 빠져 나온 후, Ctrl + R 을 눌러 Ruler를 켜고 눈금자에 나타난 단위를 참고해 그림과 같이 정사각형 형태가 되게 가이드를 정합니다.

02 Elliptical Marquee 툴(◯)을 선택하고 가이드를 따라 드래그해서 선택합니다.

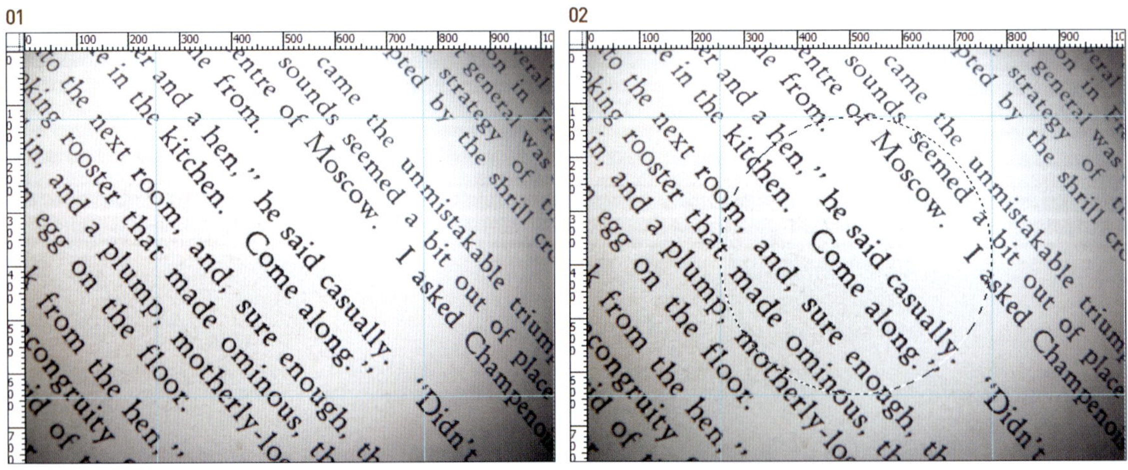

03 '#020909' 레이어를 끈 후, 'Curves1' 레이어를 선택 Shift + Ctrl + C 를 눌러 [Copy Merged] 명령을 적용합니다.

04 Ctrl + V 를 눌러 붙인 후, 레이어를 가장 위쪽으로 옮긴 다음, 레이어 이름을 '렌즈'로 변경합니다. 그리고 모든 레이어를 켭니다.

03

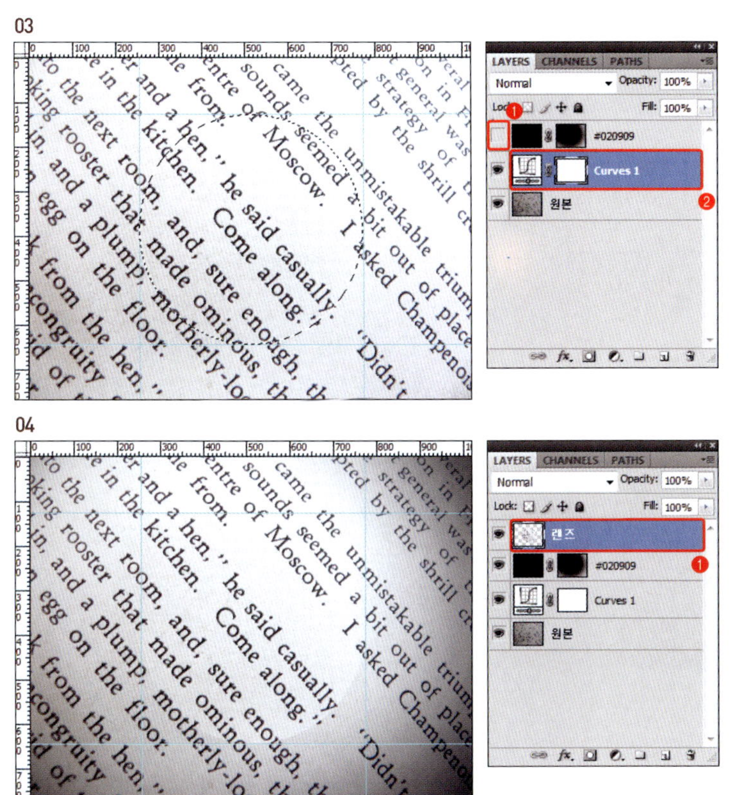

04

05 Ctrl + R 을 눌러 눈금선을 끄고, Ctrl + ; 를 눌러 가이드를 끕니다. '렌즈' 레이어를 클릭하고 Ctrl + J 를 눌러 레이어를 복제합니다. Ctrl 을 누른 채로 레이어 썸네일을 클릭해 선택을 만듭니다.

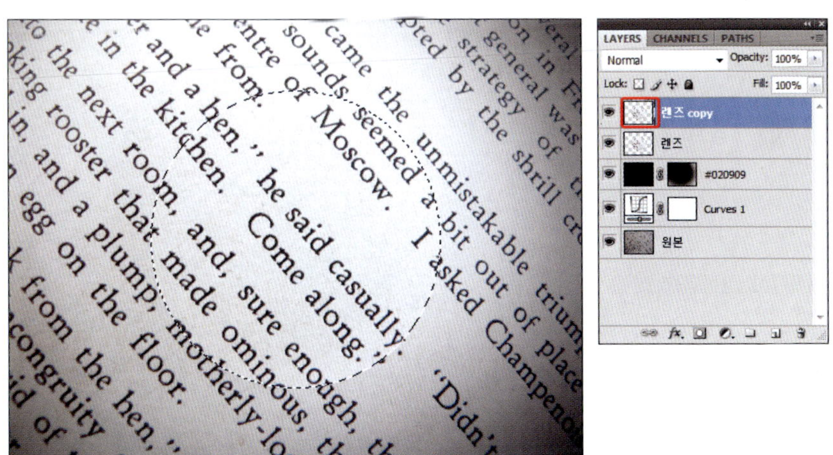

이번 단계는 렌즈에 여러 가지 입체적인 효과를 적용하는 과정입니다. 필터를 이용해 볼록한 느낌을 만들고
Layer Style을 이용해 그림자를 표현하도록 하겠습니다.

01 Filter 〉 Distort 〉 Spherize를 선택하고, [Spherize] 대화상자에서 Amount(수치) : 45%, Mode :
Normal을 선택합니다.

02 필터가 적용된 레이어의 이름을 'Spherize 45'로 바꿉니다.

01

02

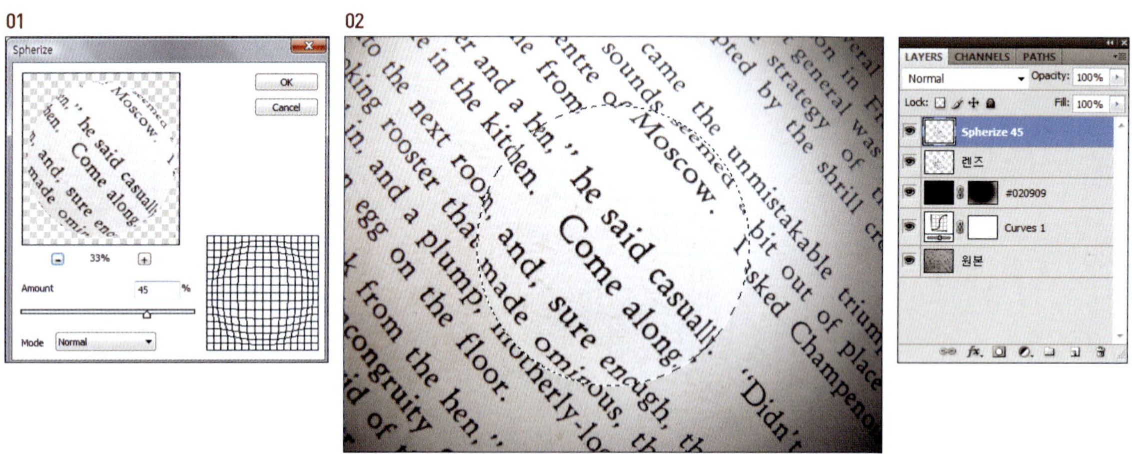

03 [Ctrl]+[D]를 눌러 선택을 해제한 후, 'Spherize 45' 레이어를 더블클릭해 [Layer Style] 대화
상자로 들어갑니다. 그리고 [Drop Shadow] 항목을 클릭해서 다음과 같이 적용한 후 [OK] 버튼
을 클릭합니다. 여기서 [Contour]는 그림자 안쪽의 반사광을 만드는 역할을 합니다.

Blend Mode : Multiply 65% (#000000), Angle : 128도, Distance : 73픽셀, Spread : 0%, Size : 70픽셀,
Contour : 그림참조

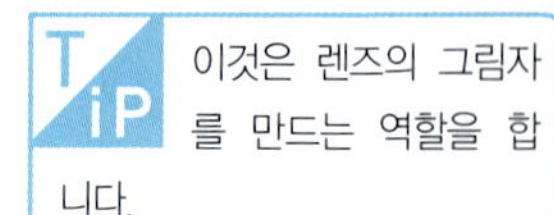

TIP 이것은 렌즈의 그림자를 만드는 역할을 합니다.

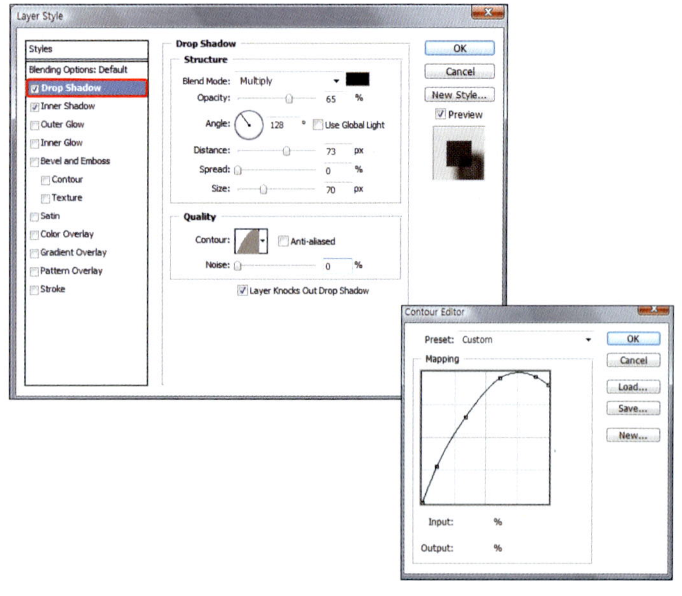

04 다시 [Layer Style] 대화상자로 들어가 [Inner Shadow] 항목을 클릭해서 다음과 같이 적용한 후 [OK] 버튼을 클릭합니다.

Blend Mode: Normal 60% (#010807), Angle: 129도, Distance: 73픽셀, Choke: 16%, Size: 200픽셀, Contour: 그림참조(Anti-Aliased)

05 렌즈 내부의 입체감이 살아납니다.

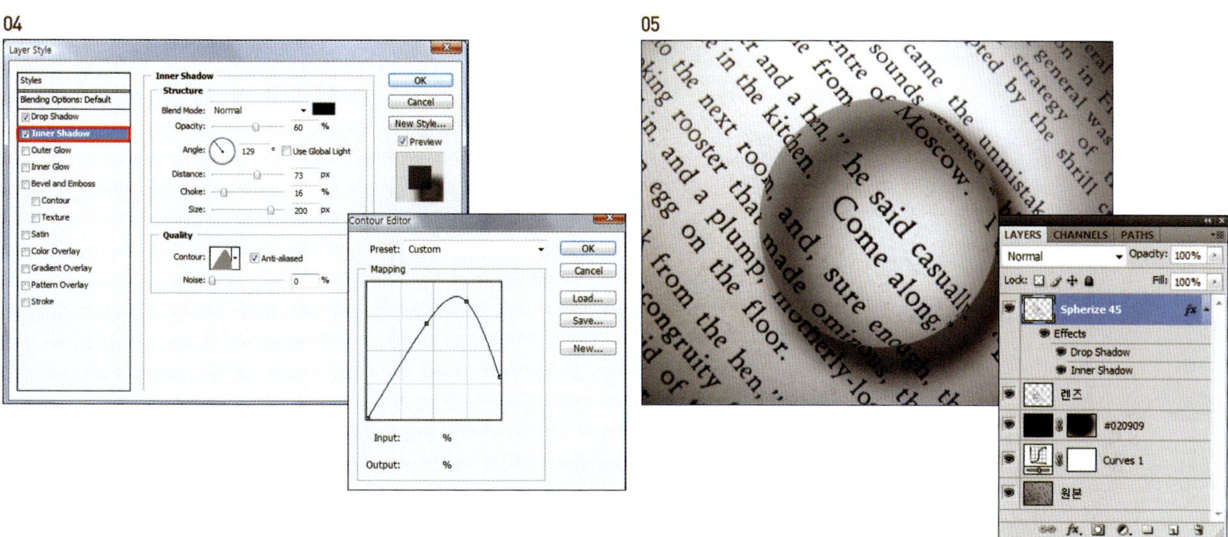

428
429

STEP 4 렌즈 내부에 넓은 반사광 만들기
Photoshop Design

이번 단계는 렌즈 내부에 넓은 반사광을 만드는 작업입니다. 우선 렌즈에 해당하는 부분 전체를 어둡게 만든 다음, 레이어 마스크를 이용해 부분적으로 밝게 만드는 방식을 사용합니다.

01 [Curves] 조정 레이어를 만들고 레이어의 블렌딩 모드를 'Multiply'로 바꾼 후, 그림과 같이 옵션을 적용합니다

(RGB Output : 75, Input : 255) (Red Output : 255, Input : 242)

(Green Output : 255, Input : 237) (Blue Output : 255, Input : 255)

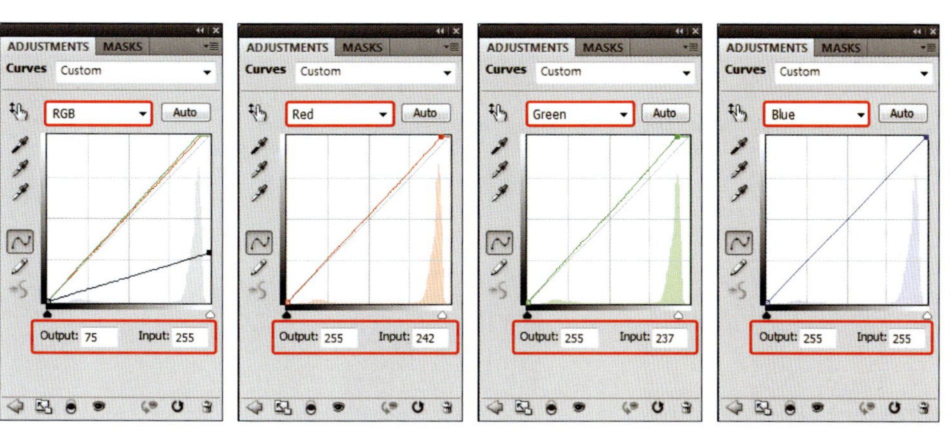

02 [Curves] 패널에서 클리핑 마스크 옵션이 켜진 상태이므로 자동으로 클리핑 마스크가 적용됩니다.

03 전경색을 검은색(#000000)으로 지정한 후, Gradient 툴(■)을 선택하고 아래 그림과 같이 옵션을 지정합니다.

04 그리고 'Curves 2' 조정 레이어의 마스크를 클릭하고 오른쪽 아래에서 가운데 방향으로 드래그해 그립니다.

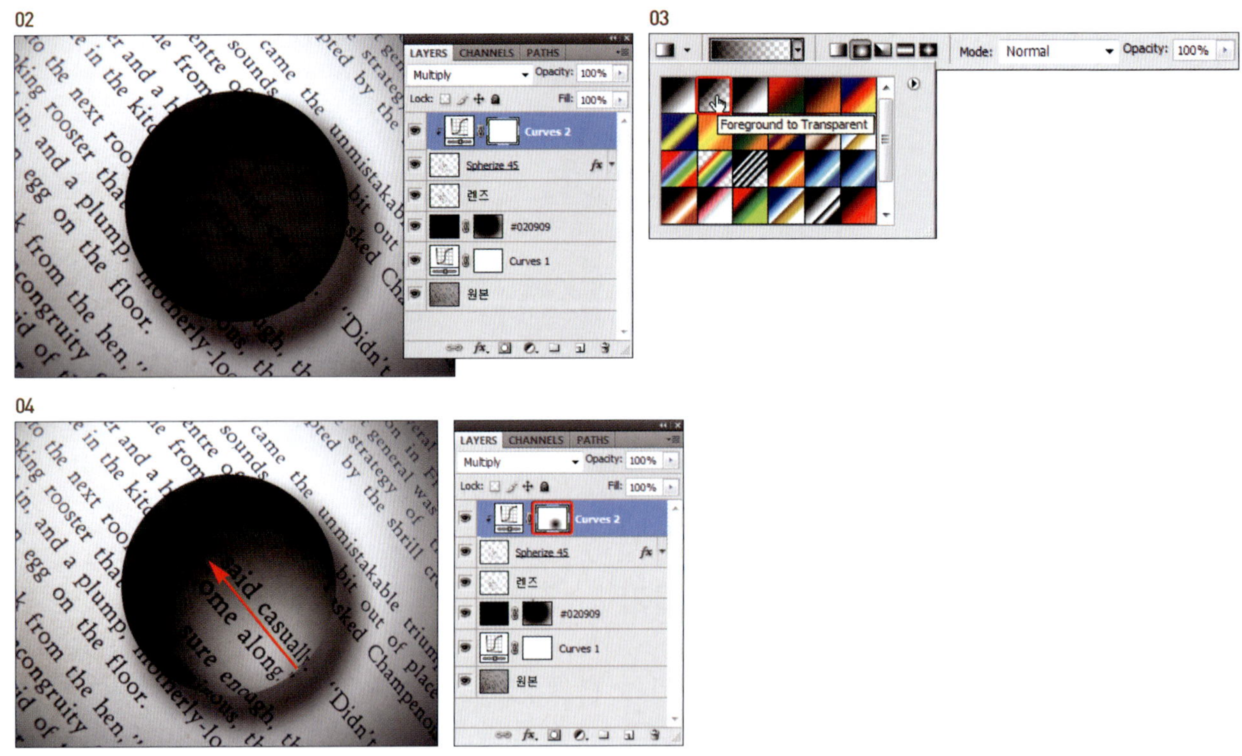

05 'Spherize 45' 레이어를 선택한 후 Ctrl + J 를 눌러 복제합니다. 그리고 'Spherize 45' 레이어를 맨 위로 이동합니다.

06 'Spherize 45' 레이어에 있는 'Fx' 아이콘을 휴지통 아이콘 위로 드래그해 지웁니다. 'Add Layer Mask(레이어 마스크 추가하기)' 아이콘(□)을 클릭해 레이어 마스크를 추가하고 레이어의 이름을 '반사광'으로 바꿉니다.

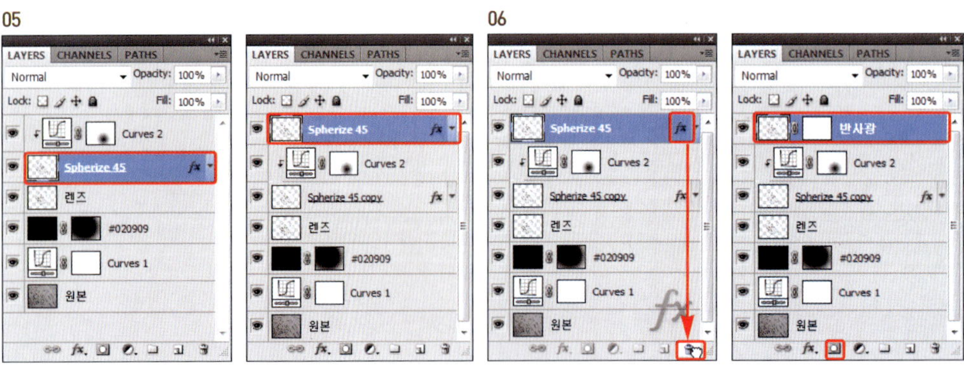

07 '반사광' 레이어의 블렌딩 모드를 Screen '50%'로 바꿉니다.

08 [Brushes] 패널을 열고, [Brush Tip Shape] 항목을 눌러 브러시의 형태를 다음과 같이 지정합
니다.

Diameter : 600픽셀, Angle : 0도, Roundness : 100%, Hardness 40%, Spacing 25%

09 브러시의 Opacity는 '100%'로 지정하고 레이어 마스크를 선택한 후, 그림과 같이 클릭해 그립
니다.

이제 렌즈 경계에 생기는 반사광을 만들 차례입니다.

01　렌즈 경계에 반사광을 만들기 전에 효과를 잘 살리기 위해 레이어의 Fill Opacity 상태를 '75%'로 미리 바꿉니다.

02　'반사광' 레이어를 더블클릭하여 [Layer Style] 대화상자로 들어갑니다. [Inner Glow] 항목을 선택하고 아래와 같이 옵션을 지정합니다.

Blend Mode : Screen 73%, Noise : 0%, Color : #fefee8, Technique : Softer, Source : Edge, Choke : 24%, Size : 89픽셀, Contour : 그림참조, Range : 63%, Jitter : 0%

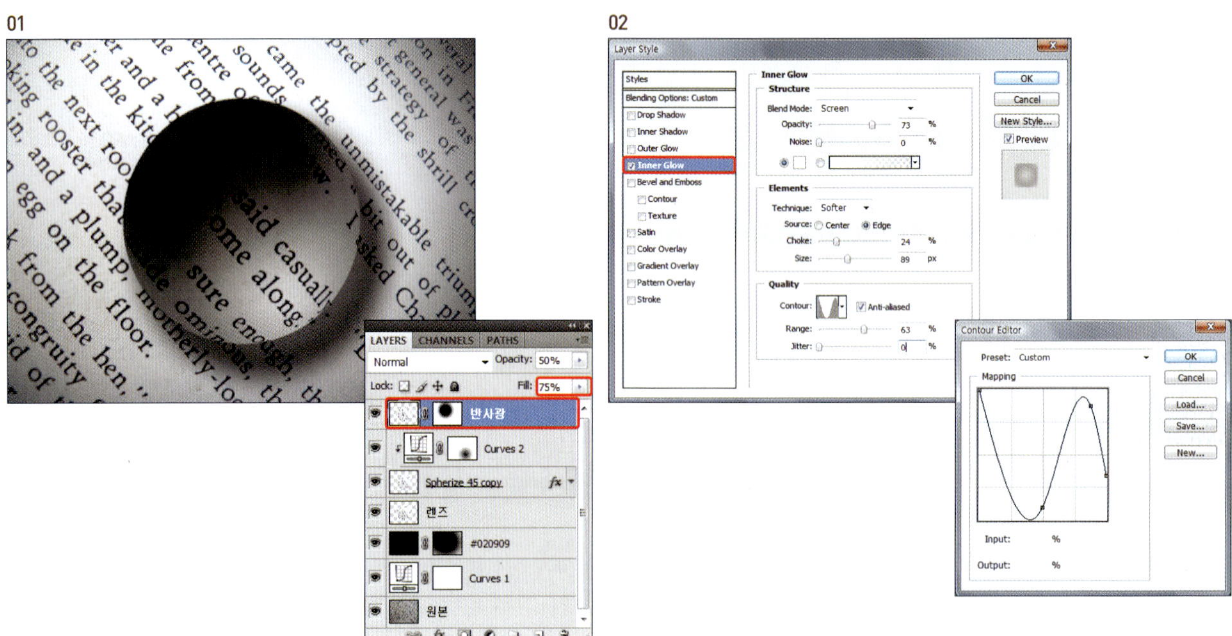

03　렌즈 주변에 반사광이 생겼습니다.

Opacity와 Fill Opacity의 차이점

Opacity와 Fill Opacity는 레이어의 투명도를 조절한다는 점에서 비슷하지만, 분명한 차이점이 있습니다. 레이어 자체(레이어의 Style 효과를 포함한 모든 내용물)의 투명도를 조절할 때는 Opacity를 조절하고, 레이어의 Style 효과를 제외한 투명도 안을 조절할 때는 Fill Opacity를 사용합니다. Fill Opacity는 내부가 투명한 물체 등을 만들 때 사용하면 편리합니다.

STEP 6 포인트 반사광 만들기

Photoshop Design

이번에는 포인트 반사광을 그릴 차례입니다. 렌즈의 질감은 투명하면서도 굴절이 있다는 점을 염두에 두고 표현합니다.

01 [Brushes] 패널에서 [Brush Tip Shape] 항목을 눌러 브러시의 형태를 다음과 같이 지정합니다.

Diameter : 125픽셀, Angle : 35도, Roundness : 64%, Hardness 0%, Spacing 25%, Airbrush 옵션 Opacity : 100%, Flow : 20%

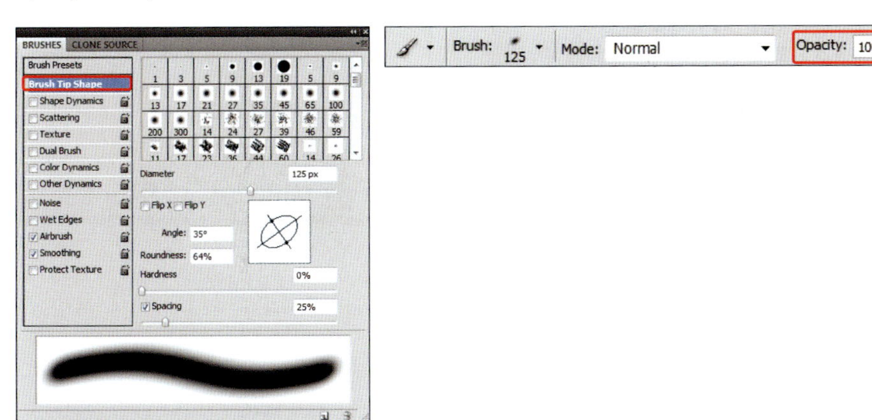

02 새로운 레이어를 만들고 이름을 '포인트 반사광' 이라고 입력한 후, 브러시의 색상을 흰색으로 바꿉니다. 화면을 확대한 후, 렌즈 오른쪽 아래 경계를 따라 강약을 조절을 하며 그립니다. 마우스 커서가 보이는 영역이 가장 밝게 그려져야 할 부분입니다.

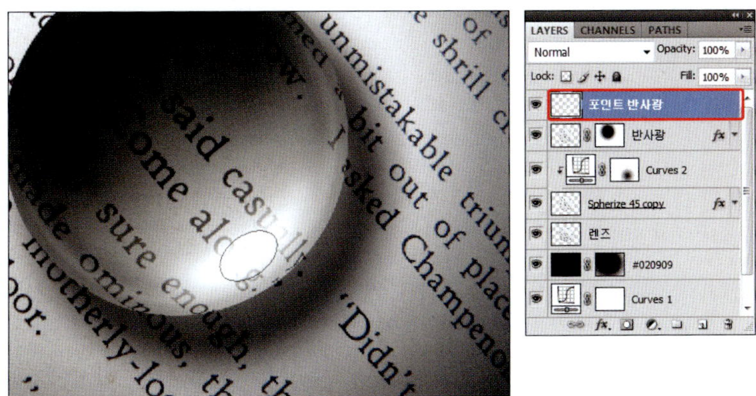

이제 마지막 단계입니다. 이번에는 소스 이미지를 불러와 필터를 적용한 다음, 반사되는 이미지로 사용하겠습
니다. 이런 유형의 작업에서는 계획을 잘 세워서 작업해야 실수를 최소화할 수 있습니다.

01 Ctrl + O 를 눌러 예제 파일(소스.jpg)을 엽니다.
● Part10\Sec2\소스.jpg

02 Image 〉 Canvas Size(Alt + Ctrl + C)를 선택해 [Canvas Size] 대화상자를 엽니다.
Anchor(기준점)를 상단으로 정한 후, Height (높이)를 '200퍼센트'로 지정하고, Canvas
extension color는 'Black'으로 지정합니다.

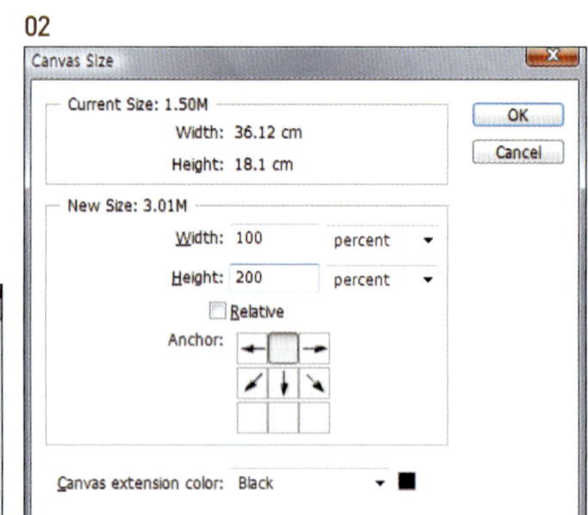

03 기준점이 상단이므로 이미지는 아래쪽으로 늘어납니다. Ctrl + J 를 눌러 레이어를 복제합
니다.

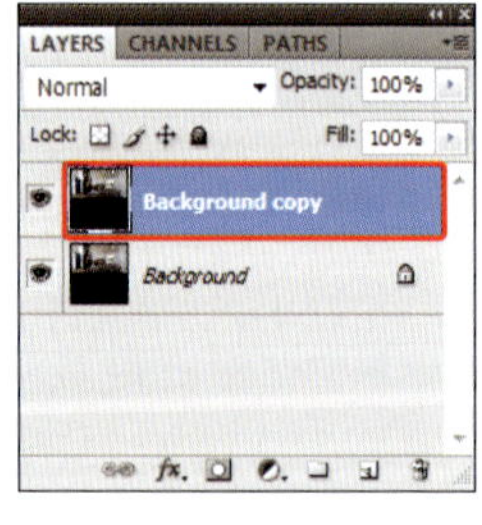

이미지의 비례가 정사각형이 되도록 만든 이유

[Canvas Size]를 늘려 이미지의 비례가 정사각형이 되도록 만든 이유는 Polar Coordinates 필터를 적용하기 쉽게 하기 위함입니
다. Polar Coordinates 필터를 적용해 정원 형태의 이미지를 만들려면 이미지의 가로와 세로 비율이 같고, 이미지의 특징 있는 부
분이 위쪽에 위치해야 좋은 결과가 나타납니다.

04 Filter 〉 Distort 〉 Polar Coordinates를 선택하고 [Rectangular to Polar] 옵션을 선택한 후 [OK] 버튼을 클릭합니다.

05 구 모양으로 이미지가 적용되면 레이어의 이름을 'Polar Coordinates R to P'로 바꿉니다.

04
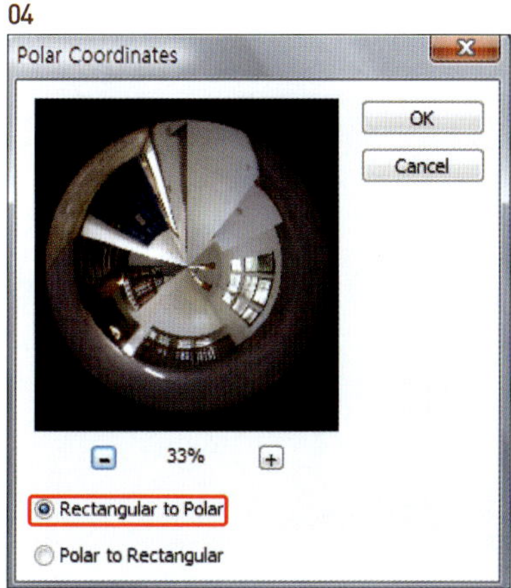

05
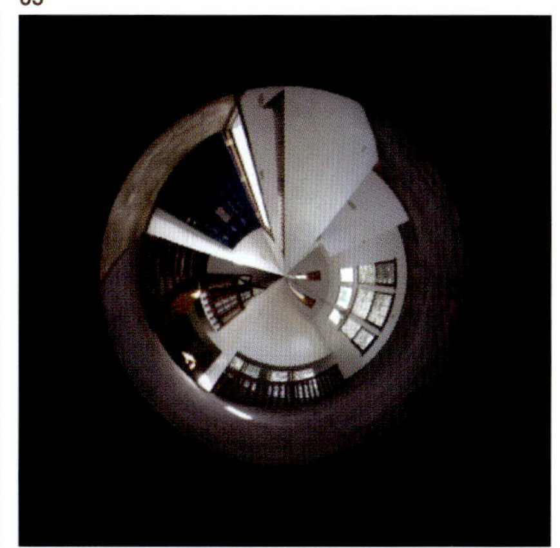

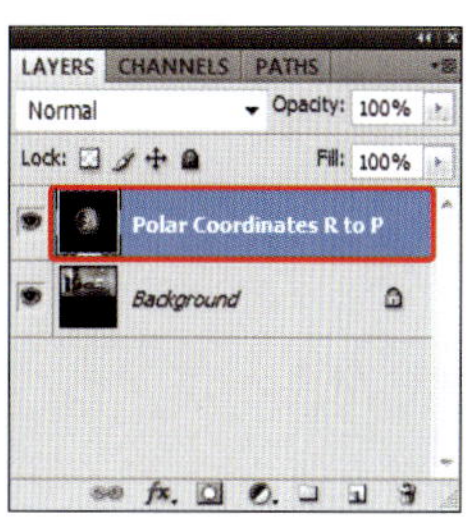

필터 적용 결과 미리 예측하기

Polar Coordinates 필터에는 특별한 옵션이 없습니다. 따라서 필터를 적용하고 나면 어떤 결과가 나타날지를 미리 예측하는 것이 중요합니다. 아래 그림에서처럼 표현하고자 하는 부위가 어디에 있느냐에 따라 필터 적용 결과는 확연히 달라집니다.

❶ 표현하고자 하는 이미지가 위쪽에 위치한 경우(좌)
   필터 적용 결과(우)

❷ 표현하고자 하는 이미지가 아래쪽에 위치한 경우(좌)
   필터 적용 결과(우)

06 우선 소스 파일과 작업 파일을 동시에 펼쳐 놓은 상태에서 Move 툴( )로 바꾼 후, 소스 파일
의 'Polar Coordinates R to P' 레이어를 선택하고 [Shift]를 누른 채로 (원본.psd)쪽으로 드래
그합니다.

07 [Shift]를 누른 채로 드래그하면 이미지는 화면 한 가운데로 옮겨집니다.

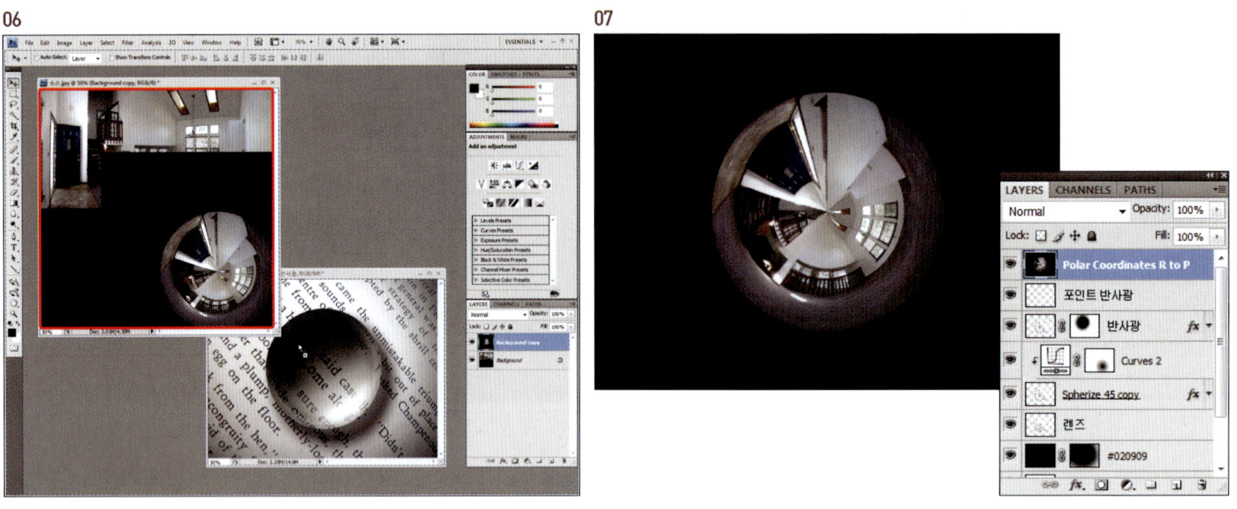

08 레이어의 블렌딩 모드를 'Screen'으로 바꿉니다. [Ctrl]+[T]를 누른 후, 기존 렌즈에 맞게 크
기와 각도를 조절하고 [Enter]를 누릅니다.

크기 : 133.7%, 각도 : −155.7도

09 필요한 영역만 살리기 위해 레이어 마스크를 추가합니다.

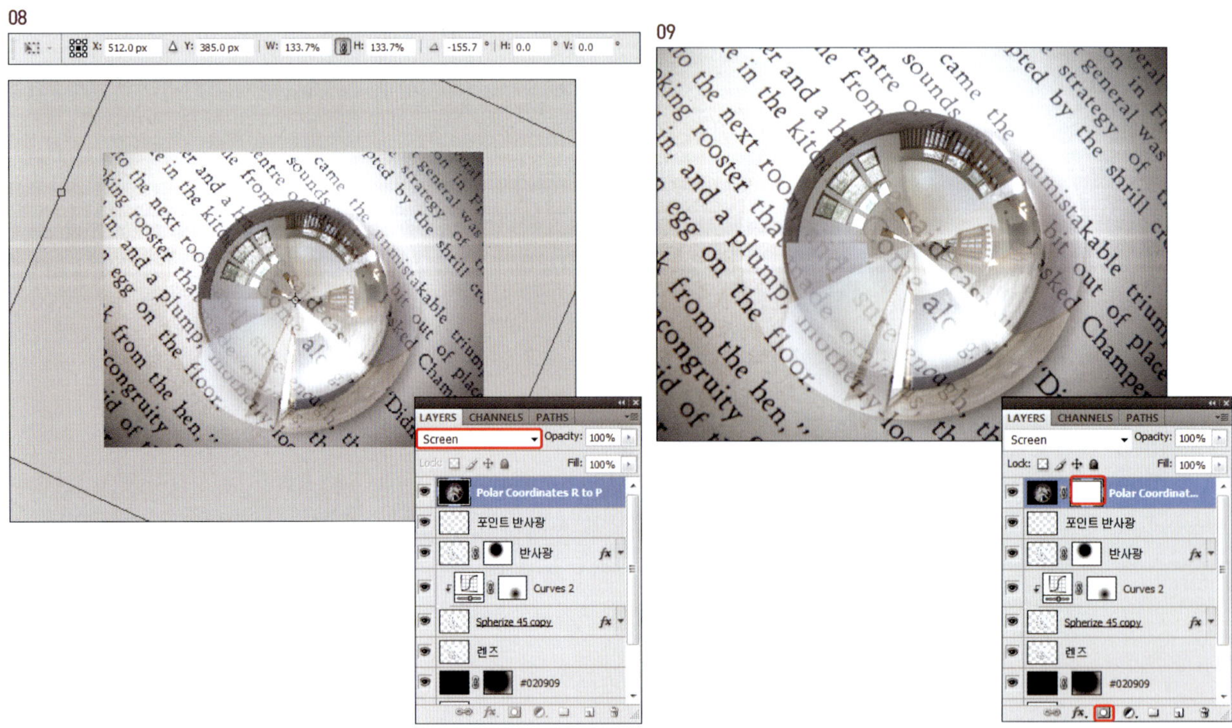

10 레이어 마스크가 선택된 상태에서 왼쪽 위의 유리창을 제외한 나머지 부분을 검은색 브러시로
지운 후, 레이어 이름을 '유리창 반사'로 바꿉니다.

11 <u>Ctrl</u> + <u>2</u>를 눌러 레이어 마스크를 빠져나옵니다. 이미지가 모두 완성되었습니다.

패턴을 이용해
우표 만들기

이 예제는 Pattern 기능을 이용해 우표의 형태를 만드는 작업입니다. 특정한 형태를 만들고자 할 때는 작업 전에 그 물체를 분해해서 생각해보는 것이 좋습니다. 우표의 외곽선은 일정한 패턴을 유지하고 있으므로, 구멍의 크기, 간격, 개수 등을 관찰해서 표현한다면 유사한 형태로 재현할 수 있습니다. 우표의 기본 형태를 만든 후에는 우표에 찍히는 소인을 그려야 하는데 이것은 Stroke Path와 Type on a Path 기능을 활용하도록 합니다. 소인의 글자 부분을 만들 때 사용되는 Type on a Path 기능은 정확한 위치를 잡기가 쉽지 않으므로 주의하도록 합니다.

Part10\Sec3\원본.psd
Part10\Sec3\결과.psd

주요 사용 기능 Define Pattern 기능, Fill 기능, Paste Into 기능, Convert Point 툴, 다단복제 Alt + Shift + Ctrl + T, Type on a Path

난이도 ★★★

소스 chez_sugi by sa http://flickr.com/photos/chez_sugi/2302302806/

STEP 1 패턴 만들어 적용하기
Photoshop Design

이 예제에서 표현하려는 우표의 테두리는 반원 모양이 규칙적으로 반복되는 패턴 형태를 띄고 있습니다. 이 부분이 가장 특징 있는 부위이므로 이 곳부터 작업하도록 합니다. 우선 패턴을 만든 다음, 이 패턴을 레이어 마스크에 적용하도록 하겠습니다.

01 File › New(Ctrl + N) 명령을 선택해 그림과 같은 옵션으로 조그만 크기의 파일을 만듭니다. 파일명은 '우표점선' 이라고 입력합니다.

02 파일이 만들어지면 [Brushes] 패널에서 브러시의 옵션을 그림과 같이 지정합니다.
Diameter : 25픽셀, Angle : 0도, Roundness : 100%, Hardness 90%, Spacing 25%

03 브러시를 이미지의 왼쪽 위 끝으로 가져가 점을 찍습니다. 이렇게 하는 이유는 조그마한 원을 규칙적으로 반복해 패턴으로 만들기 위한 것입니다. 패턴으로 만들고자 하는 점이 캔버스에 걸리지 않게 주의합니다.

04 Ctrl + A 를 눌러 이미지를 전체선택하고 Edit › Define Pattern 명령을 선택합니다.

05 나타나는 대화상자에서 '우표 점선' 이라고 입력하고 [OK] 버튼을 클릭합니다. 패턴이 등록됩니다. Ctrl + S 를 눌러 '우표 점선.psd' 파일을 저장하고 닫습니다.

438
439

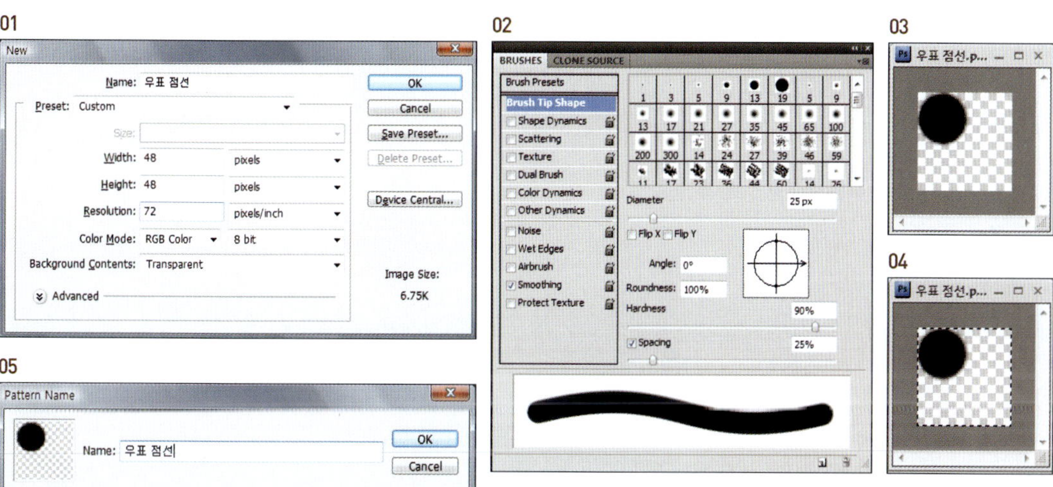

등록된 패턴을 확인할 수 있는 곳

이렇게 등록된 Pattern은 Edit › Fill에서 사용할 수 있고, Edit › Preset Manager에서도 확인할 수 있습니다.

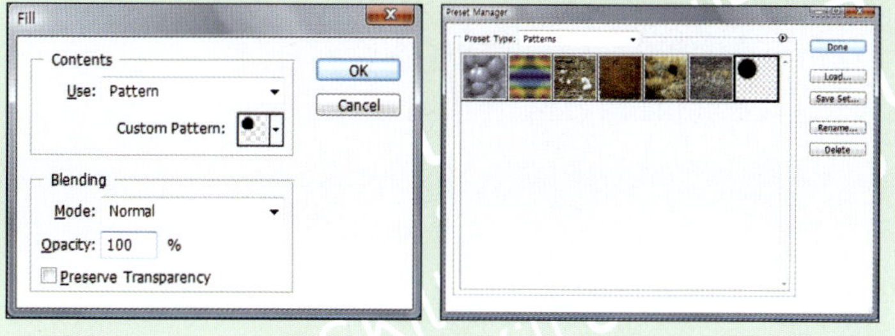

06 [Ctrl]+[O]를 눌러 예제 파일(바탕.psd)을 엽니다. [Solid Color] 레이어에 사용된 주황색   ● Part10\Sec3\바탕.psd
    (#ff6600)은 구분하기 위한 용도이므로 다른 색상으로 바꿔도 상관없습니다.

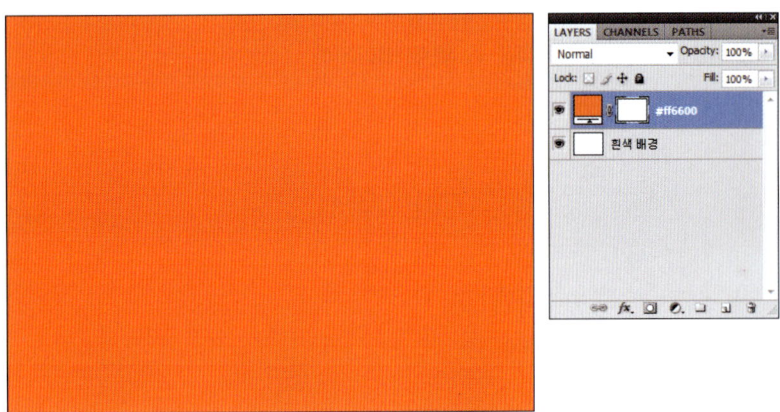

07 레이어 마스크가 선택되었는지 확인한 후, Edit 〉 Fill([Shift]+[Delete])을 눌러 대화상자가 나타
    나면 아까 등록했던 Pattern을 지정하고 [OK] 버튼을 클릭합니다.

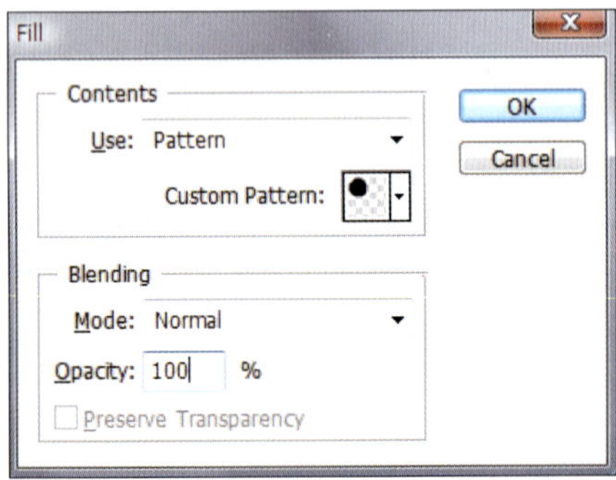

08 레이어 마스크에 패턴이 채워집니다.

STEP 2 Guide를 이용해 우표 형태 만들기
Photoshop Design

이번 단계는 가이드를 이용해 우표의 기본 형태를 만드는 과정입니다. 정교한 형태를 만드는 작업에서는
[Ruler]나 [Guide], [Grid]를 잘 활용해야 합니다.

01 [Ctrl]+[;]를 눌러 미리 만들어 놓은 가이드를 켭니다. 이 가이드는 우표로 만들어질 바깥쪽
테두리와 안쪽 테두리를 구분하는 역할을 합니다.

02 Rectangular Marquee 툴([])을 이용해 바깥쪽 테두리를 선택합니다. 그리고 [Shift]
+[Ctrl]+[I]를 눌러 선택영역을 반전합니다. 그러면 우표가 될 영역을 제외한 나머지 부분이
선택됩니다.

> **TiP** 바깥쪽 테두리와 안쪽 테두리의 간격은 처음 패턴을 만들 당시의 파일 크기가 48×48픽셀이었으므로, 우표 바깥쪽 테두리와 안쪽 테두리의 간격 또한 48픽셀이 됩니다.

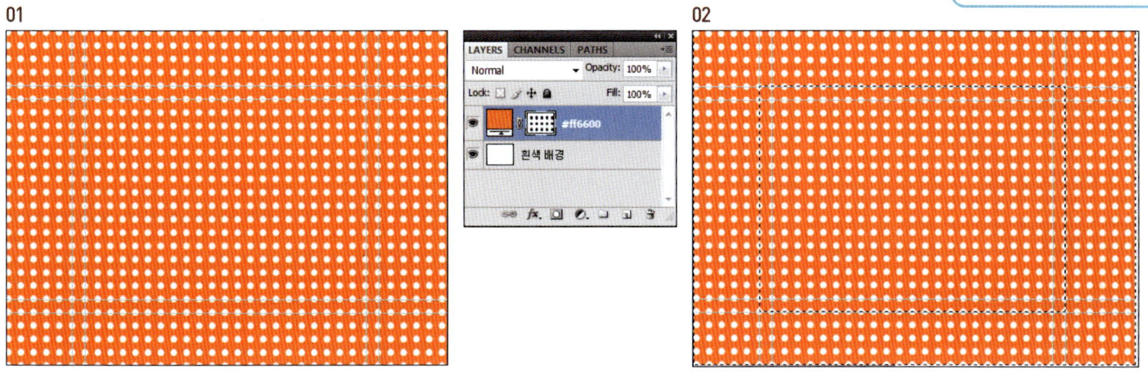

03 레이어 마스크 상태에서 선택된 영역에 검은색을 채웁니다.

04 [Ctrl]+[D]를 눌러 모든 선택을 해제한 후, 바깥쪽 테두리와 안쪽 테두리 사이를 드래그해서
선택합니다. 이때 정교한 선택을 위해서는 [Snap] 기능을 꺼두어야 합니다.

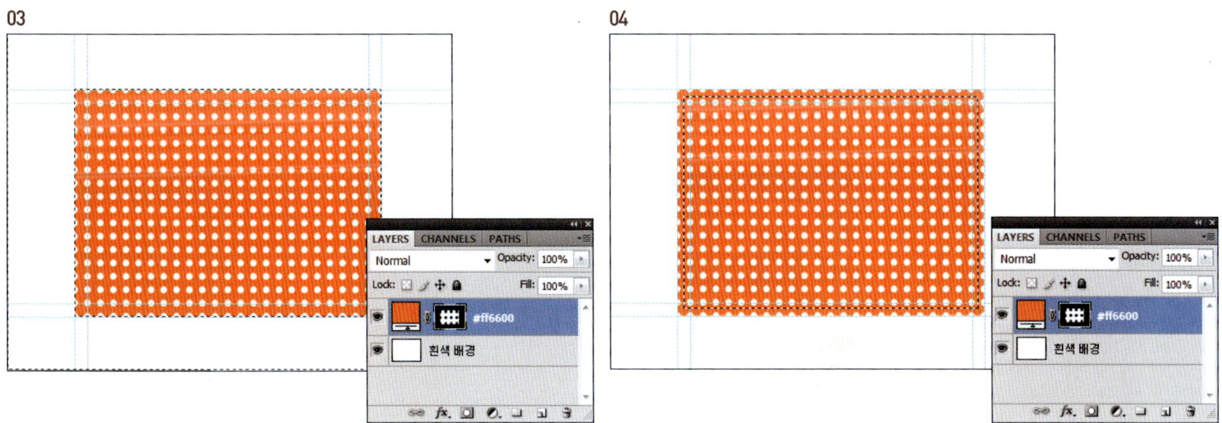

Snap 기능을 꺼야하는 이유

[Snap] 옵션이 켜져 있을 경우, 선택은 자동으로 가이드에 들러붙기 때문에 정교한 선택이 어렵습니다. 이런 경우 반드시 View〉
Snap([Shift]+[Ctrl]+[;])을 눌러 [Snap] 기능을 끄고 다시 선택해야 합니다.

05 선택된 영역을 흰색으로 채웁니다. 우표의 기본적인 형태가 나타납니다. ⌜Ctrl⌟+⌜D⌟를 눌러 모든 선택을 해제합니다.

06 레이어를 더블클릭해 [Layer Style] 대화상자로 들어갑니다. 그리고 [Drop Shadow] 항목을 클릭해 다음과 같이 적용한 후 [OK] 버튼을 클릭합니다.

Blend Mode : Multiply 57% (#000000), Angle : 141도, Distance : 5픽셀, Spread : 8%, Size : 18픽셀, Contour : 그림 참조

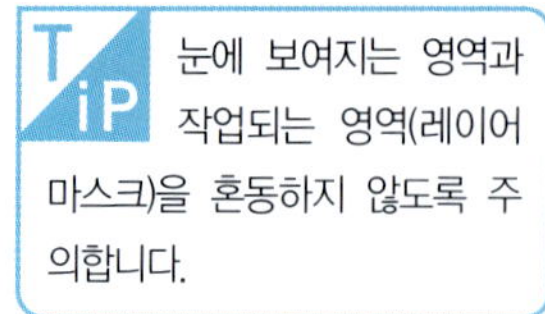

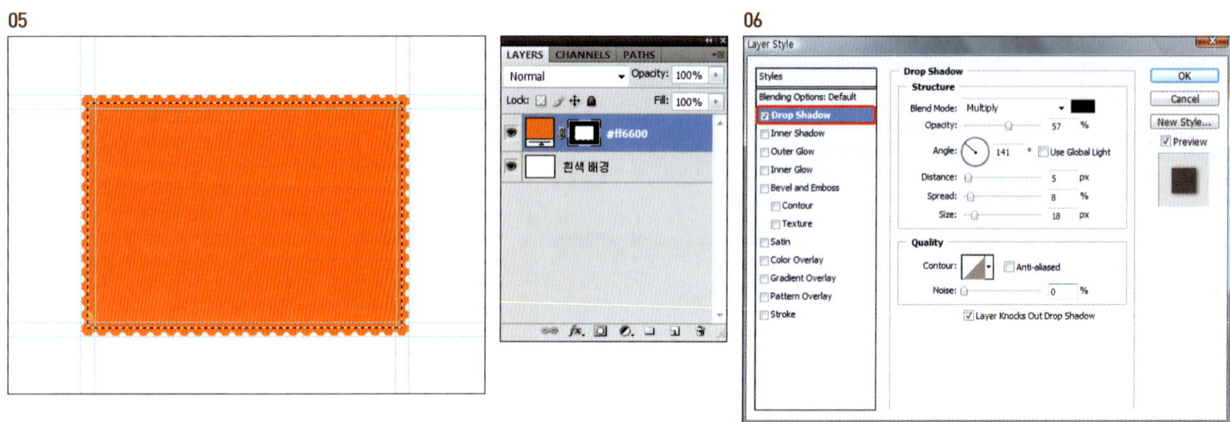

07 그림자 효과가 적용됩니다.

08 이제 우표의 경계 부위가 확실해졌으므로 [Solid Color] 레이어의 썸네일을 더블클릭해 색상을 흰색으로 바꾸고, 레이어의 이름도 '#ffffff' 로 바꿉니다.

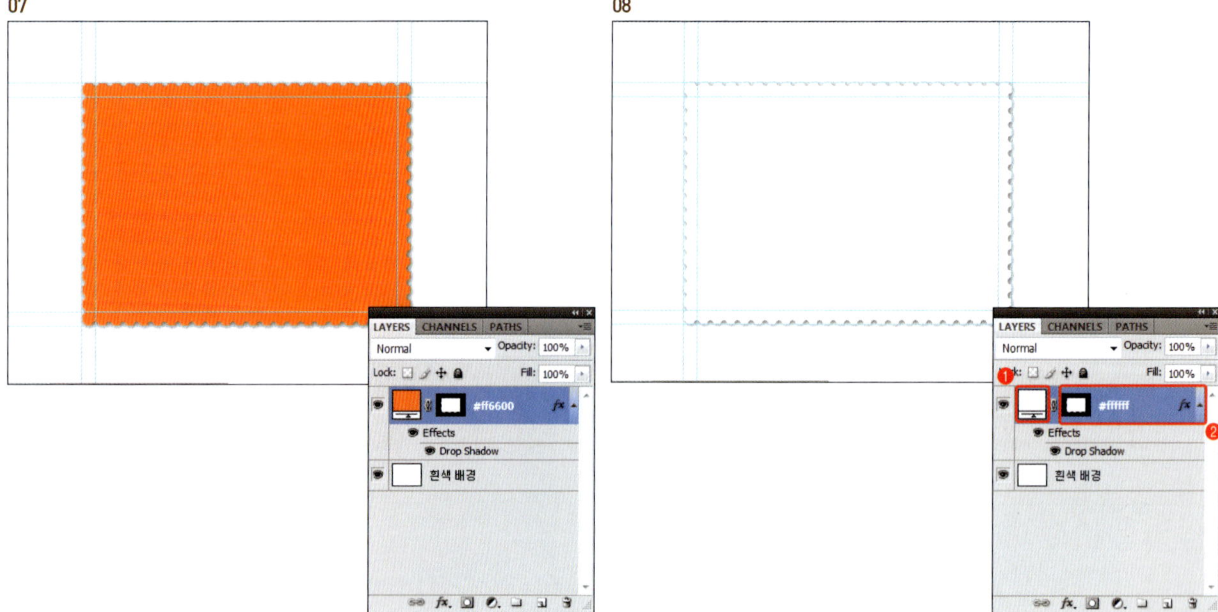

09 다시 View > Snap(Shift + Ctrl + ;)을 눌러 [Snap] 기능을 켜고, Rectangular Marquee 툴로 우표의 안쪽 테두리를 드래그해서 선택합니다.

10 이 선택영역에 이미지를 채워 넣어야 하는데, 이미지는 다른 파일에서 불러와야 합니다. Ctrl + O 를 눌러 예제 파일(원본.psd)을 엽니다. 파일이 열리면 Ctrl + A 를 눌러 이미지를 전체 선택 한 후, Ctrl + C 를 눌러 복사합니다.

Part10\Sec3\원본.psd

11 작업 파일(바탕.psd)로 돌아와 Edit > Paste Into(Shift + Ctrl + V)를 선택합니다. 이 명령을 이용하면 기존에 있던 선택영역은 자동으로 레이어 마스크로 전환됩니다. 생겨난 레이어의 이름을 '안쪽 테두리' 로 바꿉니다.

09

10

11

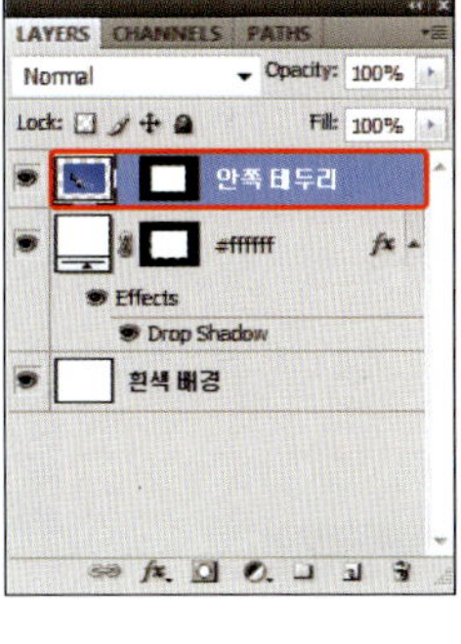

링크 표시 아이콘이 없는 이유

Paste Into 명령으로 생겨난 레이어는 다른 레이어들과 달리 링크 표시 아이콘이 없습니다. 이것은 삽입된 이미지의 위치를 손쉽게 조절하기 위함입니다.

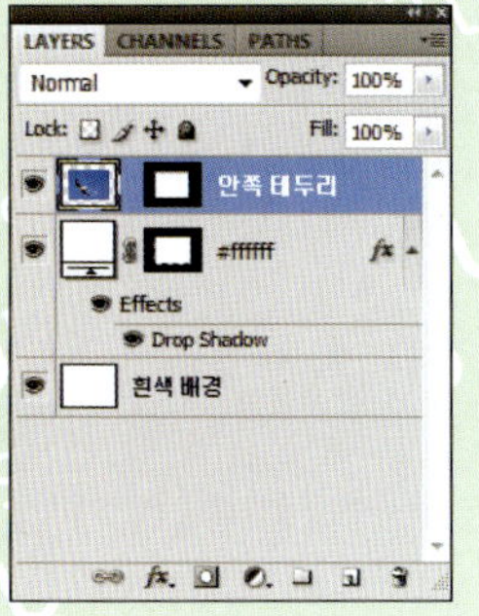

12 [Ctrl]+[T]를 눌러 이미지의 크기를 그림과 같이 조절합니다.

13 [Curves] 조정 레이어를 만들고 중간톤을 살짝 들어올려 밝게 조정합니다. 이때 클리핑 마스크
옵션은 켜둡니다.

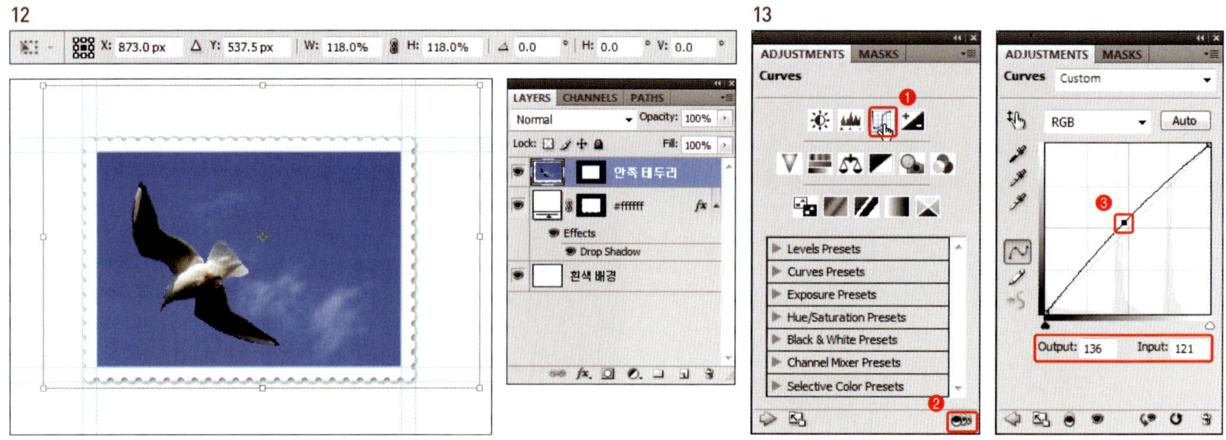

14 클리핑 마스크 옵션이 켜진 상태이므로 '안쪽 테두리' 레이어에만 조정 레이어의 효과가 적용
됩니다.

15 이제 우표의 형태가 만들어졌으므로 [Ctrl]+[;]를 눌러 가이드를 끕니다.

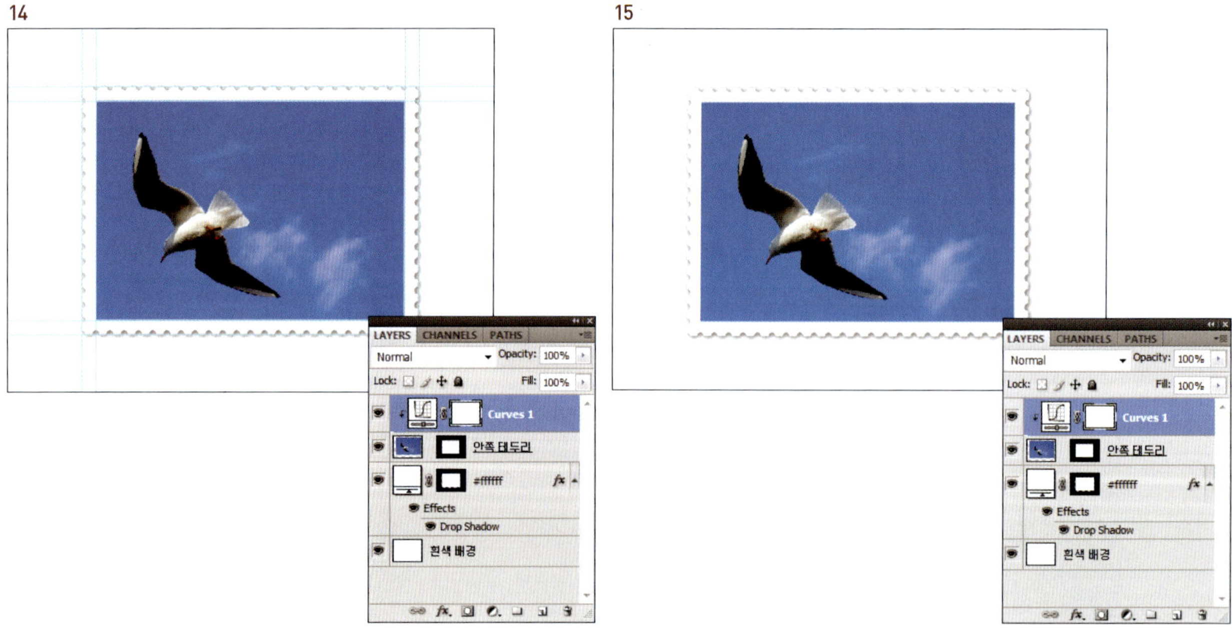

STEP 3 우표 금액 숫자로 입력하기
Photoshop Design

이번 단계는 우표 내부에 금액을 나타내는 숫자를 입력하는 단순한 과정입니다.

01 Horizontal Type 툴(T)을 선택하고 우표 오른쪽 위를 클릭해서 숫자 '700'을 입력합니다.

02 Ctrl + A 를 눌러 글자를 모두 선택한 후, 옵션을 다음과 같이 지정하고 Enter 를 누릅니다.
서체 : Libel Suit, 크기 : 96포인트, Horizontally Scale(평) : 110%, Color : #ffffff

STEP 4 Path를 이용해 소인그리기
Photoshop Design

우표의 형태가 모두 완성되었으므로 이제 소인을 그릴 차례입니다. 이 단계에서는 [Path]를 정교하게 다루는 것이 가장 중요합니다.

01 먼저 [Paths] 패널을 [Layers] 패널에서 떼어내어 분리합니다.

02 소인의 둥근 원 모양은 툴 패널에서 Ellipse 툴(○)을 선택하고 그림과 같이 옵션을 지정한 후, Shift 를 누른 채로 드래그해서 적절한 크기로 그립니다.

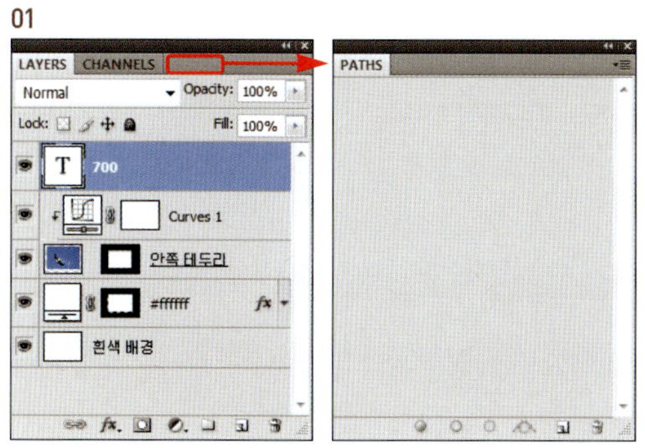

03 이번엔 Pen 툴(🖉)을 이용해 우표에 찍히는 '물결 모양'의 소인을 우선 지그재그 형태로 그립니다.

04 툴 패널에서 Convert Point 툴(⯒)을 선택합니다. Convert Point 툴로 2번째 점을 클릭한 후, 오른쪽으로 드래그해서 Direction Line(방향선)을 끄집어냅니다.

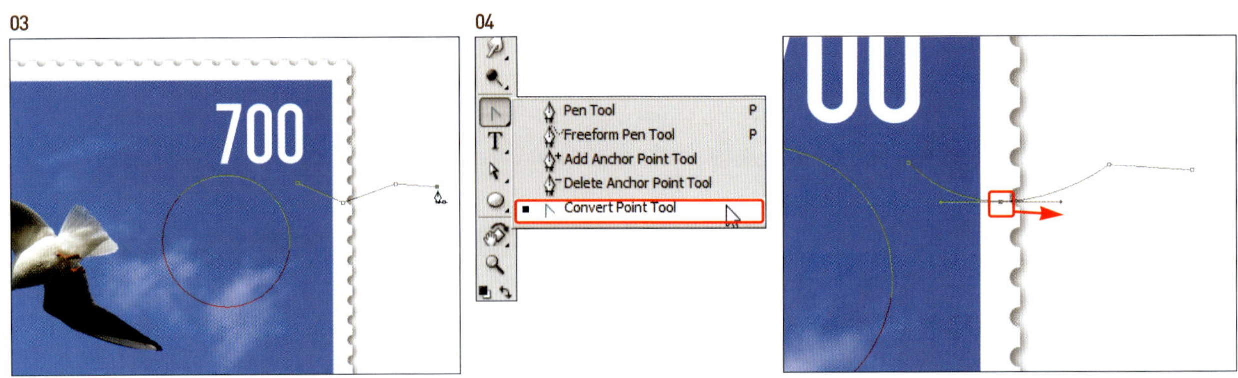

05 이와 같은 방법을 이용해 나머지 점들도 직선에서 곡선 상태로 바꿉니다. 보다 자연스러운 곡선을 만들려면 좌우측 끝부분에 있는 점들도 Direction Line을 살짝 끄집어내는 것이 좋습니다.

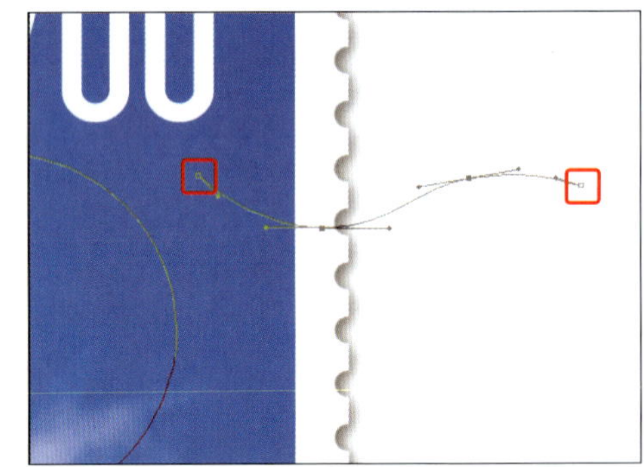

Convert Point툴(⯒)의 역할

[Path]와 관련된 작업을 할 때 Convert Point 툴은 상당히 중요한 역할을 합니다. [Path]에 있는 점을 직선(Corner Point)에서 곡선(Smooth Point) 또는 곡선에서 직선으로 바꿔주기 때문입니다.

❶, ❷ 점을 잡고 드래그하면 직선을 곡선으로 바꿀 수 있습니다.

❸, ❹ 방향점(Direction Point)을 잡고 꺾으면 방향점의 방향을 바꿀 수 있습니다.

❺ 다시 점을 클릭하면 곡선에서 직선 상태(원래상태)로 바꿀 수 있습니다.

Direct Selection 툴(🖉) 사용 도중 Convert Point 툴(⯒)로 바꾸려면 `Alt`와 `Ctrl`을 동시에 누른 채로 원하는 부위에 클릭하면 됩니다.

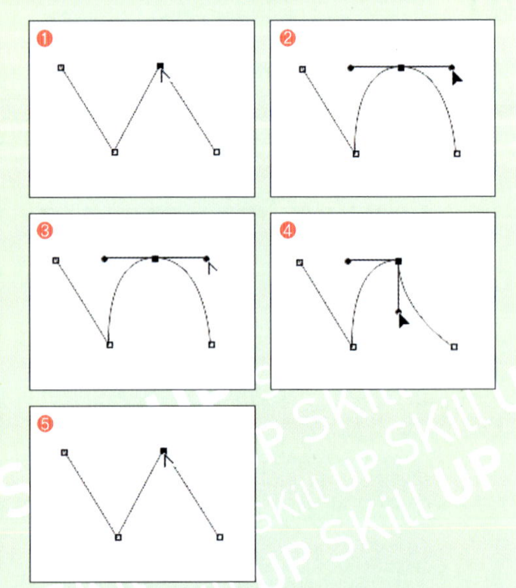

06 Direct Selection 툴(￼)이 선택된 상태에서 모든 점을 선택하려면 ￼Alt￼ 를 누른 채로 선의
일부분을 클릭합니다. 이것은 Path Selection 툴(￼)로 선택한 것과 동일한 결과입니다.

07 만들어진 Path 하나를 이용해 다단 복제합니다.

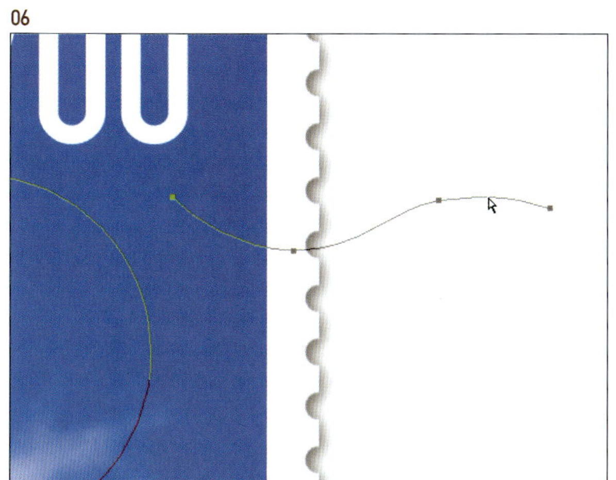

[Path]를 다단 복제하는 방법

물결 모양 [Path]는 다음과 같은 방법으로 복제합니다.

❶ 그려진 물결 무늬 모양을 ￼Alt￼ 를 누른 채로 클릭해서 선택합니다.

❷ ￼Alt￼+￼Ctrl￼+￼T￼ 를 누릅니다. (이것은 다단복제를 하기 위한
준비과정입니다)

❸ ￼Shift￼ 를 누른 채 아래쪽 방향키를 6번 눌러 아래로 60픽셀 이
동한 후, ￼Enter￼ 를 누릅니다. [Path]가 복제되었으며, 이것을 포토
샵이 기억하고 있는 상태입니다.

❹ ￼Alt￼+￼Shift￼+￼Ctrl￼+￼T￼ 를 3번 더 누릅니다. 누른 횟수만큼
복제됩니다.

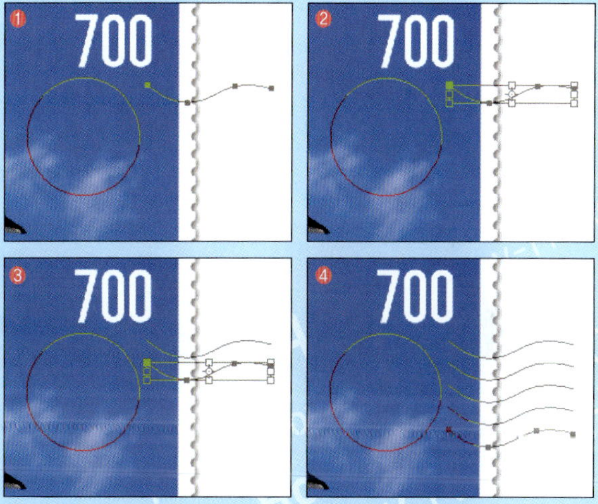

08 [Work Path]를 더블클릭해 [Path]로 등록합니다. 우표를 돋보이게 하기 위해 소인은 실제 크기보다 약간 작게 그린 상태입니다.

09 Path는 만들어졌지만 아직 소인이 이미지 상태로 그려진 것은 아닙니다. 브러시 툴을 선택하고 [Stroke Path]를 적용하기 위해 소인의 선 두께를 결정할 작은 브러시를 지정합니다.

Diameter : 8픽셀, Angle : 0도, Roundness : 100%, Hardness 100%, Spacing 25%

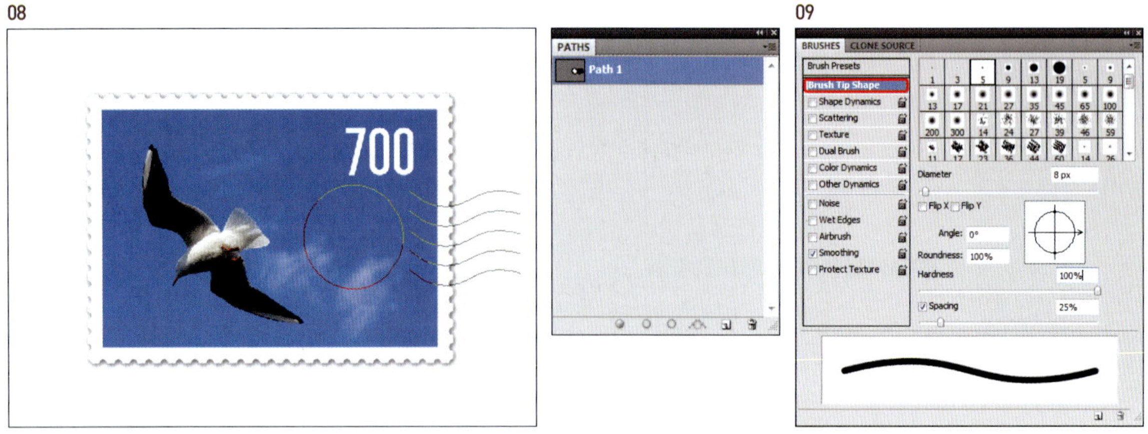

10 소인이 그려질 레이어를 하나 만들고, 레이어 이름을 '소인' 이라고 입력합니다. [Path]가 선택된 상태에서, 브러시의 색상을 검은색으로 지정하고 Enter 를 누릅니다. Path를 따라 자동으로 소인이 그려집니다.

11 Path를 이용한 작업을 모두 마쳤으므로 [Paths] 패널을 원상태로 되돌리고 [Path] 선택을 해제합니다.

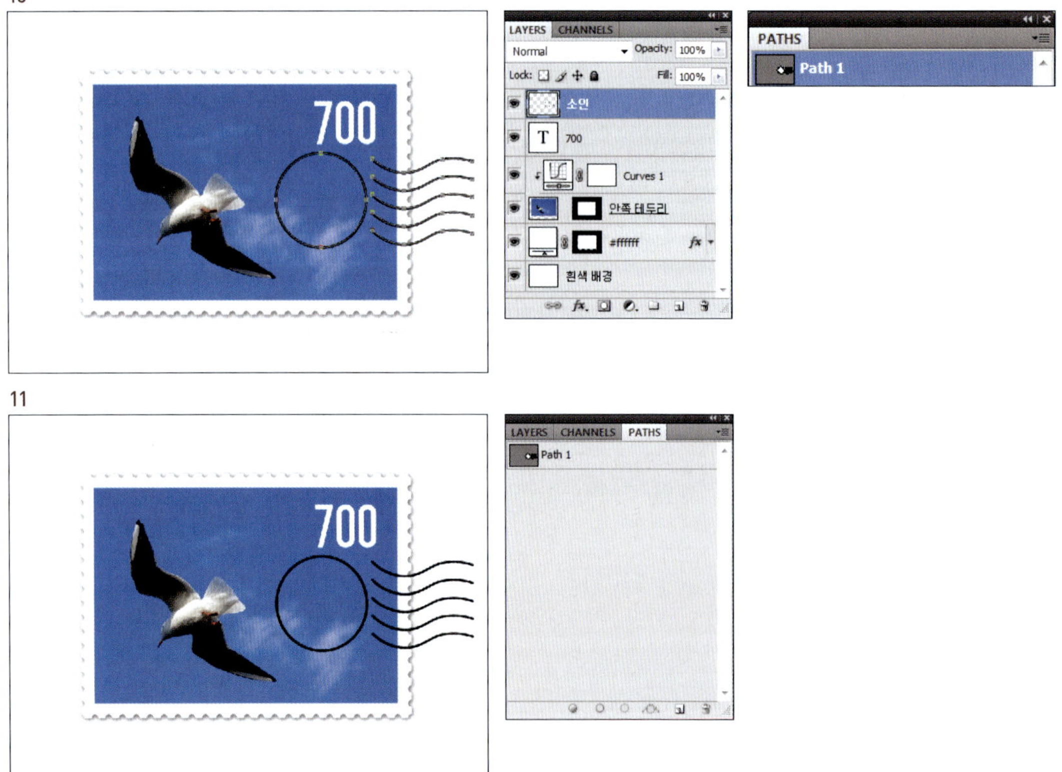

STEP 5　소인 내부에 질감 입히고 글자 입력하기
Photoshop Design

이번 단계는 매우 긴 과정으로 이뤄져 있습니다. 우선 [Layer Style]을 이용해 소인을 이루는 선 내부에 질감을 입힌 다음, [Type] 툴을 이용해 동그라미 안에 글자를 입력하도록 하겠습니다. [Path] 곡선을 따라 글자를 입력하는 작업은 매우 섬세하게 조절해야 원하는 결과를 얻을 수 있습니다

01 '소인' 레이어를 더블클릭해 [Layer Style] 대화상자로 들어갑니다. [Stroke] 항목을 선택하고 다음과 같이 옵션을 지정한 후 [OK] 버튼을 클릭합니다. 선 내부에 불규칙적인 패턴을 적용하니 소인의 질감이 좀더 자연스러워 보입니다.

Size : 4픽셀, Position : Inside, Blend Mode : Multiply 100%, Fill Type : Pattern, Pattern : 그림참조, Scale : 400%(Link with Layer)

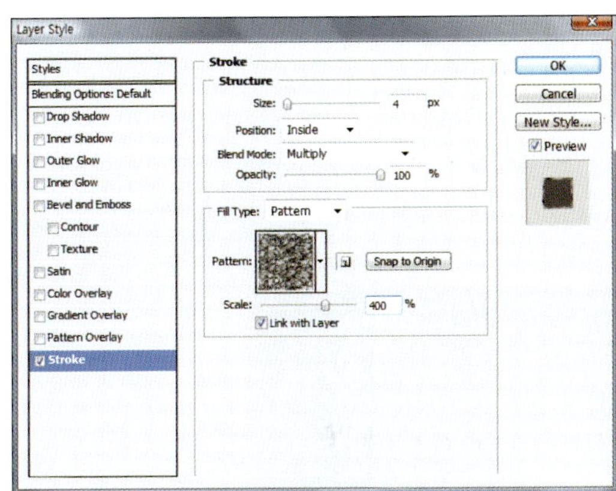

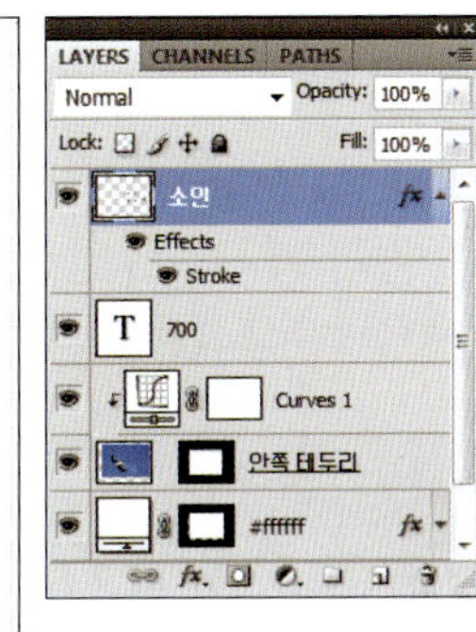

02 Horizontal Type 툴(T)을 원 가운데 대고 클릭해서 날짜(12.24.2009)를 입력합니다.

03 Ctrl + A 를 눌러 글자를 모두 선택한 후, 옵션을 다음과 같이 지정하고 Enter 를 누릅니다.
서체 : Typewriter New Roman, 크기 : 22포인트, Tracking(자간) : -25, Color : #000000, 중앙정렬

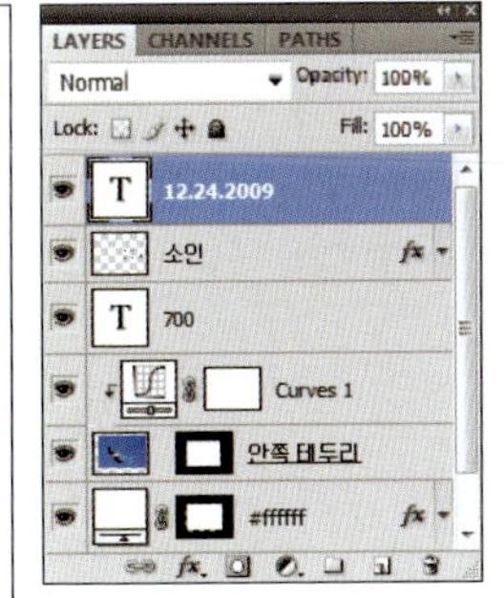

04 이번에는 원 내부를 따라가는 글자를 만들어야 합니다. 먼저 [Paths] 패널에서 [Path 1]를 선택합니다. 그리고 Type 툴을 화면에 있는 Path 위로 가져가면, 그림과 같은 모양으로 커서 형태가 바뀝니다(ⓘ). 이때 Path의 일부를 클릭하면 Path를 따라가는 글자를 입력할 수 있게 됩니다. 이곳에 'KOREA' 라고 글자를 입력합니다.

TiP 이처럼 [Path]의 곡선을 따라가는 글자를 입력하는 작업을 [Type on a Path]라고 합니다.

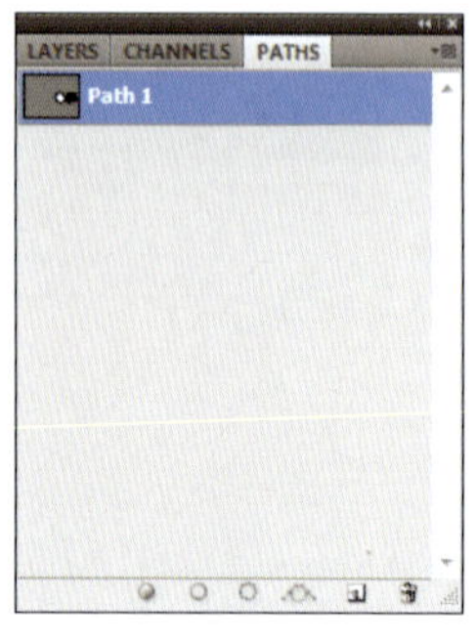

05 마우스 커서(✥)를 움직여 글자가 원 가운데 위치하도록 방향을 바로 잡습니다.

06 다시 ⌈Ctrl⌋+⌈A⌋를 눌러 글자를 모두 선택한 후, 옵션을 그림과과 같이 지정하고 ⌈Enter⌋를 누릅니다. 기준점이 되는 베이스라인(Baseline)의 높이는 수치를 높일수록 원 중심 방향으로 이동합니다.

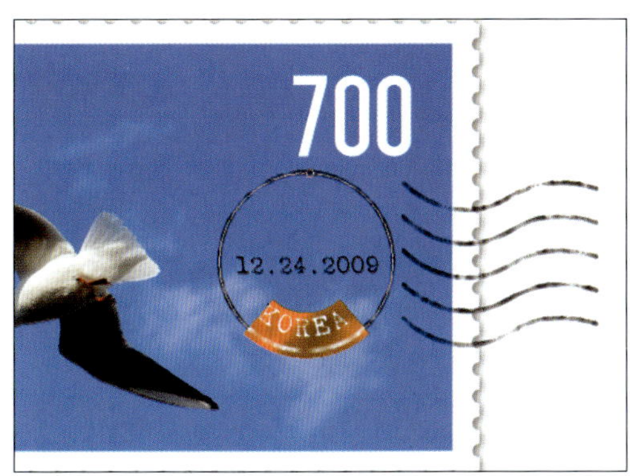

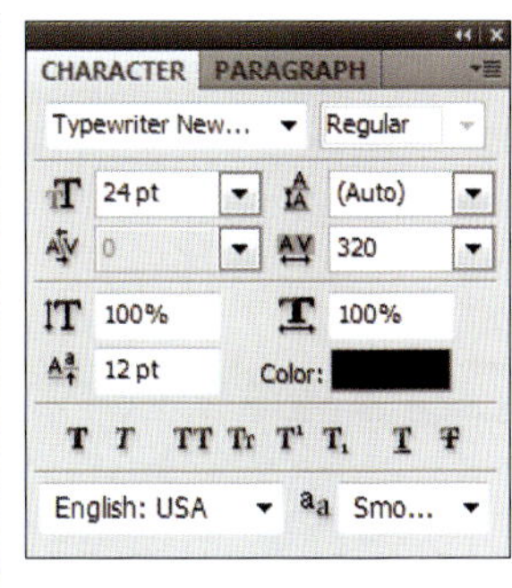

07 이제 아래쪽 글자와 마찬가지로 위쪽 글자를 만들도록 합니다. 다시 [Paths] 패널에서 [Path]를 선택하고, Type 툴을 화면에 보이는 Path 위로 가져가 커서의 모양이 그림처럼 바뀔 때(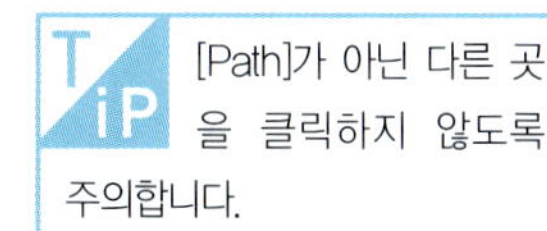), [Path] 위에 대고 클릭합니다. 그러면 글자를 입력할 수 있는 상태가 됩니다.

[Path]가 아닌 다른 곳을 클릭하지 않도록 주의합니다.

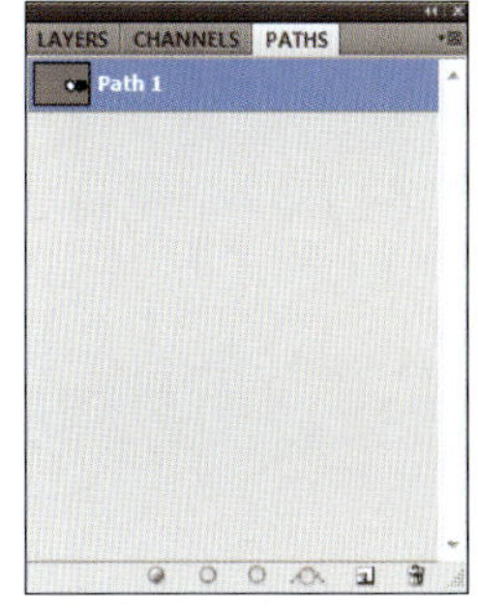

Path 위의 글자 위치를 재조정하는 방법

글자가 단번에 원하는 위치로 입력되지 않기 때문에 조정이 필요한 경우도 있습니다. 화살표 모양의 Direct Selection 툴( )로 바꾸고 Path 근처로 가면 커서가 그림처럼 변하는 부분( )이 나타납니다. 이때 드래그하면 회전축이 나타나면서 글자를 원하는 위치로 재조정할 수 있게 됩니다.

글자를 Path에 고정시키는 일은 처음에는 쉽지 않습니다. 하지만 몇 차례 조정하다 보면 익숙해지며 드래그하다 보면 글자의 위치뿐 아니라 원 안이나 바깥 쪽으로 이동할 수 있다는 것도 알게 됩니다. 원활한 조정을 위해 글자의 정렬 방식은 중앙 정렬이 좋습니다.

08 이곳에 'SEOUL CPO'라고 글자를 입력한 후, [Ctrl]을 누른 채로 글자를 잡아 끌어 가운데로
옮깁니다.

09 [Ctrl]+[A]를 눌러 글자를 모두 선택한 후, 옵션을 그림과 같이 지정하고 [Enter]를 누릅니다.
'KOREA'를 입력할 때와 달리 베이스라인의 수치를 낮출수록 글자는 원의 중심 방향으로 이동
합니다.

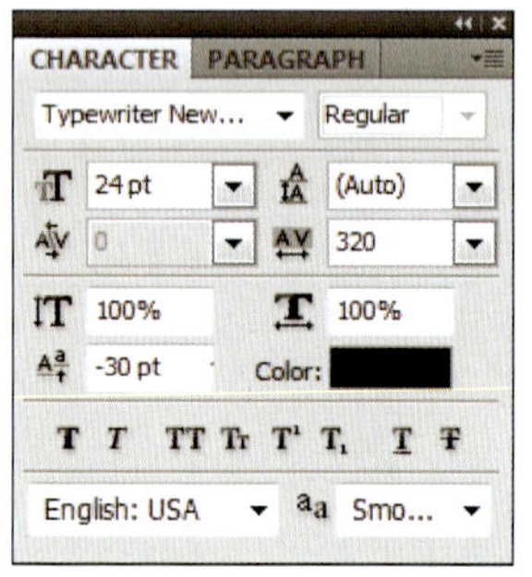

Enter 의 역할

[Enter] 키는 수치를 입력하거나 작업을 최종 승인하는 역할을 합니다. 보통 일반적인 키보드에는 [Enter]가 2개 있지만 이것이 모두
같은 역할을 하는 것은 아닙니다. 특히 글자 입력을 마치고 글자 편집 상태를 빠져 나오려면 왼쪽 [Enter]가 아닌 오른쪽 [Enter]를
사용해야 합니다.

10 '소인' 관련 레이어들이 많아졌으므로 하나로 묶을 필요가 있습니다. '소인' 관련 레이어들을 [Ctrl]을 누른 채로 선택하고, [Ctrl]+[G]를 눌러 그룹 지은 후, 이름을 '소인'으로 바꿉니다.

11 소인이 자연스러워 보이도록 각도를 조절합니다. '소인' 그룹을 잡고 [Ctrl]+[T]를 눌러 '-9.2도' 회전한 후, [Enter]를 누릅니다.

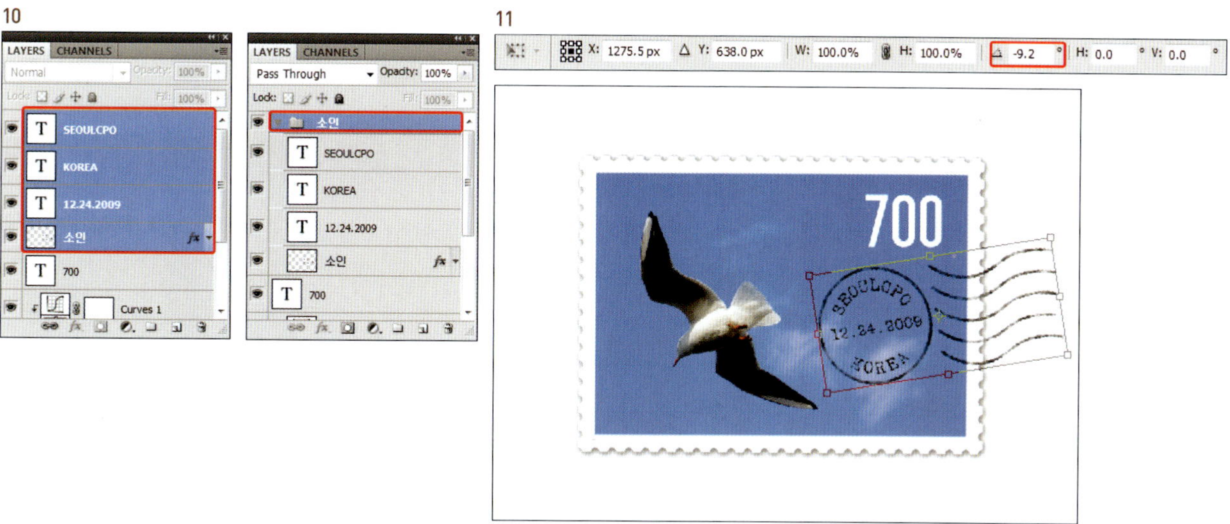

12 우표 이미지가 완성되었습니다.

화사한 느낌으로
인물 수정하기

이 예제에서는 인물의 피부 톤을 리터치 하는 것에 대해 살펴봅니다. 여성의 피부는 섬세한 부분이므로 지나친 가공은 피하는 것이 좋습니다. 하지만 노출이 맞지 않거나 조명 상태가 좋지 않은 경우, 메이크업을 하지 않아 거친 상태가 드러난 경우라면 리터치가 필요합니다. 얼굴 리터칭 작업은 크게 모공이나 잡티 제거, 얼굴 윤곽 교정, 메이크업, 전체 톤 조정 등으로 나눌 수 있습니다. 다른 작업도 마찬가지지만 이런 종류의 작업을 시작할 때는 원본 이미지를 꼼꼼하게 살펴보는 것이 매우 중요합니다. 미리 계획하고 작업에 들어가는 것이 훨씬 좋은 결과를 가져오기 때문입니다.

Part10\Sec4\원본.psd
Part10\Sec4\결과.psd

주요 사용 기능 Healing Brush 툴, Posterize 조정 레이어, Selective Color 조정 레이어, Photo Filter 조정 레이어　**난이도** ★★★★★

소스 ellievanhoutte by http://flickr.com/photos/ellievanhoutte/363559115/

이 이미지는 노출이 부족하다는 점과 전체적으로 푸른 색상이 강하다는 점, 인물의 얼굴 윤곽(특히 턱 부분)이 길어 얼굴이 날카롭게 보인다는 점 등이 문제라고 볼 수 있습니다.

01 [Ctrl]+[O]를 눌러 예제 파일(원본.psd)을 엽니다.

● Part10\Sec4\원본.psd

02 [Ctrl]+[J]를 눌러 '원본' 레이어를 복제하고, 레이어의 블렌딩 모드를 Screen '90%' 로 바꿉니다. 레이어의 이름은 'Screen' 으로 바꿉니다.

> **TiP** Screen 블렌딩을 사용한 이유는 인물의 화사함을 강조하기 위해서입니다.

01

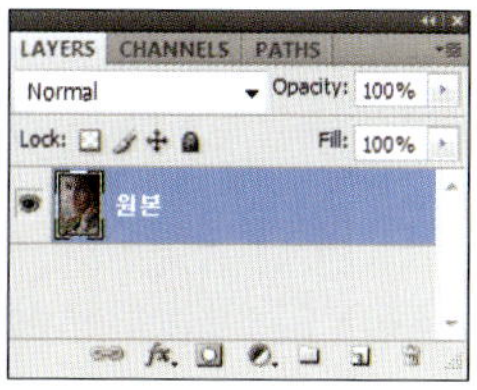

02

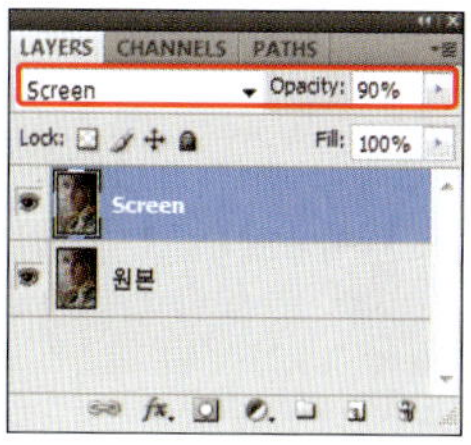

03 새로운 레이어를 하나 만들고 레이어의 이름을 '잡티제거' 라고 입력합니다.

04 잡티 제거를 위해 Healing Brush 툴(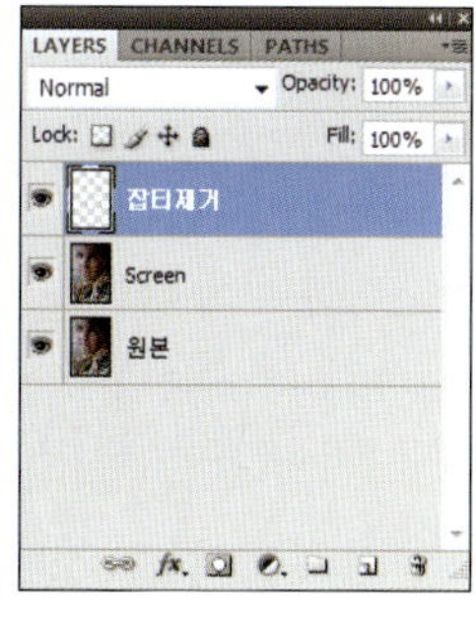)을 선택하고, 옵션 바에서 [Sample]이 'All Layers' 로 선택되어 있는지 확인합니다.

> **TiP** Healing Brush 툴은 피부 톤처럼 비슷한 톤이 넓게 펼쳐진 경우에 사용하면 좋습니다. 이 툴은 마치 경계를 자연스럽게 이어주기 때문에 단면에는 적합하지만 명도차가 큰 곳에 사용할 경우에는 뜻하지 않은 결과가 나올 수 있습니다.

03

04
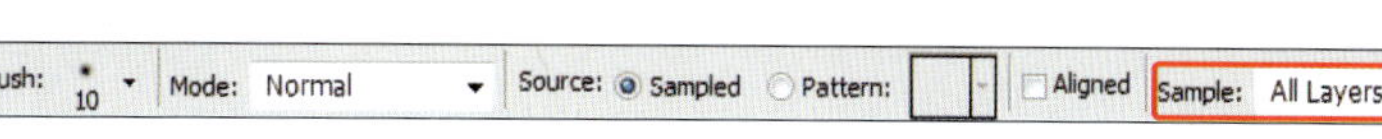

05 먼저 화면을 확대한 후, 소스로 삼고자 하는 부위(잡티가 없는 부위)를 Alt 를 누른 채로 클릭합니다. 그러면 클릭한 부위가 소스로 등록되면서 브러시의 범위가 표시됩니다. 그 다음에 잡티가 있는 부위로 커서를 가져가 문지르면서 잡티를 지웁니다.

06 잡티 제거 작업을 모두 마쳤다면 Alt + Shift + Ctrl + E 를 눌러 작업된 레이어를 결합합니다. 결합된 레이어가 생성되면 이름을 '잡티제거 얼굴'로 바꿉니다.

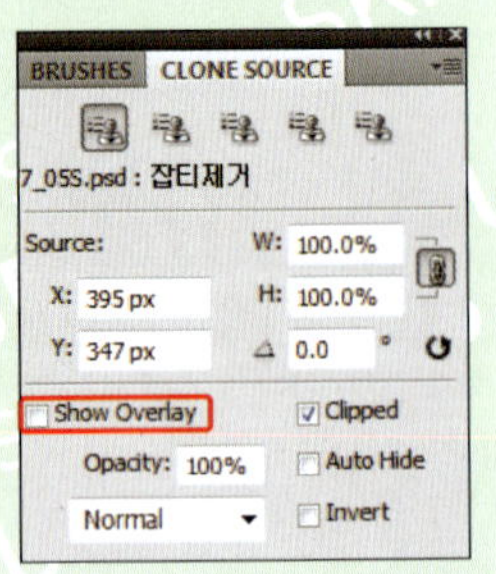

STEP 2 Liquify 필터로 얼굴 윤곽 교정하기
Photoshop Design

[Liquify] 필터에서 작업할 때 염두에 둬야 할 점은 형태가 지나치게 왜곡되지 않아야 한다는 것입니다. 또한 전체적인 진행을 위해 큰 형태를 먼저 작업하고 디테일한 부분은 나중에 작업하는 것이 바람직합니다.

01 '잡티제거 얼굴'을 잡고 Ctrl + J 를 눌러 복제합니다. 그리고 얼굴의 윤곽과 형태를 교정하기 위해 Filter 〉 Liquify(Shift + Ctrl + X)를 선택합니다. [Liquify] 대화상자가 나타나면 기본적으로 Forward Warp 툴(🖐)이 선택되어 있는 것이 보입니다. 브러시 크기를 '165' 정도로 조절해 얼굴의 큰 골격부터 교정합니다.

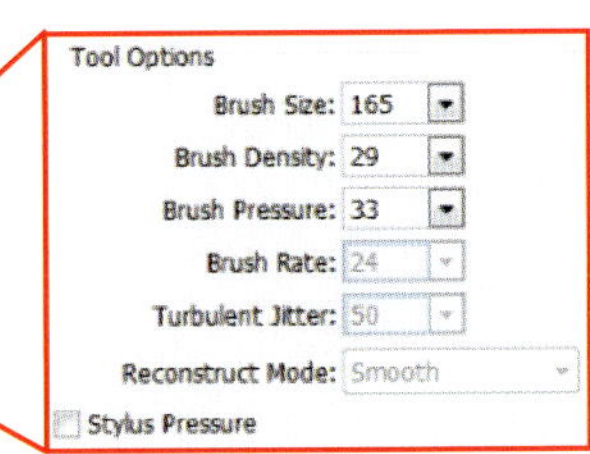

02 인물이 말라 보이므로 볼 살 부위가 날카로워 보이지 않게 매만지고, 브러시의 크기를 '84' 정도로 줄여서 입술을 도톰하게 만든 후, 입 꼬리를 살짝 들어 올립니다.

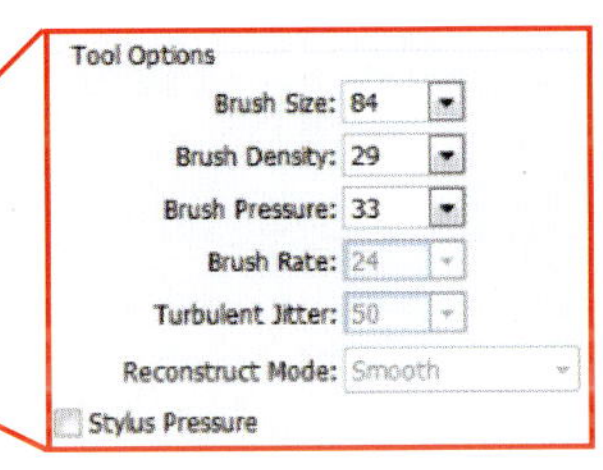

브러시 크기 조정 단축키

[Liquify] 대화상자 내에서도 일반 Brush와 비슷한 단축키가 있습니다. [나] 를 누르면 2픽셀씩, Shift + [나 Shift +] 를 누르면 20픽셀씩 크기를 조절할 수 있습니다.

03 변화된 내용을 그물망 형태로 살펴보기 위해 [Show Mesh] 버튼을 클릭합니다.

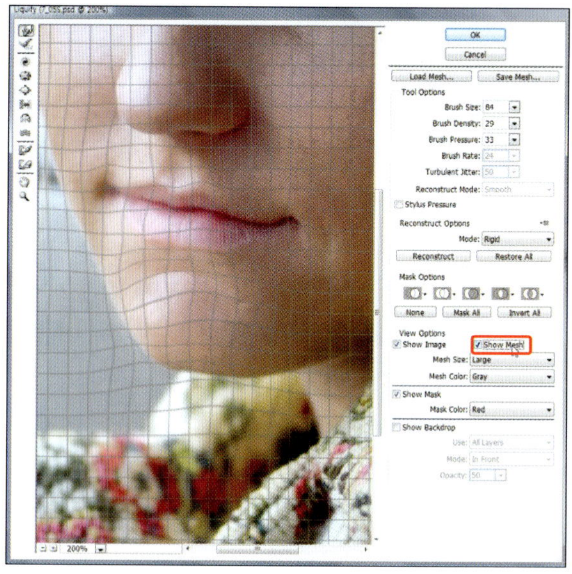

04 서클렌즈를 착용한 것처럼 눈동자가 커보이게 하려면 클릭한 부위를 볼록하게 만들어주는 Bloat 툴(◈)을 선택하고 눈동자 부위를 몇 차례 클릭합니다. 반대편 눈동자도 비슷한 강도로 효과를 적용합니다.

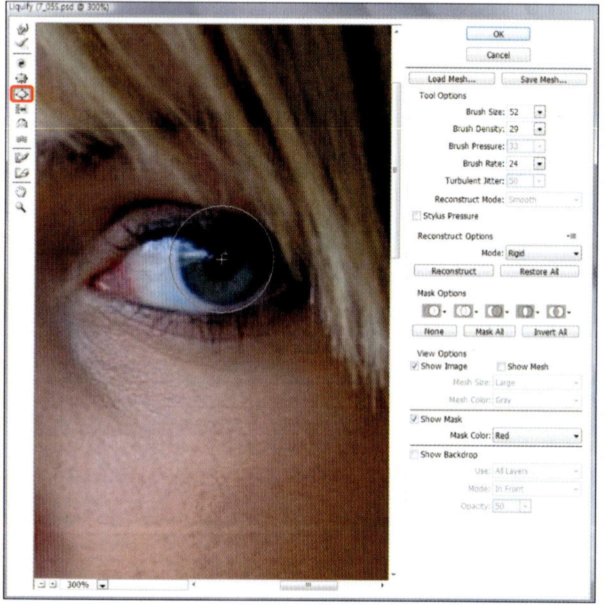

Liquify 필터의 특징

[Liquify]는 내부에 있는 툴들을 이용해 특정 부위를 자유롭게 확대, 축소, 이동할 수 있는 매우 직관적인 필터입니다. 부위에 따라 브러시의 크기를 조절해서 그리는 것이 중요하며 변형하고자 하는 부위에 브러시의 중심을 위치시키고 작업하는 것이 효과적입니다. 또한 광대뼈나 턱뼈처럼 윤곽이 큰 부분에는 큰 브러시를 사용하고, 입술이나 눈썹처럼 세밀한 부분에는 작은 브러시를 사용해야 합니다.

이 필터는 Ctrl + Z 를 눌러 명령을 취소를 할 수 있기 때문에 편리하고, 원본 상태로 되돌리는 기능인 Reconstruct 툴(✔)도 있기 때문에 실수에 대한 두려움 없이 작업할 수 있습니다.

05 그림은 전체적인 조정을 마친 상태입니다. 날카로운 인상을 보완하기 위해 눈썹의 각도를 완만하게 하고, 눈동자는 살짝 키웠으며, 입술을 도톰하게 처리하고, 코끝과 턱끝을 깎는 작업을 했습니다. 인물 리터칭 작업에서 가장 중요한 부분은 자연스러움을 살리는 것입니다. 턱 선이나 입술라인 등을 처리할 때 자연스러운 곡선이 되도록 만드는 것이 좋습니다.

06 모든 작업을 마쳤다면 [OK] 버튼을 클릭해 대화상자를 빠져나옵니다. 수정된 얼굴을 살펴보면 수정 전에 비해 인상이 부드러워졌다는 것을 알 수 있습니다. 인물의 표정은 매우 민감한 부분이기 때문에 조금씩만 수정하더라도 전체적인 인상에는 큰 변화가 생깁니다. 작업 후, 어색하게 느껴지는 부분이 있다면 Ctrl + Z 를 누르고 다시 필터를 적용합니다. 이상이 없다면 레이어의 이름을 '얼굴 형태수정'으로 바꿉니다.

05

06

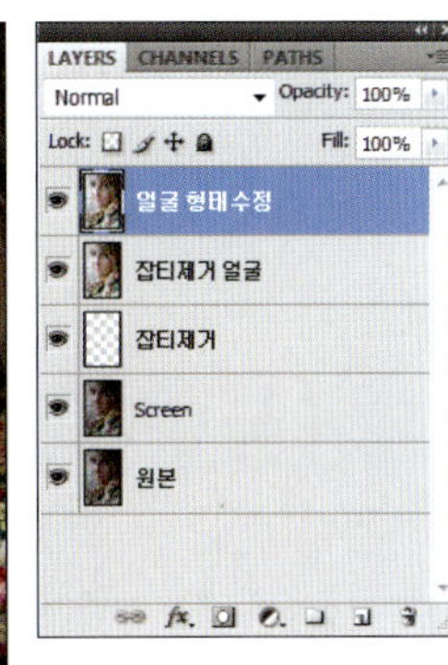

적용 전과 후 비교해보기

작업된 결과를 살펴보려면 [Liquify] 대화상자 하단에 있는 [Show Backdrop] 옵션을 켜고 Opacity 글씨 위에 마우스 커서를 올려놓고 좌우로 드래그합니다. 마치 애니메이션이 되는 것처럼 적용 전과 후를 비교할 수 있습니다.

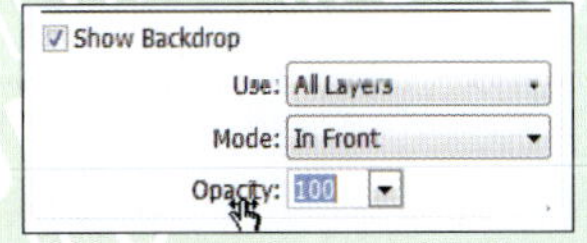

Liquify 옵션값 저장하기

얼굴 윤곽이나 표정처럼 섬세한 작업은 조그만 실수에도 느낌이 크게 달라집니다. 공들여 작업한 내용을 저장해 두었다가 언제든지 불러올 수 있다면 작업의 완성도를 높이는 것은 물론 상당한 시간도 절약할 수 있을 것입니다. 중요한 작업이라고 판단되면 반드시 [Save Meshes] 버튼을 클릭해 미리 저장해 두는 습관을 갖는 것이 좋습니다.

잡티나 주름살은 이미 제거된 상태지만 이미지를 확대해보면 아직 모공이 살아있기 때문에 얼굴 메이크업을
하기 전에 모공을 다듬을 필요가 있습니다.

01 새로운 레이어를 하나 만들고 이름을 '모공완화' 라고 입력합니다.

02 툴 패널에서 Blur 툴(◯)을 선택하고 옵션바에서 [Strength]를
'20%' 로 지정한 후, [Sample All Layers] 버튼을 켭니다.

02

01

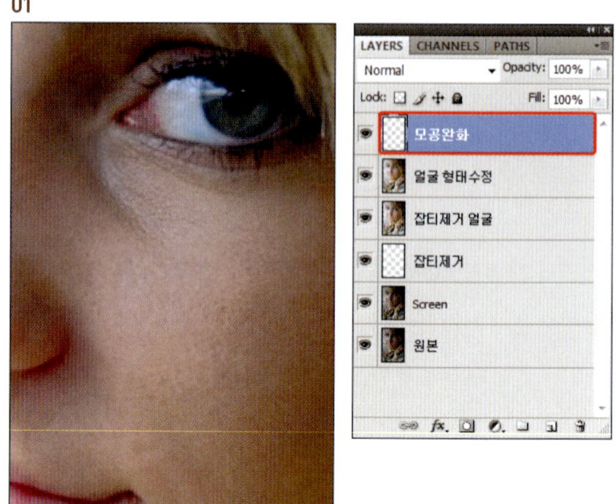

03 화면을 확대한 상태에서 잔주름과 모공 주변을 문지릅니다.

04 모공 완화 작업을 모두 마쳤다면 인위적인 효과를 막기 위해 레이어의 Opacity를 '80%' 로 낮
춥니다.

Blur 툴 사용 요령

Blur 툴은 문지르는 시간만큼 효과가 중복 적용되므로 조심스럽게 문질러 나갑니다. 지나치게 문지르면 피부의 질감이 모두 사라져
고무 질감처럼 되므로 주의합니다. 볼살처럼 넓은 부분에 주로 사용하되 얼굴의 특징이 드러나는 이목구비 주변에는 Blur 툴을 사
용하지 않는 것이 좋습니다.

이제 얼굴 부분에 파운데이션을 바르듯 색조화장을 할 차례입니다.

01 새로운 레이어를 만들고 피부 색상(#d9c6c4)을 정한 후, 브러시의 Opacity를 '100%'로 정하고, 작은 크기의 브러시로 칠합니다. 얼굴에서 눈과 입을 제외한 나머지 영역을 모두 칠한 다음, 레이어의 이름을 '메이크업'으로 바꿉니다.

02 ⎡Ctrl⎤를 누른 채로 '레이어 마스크 추가하기' 아이콘을 클릭합니다. 레이어 마스크가 검은색으로 채워지면서 아무런 효과가 없는 상태로 나타납니다.

01

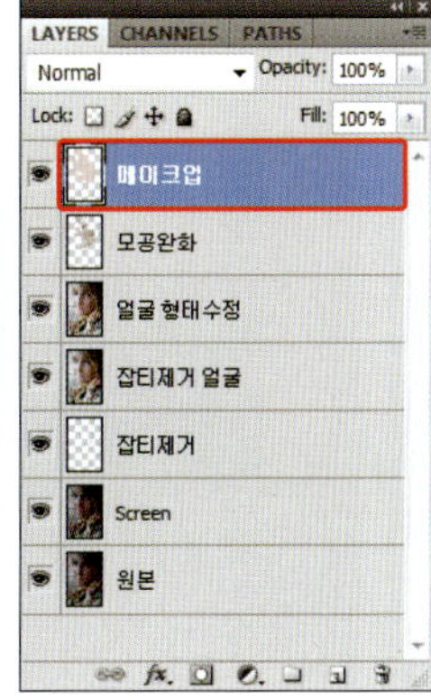

02

메이크업 요령

메이크업 방법에는 여러 가지가 있겠지만 천천히 조금씩 덧칠하는 방법과 한 가지 색상을 정해 얼굴 전체를 칠한 후, 레이어 마스크에서 명암을 지우듯 조절하는 방법으로 나눌 수 있습니다. 이 예제에서는 마스크를 이용하는 방법을 사용합니다. 이 방법의 장점은 강약 조절이 상대적으로 유리하다는 점입니다. 이렇게 색상을 정해 메이크업 하는 것은 인위적인 방법처럼 보이지만, 피부 톤의 밝은 영역과 어두운 영역을 중화시키는 역할을 하므로 훌륭한 메이크업 효과를 냅니다.

피부 색상을 정하는 방법

메이크업에 필요한 색상은 기존 피부색을 기준으로 하는 것이 좋습니다. 먼저 Eyedropper 툴(🖋)을 이용해 빛의 영향이 적은 곳을 클릭해 색상을 추출합니다. 툴 패널에 색상이 나타나면 그 색상을 클릭해 [Color Picker] 대화상자로 들어간 후, 원래의 피부 톤에 부족한 색상을 살짝 추가합니다. Eyedropper 툴의 옵션은 '5 by 5 Average' 이상으로 지정하는 것이 평균값을 추출하기에 유리합니다.

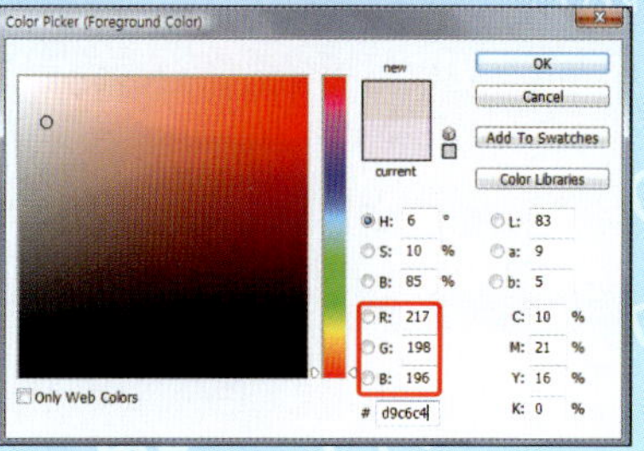

03 브러시 옵션을 그림과 같이 정하고, 레이어 마스크 상태에서 흰색 브러시로 얼굴 부분을 따라 그립니다.

04 브러시로 칠하는 부분은 미리 그려 놓았던 얼굴색(#d9c6c4)이 되살아나면서 메이크업한 느낌이 들게 됩니다. 아래 그림을 살펴보면 왼쪽 눈 밑부분을 칠한 결과, 다크써클과 눈 밑 주름이 완화되고 피부의 번들거림도 줄어든 것을 알 수 있습니다.

05 부위에 따라 강약을 조절하며 얼굴 피부 전체를 칠합니다. 주의할 점은 반드시 레이어 마스크를 선택한 상태에서 작업해야 한다는 점입니다. Alt 를 누른 채로 레이어 마스크를 클릭해 상태를 확인해가며 작업합니다.

06 메이크업 작업을 마쳤다면. 인위적인 느낌을 줄이기 위해 레이어의 Opacity를 '70%'로 조절합니다.

STEP 5 눈 흰자위와 입술 다듬기

이 단계는 인물의 표정이 가장 잘 드러나는 부위인 눈과 입술을 다듬는 과정입니다. 눈과 입술은 얼굴에서 가장 중요한 부분이지만 지나치게 강조하다 보면 오히려 자연스러움을 해치게 됩니다.

01 새로운 레이어를 만들고 레이어의 이름을 '눈 흰자위'로 바꿉니다. 푸른색을 상쇄시켜줄 따뜻한 회색(#bfb0b9)을 전경색으로 지정하고, 작은 브러시로 양쪽 눈 흰자위를 칠한 후, 레이어의 블렌딩 모드를 Screen '60%'로 바꿉니다.

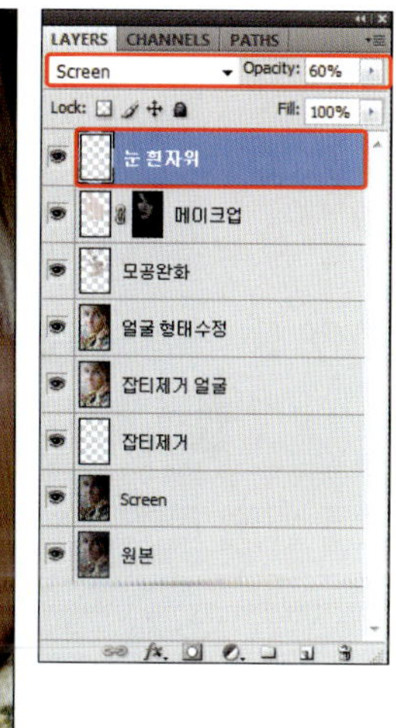

입체감을 살려서 칠하기

작업 도중, 입체감을 살리기 위해 눈 흰자위 경계 부분은 지나치게 밝아지지 않도록 칠하는 것이 좋습니다. 오른쪽 그림은 블렌딩 모드를 'Screen'으로 바꾸기 전의 상태입니다

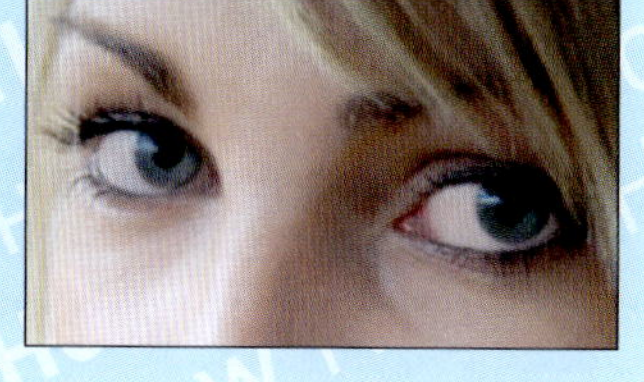

02 여성의 입술은 눈과 더불어 얼굴 인상의 주요 포인트가 되는 부분입니다. 새로운 레이어를 만들고 레이어의 이름을 '입술'로 바꾼 후, 채도가 낮은 붉은색(#774953)을 선택하고 입술 경계를 따라 그립니다. 채색을 마친 후에는 레이어의 블렌딩 모드를 Soft Light '85%'로 바꿉니다.

STEP 6 머리카락과 피부 색상 수정하기

Photoshop Design

이번 단계에서는 얼굴 피부에서 채도가 높아 눈에 거슬리는 부분과 머리카락의 색상을 수정하도록 하겠습니다.

01 먼저 Eyedropper 툴( )을 선택하고 오른쪽 볼 부위를 클릭해 색상을 선택합니다. 이 부위에는 잡색(Color Cast)이 많이 포함되어 있으므로 볼 부위에 나타난 노란색을 제거해야 합니다.

02 툴 패널에서 전경색을 클릭해 [Color Picker] 대화상자로 들어간 후, 클릭한 색상에서 노란색의 비중을 줄이고 채도를 살짝 낮춥니다.

01

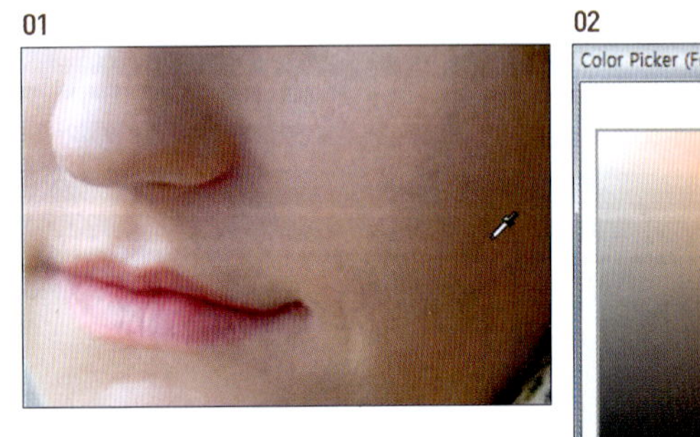

02

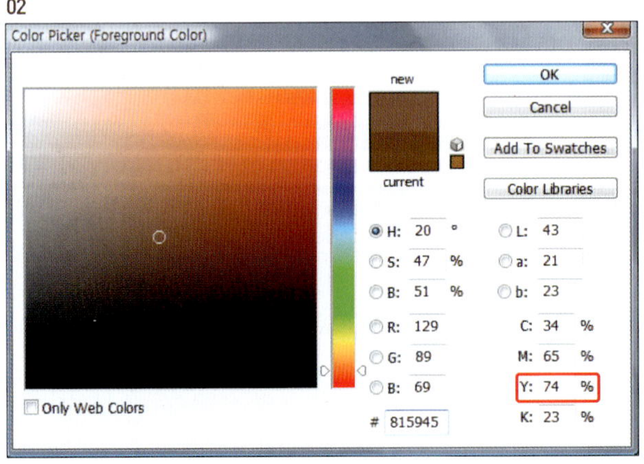

Tip 색상이 #874e0e에서 #815945로 바뀌었습니다. [Color Picker] 대화상자의 [CMYK]에서 노란색을 표시하는 Y의 비중이 100%에서 74%로 줄었습니다

03 새로운 레이어를 만들고 레이어의 블렌딩 모드를 미리 'Color'로 바꿉니다. 브러시를 선택하고
그림과 같이 옵션을 지정한 후, 볼 부위에 겹쳐 칠합니다.

04 칠하는 부위의 색상이 바뀝니다. 레이어의 이름을 '머리카락&피
부톤'으로 바꿉니다.

05 볼 부위의 노란색은 사라졌지만 아직도 얼굴 곳곳에 튀는 색상이 있다는 것을 알 수 있습니다.
볼 부위를 수정할 때와 마찬가지 방법으로 머리카락의 색상을 바로잡도록 합니다. 머리카락에
사용할 색상은 Eyedropper 툴()로 선택된 색상에 Y와 M을 살짝 더한 색(#6c5231)입니다.

▲ 머리카락 수정 전

▲ 머리카락 수정 후

Color 모드를 사용할 때 주의 사항

색상톤을 수정할 때 Color 모드가 편리한 점은 명도는 기존 상태를 유지한 채로 색상과 채도만 칠한 색상으로 덧입혀진다는 점입니
다. 따라서 칠할 색상을 잘 선택해야 합니다. Color 모드는 색상을 단조롭게 만든다는 단점이 있습니다. 따라서 자연스러운 효과를
위해서는 레이어의 Opacity를 100%보다 낮게 설정하는 것이 좋습니다.

06 볼과 머리카락뿐만 아니라 나머지 영역도 색상이 튀지 않도록 바로잡습니다. 그릴 때는 브러시의 크기나 Opacity를 부위에 따라 조절해가며 그려야 합니다. 전체적인 수정이 끝났다면 레이어의 Opacity를 '85%'로 바꿉니다.

07 [Alt]를 누른 채 '머리카락&피부톤' 레이어 눈 모양 아이콘을 클릭하면 어느 곳의 색상을 수정했는지 쉽게 알 수 있습니다. [Alt]를 누르고 해당 레이어의 눈 모양 아이콘을 클릭하면 원상태로 되돌아옵니다.

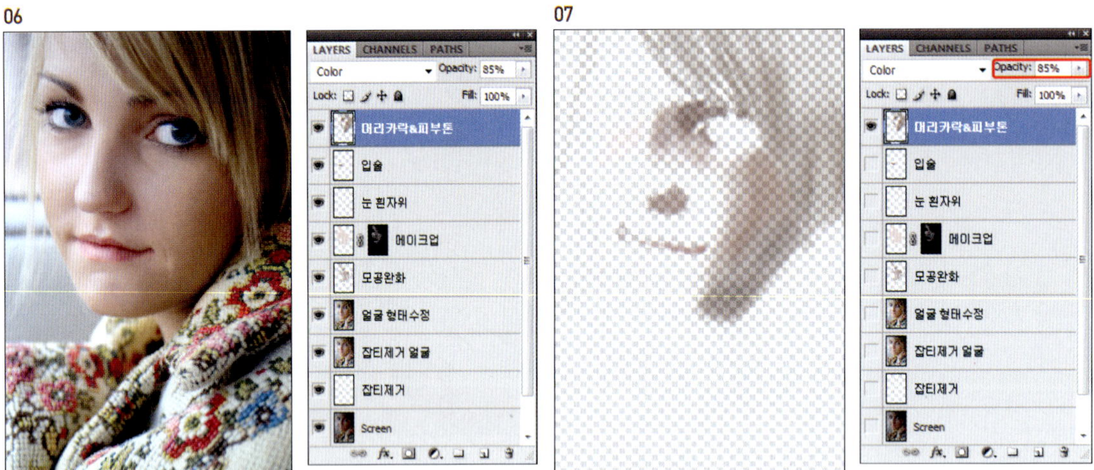

STEP 7 Selective Color 조정 레이어로 전체 톤 조정하기

Photoshop Design

부분적인 색상과 톤 조정을 마쳤으니 이제 전체적인 톤 작업을 할 차례입니다. 눈에 거슬렸던 푸른 색상은 어느 정도 해결되었지만, 전체적으로 볼 때 아직 피부톤 위주로 붉은 색상이 남아 있습니다. 이런 경우에는 특정 색상을 선택적으로 조절할 수 있는 [Selective Color] 조정 레이어를 이용하는 것이 편리합니다.

01 색상톤을 조절하기에 앞서 Color Sampler 툴(🖉)을 선택하고, 색상 변화를 살피기 위해 아래와 같이 임의의 지점을 클릭합니다.

02 [Selective Color] 조정 레이어를 추가하고, 이름을 '전체톤'으로 바꿉니다. [Selective Color] 패
널에서 [Neutrals]를 우선 선택합니다.

03 여러 Colors 중에서 이미지에 가장 큰 영향을 미치는 것은 [Neutrals]입니다. 'Neutral'은 중간
톤을 뜻하는데 중간톤은 이미지에서 가장 폭넓은 영역을 차지하고 있습니다. [Neutrals]의 수치
를 Cyan −4%, Magenta −12%, Yellow −7%, Black 0%로 조정합니다. Magentas의 수치가 가장 많이 줄었
기 때문에 상대적으로 붉은색이 줄어드는 효과가 나타납니다. 색 변화를 파악하기 위해서는 [Info] 패널
을 살피면서 적용 전과 후의 수치를 비교합니다.

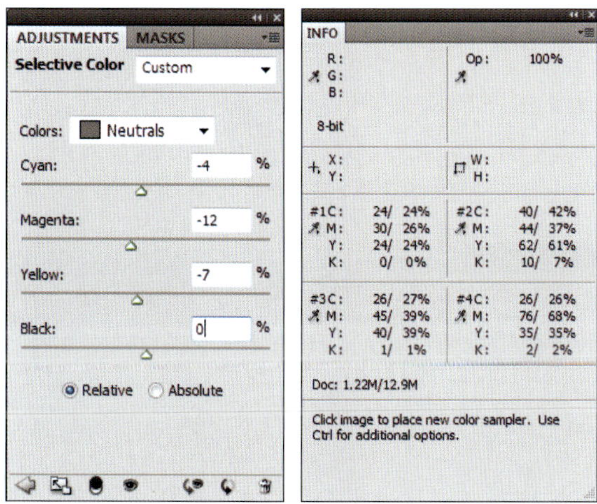

Selective Color

[Color Balance]가 RGB를 기준으로 한 색 조정 방식이라고 한다면 [Selective Color]는 CMYK를 기준으로 한 방식입니다. 따라
서 [Selective Color]는 인쇄물을 다루는 작업자에게 적합한 조정 방식입니다.

[Selective Color]에는 색상을 선택적으로 조정하겠다는 뜻이 있습니다. 노란색을 줄이려면 [Yellows] Colors를 선택하고 [Yellow]
수치를 낮추면 됩니다. 한편 얼굴에 있는 붉은색에 노란색을 추가하고 싶다면 [Reds]나 [Magentas]를 선택하고 [Yellow]의 수치
를 높이면 됩니다.

04 이후 [Reds]와 [Yellows]의 수치를 그림과 같이 조정합니다. [Selective Color] 조정 레이어를 통해 Magenta와 Yellow가 줄어들었으므로 이미지는 살짝 밝아지면서 청록색 기운이 돌게 됩니다.

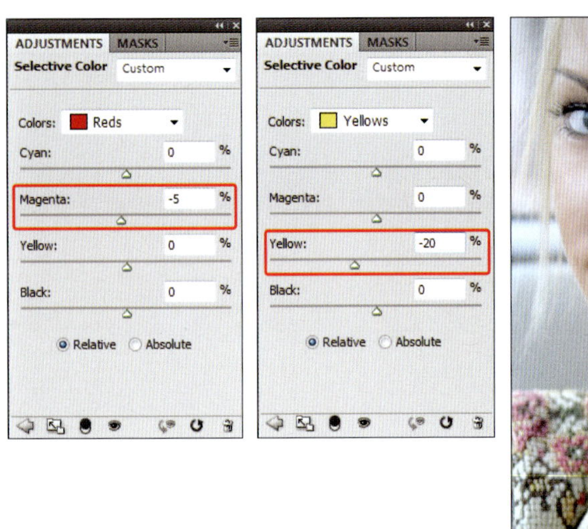

STEP 8 Photo Filter 조정 레이어로 옷 색상 바꾸기

옷 부위에는 아직 푸른 색상이 남아 있기 때문에 직관적인 기능을 제공하는 [Photo Filter] 조정 레이어를 이용해 이것을 조정하도록 합니다.

01 [Photo Filter] 조정 레이어를 추가한 후, Orange Filter를 선택하고, Density는 '30%'로 입력합니다. 레이어의 이름을 '옷색상'으로 바꿉니다. 'Preserve Luminosity' 옵션을 체크하면 어떤 Filter를 지정하더라도 큰 무리 없이 사용할 수 있습니다.

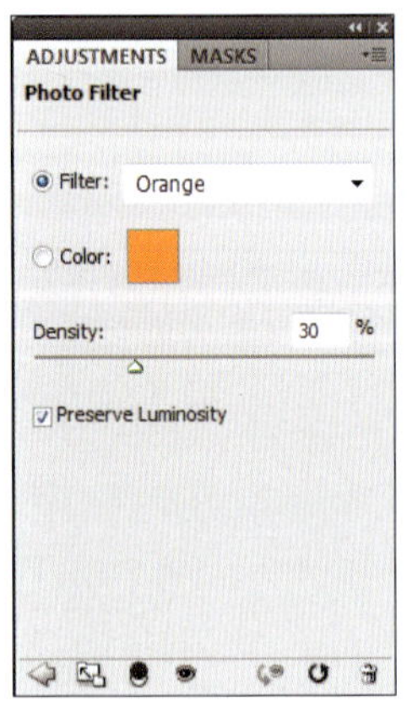

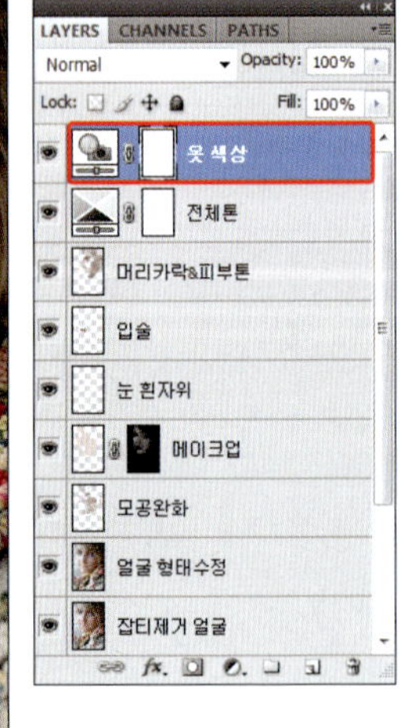

> **TiP** [Preserve Luminosity] 버튼을 체크하면 레이어의 블렌딩 모드를 [Color]로 바꾸는 것과 같은 효과가 나타나는데, 이것은 아래 이미지의 명도를 그대로 유지한 채로 색상만 바꾸는 효과입니다.

02 현재는 [Photo Filter] 효과가 이미지 전체에 적용되었기 때문에 옷에만 효과가 적용되도록 하기 위해 레이어 마스크를 클릭하고 옷을 제외한 나머지 영역을 검은색으로 칠합니다. 브러시는 적당한 크기를 지정해서 작업합니다.

03 Alt 를 누르고 레이어 마스크의 썸네일을 클릭하면 칠해진 적용 부위를 쉽게 살펴볼 수 있습니다. 확인을 마치면 Ctrl + 2 를 눌러 마스크를 빠져 나옵니다.

02

03

STEP 9   Blur 필터를 이용해 주변부 초점 흐리기
Photoshop Design

시선을 이목구비 쪽으로 집중시키기 위해 이미지 주변부에 Blur 필터를 적용하도록 합니다.

01 초점을 흐리려면 결합된 상태의 레이어가 필요하므로 Alt + Shift + Ctrl + E 를 눌러 눈에 보이는 레이어들을 하나로 결합합니다. 레이어가 생성되면 이름을 '전체결합' 으로 바꿉니다.

02 Filter 〉 Blur 〉 Gaussian Blur를 선택해 대화상자가 나타나면 Radius에 2.5픽셀을 입력하고 [OK] 버튼을 클릭합니다. 아래 그림은 이미지 전체에 Blur가 적용된 상태입니다.

01

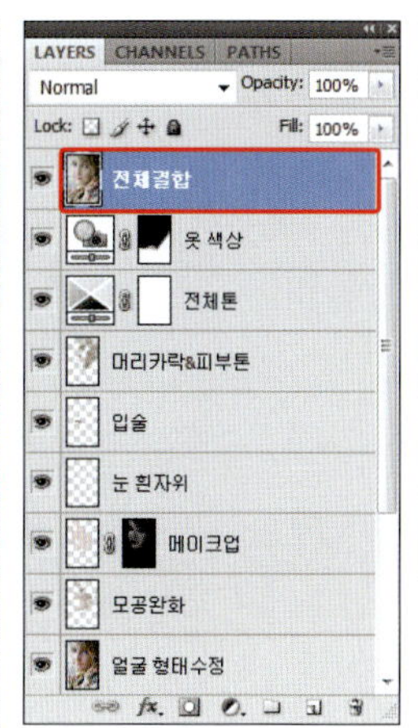

02

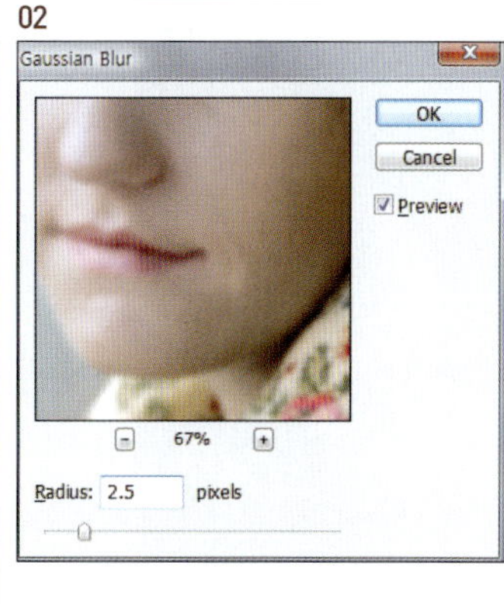

03 '전체결합' 레이어에 마스크를 추가한 후, 커다란 검은색 브러시를 만들고 두세 차례 두드려 그립니다. 이렇게 하면 이미지의 주변부에만 Blur 효과가 살아나게 됩니다.

04 얼굴 수정이 모두 마무리되었습니다. 피부톤을 처리하는 작업은 매우 민감한 작업이지만 특별한 정답이 있는 것은 아닙니다. 피부톤을 다루는 작업은 기본적으로 섬세한 계조를 필요로 하므로 가급적이면 Raw 포맷으로 촬영하고 작업하는 것을 권장합니다. 또한 후보정 이전에 명확한 콘셉트와 자연스러운 메이크업, 적절한 노출 등이 어우러져야 좋은 결과를 얻을 수 있습니다.

SPECIAL
PART 1

디자인이 맛있어지는
테크닉 Tip

디자인이 맛있어지는
테크닉 TIP

TIP 1 Stroke Path로 강렬함 나타내기

Photoshop Design

Stroke Path 기능을 사용할 때 Simulate Pressure 옵션을 체크하면 브러시가 시작하고 끝나는 부분에 강약이 표현되므로 재미있는 효과를 얻을 수 있습니다.

01 작업하려는 이미지를 연 다음, Path를 하나 그립니다.

⊙ Special\Tip1\원본.psd

◀ Vimages by
http://www.flickr.com/photos/vimages/3492895940/in/set-72157616525808608/

02 툴 패널에서 브러시를 선택하고 Opacity를 '50%'로 지정한 다음, 전경색을 빨강색(#ff0000)으로 정하고 옵션을 다음과 같이 지정합니다.

Brush Tip Shape〉 Diameter : 150픽셀, Angle : 0도, Roundness : 100%, Hardness : 0%, Spacing : 5%

Shape Dynamics〉 Size Jitter : 0%, Pen Pressure(태블릿이 없을 경우에는 Fade : 770)

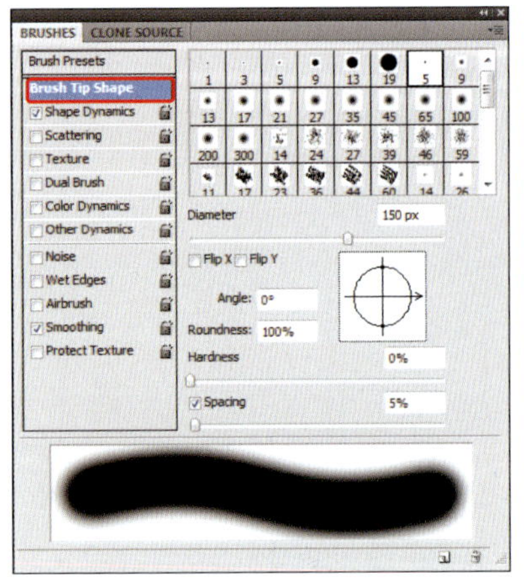

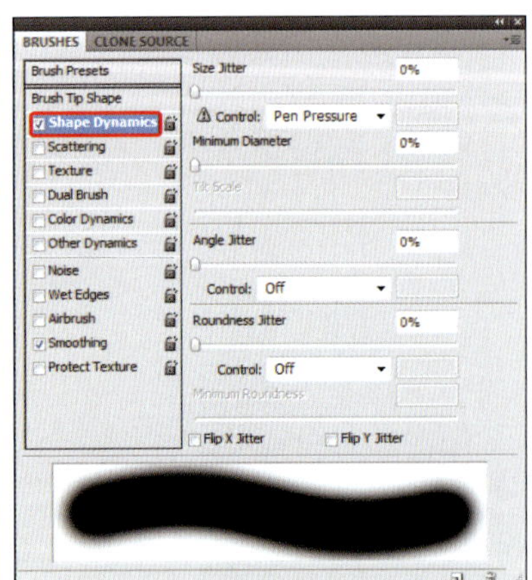

03 새로운 레이어를 하나 만들고 Path를 잡은 다음, 마우스 오른쪽 버튼을 클릭해 [Stroke Path]를 선택합니다. 대화 상자가 나타나면 [Simulate Pressure] 옵션을 체크하고 [OK] 버튼을 클릭합니다.

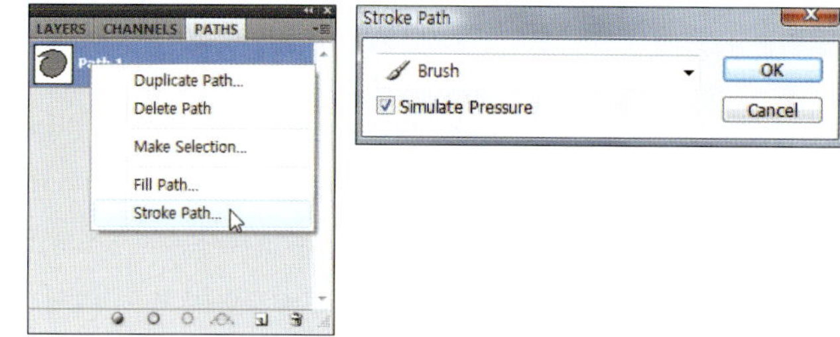

04 빨간색 Stroke가 적용됩니다.

05 이와 같은 방법을 반복해서 노란색 Stroke를 그립니다. 다만 '노란색(#fff22d)'으로 그릴 때 브러시 크기는 100픽셀로 정합니다.

04

05

472
473

06 마지막으로 흰색 Stroke를 그립니다. 흰색으로 그릴 때 브러시 크기는 100픽셀 그대로 하되 Opacity를 '100%'로 정합니다.

특정 이미지에 질감을 입히는 가장 간편한 방법은 Overlay 모드를 이용하는 것입니다. 이 방법을 이용할 경우, 잘 어울리는 소스만 준비된다면 특별한 기술을 사용하지 않더라도 분위기 있는 작업이 가능합니다. 다만 같은 이미지일지라도 어떻게 겹쳐지느냐에 따라 효과는 달라지므로 레이어의 순서를 잘 조합하는 것이 중요합니다. 단, Overlay 모드의 특성상 겹쳐지는 레이어가 많을수록 이미지의 채도 또한 높아지게 되므로 주의해야 합니다.

01 소스를 준비합니다. 소스의 색상이나 형태는 각기 다를수록 좋습니다.

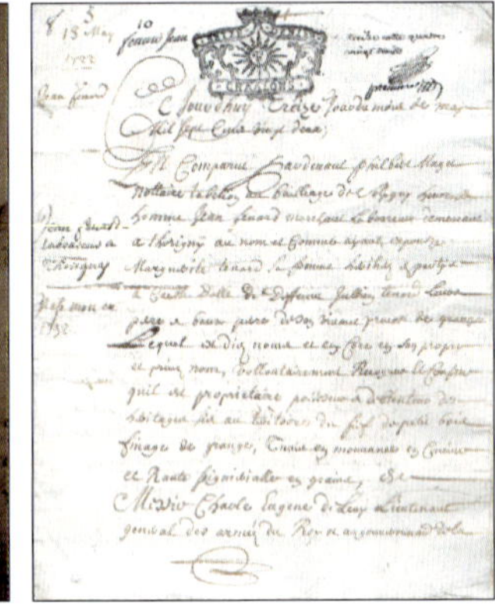

Special\Tip2\소스1.jpg
◀ Stewart by
http://www.flickr.com/photos/stewart/69978309/

Special\Tip2\소스2.jpg
◀ Pink Sherbet Photography by
http://www.flickr.com/photos/pinksherbet/2980933249/

Special\Tip2\소스3.jpg
◀ SophieG* by
http://www.flickr.com/photos/-smallfish-3563513624/

02 '소스1' 위에 '소스2'를 얹고 레이어의 블렌딩 모드를 'Overlay'로 바꿉니다.

03 다시 2번째 소스 위에 3번째 소스를 얹고 레이어의 블렌딩 모드를 'Overlay'로 바꿉니다. 이미지 소스의 상태에 따라 분위기가 달라지므로 필요에 따라 레이어의 Opacity를 조절하는 것도 좋습니다.

02 03

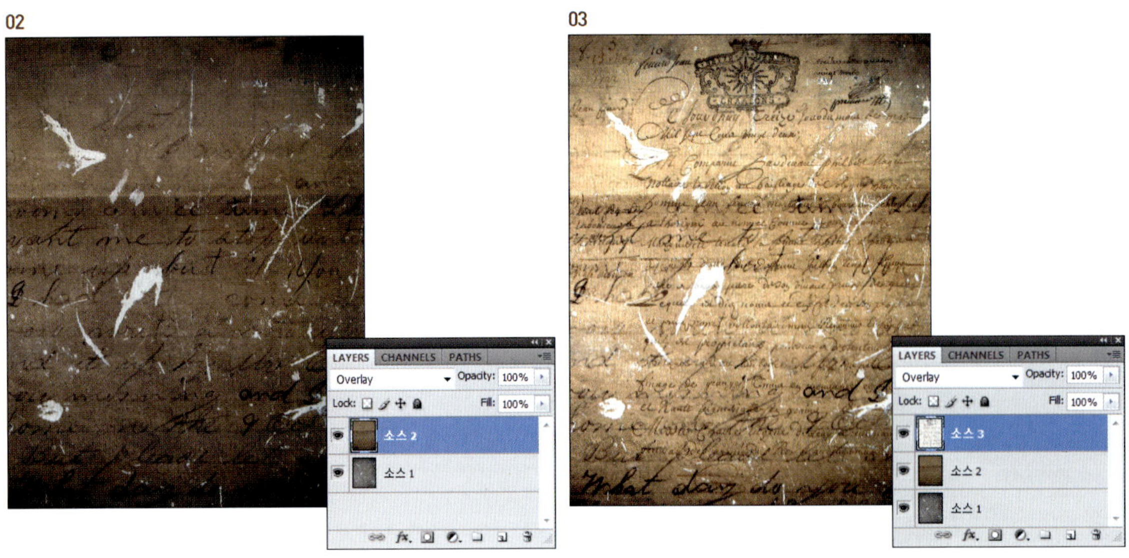

TIP 3 Glass 필터로 화려한 유리 느낌 만들기
Photoshop Design

필터는 단 하나만 사용할 때 보다는 어울리는 필터를 조합해 사용할 때 더 큰 효과를 얻을 수 있습니다. 이 곳에서는 Fibers 필터와 Glass 필터를 조합하고 [Gradient Map] 조정 레이어를 이용해서 색상이 있는 굴절 유리질감을 만들어 보겠습니다.

01 Ctrl+N을 눌러 가로 '1008픽셀', 세로 '630픽셀' 크기의 문서를 만들고, 배경은 White로 지정합니다. 문서가 만들어지면 D를 눌러 전경색을 기본값으로 맞춘 후, Filter 〉 Render 〉 Fibers를 선택하고 Variance : 16, Strength : 4를 입력하고 [OK] 버튼을 클릭합니다.

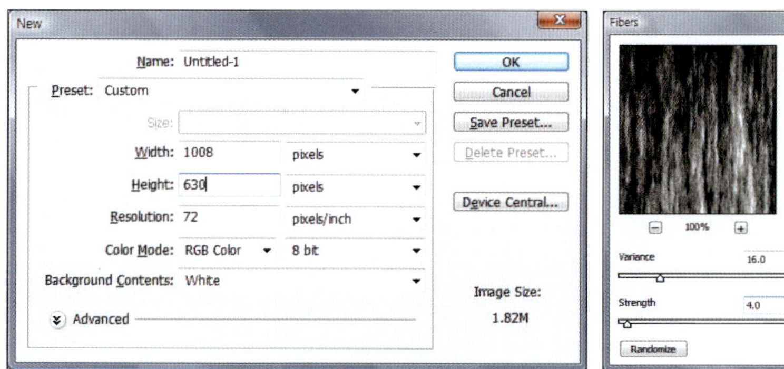

02 효과가 적용된 상태입니다. 적용 결과는 매번 다르게 나타나므로 아래 그림과 달라도 상관없습니다.

03 Ctrl+J를 눌러 레이어를 복제한 다음, Smudge 툴(🖐)로 바꾼 후, 아래와 같이 옵션을 정하고 지그재그 형태로 문지릅니다. 문지를 때마다 강약을 조금씩 다르게 하는 것이 효과적입니다.

02

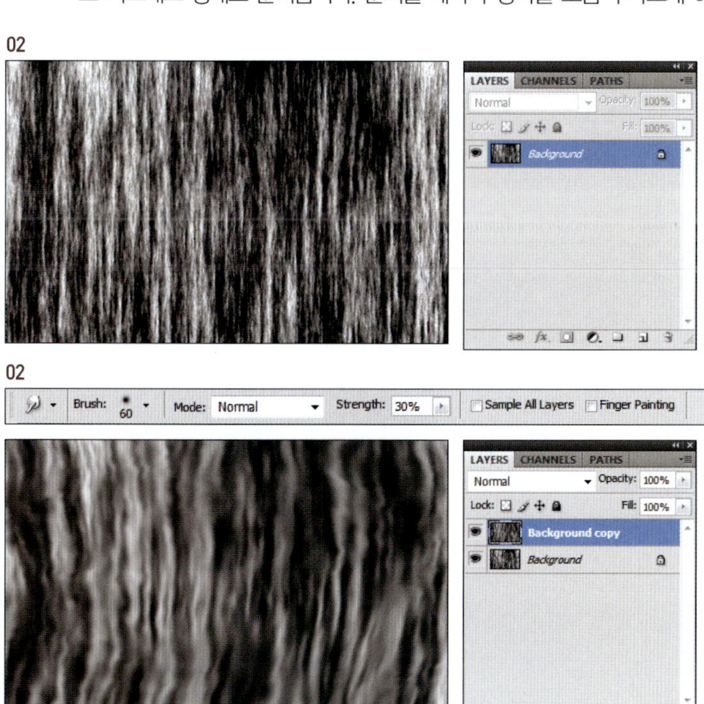

04 다시 한번 `Ctrl`+`J`를 눌러 레이어를 복제하고 Filter 〉 Distort〉Glass를 선택한 후, 대화상자
가 나타나면 옵션을 다음과 같이 지정하고 [OK] 버튼을 클릭합니다.

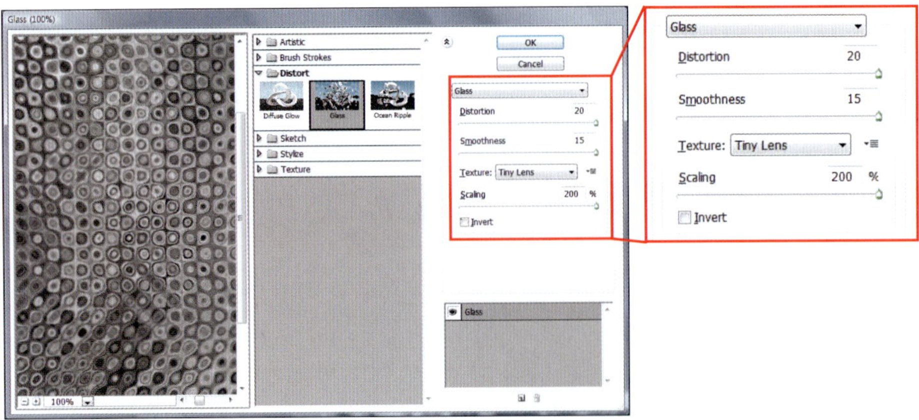

05 필터가 적용된 결과입니다.

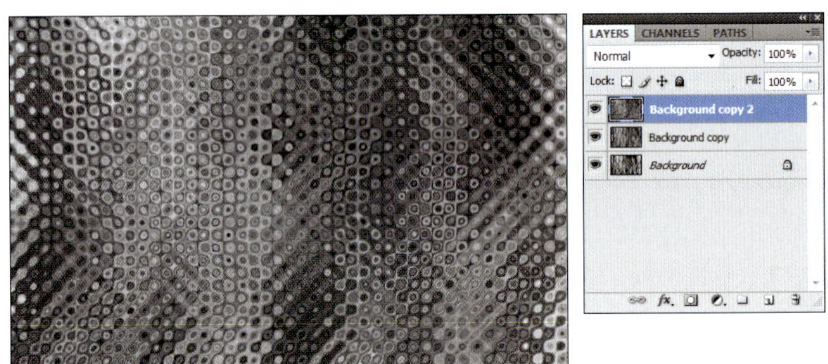

06 [Gradient Map] 조정 레이어를 하나 추가하고 색상을 그림과 같이 지정합니다.

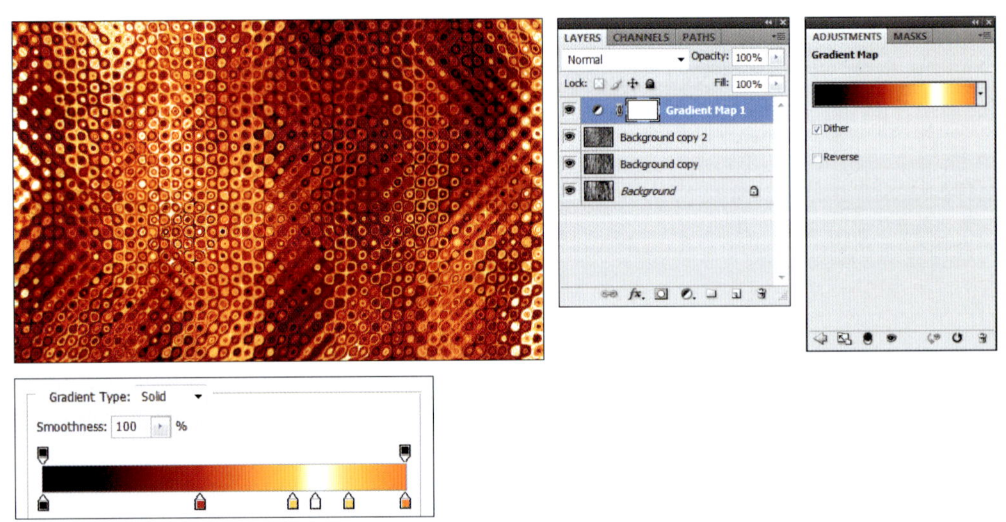

07 필요에 따라 문자 요소를 추가해서 작
업을 마무리합니다.

TIP 4 Neutral Color를 이용해 돌에 문양 넣기

Photoshop Design

Normal이나 Dissolve, Color 등 몇몇 모드를 제외한 대부분의 블렌딩 모드에서는 'Neutral Color' 기능이 지
원됩니다. Neutral Color란 중성색을 뜻하는데 무채색으로 이해해도 좋습니다. 이중 Overlay 레이어는 '50%
Gray' 형태로 지원되는데, 이 중간 회색을 기준으로 명도를 조절하면 특정 부위를 밝게 또는 어둡게 만들 수
있습니다. 이곳에서는 이 기능을 통해 조약돌 위에 구름 모양을 새겨 넣는 작업을 진행해 보겠습니다.

01 작업하려는 파일을 엽니다.

◎ Special\Tip4\원본.psd

◀ ⓒ 박영수

02 ［Alt］를 누른 채로 '새로운 레이어 만들기' 아이콘(　)을 클릭해 대화상자가 나타나면 이름을
입력하고 'Overlay' 모드를 지정한 후, [Fill with Overlay-neutral color (50% gray)] 옵션을 체
크하고 [OK] 버튼을 클릭합니다.

01

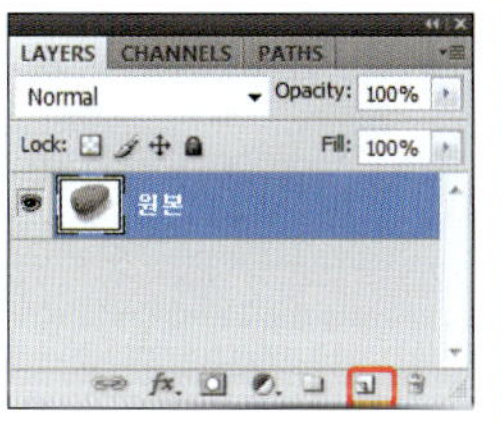

02

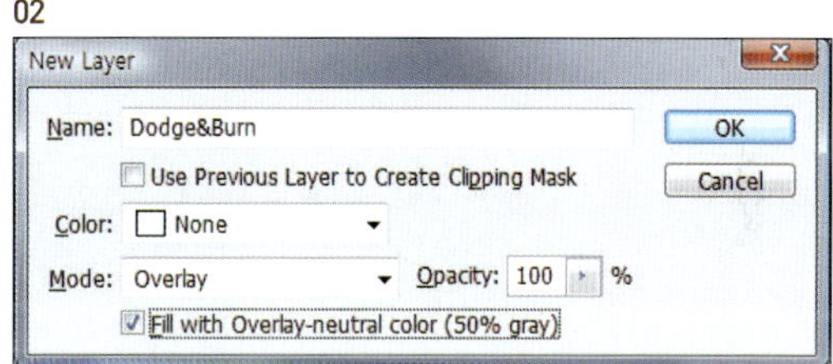

03 레이어가 생겨나지만 이 레이어(Overlay-neutral
color)의 특징상 아무런 변화도 나타나지 않습니다.

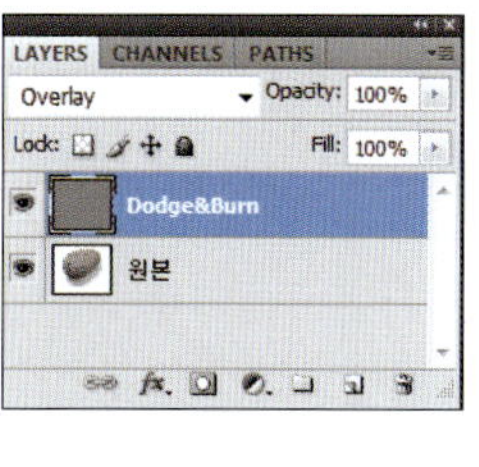

04 툴 패널에서 브러시 툴을 선택하고 Opacity를 '10%' 정도로 약하게 지정합니다.

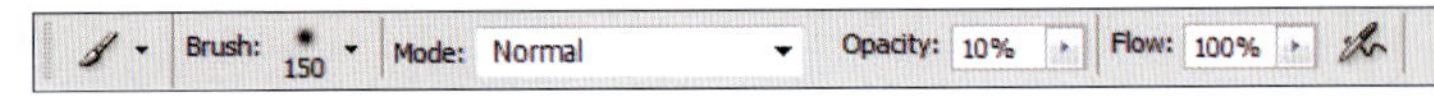

05 D를 눌러 브러시의 색상을 기본값으로 맞춘 후, 조약돌의 굴곡이 강조되도록 그립니다. 흰색으로 칠한 부분은 밝아지고, 검은색으로 칠한 부분은 어두워지게 됩니다.

06 Q를 눌러 퀵 마스크 모드로 들어간 후, 조약돌에 표현하기 원하는 형태를 조그마한 브러시로 그립니다.

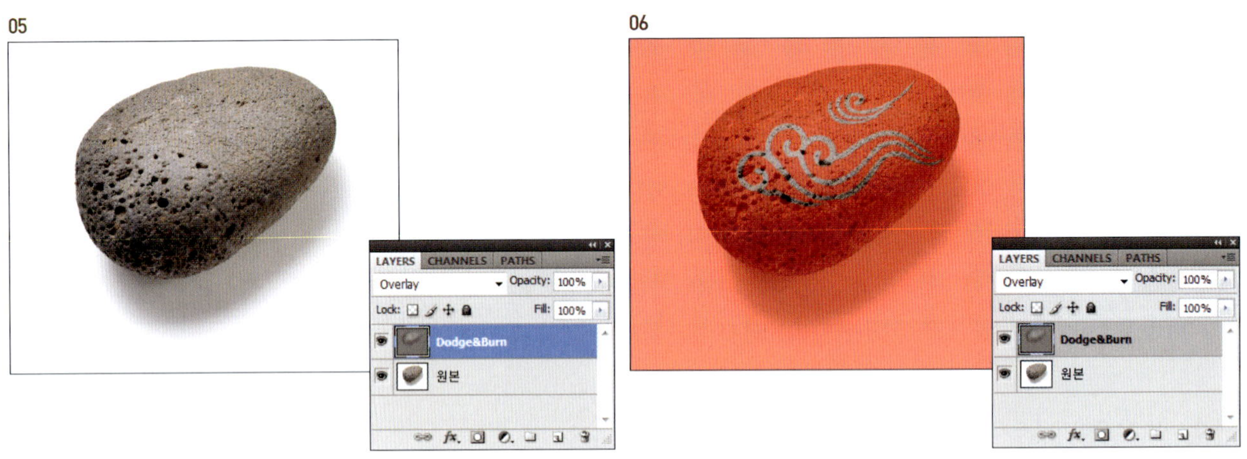

07 경계를 부드럽게 하기 위해 Filter 〉 Blur 〉 Gaussian Blur를 선택하고 Radius에 '2픽셀'을 입력한 다음, [OK] 버튼을 클릭합니다.

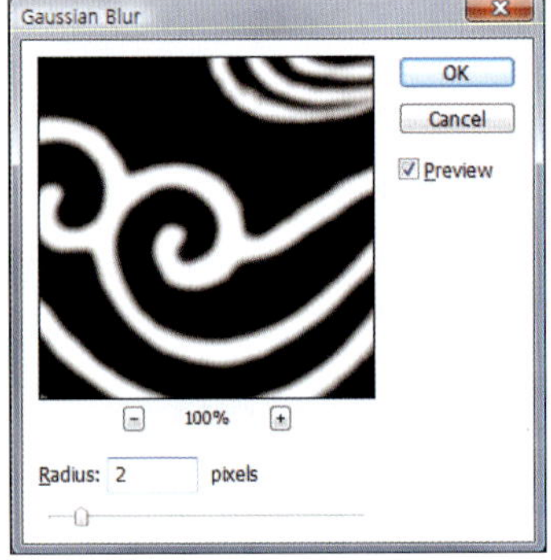

08 Q를 눌러 퀵 마스크 모드를 빠져 나온 후, Ctrl+M을 눌러 다음과 같이 적용하고 [OK] 버튼을 클릭합니다. (Output : 153, Input : 255)

09 Ctrl+D를 눌러 선택을 해제하고 브러시 크기와 Opacity를 적당히 조절한 다음 밝은 곳과
어두운 곳을 번갈아 가며 입체감이 살아날 때까지 그립니다.

10 마지막으로 Curves 조정레이어를 만들어 콘트라스트를 강조합니다.

11 아래 그림은 Alt를 누른 채로 'Dodge&Burn' 레이어의 눈 모양 아이콘(◉)을 클릭해 명암
이 적용된 상태를 살펴본 것입니다.

이곳에서는 몇 가지 필터를 조합해서 이미지를 망점으로 만드는 작업에 대해 살펴보겠습니다. 이러한 방법을 이용하면 개성 있는 글자와 이미지를 만들 수 있습니다.

01 Ctrl + N 을 눌러 가로 600픽셀, 세로 412픽셀 크기의 문서를 만들고, 배경은 White로 지정합니다. 문서가 만들어지면 Type 툴을 이용해 'Dot' 라고 글자를 입력한 후 Enter 를 누릅니다(글자는 어떤 서체를 사용해도 좋습니다). 글자가 완성되면 Ctrl 을 누른 채로 글자를 클릭해 선택합니다.

02 Q 를 눌러 퀵 마스크 모드로 들어간 후, Filter 〉 Other 〉 Maximum을 선택해 Radius에 '5' 픽셀을 입력하고 [OK] 버튼을 클릭합니다.

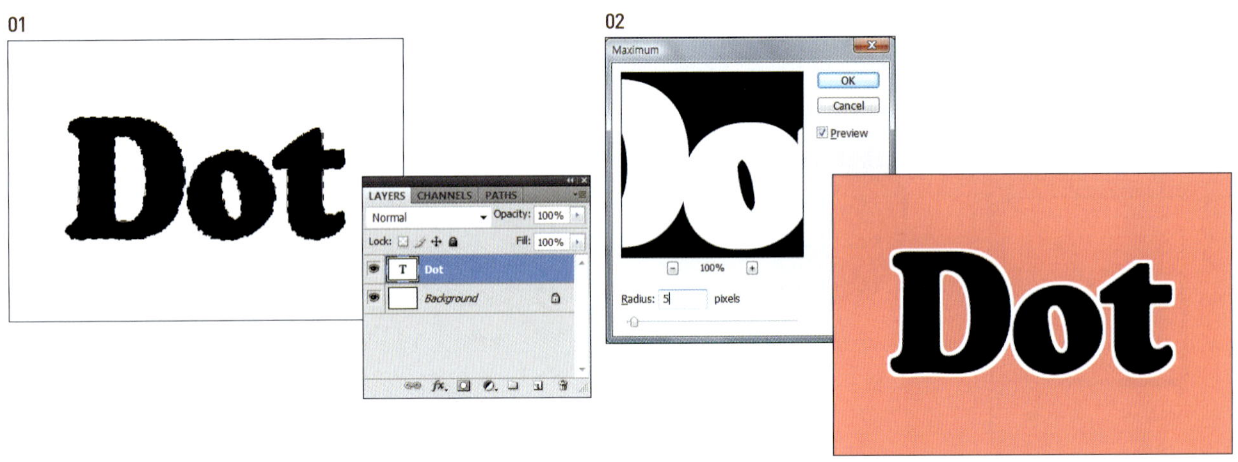

03 그리고 Filter 〉 Blur 〉 Gaussian Blur를 선택해 [Radius]에 10픽셀을 입력하고 [OK] 버튼을 클릭합니다.

04 Filter 〉 Pixelate 〉 Color Halftone을 선택해 그림과 같이 입력하고 [OK] 버튼을 클릭합니다.

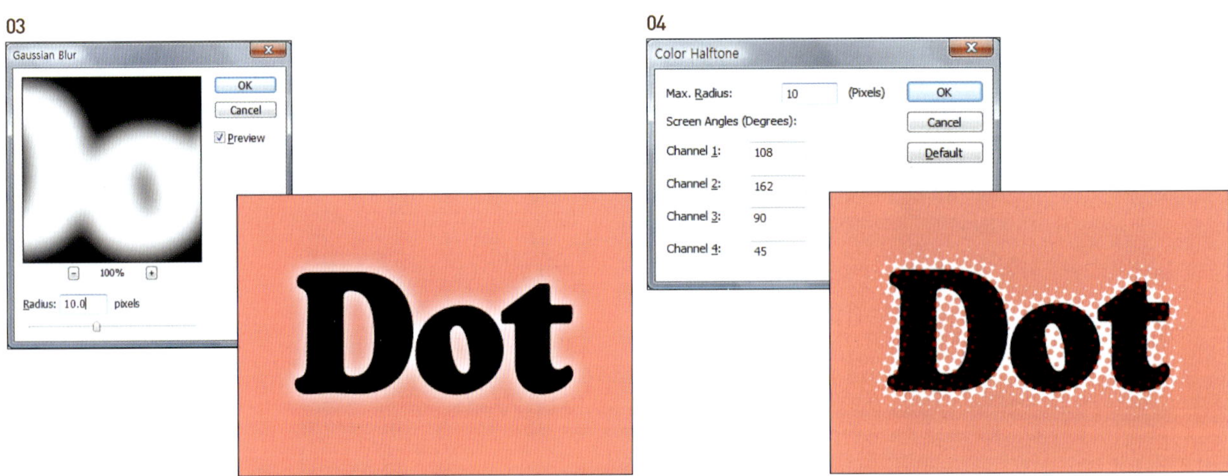

05 다시 Q를 눌러 퀵 마스크 모드를 빠져 나온 후, Type 레이어 밑에 새로운 레이어를 만들고 파란색(#0054a6)을 채워 넣습니다. 그리고 Ctrl + D를 눌러 선택을 해제합니다.

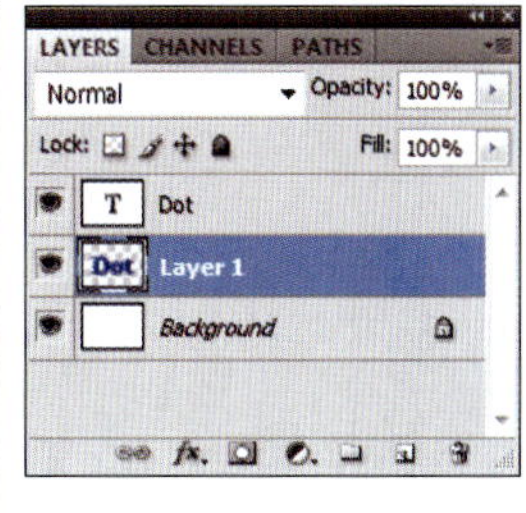

06 이제 Type 레이어를 더블클릭해 [Layer Style] 대화상자로 들어간 후, Stroke 항목을 클릭하고 아래와 같이 옵션을 지정한 다음 [OK] 버튼을 클릭합니다.

Stroke Size : 10픽셀, Position : Center, Color : #0054a6

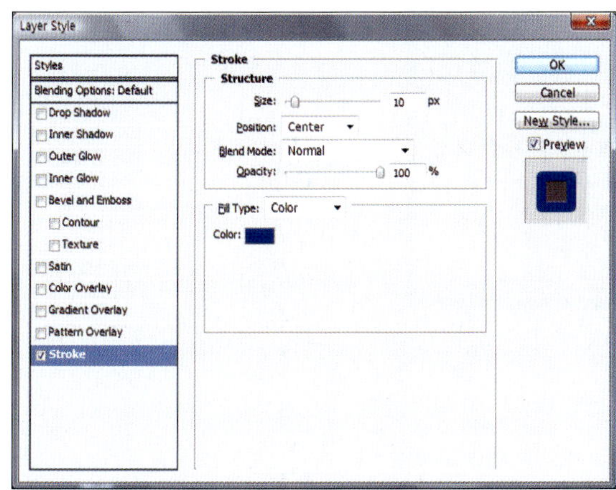

07 대화상자를 빠져 나오면 D를 눌러 기본 색상으로 맞춘 다음, Shift + Ctrl + Delete를 눌러 Type 레이어에 흰색을 채워 넣습니다. 그리고 마지막으로 'Background' 레이어를 선택한 후, 노란색(#f7941d)을 채워 넣습니다.

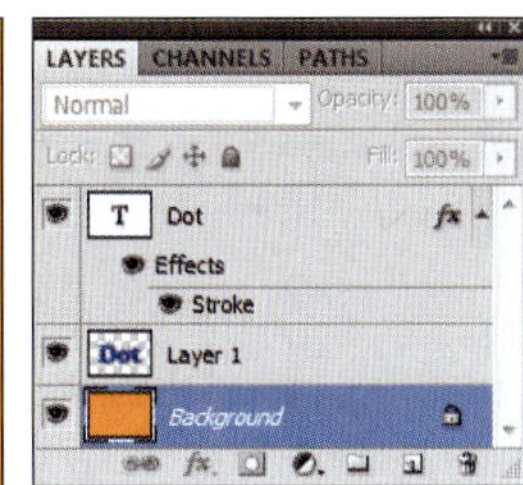

Define Pattern을 이용해 패턴 만들기

연속무늬 패턴을 만들려면 이미지의 상하좌우 부분이 서로 맞물려야 하므로 이것을 일일이 계산해서 만들기란 매우 어려운 일입니다. 하지만 입력한 수치만큼 이미지를 수평이나 수직 방향으로 옮겨주는 [Offset] 필터를 이용하면 이 문제를 매우 손쉽게 해결할 수 있습니다.

01 Ctrl+N을 눌러 가로 200픽셀, 세로 200픽셀 크기의 문서를 만들고, 배경은 White로 지정합니다. 문서가 만들어지면 브러시의 색상과 크기를 달리하며 아래와 같은 모양으로 그립니다. 점의 크기나 형태는 동일하지 않아도 괜찮습니다.

◉ Special\Tip6\소스.jpg

02 Ctrl+J를 눌러 레이어를 복제한 후, Filter 〉 Other 〉 Offset 필터를 선택합니다. 대화상자가 나타나면 Horizontal(수평)과 Vertical(수직) 방향에 각각 100픽셀을 입력하고, Undefined Areas에는 [Wrap Around]를 지정한 다음, [OK] 버튼을 클릭합니다. 연속무늬를 만들기 위해서는 반드시 Wrap Around 옵션을 체크해야 합니다.

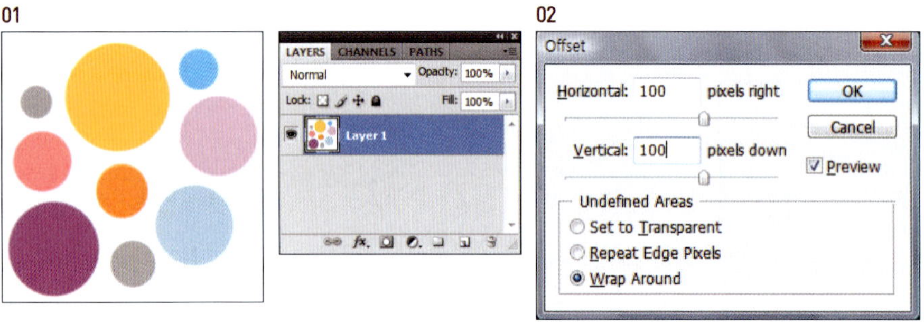

03 필터가 적용된 상태입니다. 모서리가 비어 있었기 때문에 Offset 필터 적용 후에는 빈 공간이 더욱 두드러져 보입니다. 다시 Ctrl+J를 눌러 레이어를 복제하고 빈 공간에 작은 점들을 그려 넣습니다.

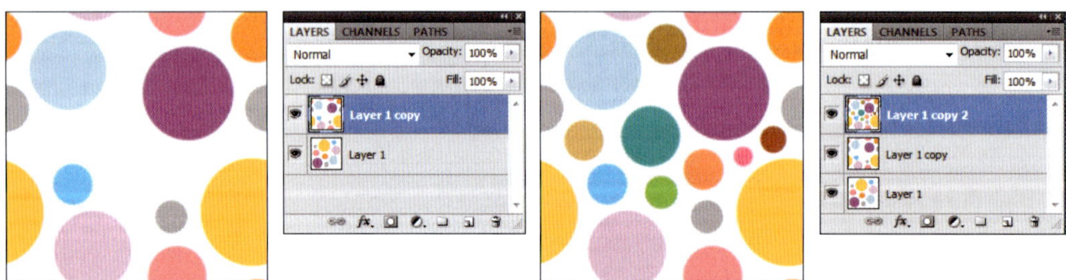

04 Edit 〉 Define Pattern을 선택한 후, 대화상자가 나타나면 패턴 이름을 입력하고 [OK] 버튼을 클릭합니다.

05 이렇게 해서 만들어진 패턴은 Edit 〉Fill 명령을 이용해 언제든지 적용 가능합니다. 아래 그림은
적당한 크기의 문서를 만든 후 패턴을 채운 결과입니다.

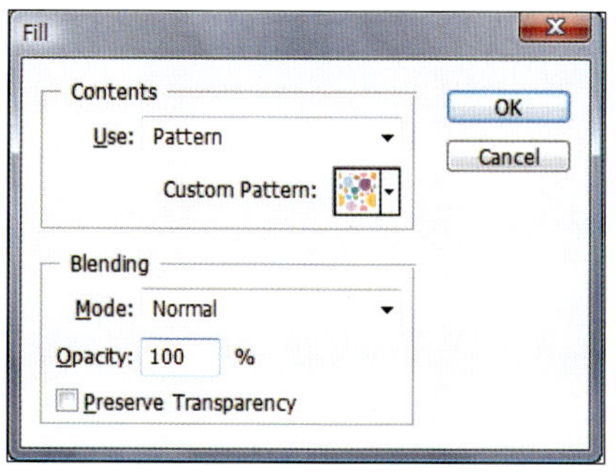

TIP 7   Find Edge 필터로 그림 같은 효과주기
Photoshop Design

Find Edge 필터는 그 자체로는 별다른 역할을 하지 못하지만 다른 기능들과 함께 사용하면 경계를 강조하거
나 독특한 효과를 만드는 역할을 하게 됩니다. 이곳에서는 Find Edge 필터와 블렌딩 모드를 이용해 이미지를
소프트하게 만드는 작업에 대해 살펴보겠습니다.

482
483

01 작업하려는 파일을 엽니다.

Special\Tip7\원본.psd

◀ egor. gribanov by
http://www.flickr.com/photos/23992
271@N04/3274120218/

02 Ctrl + J 를 눌러 레이어를 복제한 다음, Shift + Ctrl + U 를 눌러 이미지의 채도를 모두
제거합니다(흑백 상태로 만듭니다).

01

02

03 다시 한번 Ctrl + J 를 눌러 레이어를 복제한 다음, Ctrl + I 를 눌러 이미지를 반전합니다. 그리고 레이어의 블렌딩 모드를 Color Dodge로 바꿉니다. 이렇게 하면 이미지의 상태는 아무것도 없는 것처럼 흰색 배경으로 바뀌게 됩니다.

04 또다시 Ctrl + J 를 눌러 레이어를 복제한 다음, 바로 아래 위치한 'Invert' 레이어를 끄고, Filter 〉 Stylize 〉 Find Edges 필터를 적용합니다.

05 레이어 패널의 상태를 아래와 같이 만든 다음, Alt + Ctrl + 2 를 눌러 하이라이트를 불러옵니다.

06 다시 레이어 패널의 상태를 그림과 같이 만들고, 맨 위에 위치한 레이어에 레이어 마스크를 추가합니다. 이렇게 하면 선택은 자동으로 마스크에 반영됩니다. 그리고 블렌딩 모드를 'Overlay'로 바꿉니다.

07 Ctrl + J 를 눌러 레이어를 복제한 다음, 블렌딩 모드를 'Hue'로 바꿔서 마무리합니다.

PHOTOSHOP DESIGN RECIPE
SPECIAL
PART 2
1. 돈과 시간을 아끼는 이미지 검색 방법
2. 포토샵 단축키

돈과 시간을 아끼는 이미지 검색 방법

인터넷은 '정보의 보고'라는 말이 있습니다. 실제로 인터넷에는 온갖 종류의 정보들이 존재하며 하루가 다르게 늘어나고 있습니다. 근래에는 텍스트 위주의 정보뿐만 아니라 다양한 형식의 정보들이 인터넷에 넘쳐나고 있습니다.

이 중에서 포토샵 사용자는 이미지를 필요로 하는 경우가 많은데, 촉박한 상황에서 이미지를 찾다 보면 제대로 찾기 어렵고, 찾았다 하더라도 품질이 떨어져 실질적인 도움이 되지 않는 경우도 많습니다. 이러한 결과를 예방하려면 평소에 좋은 이미지가 있는 곳을 알아두거나 효율적으로 검색하는 방법에 대해 살펴볼 필요가 있습니다.

언제부터인지 정확히 알기는 어렵지만 인터넷과 컴퓨터 기술이 발달하면서 디자이너가 업무를 처리하는 방식이 많이 달라지고 있습니다. 예전에는 디자이너가 직간접적으로 소스를 만드는 일(사진을 찍거나 그림을 그리는 일)에 관여해야 했었다면, 최근에는 적절한 소스를 찾아서 조합하는 방식으로 작업 흐름이 바뀌고 있습니다. 따라서 디자이너들도 시각적 표현력을 기르는 일 못지않게 정보를 검색하고 관리하는 기술을 익혀둘 필요가 있습니다. 특히 적절한 이미지를 찾는 것은 디자이너의 업무 능력과도 직결됩니다.

이 곳에서는 작업 목적이나 품질, 비용에 맞는 이미지를 적절하게 검색하는 방법에 대해 소개하려고 합니다. 또한 저작권에 위배되지 않으면서도 무료로 이미지를 활용할 수 있는 방법에 대해서도 살펴보겠습니다.

반드시 확인해야 할 저작권 방식

이 곳에서 언급하는 사이트들은 대부분 다양하고 실용적인 이미지를 지원하는 해외 사이트입니다. 한편 저작권이 엄격한 상업용 사이트와 비교적 저작권에서 자유로운 커뮤니티 사이트들이 섞여 있으므로 혼란을 피하기 위해 사이트가 다루는 저작권 형식을 자체 디자인한 아이콘으로 표시해두었으므로 참고하기 바랍니다.

 국내 사이트  해외 사이트

ⓒ 카피라이트 적용　　Ⓢ 비상업적용도 허용(개인용, 교육용)

Ⓕ 자체저작권 적용　　PD 퍼블릭도메인　　CCL CCL(Creative Commons License)

한편 각기 다른 저작권 형식이 중복 적용될 수도 있으므로 주의해야 합니다. 사이트의 종류가 다양한만큼 저작권 방식이나 정책도 다양하므로 무료 이미지를 구하는 경우라면 반드시 해당 사이트의 저작권을 확인해야 합니다. 무료 이미지에 대한 정보는 Chapter 3에서 별도로 다루도록 하겠습니다.

CHAPTER 1
이미지 검색 시 고려사항

SECTION 1 사용 용도에 따른 이미지 검색 사이트
Special Page

상업적인 목적으로 이용할 이미지는 높은 해상도의 이미지를 필요로 하므로 가격이 높아지지만, 개인적인 용도로 사용할 이미지는 대부분 저렴한 비용(혹은 무료)이 우선시 됩니다.

1) 개인적인 용도

이미지를 개인적으로 사용한다 하더라도 어떻게 사용하는가에 따라 필요한 이미지의 성격은 달라지기 마련입니다. 개인 컴퓨터의 바탕화면을 장식하는 지극히 개인적인 용도에서부터 기획서에 들어갈 이미지, 참고용 이미지, 레포츠나 공모전에 사용할 이미지, 블로그에 사용할 이미지 등 그 용도는 천차만별일 것입니다. 이중 자주 쓰이는 용도를 자료수집용, 블로깅용, 교육용 3가지로 나누어 살펴보도록 하겠습니다.

❶ 자료수집용

아이디어 스케치나 서류 작성 등 단순참고를 목적으로 이미지를 검색하는 경우라면 이미지의 품질보다는 광범위한 자료를 접할 수 있는 포털 사이트를 이용하는 것이 좋습니다. 이러한 포털 사이트들은 사이트마다 특화된 검색 방식을 가지고 있으며 효율적인 방법으로 이미지들을 찾을 수 있게 해줍니다.

대부분의 포털 사이트들은 '고급 검색 기능'을 갖추고 있으므로 파일 포맷이나 이미지 크기, 색상, 소스 등을 지정한 상태에서 검색이 가능합니다. 다양한 검색 옵션을 활용할수록 원하는 이미지를 빠른 시간 내에 찾을 수 있게 됩니다.

01

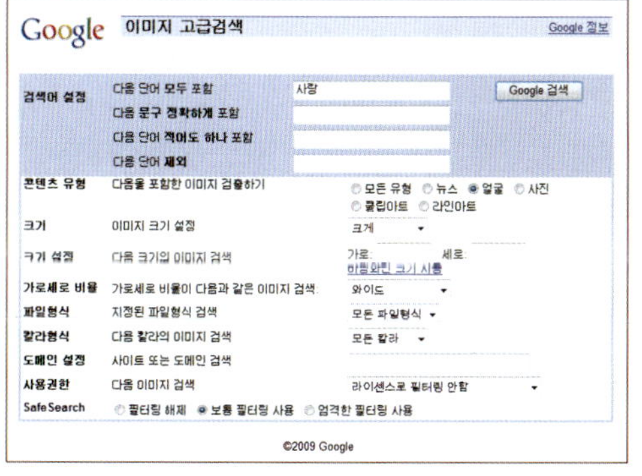

02

01 구글 이미지 검색에서 얼굴이 포함된 이미지를 옵션으로 지정한 상태

02 검색 결과 – 옵션에 맞게 얼굴 이미지가 표시된 상태
http://images.google.co.kr/

❷ 블로깅용

개인 블로그나 홈페이지 등에서 개인적인 용도로 이미지를 사용할 경우, 상업적인 용도에 비해 저작권에서 자유로운 이미지를 찾기는 훨씬 수월해집니다.

최근에는 Picapp 같은 서비스가 등장해서 과거에는 저작권 때문에 사용하기 어려웠던 유명 연예인이나 스포츠 스타들과 관련된 이미지들을 블로깅 목적에 한해 마음껏 사용할 수 있도록 하고 있습니다.

이것은 저작권이 있는 이미지라 하더라도 비상업적 용도에 한해 개방함으로써 저작권자는 이미지를 넓게 홍보하는 효과를 누리고, 사용자는 자신의 블로그를 부담없이 가꾸는 새로운 흐름이라고 볼 수 있습니다. 이러한 흐름은 비단 외국에서뿐만 아니라 국내에서도 나타나고 있습니다.

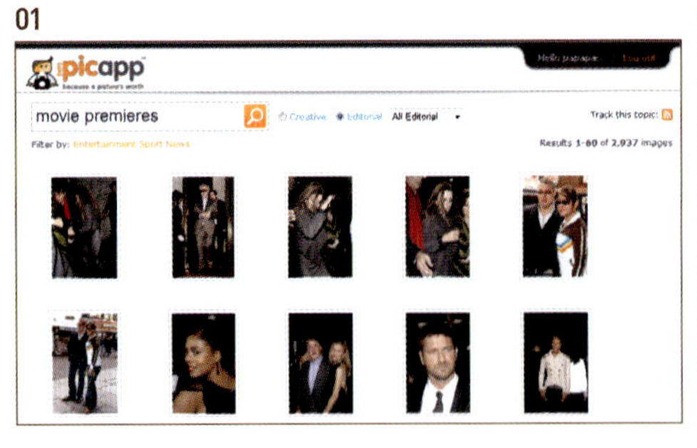

01

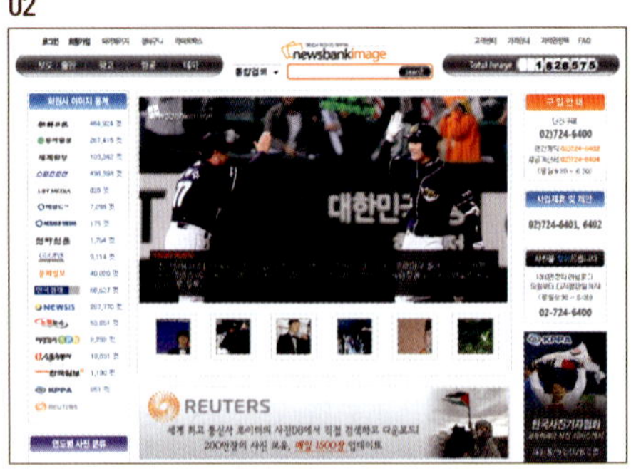

02

01 수백만 장의 고급 이미지를 개인적 용도로 사용 가능한 사이트(블로깅 용도에 한해 무료)

http://www.picapp.com

02 국내 주요 언론사들의 보도사진을 한자리에 모아 놓은 뉴스뱅크이미지

http://image.newsbank.co.kr/

국내 주요 언론사들의 보도사진을 한자리에 모아놓은 뉴스뱅크이미지에서도 미니홈피나 블로그를 운영하는 네티즌들을 위해 CCL(Creative Commons License) 라이선스 방식으로 이미지를 개방하고 있습니다. CCL 라이선스에 대해서는 '저작권의 종류'를 참고하시기 바랍니다. 단 상업적인 목적으로 이미지 사용을 원하는 경우에는 반드시 가격을 확인하고 구입해야 합니다.

❸ 교육용

교육적인 용도로 파워포인트 자료를 만들거나 레포츠 작성을 염두에 둔 경우라면 정부나 민간기관에서 제공하는 역사, 정치, 경제, 문화, 환경 등 다양한 분야의 사이트를 이용하거나 관련 갤러리 사이트를 이용하는 것이 좋습니다. 교육용 이미지의 경우 접속 속도가 느리거나 이미지 품질이 높지 않은 경우가 많지만 다양한 이미지가 교육적 환경에 맞게 데이터베이스화 되어 있으므로 목적에 맞게 사용할 수 있습니다.

03

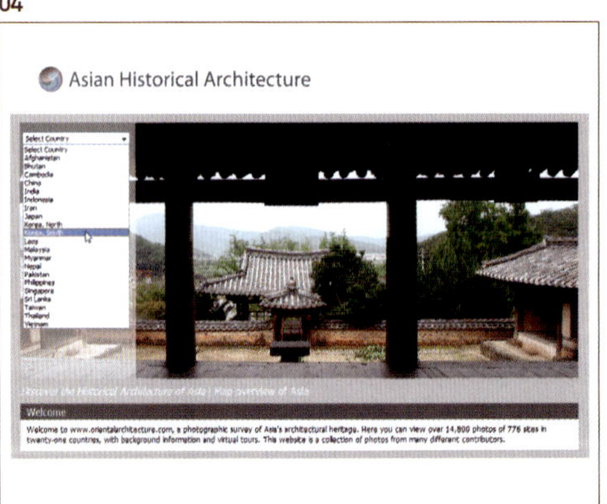

04

03 지구 및 우주에 관한 다양한 정보를 제공하는 NASA 사이트 Nasa.gov (일부 예외)

http://www.nasa.gov/multimedia/imagegallery/

04 아시아 지역의 역사적 건축물이 소개된 사이트(상업적 이용 시 동의 필요)

http://www.orientalarchitecture.com/

하지만 검색을 위한 인터페이스는 상업용 사이트들에 비해 일관성이 부족하고 불편한 경우가 많으므로 검색 시 요령이 필요합니다.

2) 상업적인 용도

이미지를 상업적으로 사용한다는 것은 이미지를 이용해 이익을 추구하는 모든 활동을 의미입니다. 따라서 광고, 디자인, 출판, 건축, 의료, 패션 같은 산업 분야뿐만 아니라 이미지를 이용해 티셔츠, 카드, 스티커 등을 만들어 파는 행위도 상업적인 용도에 해당합니다.

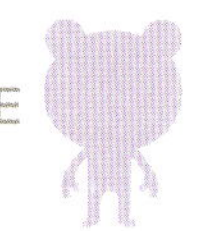

이미지가 주로 사용되는 곳은 아무래도 광고나 디자인, 출판 분야인데 사용 목적에 따라 다시 시안용과 원고용 이미지로 나눌 수 있습니다.

❶ 시안용 이미지

대부분의 디자인 작업은 클라이언트(광고주)의 최종 승인을 전제로 하기 때문에 최종 원고가 나오기 전 클라이언트의 결정을 돕기 위한 시안 작업이 진행됩니다. 클라이언트는 시안을 통해 최종 원고의 상태를 예측하기 때문에 디자이너에게 있어 시안용 이미지를 잘 고르는 일은 매우 중요합니다.

보통 시안 작업의 경우 결과물의 전체적인 분위기와 느낌을 보기 위한 것이므로 모니터 화면 정도의 크기를 필요로 하는 경우가 많지만 클라이언트에 따라 원고에 가까울 정도로 디테일한 시안을 요구하는 경우도 있습니다. 이런 경우를 정밀 시안이라고 하는데 좀더 큰 이미지를 필요로 하게 됩니다.

◀ 큰 크기의 시안용 이미지를 제공하는 Photolibrary.com

http://www.photolibrary.com/comp.html?similar_id=19880128

이미지를 온라인에서 판매하는 대부분의 스톡에이전시(Stock Agency)들은 편리한 이미지 검색을 위해 잘 만들어진 검색엔진과 브라우저를 제공합니다. 또한 시안 제작을 돕기 위해 커다란 썸네일 이미지를 제공합니다. 이 경우 시안 이미지는 원고 제작을 전제로 무료로 다운로드 받아 사용할 수 있습니다.

❷ 원고용 이미지

시안 리뷰를 통해 원고 제작이 결정되면 원고용 이미지를 구입해야 합니다. 원고용 이미지는 해상도와 퀄리티가 높은 편이기 때문에 가격 또한 상당히 높습니다. 보통 광고나 디자인, 건축, 의료, 패션 등 전문 분야에서는 높은 품질의 이미지를 필요로 하기 때문에 전문 이미지를 다량 보유한 대규모 스톡 에이전시를 선호하는 편입니다.

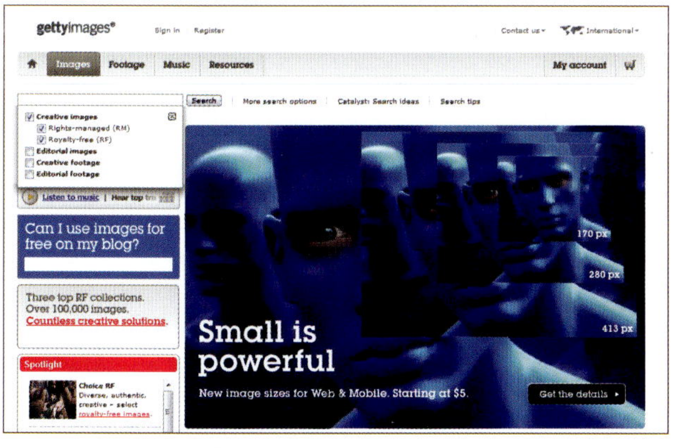

◀ 규모가 큰 스톡 에이전시 중 하나인 사이트

http://www.gettyimages.com

1) 품질과 비용의 관계

앞서 잠시 언급했듯이 이미지의 품질과 비용은 뗄래야 뗄 수 없는 상관관계를 지니고 있습니다. 전문 사진가들이 한 장의 좋은 이미지를 만들기 위해서 오랜 시간과 정성을 소요하기 때문에 품질과 더불어 가격이 높아지게 됩니다. 이는 무료로 사용할 수 있는 이미지가 상대적으로 품질이 낮은 이유이기도 합니다.

이번 Section에서는 유료로 판매되는 스톡이미지의 종류에 대해 살펴보도록 하겠습니다.

2) 스톡 이미지의 종류

유료로 판매되는 스톡 이미지는 사용매체나 용도에 따라 가격이 다른데, 보통 사용 목적이 뚜렷하거나 품질이 높은 이미지는 가격도 높은 편입니다. 스톡 이미지는 크게 RM(Right Managed) 이미지와 RF(Royalty Free) 이미지, 마이크로 스톡(Micro Stock) 이미지로 나뉘는데 이 3가지 방식 외에도 사이트에 따라 다양한 판매방식이 있습니다.

❶ RM(Right Managed) 이미지

우선 RM 이미지는 개성 있고 독창적이며 품질이 우수한 반면 가격이 상당히 높습니다. 또한 사용 매체나 기간, 사용되는 국가에 따라 가격이 달라지고 다양한 옵션이 있으므로 꼼꼼히 살펴보고 구입해야 합니다. 한번 구입하면 목적에 맞게 단 한차례 사용하는 것이 일반적입니다. 이미지의 사용권리를 독점적(시기적으로나 지역적으로)으로 확보하려는 경우, 가격은 더욱 높아집니다. 예를 들어 어떤 회사에서 RM 이미지를 구입할 때 해당 이미지를 다른 회사에서 사용하지 못하도록 독점적으로 사용하려한다면 추가비용을 지불해야 하는 것입니다.

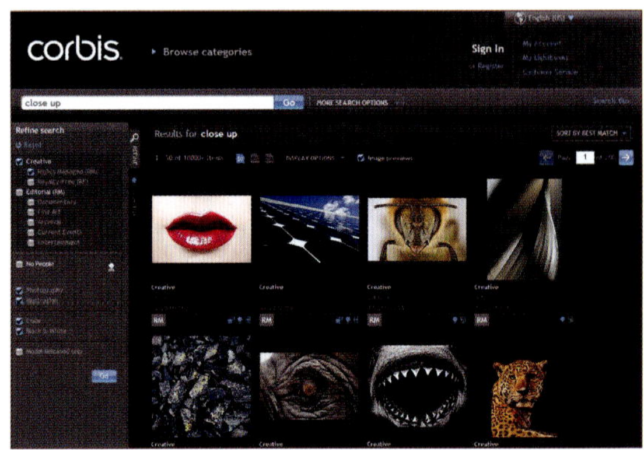

▲ RM 이미지는 품질이 우수한 반면 가격이 상당히 높다. ⓒ
http://www.corbisimages.com

❷ RF(Royalty Free) 이미지

반면 RF 이미지는 무난한 품질에 적당한 가격인 경우가 대부분입니다. CD 한 장에 여러 컷의 이미지를 담아 판매하는 경우가 많으며 한번 구입하면 여러 차례 사용하는 것이 가능합니다. 상대적으로 RM 이미지에 비해 가격이 저렴합니다.

> **이미지 구입의 개념**
>
> 이미지를 구입한다는 것의 개념은 이미지의 소유권을 구입하는 것이 아니라 사용권을 구입하는 것입니다. 따라서 이미지의 소유권은 여전히 저작자나 판매회사가 갖기 마련이고 사용자는 사용기간이나 매체 등 옵션에 따라 사용권만을 부여 받게 되는 것입니다.

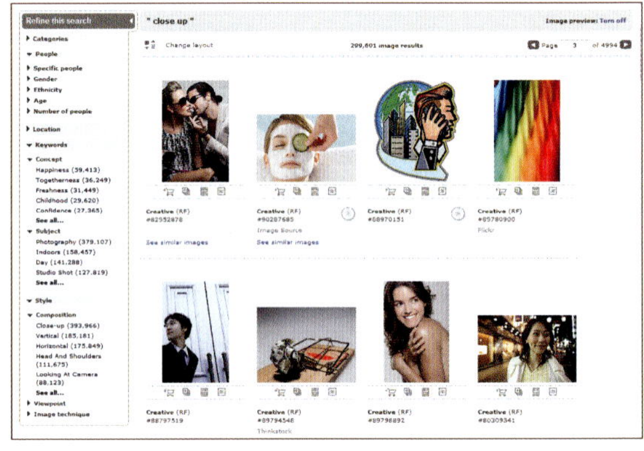

▲ RF 이미지는 CD에 담아 판매하는 경우가 많다. ⓒ
http://www.gettyimages.com/

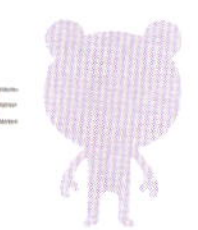

❸ 마이크로 스톡 이미지

최근 인터넷을 통한 이미지 공유 및 판매가 활성화되면서 저렴한 가격으로 이미지를 구입할 수 있는 사이트들이 많이 생겨났는데 이러한 곳을 '마이크로 스톡 사이트'라고 합니다. 이곳에서 취급하는 이미지들은 크기에 따라 컷 당 1달러에서 수십 달러 정도의 가격을 유지하고 있기 때문에 기존 스톡 사이트들에 비해 부담 없이 구입할 수 있습니다. 마이크로 스톡 사이트들도 회사마다 각기 다른 가격정책을 가지고 있으므로 각 회사가 보유한 이미지의 수량이나 품질, 가격 정책들을 잘 비교한 후 선택하는 것이 좋습니다.

01
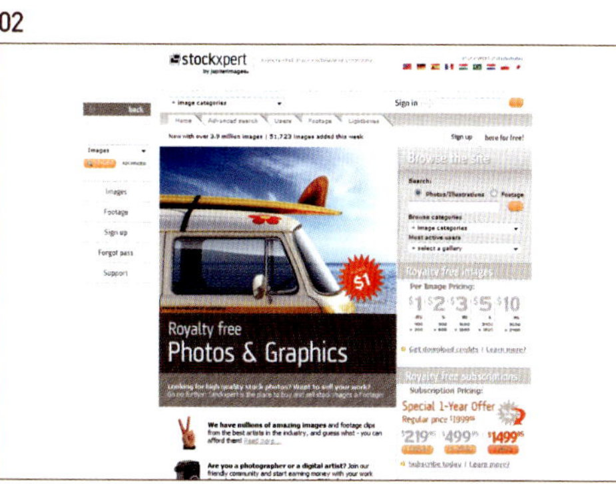

02

01 빠른 속도로 성장하고 있는 마이크로 스톡 사이트

http://www.fotolia.com/

02 이미지 사용량이 많을 경우 Subscription 방식을 이용하면 비용이 절약된다.

http://www.stockxpert.com/

이 밖에도 여러 컷을 구입할 경우 할인해주는 옵션이 있고, 한번 계약으로 일정기간 동안 자유롭게 이용하는 Subscription(구독) 등의 옵션이 있으므로 예산이나 사용량에 따라 옵션을 결정하면 됩니다. 이미지 사용이 많은 회사라면 Subscription 방식을 이용하는 것이 무난합니다.

CHAPTER 2

저작권

이미지를 사용하는데 있어 저작권처럼 신경 쓰이는 부분은 없을 것입니다. 최근에는 저작권법이 한층 강화되었기 때문에 이미지 사용시 저작권 요소를 명확히 확인하지 않으면 본의 아니게 법을 위반하는 상황이 발생할 수 있습니다. 이번 Chapter에서는 저작권의 개념과 종류에 대해 간략히 살펴보고 검색 시 주의해야 할 사항에 대해서도 알아보겠습니다.

SECTION 1 저작권의 개념과 종류
Special Page

일반적으로 저작권이란, 이미지를 포함한 다양한 종류의 '콘텐츠를 제작한 사람의 권리'를 뜻합니다. 만약 사회적으로 저작자의 권리가 존중되지 않는다면 많은 사람들이 창작의욕을 느낄 수 없을 것입니다. 따라서 저작자의 권리를 존중하여 저작자가 창작활동에 전념할 수 있도록 법적인 수단으로 권리를 보호해주는 장치가 저작권인 것입니다.

저작권자는 자신의 저작물 그 자체뿐만 아니라 저작물에서 파생된 다양한 콘텐츠, 상품에 대해서도 자신의 권리를 주장할 수 있습니다. 또한 저작물을 복제, 활용, 배포하는 과정에서도 독점적 권리를 행사할 수 있습니다. 단 뉴스보도나 리뷰 등 특정 목적에 한해서는 저작권의 예외 조항이 있기도 합니다.

보통 저작권 형식에 따라 사용범위가 결정되기 때문에 이미지를 사용할 때에는 반드시 저작권의 형식과 사용범위를 확인해야만 합니다.

1) 카피라이트(Copyright: All Rights Reserved)

앞서 살펴본 것처럼 '카피라이트'란 말 그대로 '저작자가 갖는 권리'인 저작권을 뜻합니다. 저작권은 저작물을 창작함과 동시에 자연적으로 발생하기 때문에 '베른 협약'에 따르면 저작물을 별도로 등록하거나 표시(ⓒ 기호)하지 않더라도 저작권은 성립됩니다. 단 저작권을 인정 받고 이를 행사하기 위해서는 특정 매체나 수단을 통해 외부에 공표하고 이를 객관적으로 확인할 수 있어야 합니다.

▲ Copyright 로고

이 곳에서 언급하는 카피라이트는 나중에 소개할 다른 저작권 형식과 구별하기 위한 것이 아니라 거의 모든 이미지에 기본적으로 존재하는 권리를 말하는 것입니다. 이것을 명시한 이유는 카피라이트가 표시된 사이트는 저작권이 엄격히 적용되는 상업용 사이트임을 강조하기 위한 것입니다. 따라서 다음에 소개하는 CCL이나 기타저작권 중 일부에도 저작권은 여전히 존재하며 다만 특정용도에 한해 이미지 사용을 허락했음을 알리는 것입니다.

> **베른 협약이란**
>
> 베른 협약은 저작권 보호에 관한 기본 조약입니다. 이 협약은 저작물이 외국에서 보호받아야 할 최소 조건을 규정하는 것으로 1886년 스위스 베른에서 체결되고 이후 여러 차례 개정되었습니다. 이 협약은 세계지재권기구(WIPO)에서 관리하고 있습니다. (출처 : http://ko.wikipedia.org/ 위키백과 : 베른협약)

2) 크리에이티브 커먼즈 라이선스 (CCL : Creative Commons License)

Creative Commons License 구성 요소

CCL의 구성 요소 즉, 이용자에게 부과하고 있는 "이용방법 및 조건"의 구체적 내용은 다음과 같은 4가지입니다.

- **저작자 표시** : 저작권법 상 저작인격권의 하나로서, 저작물의 원작품이나 그 복제물에 또는 저작물의 공표에 있어서 그의 실명 또는 이명을 표시할 권리인 성명표시권(right of paternity, 저작권법 제12조 제1항)을 행사한다는 의미입니다. 따라서 이용자는 저작물을 이용하려면 반드시 저작자를 표시하여야 합니다.

- **비영리** : 저작물의 이용을 영리를 목적으로 하지 않는 이용에 한한다는 의미입니다. 물론 저작권자가 자신의 저작물에 이러한 비영리 조건을 붙였어도 저작권자는 이와는 별개로 이 저작물을 이용하여 영리행위를 할 수 있습니다. 또한 영리 목적의 이용을 원하는 이용자에게는 별개의 계약으로 대가를 받고 이용을 허락할 수 있습니다.

- **변경 금지** : 저작물을 이용하여 새로운 2차적 저작물을 작성하는 것뿐만 아니라 저작물의 내용, 형식 등의 단순한 변경도 금지한다는 의미입니다.

- **동일 조건 변경 허락** : 저작물을 이용한 2차적 저작물의 작성을 허용하되 그 2차적 저작물에 대하여는 원저작물과 동일한 내용의 라이선스를 적용하여야 한다는 의미입니다. 예를 들어 저작자 표사-비영리 조건이 붙은 원저작물을 이용하여 새로운 2차적 저작물을 작성한 경우 그 2차적 저작물도 역시 저작자표사-비영리 조건을 붙여 이용허락 하여야 합니다.

(출처 : http://www.creativecommons.or.kr/info/about)

기존의 저작권 방식인 '카피라이트'(All Rights Reserved)는 저작자의 권리 보호에만 초점이 맞춰져 있습니다. 따라서 저작자의 권리가 보호되면서도 창작물이 자유롭게 공유될 수 있는 것에 대한 사회적 요구가 생겨났는데 이러한 필요에 의해 등장한 것이 '크리에이티브 커먼즈 라이선스' (CCL : Creative Commons License)입니다.

CCL 라이선스는 기본적으로 저작물에 대한 이용자의 자유로운 접근을 허용하되 저작권자의 '이용 허락 의사'를 미리 규정된 몇 가지 구성 요소를 조합해 적용하도록 만들어졌습니다. 쉽게 말해 저작물 이용을 허락하면서 저작자의 권리도 보호받는 것입니다. 따라서 모든 권리를 보장 받는(All Rights Reserved) 카피라이트와 달리 일부 권리를 보장 받는(Some Rights Reserved) 방식이 되는 것입니다.

CCL 라이선스는 전혀 새로운 저작권 체계를 의미하는 것이 아니라 저작권의 기본 틀은 유지하면서 이용 방식만 간편하게 만든 것입니다. 따라서 CCL에서 정한 이용방법 및 조건에 위배되었을 경우에는 당연히 저작권 침해에 해당하게 됩니다.

최근에는 다음, 네이버, 구글, 파란 등 수많은 사이트들이 CCL을 직간접적으로 지원하고 있으며 자신의 글이나 이미지에 CCL 저작권을 표시하는 네티즌들도 빠르게 늘어나는 추세입니다.

▲ CCL 라이선스 로고

CCL 라이선스의 기본 구성 요소는 4가지이지만 서로 상충하는 '변경금지'와 '동일 조건 변경 허락'을 제외하고 조합하면 6가지 옵션이 가능합니다.

'플리커(Flickr.com)'처럼 CCL 라이선스가 적용된 사이트를 방문하면 이러한 6가지 조합에 따라 이미지를 검색할 수 있으므로 무척 편리합니다.

CCL 라이선스에 대해 보다 자세한 정보를 원하는 분은 Creative Commons Korea 사이트를 방문하시기 바랍니다(www.creativecommons.or.kr).

01

02

03

04

01 초창기부터 본격적으로 CCL 라이선스를 적용한 사이트 Flickr.com
http://www.flickr.com/creativecommons/

02 CCL 라이선스를 도입한 국내 사이트 Pudding.paran.com
http://pudding.paran.com/main.php?reDirectId=detail/detailView&boxid=heabong&article_no=8484853&pno=3&p_eye=pudd^mps^det^pud^navi

03 CCL 라이선스를 도입한 국내 사이트 Fotobada.com
http://www.fotobada.com/ferhee/foto/view/seq/9254/type/all/order/0

04 Creative Commons Korea 홈페이지
http://www.creativecommons.or.kr/info/abouti

CCL 라이선스 사용 시 주의할 점

CCL 라이선스를 사용할 때 한가지 주의할 점은 저작자의 사정에 의해 이미지의 사용 조건이 나중에 바뀔 수도 있다는 점입니다. 예를 들어 처음에는 'BY(저작자표시)' 라이선스를 적용했다가 나중에 생각이 바뀌어 'BY-NC(저작자표시-비영리 사용권)' 라이선스로 바꿀 수 있는 것입니다. 이러한 경우에 대비해 이미지를 사용할 당시의 저작권 정보를 저장해주는 '이미지 스탬퍼(Image Stamper)' 기능을 제공하는 사이트가 있습니다. 이 기능은 CCL 라이선스가 있는 이미지의 사용 조건과 날짜, 저작자 이름 등의 정보를 도장찍듯 저장해주므로 나중에 저작자가 사용 조건을 바꾸더라도 증거를 남길 수 있으므로 안심할 수 있습니다.

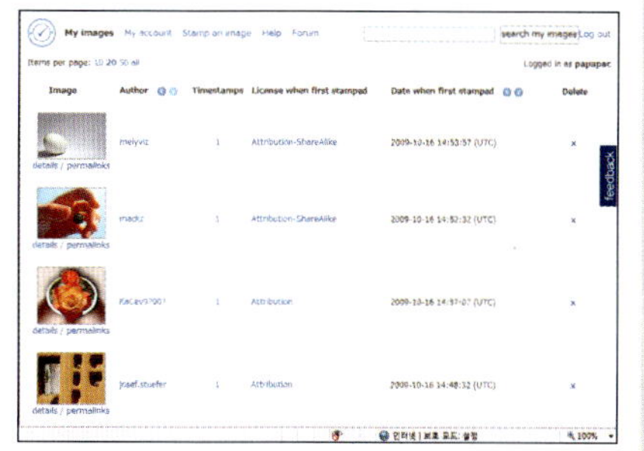

▲ 이미지 사용 조건과 다양한 정보를 저장해주는 이미지 스탬퍼 imagestamper.com

3) 퍼블릭 도메인(Public Domain)

가장 개방적인 저작권으로는 '퍼블릭 도메인(Public Domain)'이 있는데, 이것은 저작권이 없는 상태(No Rights Reserved)를 말하며 '공유재산'이라는 의미가 있습니다. 보통 저작자가 자신의 의사로 저작권을 포기했거나 저작권 보호기간이 지난 경우, 법령이 특정 저작물에 대한 저작권 소멸을 규정한 경우에 퍼블릭 도메인이 되는데, 160개국 이상이 가입한 베른 협약에 따르면 저작권 보호기간은 저작자의 생존기간과 그의 사망 후 50년입니다. 하지만 미국을 포함한 몇몇 나라는 70년까지 보호 기간을 부여하기도 하기 때문에 국가별 저작권 적용 기간을 반드시 확인해야 합니다.

퍼블릭 도메인이 완전한 무료이기는 하지만 그 자료의 양이 제한적이고, 검색이 쉽지 않으며, 대부분 오래된 이미지들이기 때문에 카툰, 삽화, 일러스트, 역사적 자료 등 특정 이미지를 찾는 경우가 아니라면 일반적으로 사용하기는 어렵다는 단점이 있습니다.

▲ Public Domain 로고

01

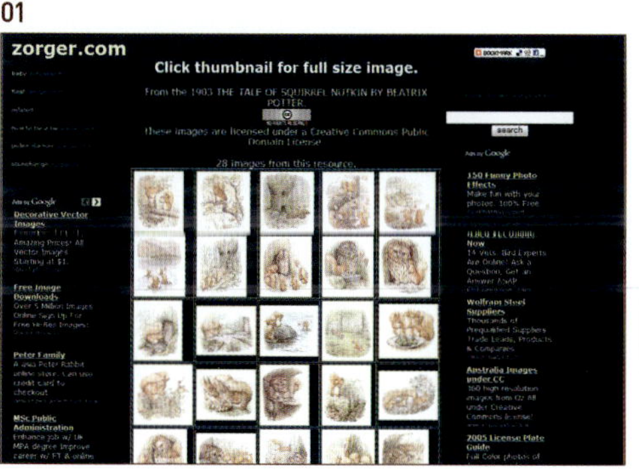

02

01 Creative Commons Public Domain License가 적용된 퍼블릭 도메인

http://www.zorger.com/

02 어떤 용도로도 사용 가능한 퍼블릭 도메인 사이트

http://www.burningwell.org/gallery2/v/upload/

4) 기타 저작권

• 카피레프트(Copyleft)

'카피레프트'는 저작권형식이라기 보다는 독점적인 의미의 카피라이트에 대응되는 개념입니다. 이 개념은 저작권을 기반으로 한 '사용 제한'이 아니라 저작권을 기반으로 한 '정보 공유'를 위한 조치입니다. 카피레프트를 주장하는 사람들은 "지식과 정보는 소수에게 독점되어서는 안되며, 누구에게나 나눠질 수 있어야 한다"고 주장합니다. 아래 소개하는 라이선스들은 카피레프트적인 성향의 저작권 형식입니다. (참고 : 위키백과 〉카피레프트 http://ko.wikipedia.org/wiki/Copyleft)

▲ Copyleft 로고

• 자유 콘텐츠(Free Contents)

'자유 콘텐츠'란 사람들이 자유롭게 이용, 복사, 수정 및 재배포를 할 수 있는 제한 없는 작품이나 창작물, 정보를 말합니다. 이것은 '자유 소프트웨어(Free Software)'의 자유 개념을 콘텐츠로 확장한 것입니다.

아래 소개하는 2가지 라이선스는 자유 소프트웨어 재단(Free Software Foundation: FSF)에서 만든 것입니다. 이것은 주로 소프트웨어나 문서 등의 사용허가를 염두에 두고 1980년대 후반에 만들어졌기 때문에 이미지 저작권과는 다소 어울리지 않습니다. 따라서 이러한 불편을 해결하기 위해 등장한 CCL에 자연스럽게 자리를 내주고 있습니다.

❶ GNU 자유 문서 사용허가서 (GNU Free Document License=GNU FDL)

일종의 자유 문서를 위한 라이선스로서 이 라이선스는 CCL과 달리 오직 '공개된' 형태로만 배포할 수 있는 저작권입니다.

❷ GNU 일반 공중 사용허가서 (GNU General Public License: GNU GPL)

이 허가를 가진 프로그램을 사용해 새로운 프로그램을 만들게 되면 파생된 프로그램 역시 같은 카피레프트를 가져야 합니다.

이밖에 무료 이미지를 제공하는 사이트의 경우, 자체적인 저작권 규약을 가지고 있는 경우가 있습니다. 대부분 까다로운 조건은 없는 편이지만 특별한 목적으로 사용할 경우라면 꼼꼼히 확인해야 합니다.

◀ 무료로 이미지를 제공받는 경우라도 저작권 규약은 확인하는 것이 안전하다.
Freerangestock.com
http://freerangestock.com/licensing.php

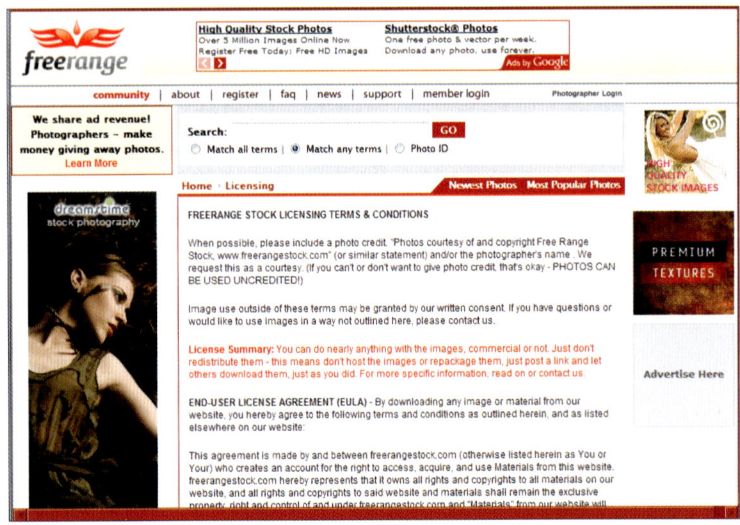

5) 검색 시 주의사항

이미지를 검색하다 보면 주의해야 할 사항이 몇 가지 있는데 그 중에서도 가장 중요한 부분은 저작권입니다. 오히려 스톡 이미지를 판매하는 상업적 사이트라면 이미지를 구매함으로써 저작권 문제를 해결할 수 있지만, 이미지를 무료로 사용하기 원한다면 이미지를 담고 있는 사이트에서 어느 한도까지 이용 허락을 하는지 확인해야 합니다(특히 상업적으로 이용하거나 재배포하려는 경우).

CCL 라이선스의 경우, 무료로 이미지를 사용하는 대신 사용 조건에 따라 저작자의 정보를 표시하거나 (Attribution), 상업적으로 이용하지 않거나(NonCommercial), 재가공하지 않는(No Derivative Works) 등의 원칙을 지켜야 합니다. 심지어 저작권이 없는 퍼블릭 도메인의 경우에도 표절시비를 피하려면 저작자 이름을 표기하는 것이 좋습니다.

또한 이미지에는 저작권 외에 '초상권'과 '재산권'도 있습니다. 예를 들어 어떤 사람이 특정인의 사진을 찍어서 인터넷에 올리고 CCL 라이선스를 적용했다면 저작권은 해결되었을지라도 초상권 문제는 여전히 남게 되는 것입니다. 모델의 동의를 구하지 않고 찍은 사진은 초상권이 해결되지 않은 상태이기 때문에 인물 이미지를 사용하는 경우 각별히 유의해야 합니다.

이와 비슷하게 특정 건물이나 전시물, 특정 회사의 상표나 로고 등이 찍힌 이미지를 승낙 없이 또는 적절치 않은 용도로 사용할 경우에도 재산권을 침해하는 결과가 나타날 수 있으므로 주의하는 것이 좋습니다.

이미지
검색 방법

이 곳에서는 이미지를 효율적으로 찾기 위한 방법에 대해 소개하려고 합니다. 하지만 검색 방법에 정답이 있는 것은 아니기 때문에 사용자에 따라 자신이 찾고자 하는 이미지의 특징에 맞는 검색 방법을 찾아내고 활용하는 것이 무엇보다 중요합니다.

이 Chapter에서는 검색 방법을 크게 2가지(기본 검색 방법과 응용 검색 방법)로 나눠서 살펴보고 보다 효율적인 검색 방법에 대해서도 이야기해보겠습니다.

SECTION 1 　기본 검색 방법
Special Page

검색 방법의 종류는 매우 다양하기 때문에 모두 나열하기는 어렵습니다. 다만 기본 유형에 따라 키워드 검색과 카테고리 검색, 태그 검색, 그룹 검색 등으로 나누어 살펴보겠습니다.

1) 키워드 검색

'키워드 검색'은 가장 직접적인 검색 방법입니다. 검색 창에 원하는 단어를 입력해서 찾는 이 방식은 결과가 즉시 표시된다는 점, 단어를 조합해 복합적인 검색이 가능하다는 점이 장점이며, 모든 사이트에서 지원되는 가장 직관적이고 보편적인 방법입니다.

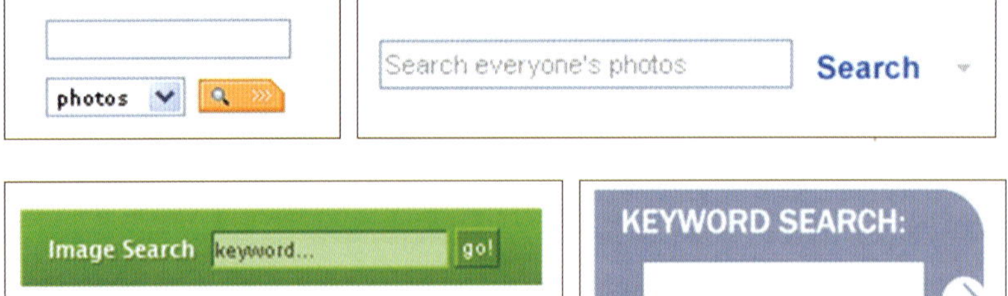

◀ 다양한 형태의 키워드 검색창

2) 카테고리 검색

'카테고리 검색'은 유형에 따라 찾기 편하게 분류해 놓은 검색 방법입니다. 분류 기법에 따라 '주제별 분류'와 '철자별 분류' 등이 사용되지만 보통은 주제별 분류가 더 자주 사용됩니다. 카테고리 검색은 그래픽적으로 배치해놓는 경우가 많기 때문에 사이트맵처럼 특징을 한눈에 볼 수 있다는 장점이 있습니다. 하지만 지나치게 복잡하거나 일관성 없이 분류된 경우에는 오히려 혼란을 주기도 합니다.

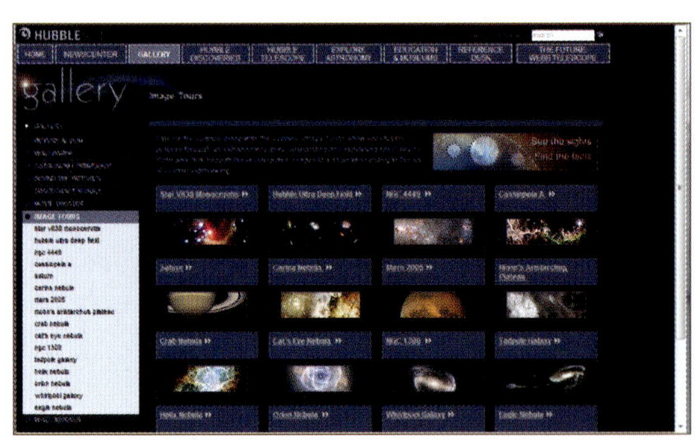

▲ 잘 분류된 카테고리는 사이트의 성격을 잘 나타내준다 hubblesite.org
http://hubblesite.org/gallery/tours/

3) 태그 검색

'태그 검색'은 참여와 개방의 정신을 표방한 웹 2.0 시대에 본격적으로 등장한 검색 기법으로서 여러 사람이 참여하는 '커뮤니티형 사이트'에서 주로 사용됩니다. 일반적으로 태그 검색에는 여러 개의 태그가 사용되고, 태그를 부여하는데 있어서도 여러 사람이 참여하게 됩니다. 따라서 객관적임과 동시에 트렌드가 잘 반영된다는 장점이 있지만 일관성이 떨어질 수 있다는 단점도 있습니다.

태그 검색은 연상작용을 이용해 검색할 때 유용한 방식이라고 할 수 있습니다. 예를 들어 '꽃'이라는 태그를 먼저 클릭한 다음, 여러 개의 태그들이 나타나면 그 중 가장 연관성이 높다고 생각되는 태그를 다시 클릭하는 식으로 검색을 확장시켜 나가는 것입니다.

01

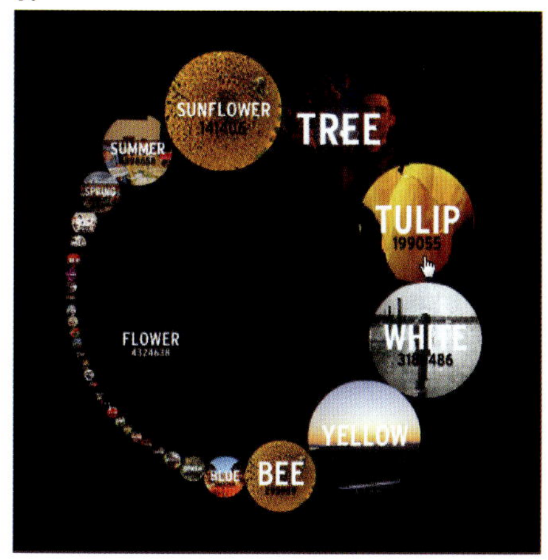

02

03

01 연관성 깊은 태그가 나타나도록 플래시로 구현된 검색 사이트 Quasimondo.com

http://www.quasimondo.com/tagnautica.php

02 인기 태그가 클라우드 형태로 배치된 상태. Flickr.com

http://www.flickr.com/photos/tags/

03 인기 태그가 클라우드 형태로 배치된 상태. Pudding.paran.com

http://pudding.paran.com/index_new/puddingBest.html?flag=3

하나의 태그에 속한 이미지는 비슷한 유형의 다른 태그에도 속할 수 있으므로 아이디어 전개가 필요한 검색에 매우 잘 어울립니다. 태그 검색은 비중에 따라 태그를 한자리에 펼쳐 놓은 '태그클라우드'와 함께 사용하면 더욱 편리함을 느낄 수 있습니다.

4) 그룹 검색

웹 앨범이나 이미지 공유 커뮤니티에는 주제에 따라 이미지를 공유하고 정보를 나누는 '그룹'이라는 개념이 있습니다. 이러한 그룹은 사이트에 따라 '채널', '테마', '컬렉션' 등 다양한 이름으로 불리는데, 동호인들끼리 유용한 정보가 오가듯 댓글을 통해 실용적이고 구체적인 자료를 나눌 수 있다는 장점이 있습니다.

그룹 검색은 키워드 검색과 카테고리 검색의 장점을 조합한 기능이라고도 볼 수 있습니다. 예를 들어 간단한 키워드로 원하는 그룹을 우선 찾은 다음, 특정 그룹에서 구체적인 이미지를 검색하면 원하는 이미지를 찾을 가능성이 높아지게 되는 원리입니다.

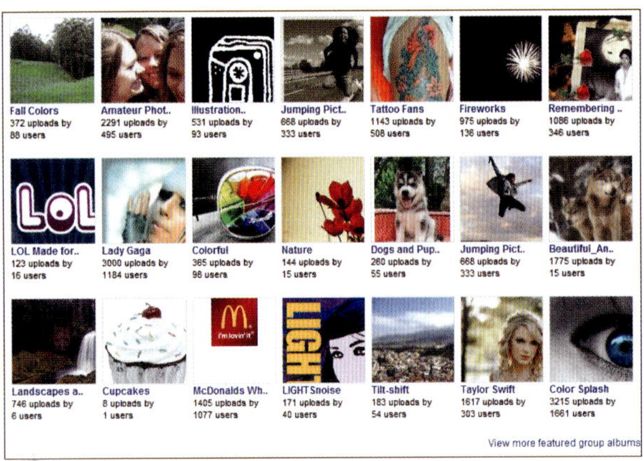

SECTION 2 응용 검색 방법
Special Page

응용 검색 방법은 인터넷에서의 검색 기술이 다양하게 발전하면서 등장한 것으로 일반적인 키워드나 태그만으로는 원하는 이미지를 찾기 힘들 때 사용됩니다. 예를 들어 마음에 드는 이미지를 하나 가지고 있는데 비슷한 색감이나 형태의 이미지를 추가로 찾기 원할 경우 키워드 검색이나 태그 검색만으로는 한계를 느낄 수 밖에 없습니다.

특히 감성에 의존하는 이미지나 추상적인 이미지, 레이아웃에 들어맞는 이미지를 찾고자 할 때에는 키워드 검색보다 다양한 검색 기법을 조합해 찾는 것이 더 도움이 됩니다. 이곳에서는 여러 가지 독특한 검색 방법에 대해 살펴보도록 하겠습니다.

1) 색상을 이용한 검색

몇 년 전까지만 해도 색상을 이용한 검색이 지원되는 곳은 그리 많지 않았지만 현재는 많은 사이트들이 색상을 이용한 검색을 지원하고 있습니다. 이미지의 색상을 하나의 픽셀로 평균을 내 계산한 다음, 지정한 색상에 맞게 보여주는 것이 이 기술의 원리입니다. 이 방법은 주로 특정한 분위기 연출을 원할 때 사용되므로 그래픽 작업을 하는 디자이너들에게는 유용한 기능입니다.

01

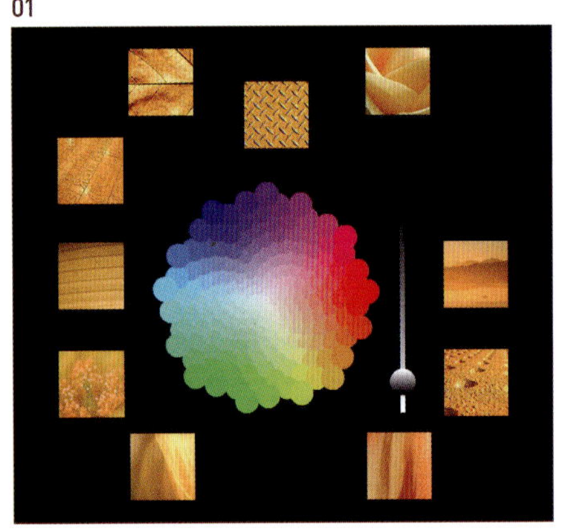

02

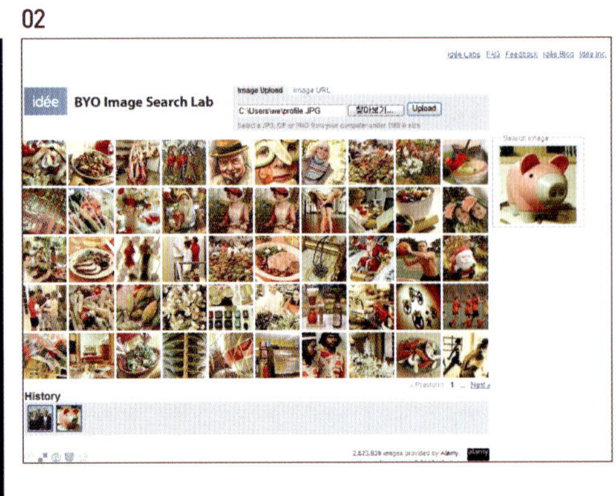

2) 형태를 이용한 검색

형태를 이용한 검색은 수학적 알고리즘을 이용해 이미지 내부의 형태를 추출해내는 방식인데 현재 몇몇 곳에서 이러한 기능을 제공하고 있습니다. 이 방법은 단순한 형태에서는 뛰어난 결과가 나오지만 복잡하거나 불규칙적인 형태에서는 만족할 만한 결과가 나오지 않는다는 단점이 있습니다. 이러한 검색 기술은 아직은 기초적인 단계이지만 시간이 지나면 좀더 완성도 있는 검색이 가능할 것으로 기대됩니다.

01

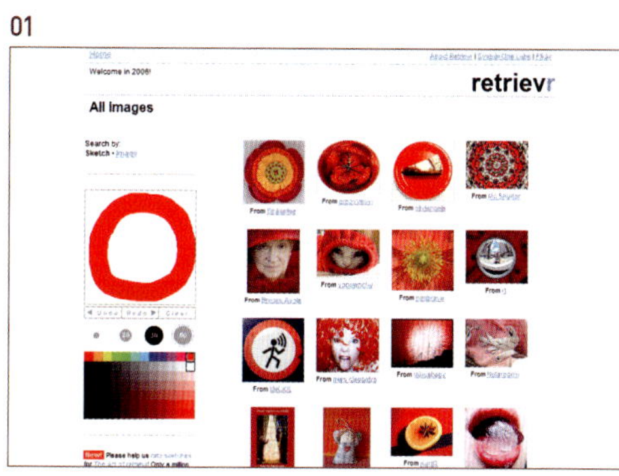

02

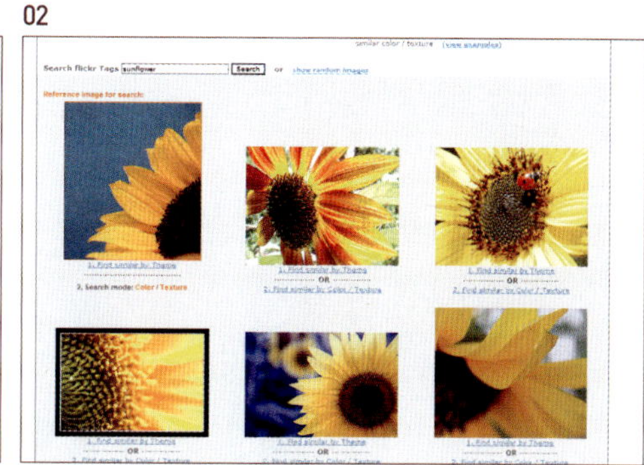

03

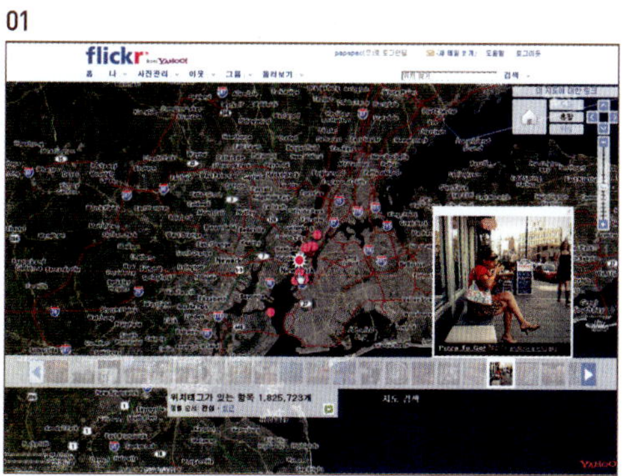

01 빨간색 동그라미를 브러시로 그려서 검색한 결과 Retrievr

http://labs.systemone.at/retrievr/

02 좌측 상단의 해바라기를 기준으로 비슷한 형태를 검색한 결과 Tiltomo.com

http://www.tiltomo.com/index.php

03 자신이 올린 이미지를 기준으로 유사한 이미지를 찾아주는 사이트 Tineye.com

http://tineye.com/

3) 지도를 이용한 검색

최근 웹 2.0 사이트들이 활성화되면서 제공되는 서비스 중에는 세계 전 지역의 원하는 위치에 이미지를 등록하거나 검색할 수 있는 'Geo Tagging' 기능이 있습니다. 이 기능은 구글 맵(Google Map)이나 야후 맵(Yahoo Map) 등의 위성지도에 API를 결합시킨 것으로써 이미 여러 사이트에서 다양한 형태로 서비스 되고 있습니다

01

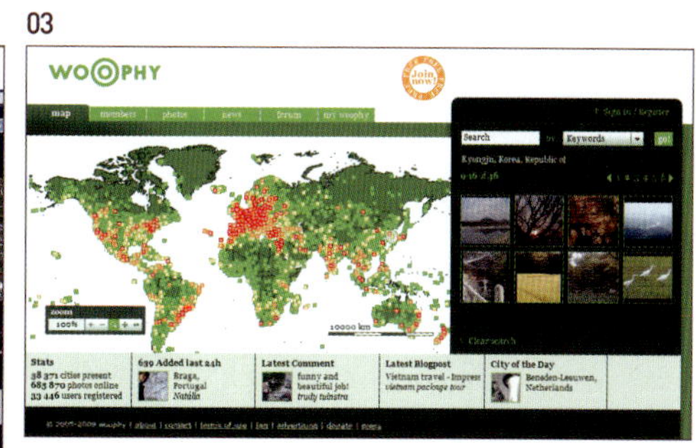

03

01 Yahoo Map 기능이 지원되는 사이트에서 '뉴욕'을 검색한 결과 Flickr.com

http://www.flickr.com/map/

02 우리나라 '경주'를 클릭해 검색한 결과 Woophy.com

http://www.woophy.com/

이 서비스를 이용하면 '국가별 관광지', '전통문화', '생활패턴' 등을 나타난 이미지를 통해 쉽게 찾아 비교할 수 있고, 개인의 여행 경로를 표시하는 작업도 할 수 있습니다. 이런 서비스는 다른 사람들과 공유가 가능하기 때문에 출장이 잦거나 사진여행을 즐기는 사람들에게는 더욱 유용하게 활용될 수 있습니다.

4) 유사 이미지 검색

'유사 이미지 검색(Similar Search)'은 이미지에 숨겨진 키워드나 태그를 자동으로 검색해 비슷한 이미지를 찾아주기 때문에 손쉽게 연관성 높은 이미지를 찾을 수 있습니다. 예를 들어 검색 도중 '클로즈업된 꽃에 앉은 무당벌레'가 마음에 들었다면 비슷한 이미지를 찾기 위해 일일이 키워드를 입력하지 않고 '유사 이미지 검색' 버튼을 한번 클릭하면 되는 것입니다. 이러한 기능은 주로 유료로 운영되는 사이트들에서 제공되는데 매우 실용적이고 편리한 방법입니다.

01
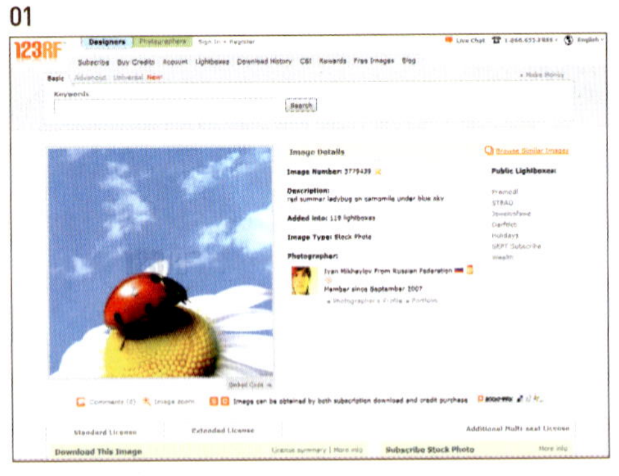

02

03
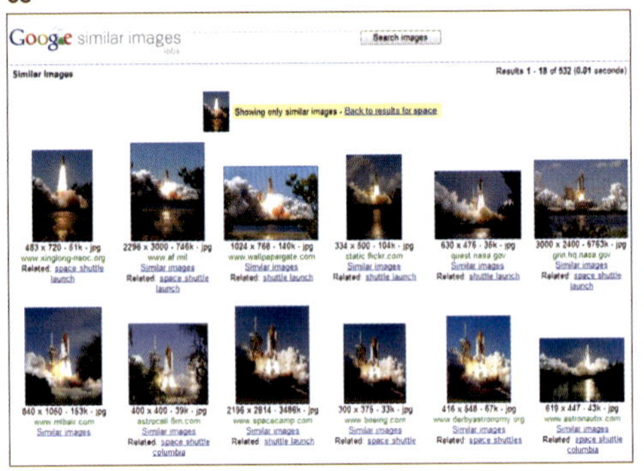

01 유사한 이미지를 찾을 경우 단 한번 클릭으로 검색이 가능하다 123rf.com
http://www.123rf.com/photo_3779439.html

02 유사 이미지 검색결과를 놓고 이미지를 고르면 원하는 이미지를 찾을 가능성이 높아진다 123rf.com
http://www.123rf.com/search.php?word=similar:3779439
최근에는 '구글'과 같은 포털사이트에서도 이런 서비스가 제공되고 있습니다.

03 유사 이미지를 찾아주는 사이트 similar-images.googlelabs.com

5) 결과 내 검색

검색을 하다 보면 원하는 이미지가 나오지 않아 답답한 경우가 있는 반면 오히려 지나치게 많은 검색 결과가 나와서 당황하는 경우도 있습니다. 이때 나타난 많은 검색 결과는 대부분 정제되지 않은 결과이므로 자신이 원하는 내용만 남도록 걸러낼 필요가 있습니다.

이런 결과가 나타나는 주된 이유는 키워드를 입력한 사람과 검색하는 사람 사이에 존재하는 이미지에 대한 느낌이 서로 다르기 때문일 것입니다. 따라서 보다 적합한 이미지를 찾기 위해서는 검색 결과를 놓고 재검색해 범위를 좁혀나갈 필요가 있습니다. 예를 들어 '화면에 가득 찬 예쁜 장미가 얹혀진 케이크'를 찾으려고 한다면 우선 'Cake'라는 단어로 검색을 시작한 다음, '결과 내 검색'을 통해 'Rose'라는 단어를 추가 입력하고, 다시 'Close-up' 이라는 단어를 입력해서 찾는 식입니다. 물론 처음부터 이 모든 키워드를 다 입력하는 방법도 있지만, 검색 중간에 검색 대상이 바뀌는 경우도 있기 때문에 '결과 내 검색' 을 활용하기를 권장합니다.

01

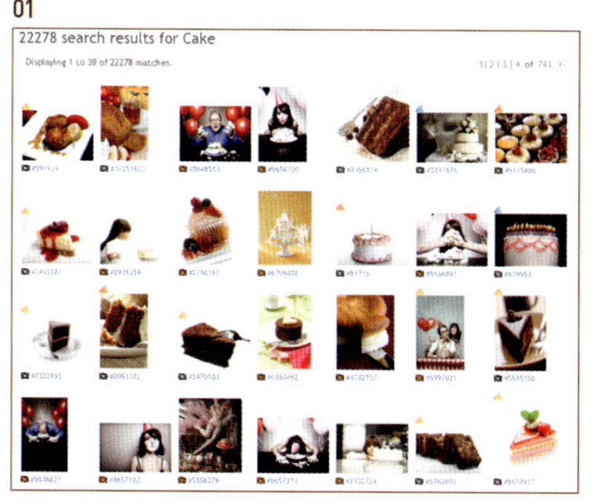

02

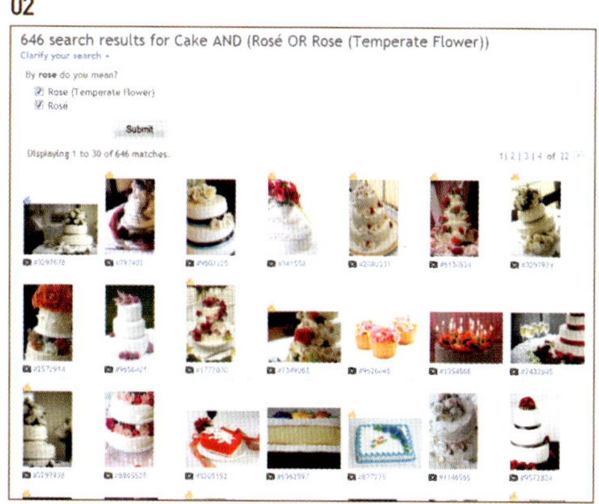

03

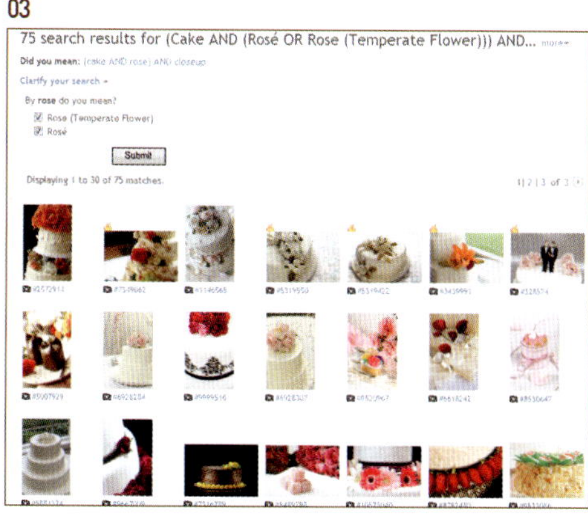

01 'Cake' 라는 단어로 검색한 상태 22,278컷)

02 'Rose' 라는 단어를 추가해 재검색한 상태(646컷)

03 'Close-up' 이라는 단어를 추가해 재검색한 상태(75컷) Istockphoto.com

http://www.istockphoto.com/file_search.php?

6) 확장 검색 (Advanced Search)

'확장 검색' 은 지금까지 언급된 기능 중 몇 가지를 옵션으로 적용해 한자리에서 검색하는 기능입니다. 기본적으로 '키워드+기타 옵션' 형태로 구성되기 때문에 단 한번 검색만으로도 불필요한 이미지를 최대한 걸러낼 수 있다는 장점이 있습니다. 따라서 찾기 원하는 이미지가 까다로울수록 확장 검색의 효용성은 커지게 됩니다. 이미지 데이터베이스가 잘 설계된 대형 사이드일수록 보다 다양한 옵션을 제공하고 있습니다.

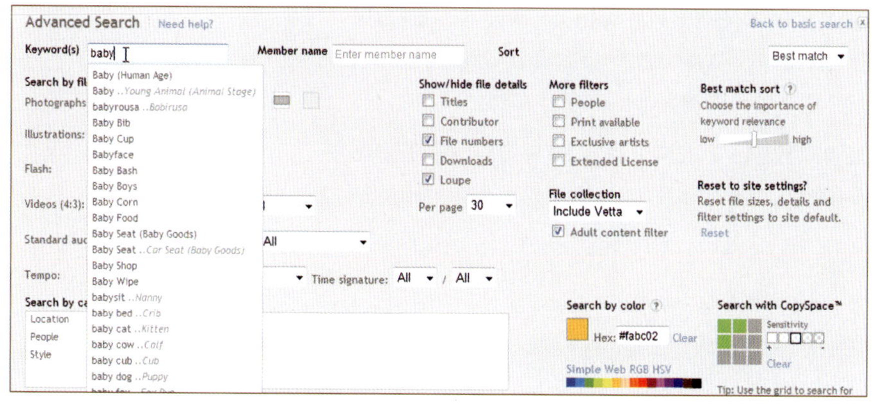

◀ 키워드를 포함해 이미지 비율, 카테고리, 색상 등 다양한 옵션이 제공되는 확장 검색창 Istockphoto.com

http://www.istockphoto.com/file_search.php?

효율적으로 검색하기

1) 적절한 키워드를 선정합니다

가장 기본적이면서 효율적인 검색 방법은 뭐니뭐니해도 적절한 키워드를 입력하는 것입니다. 보통 여러 개의 적당한 키워드를 입력한 후, 나타난 결과에 따라 불필요한 단어를 제외시켜 가면서 검색하는 것이 좋습니다. 이렇게 키워드 수를 줄여 나가다 보면 검색 범위도 좁혀지게 되는데 이미지의 내용이나 수량이 적절하다고 판단될 때까지 조절해야 합니다. 특히 검색 시간이 제한적일수록 '키워드를 점차 늘려가는 방식' 보다는 '키워드를 줄여가는 방식' 으로 검색하는 것이 좋습니다.

외국 사이트에서 검색할 경우, 대부분 한글이 지원되지 않기 때문에 키워드는 정서적 차이점을 고려해서 입력해야 합니다. 예를 들어 '화려한' 이라는 뜻을 가진 'gorgeous'를 'woman' 이라는 단어와 결합해 검색했을 때와 '예쁜' 이라는 뜻을 가진 'pretty'를 'woman' 이라는 단어와 결합해 입력했을 때의 결과는 언뜻 비슷해 보이면서도 매우 다르게 나타납니다. 이렇듯 단어 하나의 선택에 따라 검색 결과의 분위기는 매우 달라지므로 신중하게 키워드를 선택해야 합니다.

한편 원하는 이미지가 나오지 않을 때는 앞쪽에서 언급된 다양한 검색 방법을 조합해서 검색하는 것이 좋습니다.

01

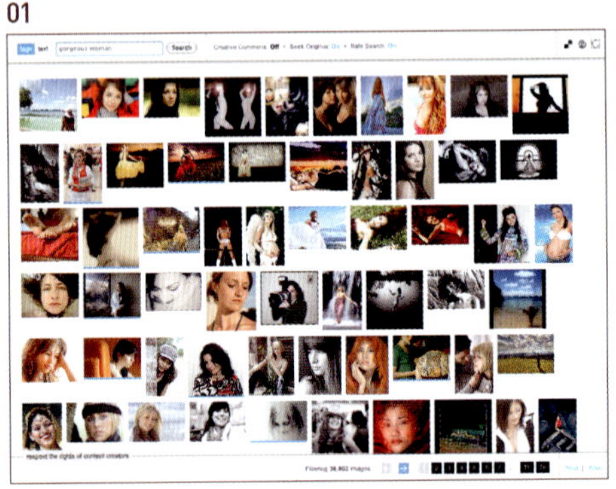

02

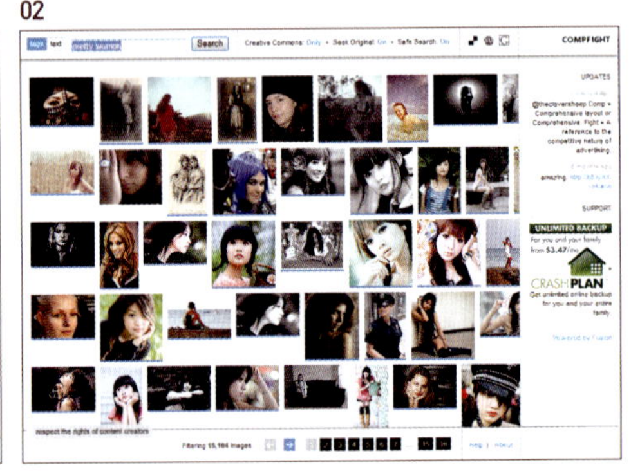

01 키워드를 Gorgeous Woman으로 검색한 결과

02 키워드를 Pretty Woman으로 검색한 결과 Compfight.com
© ℗
http://www.compfight.com/

2) 키워드를 바꿔서 검색합니다

이미지를 검색할 때 원하는 결과가 나오지 않는다면 키워드 선정을 다시 하는 것이 좋습니다. 예를 들어 '싱싱함(Freshness)' 에 대한 이미지를 찾는다면 '물방울+과일(Waterdrop+Fruit)' 이라고 입력하는 것이 더 효과적일 수 있습니다. 추상적인 단어보다는 구상적인 단어가 더 직접적이기 때문입니다.

반면 '네일아트' 에 대한 이미지를 찾는데 마땅한 이미지를 찾기 어렵다면 좀 더 확대된 개념 즉, '여성+미용' 이라고 검색하는 것도 방법입니다. 키워드에 대한 기준은 각 사이트마다 다르기 때문에 자주 이용하는 사이트의 특성을 파악해 둘 필요가 있습니다.

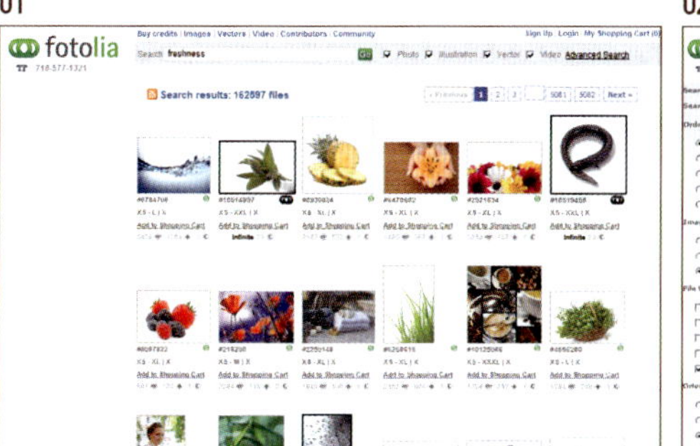

01

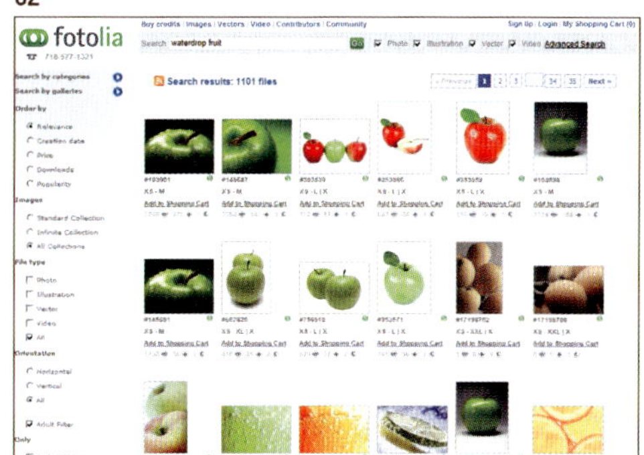

02

3) 시각적 요소를 표시하는 키워드를 함께 입력합니다

이미지 검색은 텍스트 검색과 달리 내용물 그 자체뿐 아니라 레이아웃에 맞는 방향, 앵글, 배경, 조명 상태
등 여러 시각적 요소를 함께 지정해야 할 경우가 많습니다. 예를 들어 텍스트 검색이라면 커피를 마시는
남자에 대한 내용을 찾을 때 단순히 'Coffee Man'을 키워드로 지정하면 되지만, 이미지 검색에서는 원하
는 방향(가로형인지 세로형인지), 앵글(정면인지 측면인지), 배경(단순배경인지 아닌지), 조명(순광인지 역광
인지) 등 수많은 시각적 요소들을 함께 검색해야 하는 경우가 많습니다. 따라서 이러한 요소를 나타내는
키워드를 익혀두는 것이 좋습니다.

시각적 요소를 표시하는 키워드들

시각적 요소를 표시하는 키워드들은 수없이 많지만 그 중 일부를 소개하자면 다음과 같습니다.

규격 : Horizontal, Vertical, Panoramic, Square

색상 : Color, B/W, Monotone, Duotone

앵글 : Zoom, Wide Angle, Telephoto, Close-up, Macro

시점 : Front View, Side View, Top View, Rear View, Birds Eye View, High Angle View

스타일 : Head And Shoulders, Front Looking At Camera, Full Length, Studio Shot, Indoor, Outdoor, Waist
Up, Out Focus, Cross-Processing

4) 이미지 담기 기능을 활용합니다

이미지를 검색하다 보면 한 두 컷을 찾는데 그치지 않고 여러 컷을 찾은 다음, 그 중에서 다시 고르는 경우가 많은데 이러한 때는 보관할 곳이 필요합니다. 또한 한번 찾은 이미지는 다른 사람과 공유하거나 나중에 다시 확인해야 할 경우가 생기는데 이때도 보관 장소가 필요하게 됩니다. 따라서 검색된 이미지는 '라이트박스(LightBox)'에 담아서 보관하는 습관을 갖는 것이 좋습니다. 라이트박스는 여러 개의 검색 결과 중에서 마음에 드는 항목을 체크해두면 이미지가 별도로 보관되는 기능입니다. 이렇게 보관된 이미지들은 나중에 비교 및 검토가 용이하므로 최종적으로 사용할 이미지를 결정하는데 도움을 줍니다.

참고로 아래 이미지는 무료로 운영되는 사이트 'Imageafter.com'의 Clippings 기능입니다. 이 기능을 이용하면 원하는 이미지를 고른 다음, 한꺼번에 다운받을 수 있으므로 상당한 시간을 절약할 수 있습니다.

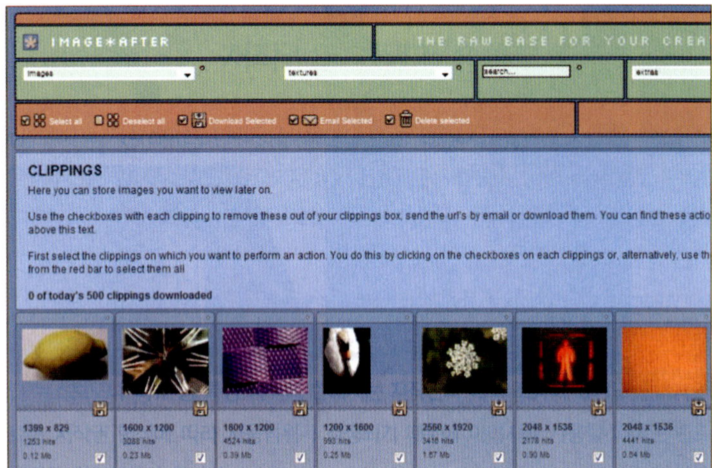

◀ 이미지 담기 기능을 활용하면 상당한 시간을 절약할 수 있다.
Imageafter.com
http://imageafter.com/clippings.php

CHAPTER 4 무료 이미지

SECTION 1 무료 이미지의 정의
Special Page

이미지를 무료로 사용할 수 있는 경우는 저작자가 특정 용도에 한해 사용승낙을 했거나 자신이 소유한 이미지를 기증했거나 저작권이 소멸되었을 때 등입니다. 혹은 상업적으로 운영되는 사이트에서 고객을 끌어들이기 위해 일부 이미지를 무료로 제공하는 경우도 종종 있습니다(www.dreamstime.com/free-photos, www.fotolia.com/FreeContents). 하지만 앞서 설명했듯이 특정 용도에 한해 사용권만 부여했다는 의미이므로 혼동해서는 안됩니다.

무료 이미지에는 다양한 종류가 있는데 품질이 떨어지지 않으면서도 무료로 사용 가능한 이미지는 대부분 CCL 라이선스를 가진 이미지(예 : www.flickr.com/creativecommons/)이거나 자체 라이선스를 가진 이미지(예 : www.imageafter.com, www.sxc.hu)들입니다. 참고로 이 책에서 무료라고 소개된 이미지들일지라도 사용하기 전 반드시 저작권을 확인해야 합니다. 작가의 의사나 사이트의 정책에 따라 저작권 형식은 언제든 바뀔 수 있기 때문입니다.

SECTION 2 무료 이미지를 쉽게 찾는 법
Special Page

1) 종합 검색엔진을 이용합니다

무료 이미지를 찾는 손쉬운 방법은 포털 사이트의 이미지 검색 기능을 이용하는 것입니다. 포털 사이트는 방대한 양의 이미지 데이터베이스를 구축하고 있으므로 폭넓은 검색이 가능합니다. 다만 포털 사이트에는 저작권이 있는 이미지가 대부분이므로 '라이선스 필터링(라이선스에 따라 검색결과를 나타내는 것)'을 해야 합니다. 이 책에서는 가장 대표적인 포털 사이트인 '구글'을 이용해 보도록 하겠습니다.

우선 '구글 이미지 검색(images.google.co.kr)'에 접속해서 [고급 검색]을 클릭하고 [사용권한] 메뉴를 클릭하면 4가지 옵션의 CCL 라이선스가 표시됩니다. 이 옵션에 따라 이미지를 검색하면 원하는 저작권 형식에 따라 이미지를 얻을 수 있습니다.

아래 그림은 '건물'이라는 키워드를 입력하고 상업적 용도로 사용 가능한 이미지를 검색한 결과입니다. 이러한 검색 서비스가 제공된 지 얼마 되지 않았기 때문에 검색 결과가 많지는 않지만 데이터베이스의 양은 점차 늘어날 추세입니다.

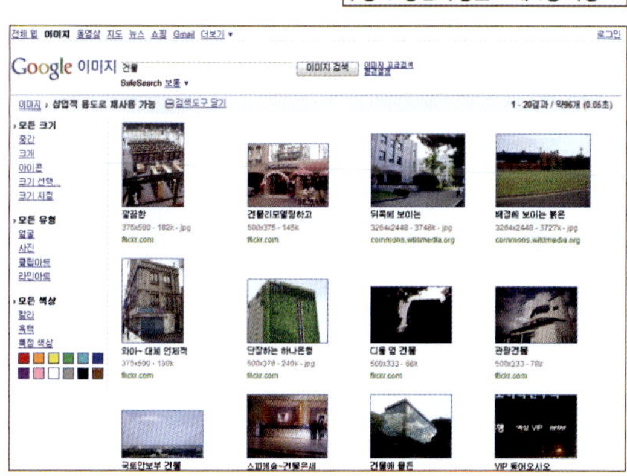

▲ 고급 검색에서 '건물'을 검색한 결과

http://images.google.co.kr/images?

2) 커뮤니티 사이트에서 검색합니다

무료 이미지를 찾는 다른 방법은 플리커(www.flickr.com) 같은 대규모 커뮤니티 사이트에서 이미지를 직접 검색하는 것입니다. 플리커는 웹 2.0 시대를 대표하는 사이트로써 사용자들이 직접 사진을 찍어 올리고, 알맞은 태그(주제어)를 달아 편리한 방법으로 검색하며, 저작권 방식에 따라 이미지를 공유하거나 무료로 사용할 수 있는 이미지 공유 커뮤니티입니다. 이 곳에는 전세계에서 올라온 수천만 장의 무료 이미지가 있으며, 자신의 필요에 따라 이미지 공개 여부를 결정하고, 그룹을 만들거나, 좋아하는 사진 목록을 만드는 등 재미있고 유익한 기능들이 많이 있습니다. 참고로 이 책에서 사용된 예제도 대부분 플리커에 있는 이미지들입니다.

01

02

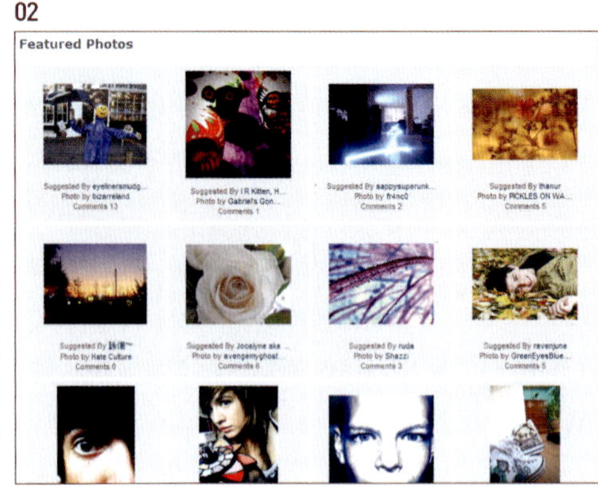

01 좋아하는 사진으로 등록된 이미지들
Flickr.com

http://www.flickr.com/photos/papapac/favorites/

02 비슷한 기능이 있으면서도 성격이 다른 커뮤니티 사이트 Buzznet.com

http://www.buzznet.com/photos/

외국에는 이와 비슷한 성격의 커뮤니티 사이트들이 많이 있지만 아직까지 가장 많은 데이터베이스와 개방적인 저작권 정책을 운용하는 곳은 플리커라고 말할 수 있습니다.

플리커를 지원하는 사이트들

플리커는 개방적인 정책과 기술로 인해 수많은 지원 사이트들이 있습니다. 여기에서 말하는 지원 사이트들이란 플리커에 있는 이미지 데이터를 불러와 특정한 목적에 맞게 검색, 가공, 재배열해서 보여주는 곳을 말하는데, 이러한 사이트가 유익한 이유는 가볍고 간편하기 때문입니다.

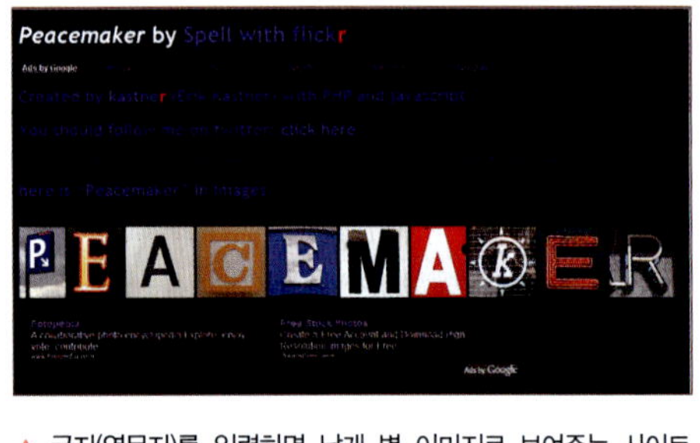

▲ 글자(영문자)를 입력하면 낱개 별 이미지로 보여주는 사이트
Metaatem.net
http://metaatem.net/words/

▲ 플리커에 있는 고해상 이미지를 선별해 보여주는 사이트
Behold.cc
http://www.behold.cc/?textq=&query=texture&free=true&comm=true

3) 무료 이미지 검색 사이트를 이용합니다

마지막으로 소개할 방법은 무료 이미지 검색 사이트를 이용하는 것입니다. 이 사이트를 이용하면 여러 사이트에 있는 무료 이미지들을 자동 검색해 한자리에 표시해주기 때문에 상당한 시간을 절약할 수 있습니다. 가장 대표적인 곳은 'Everystockphoto.com'인데 검색된 이미지 밑에 저작권 형식과 이미지크기, 출처 등이 함께 표시되기 때문에 무척 편리합니다.

01
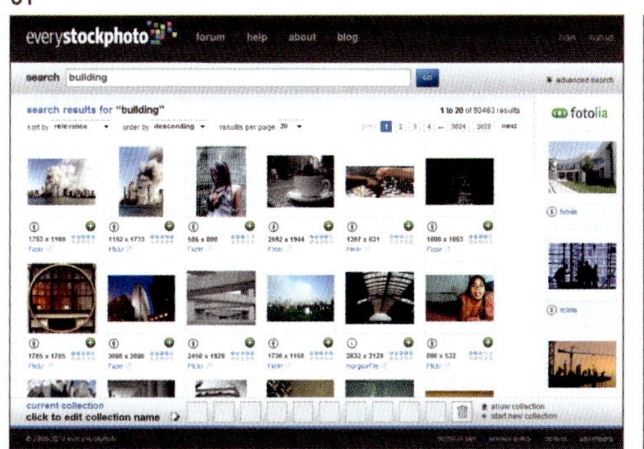

02
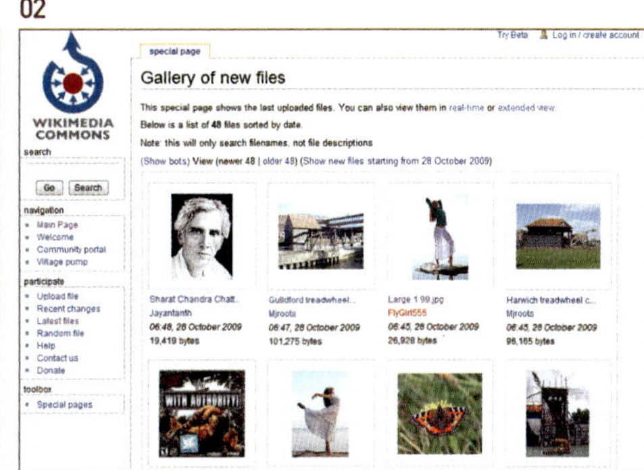

01 무료 이미지를 한자리에서 찾아주는 사이트 Everystockphoto.com

http://www.everystockphoto.com/search.php?

02 위키미디어 재단에서 운영하는 위키미디어 커먼즈 Commons.wikimedia.org

http://commons.wikimedia.org/wiki/Special:NewFiles

'위키미디어 커먼즈'는 정보의 자유 개방을 촉진하기 위해 설립된 '위키미디어 재단' 프로젝트의 일환으로 만들어진 사이트인데, 이 사이트에 있는 이미지들은 기증자들의 기증으로 운영되며 거의 대부분 자유롭게 사용 가능한 무료 데이터들입니다. 하지만 이미지마다 저작권 형식에 차이가 있을 수 있기 때문에 각 이미지에 적용된 라이선스를 해당 파일의 설명 부분에서 확인해야 합니다.

SECTION 3 기타 사이트 소개
Special Page

이곳에서는 무료로 이미지를 구할 수 있는 전문 분야의 사이트를 유형별로 몇 군데 살펴보겠습니다. 이러한 사이트는 포괄적인 주제에는 적합하지 않지만 특정 주제에 관한 이미지를 찾는 사용자에게는 큰 도움이 될 것으로 보입니다.

1) 지구, 우주, 항공

NASA에서 운영하는 이 사이트를 이용하면 인공위성에서 촬영된 이미지를 포함해 지구 각 지역의 지리, 대기, 기후, 환경 등에 대한 각종 이미지를 키워드 검색이나 카테고리 검색을 통해 구할 수 있습니다. 이 사이트는 상당히 큰 크기의 이미지도 제공한다는 특징이 있습니다.

01
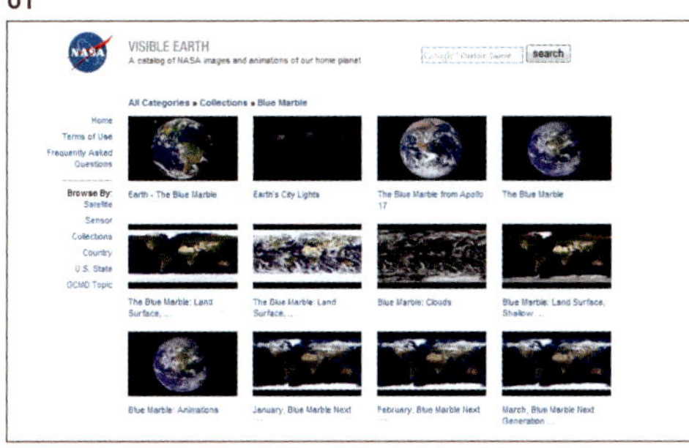

02
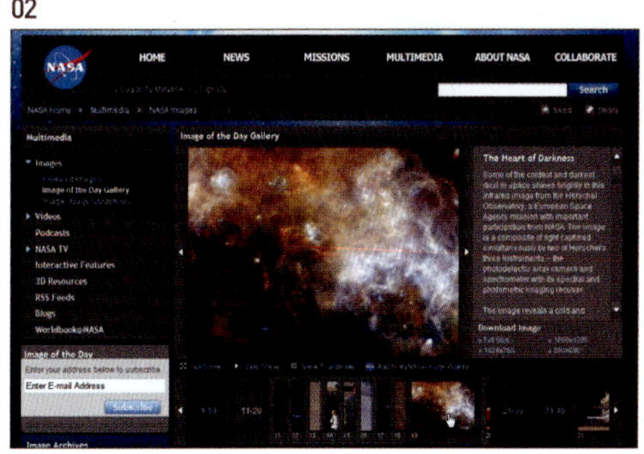

01 지구 각 지역의 다양한 지리 정보를 제공하는 사이트 Visibleearth.nasa.gov

http://visibleearth.nasa.gov/view_set.php?categoryID=2363

02 우주 항공에 대한 다양한 정보를 제공하는 사이트 Nasa.gov

http://www.nasa.gov/multimedia/imagegallery/iotd.html

2) 세계, 여행, 도시

'nycfoto.com' 은 외국인들에게 뉴욕을 알리기 위해 만들어진 사이트로써 뉴욕의 유명 건물들과 뒷골목, 교통수단, 이벤트 등 다양한 풍경들을 보여줍니다. 모든 이미지에는 CCL 라이선스가 적용되어 있습니다.

'tofz.org' 는 유럽과 미국의 유명 도시를 포함해 주로 도시 이미지가 많은 사이트입니다. 영어와 프랑스어로 되어 있습니다.

'nationsillustrated.com' 은 전세계를 대륙별, 국가별로 나누고 해당 국가의 이미지를 소개하는 곳입니다. 이미지는 개인적인 용도에 한해 사용가능합니다.

01

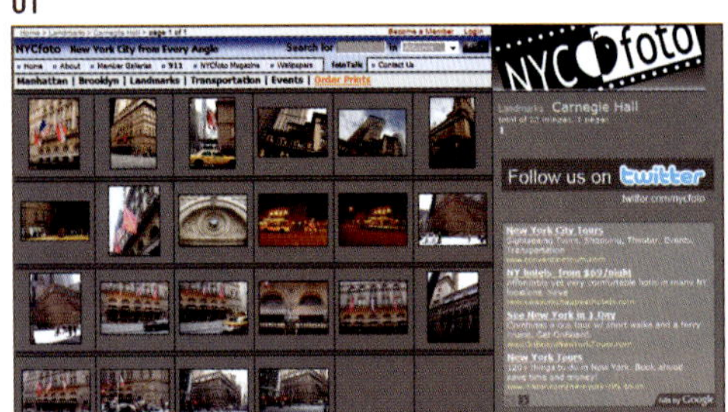

02

03

01 외국인들에게 뉴욕을 알리기 위해 만들어진 사이트 Nycfoto.com
http://www.nycfoto.com/showPage.php?albumID=325

02 도시 관련 이미지가 많은 사이트 Tofz.org
http://tofz.org/index.php?display=San%20Francisco%2F_my_favorites%2Fdscn0227.jpg

03 세계 여러 나라의 이미지를 소개하는 사이트 Nationsillustrated.com
http://www.nationsillustrated.com/photos/toprated/picture/2853

3) 군사, 국방

이곳은 육해공을 모두 관할하는 미국 국방성의 공식 사이트입니다. 'Defenseimagery.mil' 로 접속하면 이미지만 별도로 검색 가능합니다.

◀ 미국 국방성 공식사이트 Defenselink.mil
http://www.defenselink.mil/multimedia/

이곳은 1차세계대전 시절 촬영된 컬러 이미지를 담은 사이트입니다. 당시로서는 매우 드물었던 컬러 이미지를 통해 전쟁과 관련된 상황을 현장감있게 살펴볼 수 있다는 특징이 있습니다.

◀ 1차 세계대전 당시의 이미지가 담긴 사이트

http://www.worldwaronecolorphotos.com/

4) 동식물, 자연

'insectinages.org'는 학계와 정부 기관이 힘을 합쳐 곤충에 관한 이미지를 모아 놓은 사이트로써 곤충의 종류를 학명에 따라 검색할 수 있다는 특징이 있습니다. 무료회원으로 등록하면 좀 더 큰 크기의 이미지를 다운로드 할 수 있습니다.

01
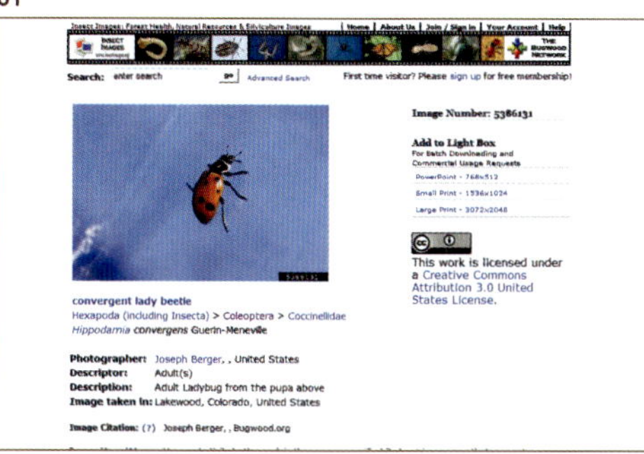

02

01 여러 가지 곤충을 한자리에 모아놓은 사이트 Insectimages.org

http://www.insectimages.org/browse/detail.cfm?imgnum=5386131

02 하와이에 서식하는 식물을 한자리에 모아놓은 사이트 Hear.org

http://www.hear.org/starr/plants/images/image/?q=080117-1633

03 오사카에 있는 꽃 이미지를 소개하는 사이트 Flowers-photo.com

http://www.flowers-photo.com/digital/2009/04/04.htm

03

'hear.org'는 하와이에 서식하는 수많은 식물들을 한자리에 모아놓은 사이트입니다. 이 곳 또한 학명으로 검색할 수 있으며 상당히 큰 크기의 이미지가 제공됩니다.

'flowers-photo'는 '이케다 쇼지'라는 개인 사진가가 만든 사이트로써 오사카에 있는 공원과 식물원에서 촬영된 여러 종류의 꽃(주로 벚꽃)을 소개하는 사이트입니다. 개인적이거나 교육적인 용도로 자유롭게 사용 가능합니다.

5) 교육

'pics4learning.com'은 교사와 학생들이 교육 현장에서 필요로 하는 이미지들을 무료로 사용할 수 있는 사이트입니다. 미국에 있는 사이트라 국내 현실에는 다소 맞지 않지만 다양한 이미지를 보유하고 있습니다.

01

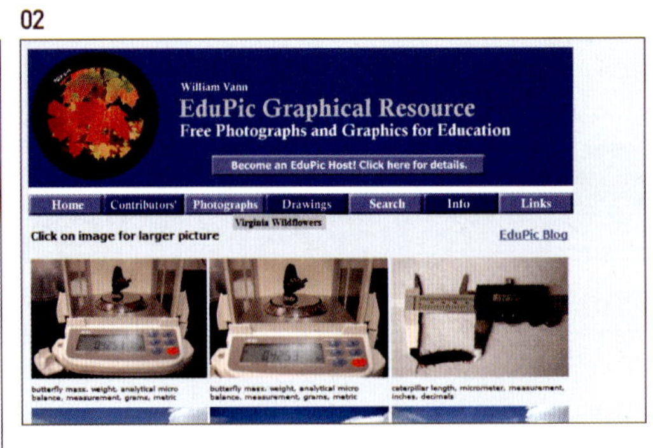

02

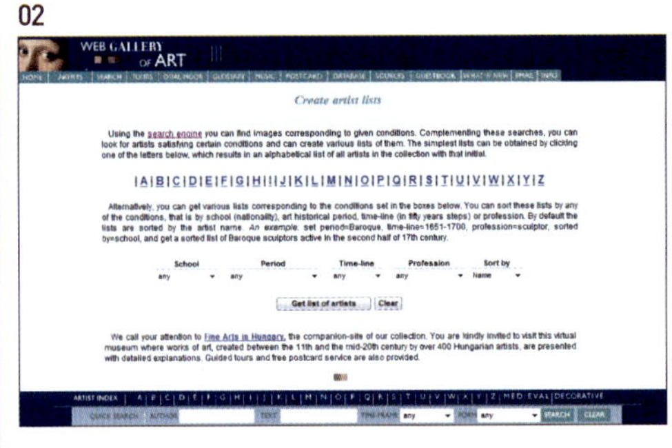

01 교육현장에서 필요한 이미지를 모아 놓은 사이트 Pics4learning.com

http://www.pics4learning.com/index.php?search=pop&query=top100&sfield=7&sorder=desc

02 주로 사회, 과학, 자연과 관련된 이미지들이 있는 사이트 Edupic.net

http://www.edupic.net/math_pics.htm

'edupic.net' 또한 교육적인 목적으로 만들어진 곳이며 규모가 크지는 않지만 사회, 과학, 자연과 관련된 이미지들을 구할 수 있는 곳입니다. 이곳에는 저학년 학생들을 위한 그래픽 자료들도 있습니다.

6) 예술

'visipix.dynaias.com'은 전세계의 순수 예술작품과 다양한 종류의 이미지를 130만 장 이상 보유한 온라인 전시장입니다. 반 고흐, 렘브란트 등 유명 작가 작품과 일본 전통회화 작품들도 보유하고 있으며, Fine Art Museum과 Photo gallery, Newsgroups, Clip Art 등 4개의 메뉴로 구성되어 있습니다. 영어, 프랑스어를 포함해 6개 국어를 지원하는 것이 특징입니다.

01 전세계에서 가장 큰 예술작품 전시 사이트 Visipix.dynaias.com

http://visipix.dynalias.com/index_hidden.htm

02 12~19세기 유럽회화와 조각작품을 체계적으로 정리해놓은 사이트 Wga.hu

http://www.wga.hu/index1.html

'wga.hu'는 12세기부터 19세기 사이의 유럽 회화와 조각 작품들을 모아놓은 사이트입니다. 이곳에서는 작품형태별, 사조별, 연대별, 작가별 작품 검색이 가능하기 때문에 역사적 기준으로 학습하기 위한 사용자에게 매우 유익한 곳입니다. 이미지는 개인적인 용도와 교육적인 용도에 한해 사용 가능합니다.

7) 배경, 텍스처

'mega-tex.nl' 수천 장이 넘는 텍스처를 지닌 곳으로 개인적인 용도에 한해 자유롭게 사용 가능합니다.
주제에 따라 잘 분류되어 있으며 3D 매핑소스로 활용하기에 적합한 사이트입니다.

01

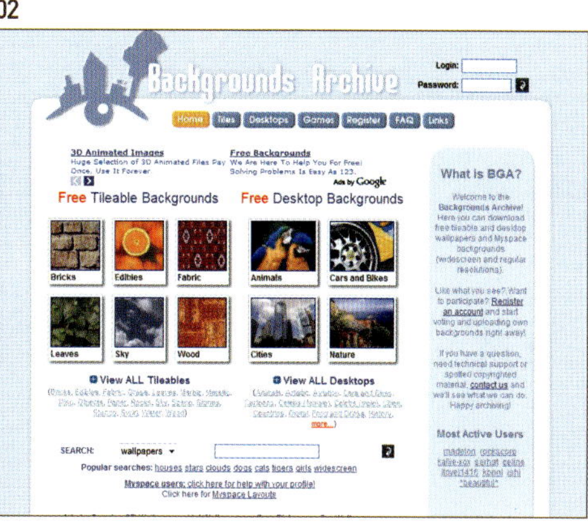

02

01 3D 매핑소스에 적합한 텍스처가 많이 있는 사이트 Mega-tex.nl

http://www.mega-tex.nl/highquality textures/

02 홈페이지 배경에 적합한 이미지가 있는 사이트

http://www.backgroundsarchive.com/

'backgrounddsarchive.com'은 연속무늬형태를 지닌 타일과 데스크탑 배경화면으로 구성되어 있습니다.
이곳에 있는 이미지는 주로 홈페이지의 배경을 만들거나 스킨을 디자인할 때 사용하기에 적합합니다.

03

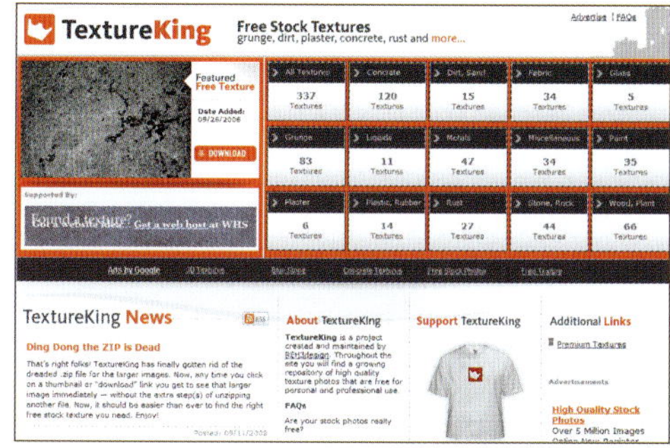

03 용도에 관계없이 자유롭게 사용할 수 있는 텍스처 사이트

http://www.textureking.com/

'textureking.com'은 보유한 이미지의 양은 많지 않지만 용도에 관계없이 자유롭게 사용할 수 있는 사이트입니다. 해상도가 높으며 인터페이스가 단순하면서 깔끔한 느낌입니다.

2 포토샵 단축키

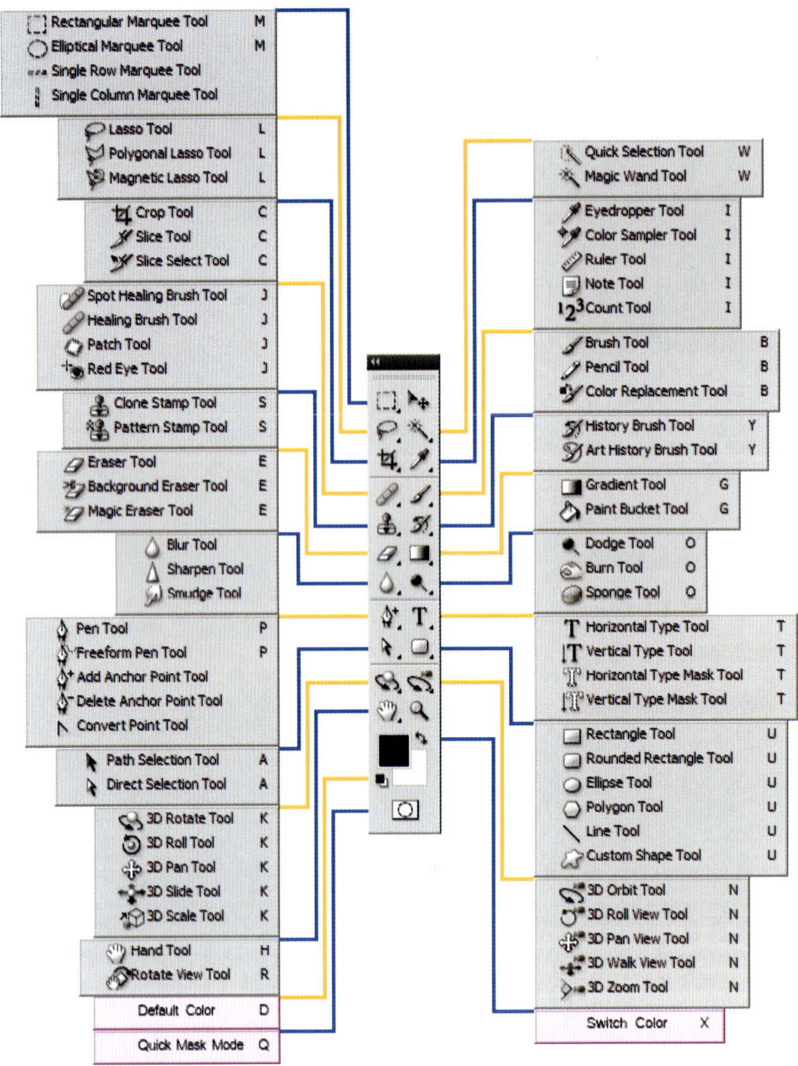

▶ 파일 작업

File 〉 New	문서 생성	Ctrl + N
File 〉 Open	문서 열기	Ctrl + O (바탕 더블클릭)
File 〉 Open As	문서 별도 열기	Alt + Shift + Ctrl + O
File 〉 Browse	Bridge로 열기	Alt + Ctrl + O
File 〉 Close	문서 닫기	Ctrl + W
File 〉 Close All	문서 모두 닫기	Alt + Ctrl + W
File 〉 Save	문서 저장	Ctrl + S

File 〉 Save As...	문서 별도저장	Shift + Ctrl + S
File 〉 Save for Web & Devices	웹용 이미지로 저장하기	Alt + Shift + Ctrl + S
File 〉 Page Setup	페이지 설정	Shift + Ctrl + P
File 〉 Print	문서 출력	Ctrl + P
File 〉 Print One Copy	1부만 출력	Alt + Shift + Ctrl + P
File 〉 Exit	포토샵 종료	Ctrl + Q

▶ 편집 작업

Edit 〉 Undo	명령 취소	Ctrl + Z
Edit 〉 Step Backward	명령 취소 (반복) 적용	Alt + Ctrl + Z
Edit 〉 Step Forward	명령 취소 (반복) 번복	Shift + Ctrl + Z
Edit 〉 Fade	적용된 효과의 강약조절	Shift + Ctrl + F
Edit 〉 Cut	오려내기	Ctrl + X
Edit 〉 Copy	복사하기	Ctrl + C
Edit 〉 Copy Merged	결합 상태로 복사하기	Shift + Ctrl + C
Edit 〉 Paste	붙이기	Ctrl + V
Edit 〉 Paste Into	(선택이 있을 때) 안쪽에 붙여 넣기	Shift + Ctrl + V
Edit 〉 Paste Outside	(선택이 있을 때) 바깥쪽에 붙여 넣기	Shift + Ctrl + V
Edit 〉 Clear	지우기	Back Space
Edit 〉 Fill	채우기	Shift + Delete
전경색으로 채우기	Alt + Delete	
배경색으로 채우기	Ctrl + Delete	
투명도를 유지한 채 전경색으로 채우기	Shift + Alt + Delete	
투명도를 유지한 채 배경색으로 채우기	Shift + Ctrl + Delete	

▶ 변형 작업

Edit 〉 Free Transform	자유변형 작업	Ctrl + T
Edit 〉 Transform Again	변형 작업 반복	Shift + Ctrl + T
	변형 작업 후 복제 (이동 후, 효과 나타남)	Alt + Ctrl + T
	변형 작업 후 복제 (Alt + Ctrl + T 사용 후, 효과 나타남)	Alt + Shift + Ctrl + T
Edit 〉 Content-Aware Scale	형상 인식 크기 조정	Alt + Shift + Ctrl + C

▶ 환경설정

Edit 〉 Preferences 〉 General	환경 설정	Ctrl + K
Edit 〉 Color Setting	색상 설정	Shift + Ctrl + K
Edit 〉 Keyboard Shortcuts	키보드 단축키 설정	Alt + Shift + Ctrl + K
Edit 〉 Menus	메뉴 단축키 설정	Alt + Shift + Ctrl + M

▶ 이미지조정 작업

Image 〉 Levels	레벨	Ctrl + L
	레벨 최근 사용값 적용	Alt + Ctrl + L
Image 〉 Auto Levels	자동 레벨	Shift + Ctrl + L
Image 〉 Auto Contrast	자동 콘트라스트	Alt + Shift + Ctrl + L
Image 〉 Auto Color	자동 색상 조절	Shift + Ctrl + B
Image 〉 Curves	커브	Ctrl + M
	(최근 사용값 적용)커브	Alt + Ctrl + M
Image 〉 Color Balance	컬러 밸런스	Ctrl + B
	컬러 밸런스 최근 사용값 적용	Alt + Ctrl + B
Image 〉 Black & White	블랙&화이트	Alt + Shift + Ctrl + B
Image 〉 Hue/Saturation	색상/채도	Ctrl + U
	색상/채도 최근 사용값 적용	Alt + Ctrl + U
Image 〉 Desaturate	채도 제거(흑백 변환)	Shift + Ctrl + U
Image 〉 Invert	이미지 반전	Ctrl + I
Image 〉 Image Size	이미지 크기 조정	Alt + Ctrl + I
Image 〉 Canvas Size	캔버스 크기 조정	Alt + Ctrl + C

▶ 레이어 작업

Layer 〉 New 〉 Layer	레이어 생성(대화상자 있음)	Shift + Ctrl + N
	레이어 생성(대화상자 없음)	Alt + Shift + Ctrl + N
Layer 〉 Layer via Copy	레이어 복제(복사하기로)	Ctrl + J
Layer 〉 Layer via Cut	레이어 복제(오려내기로)	Shift + Ctrl + J
Layer 〉 Create Clipping Mask	클리핑 마스크 생성	Alt + Ctrl + G
Layer 〉 Group Layers	레이어 그룹 짓기	Ctrl + G
Layer 〉 Ungroup Layers	레이어 그룹 풀기	Shift + Ctrl + G
Layer 〉 Arrange 〉 Bring to Front	레이어 이동(맨 위로)	Shift + Ctrl +]
Layer 〉 Arrange 〉 Bring Forward	레이어 이동(위로)	Ctrl +]
Layer 〉 Arrange 〉 Send Backward	레이어 이동(아래로)	Ctrl + [
Layer 〉 Arrange 〉 Send to Back	레이어 이동(맨 아래로)	Shift + Ctrl + [
Layer 〉 Merge Down	레이어 결합(아래 레이어와)	Ctrl + E
Layer 〉 Merge Visible	레이어 결합(보이는 레이어만)	Shift + Ctrl + E
	레이어 결합 후 새 레이어로 생성(보이는 레이어만)	Alt + Shift + Ctrl + E
전체 레이어 선택	레이어 결합 후 새 레이어로 생성(보이는 레이어만)	Alt + Ctrl + A
레이어 추가 선택(위쪽 레이어)		Alt + Shift +]
레이어 추가 선택(아래쪽 레이어)		Alt + Shift + [
레이어 추가 선택(맨 위 레이어까지)		Alt + Shift + .
레이어 추가 선택(맨 아래 레이어까지)		Alt + Shift + .
레이어 패널에서 클릭한 레이어만 보기/원상태로 보기		Alt +눈 아이콘 클릭
픽셀 영역을 선택영역으로 바꾸기		Ctrl +레이어 썸네일 클릭

▶ 선택 작업 (선택 메뉴)

Select 〉 All	전체 선택	Ctrl + A
Select 〉 Deselect	선택 해제	Ctrl + D
Select 〉 Reselect	재 선택	Shift + Ctrl + D
Select 〉 Inverse	선택 반전	Shift + Ctrl + I
Select 〉 Refine Edge	선택 경계 다듬기	Alt + Ctrl + R
컴퍼지트 채널(RGB)을 선택상태로 만들기(RGB기준)		Alt + Ctrl + 2
Red 채널을 선택상태로 만들기(RGB기준)		Alt + Ctrl + 3
Green 채널을 선택상태로 만들기		Alt + Ctrl + 4
Blue 채널을 선택상태로 만들기		Alt + Ctrl + 5

▶ 선택 작업 (선택 툴)

선택영역 있는 상태에서 추가 선택하기	Shift +드래그
선택영역 있는 상태에서 부분 제외하기	Alt +드래그
선택영역 있는 상태에서 교차부분만 선택하기	Alt + Shift +드래그
선택영역 있는 상태에서 오려서 이동하기	Ctrl +드래그
선택영역 있는 상태에서 복사하여 이동하기	Alt + Ctrl +드래그

▶ 필터 작업

Filter 〉 Last Filter	최근 사용 필터 적용하기	Ctrl + F
	최근 사용 필터 대화상자 열기	Alt + Ctrl + F
Filter 〉 Extract		Alt + Ctrl + X
Filter 〉 Liquify		Shift + Ctrl + X
Filter 〉 Pattern Maker		Alt + Shift + Ctrl + X
Filter 〉 Vanishing Point		Alt + Ctrl + V

▶ 화면조작 작업

View 〉 Proof Colors	프루프 칼라 보기	Ctrl + Y
View 〉 Gamut Warning	개멋 경고색 보기	Shift + Ctrl + Y
View 〉 Zoom In	이미지 배율 확대	Ctrl + +
View 〉 Zoom Out	이미지 배율 축소	Ctrl + −
	이미지 배율 확대(창 크기 유지한 채로)	Alt + Ctrl + +
	이미지 배율 축소(창 크기 유지한 채로)	Alt + Ctrl + −
View 〉 Fit On Screen	화면 크기에 맞게 보기	Ctrl + 0 (숫자)
View 〉 Actual Pixels	실제 픽셀 크기로 보기	Alt + Ctrl + 0 (숫자)
View 〉 Screen Mode	스크린 모드 바꿔 보기	F
View 〉 Extras	엑스트라들 가리기/보기	Ctrl + H
View 〉 Show 〉 Target Path	선택된 패스 가리기/보기	Shift + Ctrl + H
View 〉 Show 〉 Grid	그리드 가리기/보기	Ctrl + '

View 〉 Show 〉 Guides	안내선 가리기/보기	Ctrl + ;
View 〉 Rulers	눈금자 가리기/보기	Ctrl + R
View 〉 Snap	스냅 설정/해제	Shift + Ctrl + ;
View 〉 Lock Guides	안내선 잠그기	Alt + Ctrl + ;
열려 있는 다음 문서 보기		Ctrl + Tab
열려 있는 이전 문서 보기		Shift + Ctrl + Tab

▶ 레이어 작업

선택영역 이동하기(1픽셀 단위)	방향키
선택영역 이동하기(10픽셀 단위)	Shift +방향키
선택영역 오려서 이동하기(1픽셀 단위)	Ctrl +방향키
선택영역 오려서 이동하기(10픽셀 단위)	Shift + Ctrl +방향키
선택영역 복사하여 이동하기(1픽셀 단위)	Alt + Ctrl +방향키
선택영역 복사하여 이동하기(10픽셀 단위)	Alt + Shift + Ctrl +방향키

▶ 페인팅 작업

브러시 툴 상태에서 수직 수평 방향으로 그리기	Shift +드래그
그리기 툴 상태에서 브러시 크기(확대)	]
그리기 툴 상태에서 브러시 크기(축소)	[
그리기 툴 상태에서 브러시 Hardness(증가)	Shift +]
그리기 툴 상태에서 브러시 Hardness(감소)	Shift + [
그리기 툴 상태에서 에어브러시	Alt + Shift + P
그리기 툴 상태에서 브러시 크기/Hardness 지정	Alt +마우스오른쪽버튼
그리기 툴 상태에서 브러시 브랜딩 모드 지정	Shift +마우스오른쪽버튼
대부분의 툴에서 특정 레이어 선택	Ctrl +마우스오른쪽버튼
Sponge 툴 상태에서 Desaturate 모드	Alt + Shift + D
Sponge 툴 상태에서 Saturate 모드	Alt + Shift + S
Dodge/burn 툴 상태에서 Shadows 영역	Alt + Shift + S
Dodge/burn 툴 상태에서 Midtones 영역	Alt + Shift + M
Dodge/burn 툴 상태에서 Highlights 영역	Alt + Shift + H

▶ 문서 편집 작업

왼쪽 정렬	Shift + Ctrl + L
중앙 정렬	Shift + Ctrl + C
오른쪽 정렬	Shift + Ctrl + R
글자 모양 볼드체로	Shift + Ctrl + B
글자 모양 이탤릭체로	Shift + Ctrl + I
글자 모양 모두 대문자로	Shift + Ctrl + K
글자 모양 작은 대문자로	Shift + Ctrl + H

글자 모양 밑줄체로	Shift + Ctrl + U
기본 글자 모양 적용	Shift + Ctrl + Y
100% Horizontal Scale	Shift + Ctrl + X
100% Vertical Scale	Alt + Shift + Ctrl + X
자동행간으로	Alt + Shift + Ctrl + A
자간 값을 0으로	Shift + Ctrl + Q
글자 크기 한 단계 확대	Shift + Ctrl + >
글자 크기 한 단계 축소	Shift + Ctrl + <
자간 한 단계 넓힘	Alt + ↓
자간 한 단계 줄임	Alt + →
행간 한 단계 넓힘	Alt + ↓
행간 한 단계 줄임	Alt + ↑
Baseline 기준점 한 단계 낮추기	Alt + Shift + ↓
Baseline 기준점 한 단계 높이기	Alt + Shift + ↑

▶ 문서 편집 작업

블렌딩 모드간 전환	Shift + + 또는 ?
Normal 모드	Alt + Shift + N
Dissolve 모드	Alt + Shift + I
Behind 모드(Brush 툴에서만 나타남)	Alt + Shift + Q
Clear 모드(Brush 툴에서만 나타남)	Alt + Shift + R
Darken 모드	Alt + Shift + K
Multiply 모드	Alt + Shift + M
Color Burn 모드	Alt + Shift + B
Linear Burn 모드	Alt + Shift + A
Lighten 모드	Alt + Shift + G
Screen 모드	Alt + Shift + S
Color Dodge 모드	Alt + Shift + D
Linear Dodge 모드	Alt + Shift + W
Overlay 모드	Alt + Shift + O
Soft Light 모드	Alt + Shift + F
Hard Light 모드	Alt + Shift + H
Vivid Light 모드	Alt + Shift + V
Linear Light 모드	Alt + Shift + J
Pin Light 모드	Alt + Shift + Z
Hard Mix 모드	Alt + Shift + L
Difference 모드	Alt + Shift + E
Exclusion 모드	Alt + Shift + X
Hue 모드	Alt + Shift + U

Saturation 모드	Alt + Shift + T
Color 모드	Alt + Shift + C
Luminosity 모드	Alt + Shift + Y

▶ 조합키

툴 패널, 패널 모두 가리기/보기	Tab
툴 패널만 보기/모두 보기	Shift + Tab
커서의 상태를 십자모양으로 바꾸기	Caps Lock
다른 툴 사용 도중 임시로 Move 툴 사용하기	Ctrl
다른 툴 사용 도중 임시로 Hand 툴 사용하기	Space Bar
다른 툴 사용 도중 임시로 Zoom 툴 사용하기(+)	Ctrl + Space Bar
다른 툴 사용 도중 임시로 Zoom 툴 사용하기(−)	Alt + Space Bar
레이어의 픽셀 영역을 선택영역으로 바꾸기	Ctrl +레이어 썸네일 클릭
툴 패널에서 숨어 있는 다른 툴로 바꾸기	Alt +툴 클릭
Transform명령을 실행한 상태에서 곧바로 형태 왜곡시키기(Distort)	모서리에 있는 핸들을 Ctrl 을 누른 채로 드래그
색상 추출해 배경색 만들기	Alt +스포이트 툴로 원하는 픽셀 클릭
일부 툴에서 비례 유지하며 그리기	Shift +드래그
일부 툴에서 비례 유지하며 중심을 기준으로 그리기	Alt + Shift +드래그
일부 툴에서 중심을 기준으로 그리기	Alt +드래그
선택영역 있는 상태에서 추가 선택하기	Shift +드래그
선택영역 있는 상태에서 부분 제외하기	Alt +드래그
선택영역 있는 상태에서 교차 부분만 선택하기	Alt + Shift +드래그
선택영역 있는 상태에서 오려서 이동하기	Ctrl +드래그
선택영역 있는 상태에서 복사하면서 이동하기	Alt + Ctrl +드래그

INDEX
PHOTOSHOP DESIGN RECIPE

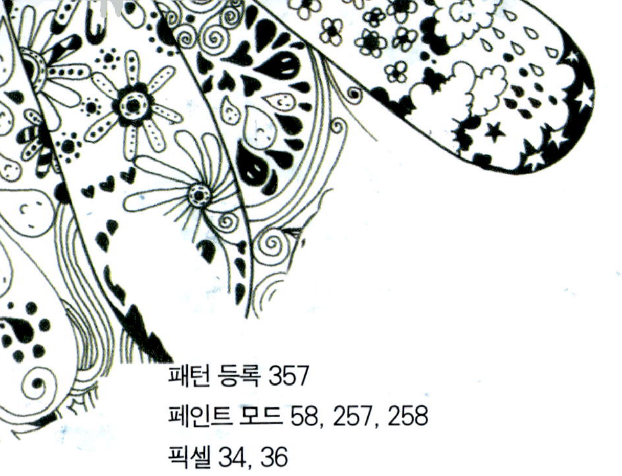

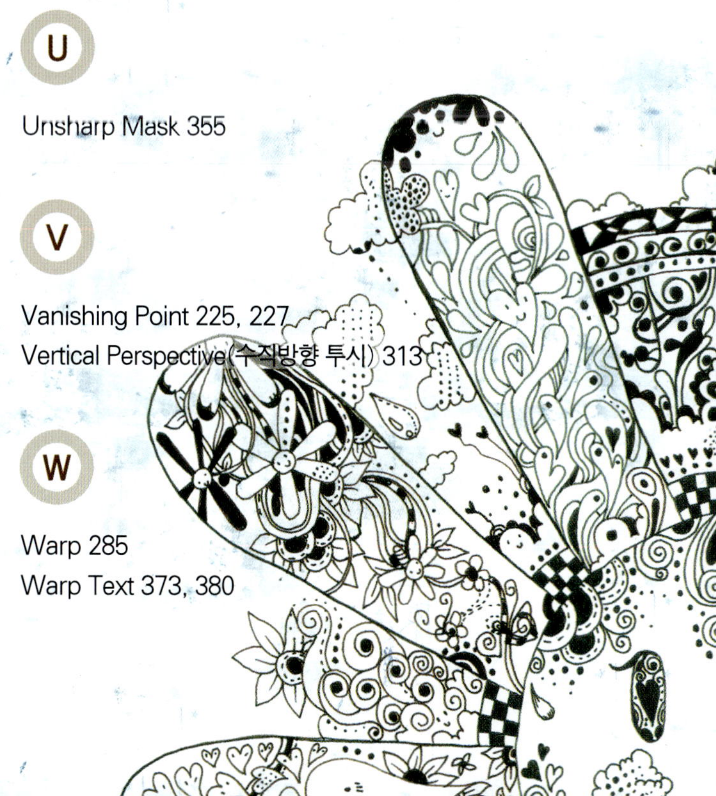

올인원 통합 보안 솔루션 노턴360은
통합적이고 자동화된 보안 기능으로
PC 및 각종 온라인 활동을 보호합니다

PC 보안

- 보다 빠른 인스톨과 스캔
- 펄스 업데이트
- 브라우저 보호
- 스팸메일 차단

백업

- 노턴 백업 드라이브
- 백업 튜토리얼
- 다수의 백업장소 설정
- 월 단위 리포트

ID 보호

- 노턴 세이프 웹
- ID세이프 튜토리얼
- IE로부터 로그인 정보 임포트

PC 튜닝

- 기동 매니저
- 튜닝 이력
- 월 단위 리포트

노턴 360 버전 3.0
올인원 통합 보안

시만텍은 어떤 업체보다 더 많은 온라인 위협으로부터 더 많은 사람들을 보호합니다

YoungJin.com Y.
영진닷컴

**디자인이 맛있어지는
포토샵 디자인 레시피**

1판 1쇄 발행   2010년 3월 7일
1판 2쇄 발행   2011년 3월 1일

저   자 | 박영수
발 행 인 | 김길수
발 행 처 | (주)영진닷컴
주   소 | 서울시 금천구 가산동 664번지 대륭테크노타운 13차
　　　　　　 10층 (우)153-803

대표전화 | 1588-0789
대표팩스 | (02)2105-2207
등   록 | 2007. 4. 27. 제16-4189호

값 24,000원
(부록 DVD 포함)

© 2010., 2011. (주)영진닷컴
ISBN 978-89-314-3905-2

이 책에 실린 내용의 무단 전재 및 무단 복제를 금합니다.

http://www.youngjin.com